KB267672

실전 바둑

파워 실전 바둑

❻ 일류 감각의 능률 행마법

- 초반과 중반에서의 급소와
  판을 정리하는 능률적 감각 배우기

삼호미디어
samho MEDIA

머리말

　　일상생활에서 우리는 '감각'과 '계산'에 따라 행동합니다. 이 두 영역은 서로 영향을 주고받으므로 둘 중 어느 것이 더 중요하다고 딱히 말할 수는 없을 것입니다. 상호보완 관계라고 할까요. 단, 삶의 방향을 잡는다는 면에서는 감각이 매우 중요한 역할을 합니다.

　이는 바둑에서의 '감각'과 '수읽기'에 대비해서도 말할 수 있습니다. 불현듯 떠오르는 '다음 한수'가 감각에 해당합니다. 주어진 상황에서 경우의 수를 하나하나 파헤쳐가는 추리분석 과정이 수읽기라면, 감각은 상황을 풀어나가는 모티브라고 말하고 싶습니다. 삶의 방향과 같은 것이죠. 따라서 감각은 수읽기 못지않게 중요하다고 할 수 있습니다.

　바둑에서는 '감각이 좋다', '초식이 남다르다' 하는 표현을 쓰는 경우가 많습니다. 바로 좋은 행마와 통하는 말이기도 합니다. 좀 더 고차원적으로 얘기하자면 감각의 원천은 전국을 굽어보는 대세관과 더불어 자유자재로 행마할 수 있는 폭넓은 발상과 창의력이라고 하겠습니다. 이에 따라 방향을 결정하게 되고 구체적인 수읽기에 들어가는 것입니다. 그래서 우선 한수 한수 어떻게 행마를 할 것인지가 바둑에서 영원한 숙제입니다.

　감각의 영역에서 정답은 하나만 있는 것이 아닙니다. 두는 사람의 기풍과 취향이 반영되는 것은 어쩔 수 없겠지요. 그러나 감각을 통해 방향과 방침이 정해져서 다음 한수를 결정하게 되면 바둑에서는 '오직 이 한수'라고 할 만한 장면도 많습니다.

　이 책에서는 바로 그런 점에 착안하여 평균적인 감각을 배우며, 이에 따른 기본적이며 능률적인 행마법을 연마할 수 있도록 구성했습니다. 주로 감각이 작용하는 초반과 중반 무렵을 다루는데, 중반 이후의 공방전에서 요구되는 치밀한 수읽기나

고난도의 묘기는 뒤로 미뤄 두어도 좋습니다.

이 책은 주로 포석에서 초중급자의 이론적 이해와 중반까지 중고급자의 감각 향상을 위해 기획되었습니다. 구체적으로 다음과 같이 구성했습니다.

1부 행마법 이론에서는 포석과 중반 무렵까지의 행마법 근본과 이론적이며 필수적인 지식을 다룹니다. 여기에는 우선 많이 나오는 포석 유형에서의 핵심 포인트와 공격과 수비의 행마법이 담겨 있습니다. 그리고 이런 이론적 지식을 토대로 감각의 영역인 돌의 방향과 큰 자리를 찾는 다음 한수를 학습합니다. 어디까지나 행마법에 대한 이론을 이해하기 위한 단계적 학습 효과를 올리는 것을 목표로 삼았습니다.

2부 행마법 실전에서는 1부에서 배운 이론을 실전에서 어떻게 구체화시키는지에 초점을 맞췄습니다. 일류감각의 하이라이트가 담긴 프로 실전을 초반과 중반의 감각, 그리고 종반 무렵의 승부처, 이렇게 세 파트로 나눠 집중 분석해 보았습니다. 감각을 키우기 위해서는 다양한 실전 경험과 유연한 발상이 중요합니다. 틀에 박힌 바둑만 둔다면 감각의 발전은 쉽지 않을 것입니다. 그러므로 한판 한판을 좀 더 능률적이며 다채롭게 짜나가는 고수의 실전 숨결을 느껴보는 것만으로도 한층 기력이 올라갈 것으로 생각합니다.

행마에서의 작은 이론과 상식이 모여 초반의 구상, 중반의 작전을 보다 완벽하게 만듭니다. 이 책을 통해 일정한 단계에 오른다면 자신만의 멋진 감각과 능률적인 행마가 펼쳐질 것입니다. 아무쪼록 그런 여러분이 되기를 바랍니다.

2   공격과 수비의 행마법

3 다음 한수의 행마법

2 ·· 행마법 실전

1 　초반의 감각

행마법 이론

1

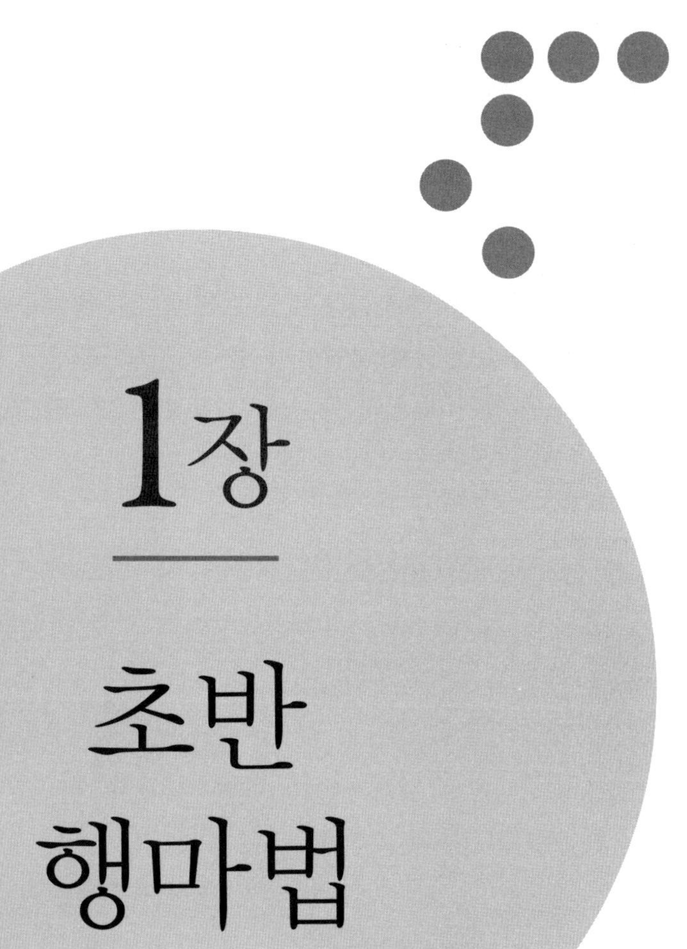

1장

초반 행마법

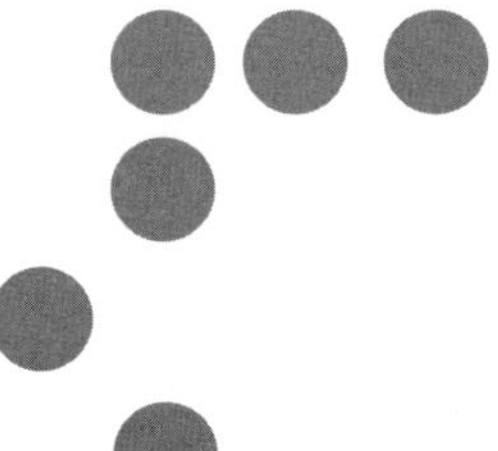

한판의 바둑에서 골격을 짜는 일을 일컬어 포석이라고 한다. 포석을 잘 짜기 위해서는 정석 선택이나 돌의 방향을 이해하지 않고서는 안 된다. 이런 점에서 초반의 행마를 설명하자면 정석, 포석과 연관 짓지 않고서는 불가능하다.

그래서 이번 장에서는 포석 과정에서의 행마를 패턴별로 나누고, 초반 전법에 중점을 두어 2연성과 3연성, 그리고 중국식을 각각 10형씩 묶었다. 모두 합쳐 30개의 유형으로, 이것만 익히면 초반 포석에서 기본 행마법의 90% 정도는 마스터한 셈이라고 봐도 좋을 것이다.

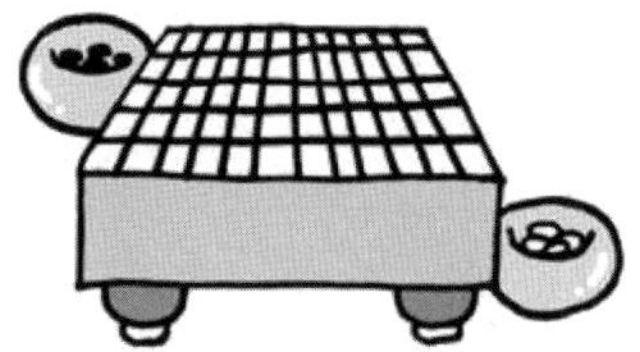

2연성 포석에서 (1)

● 흑 차례

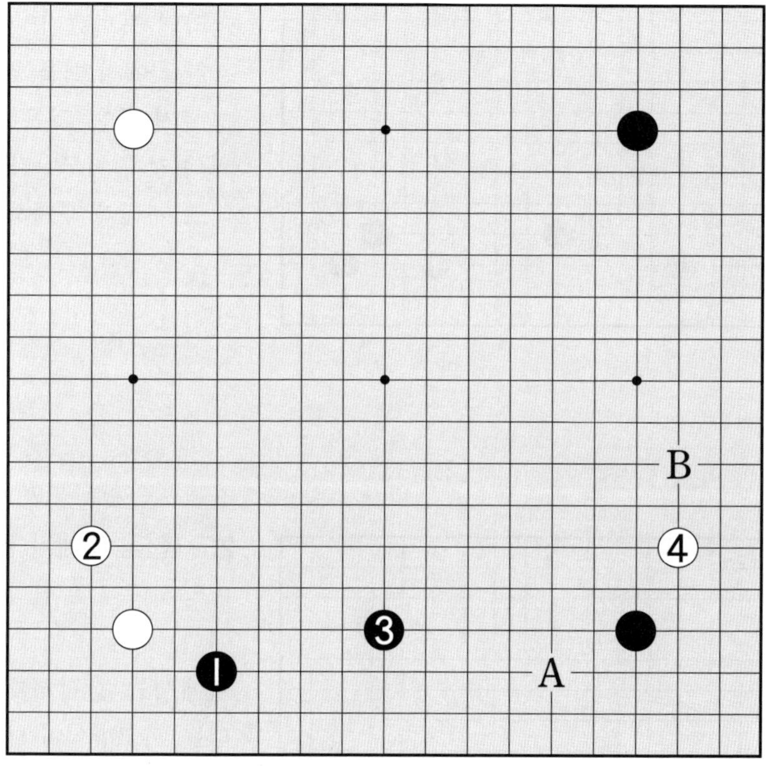

　흑1로 걸치고 3으로 전개했을 때 백4의 걸침은 상식적인 수법이다. 여기서 흑은 어떤 행마를 선택해야 할까?

　여러 가지 응수가 있지만 이 장면에서는 A와 B, 둘 중 하나로 한정지었다.

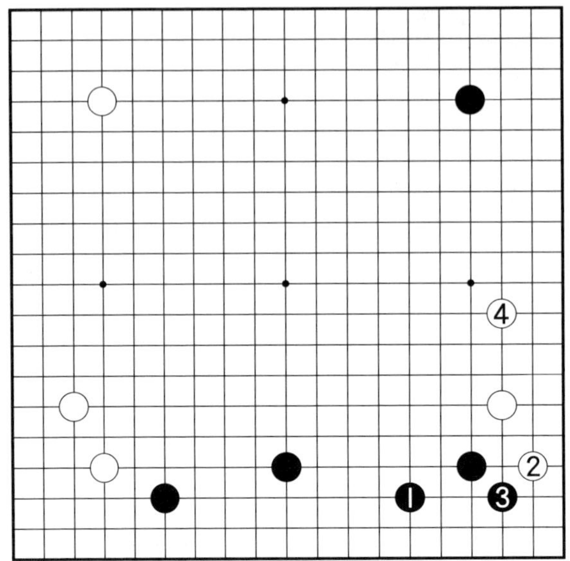

1도

1도 (기세 부족)

흑1로 응수하면 백은 흐뭇한 마음으로 2에 달리고 4에 벌릴 것이다.

종반이 매우 강한 사람이라면 모르겠지만, 흑이 강한 곳에서 백을 쉽게 안정시켜 주는 것은 2연성의 취지에 어긋난다. 한마디로 기세가 부족하다.

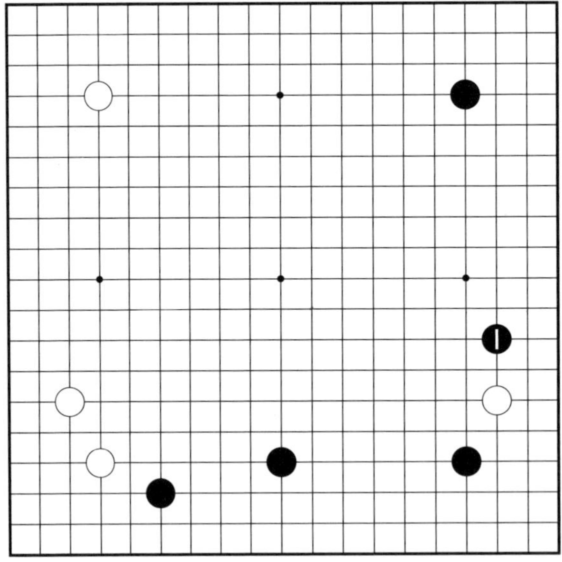

2도

2도 (협공 자세가 필요)

마땅히 흑1로 협공할 곳이다. 나의 쪽이 강한 상황에서는 강력하게 싸운다는 사고방식이 매우 중요하다.

추천은 지금처럼 한칸 협공이지만, 공격적인 자세의 협공이라면 만점을 줄 수 있다.

2연성 포석에서 (2)

○ 백 차례

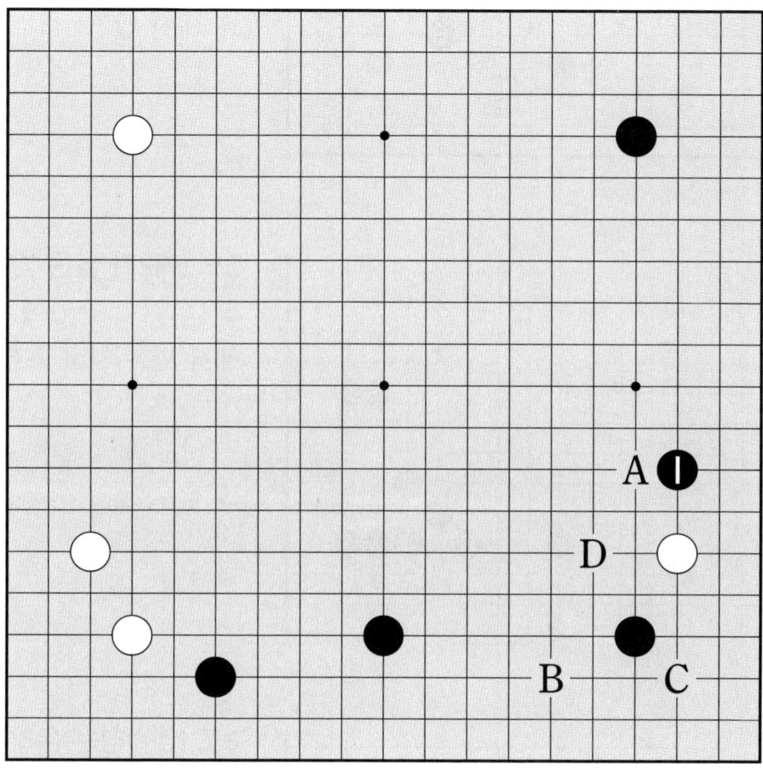

[1형]의 계속이다.

흑1의 협공에 대해 백은 어떻게 행마를 해야 할까? A
~D 중 당신은 어떤 수를 선택하는지 묻고 싶다.

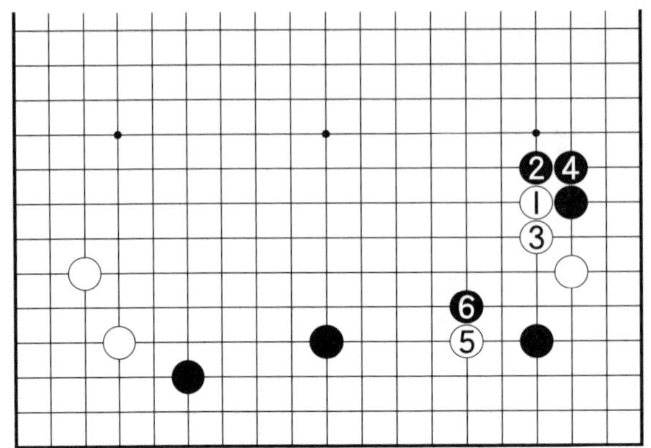

1도

1도 (튼튼하게 해준다)

백1로 붙이고 3에 끄는 수는 흑을 튼튼하게 해준다.

흑4의 이음에 백5로 귀의 흑 한점을 공략하는 것은 내친 걸침이다.

흑6 다음~

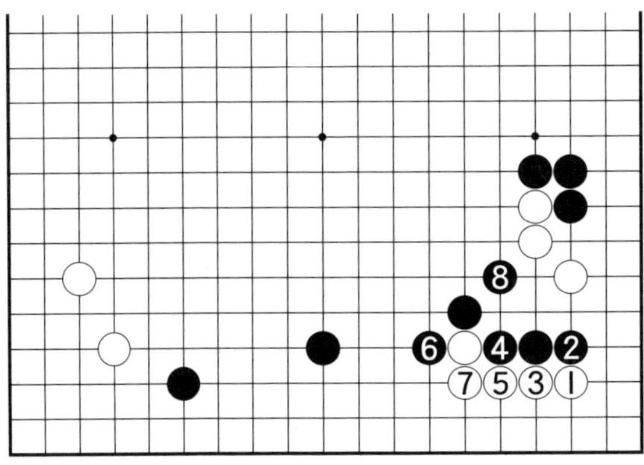

2도

2도 (흑2가 옳은 방향)

백1의 3三 침입에 흑2쪽에서 막는 것이 옳은 방향이다.

백5 다음 흑은 6에 몰수 있는 점이 자랑이다.

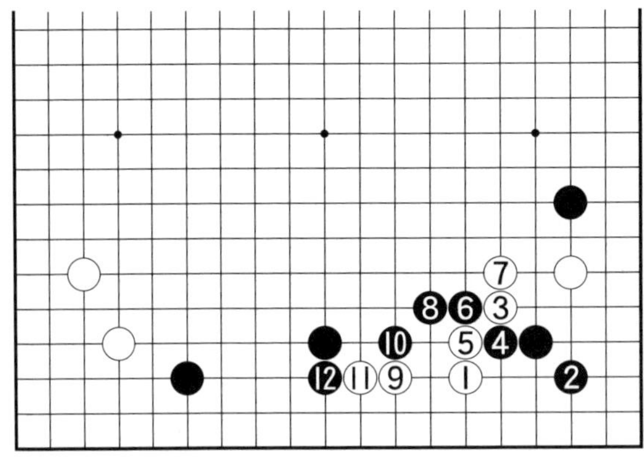

3도

3도 (양걸침은 무리)

이런 상황에서 백1의 양걸침은 무리이다. 흑2의 마늘모가 근거의 요소.

백3의 씌움에는 흑4, 6의 나가끊음이 강타이다. 흑12까지 백은 낭패를 면치 못한다.

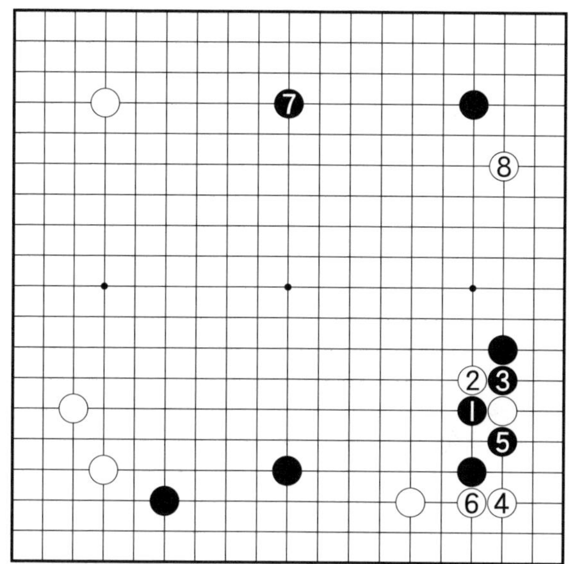

4도

4도 (백의 주문)

앞 그림 흑2로 이 그림 1이 백의 주문이다. 백은 2로 젖혀 흑3과 교환하고 나서 4로 뛰어들고 6까지 귀를 도려낼 것이다.

우하 흑 모양이 이렇게 깨져서는 흑의 실패가 역력하다.

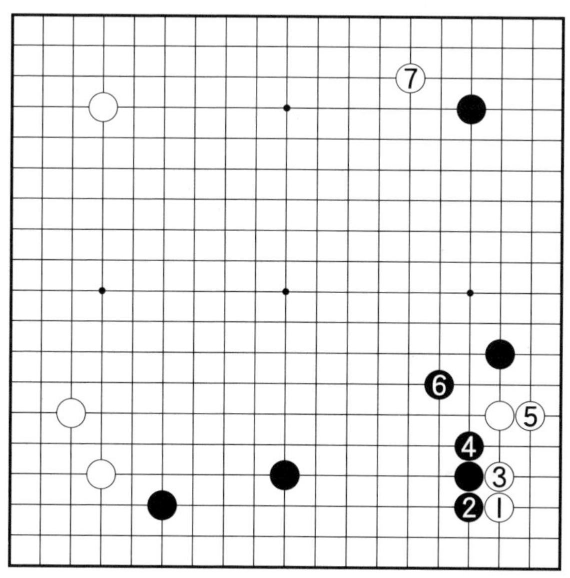

5도

5도 (타당한 행마)

백1로 3三에 뛰어드는 것이 상식적이며 타당한 행마이다. 흑2 이하 6까지 정석인데, 부분적으로는 흑이 두텁다.

그러나 백도 실리를 얻고 선수도 뽑아 7에 손을 돌릴 수 있어 무난한 진행이다.

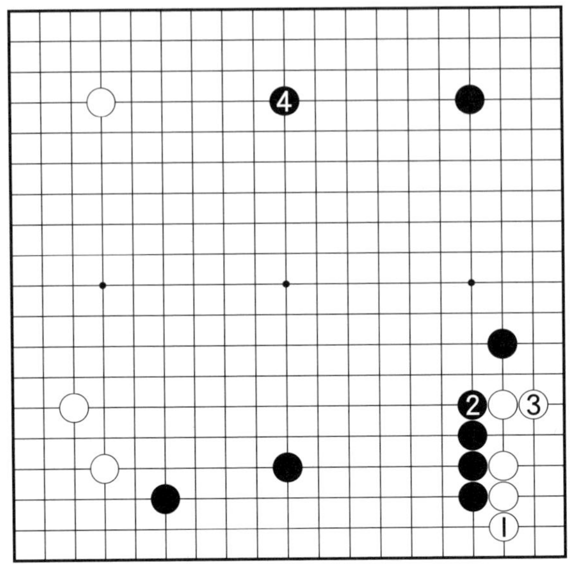

6도

6도 (일장일단)

앞 그림 백5로는 이 그림 처럼 1에 내려서는 수도 있다.

그러면 흑은 2, 백3 다음 손을 빼고 흑4로 상변의 큰 곳을 점령해 발 빠르게 모양을 확장할 것이다. 앞 그림과는 일장일단이 있다.

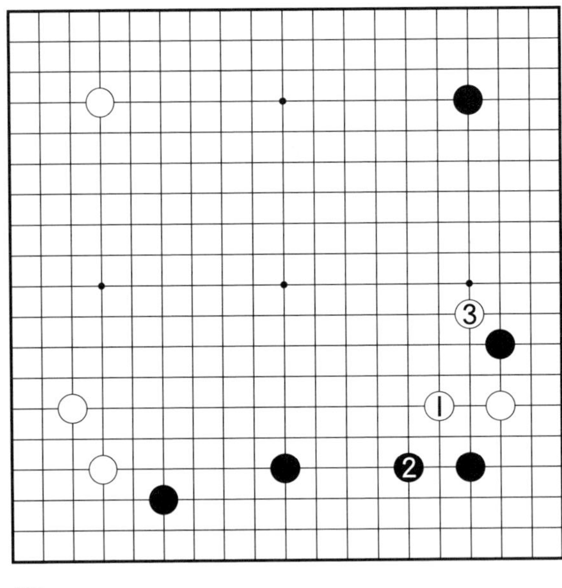

7도

7도 (유행했던 수법)

백1로 뛰고 3에 씌우는 수는 한때 유행했던 취향이지만, 최근에는 많이 볼 수가 없다.

자, 여기서 흑은 어떤 행마를 선택해야 할까?

이 과제는 [3형]에서 다룬다.

2연성 포석에서 (3)

● 흑 차례

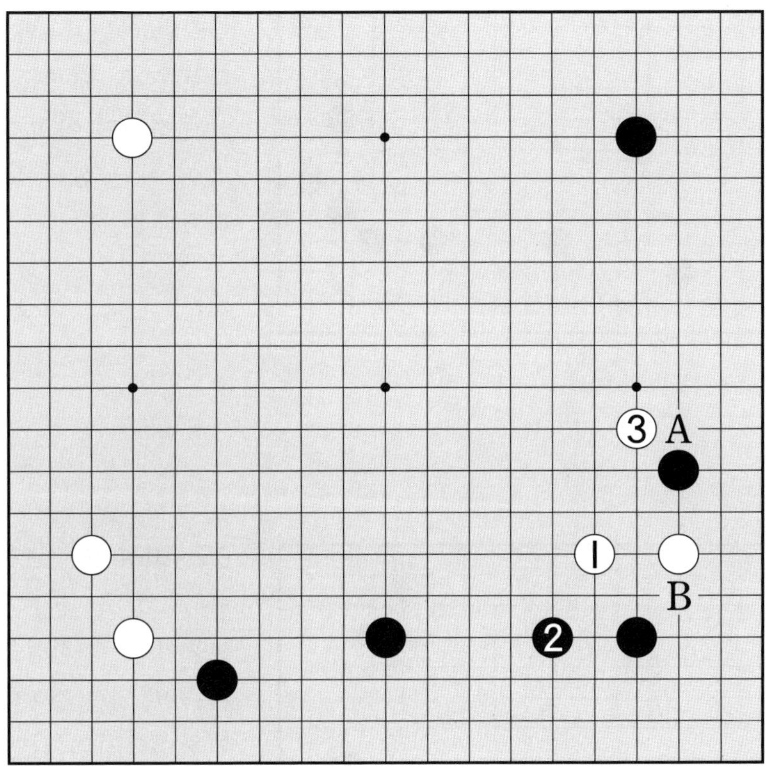

[2형] 7도의 계속이다.

이 상황에서 흑이 선택할 행마는 두 가지 있다. 당신이라면 A로 밀고 나가는 수와 B의 마늘모붙임 중 어떤 수를 선택하고 싶은가?

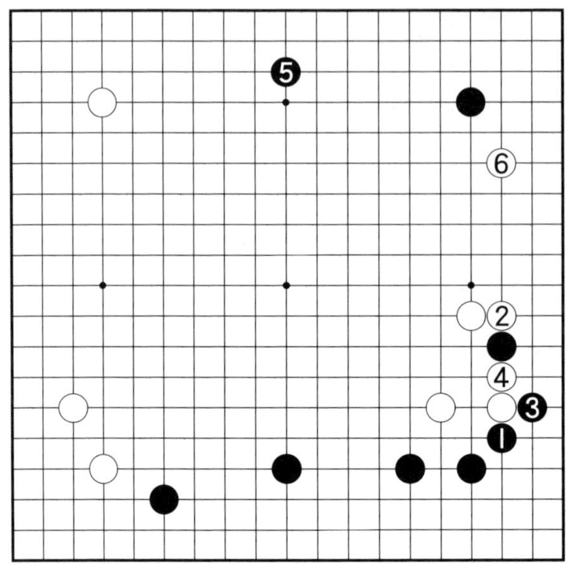

1도

1도 (정석이지만)

흑1로 마늘모 붙이는 수도 부분적으로 정석이지만 백2로 막는 것이 두터운 수법이다. 백4까지 일단락된 다음 흑5와 백6은 맞보는 큰 곳이다.

　우하귀가 아직 완전한 집이 아닌 점이 흑의 불만이다.

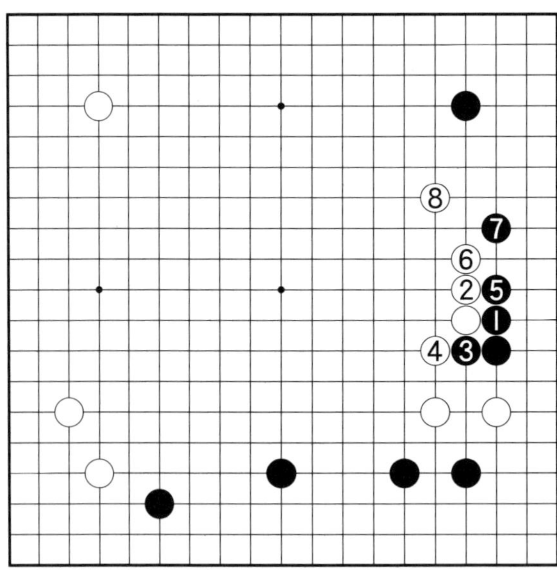

2도

2도 (버려서는 안 된다)

흑1로 밀고 나가는 수가 보통이다. 흑 한점을 버려서는 안 되는 것이다. 백2 이하 8까지의 진행은 정석이다.

　이다음 흑이 어떤 행마를 해야 할지, 그건 [4형]에서 다룬다.

2연성 포석에서 (4)

● 흑 차례

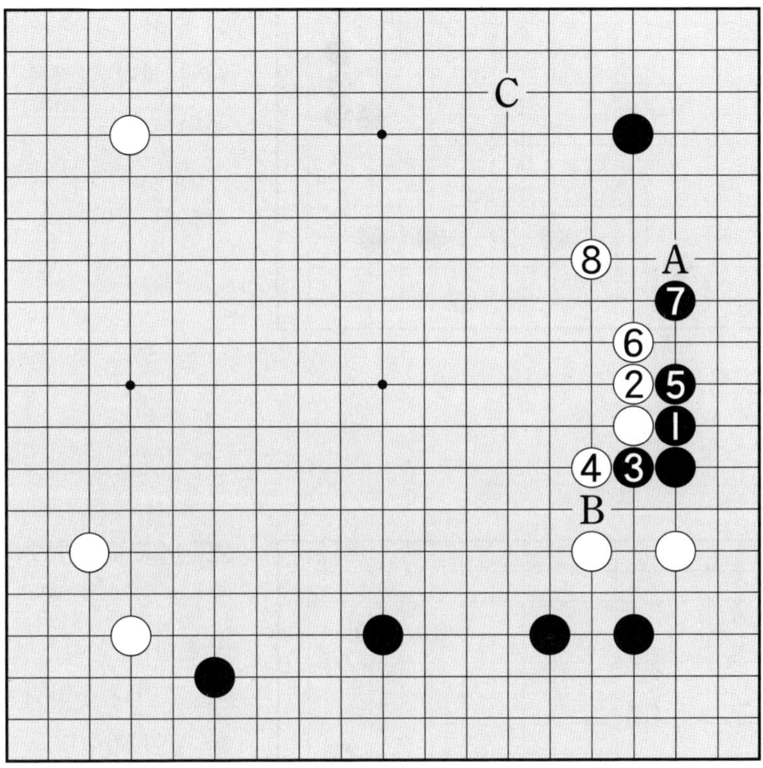

[3형] 2도의 계속.

　여기서 흑은 A에 늘어서서 지키는 수, B로 끼워 반격하는 수, 아니면 그도 저도 아닌 C의 지킴, 이렇게 세 가지의 선택이 기다리고 있다. 과연 어디가 가장 유력할까?

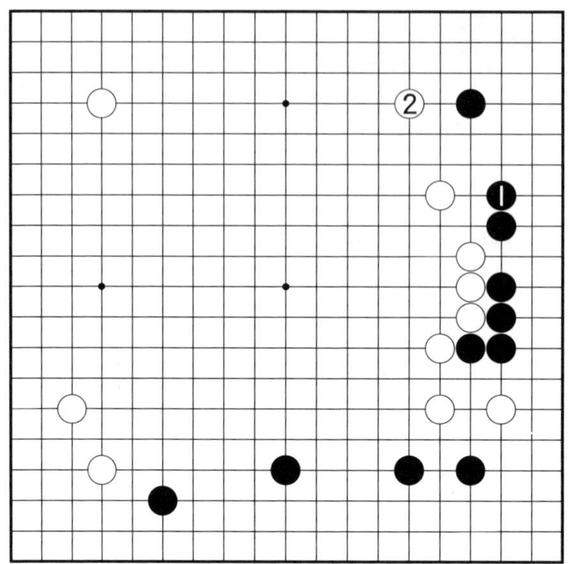

1도

1도 (견실하지만 소극적)

흑1은 이런 상황이 연출되었을 때 초기의 응수법이었다.

그러면 백은 2의 주변에 두어 흑을 봉쇄함과 동시에 세력 확장을 꾀하게 된다.

흑1은 견실하지만 소극적인 행마이다.

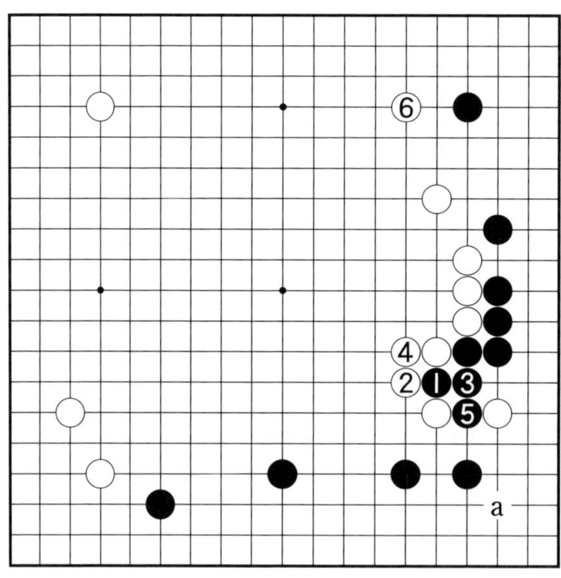

2도

2도 (실리에 짠 수이지만)

흑1의 끼움은 반격정신에 투철하며 실리에 짠 수이다. 그러나 우하귀는 완전한 집이 아니다.

요컨대 백a의 3三침입이 남은 점이 흠이다.

백6의 봉쇄가 역시 호점이다!

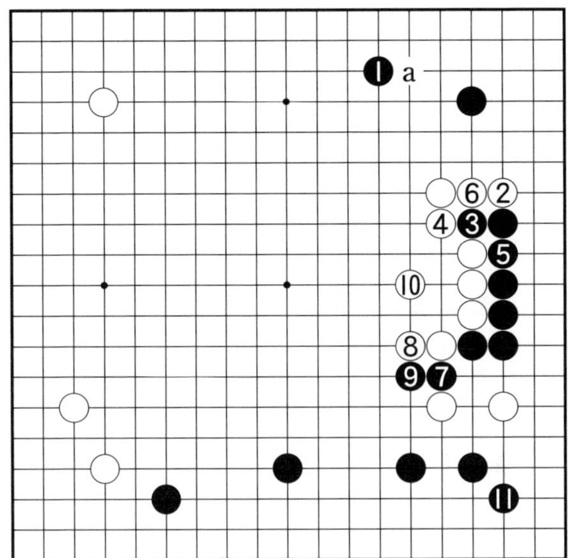

3도 (가장 유력)

흑1로 우상귀를 지키는 착상이 가장 유력한 행마이다. a의 날일자도 뜻이 같은 만큼 유력하다.

백2에는 흑3, 5 이하 7에 끼운다. 이하 11까지 흑이 멋지게 두고 있다.

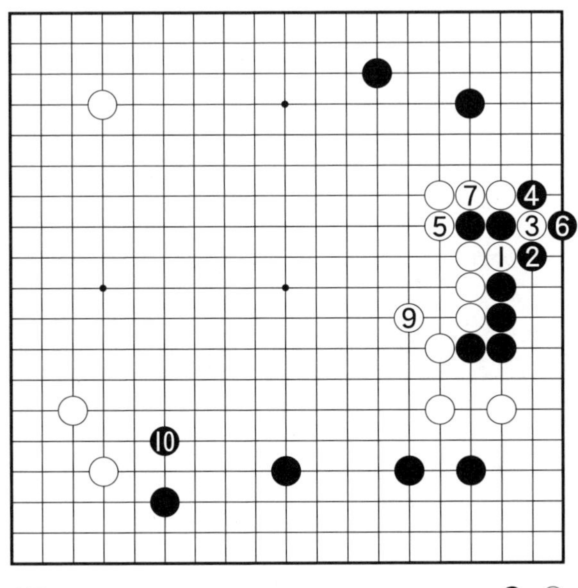

8··③

4도 (흑의 리드)

앞 그림 백4로 이 그림 1에 나가고 3에 끊어 죄어 붙이면 분단당하는 일은 없지만 우변 흑은 자체로 삶이다.

선수를 뽑아 흑10으로 뛰며 하변을 키우는 것이 호수여서 형세는 일찌감치 흑의 리드이다.

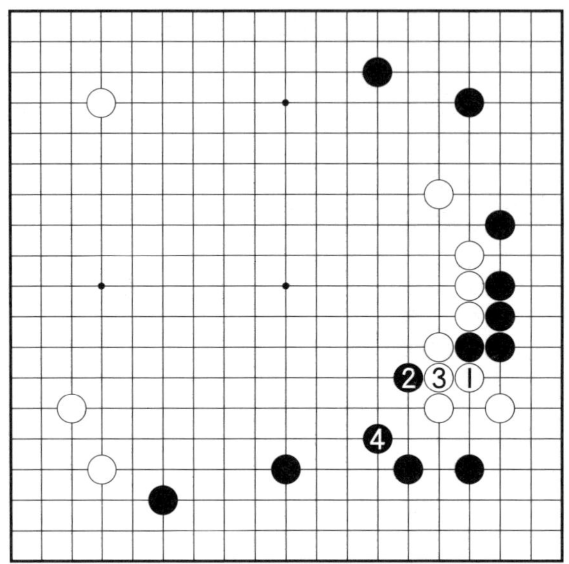

5도

거슬러 올라가 흑이 우상귀를 지켰을 때 백1로 보강해 두는 것이 침착하지만, 흑2로 들여다보는 수를 당하는 것이 아프다. 4까지 되면 흑이 발빠른 포석이다.

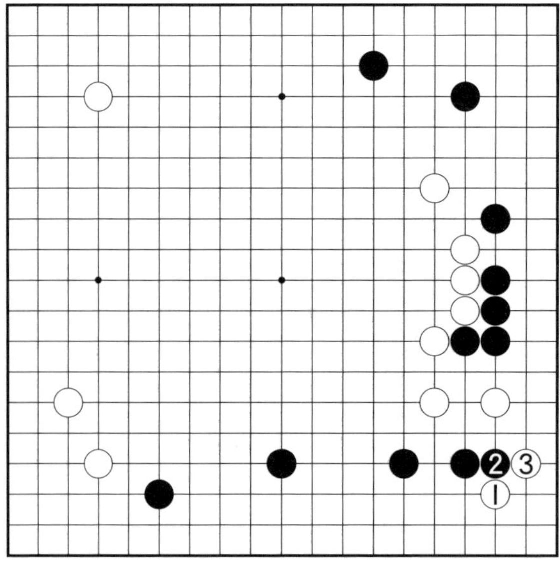

6도

6도 (3三침입하면?)

그렇다면 앞 그림 백1로 막 바로 이 그림처럼 1에 3三침입하는 수는 어떨까?

이 형태도 독자들이 매우 궁금해하는 문제일 것이다. 이 테마는 다음 형에서 다룬다.

2연성 포석에서 (5)

● 흑 차례

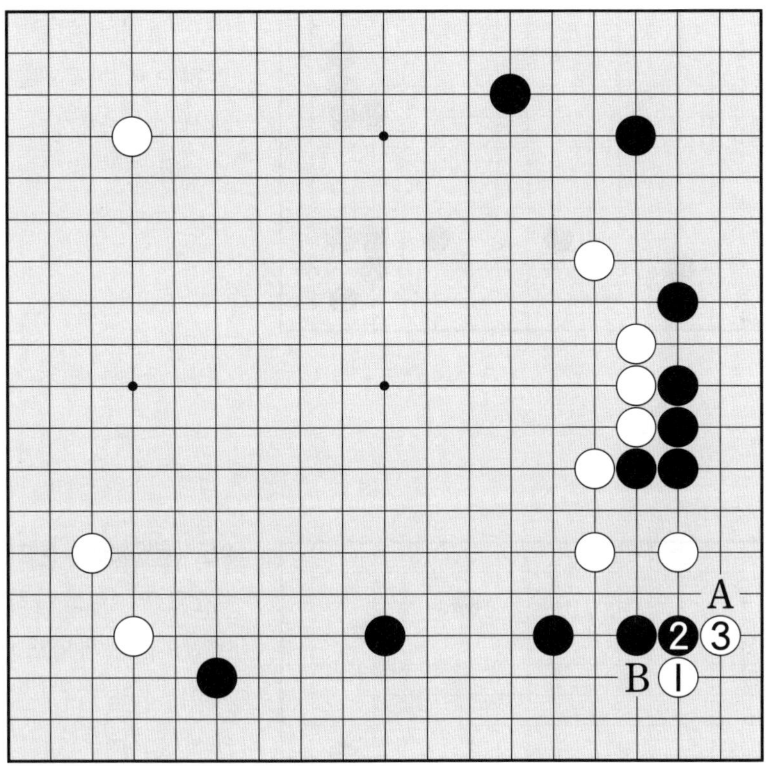

[4형] 6도에서 계속.

백1에 대해 흑2로 일단 차단하는 모션을 취하는 것은 당연하다.

여기서 백3으로 젖혀 왔을 때 흑은 선택의 기로에 선다. A와 B 중 어느 쪽으로 막아야 할까?

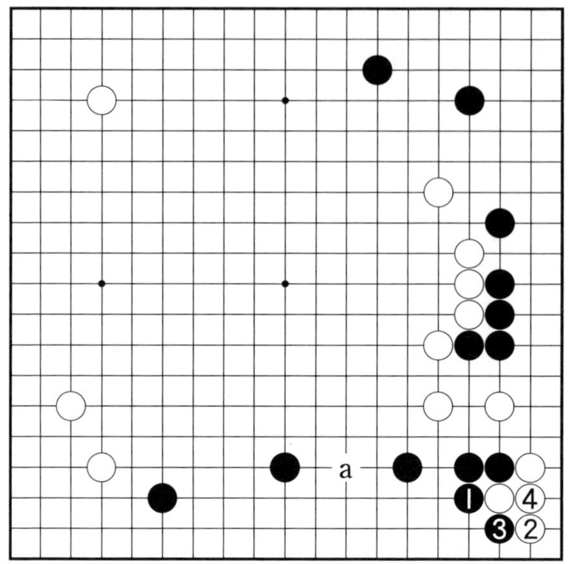

1도

1도 (백을 안심시킨다)

흑1은 백을 안심시켜 준다. 선수를 뽑아서 큰 곳으로 달려가면 좋지 않느냐고 생각할지도 모르지만, 백a의 뛰어들기가 강렬하므로 아무래도 이곳에서 손을 빼기가 거북한 모습이다.

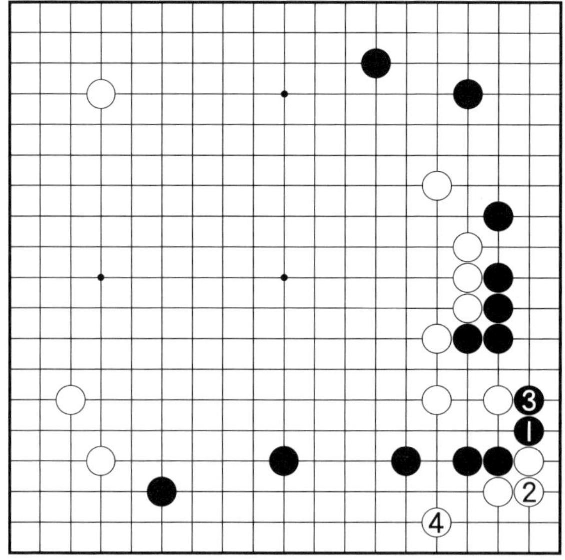

2도

2도 (분단해야 한다)

흑1로 막아 분단하는 것이 옳다. 앞에서도 언급했듯이 나의 쪽이 강한 곳에서는 강력하게 맞서 싸운다는 자세가 필요하다.

백이 4까지 귀에서 산 다음, 중앙 백에 대한 흑의 공격 방법이 어렵다. 이에 대한 문제는 다음 형에서 다룬다.

2연성 포석에서 (6)

● 흑 차례

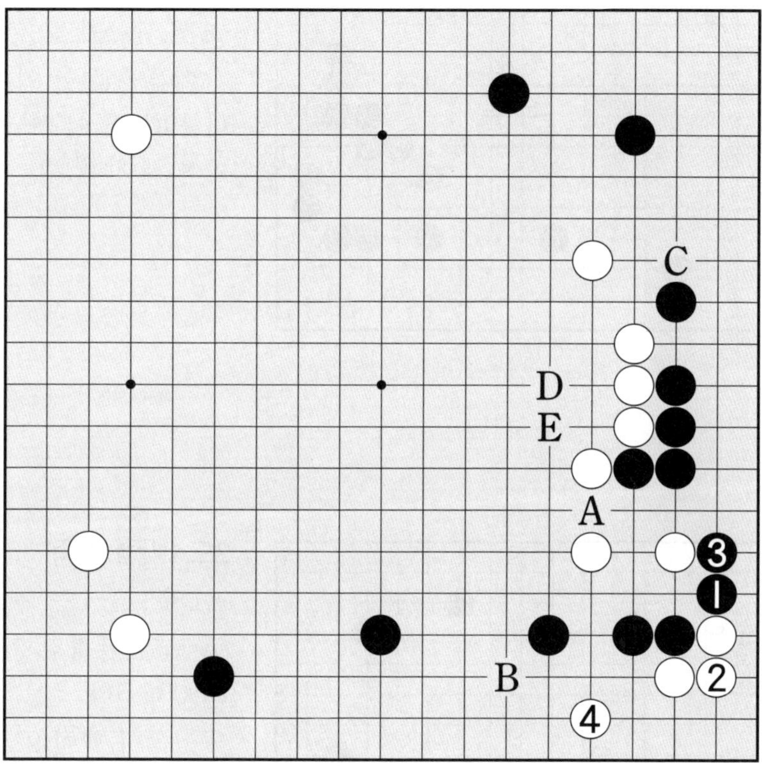

[5형] 2도의 다음이 이번 형의 테마이다.

여기 A에서 E까지, 이상 다섯 가지 가운데 흑이 취해야 할 바람직한 선택은 어디일까?

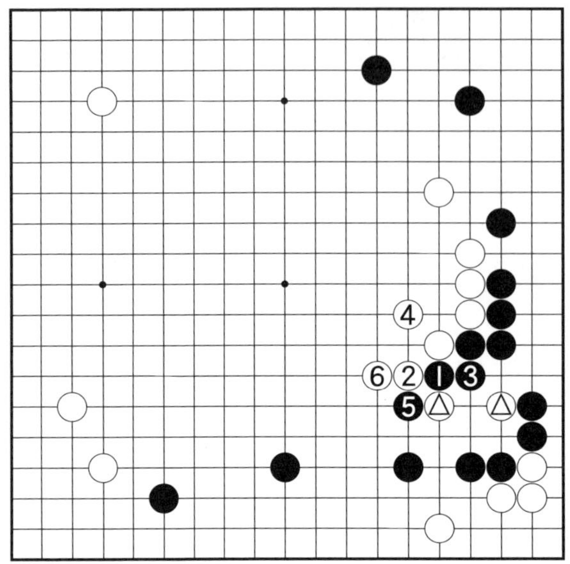

1도

1도 (최악의 선택)

흑1, 3으로 끼워있는 발상은 아무 생각 없는 수이다. 귀를 양보한데다 중앙 백마저 두텁게 해줘서는 뭘 했는지 알 수 없다.

백△ 두점은 이삭이나 다름없는 돌이 아닌가. 최악의 선택이었다.

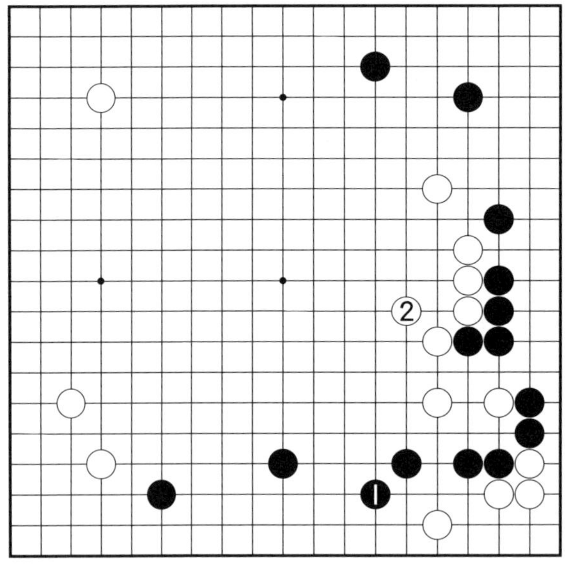

2도

2도 (박력 부족)

흑1의 마늘모는 부분적으로 보면 안정감 있는 좋은 행마이다.

그러나 백이 2로 틀을 갖추고 보면 공격의 후속 수단이 끊긴다.

박력이 부족한 수라는 비판을 면치 못할 것이다.

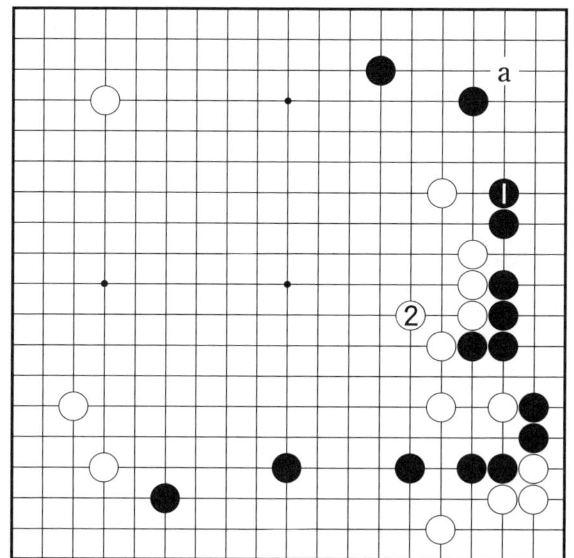

3도

3도 (침착하지만)

흑1로 늘어서는 쌍점 행마는 침착한 수법이다. 그러나 역시 백2로 지키게 되면 흑의 다음 공격은 기대하기 어렵다.

그뿐 아니라 우상귀 쪽 a의 3三이 비어 있는 점도 간과할 수 없다.

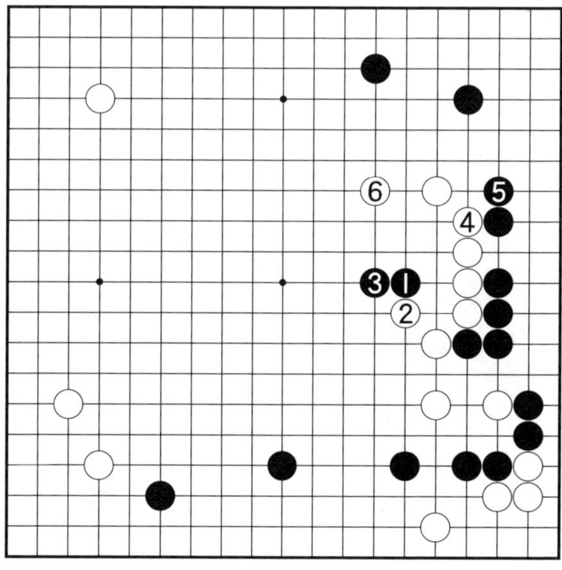

4도

4도 (급소이지만)

흑1은 석점의 중앙에 해당하는 수로 얼핏 급소를 찌르는 행마이다.

하지만 백2의 호구가 좋은 응수여서 이후의 공격이 여의치 못하다.

흑3이면 백4, 6으로 달아나 오히려 흑 두점이 짐이 될 뿐이다.

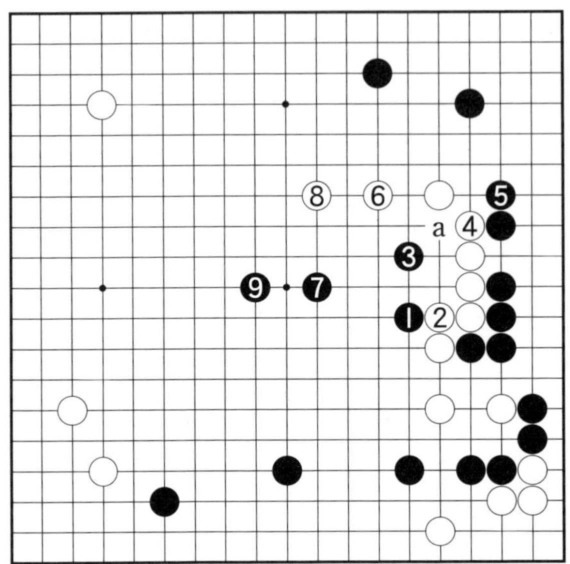

5도

5도 (날카로운 공격)

흑1로 들여다보는 수가 이런 상황에서의 급소이다. 백2의 이음을 강요하고 흑3에 뛰는 것이 날카로운 후속 공격이다.

이하 9까지 흑의 순조로운 흐름. 백4로 a면 흑은 6에 씌워서 공격하는 것이 요령이다.

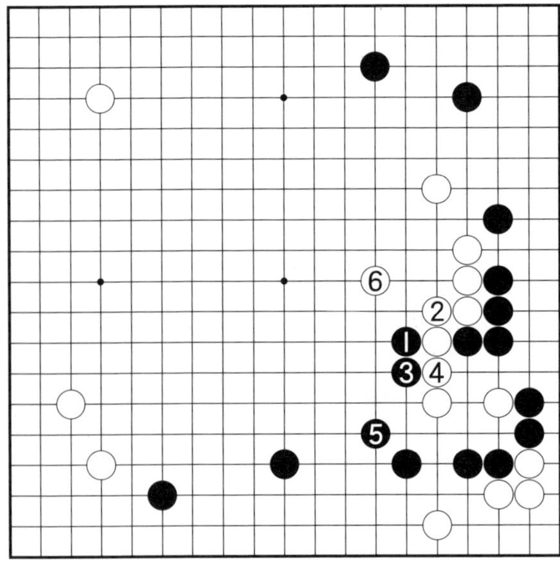

6도

6도 (때로는 유력하지만)

흑1의 껴붙임도 때로는 유력한 공격이다.

그러나 이 경우는 백2로 이어 흑의 효과적인 공격이 못된다. 흑3, 백4를 선수하고 흑5로 정비하는 정도인데, 백6으로 보강하면 역시 더 이상 흑의 공격 수단이 없기 때문이다.

2연성 포석에서 (7)

● 흑 차례

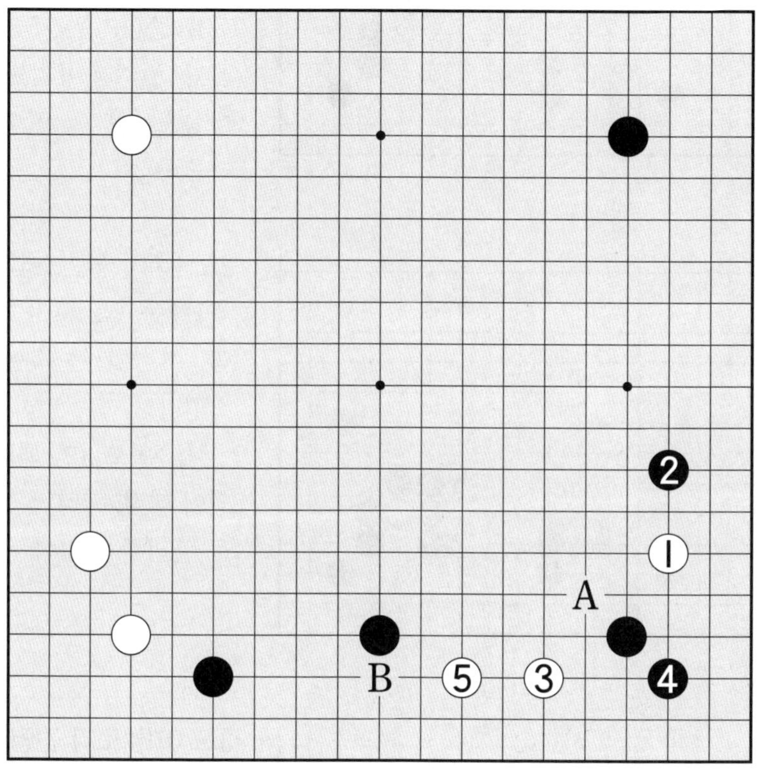

백1, 3의 양걸침에 흑4는 근거의 요소이자 최강수이다.
여기서 백5의 한칸 벌림은 변화구의 일종인데, 다음 흑
은 어떤 행마를 취해야 할까? A와 B의 둘 중에 하나를 선
택해 보자.

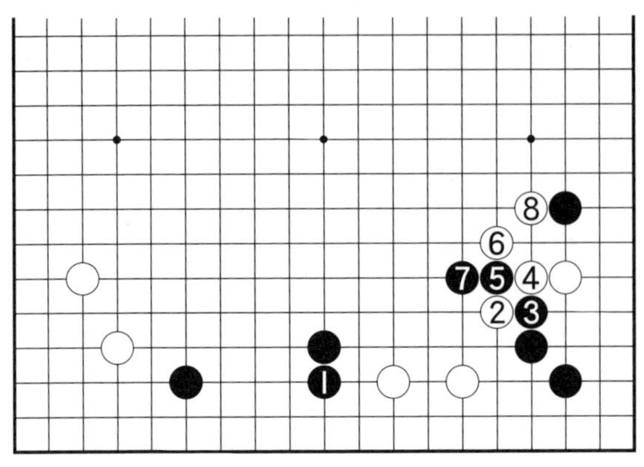

1도

1도 (대응이 만만치 않다)

흑1의 '차렷' 자세는 상대에게 리듬을 주지 않으려는 행마이다.

그러나 백2로 씌울 여유를 준다. 흑3, 5의 나가끊음은 기세이지만 백의 대응도 만만치 않다. 백8 다음~

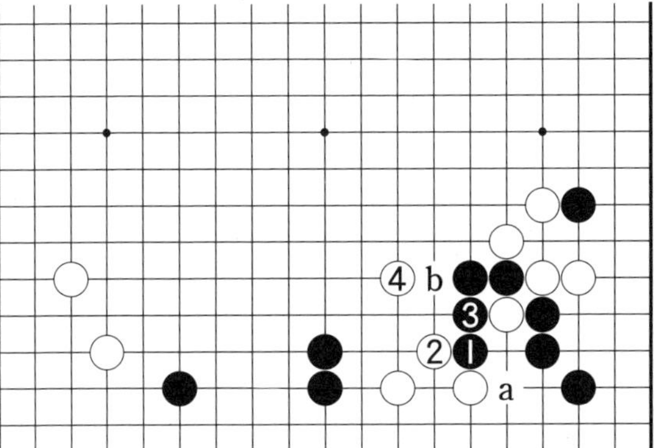

2도

2도 (흑이 불만스럽다)

흑1에는 백2, 4가 안성맞춤. 이 결과는 흑이 불만스럽다.

흑3으로 a면 백b의 붙임이 맥점. 그러면 흑은 더욱 불리한 갈림이 된다.

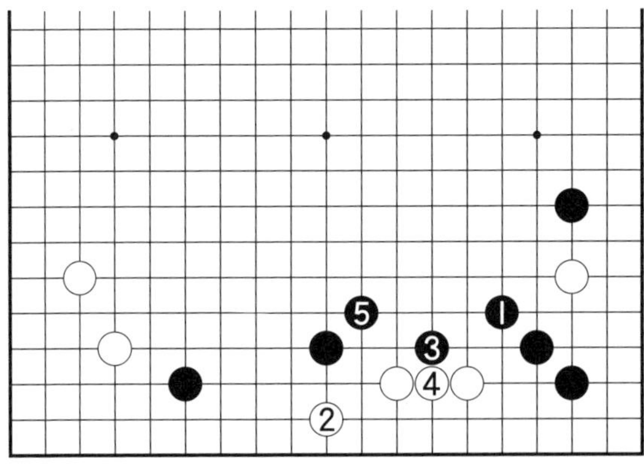

3도

3도 (마늘모가 간명)

흑1의 마늘모 행마로 분단하는 것이 알기 쉬운 수법이다. 백2에는 흑3, 5가 행마의 틀이다.

다음 백이 어딘가 받으면 흑이 큰 곳으로 손을 돌려 좋다.

2연성 포석에서 (8)

● 흑 차례

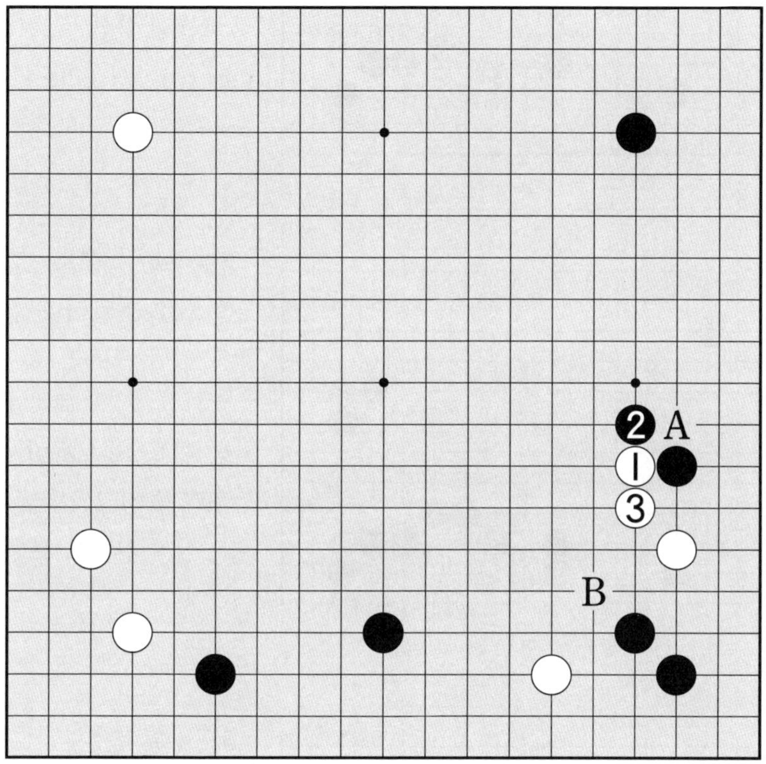

백은 하변 쪽으로 한칸 벌리는 변화구가 탐탁지 않다고 보고, 이번에는 1에 붙이고 3에 끈 장면이다.

흑의 선택은 A의 이음과 B의 마늘모 진출이 있는데, 당신이라면 어느 쪽을 선택하겠는가?

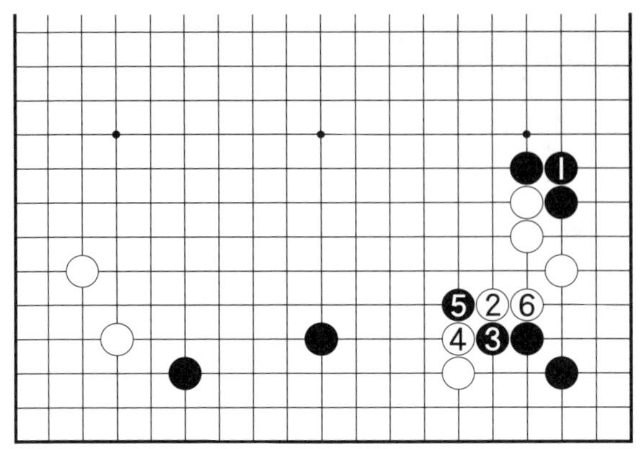

1도

1도 (우변 중시)

흑1의 이음은 우변을 중시하는 수법이다. 그러나 백2의 씌움이 준엄해 흑은 마음껏 싸울 수가 없다.

일단 흑3, 5로 나가끊는 수는 기세이다. 백6 다음~

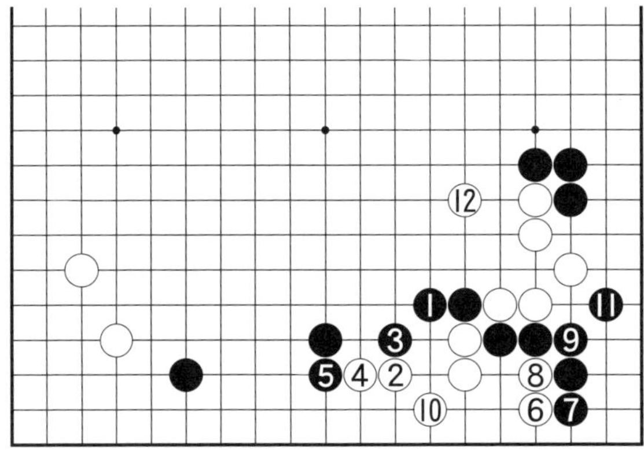

2도

2도 (백, 양쪽을 다 두다)

흑은 1로 뻗어 싸울 수밖에 없다.

백은 2, 4 다음 6 이하로 귀를 위협하면서 하변을 수습하고 12로 우변마저 살려 양쪽을 모두 둔 결과이다.

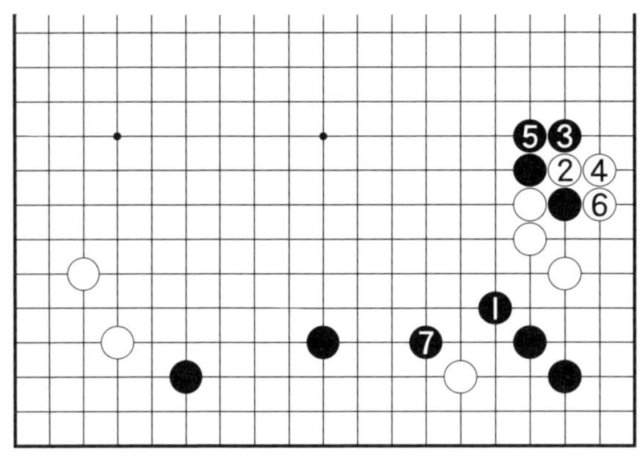

3도

3도 (흑, 충분)

흑1의 마늘모 진출로 분단하는 것이 정답이다.

우변 백을 살려 주더라도 하변을 흑7까지 제압하면 두터우므로 충분한 결말이다.

2연성 포석에서 (9)

● 흑 차례

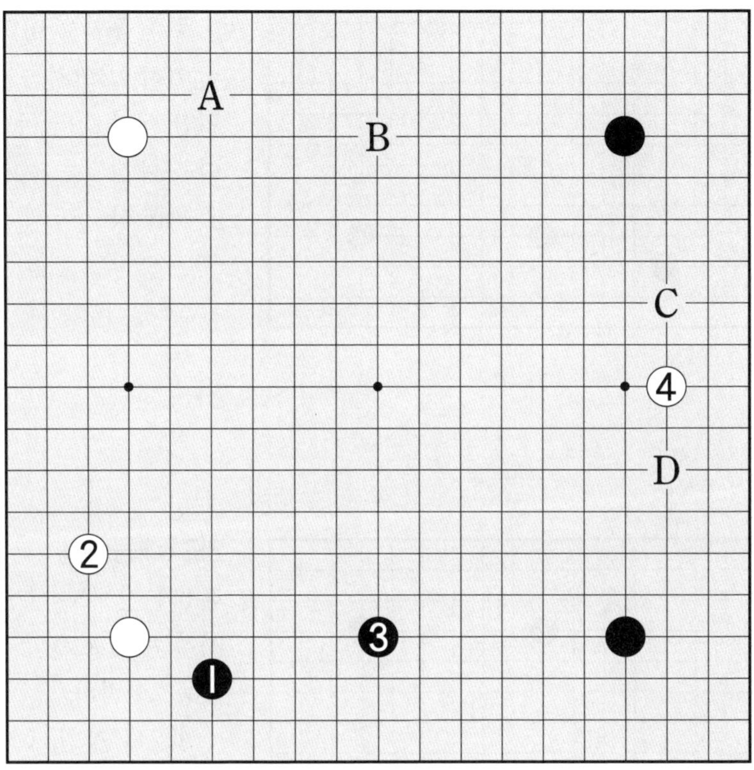

흑1, 3으로 하변을 구축했을 때 우하귀에 걸쳐 오지 않고 백4로 갈라치는 것도 생각할 수 있다.

여기서 흑은 A∼D 가운데 어떤 선택을 해야 할까?

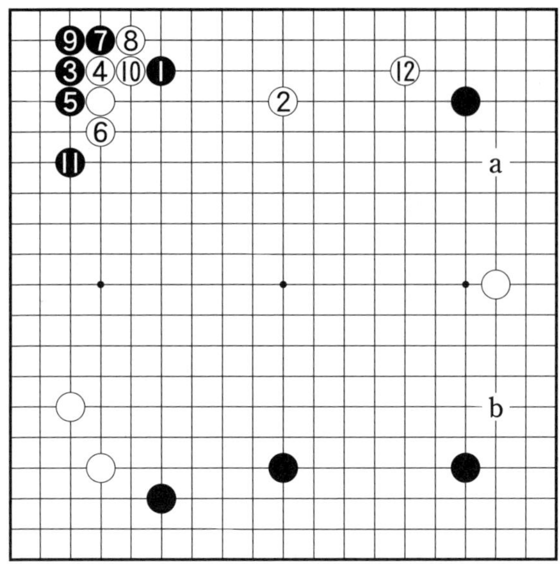

1도

1도 (방향착오)

흑1의 걸침은 상변을 개척하려는 뜻이지만, 뚜렷한 작전이 없다면 방향착오이다. 백은 당연히 2 정도로 협공할 것이다.

이하 12까지는 일례이지만 백이 편한 국면이다. 다음 예상되는 진행은 흑 a, 백b 정도.

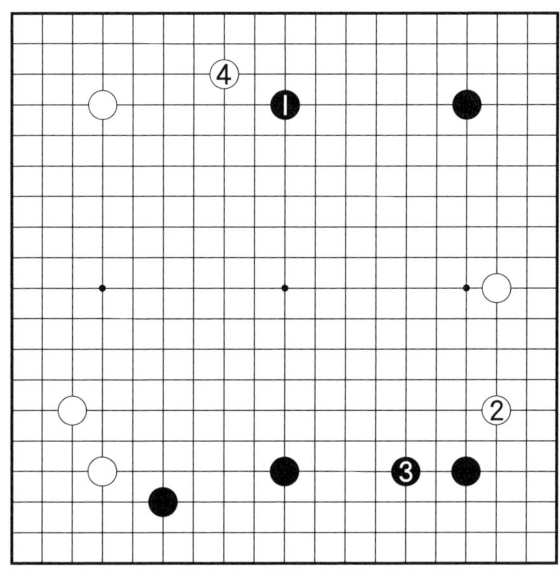

2도

2도 (대동소이)

흑1의 전개도 상변을 중시하는 사고로 앞 그림과 대동소이하다.

백2의 걸침이 당연하면서도 기민하다. 흑3을 기다려 백4로 육박하면 흑은 상변을 어떻게 지켜야 할지 매우 어렵다.

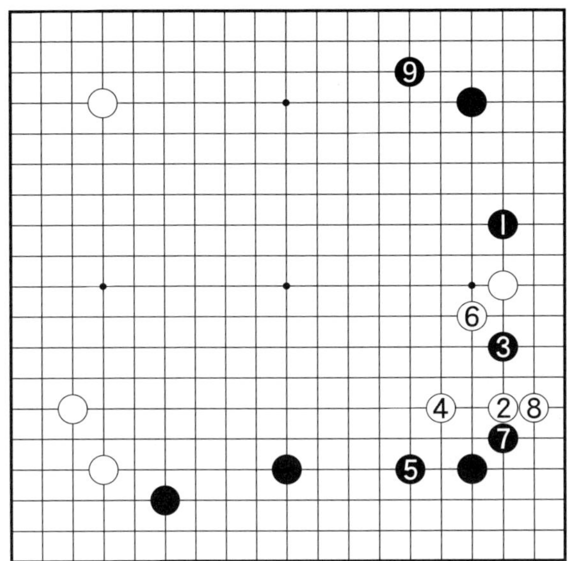

3도

3도 (공격적인 스타일)

흑1은 공격적인 성향을 지닌 분이 좋아하는 스타일이다.

백2로 걸쳐오면 흑3으로 뛰어들려는 것. 백8까지 우하귀가 일단락되면 흑9로 손을 돌려 흑도 둘 만하다. 그러나~

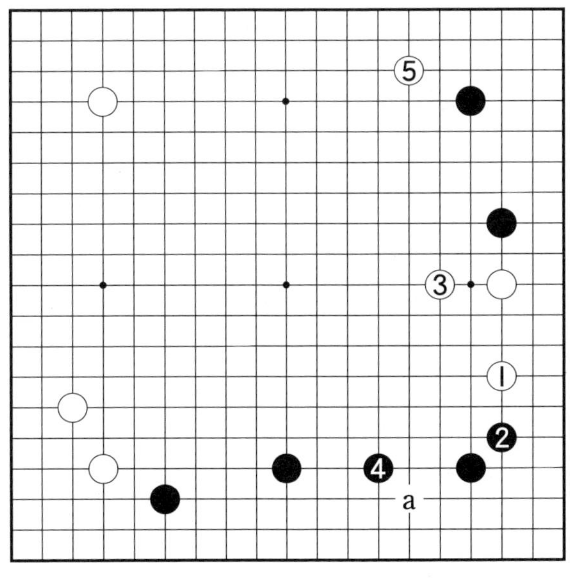

4도

4도 (흑, 작전 실패)

앞 그림 백2로는 이 그림 1이 냉정한 행마이다. 흑2로 응수할 때 백3으로 뛰어 하변의 흑 모양을 견제한다.

흑4는 백a의 침입을 방비한 절대의 수비. 결국 5의 큰 곳은 백의 몫이 된다. 흑의 작전 실패이다.

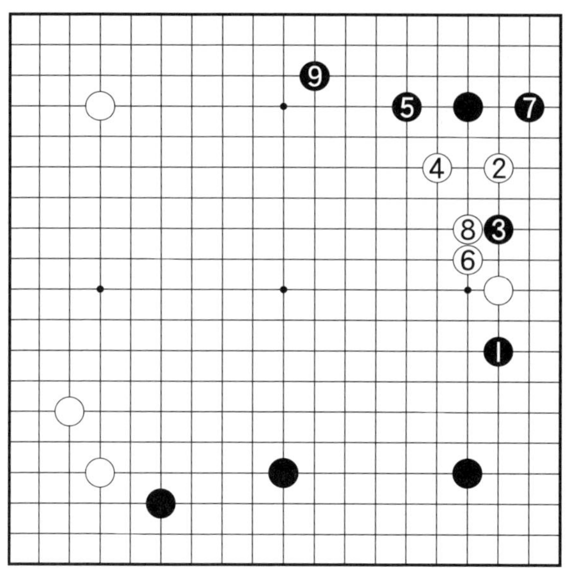

5도

5도 (상식적인 행마)

흑1쪽에서 육박하는 것이 상식적인 행마이다. 백2에는 흑3으로 뛰어들고, 이를 희생타로 5에서 7로 귀를 지키는 것이 재미있는 착상이다.

흑9까지 되면 앞 그림과는 비교가 안 될 정도로 흑이 활발하다.

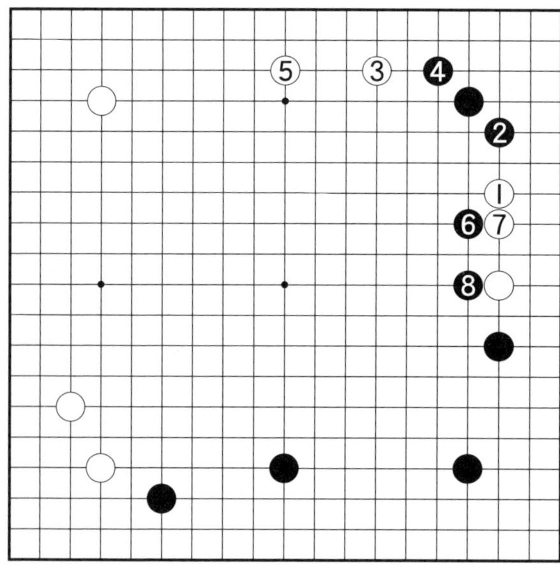

6도

6도 (배워둘 만한 행마)

앞 그림 백2로 이 그림 1의 두칸 벌림이면?

이후 흔히 나오는 진행은 백5까지인데, 여기서 흑6으로 어깨를 짚고 8로 봉쇄하는 것이 배워둘 만한 행마법이다.

백을 압박하면서 우하 흑 모양을 키우려는 의도이다.

2연성 포석에서 (10)

● 흑 차례

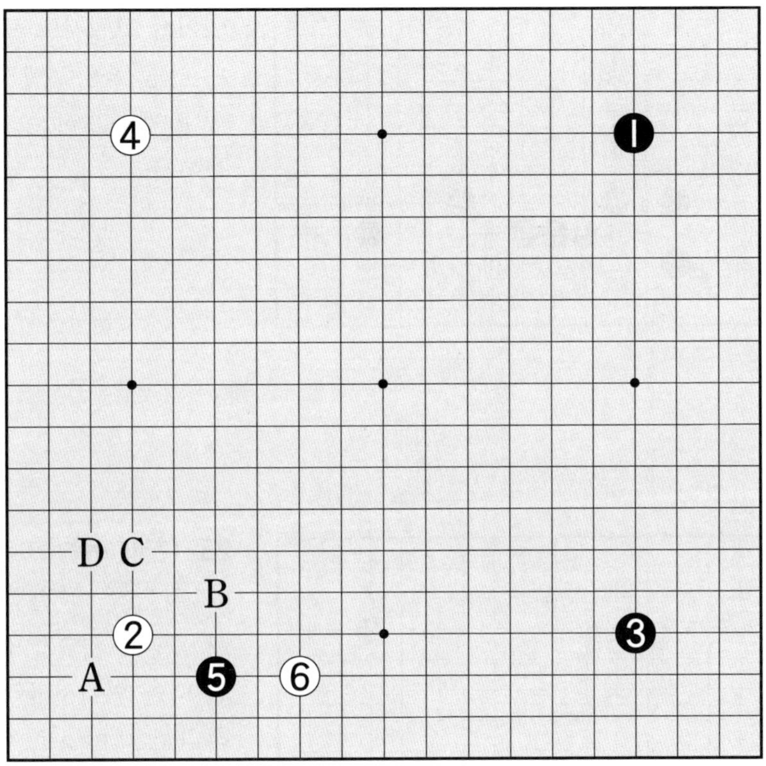

   2연성 대 2연성의 포진에서 흑5로 걸쳤을 때 귀쪽을 순순히 받지 않고 백6으로 협공하는 수가 공격적 성향의 주류이다.

   자, 여기서 흑은 A∼D 중 어느 곳을 선택하는 것이 좋을까?

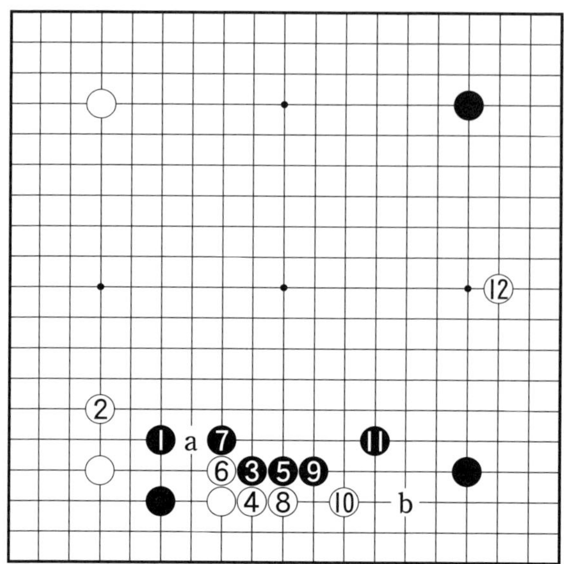

1도

1도 (잘 두지 않는다)

흑1로 뛰고 3에 씌우는 수는 약간 헤픈 감이 있어 두지 않는 추세이다. 흑11에 백12의 갈라침이 호점이어서 그럴지도 모른다.

　다음 흑a로 빳빳하게 잇고 백b로 뛰는 진행이 보통이다.

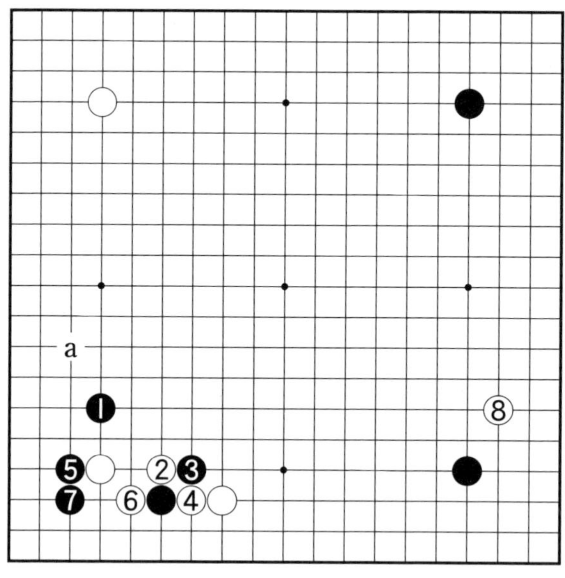

2도

2도 (한때 유행)

흑1의 높은 양걸침은 한때 유행했던 수법이다. 다만 백을 변에서 굳혀주는 데다가 백이 a로 육박해 왔을 때 뭔가 받아야 하는 점이 언짢다.

　백은 a의 활용을 잠시 보류하고 8로 걸쳐 2연성의 의도를 분쇄할 것이다.

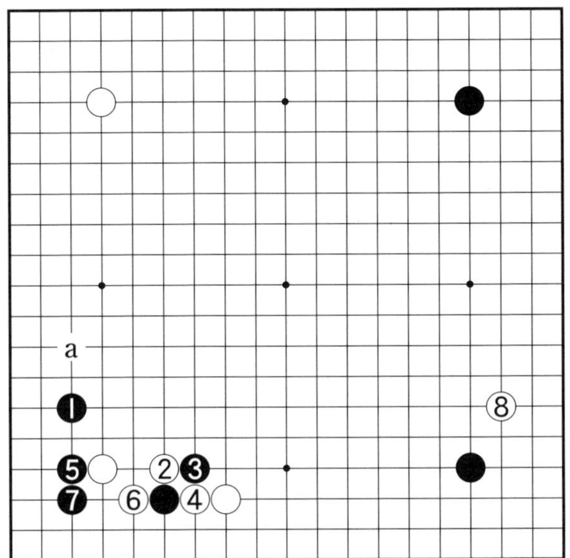

3도

3도 (유력한 수법)

흑1의 낮은 양걸침은 유력한 수법. 이러면 흑7까지 일단락된 다음 백a로 다가오는 수가 전혀 걱정이 안 된다.

백은 8로 걸쳐 이것은 한판의 훌륭한 바둑이다.

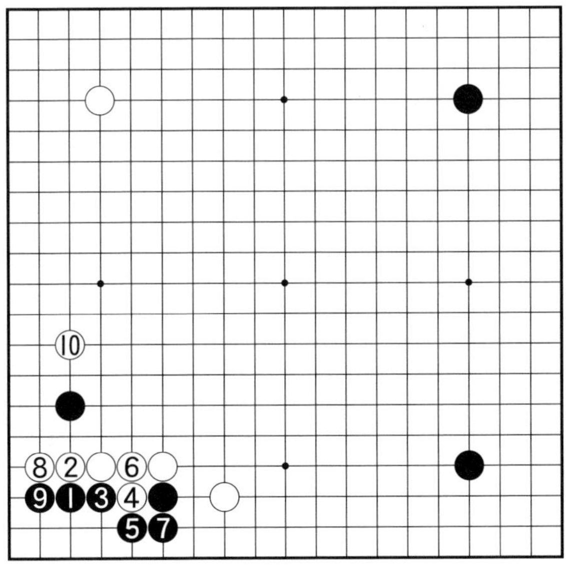

4도

4도 (흑의 변화구)

앞 그림 흑3으로 즉각 이 그림처럼 1에 뛰어드는 것은 변화구이다.

이번에는 백이 2로 막아야 하며 10까지가 예상되는 진행이다.

이 갈림은 백이 약간 두기 편하다는 느낌을 준다.

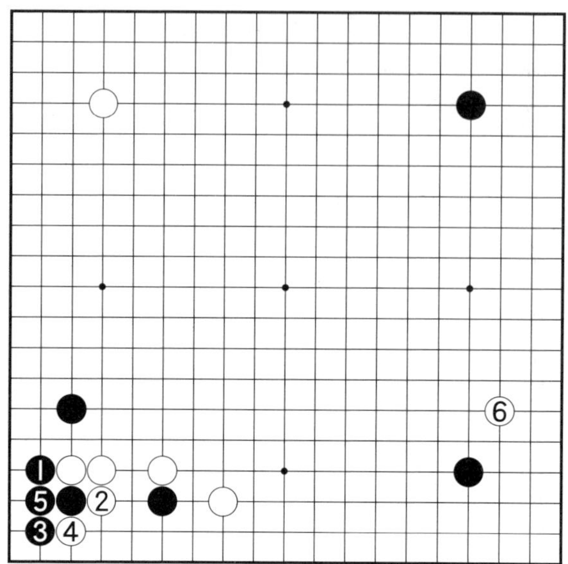

5도

앞 그림 흑3으로 이 그림 1에 젖히는 수법도 가끔 시도되고 있다.

그러나 백2로 막아 넘겨주는 것이 대범한 착상으로 선수를 뽑은 백이 6에 걸치면 좋다고 본다. 귀의 흑은 저위이며 실리도 대단치 않기 때문이다.

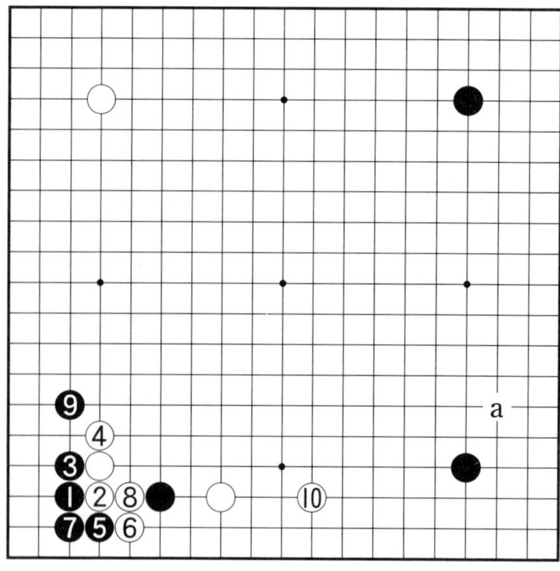

6도

흑1의 3三침입이 상식이다. 백의 두터움도 상당하지만 흑의 실리도 업신여길 수 없다. 호각의 갈림이다. 3도와의 우열은 가릴 수 없다.

이다음 백10으로 두칸 벌리는 행마가 장기전을 지향하는 유연한 수법이다. 물론 a의 걸침도 있을 것이다.

3연성 포석에서 (1)

● 흑 차례

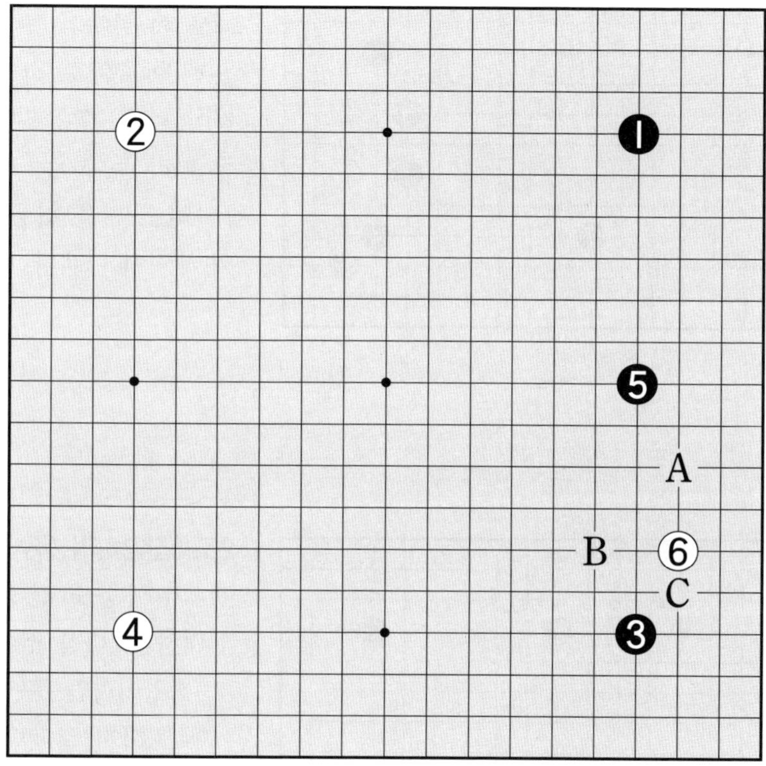

3연성 테마에서의 첫 과제. 백6은 걸침이라기보다는 침입에 가까운 수이다.

자, 여기서 흑은 어떻게 공격해야 할까? A∼C 중 당신이라면 어느 수를 선택할지 생각해보자.

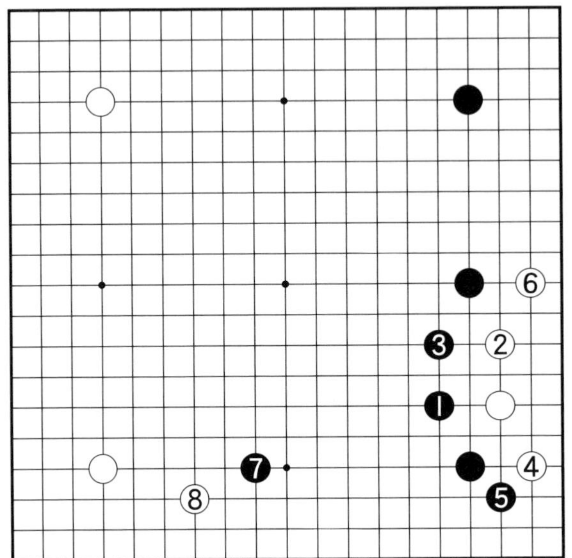

1도

1도 (고압적인 자세)

흑1의 씌움은 고압적인 자세로 유력한 공격법 가운데 하나이다. 그러면 백2는 당연하며, 흑3의 봉쇄도 이 한수의 곳이다.

백6에 흑7로 전개하는 것이 요점. 흑이 우변에서 손 따라 두다가는 백에게 7자리 주변을 허용해 흑의 세력이 바랜다.

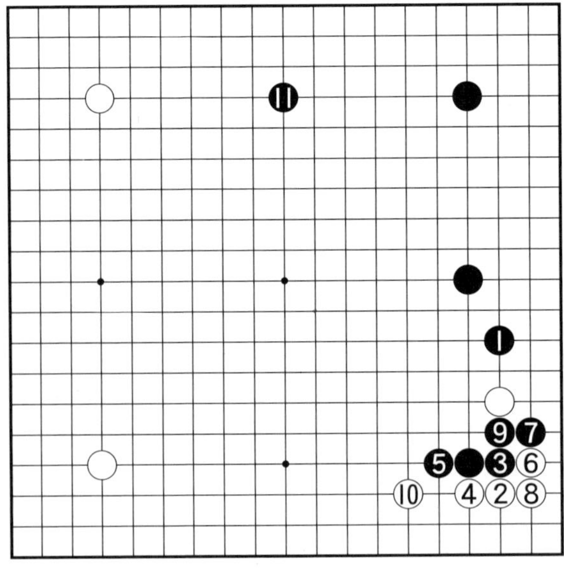

2도

2도 (간명하며 유력)

흑1의 협공도 간명하며 유력하다. 다음 백이 2의 3三침입이라면 무난하다.

백10까지 일단락된 다음 흑11로 상변을 개척해 우상 방면의 흑 모양이 웅대하다.

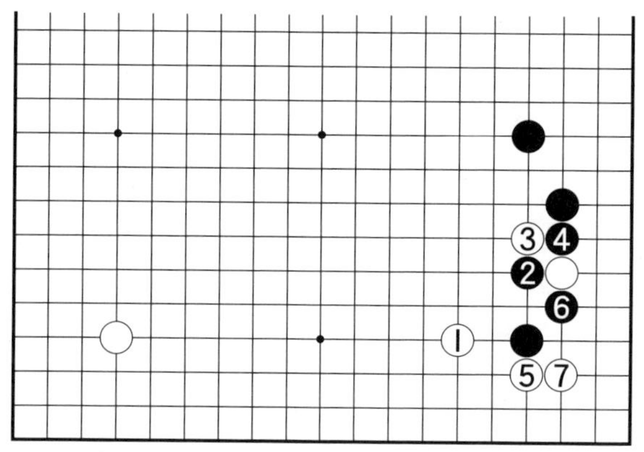

3도

3도 (흑, 당하다)

앞 그림 백2로 이 그림 1
의 양걸침은 변화구. 흑2
의 붙임은 당연한데 백3에
젖혔을 때가 기로이다.

흑4로 끊고 이하 7까지
진행한다면 흑이 당한 모
습이다.

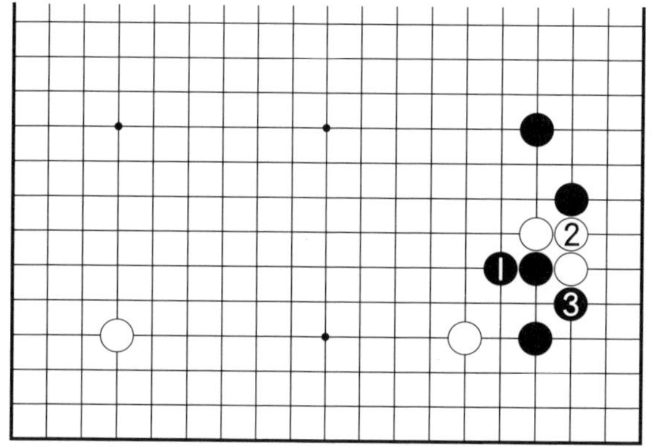

4도

4도 (백, 피곤하다)

앞 그림 흑4로는 이 그림
1에 뻗는 것이 강타이다.

백2에는 흑3의 호구로
막아 양쪽 백을 공격할 태
세를 갖춘다. 백이 피곤한
상황이다.

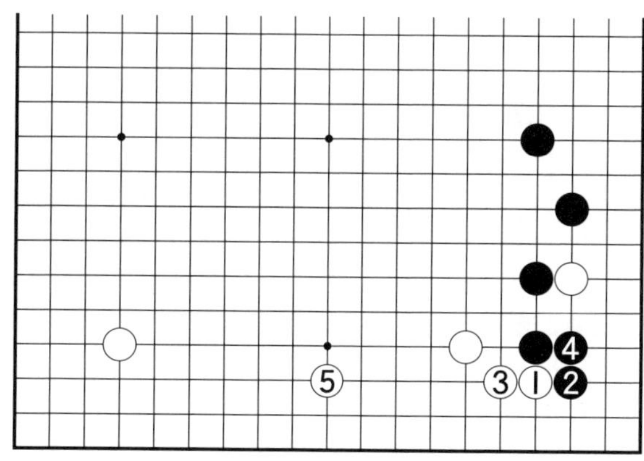

5도

5도 (흑, 다소 유리)

그러므로 백도 달리 생각
해야 한다.

즉, 흑이 붙였을 때 그
냥 백1로 붙이고 3에 끄는
것이 무난한 진행이다. 그
러면 백5까지 흑이 다소
유리한 갈림이다.

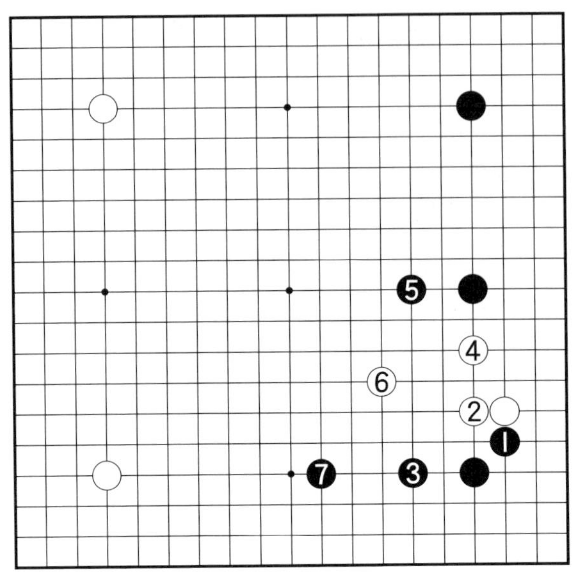

6도

6도 (흑, 즐거운 진행)

흑1의 마늘모붙임이 가장 상식적이며 정도를 따르는 공격이다. 백2로 서게 한 다음 흑3에 뛰는 것이 행마의 요령이다.

백은 4, 6으로 틀을 잡겠지만 흑은 5, 7로 추격하면서 실리를 벌어 즐거운 진행이다.

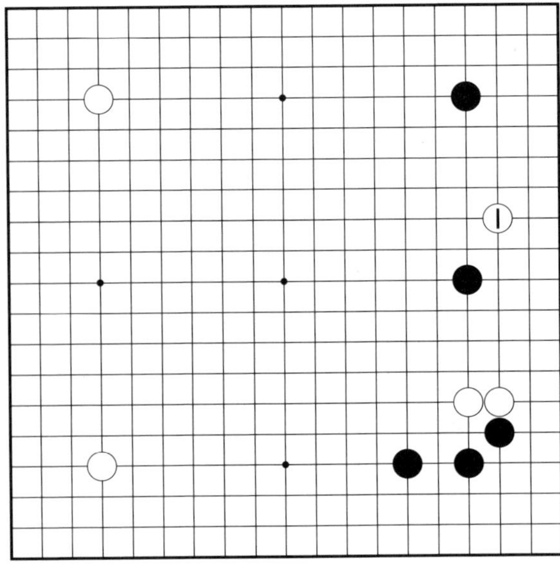

7도

7도 (무리수!)

앞 그림 백4로 이 그림 1에 뛰어들면 흑은 어떻게 대응해야 할까?

접바둑과 같이 실력 차이가 나는 경우라면 모를까, 맞바둑에서 백1은 무리수! 다음 형에서 이 주제를 다룬다.

3연성 포석에서 (2)

● 흑 차례

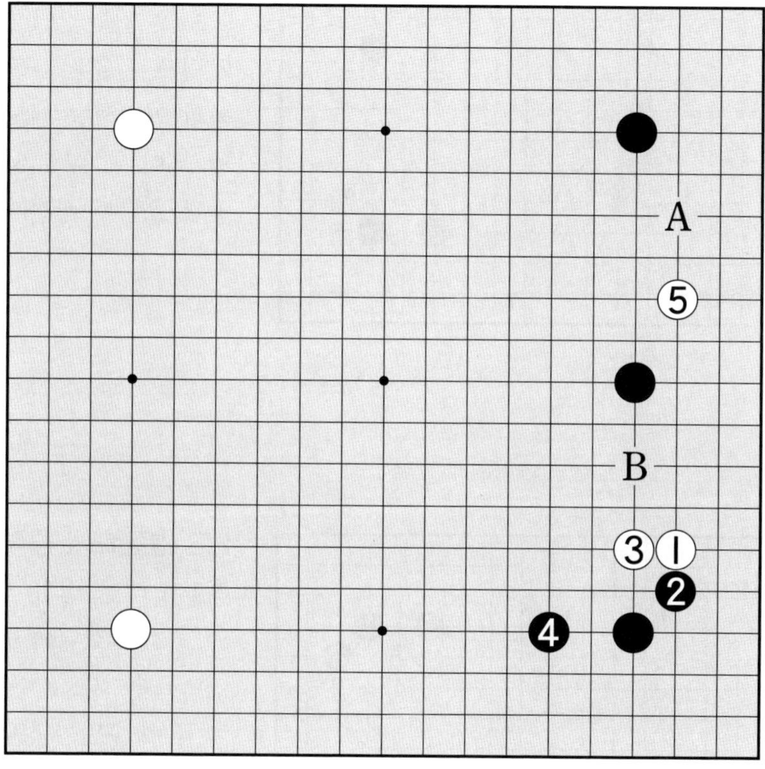

장면이 나오기까지의 수순을 다시 싣는다. 백1의 걸침에 흑2, 4는 교과서적인 대응법이다.

여기서 백5의 변화구는 무리수인데, 흑은 A와 B 가운데 어느 쪽을 선택해야 할까?

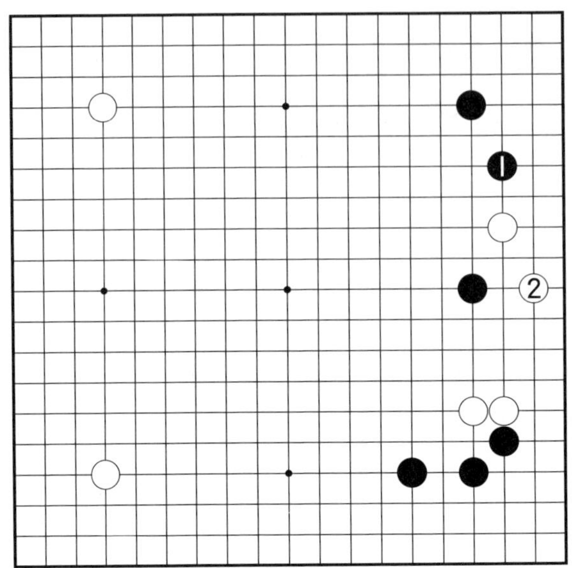

1도

1도 (싱거운 수)

흑1은 우상귀의 실리를 중시하는 행마. 실질적으로도 큰 수이기는 하지만 싱겁다.

　백은 일단 2의 날일자 달림으로 엷더라도 아래쪽과 연결하는 태도를 취할 것이다. 이로써 흑의 공격 흐름이 끊긴다.

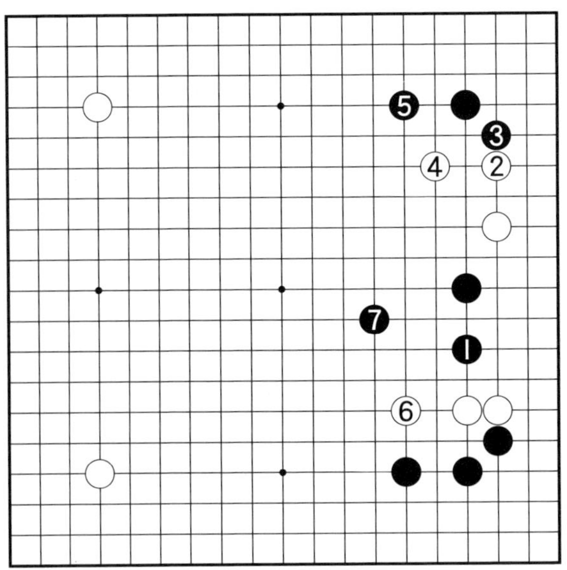

2도

2도 (분단해서 공격한다)

흑1이 백을 쉽게 안정시켜 주지 않겠다는 뜻을 가진 한 수이다.

　꼭 이 수만이 정답은 아니더라도 양쪽 백을 분단해 공격하는 수라면 모두 좋다.

　일례이지만 7까지 흑이 우세한 싸움임은 말할 나위도 없을 것이다.

3연성 포석에서 (3)

● 흑 차례

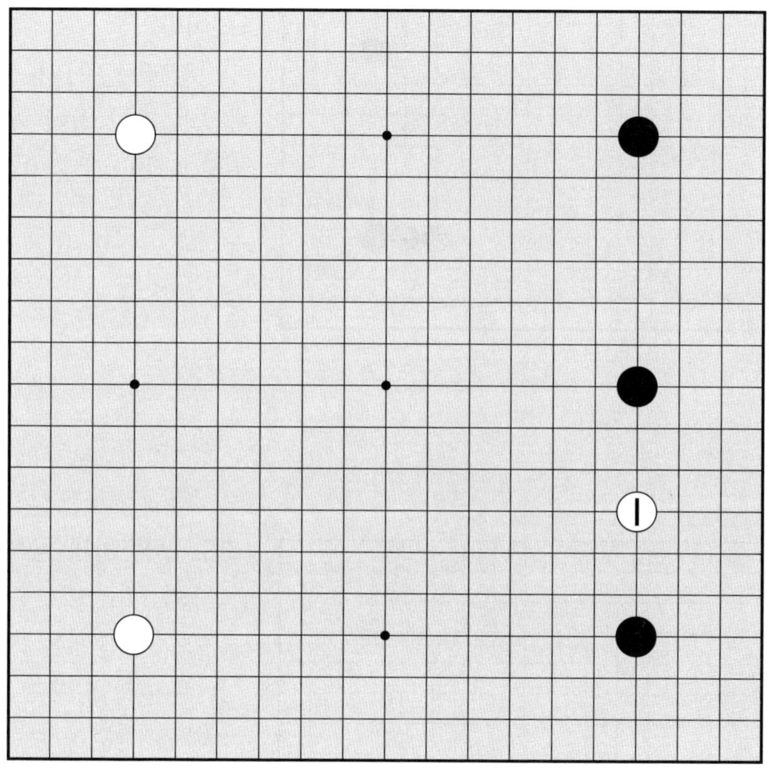

　　흑의 3연성에 대한 백1의 걸침(이 수 역시 침입에 가깝
다). 맞바둑이라기보다는 접바둑용 수법의 성격이 강하다.
　　흑의 응수는 어디가 좋을까? 자, 이 문제는 선택지 힌트
없이 풀어 보자!

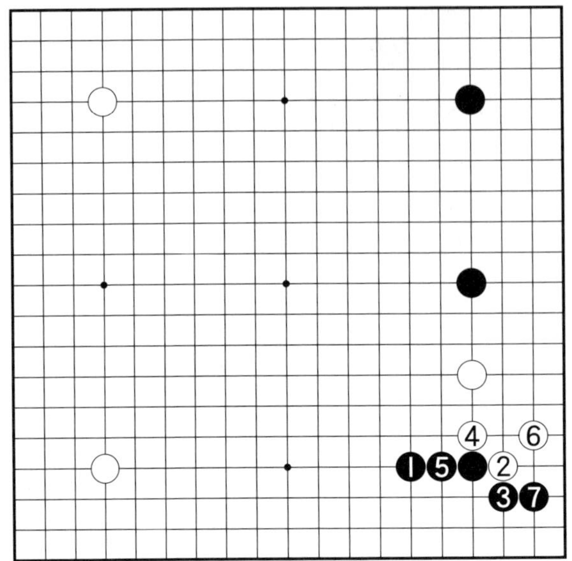

1도

1도 (평범한 호수)

흑1의 한칸 응수가 평범하면서도 좋은 수이다. 백은 2로 붙이고 이하 6까지 안정을 꾀하는 정도일 것이다.

흑7은 근거와 실리의 요점. 귀의 집이 커서 흑이 유리한 갈림이다.

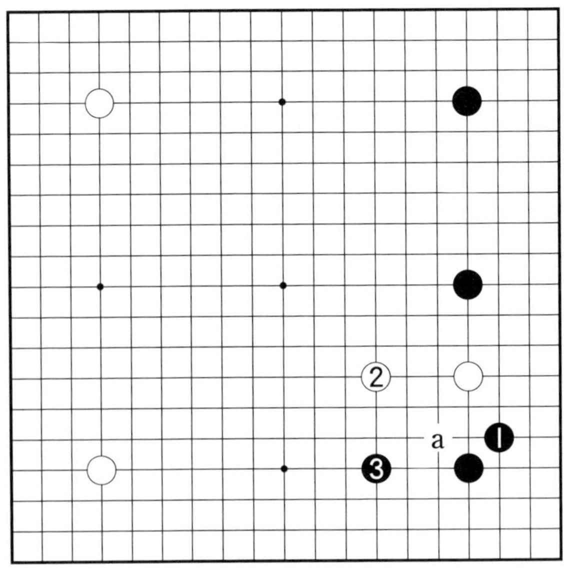

2도

2도 (차분하게 공격한다)

흑1의 마늘모도 유력한 응수. 이 문제는 백 한점을 차분하게 공격하자는 자세를 갖고 있으면 모두 만점을 줄 수 있다.

흑1 대신 a쪽 마늘모도 행마는 좀 이상하게 보이지만 가능한 수이다.

3연성 포석에서 (4)

● 흑 차례

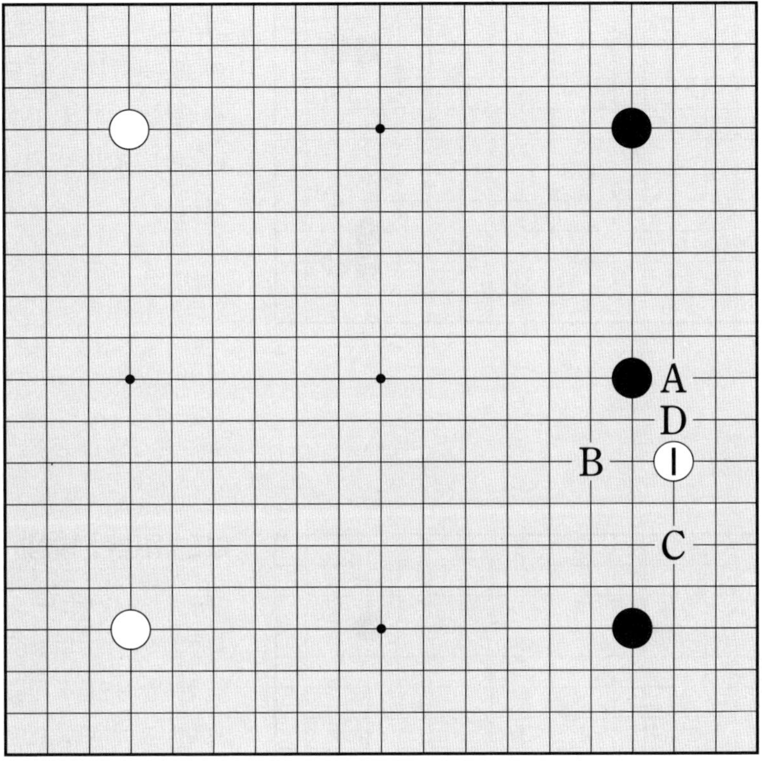

　이번에는 백1의 뛰어들기에 대한 흑의 대응책을 묻는다. 이 수 역시 접바둑 성 변화구의 일종으로 맞바둑에서는 약간 무리한 수법인데….
　A∼D 가운데 당신의 선택은 어디인가?

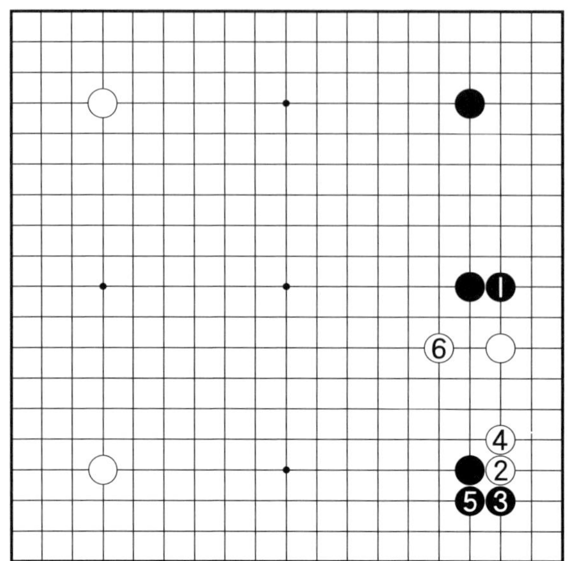

1도

1도 (강수이지만)

흑1의 쌍점은 일명 철주 라고 부르는 강력한 수법 이다.

그러나 이 상황에서는 백2로 붙이기만 해도 6까 지 보듯 어느 정도 안정 형을 얻으므로, 흑은 더 이상의 공격을 기대할 수 없다.

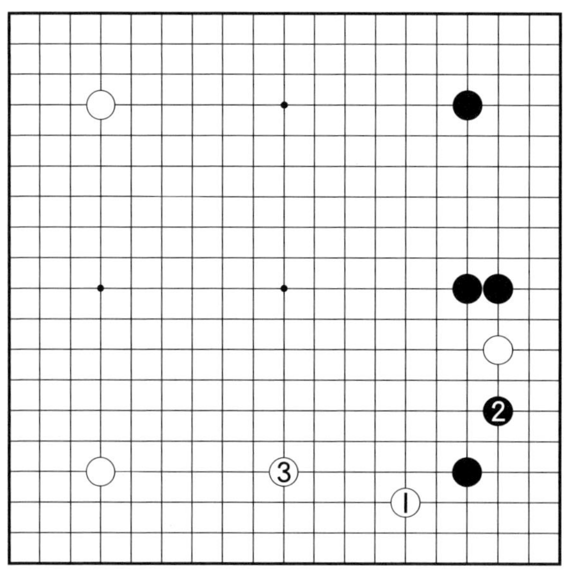

2도

2도 (유연한 발상)

앞 그림 백2로는 이 그림 1쪽에서 걸치는 것도 유 연한 발상이다. 흑2로 받 으면 그때 백3으로 하변 을 구축해 만족할 수 있 을 것이다.

아직 우변 백 한점의 숨 이 남아 있는 점이 백의 자랑이다.

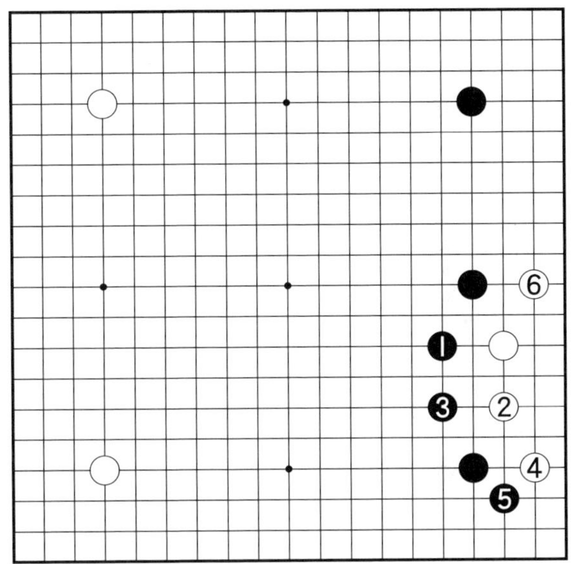

3도

3도 (유력한 공격)

흑1의 씌움은 기세가 충만한 수법. 백2 이하 6까지의 진행은 기억이 좋은 독자라면 앞서 나왔음을 깨달을 것이다.

바로 [11형] 1도와 같은 코스. 유력한 공격법 가운데 하나이다.

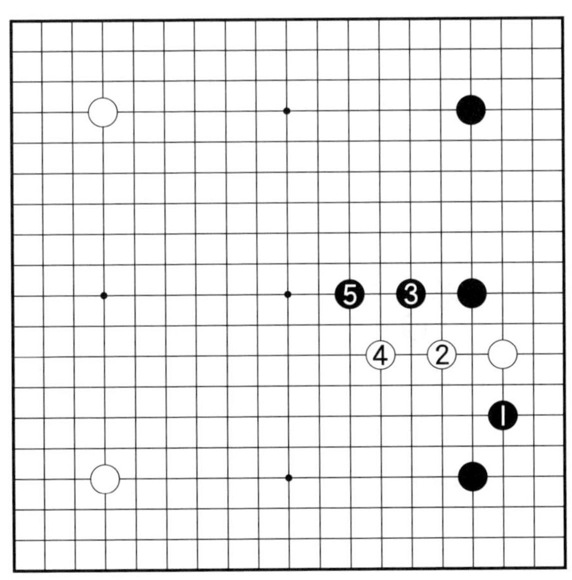

4도

4도 (추천할 만한 행마)

흑1의 날일자가 추천할 만한 공격 행마이다. 백2로 뛰면 흑도 3에 뛰고 백4로 또 뛰면 흑도 같이 5에 뛰어 당당한 진행이다.

주의할 사항은 적당한 시기에 우하귀를 지켜야 한다는 점이다.

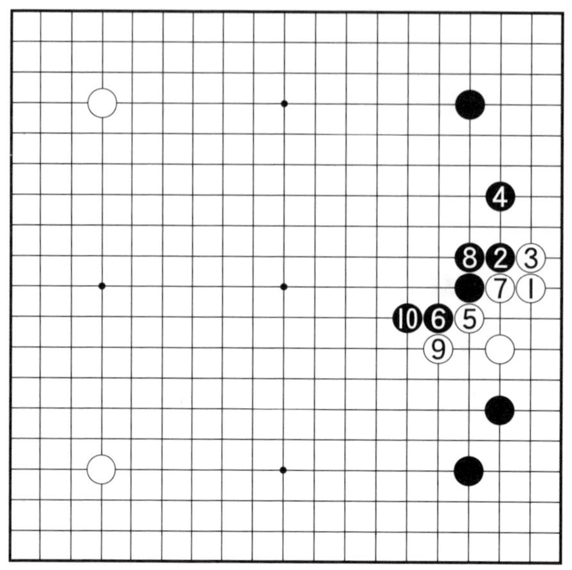

5도

5도 (세력을 얻어서 만족)

앞 그림 백2로 이 그림 1에 달려서 자체 삶을 꾀해 오면 흑은 느긋하게 2, 4로 받아서 좋다.

백5 이하 9면 흑은 이 백을 더 이상 공격할 수 없지만, 흑10까지 바깥쪽에 강력한 세력을 얻었으므로 만족할 수 있다.

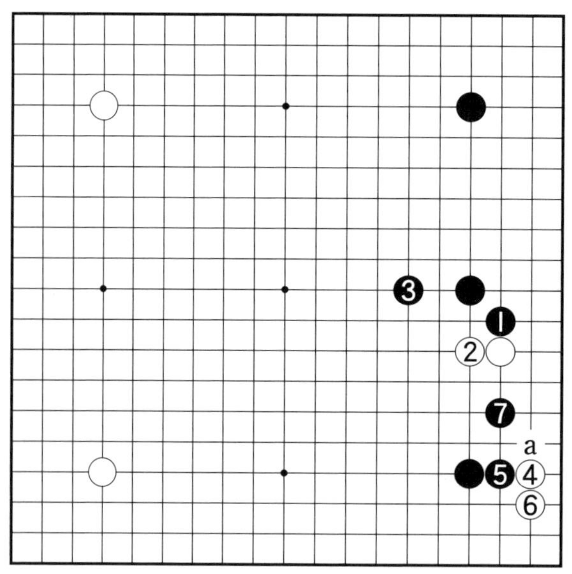

6도

6도 (공격적 자세가 중요)

흑1로 마늘모 붙이고 3에 뛰는 공격법도 유력하다. 요컨대 공격적인 자세의 수는 모두 만점!

백4의 슬라이딩에는 흑5로 치받고 7에 뛰는 것이 행마의 요령이다. 백6으로 a면 흑은 6에 막는다.

3연성 포석에서 (5)

○ 백 차례

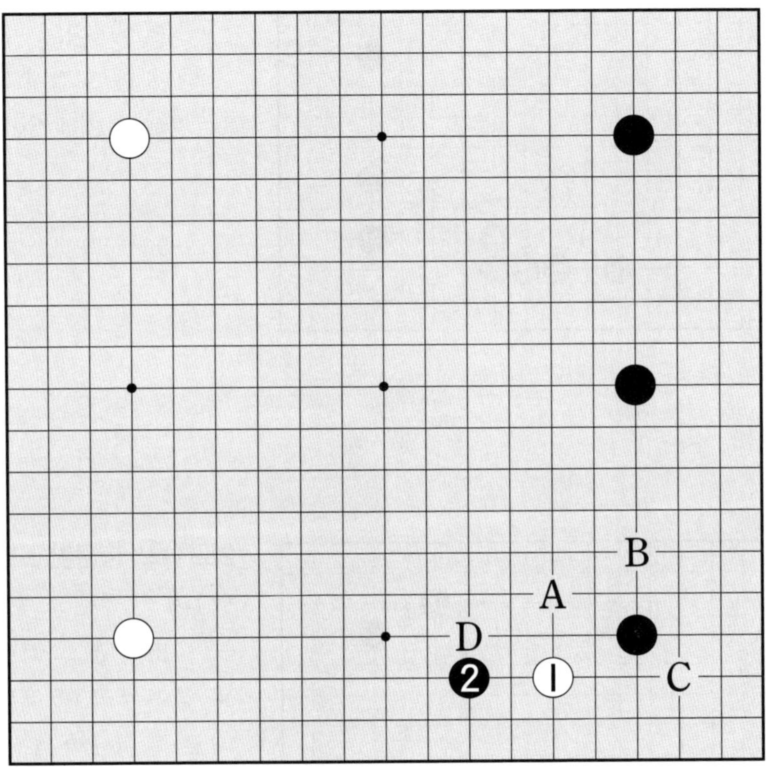

흑의 3연성을 상대로 백1의 걸침은 가장 많이 쓰이는 수법이다.

거기서 흑이 2로 급격하게 협공해 오면 백은 어떤 행마를 해야 할까? A~D 가운데 선택해 보자.

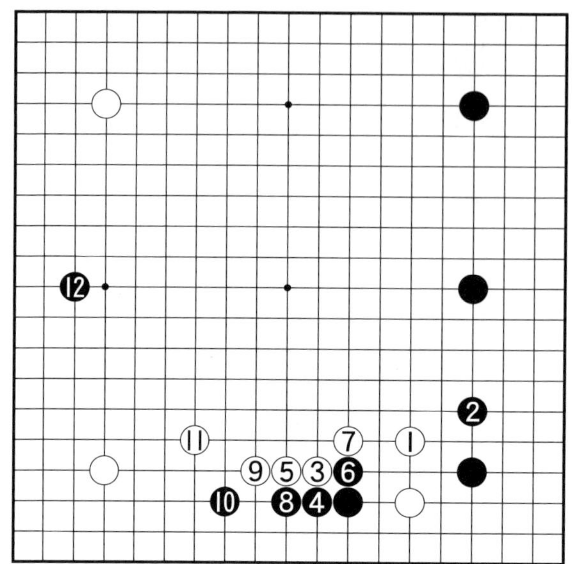

1도

1도 (백, 싱겁다)

백1로 뛰고 3에 씌우는 패턴은 앞서 연구한 2연성에서도 나왔다. 백11에 흑12의 갈라침이 당연하면서도 호점이다.

　백이 좀 싱겁지 않느냐는 견해가 지배적이다.

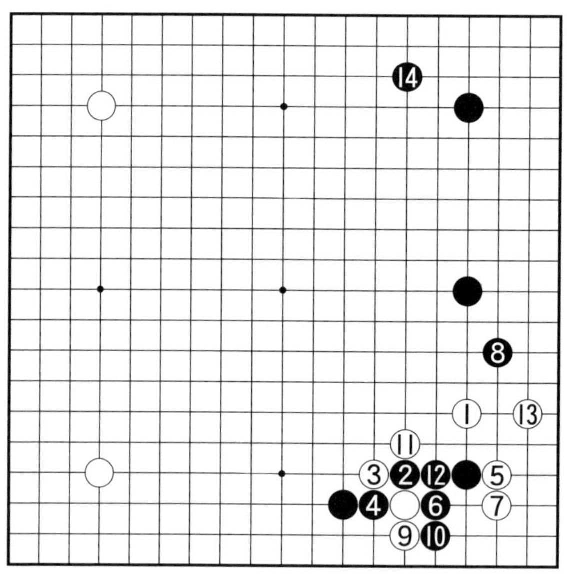

2도

2도 (흑, 충분한 모습)

백1의 양걸침도 흔히 쓰는 수법이다. 그러나 흑2로 붙여서 백이 해달라는 대로 해줘 7까지 된다고 해도 흑은 불만은 없는 갈림이다.

　흑은 8을 선수한 후 우상귀에 손을 돌려 충분한 모습이다.

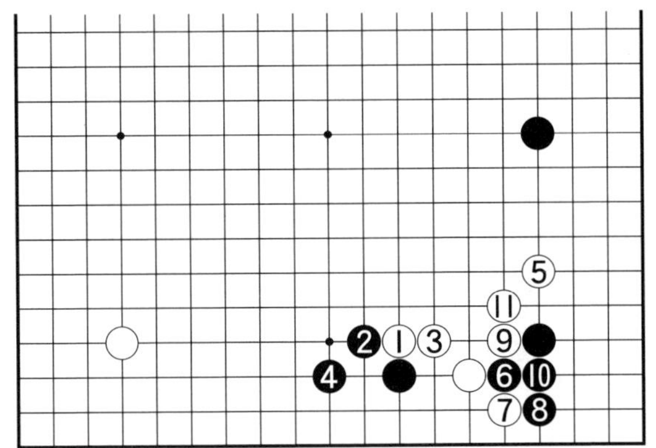

3도

3도 (선택의 폭을 준다)

백1에 붙이고 흑2에 백3으로 끄는 수는 흑에게 선택의 폭을 준다.

흑4로 호구치면 백5의 양걸침은 필연. 여기서 흑은 6의 마늘모로 붙여도 둘 만하다. 백11 다음~

4도 (간명한 행마)

흑은 1에 붙이고 3에 끌어 귀를 안정시키는 것이 간명한 행마로 실리도 제법 크다.

이어서 백4의 보강이 필연일 때 흑5로 뛰어 충분한 갈림이다.

4도

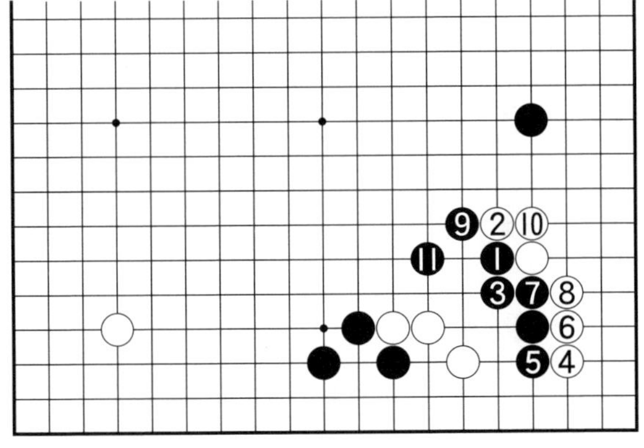

5도

5도 (흑, 불만 없다)

3도 흑6으로는 이 그림 1에 붙여 싸우는 수도 훌륭하게 성립한다.

백은 2에서 4로 귀를 파겠지만 흑은 11까지 백 석점을 제압해 불만이 없을 것이다.

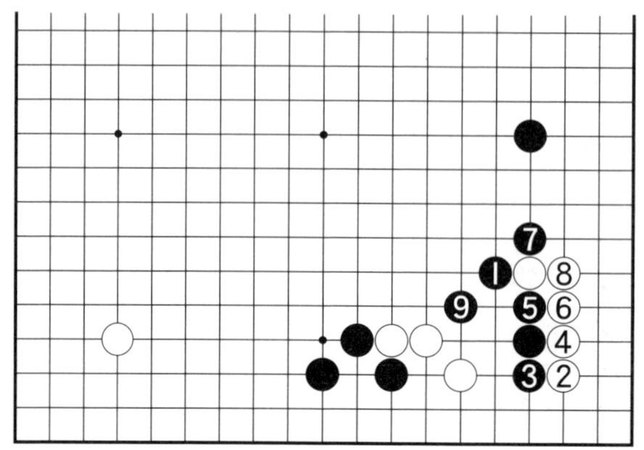

6도

6도 (흑, 둘 만하다)

흑1로 붙였을 때 백2로 즉 각 3三에 뛰어드는 수도 있다.

그러면 흑3쪽을 막고 이하 9까지가 행마의 틀. 이 결과도 흑이 둘 만하다.

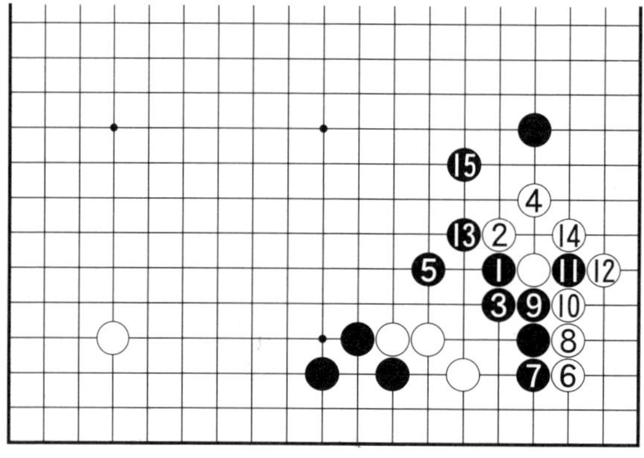

7도

7도 (흑, 두텁다)

흑1로 붙였을 때 백2에 젖히고 4로 호구치는 수도 때로는 쓰인다.

그러면 흑5가 행마의 요령. 백6 이하는 예정된 코스로 15까지 흑이 두텁다.

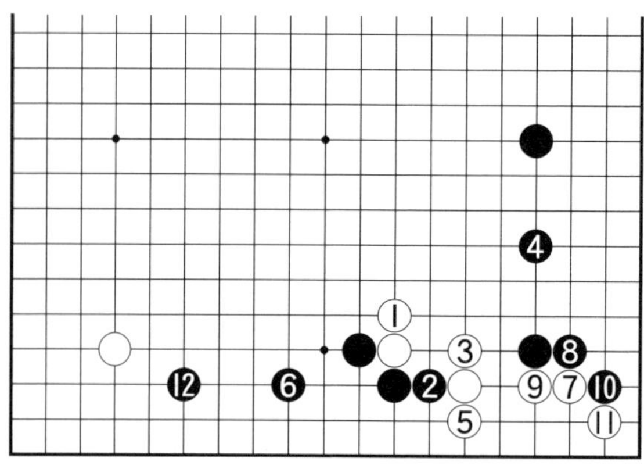

8도

8도 (흑, 발 빠르다)

3도 흑2로 젖혔을 때 백은 끌지 않고 1쪽을 뻗는 수도 있다.

흑은 2로 치받고 4에 벌리면 간명한 일책. 백5에는 흑6 이하 12까지 대응해 발 빠른 포석이다.

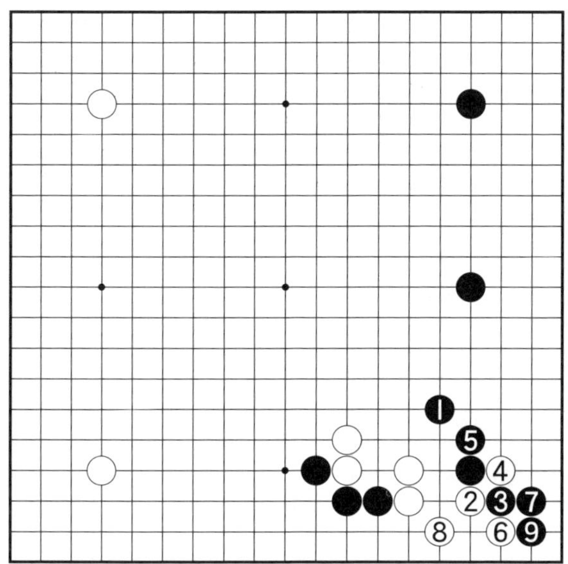

9도

9도 (유력한 날일자)

앞 그림 흑4로는 이 그림 1의 날일자로 높게 가는 것도 유력한 수법이다.

백2, 4의 맞끊음에는 흑3, 5가 행마의 요령이다. 백은 6에서 8을 선수하는 정도이며, 흑9의 꼬부림은 중요한 응수이다.

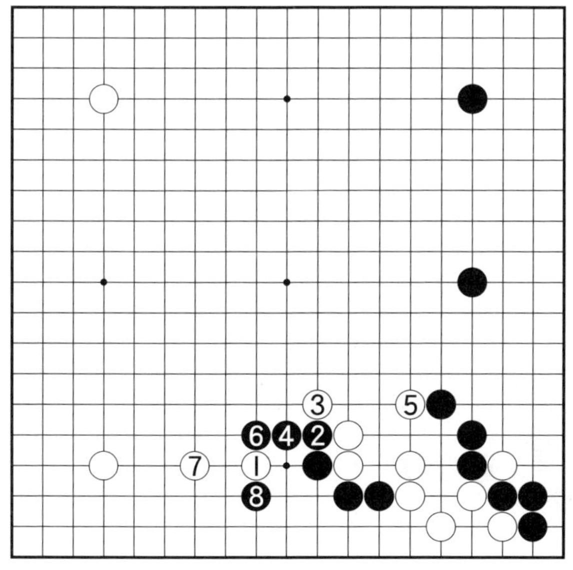

10도

10도 (귀의 실리가 크다)

계속해서 백은 1로 공격해 대가를 구하게 된다. 흑은 궁색해 보이지만 2에서 4로 진출하고, 백5의 보강을 기다려 흑6, 8로 안정한다.

우하귀 쪽의 실리가 커 흑이 나쁘지 않은 갈림이라고 생각된다.

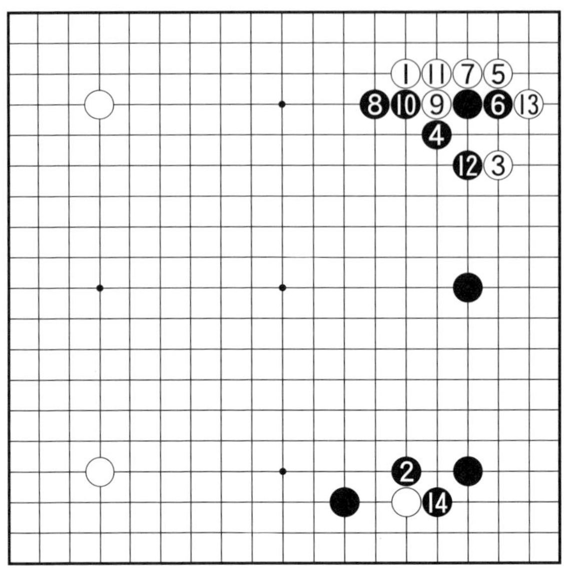

11도

11도 (흑이 두기 편하다)

스피드 시대의 취향 하나. 우하귀를 이대로 놔두고 백1로 우상귀로 걸쳐가는 발 빠른 수법이 그것이다.

흑2는 기세이며, 여기서 백3의 양걸침. 다만 14까지 우하 방면이 커 흑이 두기 편하다고 생각하지만, 작전에 따라서는 시도해 볼 수도 있을 것이다.

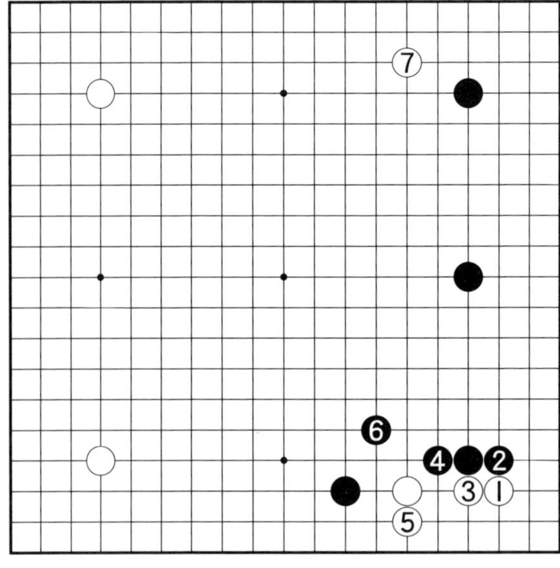

12도

12도 (평범하지만 좋다)

'가장 평범한 것이 가장 좋다'고 한다. 백1로 3三 침입하는 것이 가장 무난한 행마이다.

부분적으로는 6까지 흑도 두텁지만, 백은 선수로 귀의 실리를 얻어 만족한다. 백7에 걸쳐가 상식적인 포석이 된다.

3연성 포석에서 (6)

● 흑 차례

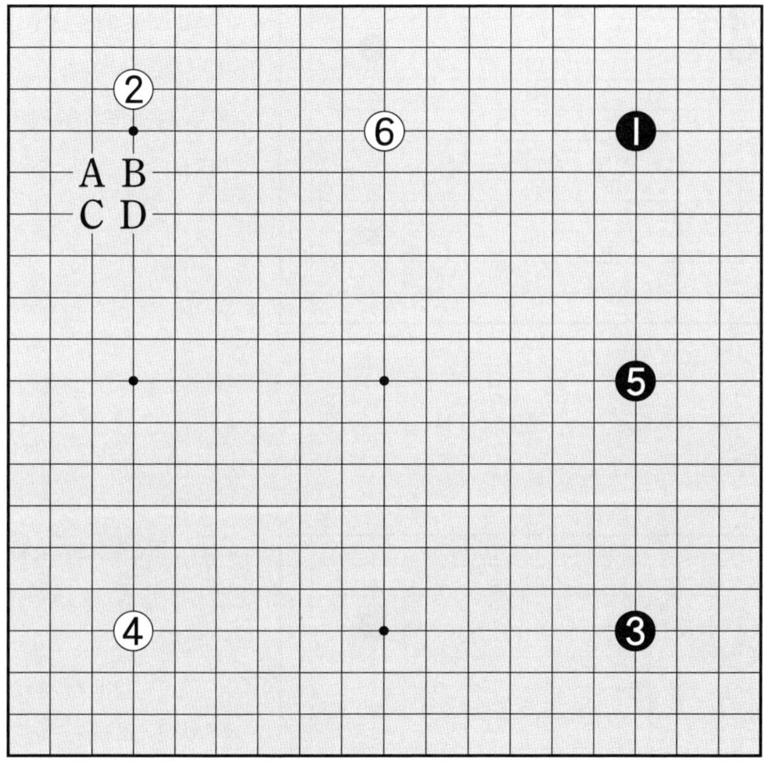

　흑1∼5의 3연성에 대항해 백2의 소목과 4의 화점을 배합한 포진에서 상변을 백6으로 전개하는 수도 유력한 착상이다.

　흑의 다음 수를 A∼D 가운데 선택한다면 어디가 바람직할까?

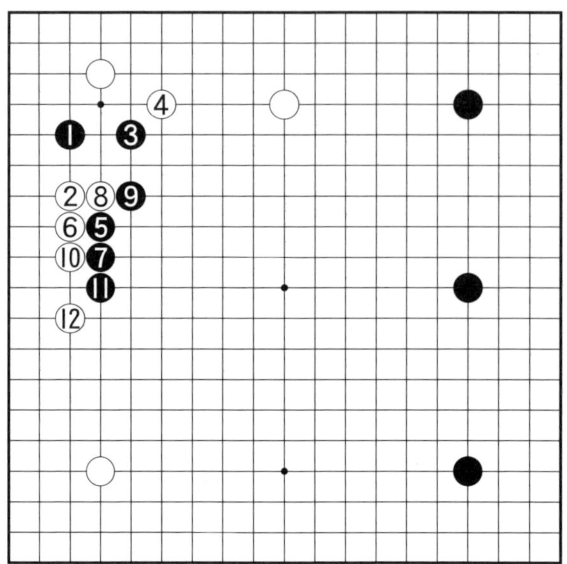

1도

1도 (협공을 부른다)

흑1의 날일자걸침은 백의 협공을 부른다. 일례로 백 2의 한칸협공.

흑3에 뛰고 5에 씌우는 수를 시도해도 이하 12까 지 보듯이 흑이 얻은 세력 보다는 백의 실리가 우세 하다.

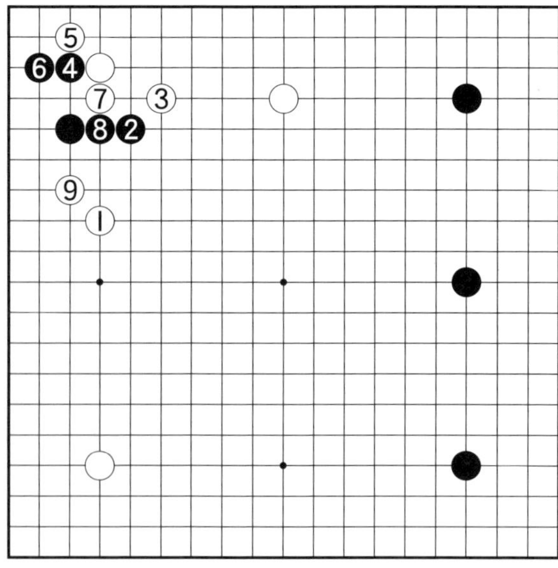

2도

2도 (두칸협공도 유력)

백1의 두칸높은협공도 유 력하다.

흑은 2에서 4로 붙여 안정을 꾀해도 백9가 준 엄한 수여서 약간 불안한 모습이다. 흑이 불만스런 진행이다.

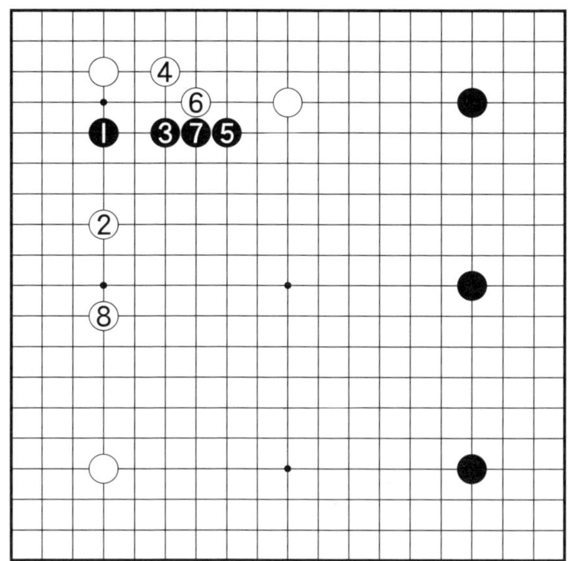

3도

3도 (백의 주문)

흑1의 한칸걸침은 백의 주문이다. 이때 백2의 두 칸높은협공이 매서운 수이다.

흑3, 백4, 흑5 때 백6으로 하나 들여다보고 8에 벌려 백은 양쪽을 모두 둘 수 있다.

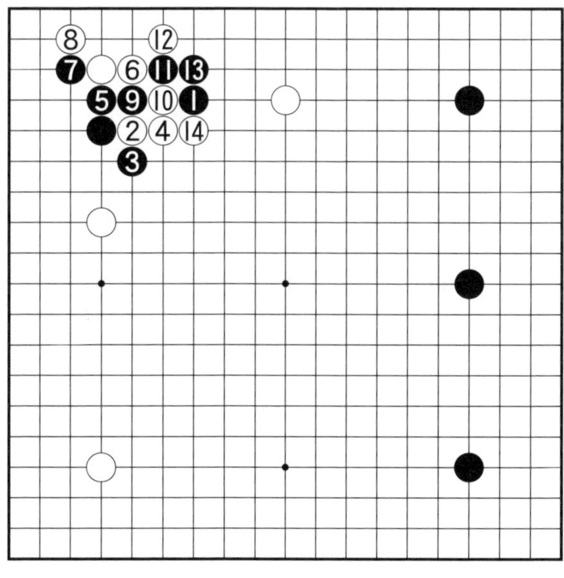

4도

4도 (흑, 어려운 싸움)

앞 그림 흑3으로 이 그림 1의 눈목자씌움이 있지 않느냐고 반문하는 분이 있을지도 모른다.

그러나 백2 이하 6이 강수. 상변 화점에 백 한 점이 있는 만큼 이 싸움에서 흑이 좋은 결과를 얻어내기는 힘들다.

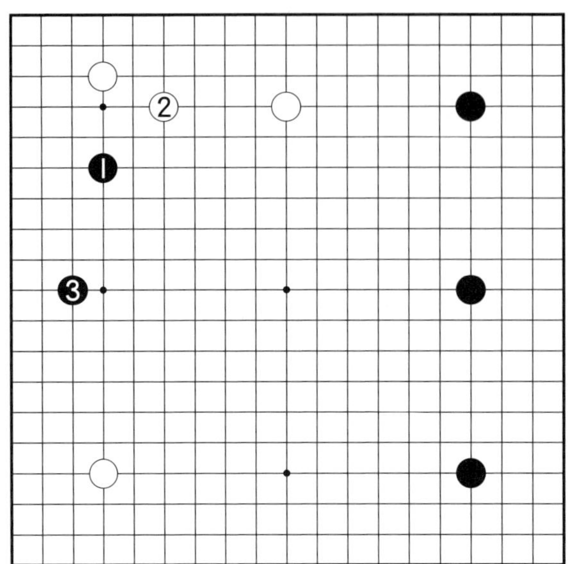

5도

5도 (떨어져서 걸친다)

따라서 흑은 근접된 걸침보다는 약간 떨어져서 걸치는 편이 바람직하다.

그런 점에서 흑1의 두 칸걸침이 일책. 백2로 받아주면 흑3으로 벌려서 유연한 흐름이 된다.

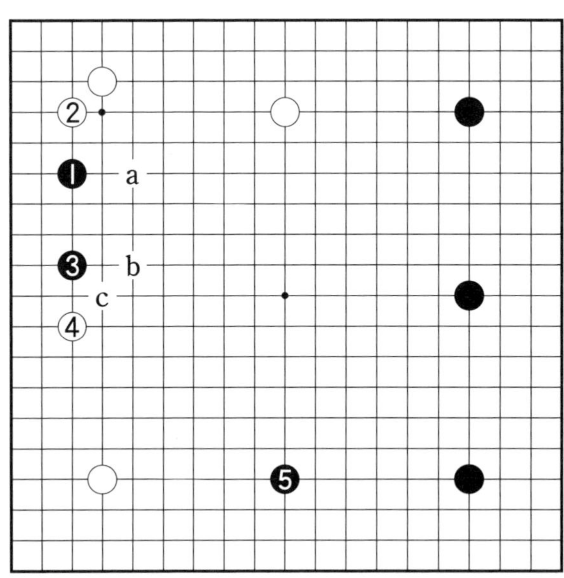

6도

6도 (눈목자걸침도 유력)

같은 맥락에서 흑1의 눈목자걸침도 유력한 수이다. 오히려 이쪽이 더 많이 쓰이고 있다. 백2에 흑3으로 벌려서 일단은 안정형. 다만 백4로 다가와 압박하는 것이 거슬리지만 이 흑은 그리 심하게 공격당할 모양이 아니다. 염려가 된다면 백4 때 흑a나 b로 지킨다. 또 흑3으로는 c로 높게 여유 있는 벌림도 유연하다.

3연성 포석에서 (7)

● 흑 차례

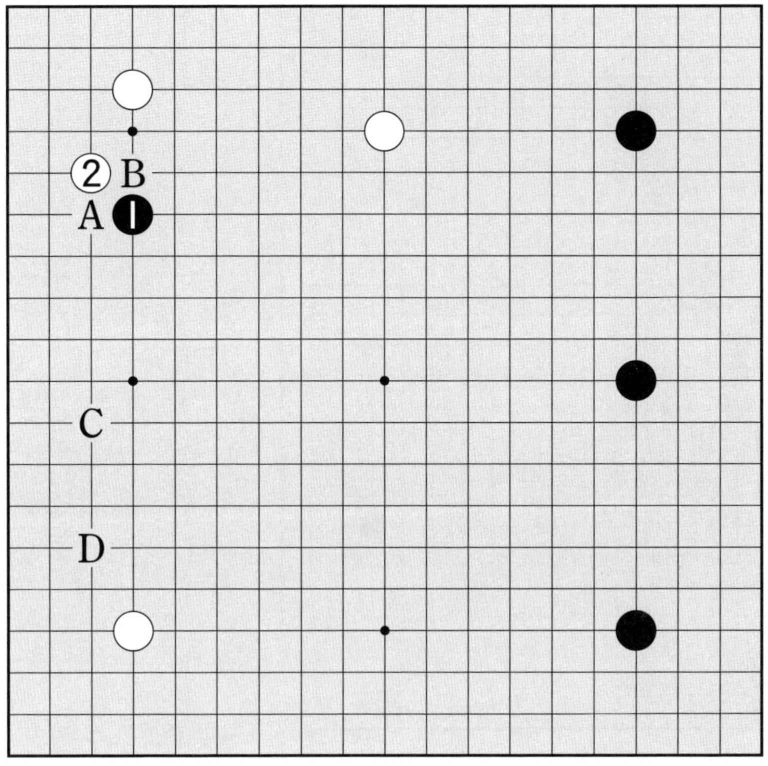

　흑1의 두칸걸침에 대해 백2로 오면 흑은 어떻게 대응해야 할까?

　일견 A와 B의 둘 중 하나가 보통이지만, C 또는 D와 같은 특이한 구상도 나올 수 있다. 당신이라면 어느 쪽을 선택할지 작전을 구상해보자.

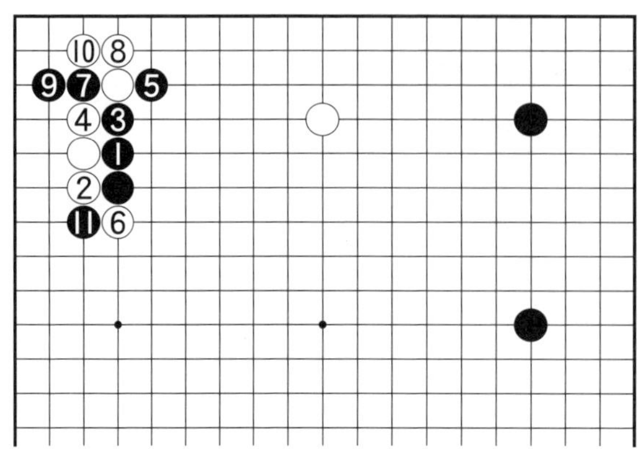

1도

1도 (밀어붙이기 정석)

흑1로 위에서 누르면 백은 2로 밀고 나올 것이다.

필연적으로 흑은 3에 치받고 백4 이하 큰 밀어붙이기 정석으로 진행된다. 흑11로 끊은 다음~

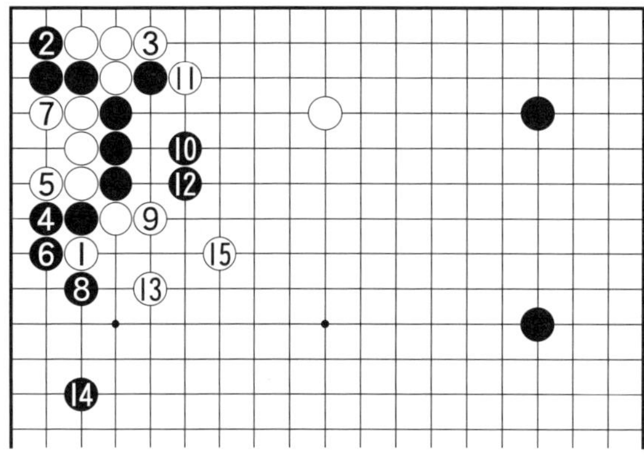

2도

2도 (갈 길이 험난하다)

백1~15는 밀어붙이기 정석의 일종이다.

그러나 흑이 나가야 할 방향인 상변 쪽의 화점을 백 한점이 점령하고 있는 만큼 갈 길이 험난한 모습이다.

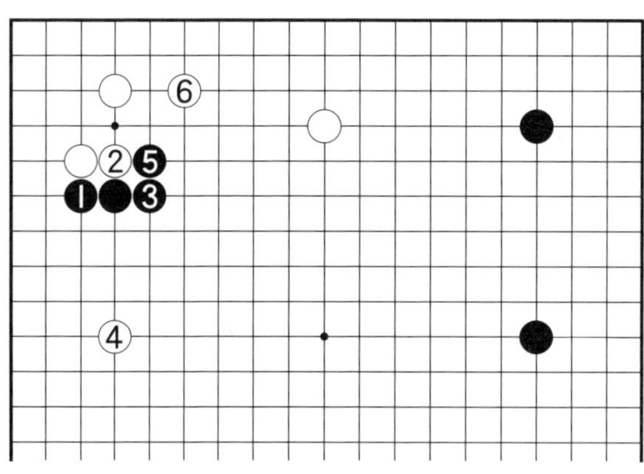

3도

3도 (백의 주문)

흑1로 막는 수도 백의 주문 가운데 하나이다.

백2로 밀고 변의 4로 협공해 올 것이 빤하다. 백6까지 흑이 약간 불리한 배석이다.

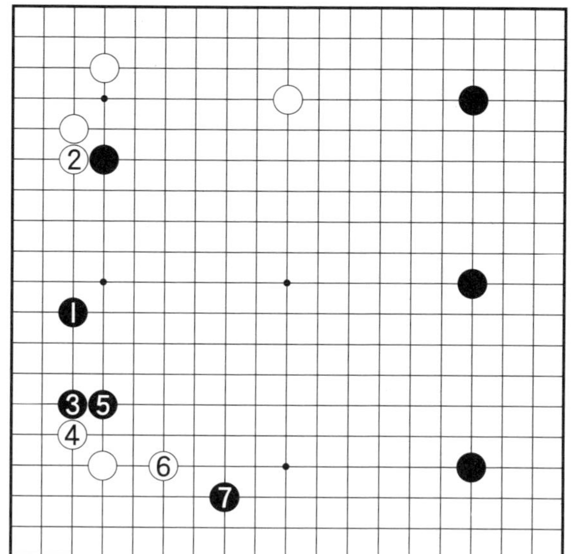

4도

4도 (폭넓은 착상)

흑1의 갈라침은 폭넓은 착상이다. 백2면 흑3으로 걸치겠다는 생각이다.

백4, 6으로 받으면 흑7로 육박해 흑도 둘 만한 진행이다.

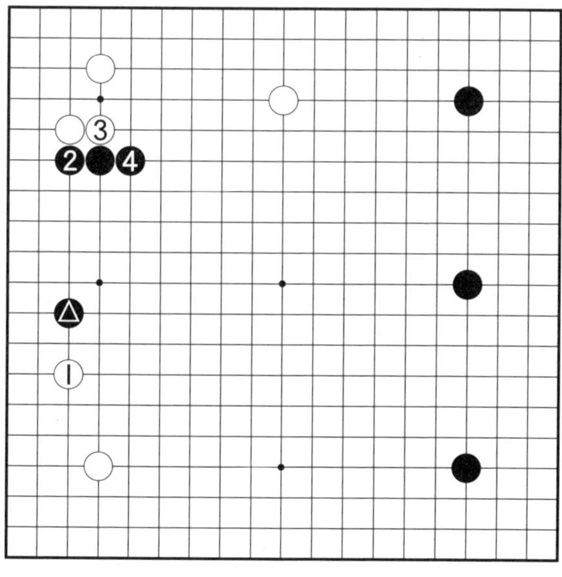

5도

5도 (벌림의 효과)

만일 백이 1쪽에서 다가선다면 흑은 2로 막고 4까지 올라선다. 이때 흑▲가 벌림의 효과를 주고 있다.

다시 말해 3도에서 부담으로 여겼던 백의 협공을 제어하고 있는 것이다.

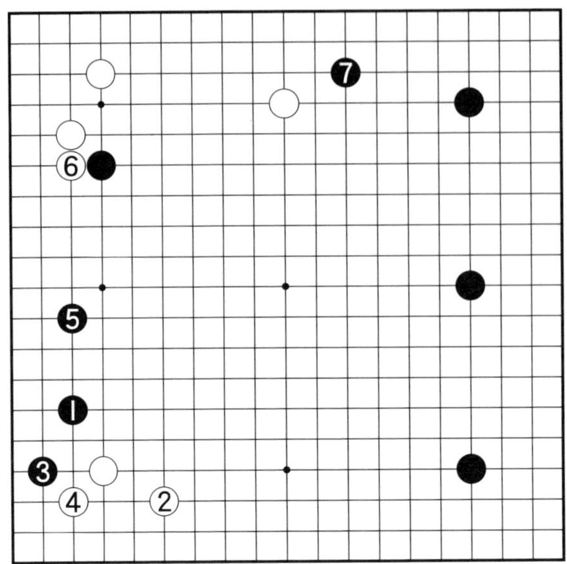

6도

6도 (전략적 걸침)

흑1의 걸침도 생각할 수 있는 전략적 수단이다.

　백2면 흑3, 5로 정석 코스를 밟은 다음 백의 동향을 살핀다. 백6에는 흑7로 상변을 육박해 흑 호조의 흐름이다.

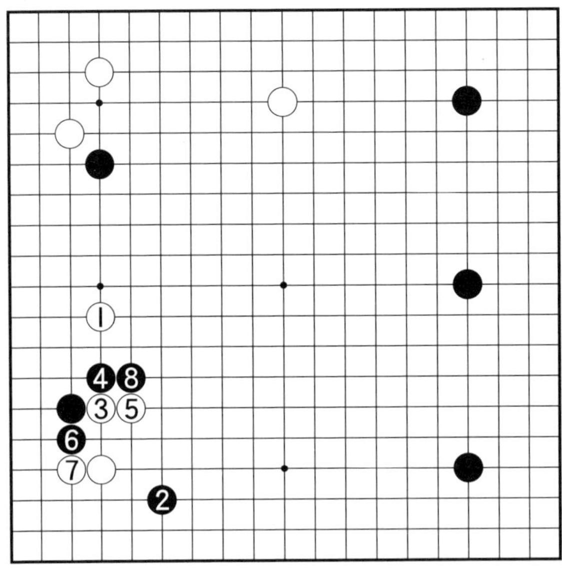

7도

7도 (흑, 싸울 만하다)

그러나 백은 앞 그림 2 대신 이 그림 1로 협공하는 수를 궁리할 것이다.

　그러면 흑2의 양걸침은 필연적이며 기세이기도 하다. 흑8 이후는 어려운 변화가 기다리지만 흑이 충분히 싸울 만하다.

3연성 포석에서 (8)

● 흑 차례

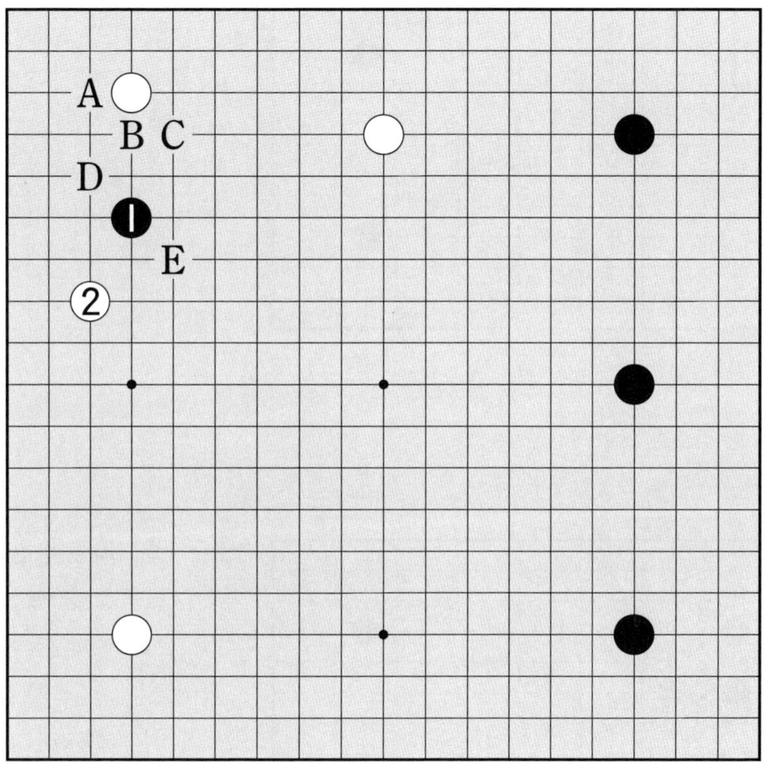

흑1의 두칸걸침 때 백2의 협공. 공격적 바둑에서는 이런 진행을 볼 수 있다.

여기서 흑은 A~E 가운데 어떤 행마가 바람직할까?

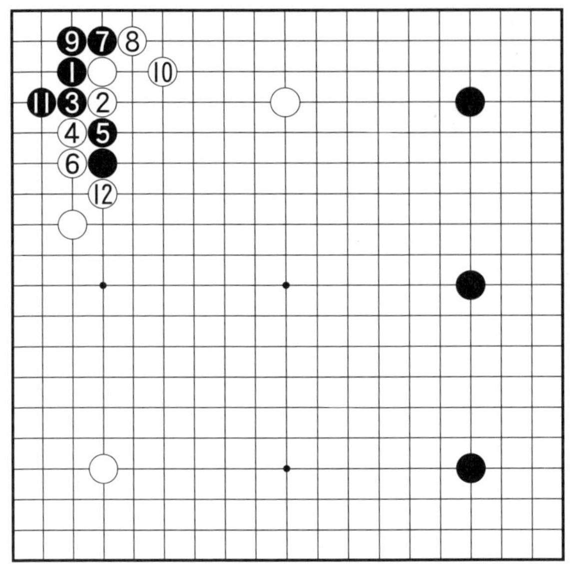

1도

1도 (0점짜리 선택)

흑1로 붙이는 수는 정석을 대충 기억하고 있는 분이 흔히 범하는 실책이다. 백2에서 4로 젖혀 나오는 수가 준엄하다.

귀에서 살기는 하지만 분단된 흑 두점은 거의 움직이기 어려운 상황이다. 흑의 0점짜리 선택이다.

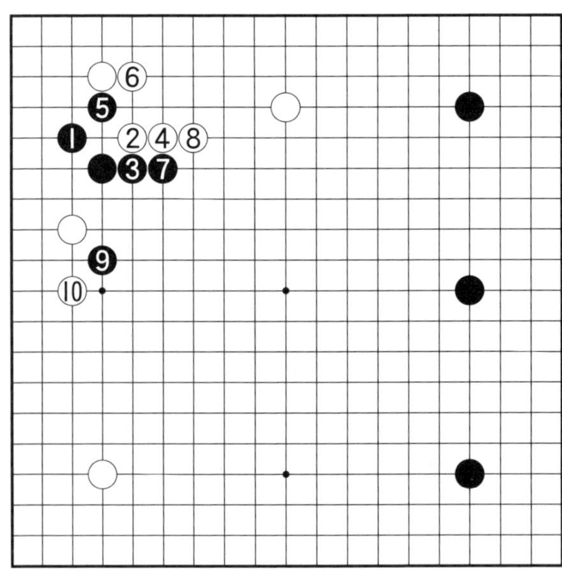

2도

2도 (흑, 괴로운 진행)

흑1은 족보에 있는 행마법. 그러나 백2로 급소를 짚어오는 수가 통렬하다.

상변의 백집이 자연스럽게 부푸는 만큼 흑이 괴로운 진행이다.

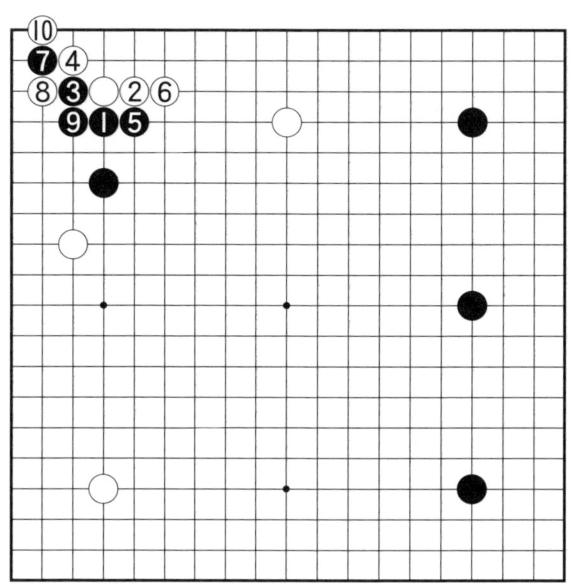

3도

3도 (참을 만하지만)

흑1의 붙임도 흔히 쓰이는 행마이지만 백2로 늘기만 해도 다음 수가 어렵다.

흑3 이하 백10까지 된다면, 백집이 2도보다는 작으므로 흑도 참을 만하다. 그러나 백은 다른 방도가 있다. 그것은~

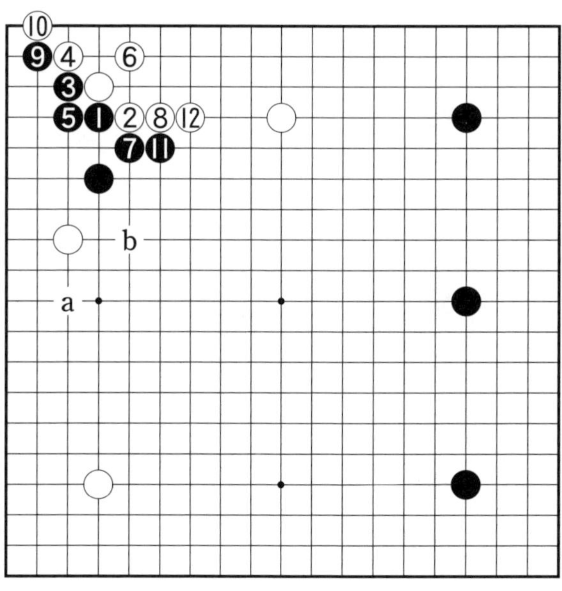

4도 (흑, 조금 답답하다)

흑1 때 백2로 젖히는 것. 부분적으로는 이 수가 최강이다. 흑3에는 백4의 젖힘이 또 강수. 흑5 이하 백12까지가 예상되는데 이건 흑이 조금 답답하다.

다음 흑a에는 백b로 뛰어나가 백이 충분히 싸울 수 있다.

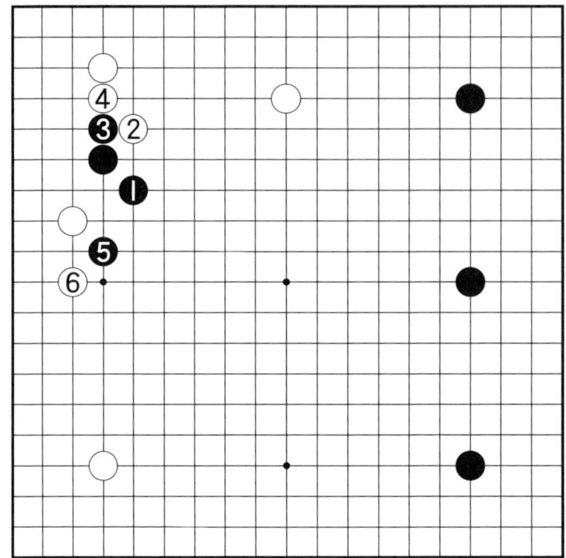

5도

5도 (중앙 마늘모)

흑1의 중앙 마늘모도 언뜻 괜찮은 행마처럼 보인다. 그러나 착각이다.

일단 상하의 백을 분단하는 데는 성공하지만, 백2가 통렬한 일격이어서 상변의 백집이 커진다. 흑5에는 백6으로 비켜서 백이 충분한 갈림이다.

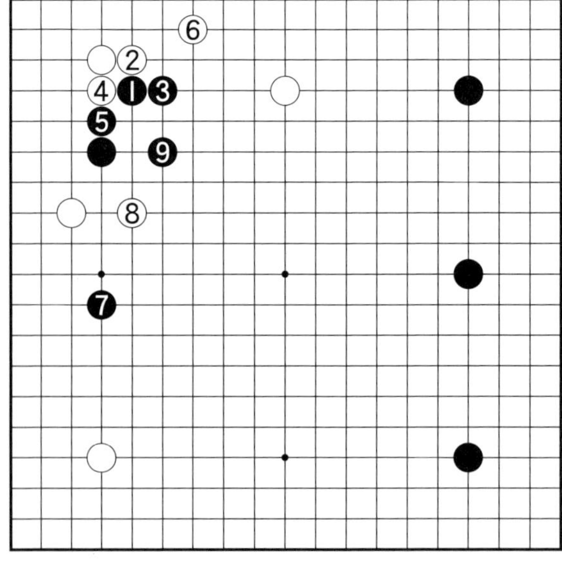

6도

6도 (행마의 표본)

흑1로 어깨를 짚어가는 것이 형태상의 급소로 행마의 표본이다.

그러면 백2 이하 6까지는 쉽게 예상할 수 있는 진행이다.

여기서 흑7로 협공해 백8을 유도한 다음 흑9로 정비해 호각의 갈림이라고 볼 수 있다.

3연성 포석에서 (9)

● 흑 차례

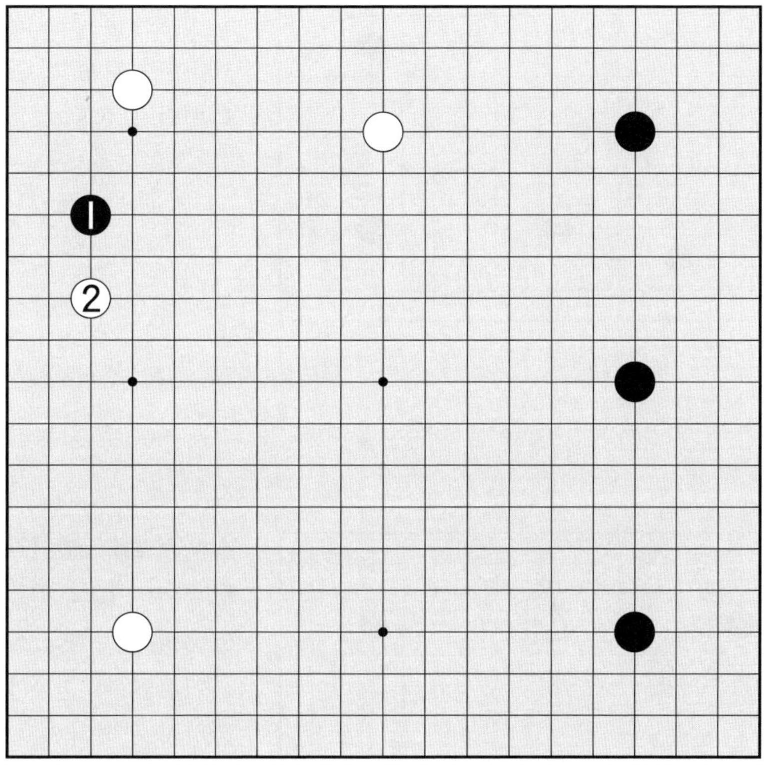

　　흑1의 눈목자걸침에 대해 백2로 협공하는 수도 빈도가
높다.
　　여기서 흑의 행마는 어디가 좋을까? 이 경우의 상식이
므로 힌트 없이 풀어 보기 바란다.

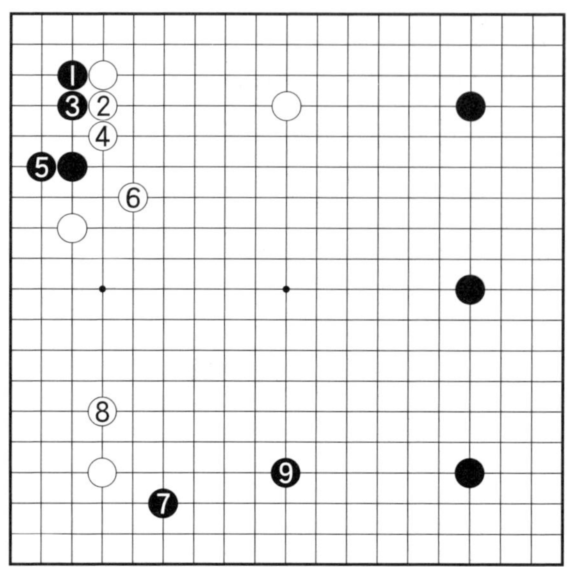

1도

1도 (상식이자 정석)

흑1로 3三의 곳에 붙여가는 것이 상식이자 정석의 코스이다. 다른 곳은 모두 감점이다.

백2로 뻗고 흑3 이하 백6이면 기본정석으로 환원된다.

다음 흑7로 걸치고 9에 전개해 훌륭한 한판의 바둑이 된다.

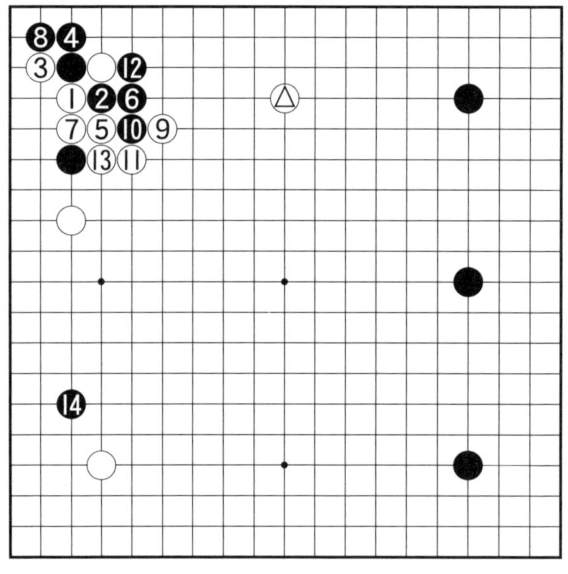

2도

2도 (반발은 부적절)

앞 그림 백2로 이 그림 1에 젖혀 반발하는 수도 정석이지만 이 경우에는 적절하지 못하다.

그 까닭은 백13까지 일단락되었을 때 상변 화점의 백△ 위치가 어정쩡하기 때문이다. 흑14로 손을 돌려 백이 불만스런 진행이다.

3연성 포석에서 (10)

● 흑 차례

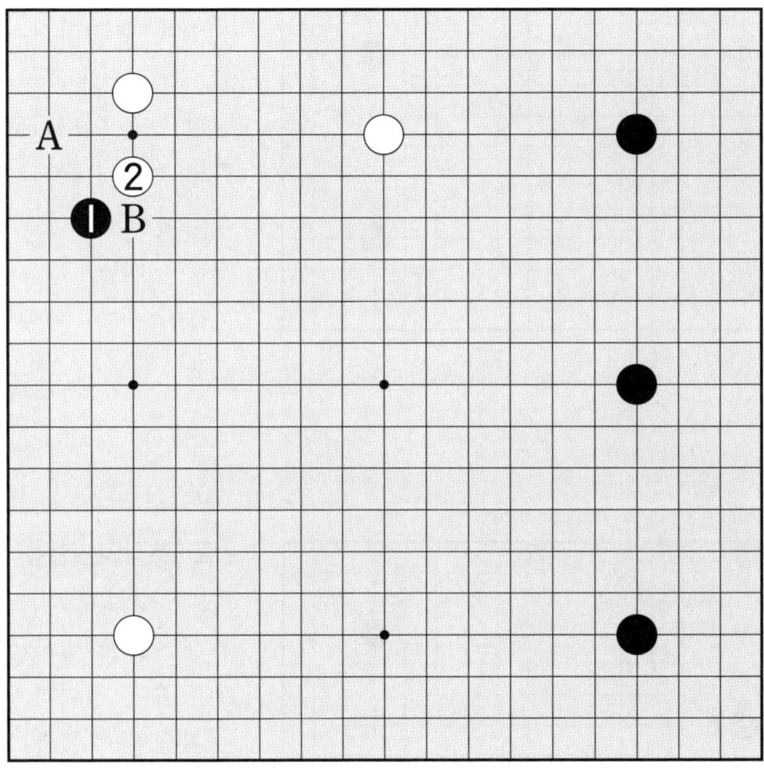

3연성의 마지막 과제.

흑1의 눈목자걸침에 백2의 씌움은 상변을 건설하려는 의도이다.

여기서 흑의 응수는 A 아니면 B. 당신이라면 어느 쪽을 선택하는 것이 바람직할까?

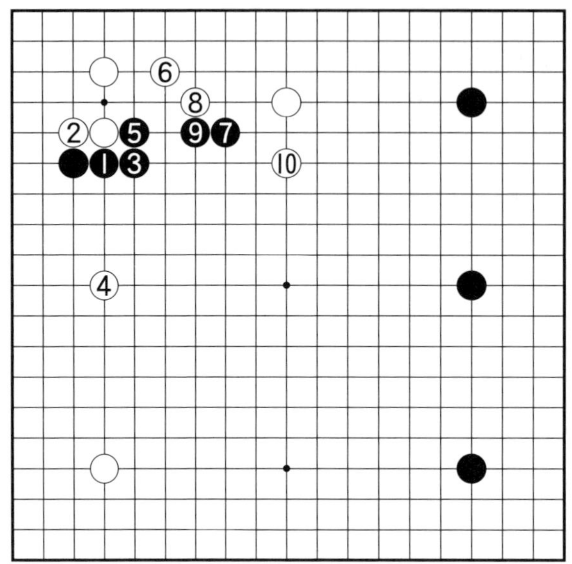

1도

1도 (흑, 기분 나쁘다)

흑1로 밀면 백은 2로 막기만 해도 좋을 것이다. 흑3에는 백4의 협공이 안성맞춤.

이하 백10까지의 진행을 예상할 때 흑이 공격당할 돌은 아니라고 하더라도 전체가 근거가 없어 불안정하다는 점에서 좀 기분 나쁘다.

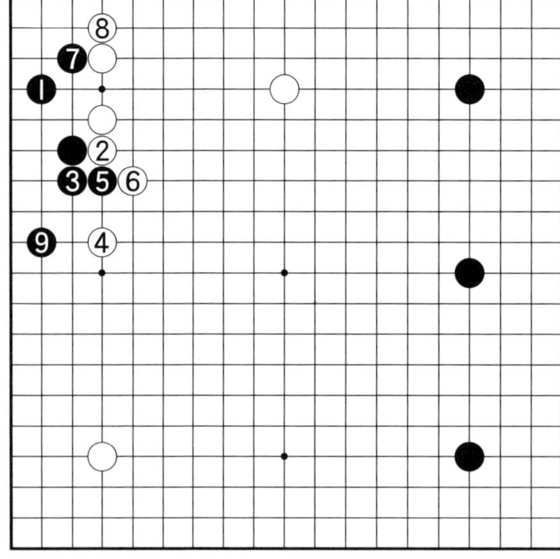

2도

2도 (호각의 결말)

흑1의 날일자달림이 보통이다. 백2로 밀고 4에 씌우는 수는 정석의 일종.

자세한 해설은 생략하지만 흑9까지는 모범 일례이다. 호각의 결말이다.

중국식 포석 (1)

● 흑 차례

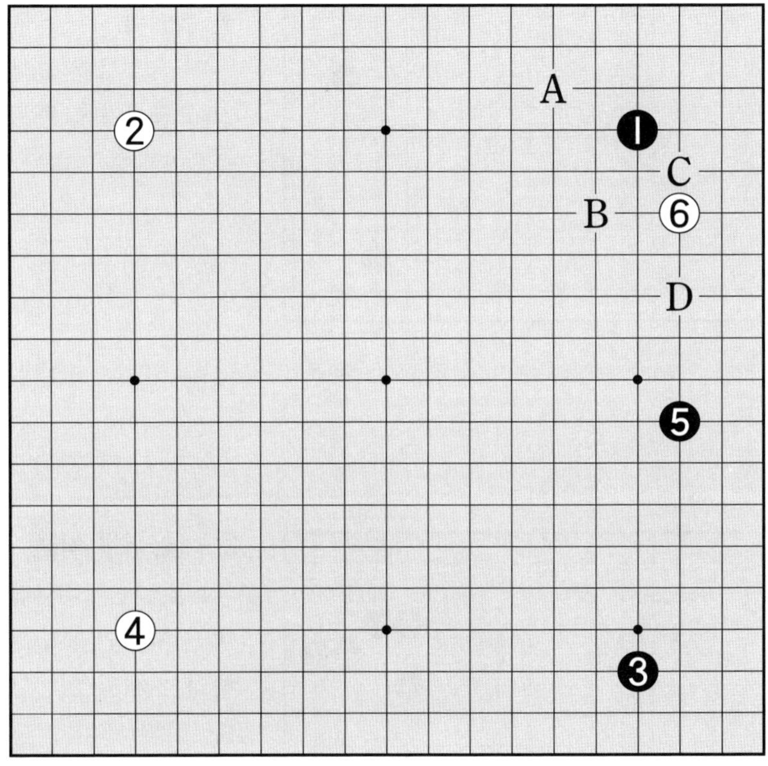

흑1, 3, 5는 중국식 포진. 백이 6으로 안쪽에서 걸쳐온 장면이다.

여기서 흑은 A∼D의 선택이 있는데…. 당신이라면 어떤 수를 선택하는 것이 좋을까?

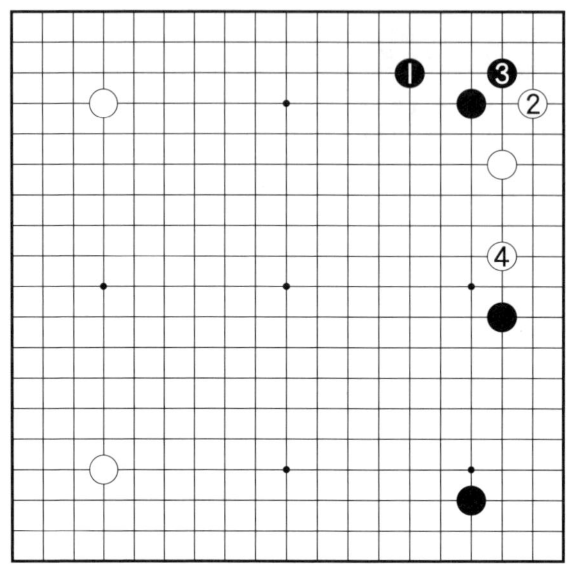

1도

1도 (느슨한 응수)

흑1의 날일자 행마는 약간 느슨한 응수이다. 백은 흐뭇한 마음으로 2에 달리고 나서 4로 벌려 만족할 것이다.

이러고 보면 변의 흑 한 점이 급하지 않은 곳에 있음을 알 수 있다.

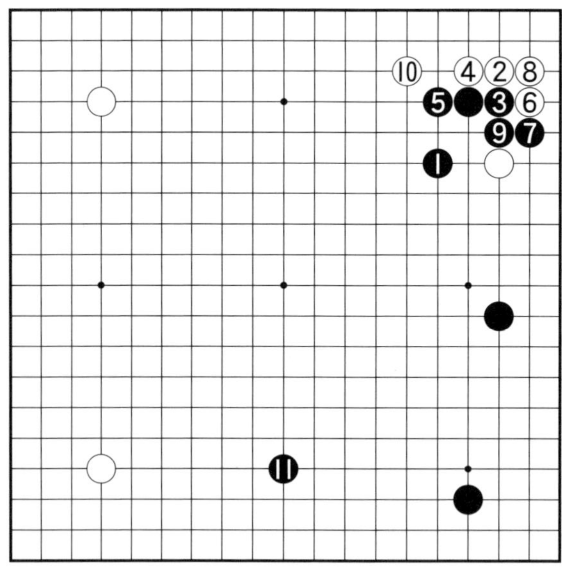

2도

2도 (공격적 씌움)

흑1의 날일자씌움은 공격적인 자세만 보면 좋지만 허리가 빠져 있는 느낌이다. 이때 백이 2로 3三에 들어와 주면 그나마 흑도 할 만하다.

백10까지 일단락된다면 선수를 뽑은 흑이 하변 11의 큰 곳으로 달려 갈 수 있기 때문이다.

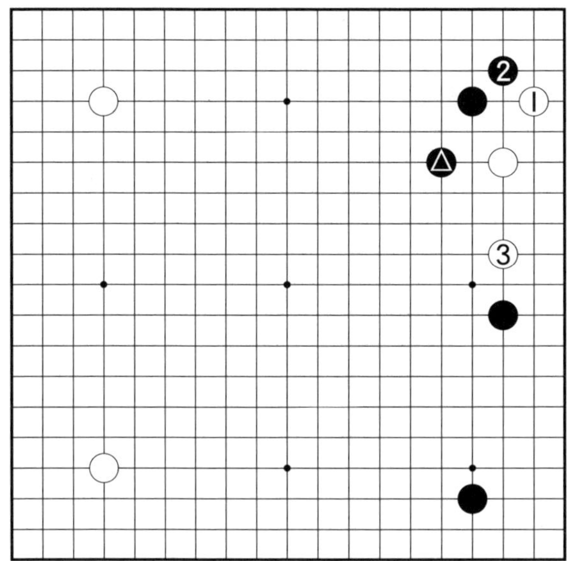

3도

3도 (백, 다소 유리)

앞 그림 백2로는 이 그림 1로 달리고 3에 벌릴 가능성이 크다.

백도 조금 엷은 모습이지만 흑이야말로 △의 위치가 어색하므로 감점요인이 더 많다. 백이 다소 유리한 결말이다.

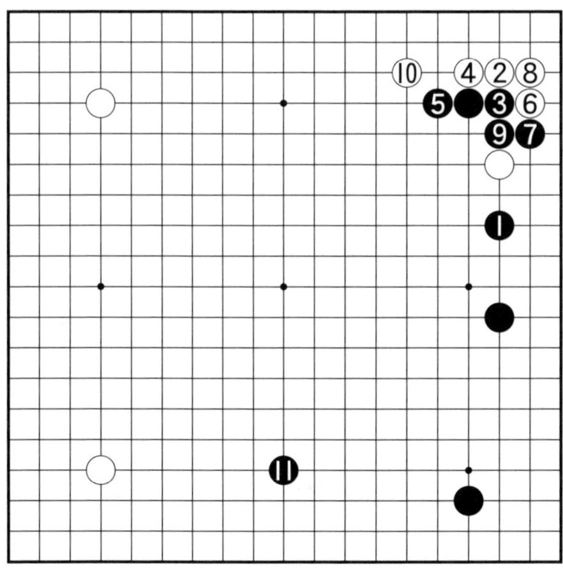

4도

4도 (구상의 약점)

흑1로 협공하면 백은 2의 3三침입이 보통이다. 이후 2도와 같이 백10까지 정석이 일단락된 다음 11의 큰 곳을 차지한다는 것이 흑의 작전이다.

이 구상에서 흑의 약점은 전체적으로 저위여서 백은 삭감하기가 편하다는 것이다.

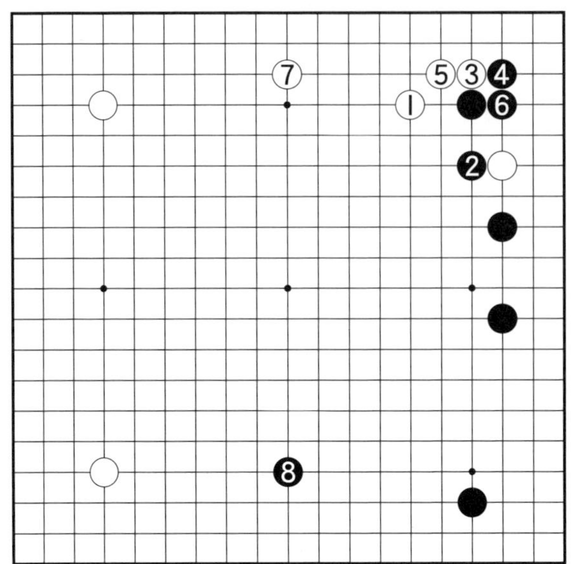

5도

5도 (양걸침은 환영)

앞 그림 백2로 이 그림 1에 양걸침하는 변화는 흑도 환영할 만하다.

흑2에 백3, 5로 붙여끄는 수가 무난한 진행이지만, 이하 8까지 흑은 귀의 실리가 커 불만이 없는 갈림이다.

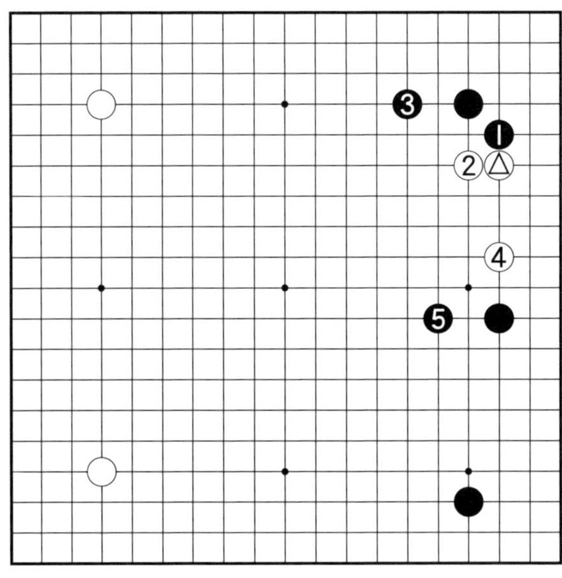

6도

6도 (최선의 선택)

흑1로 마늘모 붙이고 3에 뛰는 것이 가장 상식적인 행마로 최선의 선택이다. 백4의 벌림에 흑5로 뛰는 수가 좋다.

따라서 애초 백△(장면도 백6)의 걸침은 별로 바람직한 착상이 아니었다.

중국식 포석 (2)

● 흑 차례

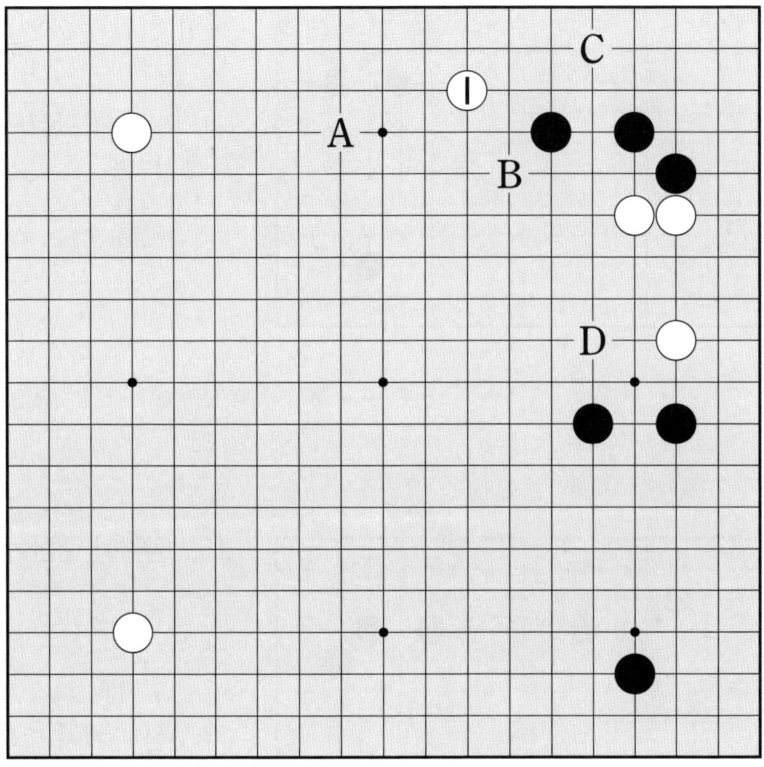

[21형] 6도 이후의 변화가 이번 테마이다.

백이 1로 다가온 장면. 흑이 선택할 곳은 A∼D, 모두 네 군데이다. 당신은 어느 곳을 두고 싶은지 생각해보자.

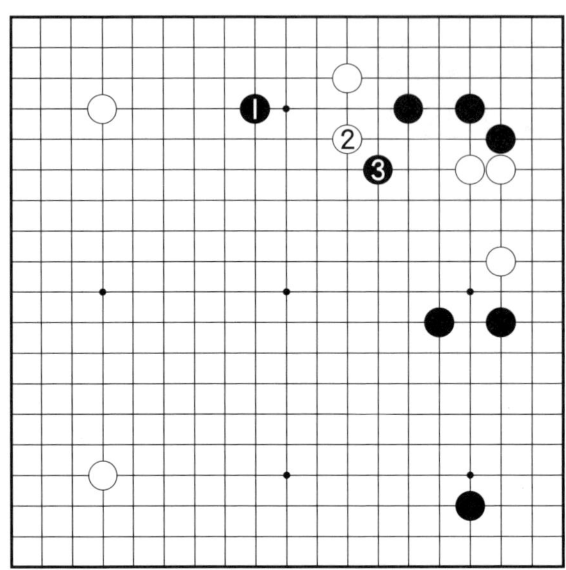

1도

1도 (용감한 협공)

흑1의 협공은 용감한 사람만이 둘 수 있는 수이다. 백2로 뛰어나가면 흑3으로 갈라 양쪽을 분단하며 한판싸움을 벌이자는 생각일 것이다.

　이렇게 된다면야 흑이 좋겠지만….

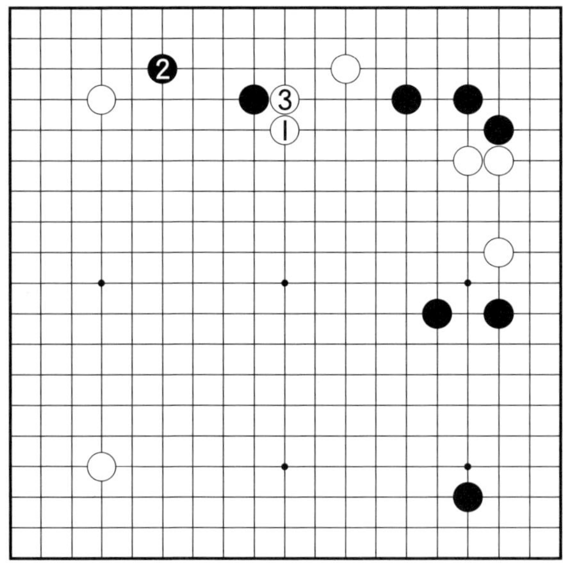

2도

2도 (앞길이 순탄치 않다)

백은 그렇게는 두지 않는다. 즉, 앞 그림 백2로는 이 그림 1의 밭전자 행마가 있어 문제가 달라진다. 흑2에는 백3으로 막아 흑의 앞길이 순탄치 않은 것이다.

　단, 싸움에 자신이 있는 분이라면 과감하게 두어볼 수도 있을 것이다.

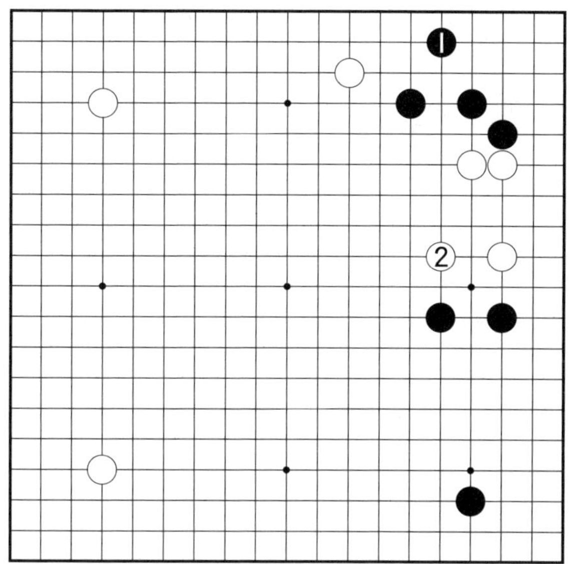

3도

3도 (견실한 수이지만)

흑1은 귀부터 지키자는 견실한 수이지만 문제의 핵심을 벗어나고 있다. 백은 2로 뛰어 우변의 백을 안정시킬 것이다.

상변은 백에게 활용을 당한 꼴이니 흑은 이만저만 불만스럽지 않다.

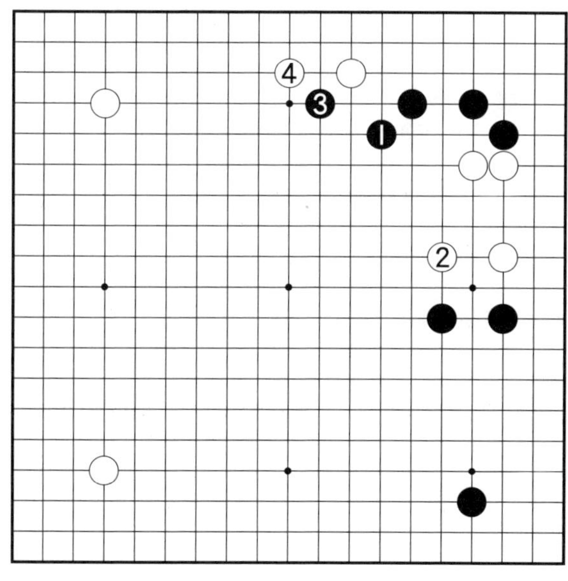

4도

4도 (침착한 차선책)

흑1의 마늘모 행마는 중앙으로 진출하며 양쪽 백을 노리는 침착한 수법이다. 어쨌든 백은 2로 보강할 것이고 흑3에는 백4로 받아 상변 쪽도 수습을 꾀할 것이다.

그래서 만점을 주어도 좋지만 차선책으로 본다.

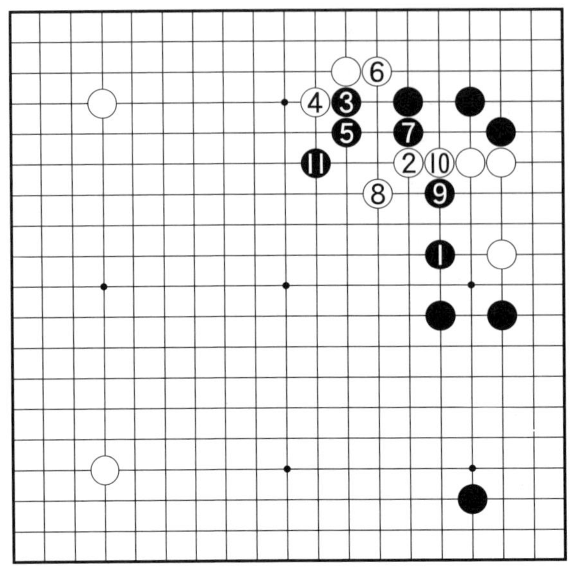

5도

5도 (최선의 모자 공격)

흑1의 모자로 우변 백 석 점을 공격하는 수를 최선으로 본다.

백2로 뛰면 흑3의 기대기전법이 안성맞춤. 이하 11까지 양쪽 백을 노릴 수 있으므로 흑의 호조이다.

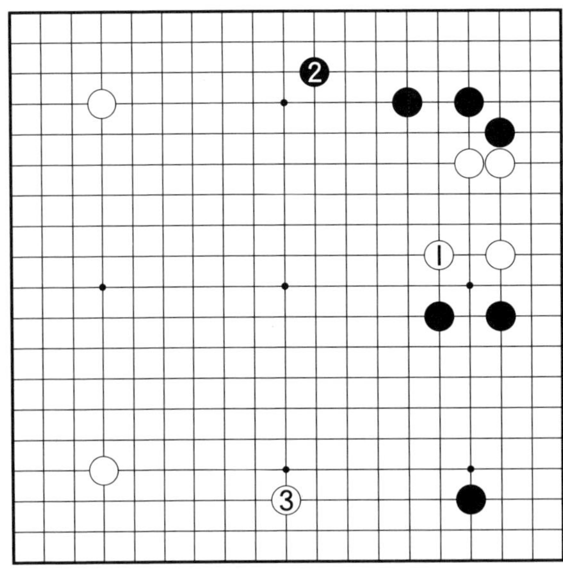

6도

6도 (백의 정수)

이상에서 살펴보았듯이 장면도의 백1은 무리한 발상이다. 이 그림 백1로 지켜 두는 것이 정수임을 알 수 있다.

이후 예상되는 진행은 흑2와 백3의 벌림. 이렇게 둔 실전 예도 많다.

중국식 포석 (3)

● 흑 차례

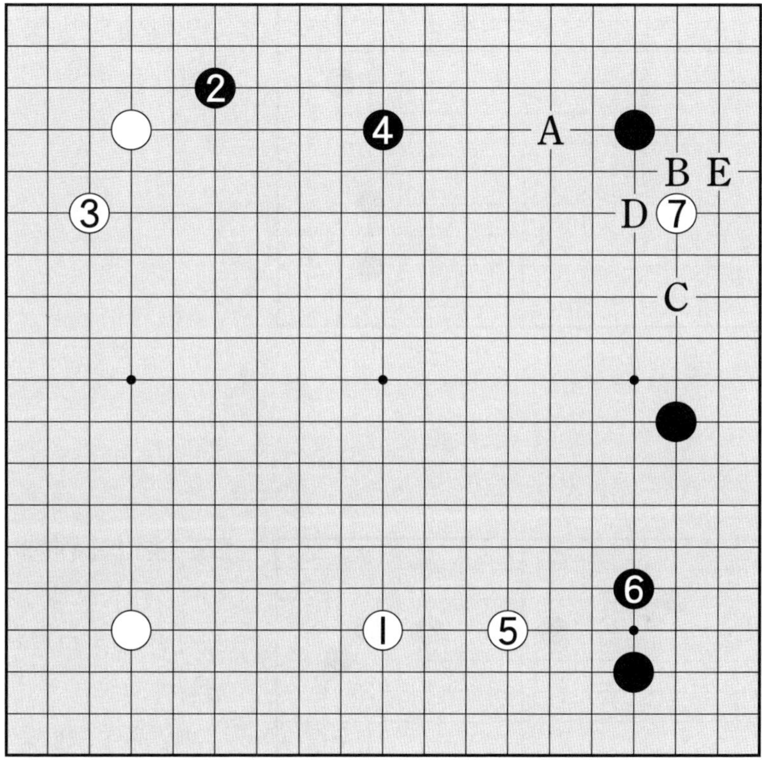

　백1의 벌림은 중국식에 대한 유력한 대응수법. 흑이 2, 4로 상변을 구축할 때 백5, 흑6을 문답하고 백7로 걸쳐온 장면이다.

　자, 여기서 흑은 A～E 가운데 어느 수를 선택하는 것이 가장 바람직할까?

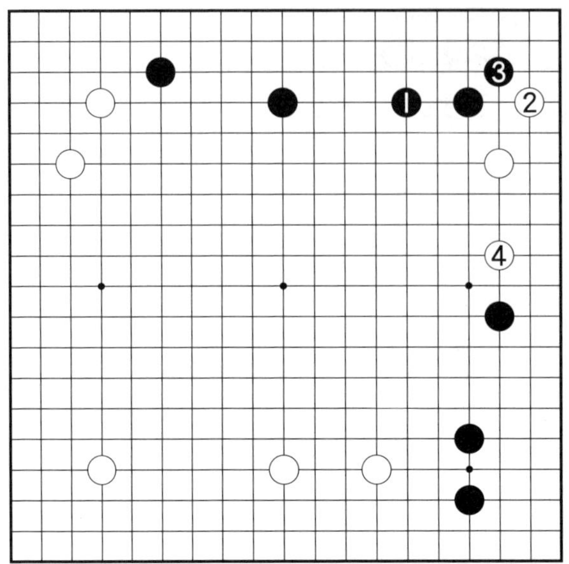

1도

1도 (흑, 재미없다)

흑1의 한칸받음은 고지식한 응수. 백은 당연히 2로 달리고 나서 4로 벌릴 것이다.

이렇게 백이 멋지게 안정해서는 흑이 재미없다.

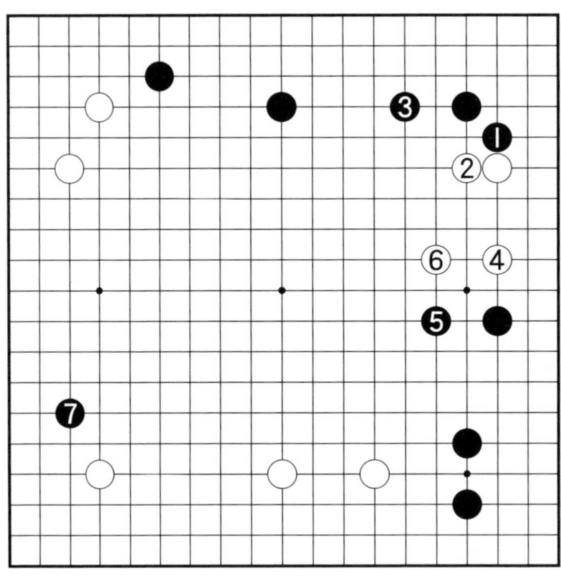

2도

2도 (호각의 진행)

흑1의 마늘모붙임이 가장 상식적이며 타당한 공격법이다.

백2에서 6까지 정비하는 수순은 눈감고도 둘 정도가 되었을 것이다. 흑은 7에 손을 돌려 호각의 진행이다.

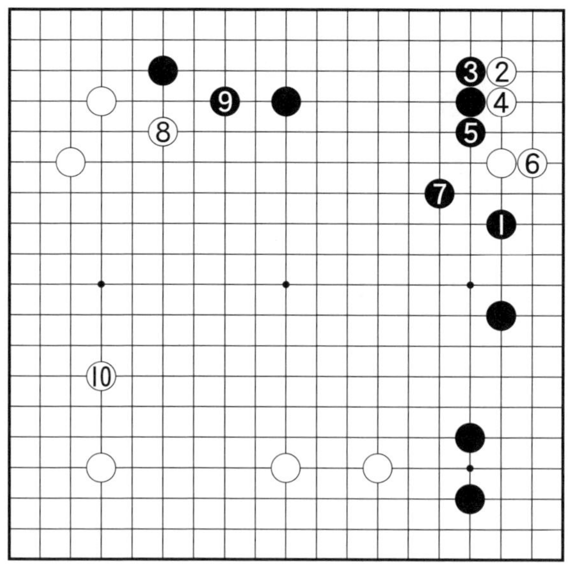

3도

3도 (흑, 작전 부재)

흑1로 협공하는 수는 찬성할 수 없다. 백은 2로 뛰어들 것이다. 백6까지 귀를 차지하고 백8, 흑9를 활용한 다음 백10에 손을 돌리면 일찌감치 백이 편한 장기전의 양상이다. 흑은 작전 부재라는 비판을 받아야 한다.

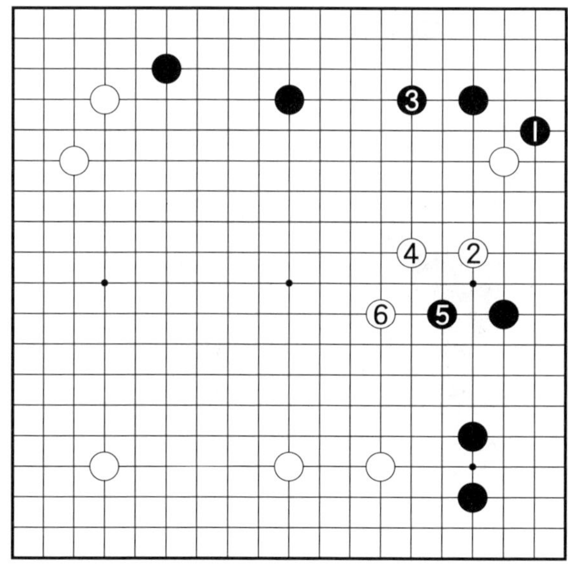

4도

4도 (처진 날일자)

흑1의 처진 날일자는 실리에 짠 수이지만 백에게 여유를 준다.

백은 2에서 4로 날렵하게 달아날 것이다. 흑5로 우변을 지킬 때 백6이 호점이다. 흑의 차선책으로 본다.

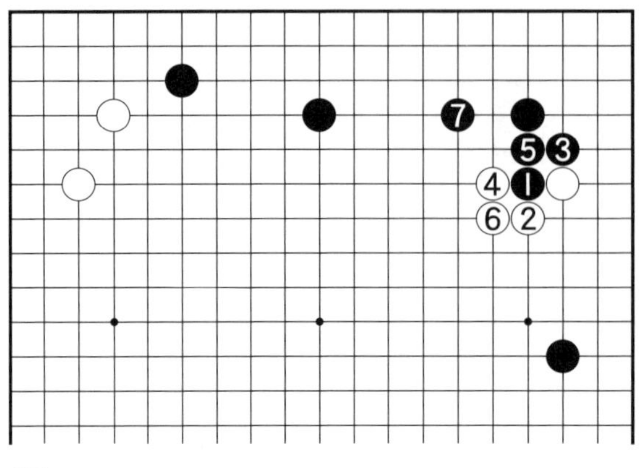

5도

5도 (백, 피곤한 진행)

흑1로 붙이고 백2 때 흑3에 호구쳐서 막는 것이 현대판 행마법이다.

흑5 다음 백은 마땅한 행마가 없다. 백6의 이음은 약간 무거운 수. 흑7에 뛰어 백이 부분적으로 피곤한 진행이다.

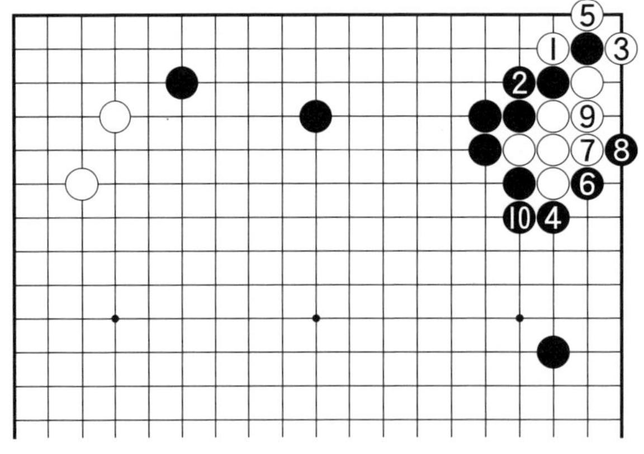

6도

6도 (백의 변화)

따라서 백은 앞 그림 2 대신 이 그림 1에 끼워 변화해 올지도 모른다.

그러면 흑은 2에서 4로 잇는 것이 좋다. 백5, 7에는 흑6, 8로 이단젖히는 것이 요령이다.

7도 (흑, 두터운 갈림)

계속해서 백1, 3에는 흑4로 석점머리를 두드리는 수가 통렬하다.

이하 10까지 흑이 두터운 갈림이다.

7도

24형

중국식 포석 (4)

● 흑 차례

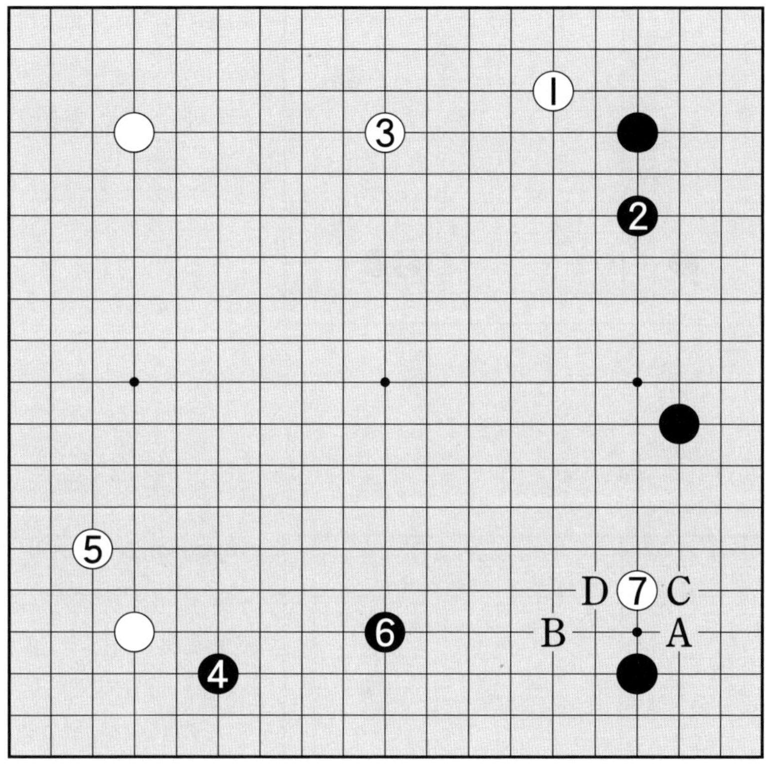

    백1, 3으로 상변을 구축할 때 흑도 4, 6으로 하변을 구축하자, 백이 7로 걸쳐온 장면이다.

    흑은 A∼D의 네 가지 선택이 있는데, 당신이라면 어느 곳이 바람직할까?

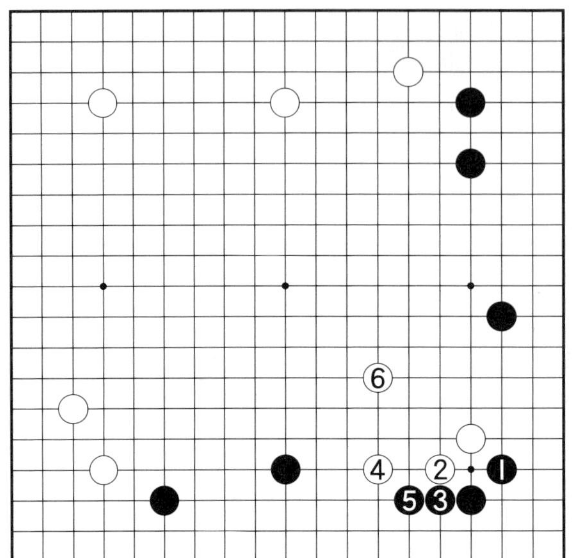

1도

1도 (흑, 다소 불만)

흑1의 마늘모는 근거를 빼앗는 강력한 수법. 실전에서도 흔히 쓰이고 있다.

그러면 백2 이하 6이 경쾌한 행마로, 이다음 흑은 후속 공격수단이 없는 점에서 다소 불만이다.

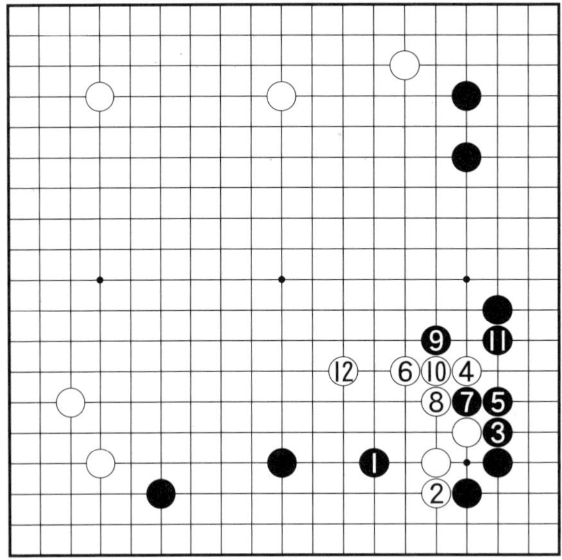

2도

2도 (다른 공격법)

앞 그림 흑3으로는 이 그림 1에서 3으로 공격하는 편이 나을지도 모른다.

백4, 6에 흑5에서 11은 배워둘 만한 행마로 백12까지 된다면 흑도 그런대로 할 만하다.

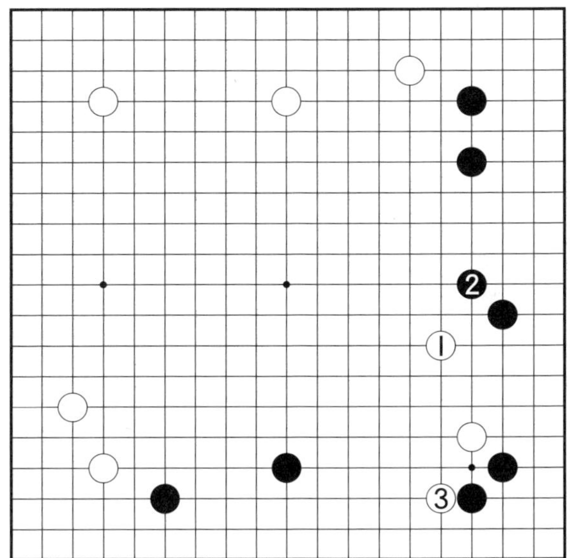

3도

3도 (변화할 공산이 크다)

다만 백도 변화할 공산이 크다. 즉, 1도 백2로 이 그림처럼 1쪽을 먼저 날아가 흑2로 받는다면 백3으로 붙인다든지 할지도 모른다.

　따라서 흑은 2도를 기대하기는 힘들다.

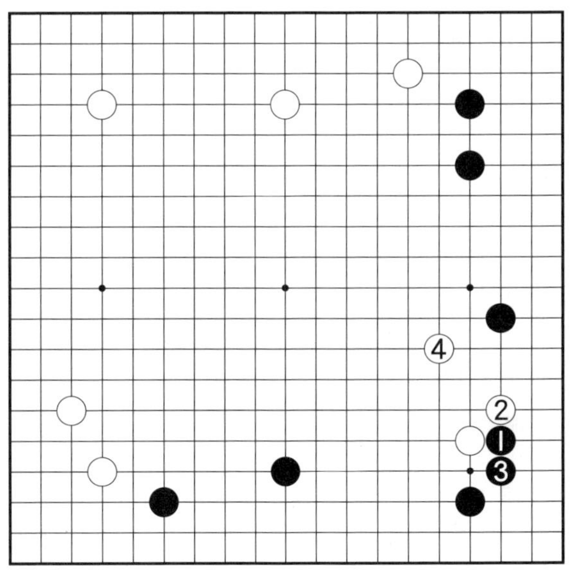

4도

4도 (흑, 불만)

흑1의 아래쪽 붙임은 실리를 중시하는 착상이다.

　그러나 백이 2에서 4로 가볍게 중앙 진출하고 보면 흑의 불만이 아닐 수 없다.

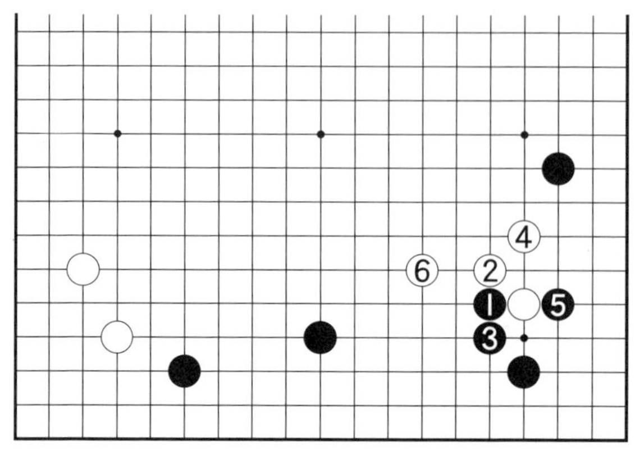

5도

5도 (격언에 위배)

흑1의 위쪽 붙임도 마찬가지이다.

'공격하고 싶은 돌에 붙이지 마라'는 격언에 위배된 수가 아닌가. 백은 6까지 유유히 달아날 것이다.

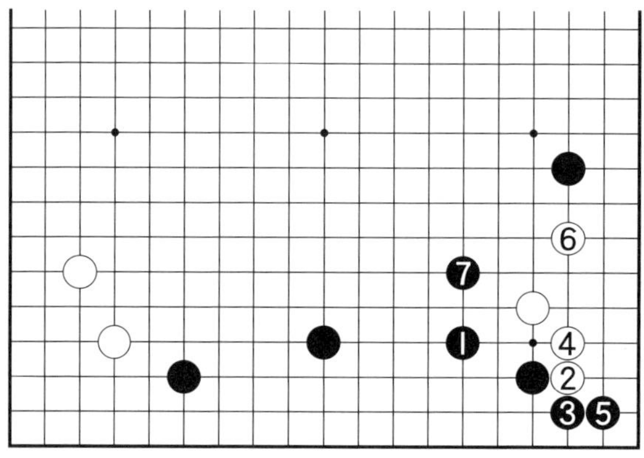

6도

6도 (평범하지만 최선)

흑1의 날일자 행마가 평범하지만 최선의 한수에 가깝다.

백2, 4로 붙여끌 때 흑5는 실리와 근거의 요소이다. 백6, 흑7 다음~

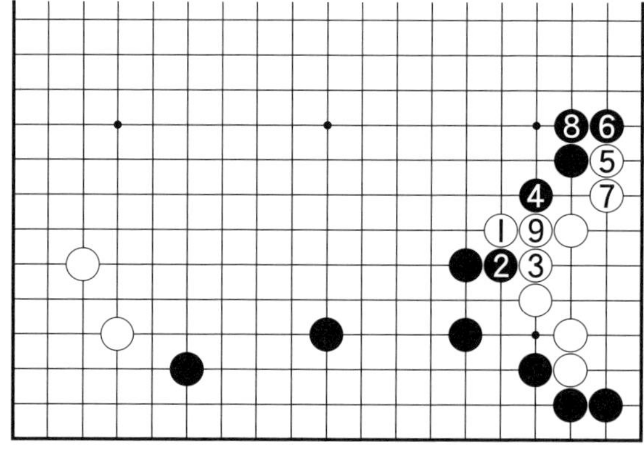

7도

7도 (호각의 갈림)

백1은 절대수. 여기서 흑2로 밀고 4에 들여다보는 수순이 알아 두어야 할 행마법이다.

백도 5, 7로 근거를 마련하고 나서 9에 잇는 것이 수순이다. 호각의 갈림이다.

높은 중국식 포석 (1)

● 흑 차례

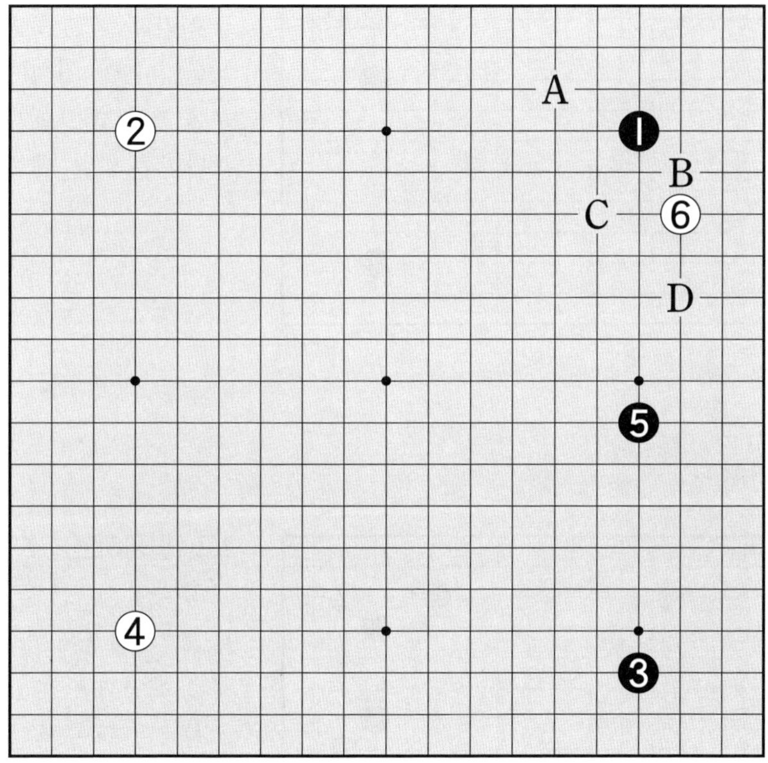

이번에는 흑1~5의 높은 중국식 포진. 백6의 날일자걸 침은 중국식의 경우와 어떤 차이가 있을까?

흑의 선택은 A~D의 네 가지인데 어디가 좋을지 생각해보자.

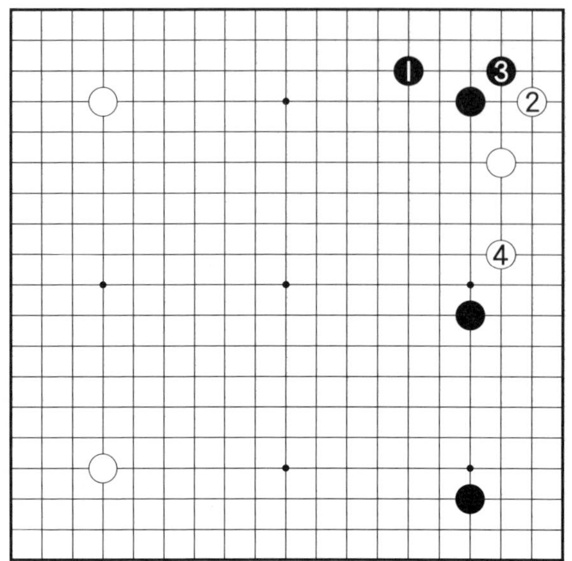

1도

1도 (뒷문이 열린 격)

흑1의 날일자 응수는 중국식의 경우보다 더 느슨하다. 백은 당연히 2에서 4로 터전을 잡을 것이다.

이러고 보면 우변 쪽의 흑돌이 높은 위치여서 뒷문이 열린 격 아닌가. 흑의 불만임은 말할 것도 없다.

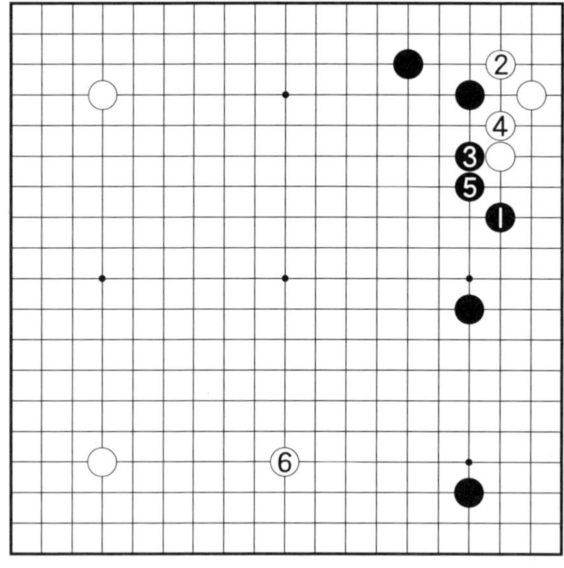

2도

2도 (협공하면)

그렇다면 앞 그림 흑3으로 이 그림 1에 협공하는 것은 어떨까?

백2는 필연이며 여기서 흑3, 5로 두터움을 얻는 작전이다.

앞 그림보다는 조금 낮지만 흑의 후수. 백6의 벌림이 어마어마하게 좋은 곳이다.

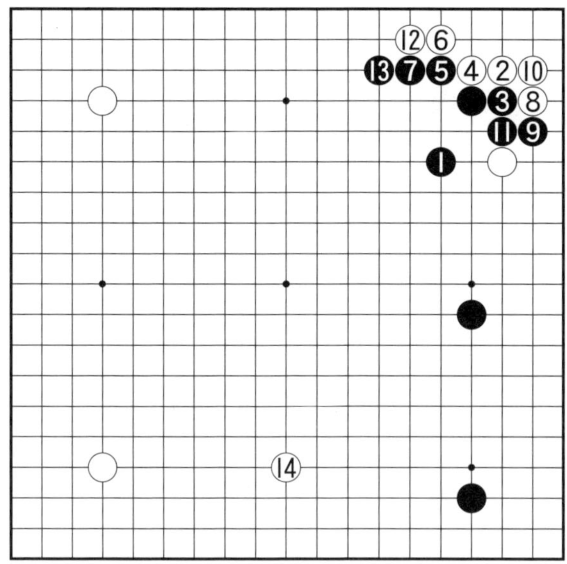

3도

3도 (흑, 불만)

흑1의 날일자씌움이면 백2의 3三침입이 보통. 흑3 이하 13까지가 예상되며, 다음 백14의 전개가 역시 좋은 자리이다.

우상 쪽 백 한점의 숨이 붙어 있는 점도 흑의 불만사항이다.

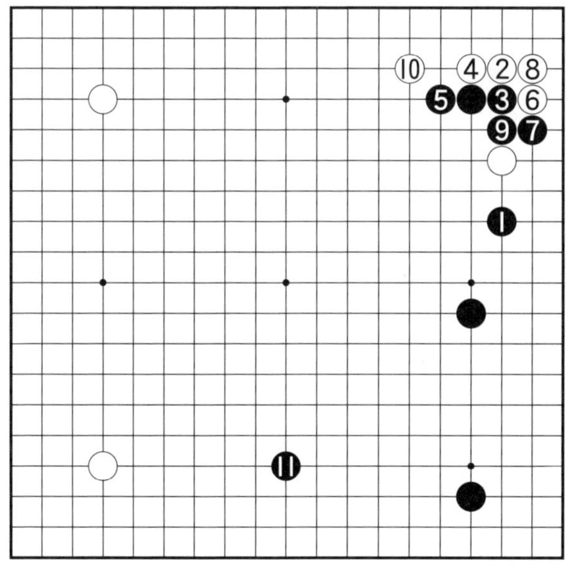

4도

4도 (유력한 선택)

흑1은 생각할 것도 없는 제일감의 협공수. 백10까지 되면 우변 흑이 매우 두터우므로 안심하고 손을 빼어 11의 큰 곳으로 달려갈 수 있다.

유력한 선택 가운데 하나이다.

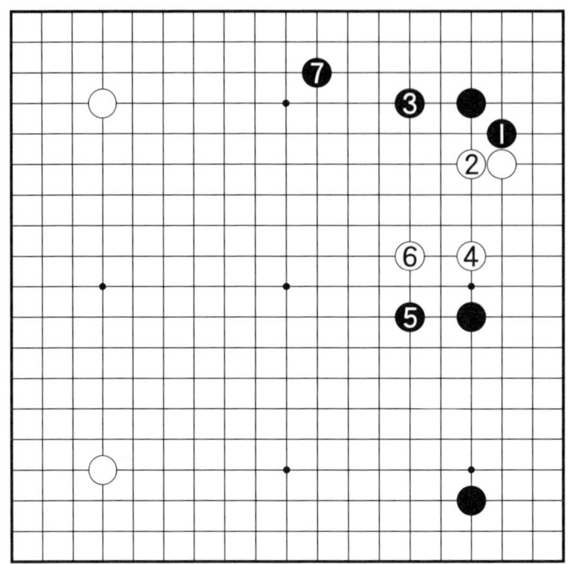

5도

5도 (상식적인 공격)

흑1의 마늘모붙임이 가장 상식적인 공격법이다. 백 2, 4에는 흑5로 뛰고 백6을 기다려 흑7로 전개하면 알기 쉬운 흐름이다.

4도와 더불어 만점짜리 행마이다.

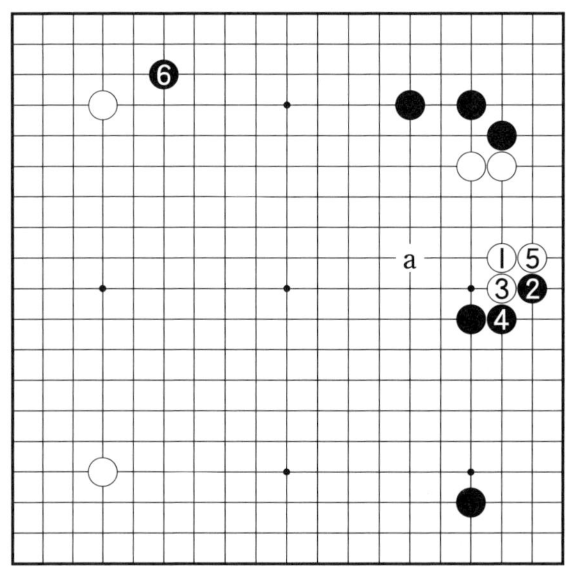

6도

6도 (발 빠른 포석)

앞 그림 백4로 이 그림 1과 같이 낮게 벌리는 수법도 많이 둔다. 그러면 흑2의 처진 날일자가 공격적인 행마의 요령이다. 백3, 5로 안정하기를 강요하고 흑6으로 걸쳐가면 발 빠른 포석이다.

사실 백3은 5로 그냥 막든지 a 정도로 진출하는 것이 더 현대적 행마이다.

높은 중국식 포석 (2)

● 흑 차례

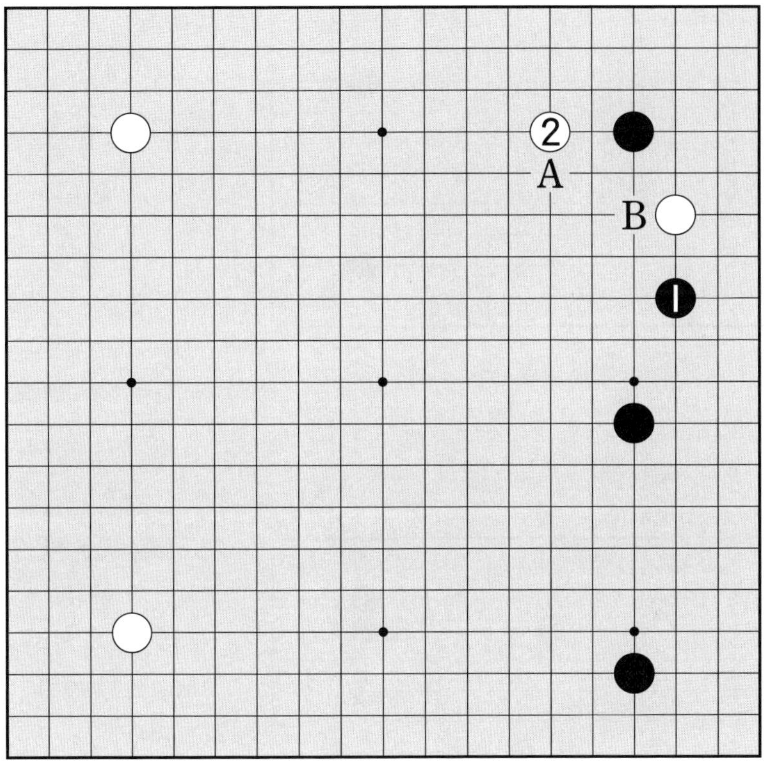

  흑1의 협공에 백은 2로 양걸침해 변화구를 던졌다. 물론 앞의 [25형] 4도의 진행을 꺼린 뜻이 강하다.

  여기서 흑은 A와 B의 둘 중 어느 쪽을 선택해야 할까?

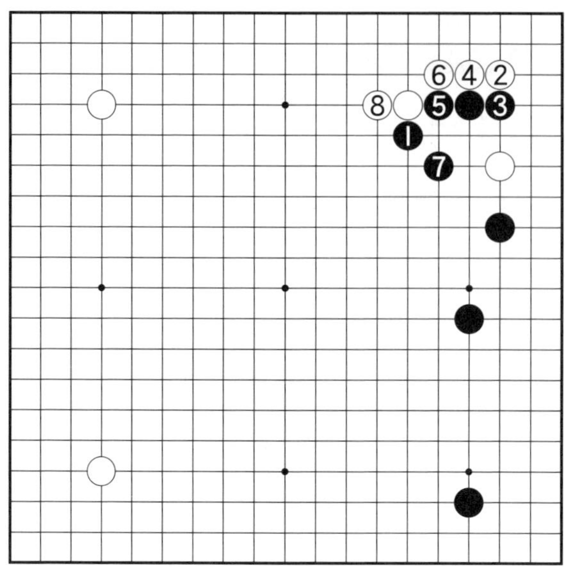

1도

1도 (고지식한 착상)

흑1로 상변 쪽에 붙이는 수도 정석의 코스이기는 하다. 그러나 백2 이하 8까지 백의 실리가 너무 튼실하다.

약간 고지식한 착상이라고 하지 않을 수 없다.

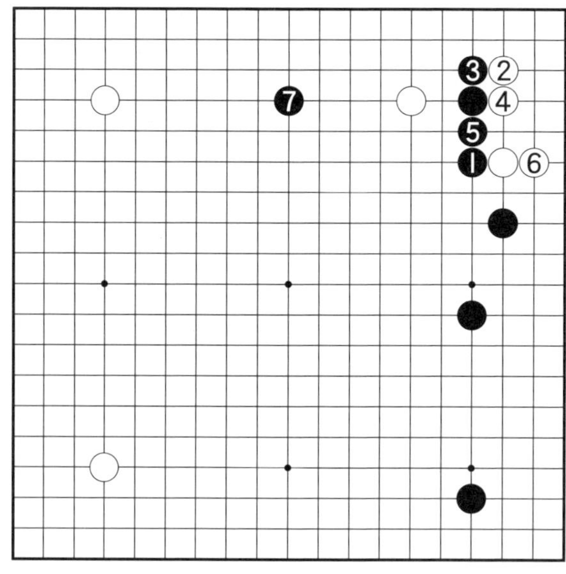

2도

2도 (흑, 충분한 모습)

흑1로 우변 쪽에 붙이는 것이 상식적이며 최선의 선택이다. 백2의 3三침입은 당연.

여기서 흑은 3으로 막고 이하 7까지 상변을 개척해 충분한 모습이다.

높은 중국식 포석 (3)

● 흑 차례

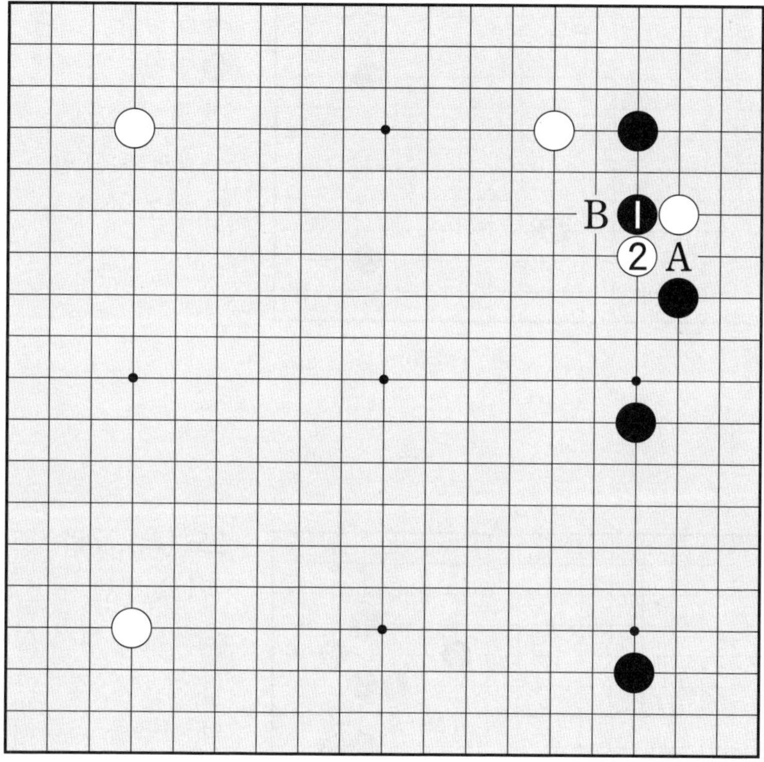

흑1로 붙였을 때 백2로 젖혀오면 흑은 어떻게 대응해야 할까?

A로 끊을 것이냐 B로 뻗을 것이냐, 당신이라면 어느 쪽을 선택할지 생각해보자.

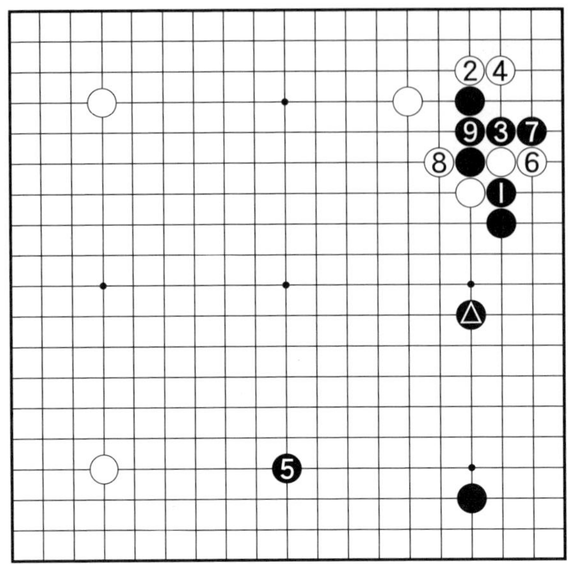

1도

1도 (감점 요인)

흑1로 끊으면 백2에 붙이고 4로 진입하는 것이 정석이다. 흑5의 벌림은 큰 곳이지만 백6에서 8의 활용을 당하는 점과 우변 흑 ▲가 약간 중복인 것이 감점 요인이다.

백에게 포인트를 약간 더 주고 싶다.

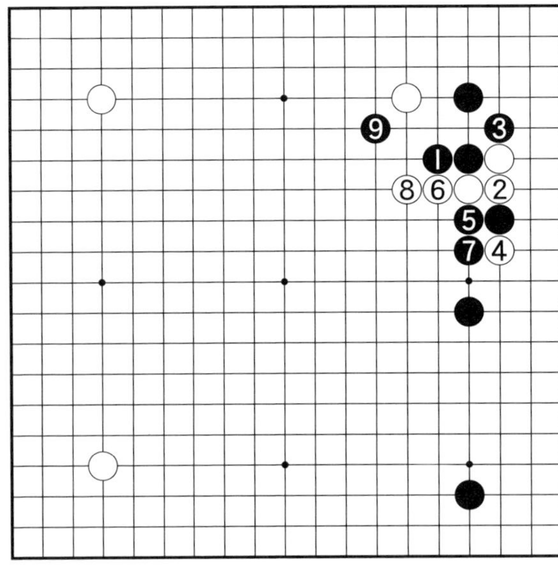

2도

2도 (흑1, 강수)

흑1로 뻗는 수는 부분적으로 정석에서 벗어나지만 이 경우 강수이다. 백2의 이음을 기다려 흑3으로 막아서 버틴다.

이하 흑은 9까지 충분히 싸울 수 있는 상황이라고 판단된다.

미니중국식 포석 (1)

○ 백 차례

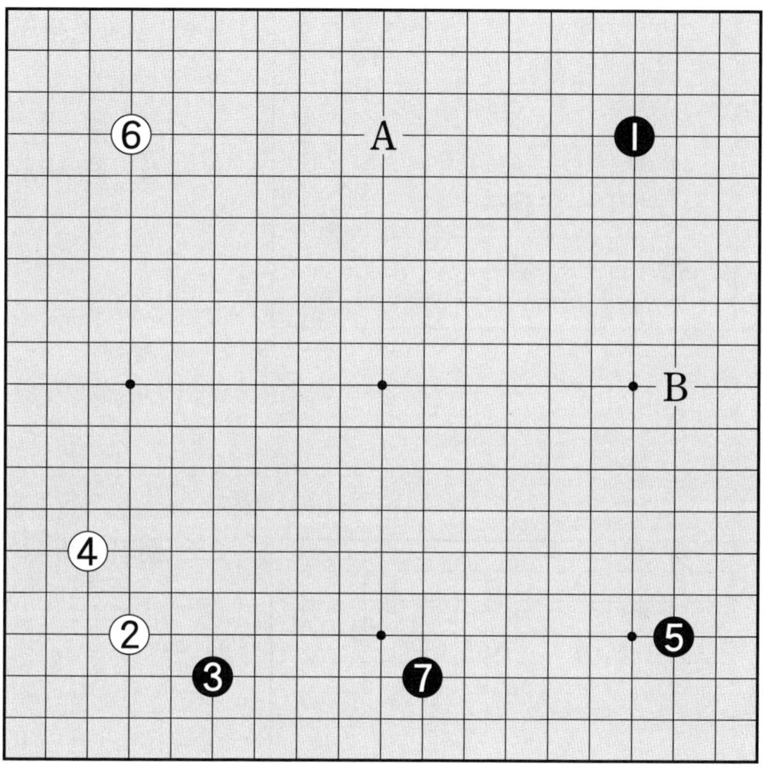

흑3으로 다짜고짜 걸쳐 놓고 흑5에서 7로 하변을 구축하고 있는데, 이런 포진이 이른바 미니중국식이다.

이에 대해 백은 A와 B 중 어느 쪽으로 방향을 잡아야 할까?

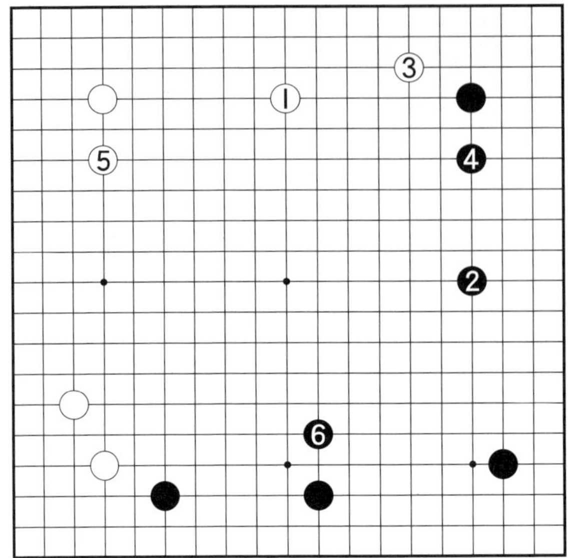

1도

1도 (거대한 흑 모양)

백1의 벌림은 상변을 중시하는 수법. 그러나 흑2가 우변 일대를 건설하는 큰 수이다. 백3, 5로 마이웨이를 외쳐 봐도 흑6이 호수이다.

이 흑 모양을 백이 깨려면 상당한 시련을 겪을 것이다.

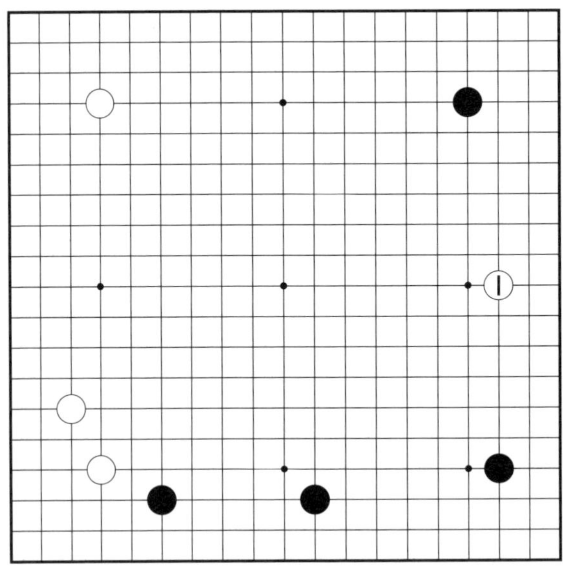

2도

2도 (갈라침이 상식)

흑 모양이 구체화되기 전에 백1로 우변을 갈라치는 것이 이런 상황에서의 상식이다.

이후 어떤 진행이 되느냐 하는 것은 다음 형에서 다룬다.

미니중국식 포석 (2)

● 흑 차례

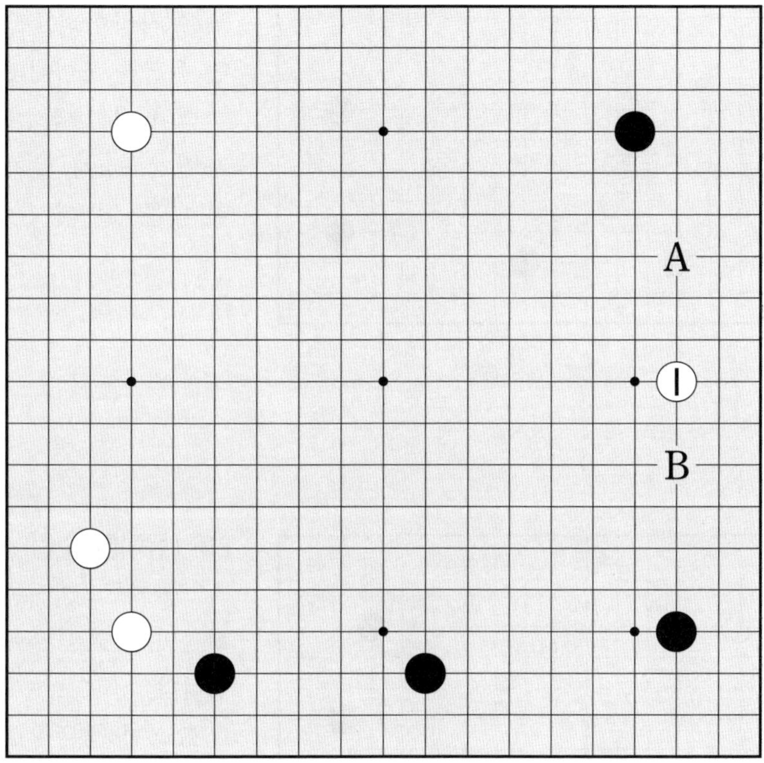

　백1의 갈라침에 대해 흑이 어떤 작전을 세워야 하느냐는 것이 이번 과제이다.

　흑의 대응수를 A와 B의 두 가지로 한정시켰다. 당신이라면 어떤 수를 선택하는 것이 바람직할까?

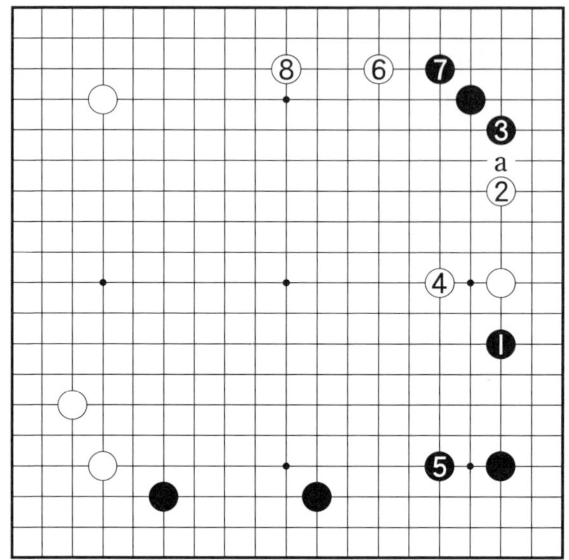

1도

1도 (유장한 포석)

흑1쪽에서 다가서는 수는 예전에 많이 두었다. 백은 2에서 4로 안정해 우하의 흑 모양을 견제하는 것이 좋은 착상이다. 백8까지면 유장한 포석이다.

백이 더 적극적으로 두자면 2로 a에 걸치는 편이 나을 것이다.

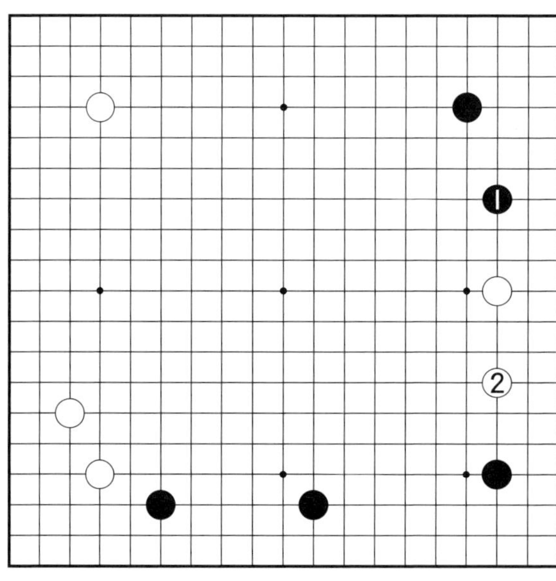

2도

2도 (유력한 수법)

흑1쪽에서 육박하는 것이 최근의 주류로 유력한 수법이다.

그러면 백은 2로 두칸을 벌리는 것이 상식적이다. 이후의 변화는 다음 형에서 다룬다.

미니중국식 포석 (3)

● 흑 차례

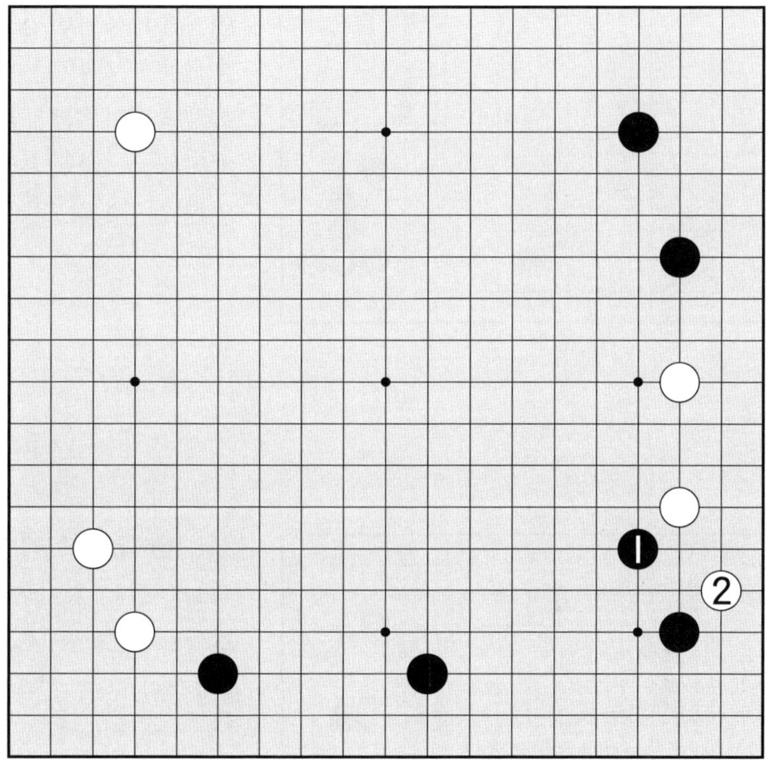

흑1의 날일자로 짚어간 데 대해 백2로 미끄러진 수는 이 제 와서는 상식이다.

여기서 흑이 어떤 행마를 구사하느냐가 과제이다. 힌트 없이 생각해보자.

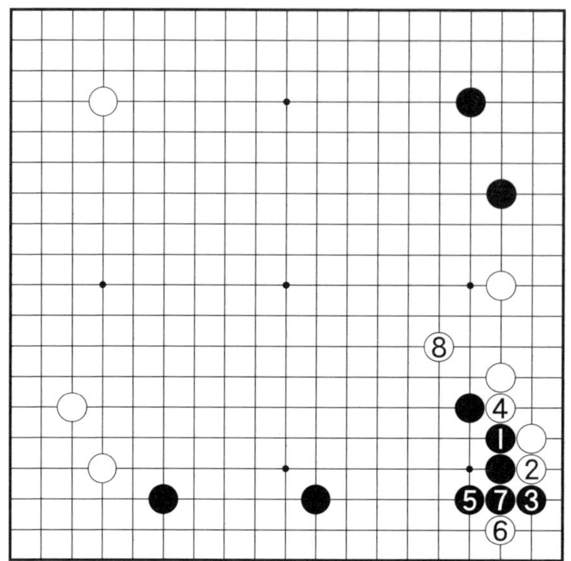

1도

1도 (초기에 시도된 수)

흑1로 눌러가는 것은 일견 두터운 수이다. 초기에 많이 시도된 수법이다. 백이 2로 하나 기어들고 4에 두어 정비하면 흑5의 호구는 이것이 틀이다.

백8까지 일단락인데, 백이 안정감이 있어 해볼 만한 갈림이라고 본다.

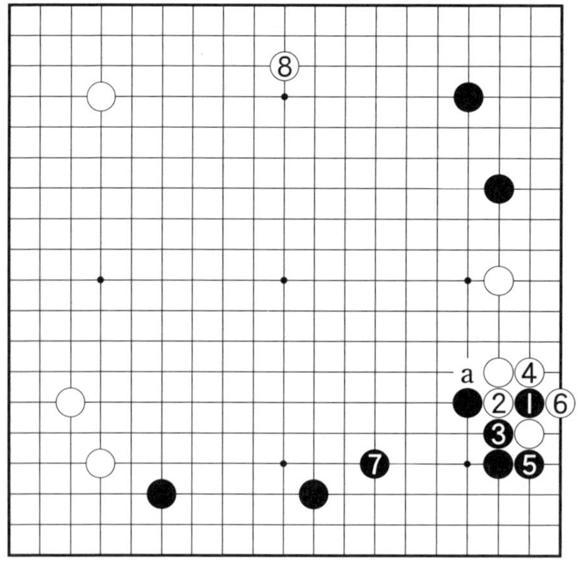

2도

2도 (좀 더 상식적)

흑1로 건너붙이는 것이 날카로운 착상이다. 백은 2에서 4로 흑 한점을 잡는 것이 무난한 정수로, 이하 8까지면 호각의 갈림이다. 현재는 이 그림이 좀 더 상식적이다.

흑1로는 a에 밀어가는 수도 있는데 중앙을 중시한 두터운 수법이다.

2장

공격과 수비의 행마법

　공격과 수비의 행마는 초반에서 중반으로 넘어가는 단계에서 필수적으로 마스터하지 않으면 안 될 항목이다.

　이런 공방의 행마에서 특히 중요한 것은 '근거'를 배경으로 한 접전이다. 근거는 물론 삶과 밀접한 관계를 갖고 있다. 근거가 부족하면 순식간에 부평초 신세가 되는가 하면, 반대로 근거가 충분하면 주변의 상대가 아무리 강해도 안심하고 다른 큰 곳으로 전향할 수 있는 것이다.

　이 장에서는 나의 근거를 갖추는 수비의 행마와 상대의 근거를 빼앗아 주도권을 잡는 공격의 행마를 유형별로 소개한다.

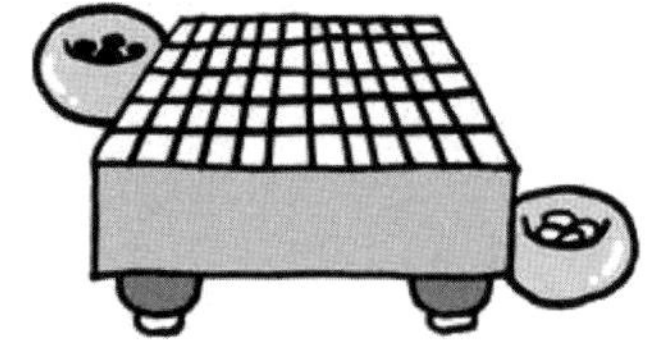

반격이냐, 순응이냐?

○ 백 차례

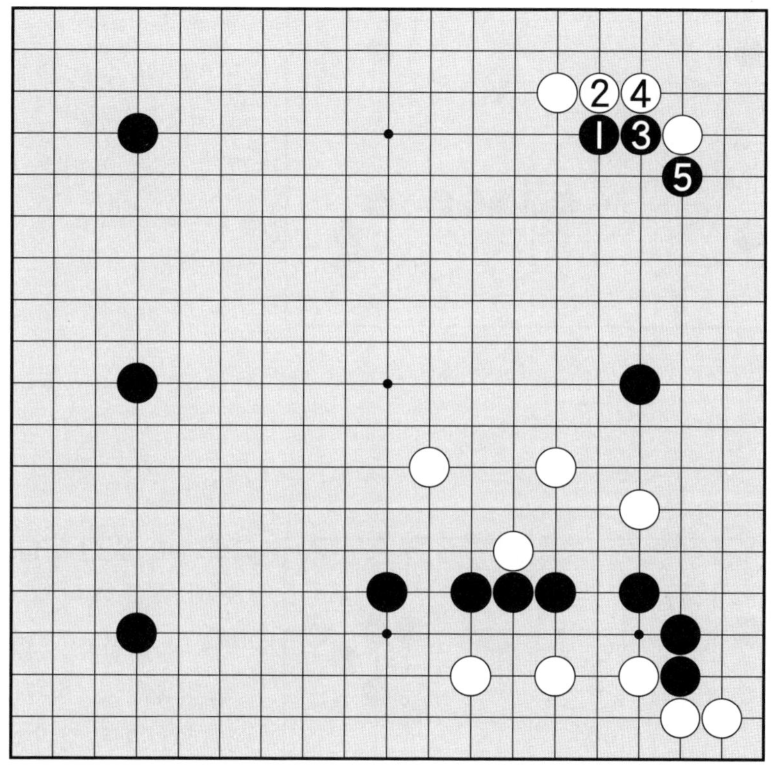

   우상귀에서 흑이 1로 짚고 3에서 5로 젖혀온 장면이다.
여기서 백이 어떻게 대응하느냐가 과제이다. 요컨대 반
격하느냐, 아니면 순응하느냐?

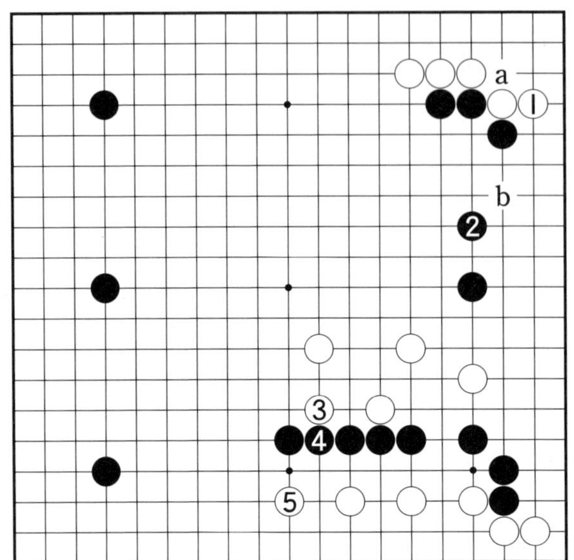

1도

1도 (순응이 현명)

백1로 가만히 내려서서 순응하는 것이 현명하다. 흑2로 지킬 때 백3에 들여다보고 5에 뛰어 충분한 흐름이다.

백1의 수로 2에 뛰어들어 반격하면, 흑은 a로 끊는 맛을 보며 b 주변에 두므로 백의 골치가 아플 것이다.

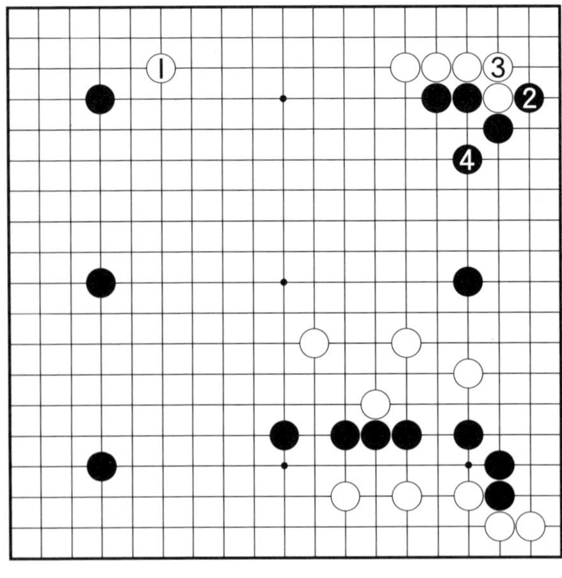

2도

2도 (흑, 멋진 모습)

아예 손을 빼어 좌상귀를 백1로 걸치든가 하는 것은 엉뚱한 발상이다. 그러면 흑2, 4로 정비하는 것이 멋지다.

이 흑의 호형과 1도를 비교하면 그냥 내려선 수의 가치를 알 수 있을 것이다.

실리와 세력

● 흑 차례

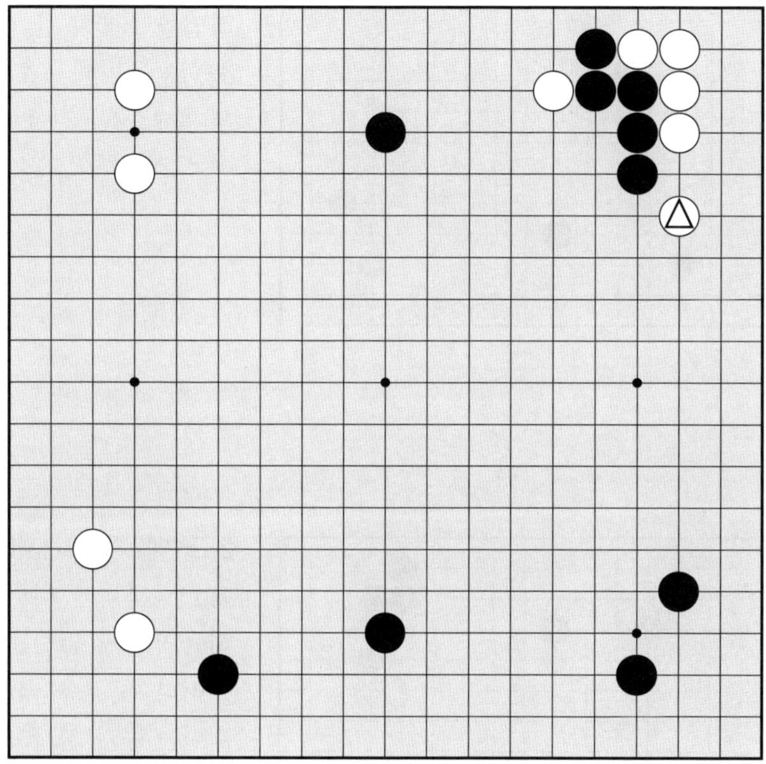

　　우상귀에서 백이 △로 뛴 장면으로 흑의 다음 한수를 묻는다.

　　귀의 실리를 백에게 내준 대신 흑은 세력을 얻고 있다. 흑이 이 세력을 더욱 중시하는 후속수는 무엇일까?

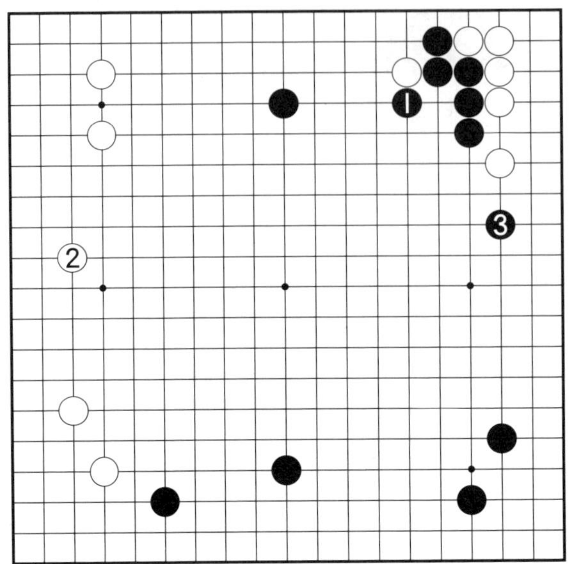

1도

1도 (준동을 봉쇄)

흑1로 젖혀 백 한점의 준동을 봉쇄하는 것이 침착한 수이다.

다음 백이 2로 전개해 좌변을 소중히 한다면, 흑3으로 육박해 우하 일대의 흑 모양을 건설하는 것이 호점이다.

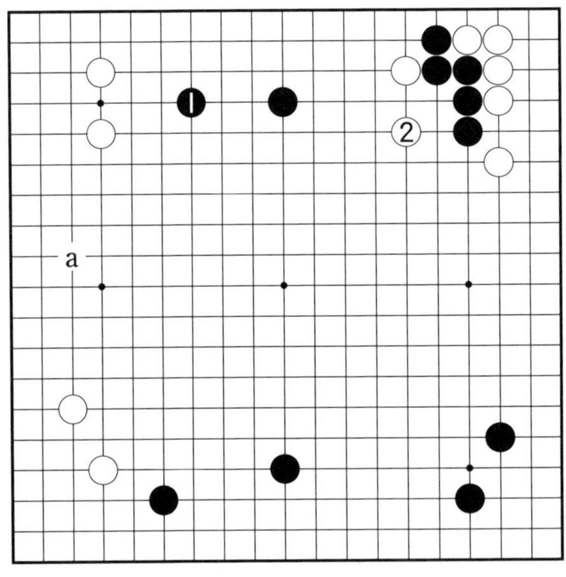

2도

2도 (백2가 성가시다)

흑1로 세력을 더욱 확장하는 방법도 없지는 않다. 그러나 이 경우 백2로 움직이는 수가 성가시다. 다시 말해 흑은 다음의 운신이 어렵다. 자칫하면 세력이 무너질 우려가 많은 것이다.

흑1로 a에 갈라치는 수단도 백2를 불러 신통치 않다.

임박한 접전

● 흑 차례

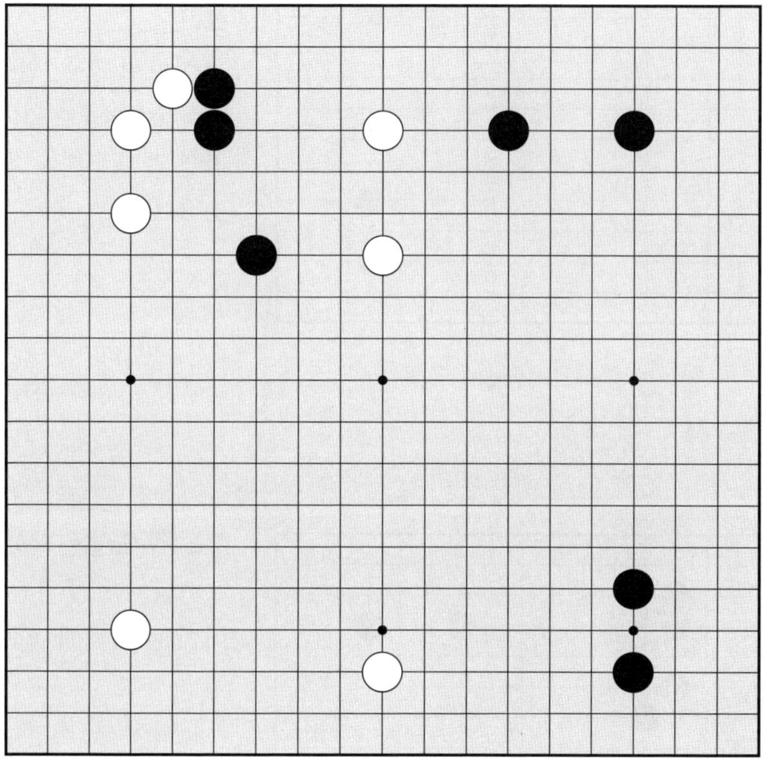

귀의 쟁탈전이 끝나면 변 쪽의 큰 곳으로 흘러가는 것이 포석의 상식이지만, 이 바둑은 상변에서 접전이 막 벌어지려고 한다.

흑의 다음 한수는 어디가 좋을까?

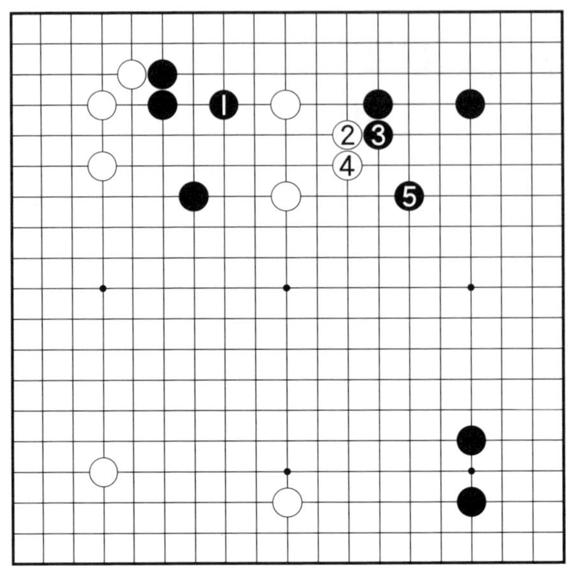

1도

1도 (근거의 요소)

상변의 배석과 힘의 관계를 조사해 보면, 흑1의 곳이 쌍방 근거의 요소로 놓칠 수 없는 곳임을 알 수 있다.

이로써 흑은 안정되며 백은 2에서 4로 달아날 수밖에 없다. 5까지 흑의 호조이다.

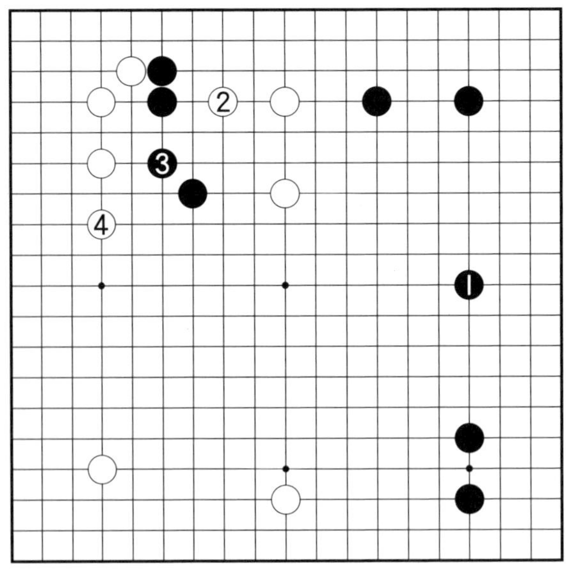

2도

2도 (주도권은 백에게)

우변의 흑1 주변이 큰 곳이기는 하지만 방향착오이다.

공방의 급소인 2를 허용해 주도권은 백의 수중에 넘어간다. 흑은 3으로 연결에 급급한 반면, 백은 4로 실리를 챙기며 계속 공격해간다.

4형

급한 곳은 어디일까?

● 흑 차례

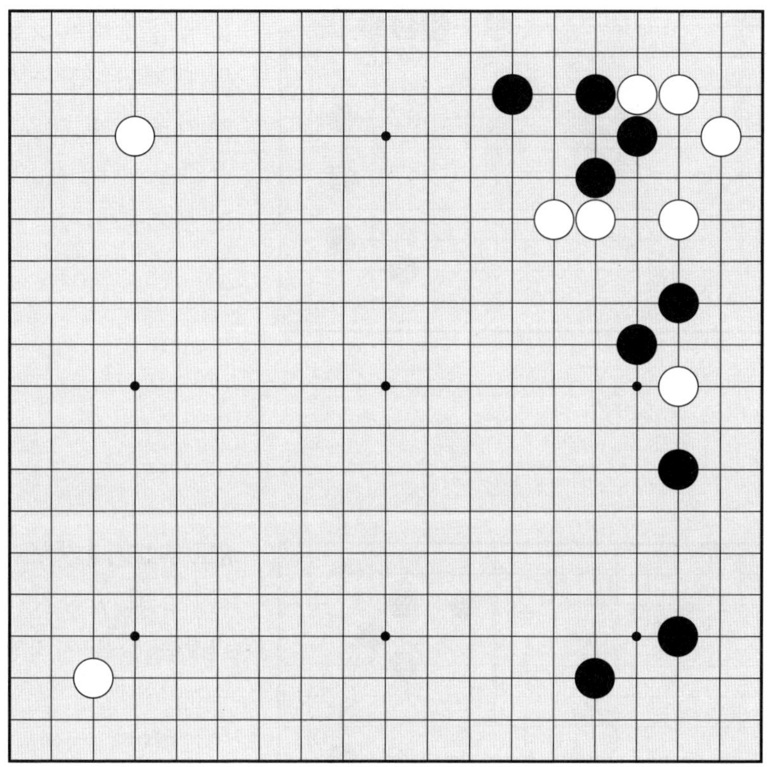

　　좌변은 한산한데 우변은 돌과 돌이 맞부딪치며 치열한 경합을 벌이고 있다.

　　흑은 여기서 어느 곳으로 향해야 할까?

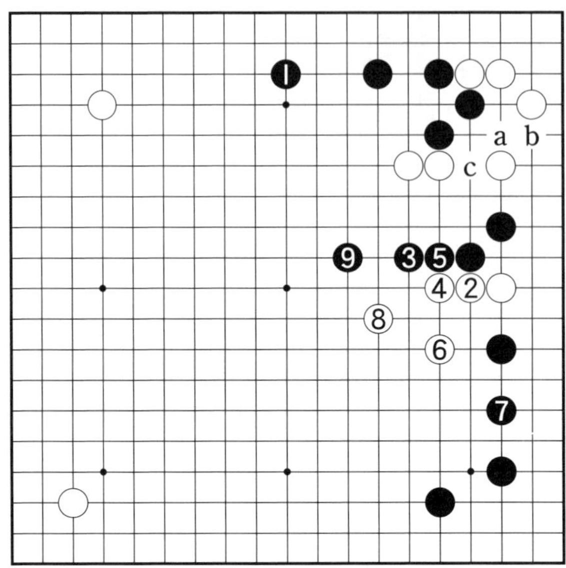

1도

1도 (우상 안정이 급하다)

냉정히 살펴보면 흑1로 두칸을 벌려 우상 넉점을 안정시키는 일이 급한 국면이다.

당연히 백은 2로 움직일 테지만 흑3 이하 9까지 대응해 별 게 없다. 다음 흑a, 백b, 흑c의 노림이 즐거움이다.

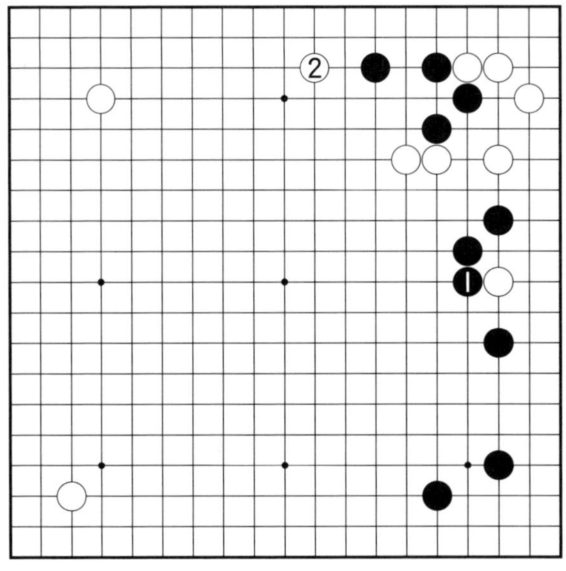

2도

2도 (백2가 너무도 호수)

흑1로 백 한점의 움직여 나오는 길을 저지해 두는 수는 어떨까?

그러면 우변에 관한 한 흑은 기분도 좋고 두텁지만, 백2의 육박이 너무도 호수가 되므로 실패라고 하지 않을 수 없다.

큰 곳보다 급한 곳은 어디일까?

○ 백 차례

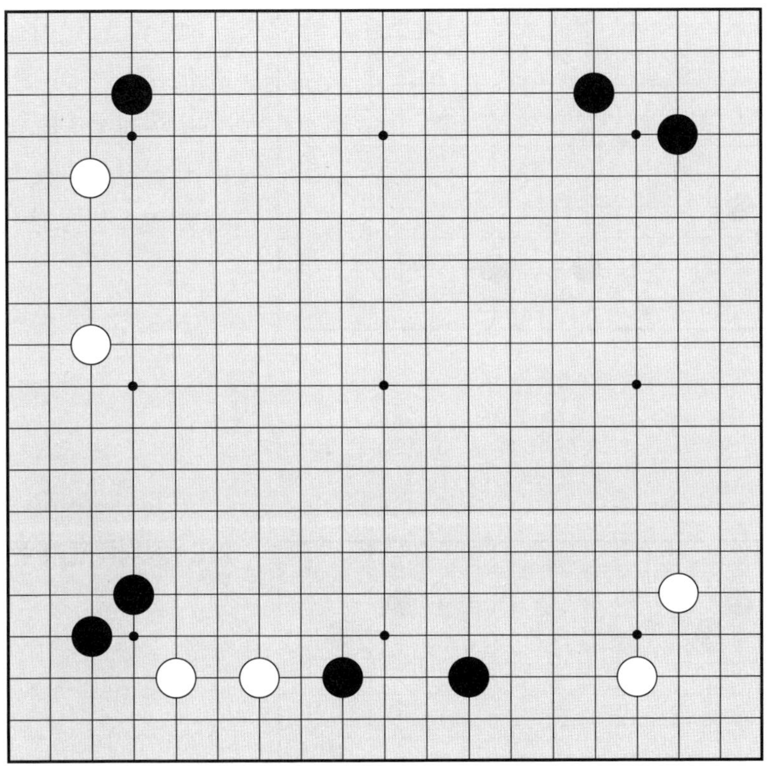

　　상변과 우변이 텅 비어 있지만, 변의 큰 곳보다 서둘러
야 한다면 그곳을 우선해야 한다.
　　백이 시급을 요하는 포인트는 어느 지점일까?

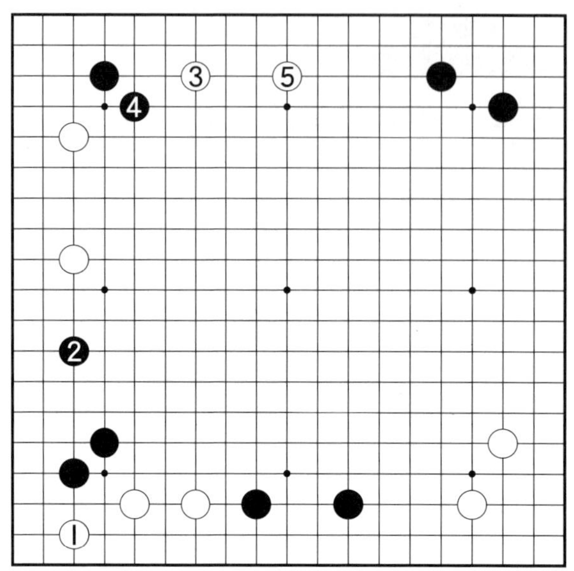

1도

1도 (근거의 요소)

반상을 둘러보면 좌하귀 쪽의 백 두점이 약한 진영이라는 데 주의가 미칠 것이다.

　백1의 달림이 근거의 요소. 흑2는 절대에 가까우며 여기서 백3, 5로 상변에 터전을 마련하는 것이 자연스런 흐름이다.

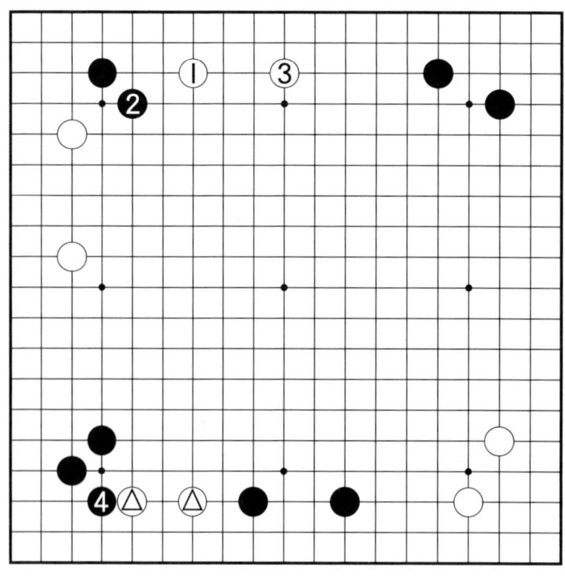

2도

2도 (공격목표가 된다)

백1, 3은 부분적으로 훌륭한 구상이지만, 타이밍이 좋지 않아 흑4가 절호의 한 수이다.

　이렇게 되면 백△ 두점이 흑의 공격목표가 된다. 백은 상변에서 얻은 이득보다 좌하귀에서 잃은 손실이 더 크다.

포석과 사활의 차이

○ 백 차례

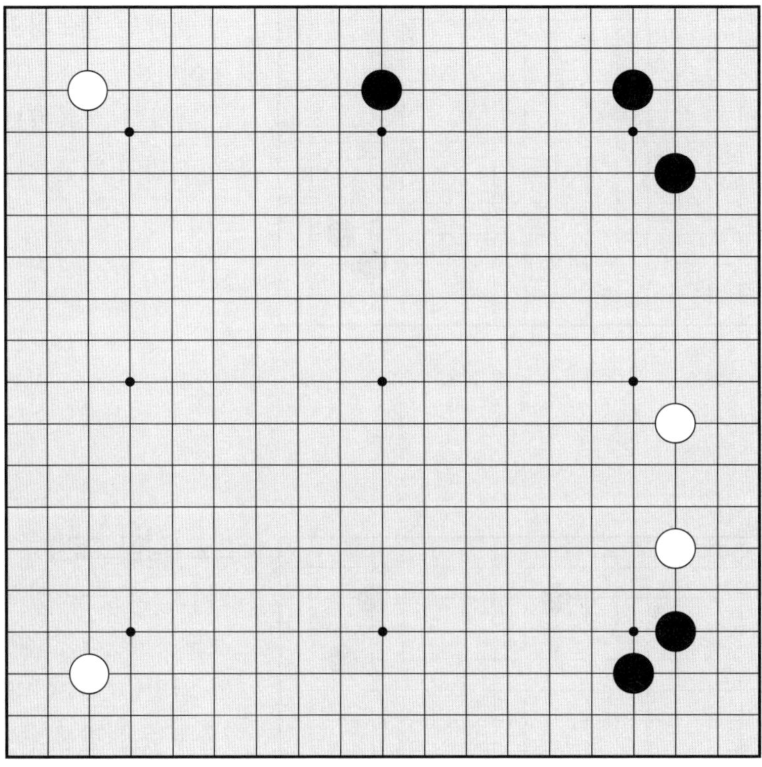

　　한창 포석단계이므로 두고 싶은 곳이 몇 군데 눈에 띌 것이다.

　　초반, 특히나 포석은 발상에 따라 갈래가 많으므로 사활처럼 정답은 없지만 유력한 흐름은 있는 법이다.

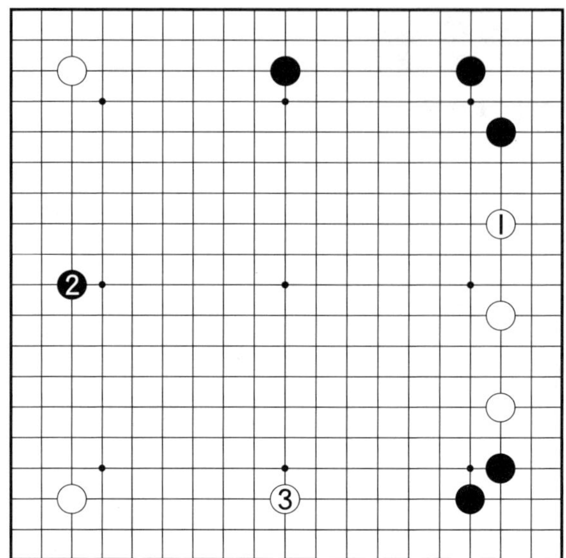

1도

1도 (양날개 저지)

우상 흑의 양날개를 저지하는 백1의 두칸 벌림이 바로 이 한 수의 곳이다. 흑2의 갈라침과 백3의 하변 전개는 맞보기와 같은 곳이다.

유장한 흐름이므로 백은 불만이 없을 것이다.

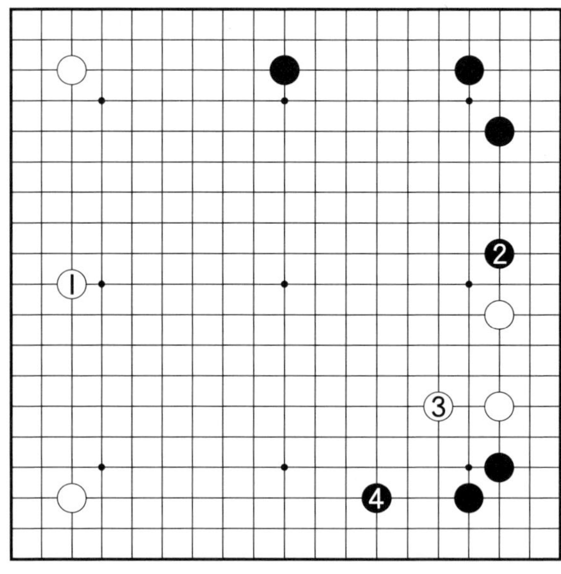

2도

2도 (감점 요인)

백1로 좌변을 건설하는 것도 나쁠 리 없지만 흑2가 엄청난 호수이다. 따라서 부득이 감점하지 않을 수 없다.

백3, 흑4에서 보듯이 흑의 호조 흐름이다. 1도 백1의 벌림이 단순한 '양날개 저지'만은 아니었다.

중반전의 입구에서

● 흑 차례

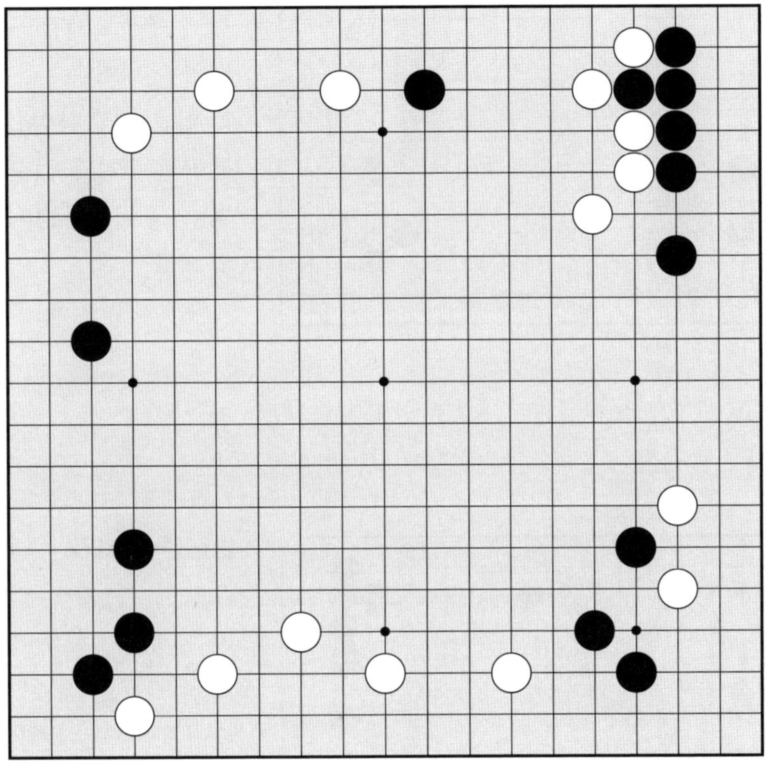

어느덧 포석이 끝나는 단계에 접어들고 있다.

눈앞에 닥친 중반전을 유리하게 이끌기 위해서는 흑의 다음 한 수가 매우 긴요하다. 초점은 어디일까?

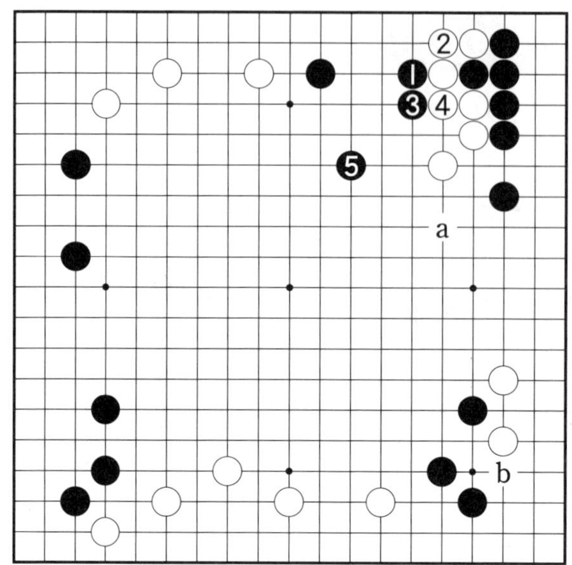

1도

1도 (공격의 급소)

우상 쪽의 백 다섯점이 엷다는 데 착안한 흑1의 껴붙임이 날카로운 맥점이다. 백2의 이음이면 흑3을 선수하고 5가 멋진 공격의 행마이다.

백은 빈털터리 신세로 달아날 수밖에 없다. 다음 백a, 흑b로 진행되면 흑의 호조이다.

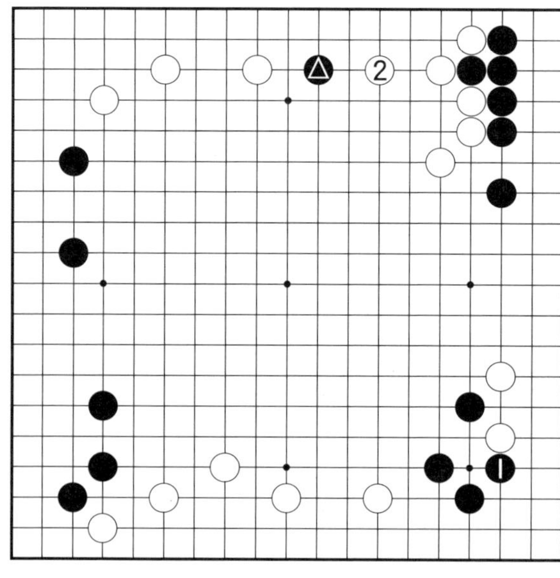

2도

2도 (천양지차)

우하귀 흑1로 실리를 얻어 안정하며 백 두점의 공격을 엿보는 것도 상당한 수이지만 백2의 가치에는 미치지 못한다.

그러면 흑▲ 한점은 부평초처럼 떠돌게 된다. 앞 그림과는 천양지차이다.

열세 속에서의 수습

○ 백 차례

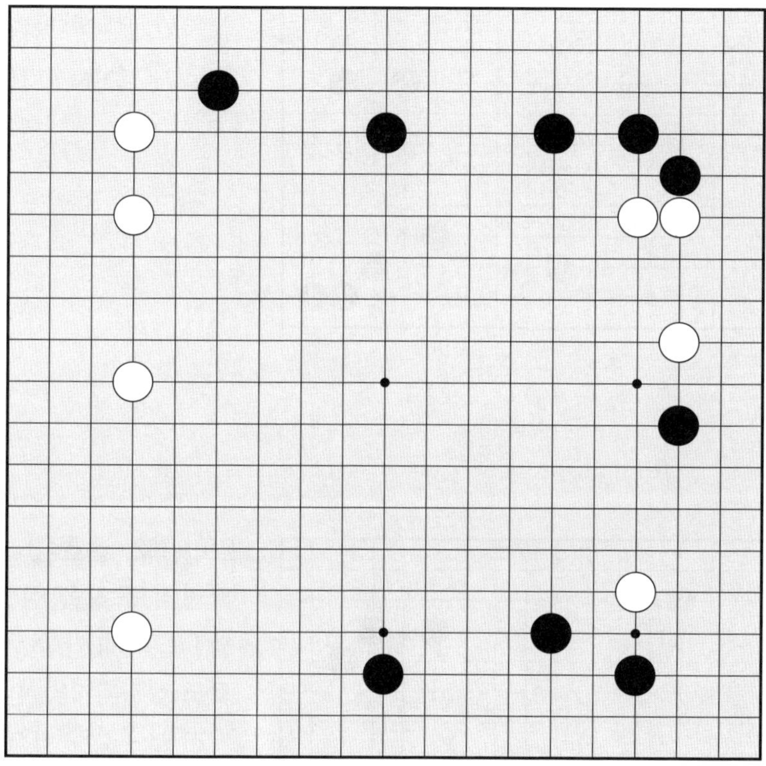

　백은 좌변에 3연성 플러스알파가 있으므로 우변에서는 어느 정도 열세를 각오해야 한다.

　그렇더라도 우하귀의 백 한점이 꽤 엷다. 백은 어떤 식으로 보강하는 것이 좋을까?

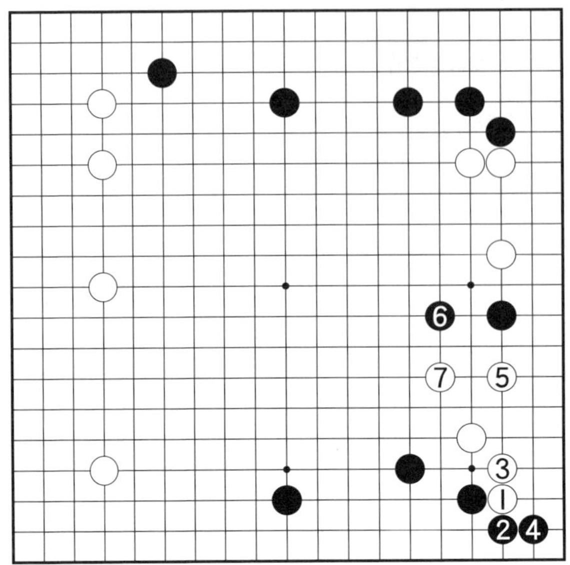

1도

1도 (수습의 급소)

우하귀 한점을 수습하는
급소는 백1의 붙임이다.
이 한수는 빠뜨릴 수 없다.
　흑2, 4는 필연. 거기서
좁지만 백5에 벌려 작더
라도 내 집을 갖춘다.

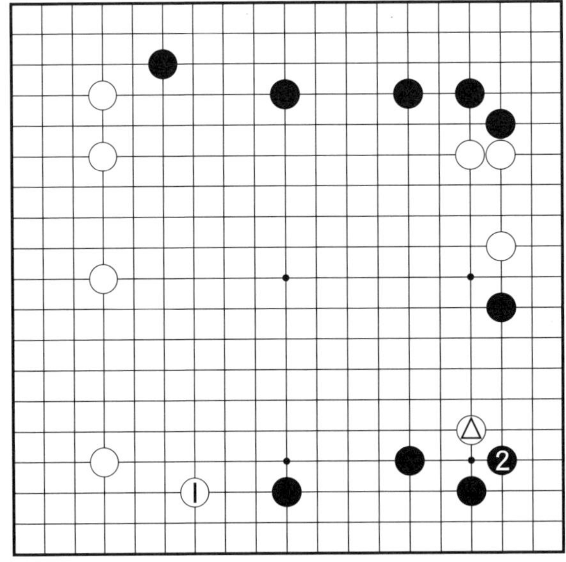

2도

2도 (흑2, 절호점)

좌변의 포진을 감안하면
백1로 좌하귀를 굳히는
것도 생각되지만, 이 국면
에서는 흑2의 마늘모 행
마가 백△ 한점을 공격하
는 절호점이다.
　백은 때 이르게 고전에
빠지게 될 분위기이다.

손을 빼느냐 마느냐?

● 흑 차례

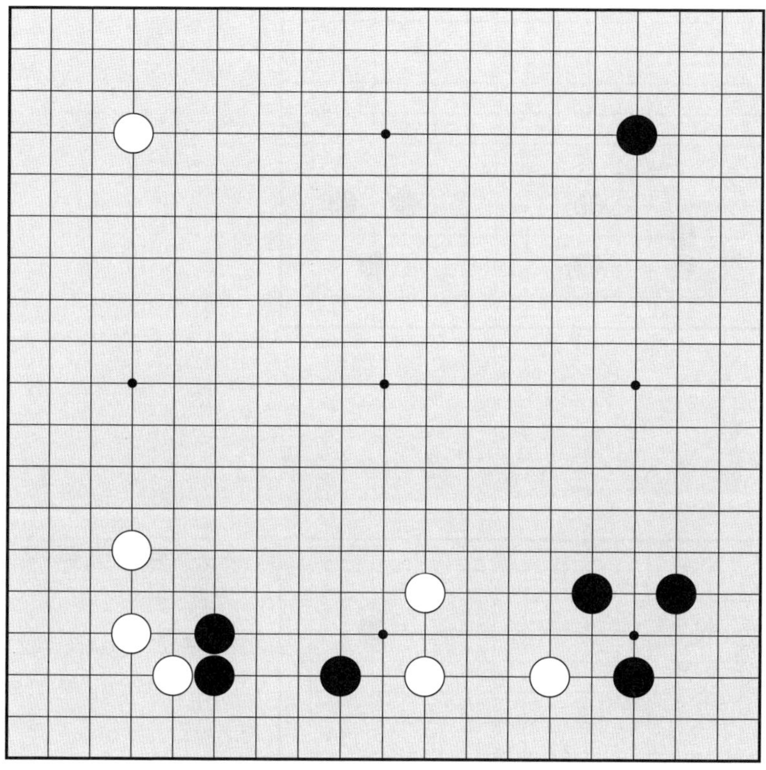

하변 쪽에 쌍방의 돌이 집중되어 있다.

흑은 손을 빼고 변의 큰 곳을 차지해도 좋을지, 아니면 후수일망정 확실하게 보강해 둘 필요가 있을지 결정해야 한다.

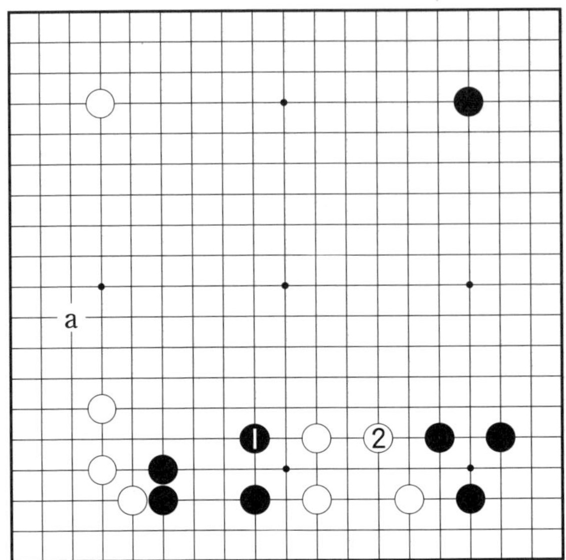

1도

1도 (한칸뜀이 필요)

흑은 손을 빼서는 안 된다. 즉, 흑1의 한칸뜀이 필요한 시점이다.

그러면 오른쪽의 백 석 점도 엷어지므로 2의 수비가 필요하다. 백2로 a에 벌리면 흑2의 공격이 준엄하다.

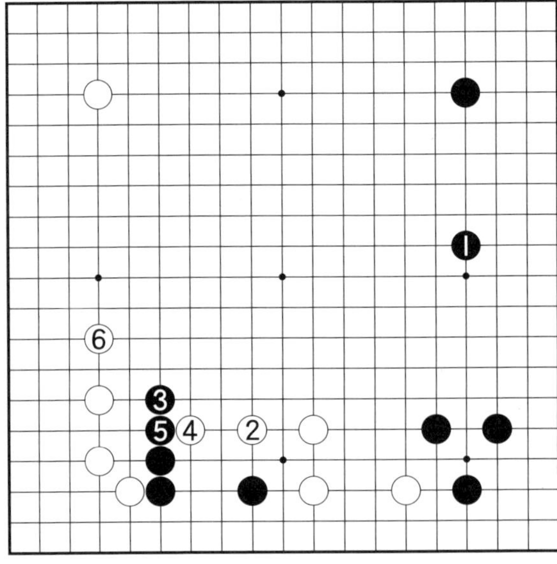

2도

2도 (공방의 급소)

하변 흑의 보강을 생략하고 1로 벌리면 백2의 'ㄱ'자 꼬부림이 통렬한 공격이다.

흑은 3에 뛰는 정도이지만, 백4로 들여다보고 6에 뛰어 백의 페이스가 된다. 2의 곳이 공방의 급소였다.

공방의 급소를 찾아라!

○ 백 차례

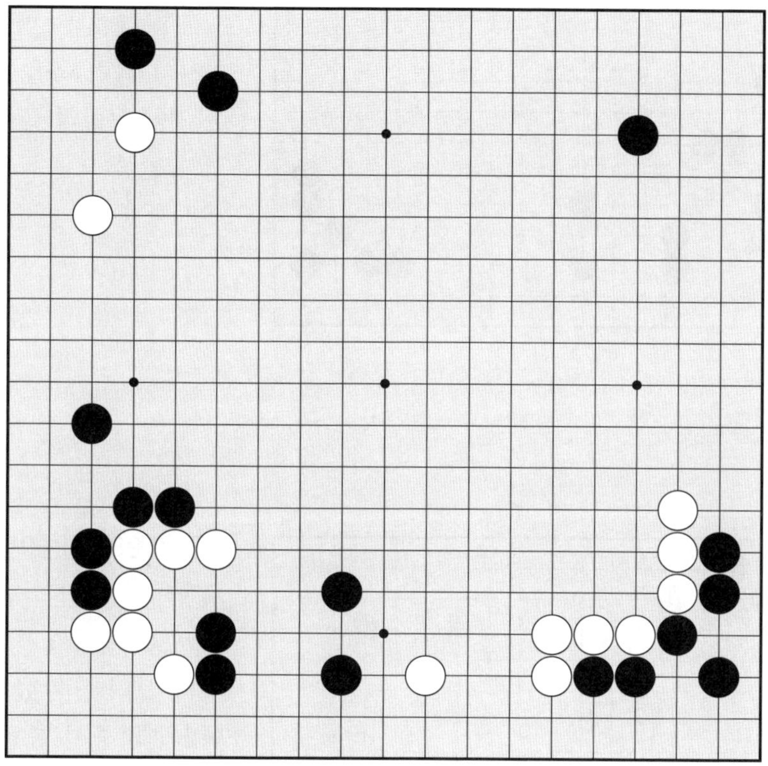

좌상에서 좌변 쪽에 공방의 급소가 있을 듯한 문제이다. 좌상귀에 주목!

흑이 날일자로 미끄러져 들어온 장면이다. 여기서 백의 행마는 어디가 좋을까?

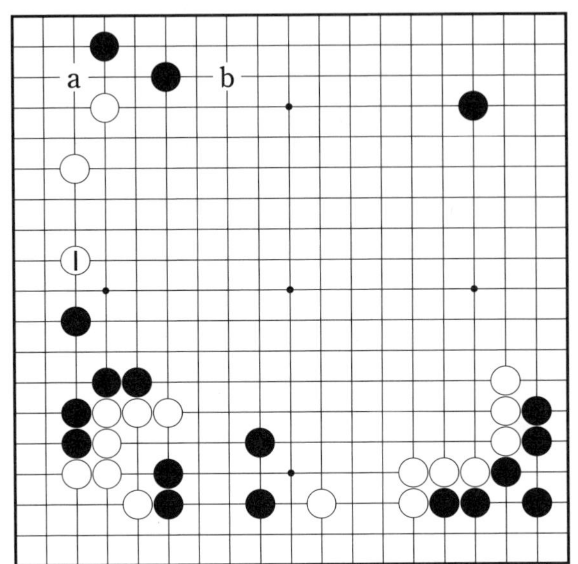

1도

1도 (유력한 발상)

백은 흑이 미끄러진 순간 a로 받든지, 아니면 b로 협공하고 싶어지는 장면이다.

　그러나 실은 백1로 다가서며 좌변 흑을 위협하는 것이 공방의 급소로 유력한 발상이다.

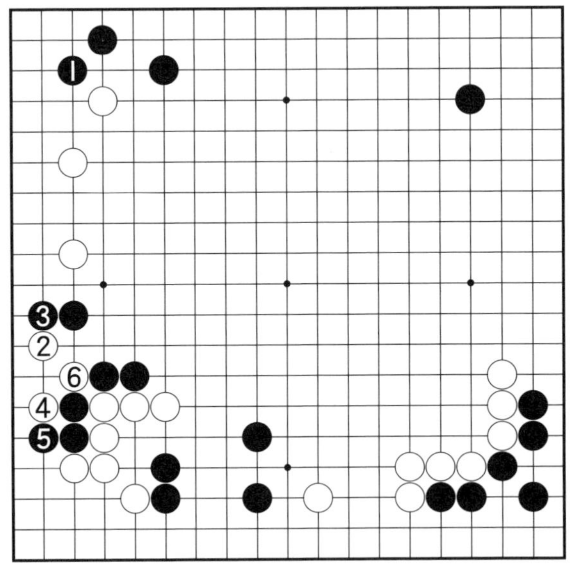

2도

2도 (백2의 치중이 통렬)

계속해서 흑이 좌변을 방치하고 기세랍시고 1로 귀의 실리를 밝혔다가는 백2의 치중이 통렬해 견디지 못할 것이다.

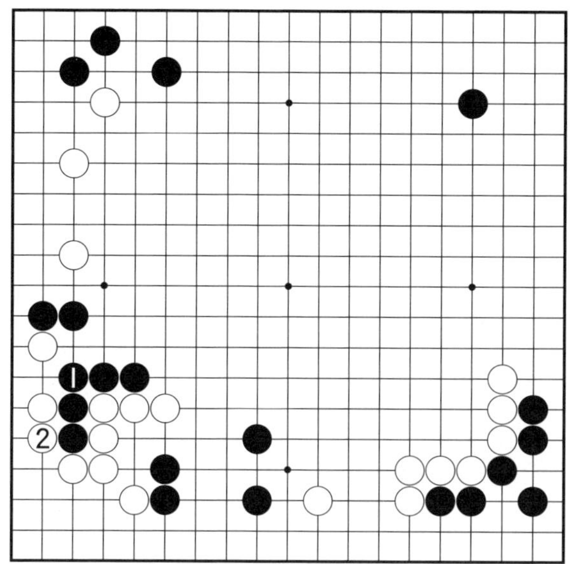

3도

3도 (백2가 크다)

앞 그림 흑5로 이 그림 1 에 이으면 백2로 건너는 수가 크다.

백의 공격이 위력을 떨 쳐 흑은 고생문이 훤한 모 습이다.

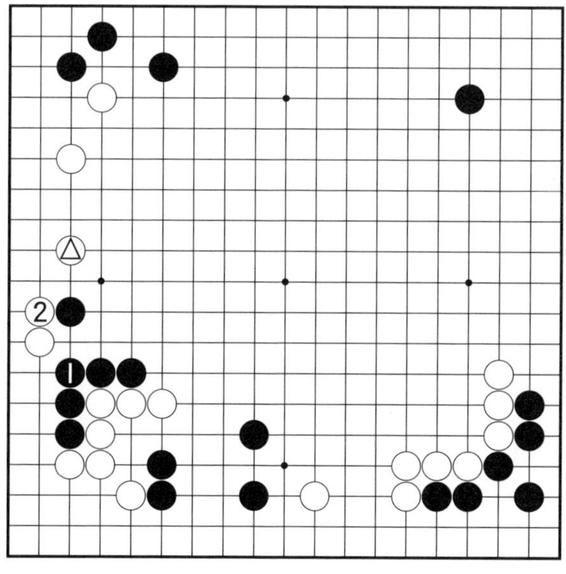

4도

4도 (백△의 효과)

2도 흑3으로 이 그림 1에 이으면 백은 당연히 2로 건넌다. 역시 흑은 근거가 박약한 모습이다.

애초에 백이 △로 두칸 을 벌린 효과가 나타나고 있음을 알 수 있다.

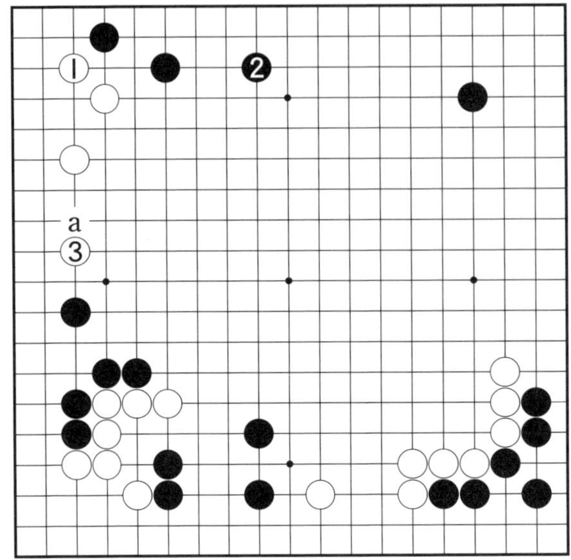

5도

5도 (약간 중복)

정석대로 백1로 받고 흑2에 벌렸을 때 백3으로 다가서는 것은 1과 3의 돌이 약간 중복되어 있는 만큼 재미가 적다. 혹여 흑2로 a의 곳에 먼저 육박할지도 모른다.

그러므로 1도 백1로 그냥 육박하는 것이 묘미 있고 능률적이다.

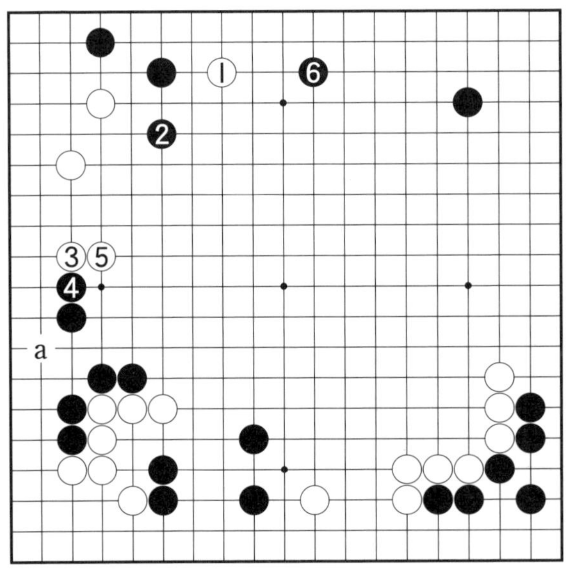

6도

6도 (백, 불만)

백1로 협공하고 나서 3으로 다가서면?

그러면 흑은 4, 백5를 선수해 a쪽 화근을 없애고 흑6으로 손을 돌릴 테니 백의 불만이다.

흑4는 손해수이지만 6이라는 좋은 곳을 두기 위해서는 부득이하다.

일석이조의 수순은 무엇일까?

● 흑 차례

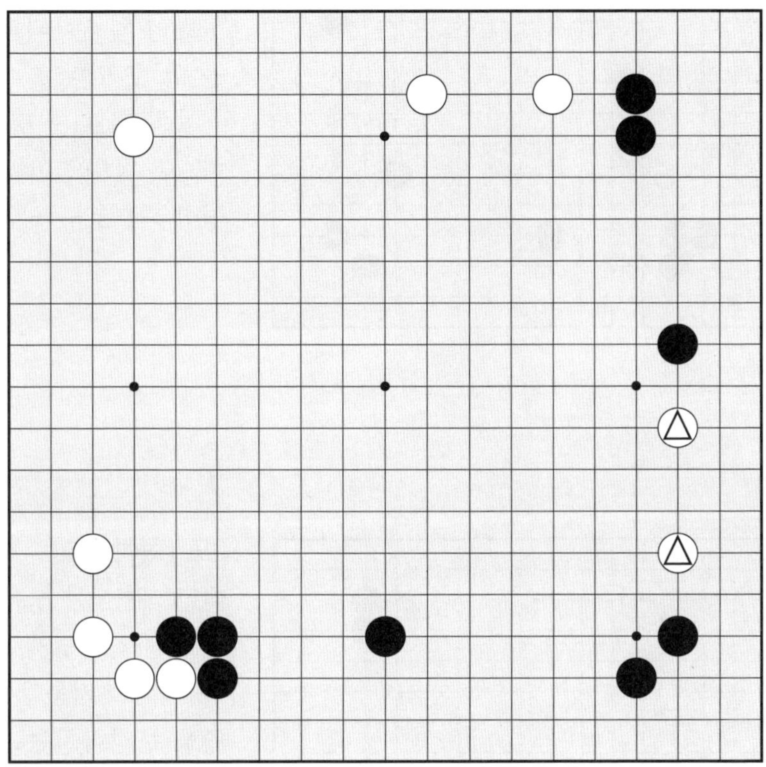

　　흑이 노리는 곳은 물론 우하귀 쪽 백△ 두점이다. 하변
을 키우면서 조금 허술해 보이는 우상귀를 지킬 수 있다면
성공!
　　자, 흑은 본격적으로 어떻게 공격할 것이냐?

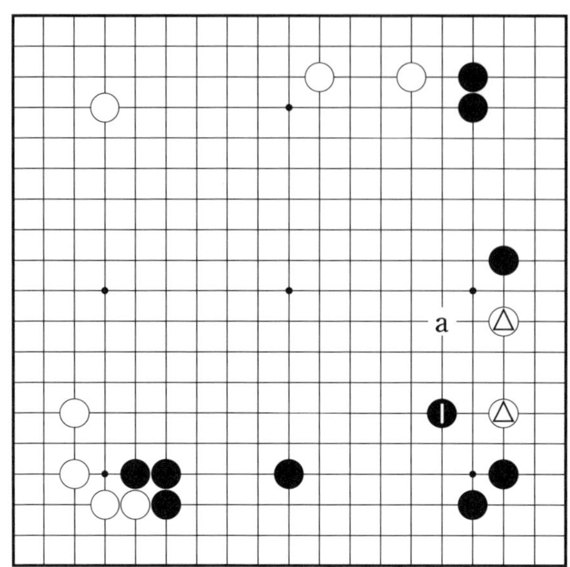

1도

1도 (이 한수의 행마)

흑1의 모자가 이 한수라고 할 만한 공격의 행마이다.

　이로써 평면적이었던 하변이 입체화되고 있음을 알 수 있다.

　재차 흑a마저 당한다면 백△ 두점은 숨이 막힐 지경이 되므로~

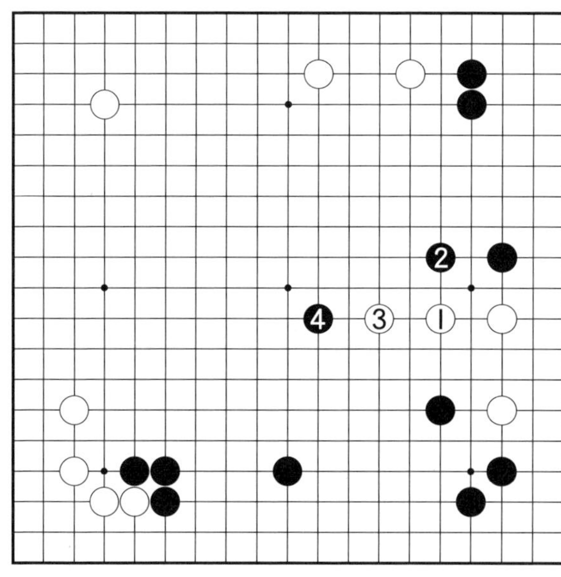

2도

2도 (목적 달성)

백1로 뛰는 한 수. 여기서 흑도 자연스럽게 2로 뛴다. 하변을 키우면서 우상귀를 보강하자는 본래의 목적을 이루었다.

　다음 백3으로 뛰면 흑4의 모자 공격이 재미있을 것이다.

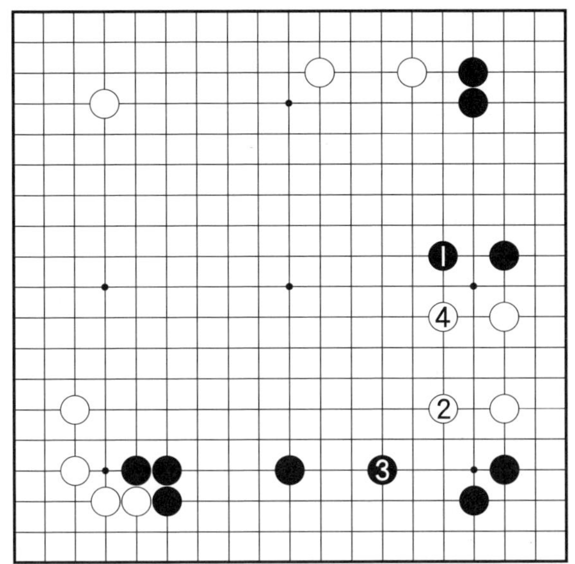

3도

3도 (흑, 느슨하다)

그냥 흑1로 뛰는 것은 약간 느슨하다. 백2의 뜀에 흑3으로 받아야 하는 만큼 백4로 보강할 여유를 준다.

이제 백을 공격하는 수는 없다고 봐야 한다. 이렇게 되면 우상 흑의 엷음이 걱정된다.

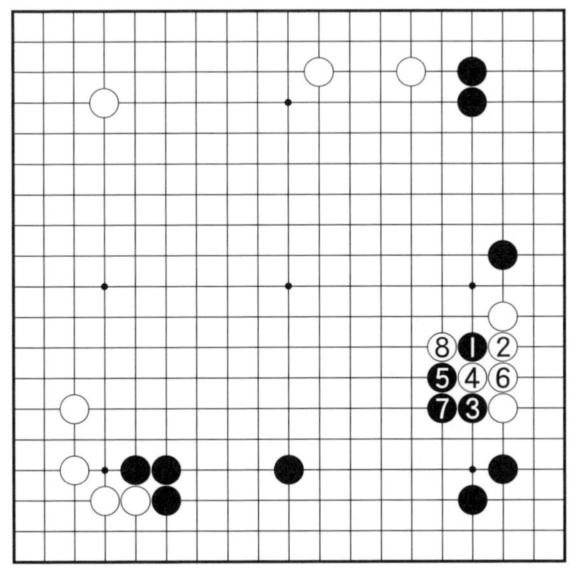

4도

4도 (백을 안정시킨다)

흑1로 어깨를 짚고 3에 붙이는 것은 모양을 키우는 상투수단으로 여기서도 유력하다.

다만 8까지 백을 확실히 안정시켜 주었다는 점을 간과할 수 없다. 1도에 미치지 못함은 물론이다.

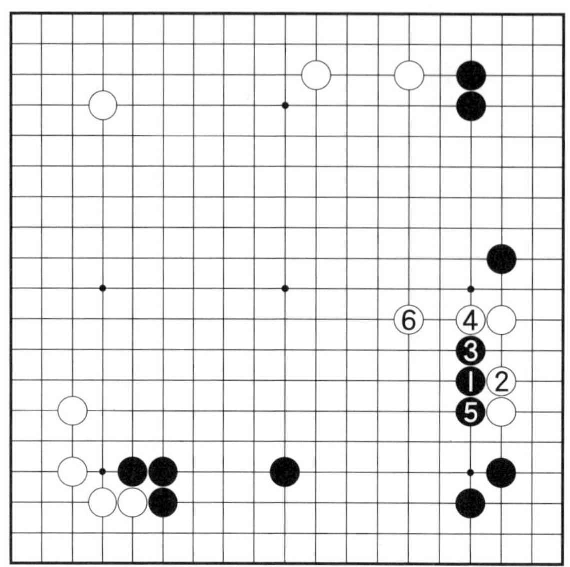

5도

5도 (직선적인 공격)

흑1쪽을 짚는 수도 간혹 쓰이는 공격의 행마이지만 좀 직선적이다. 백2에 흑3은 예정된 행동.

그러나 이 경우는 백4로 밀어올리는 수가 좋아 6까지 보듯이 흑의 공격이 실패로 돌아간다.

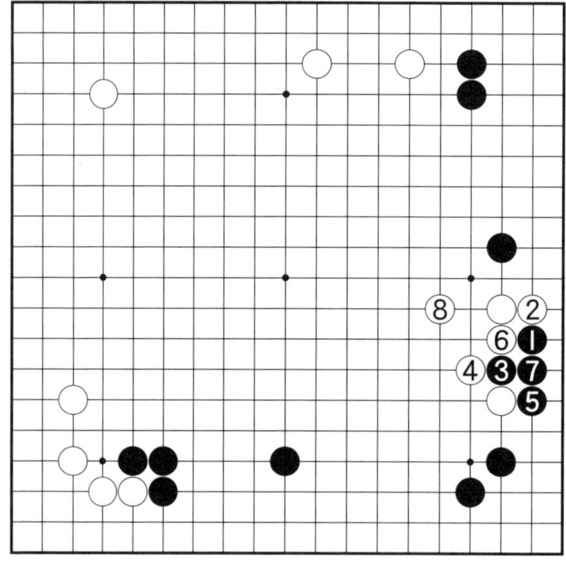

6도

6도 (엉뚱한 발상)

흑1의 치중은 근거를 빼앗아 바깥쪽으로 내몰려는 작전이다. 그러나 이 상황에서는 전혀 엉뚱한 발상이다.

이하 8까지 백을 안정시켜 하변과 우상 쪽의 엷음만 두드러졌다. 흑이 최악의 선택이다.

● 흑 차례

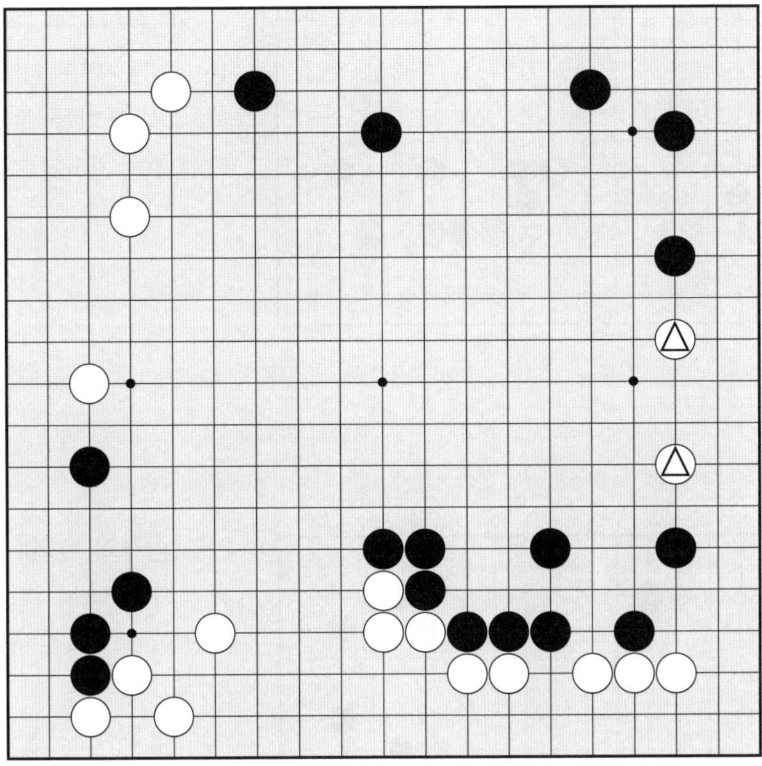

　　우변 백△ 두점은 매우 박약한 모습이다.
　　물론 흑은 공격이 목적이지만 그것만이 능사는 아니다.
공격하면서 이득을 얻지 못해서는 괜한 헛손질이 될 공산
도 있으니까.

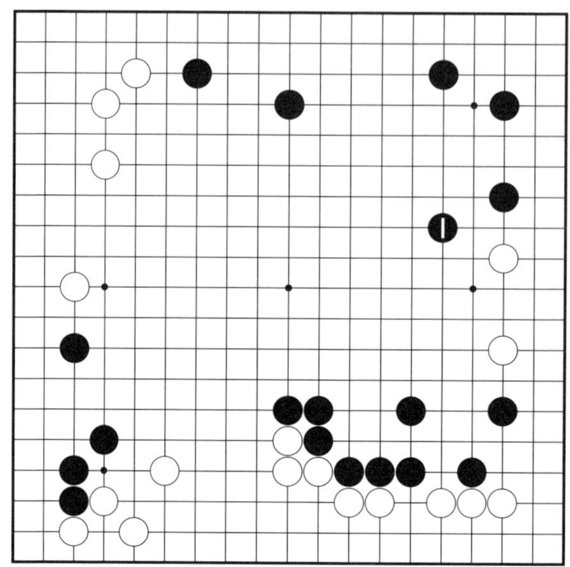

1도

1도 (공격은 날일자로)

'공격은 날일자로!'라는 격언대로 흑1의 날일자 행마가 가장 적절한 공격 수이다.

지금 주목할 곳은 상변. 흑 모양을 키우면서 백 두점을 괴롭히는 것이 이상적인 패턴일 것이다.

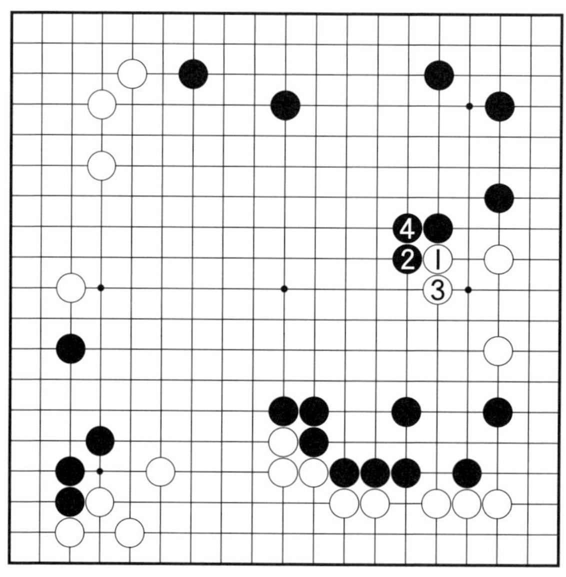

2도

2도 (공격의 효과)

계속해서 백이 1에 붙여 오면 흑은 2, 4로 두어 점점 두터워진다.

아래쪽 흑도 철벽이어서 백은 뭔가 손질이 또 필요하므로 상변은 이대로 흑집이 될 가능성이 매우 크다. 이것이 공격의 효과이다.

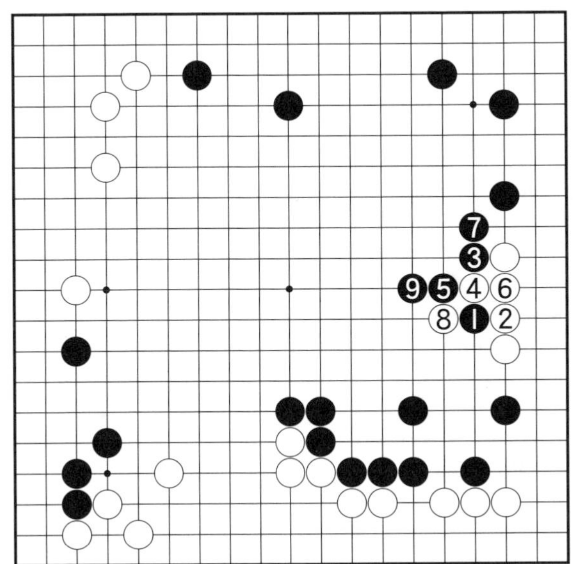

3도

3도 (다른 유력한 발상)

흑1로 어깨를 짚고 3에 붙이는 발상도 유력하다. 백이 삶을 꾀하는 사이에 흑은 9까지 두터워진다.

1도와의 우열은 가리기 어렵지만, 굳이 점수를 매기자면 이 그림은 98점쯤 아닐까.

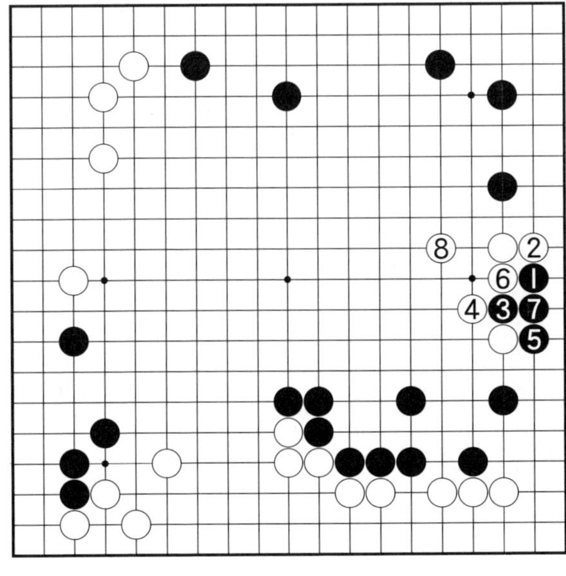

4도

4도 (지나친 공격)

흑1로 파고들어 근거를 빼앗는 것은 이 경우 지나친 공격이다. 백2 이하 8까지 예상해 볼 때 득보다 실이 많은 결과이다.

흑은 약간의 실리를 얻은 대신 두터움이 많이 퇴색했다.

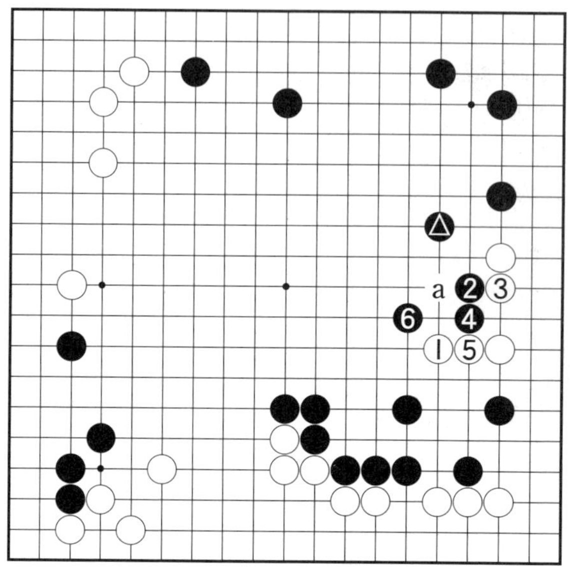

5도

5도 (흑2~6이 준엄)

흑⬛ 때 백1로 뛰면 흑은 어떻게 공격해야 할까?

여유를 안주고 흑2, 4에서 6까지 공격하는 것이 준엄하다. 백은 살기까지 상당한 고초를 겪어야 할 것이다.

수순 중 흑2로 a는 백2를 불러 느슨하다.

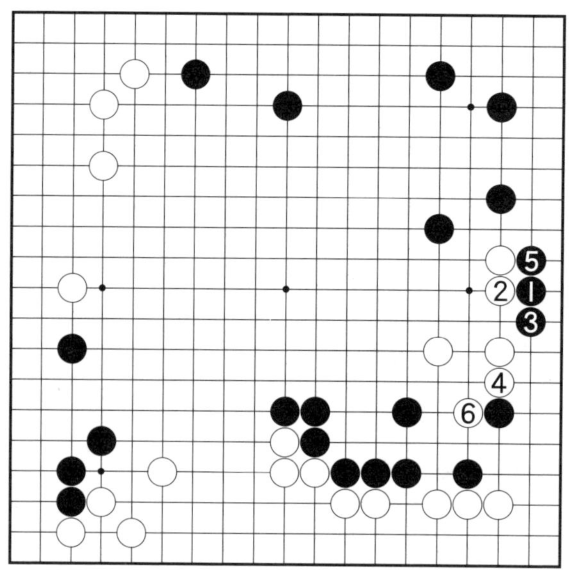

6도

6도 (흑, 이적행위)

흑1부터 뿌리 쪽을 파헤치는 것이 매서워 보이지만 백4의 치받음이 호수이다.

흑5가 부득이할 때 백6에 젖혀서 정비하면 공격이 실패한 꼴이다. 흑1, 3은 이적행위였다.

아생연후살타

● 흑 차례

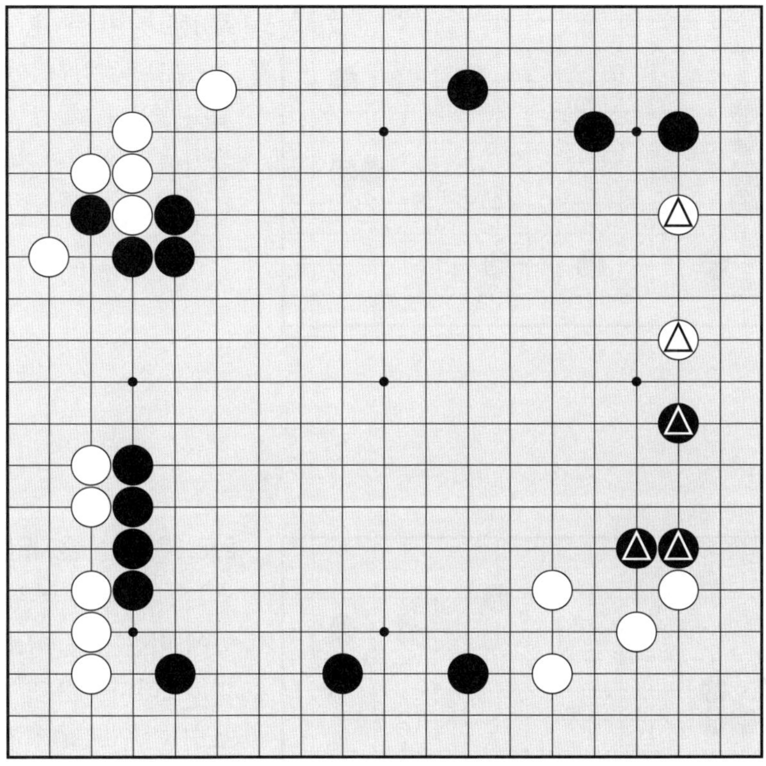

　백△ 두점도 약하지만 흑▲ 석점도 강하다고 할 수는 없다. 여기서 흑이 서투르게 공격하다가는 당할 수도 있다. 어찌 생각하면 공격은 2차적인 문제이다.

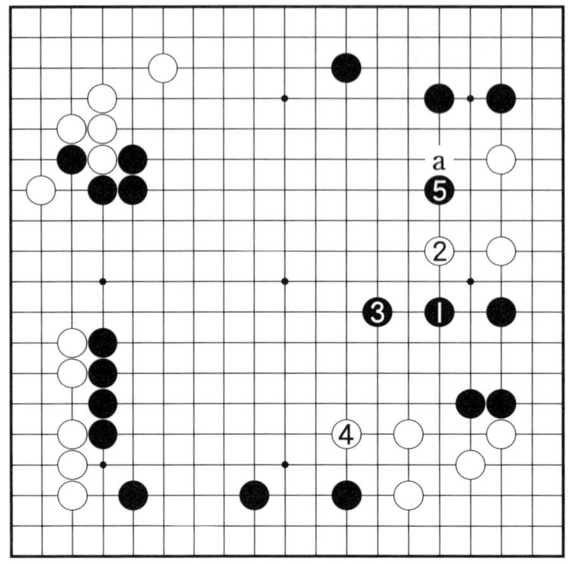

1도

1도 (수비가 공격)

흑1로 점잖게 한칸을 뛰는 한 수이다. 우선 자신을 돌보는 것이 중요하다.

백2로 뛰면 침착하게 흑3에 같이 뛴다. 백4로 흑 모양을 견제하면 그제서야 흑5의 공격! 수비가 공격인 발상이다. 또 백4로 a면 흑4가 절호의 요소이다.

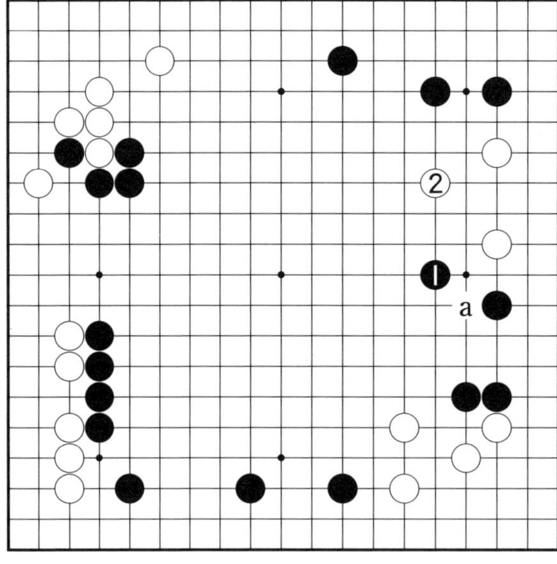

2도

2도 (위세는 좋지만)

흑1의 날일자 공격은 격언에 따른 수로 위세는 좋다. 그러나 백2로 지키고 보면 거꾸로 a의 건너붙임 등을 노림 받게 된다.

흑1과 같은 수는 나의 쪽이 강할 때 쓰는 행마법이라고 기억하도록!

14형

과감하게 공격한다

● 흑 차례

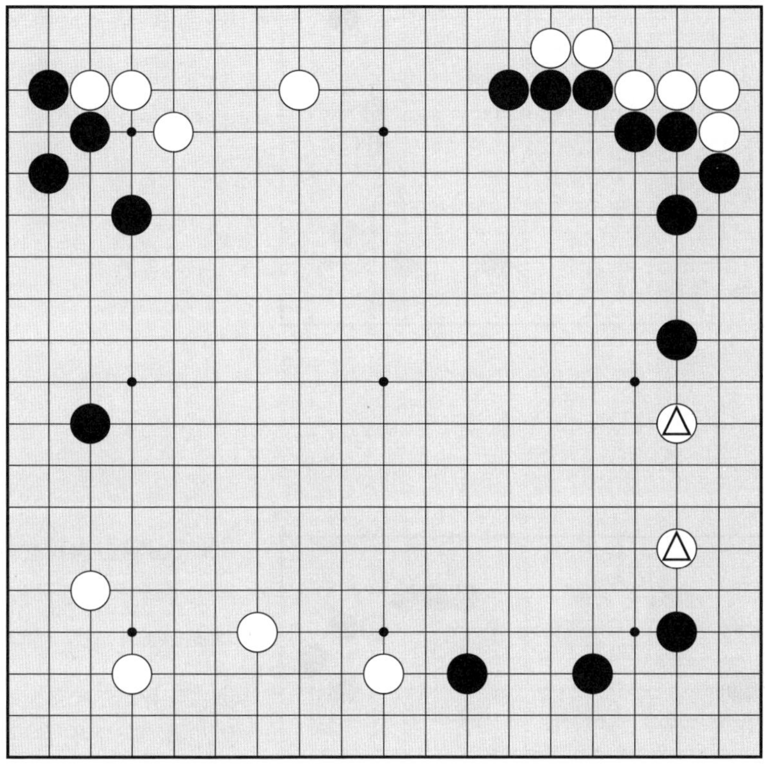

　　우하 쪽의 백△ 두점은 허약한 모습이다. 상하의 흑이
매우 견고하므로 과감하게 공격했으면 한다.
　　3수까지 생각해본다. 약간 어려운 과제이다.

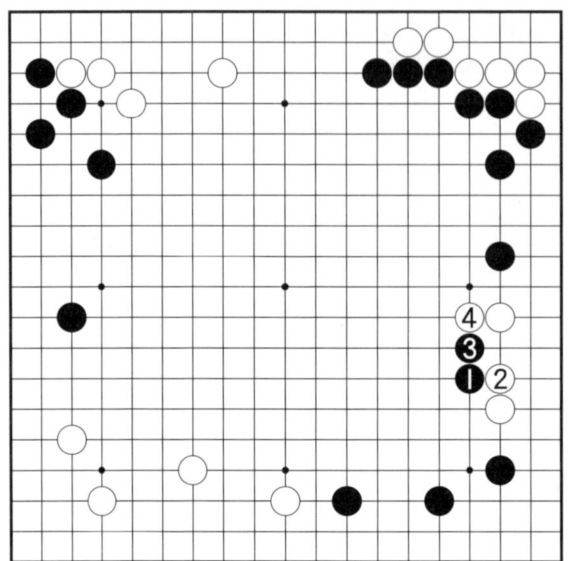

1도

1도 (가장 매서운 수단)

위쪽에서 공격할 경우 가장 매서운 수단이 흑1로 어깨를 짚고 3에 뻗는 수이다.

　흑은 불문곡직하고 백을 봉쇄하려는 것이다. 백4 다음~

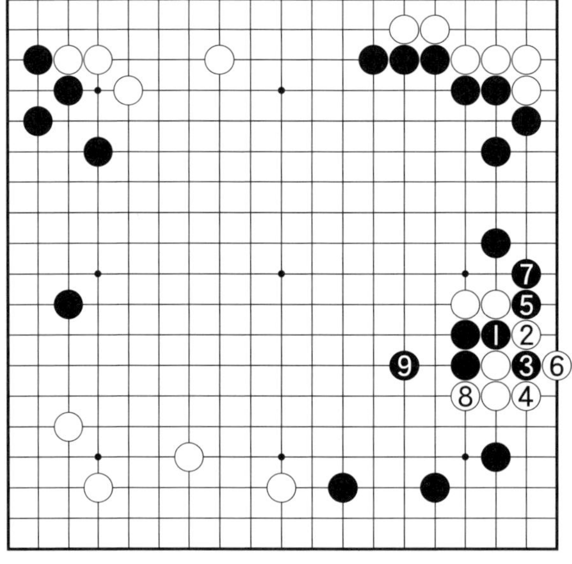

2도

2도 (강력한 나가끊음)

흑1에서 3으로 나가끊는 것이 강력하다. 백4는 어쩔 수 없으며 흑5, 7 이하 9까지 백 두점을 분단한 만큼 성공은 의심할 여지가 없다. 더구나 백은 여전히 미생인 상태이다.

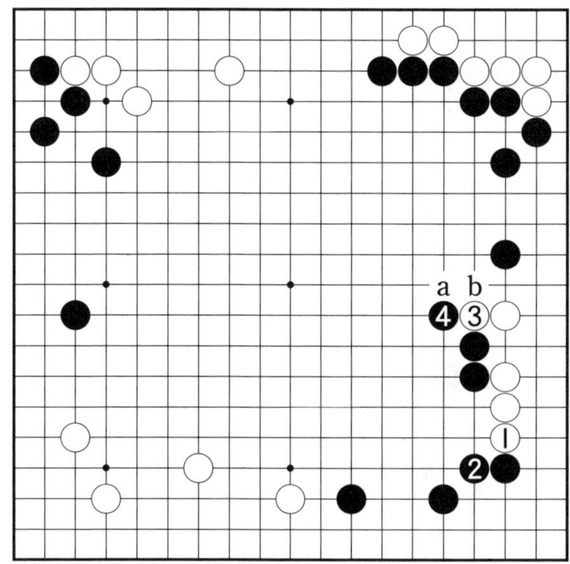

3도

3도 (굴하지 않는다)

1도의 백4로 이 그림 1에 부딪쳐 활용하고 3에 미는 수도 있지만, 흑은 4로 젖혀 굴하지 않는다.

다음 백a면 흑b로 끊어서 그만. 백을 봉쇄했으니 살려주어도 아깝지 않다. 물론 귀가 굳어진 점도 간과할 수 없다.

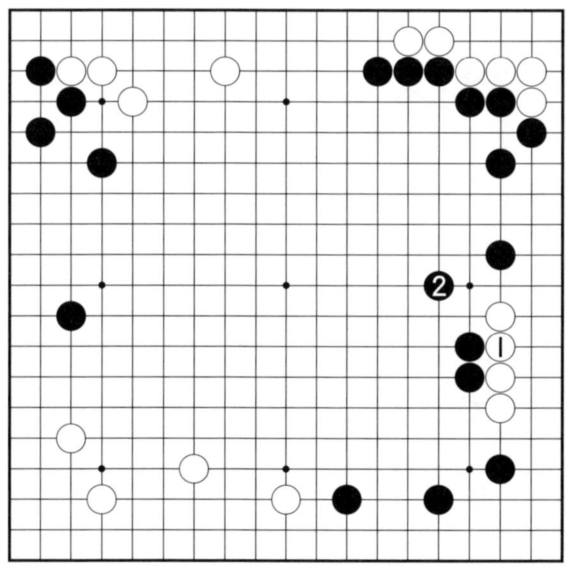

4도

4도 (봉쇄가 안성맞춤)

그렇다고 앞 그림 백1로 이 그림 1에 그냥 잇는 것은 흑2의 봉쇄가 안성맞춤이다.

안에서 살아야 하는 백, 그럴수록 바깥이 견고해질 흑. 그 우열은 명백하지 않은가.

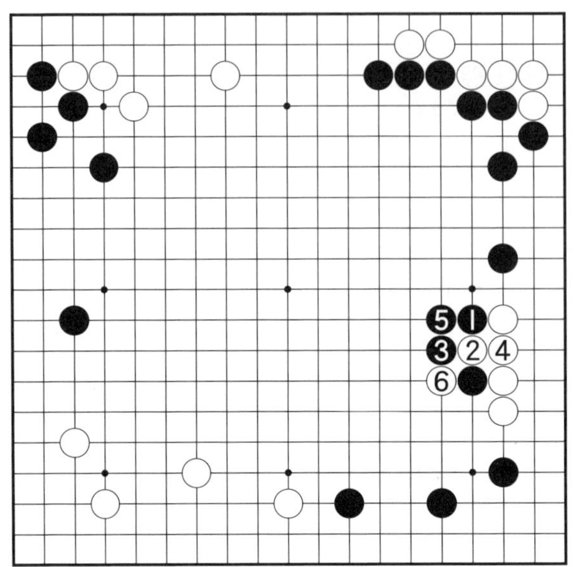

5도

5도 (미흡한 결과)

거슬러 올라가 1도 흑3으로 이 그림 1에 붙여 봉쇄를 꾀하면 백은 2, 4로 끼워이을 것이다. 흑5의 이음에는 백6.

흑은 이렇게라도 봉쇄할 수 있겠지만 미흡한 결과임은 말할 것도 없다.

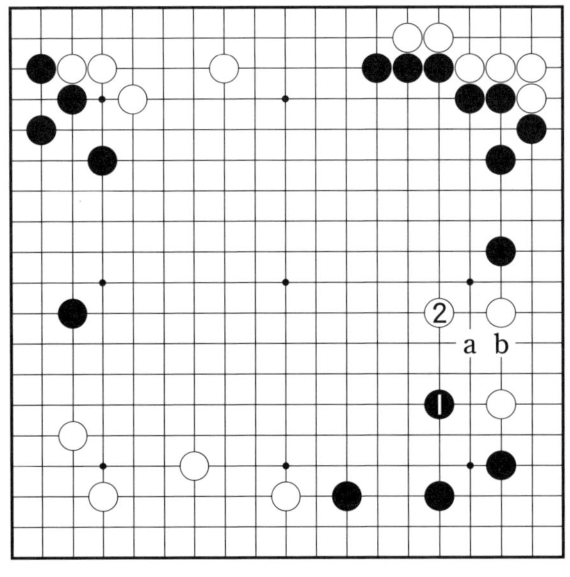

6도

6도 (박력 부족)

흑1의 모자도 흔히 쓰이는 공격의 행마이지만, 이 상황에서는 박력이 부족하다.

백은 2로 뛰어 한숨을 돌릴 것이다. 다음 흑a에는 백b로 받는 것이 요령. 1도의 준엄함에는 미치지 못한다.

주안점은 상변의 흑 모양

● 흑 차례

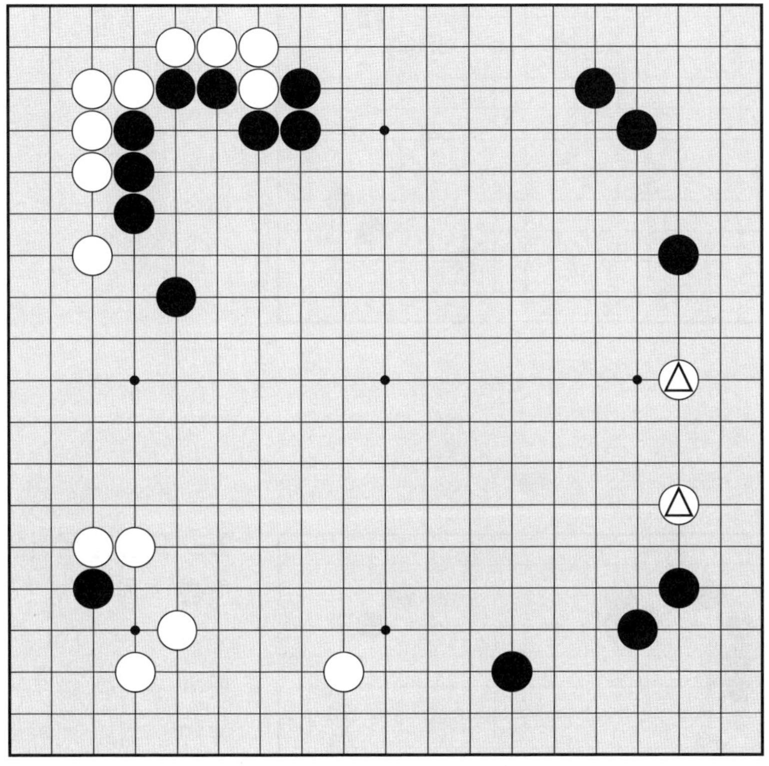

백△ 두점을 어떤 식으로 공격할 것이냐?
주안점은 어디까지나 상변 흑 모양을 어떻게 키우느냐인
만큼 그걸 염두에 두어야 한다.

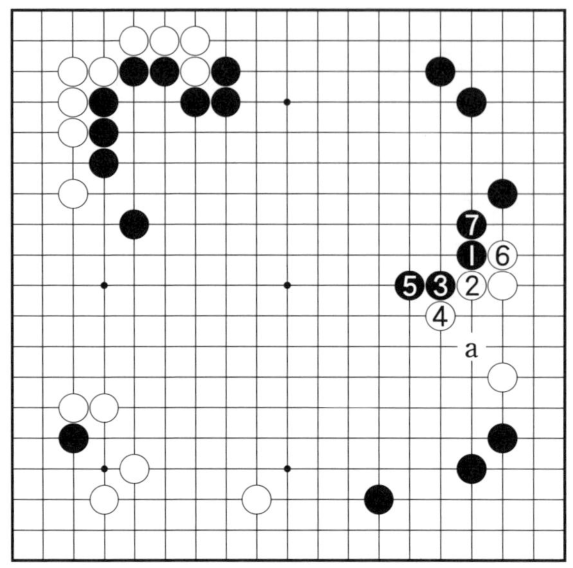

1도

1도 (어깨짚음)

흑1의 날일자 행마로 바깥쪽에서 어깨를 짚는 것이 좋은 감각이다. 백2면 흑3, 5로 젖히고 뻗어 모양을 소중히 한다.

이것이 스케일 큰 작전이며, 흑a로 들여다보는 맛도 남아 만족스런 결과이다.

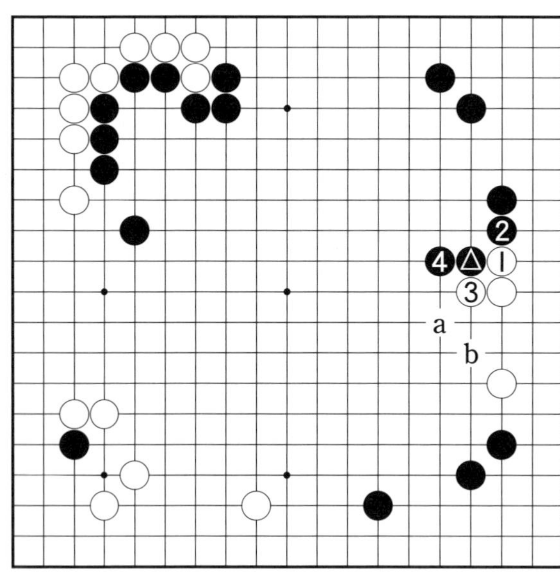

2도

2도 (모양이 굳어진다)

흑●에 대해 백1쪽으로 밀어도 큰 차이는 없다. 백이 원하는 대로 흑2, 4에 받아줘도 자연히 모양이 굳어진다.

백3으로 a여도 흑4의 쌍점이 행마의 급소임을 잊지 않도록 한다(다음 b가 통렬하므로).

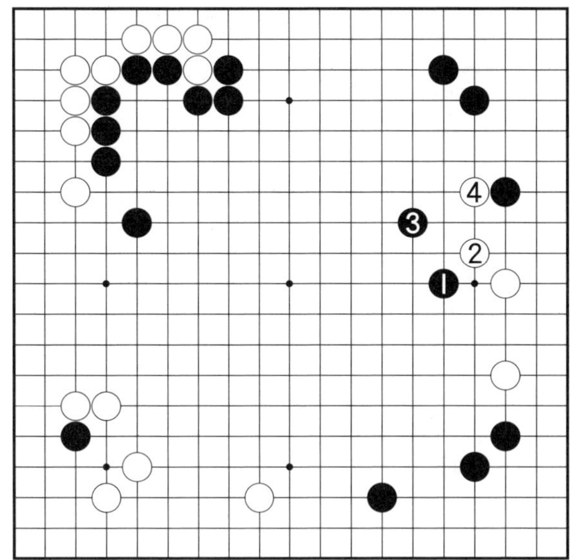

3도

3도 (위세는 좋지만)

흑1의 모자 공격은 위세 당당한 수. 그러나 백2의 마늘모 후 4로 진출하면 흑 모양이 깨질 위험성이 크다.

한번 공격의 방향을 잘못 선택하면 일거에 바둑이 무너진다.

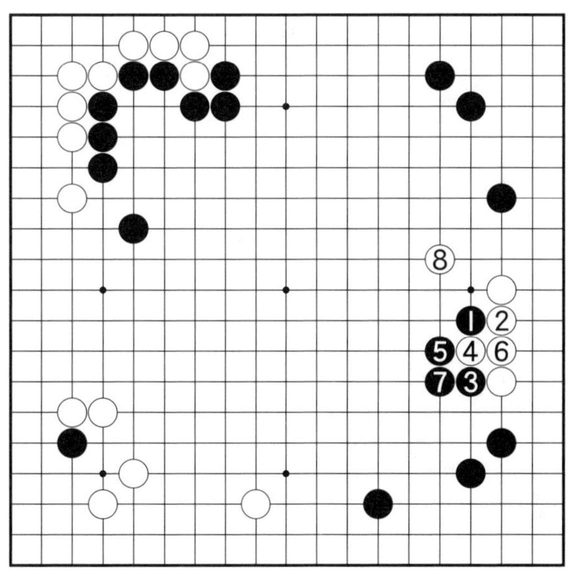

4도

4도 (방향착오)

흑1로 어깨 짚고 3에 붙이는 것도 유력한 공격의 행마이지만 이 경우는 심각한 방향착오이다.

이하 백8로 머리를 내밀게 되어서는 순식간에 상변의 모양이 무너진다.

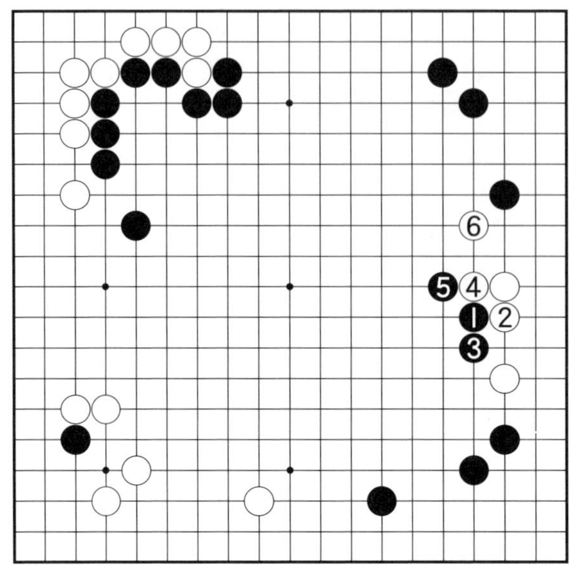

5도

5도 (대동소이)

흑1, 3으로 봉쇄하자고 대드는 것도 3도, 4도와 대동소이한 결과를 초래한다.

백4는 절대점. 여기서 흑5로 젖혀 봐도 백6으로 뛰어나가면 상변 모양이 깨지는 것은 시간문제일 것이다.

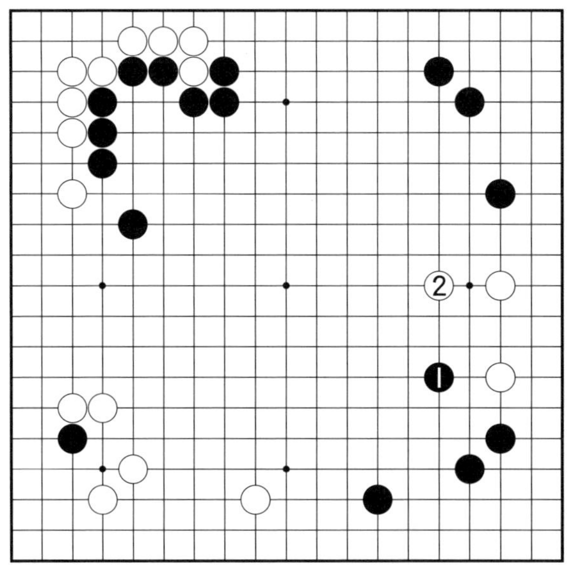

6도

6도 (최악의 구상)

설마 흑1의 모자 공격을 정답이라고 생각한 사람은 없었을 것이라 믿는다.

백은 몹시 두고 싶었던 2의 곳을 자연스럽게 뛸 수 있으니 흑은 최악의 구상이다.

크게 공격한다

● 흑 차례

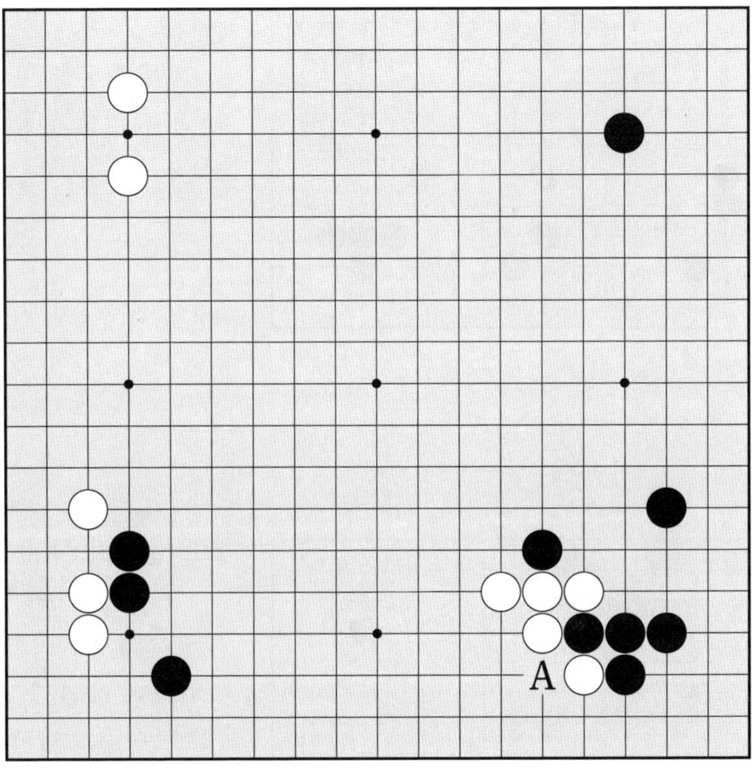

A의 끊음이 눈앞에 어른거리지만 과연 흑이 그 정도의 이득을 취해도 좋은지….

이런 장면에서는 크게 공격하는 것이 바람직하다. 자, 흑의 다음 한수는 어디가 좋을까?

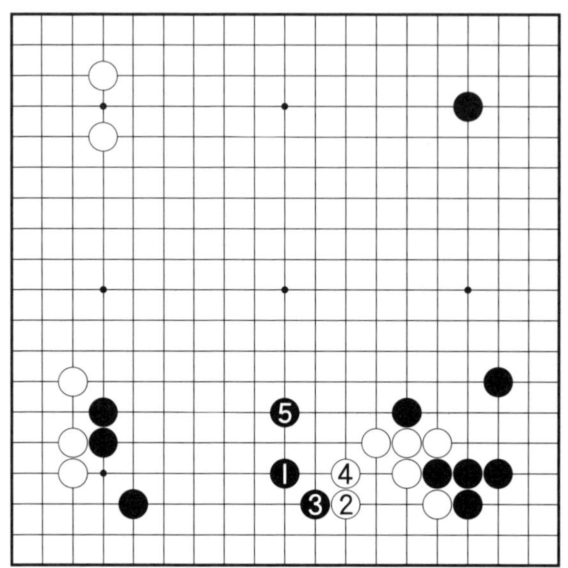

1도

1도 (쾌조의 진행)

스케일 크게 흑1로 공격할 곳이다. 백2로 정비하면 흑은 3에 마늘모 붙이고 5로 뛰어 쾌조의 진행이다.

흑이 하변을 자연스럽게 키우고 있음에도 주목한다.

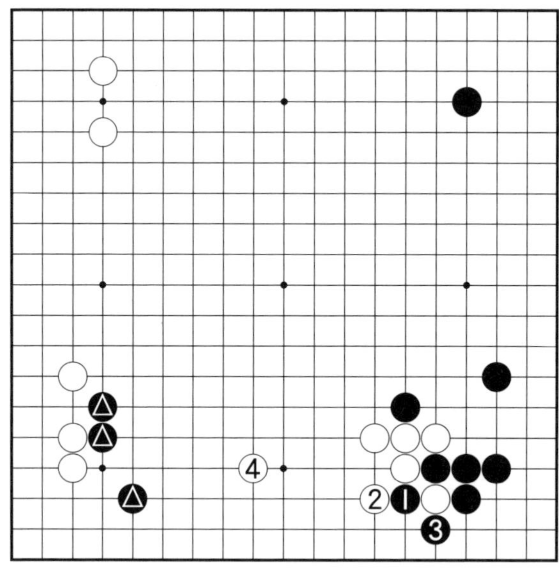

2도

2도 (물건이 작다)

흑1로 끊는 것은 물건이 작다. 백4가 기막힌 호점.

이곳에 돌이 오고 보니 세력 구실을 해야 할 흑 ▲ 석점이 공격대상이 되고 말았다. 원고가 되레 피고의 입장에 섰다.

어느 쪽의 돌이 중요할까?

● 흑 차례

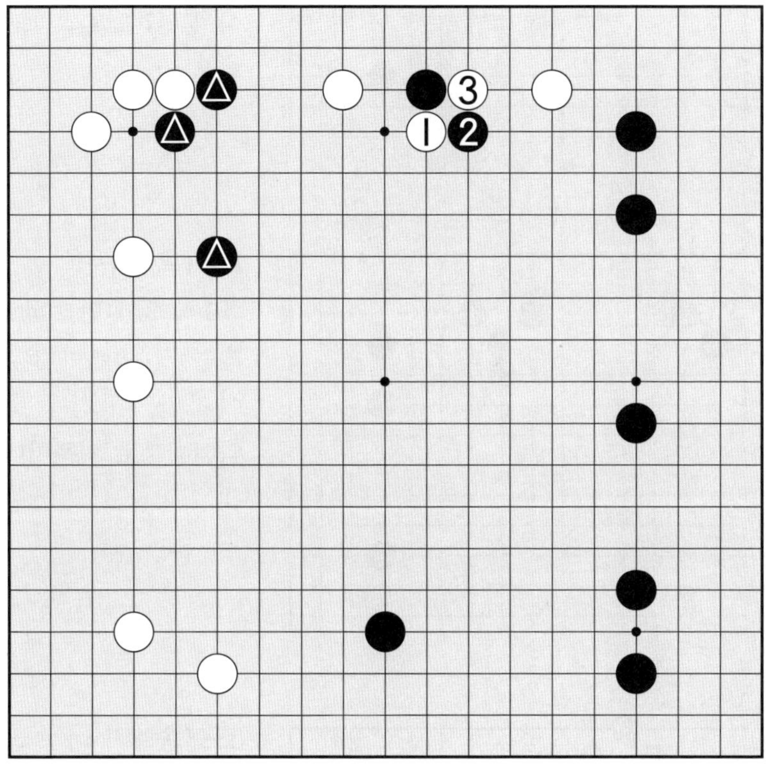

백이 1로 붙이고 3에 맞끊어 온 장면이다.

이제 흑은 어떤 돌이 중요하며, 어떤 돌이 대수롭지 않은지 판단해야 한다. 흑▲ 석점을 소중히! 이것이 포인트이다.

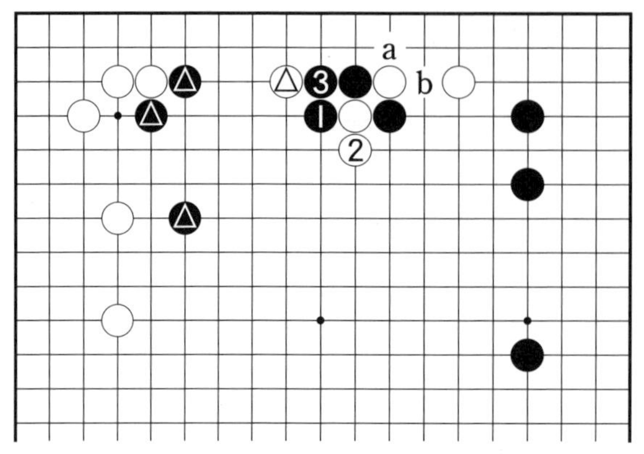

1도

1도 (간명한 방법)

흑1로 몰고 3에 잇는 것이 간명하다. 이렇게 백△ 한 점을 제압하면 흑❹가 강해지는 것은 당연한 이치이다. 이때 흑a, 백b의 교환은 악수!

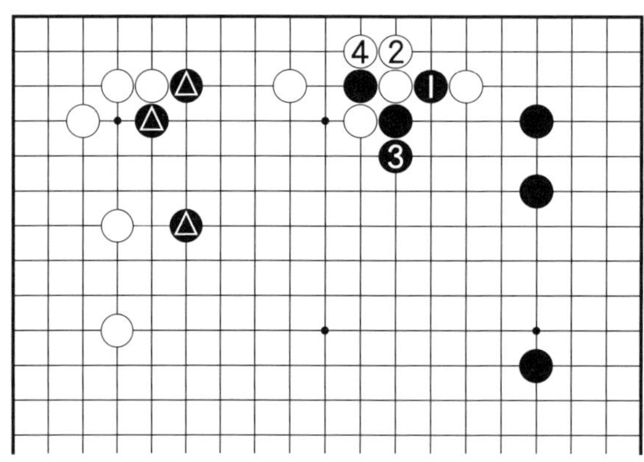

2도

2도 (흑, 의문)

흑1쪽에서 단수하고 3에 뻗는 것은 행마법의 기본이지만, 이 경우 흑❹가 약해지므로 의문이다.

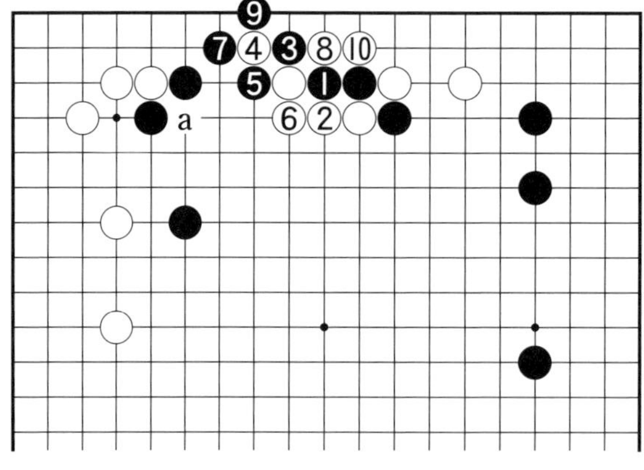

3도

3도 (손해가 너무 크다)

흑1, 3이면 백4의 이단젖힘이 강수이다.

　이하 10까지 백이 너무 두터워져 안정의 대가치고는 흑의 손해가 너무 크다. a의 끊음이 남은 점도 언짢다.

알기 쉽게 처리한다

● 흑 차례

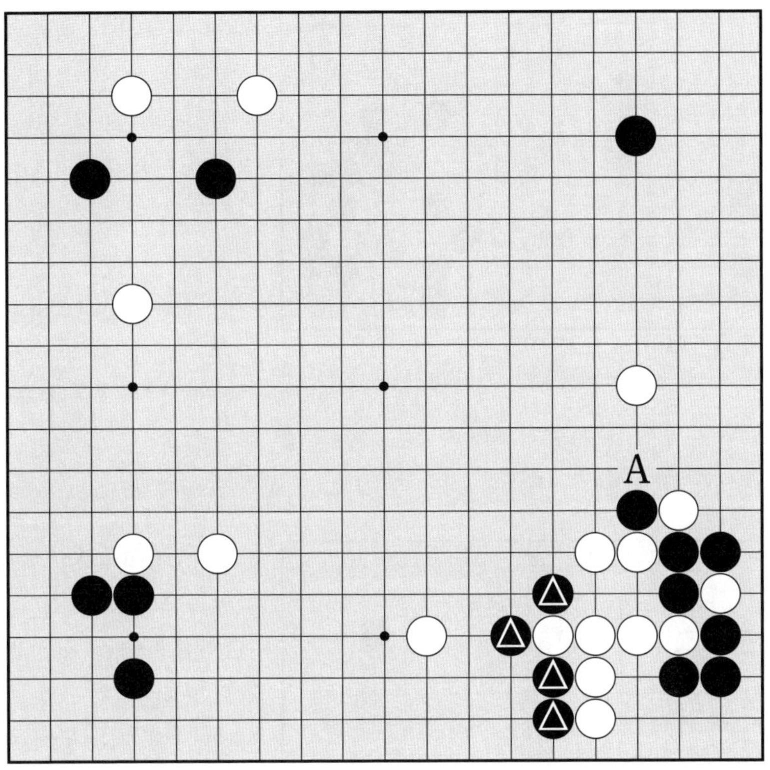

흑A로 뻗고 싶지만 ▲ 넉점이 걱정스럽다. 자, 흑은 어느 쪽을 중요시해야 할까?

실리에 앞서 있는 흑은 간명을 기하는 것이 바람직하다.

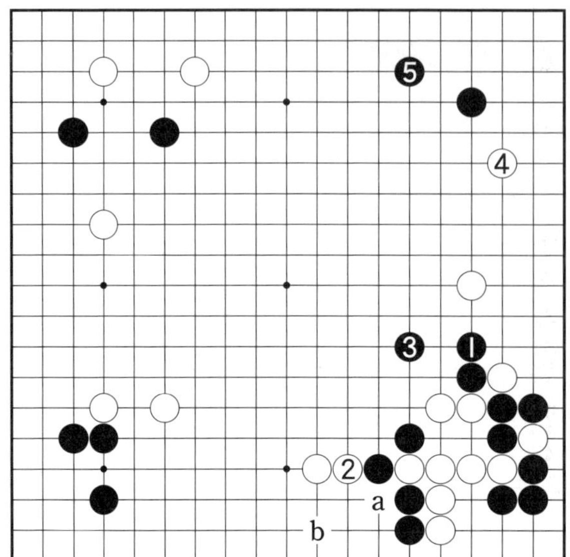

1도

1도 (대국관 필요)

흑은 집에서 앞서 있는 만큼 1로 뻗어 충분하다는 대국관이 필요하다.

백2면 하변 흑의 몇 점은 움직이기 힘들지만, a로 잇는 수를 보며 b로 움직이는 뒷맛이 있다. 일단 흑3이 호점이다.

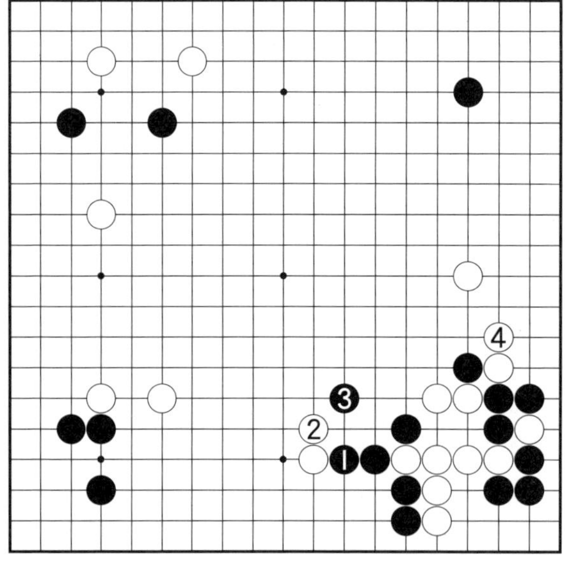

2도

2도 (무거운 짐)

흑1, 3이면 하변 몇 점은 달아날 수 있지만, 백4와 교환되어 거꾸로 무거운 짐이 될 가능성이 있다.

1도처럼 버리는 편이 낫다고 판단한다면 고수가 될 자질이 있다.

빨리 안정하는 방법

○ 백 차례

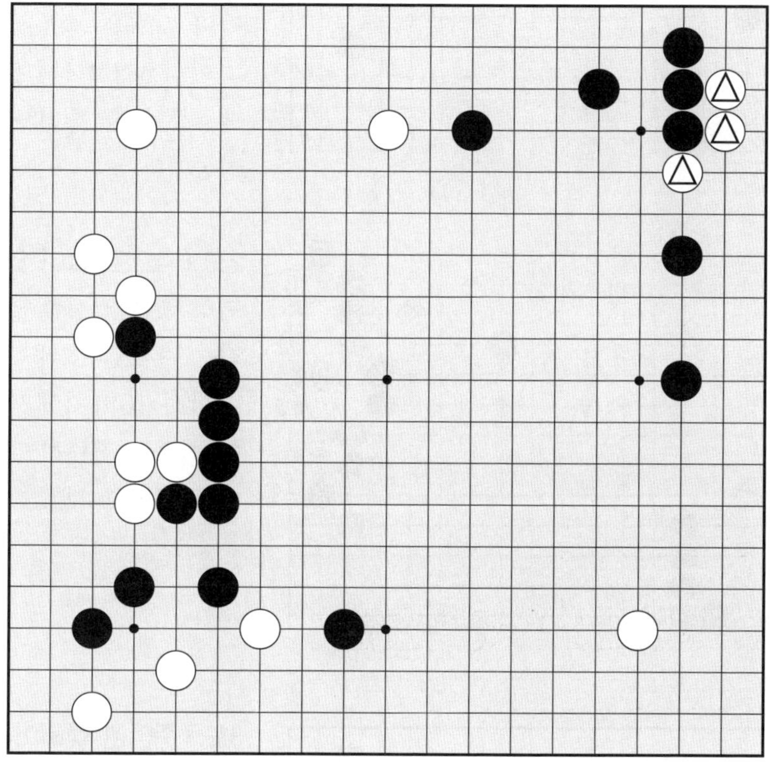

백이 볼 때 우상귀 주변은 온통 적뿐이다. 그런 뜻에서 백△ 석점을 빨리 안정했으면 한다. 바깥쪽으로 달아나도 우군과 손을 잡기에는 거리가 너무 멀다.

그렇다면 여기서 조속한 안정법은 뭘까?

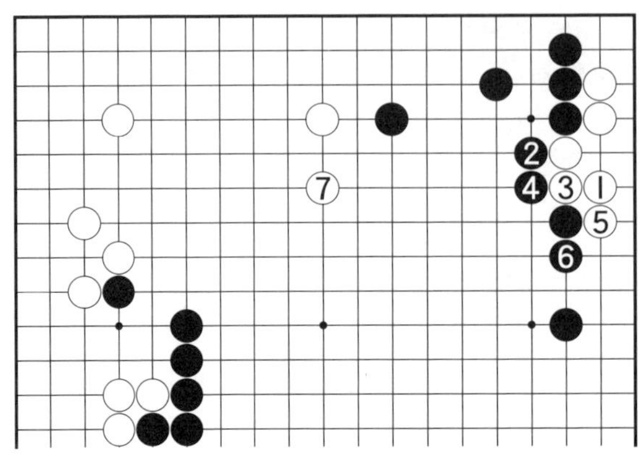

1도

1도 (마늘모 행마)

백1의 마늘모가 조속한 안정을 꾀할 때 쓰는 행마이다. 바깥쪽으로 나가도 비전이 없을 때는 이런 수뿐이다.

　이하 6까지 선수로 살고 백7로 손을 돌리면 작전 성공이다.

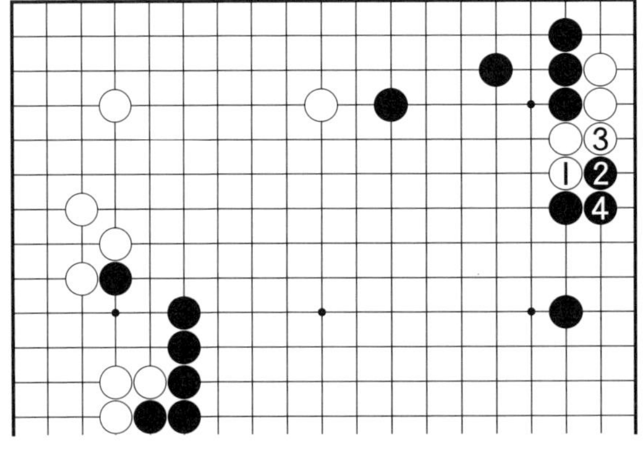

2도

2도 (빅으로 살아 있다)

귀의 백은 걱정할 일이 없다. 흑1로 파호해도 백은 2 이하 10까지에서 보듯이 빅으로 거뜬히 살아 있음을 확인할 것.

3도 (준엄한 젖혀이음)

언뜻 행마의 요령처럼 보이는 백1의 치받음은 흑2, 4의 준엄한 젖혀이음을 불러 도망자의 괴로운 여정만이 기다릴 것이다.

3도

효과적인 활용

○ 백 차례

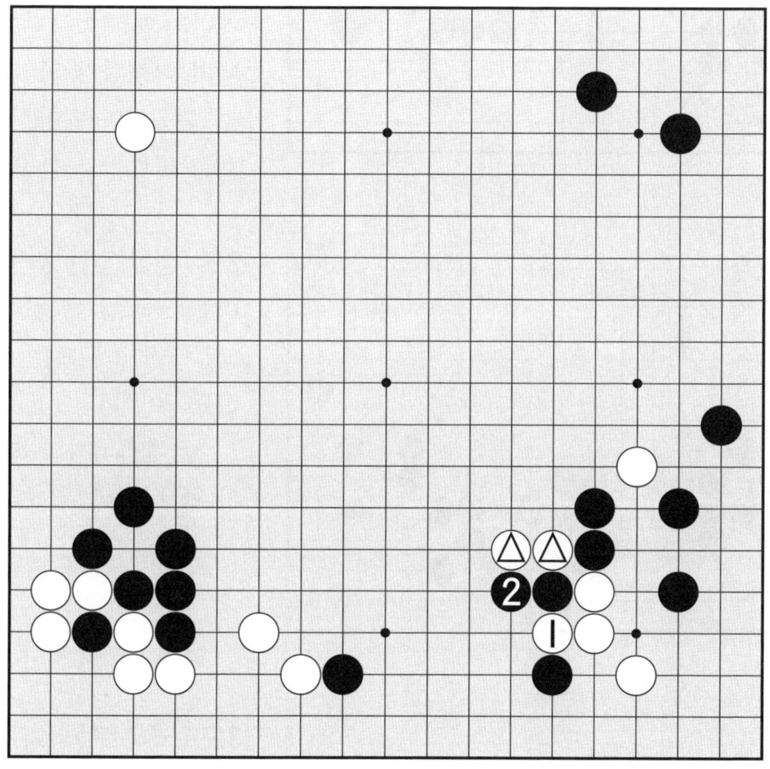

문제의 출발점은 백1, 흑2로 단수치고 나온 장면이다. 백이 우하귀의 넉점은 버려서는 안 될 돌이지만, 중앙 △ 두점은 또 어떻게 처리하느냐가 초점이다.

때로는 버림돌로 삼아 효과적으로 이용하는 것도 작전상 훌륭하다.

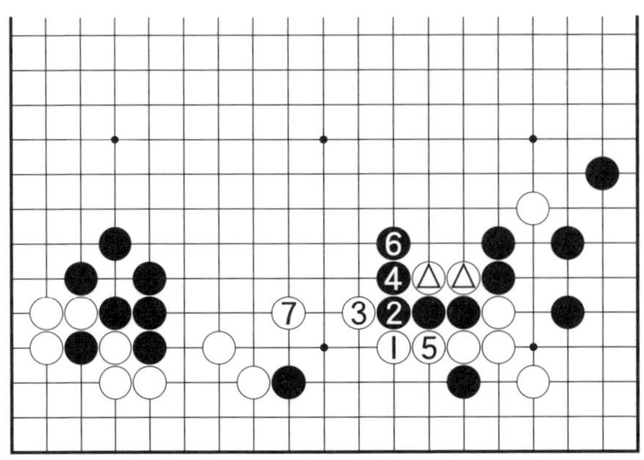

1도

1도 (경묘한 행마)

백1로 뛰어 나가는 경묘한 행마가 이 경우 훌륭한 작전이다. 흑2에는 백3으로 젖히고 5에 잇는다. 흑6을 기다려 백7. 이로써 하변은 백의 확정가가 되었다. 멋진 수순의 연속이었다. 백△는 버림돌로 삼고 있다.

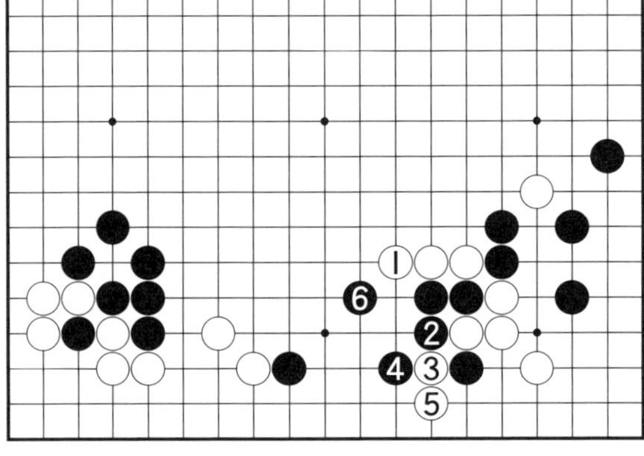

2도

2도 (성산 없는 싸움)

백1로 뻗는 수는 배짱이 너무 좋다. 문제는 성산이 있느냐인데….

　흑2에서 6까지 되면 중앙 백 석점이 무거운 짐이 될지도 모른다.

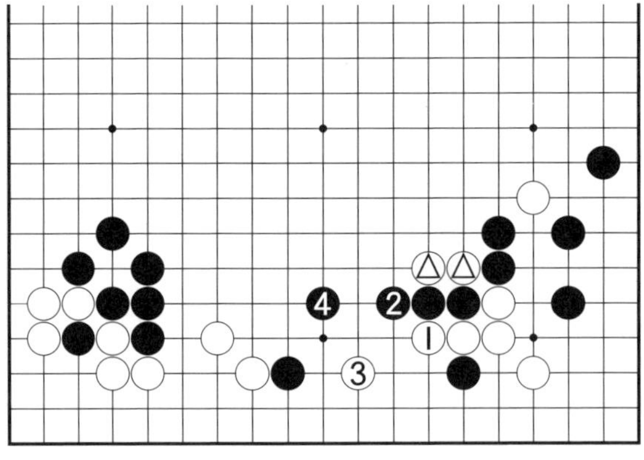

3도

3도 (노력 부족)

버린다고 해도 백1로 그냥 단수하고 3으로 날일자 행마하는 것은 노력이 보이지 않는다.

　백△ 두점이 어차피 버림돌이라면 1도의 결과와 너무 비교가 되지 않는가.

3장

다음 한수의 행마법

한판의 바둑에서 두는 수마다 '다음 한수' 식으로 구상하자면 무수히 많은 장면이 나올 것이다. 그러나 행마법의 테마가 되는 소재는 대개 초반이나 중반으로 들어가는 단계에서 좋은 장면들이 나온다고 해도 틀리지 않는다.

따라서 이 장에서는 정석이나 포석에서 일반적인 '큰 자리'와 중반의 문턱에서 중요한 테마를 구했으며 '돌의 방향'을 묻는 문제도 다수 포함되어 있다. 앞의 1장과 2장에서 배운 바를 토대로 생각하면 많은 도움이 될 것이다. 어쩌면 이번 장은 앞서 배운 걸 좀 더 실전적, 발전적으로 배워나가는 시간이라고 봐도 무방하다.

그리고 풀이에서 제시하는 정해가 꼭 '무조건적인 답'을 뜻하는 것은 아니다. 다만 이런 느낌, 이런 방향으로 두지 않으면 안 된다는 행마법의 지침이라고 생각하면 좋을 것이다.

참고로 단계적 학습효과를 올리기 위해 표시된 선택지에서 고르는 '선택문제' 20 장면과 스스로 생각해보는 '생각문제' 20 장면으로 구성했다.

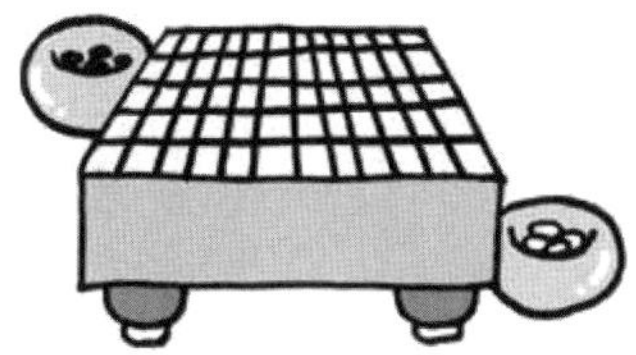

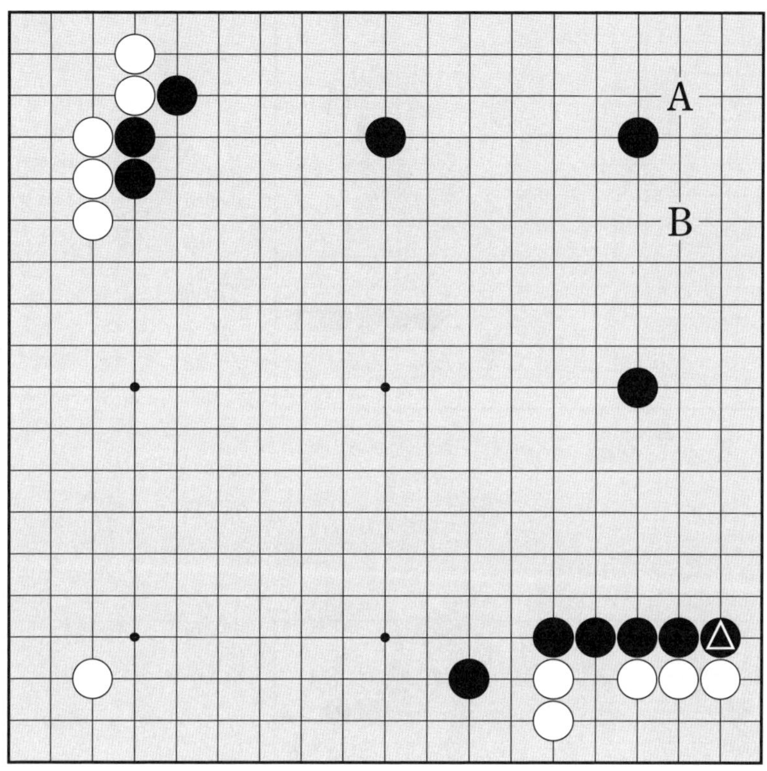

▨ 3연성의 대세력

　방금 흑◬로 막았다. 여기서 백이 좌변 쪽을 넓히는 작전도 있겠지만 그러면 흑이 3연성의 대세력을 걷잡을 수 없는 규모로 키울 것이다.

　따라서 백은 지금이 뛰어들 찬스인데, 과연 침입의 장소는 A와 B 중 어디가 좋을까?

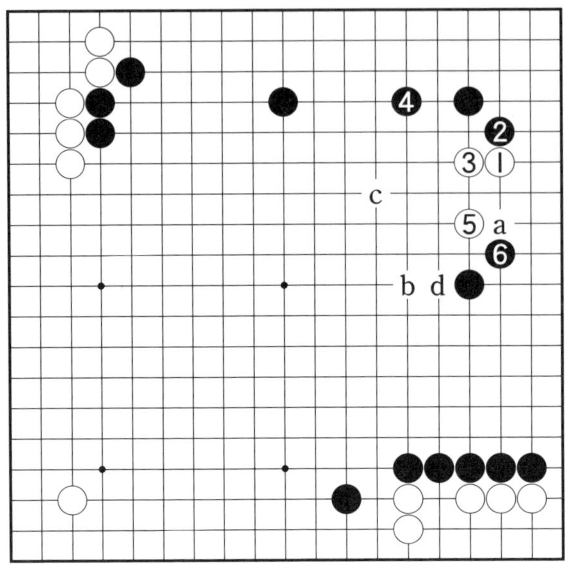

정해도

정해도 (상용의 행마)

백1로 걸쳐 흑 세력이 크게 굳어지는 것을 방해할 타이밍이다. 흑2, 4에 백5로 틀을 잡고 흑6의 공격까지가 기본 패턴이다.

　이후 백은 a, 흑b면 옹색한 느낌이므로 c로 진출하거나 d의 붙임으로 타개하는 것이 보통이다.

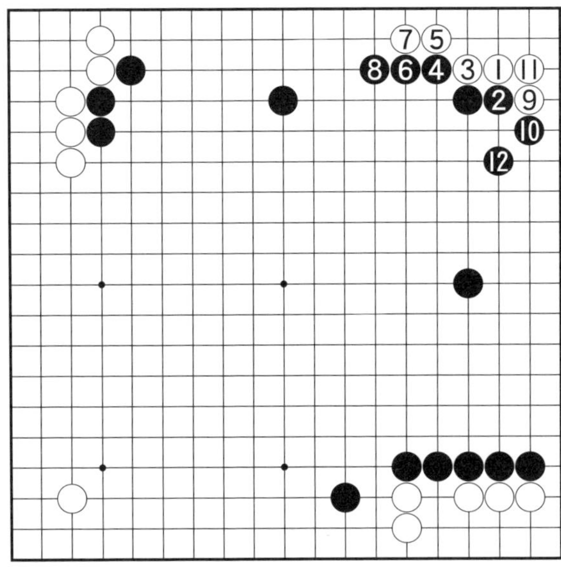

실패도

실패도 (3三침입)

백1로 3三침입을 서두르는 것은 의문이다. 이하 12까지의 진행이 예상되는데, 흑 세력의 골이 엄청나게 깊다.

　흑은 이 세력 하나로 백의 4귀생 실리를 능히 감당하고 남는 것이다.

▨ 정석의 선택

　방금 흑▲로 끼워 왔다. 이 정석을 잘 알고 있는 사람에 겐 어렵지 않지만 타성에 젖은 생각으로 임해서는 나쁜 결과를 이끌기 쉽다.

　과연 백의 다음 수는 A인지 B인지 생각해보기 바란다.

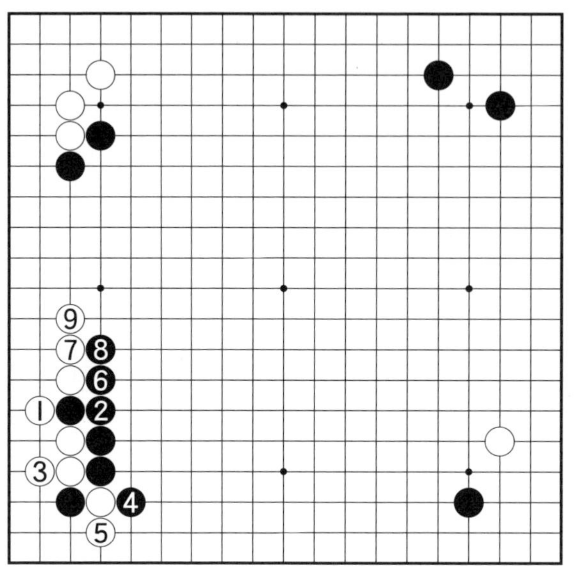

정해도

정해도 (아래에서 몬다)

백1로 아래에서 모는 것이 주변의 배석을 고려한 적절한 선택이다. 이하 백9까지 흑의 두터움이 크게 작용하지 못하는 모습이다.

이후 흑이 우변에서 협공 작전이 예상되지만, 좌변 일대의 공방에 한해서는 백1의 임기응변이 주효했음을 알 수 있다.

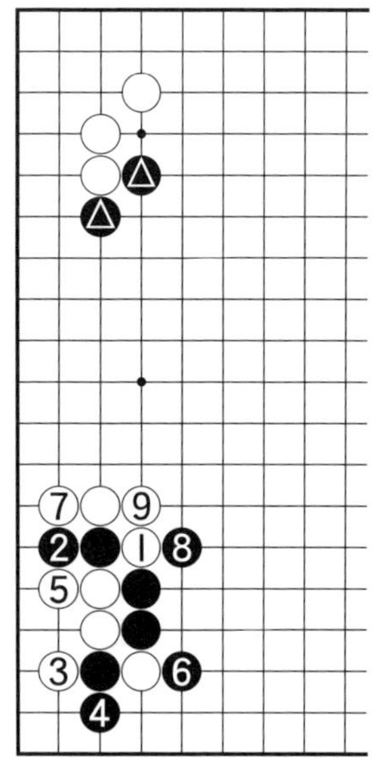

실패도

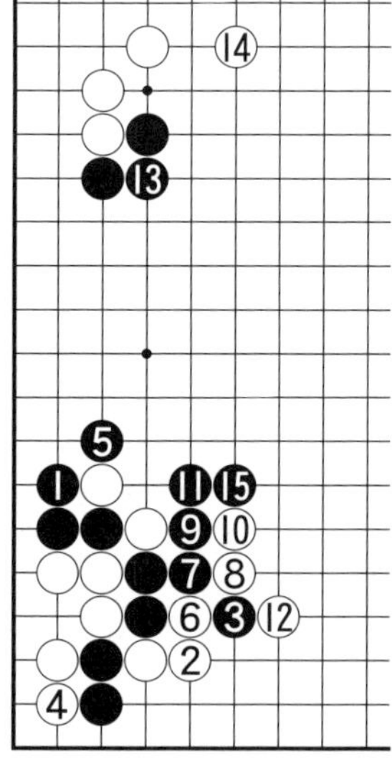

변화도

실패도 (흑, 유리)

백1에서 9까지는 익히 아는 정석. 그러나 이 형태는 백이 볼 때 주변 배치가 불만이다.

흑▲들이 좌하 백의 두터움을 적절히 견제하면서 활용되는 모습 아닌가.

변화도 (흑, 웅장한 모습)

흑은 축이 유리하므로 1로 꼬부리는 변화도 있다.

이하 15까지 된다면 좌변 흑의 세력이 웅장한 모습이다.

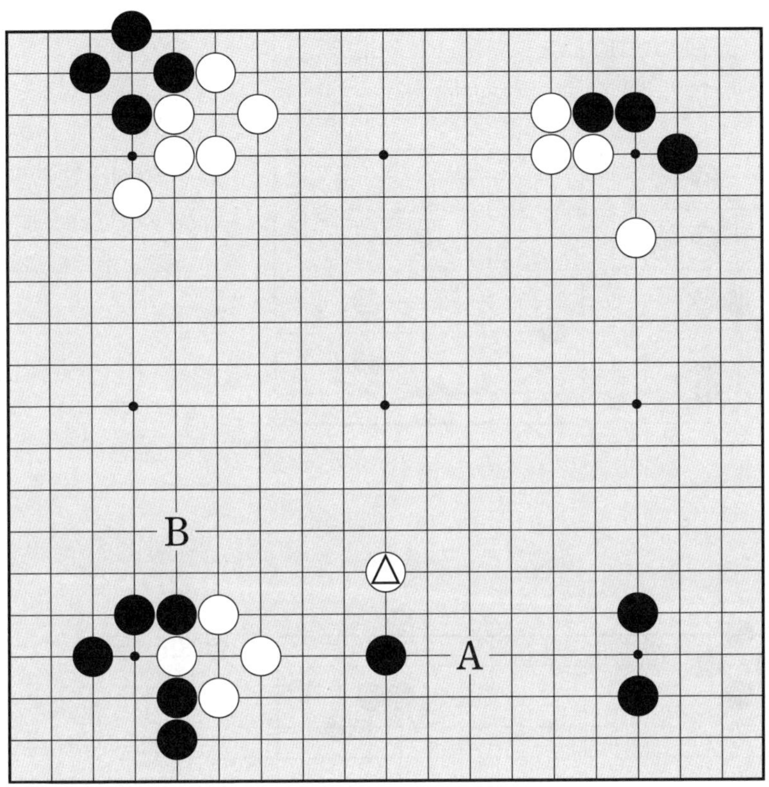

▨ 세력을 의식한 행마법

　백△의 모자 행마에 대해 흑은 어떻게 응수할 것인지가 초점이다. '모자에는 날일자나 한칸 받음'이라는 격언은 어디까지나 상식에 지나지 않는다.

　힌트는 상변 백 세력의 존재. 그걸 의식해 행마를 어떻게 하느냐이다. A와 B를 놓고 생각해보자.

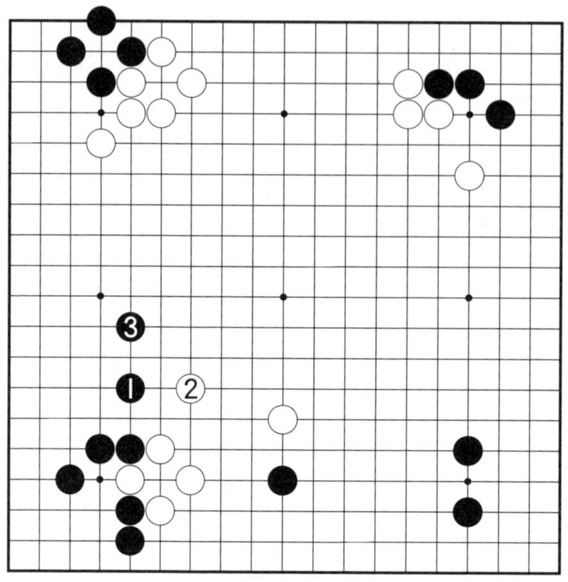

정해도

정해도 (당당한 뜀)

상대의 모자에 대해 딴청을 부리는 듯하지만, 좌변에서 흑1로 뛰는 행마가 좋다.

백2면 다시 흑3으로 뛰는 것까지, 상변 백의 세력을 자연스럽게 견제하는 걸음걸이가 매우 당당하다.

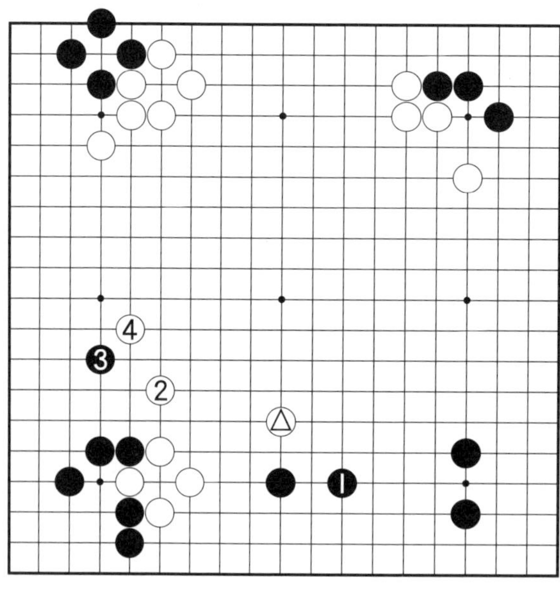

실패도

실패도 (굴복)

백△에 대해 하변에서 흑1로 바로 받는 것은 부분적으로 정수이긴 하지만 백2에서 4로 씌우는 리듬이 그만이다.

이제 상변 백의 세력은 걷잡을 수 없을 만큼 엄청난 위용으로 커질 태세이다.

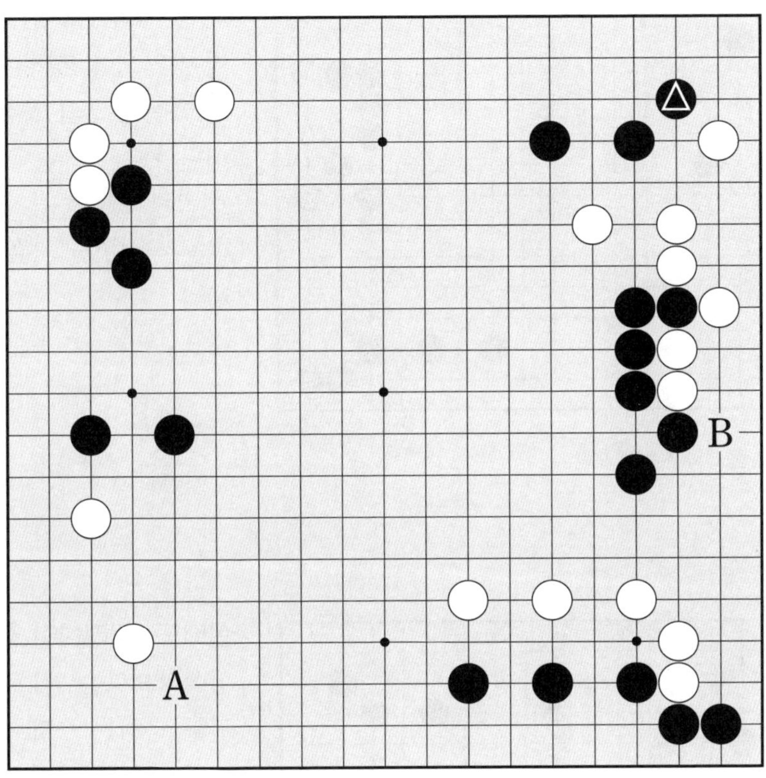

▨ 의외의 급소

방금 흑●로 귀를 지킨 장면. 여기서 백은 어떻게 둘 것인가?

정해를 의외의 곳이라 생각할 수도 있으나 실력파라면 맞추기 어렵지 않다. 포인트는 '큰 자리보다 급한 곳을 가라'이다. A와 B를 놓고 생각해보자.

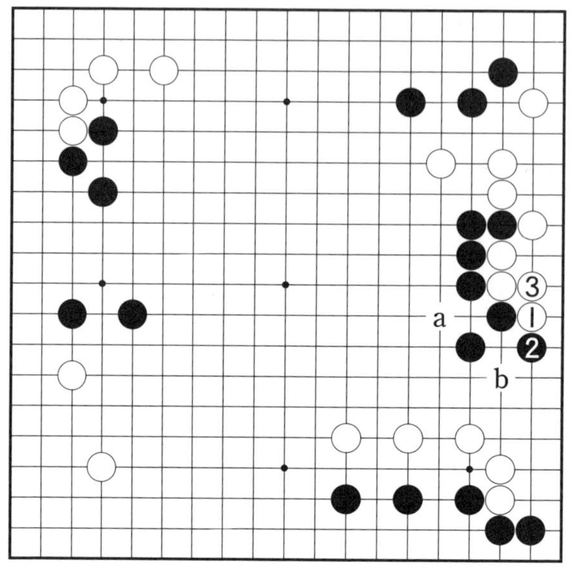

정해도

정해도 (젖혀이음)

정해는 아주 가까운 곳에 있다. 백1, 3으로 젖혀잇는 것이 급소. 집으로도 적지 않으며, 젖혀이은 순간 흑은 a, b의 약점이 드러난다.

이제 흑 일단은 의외로 엷은 형태라는 것을 알 수 있다.

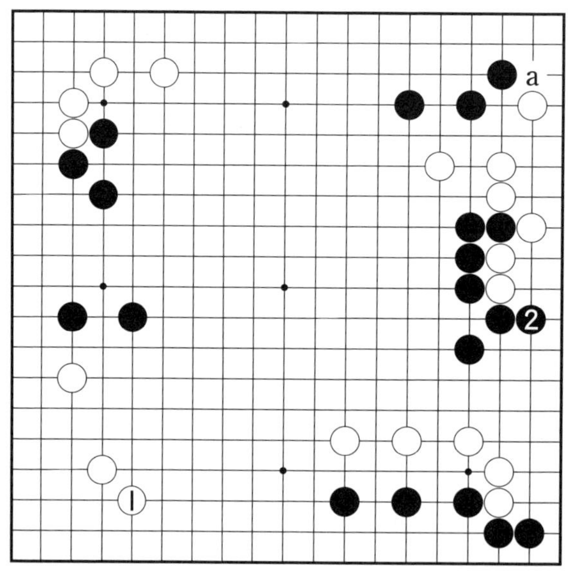

실패도

실패도 (내려섬이 급소)

상식적으로는 백1로 좌하귀를 굳히는 수도 생각되지만 흑은 당장 2로 내려설 것이다.

이제 백은 두점을 이을 기분은 나지 않은 곳. 그렇다고 백이 이 진영을 방치하면 다음 흑a의 공격이 통렬해진다.

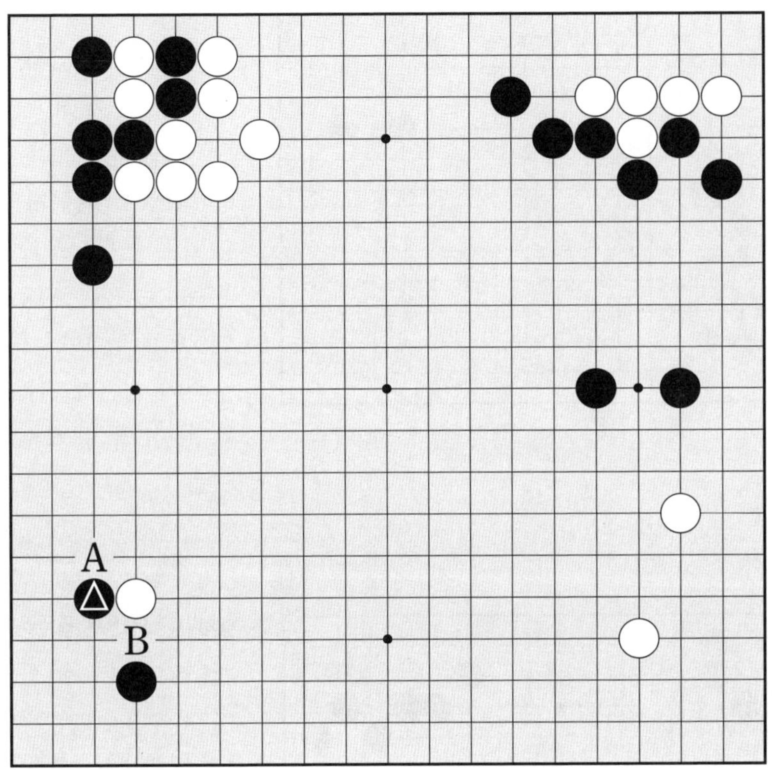

▨ 돌의 방향 (1)

방금 흑▲로 밑붙임을 해왔다. 이에 백은 어떻게 응수해야 하는지 A와 B 중에서 생각하기 바란다.

포인트는 하변과 좌변 중 어느 쪽이 더 중요한가에 대한 판단이다. 이른바 '돌의 방향'이 문제의 핵심이다.

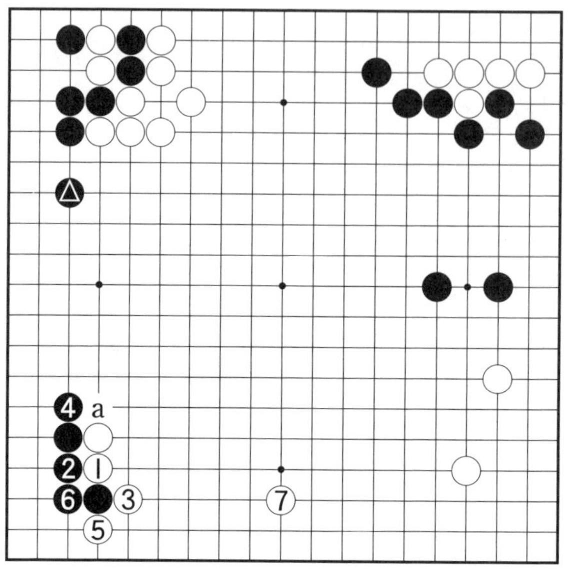

정해도

정해도 (밀어붙임)

백1, 3으로 밀어붙일 곳이다. 흑4로 뻗는다면 백5로 몰아두고 7로 크게 벌린다. 말하자면 넓게 열려있는 하변을 개척하는 것이 포인트였다. 그리고 좌변은 흑△로 낮은 자세인 점에도 주목한다.

흑4로 a에 젖히고 다음 백6으로 끊으면 또 다른 정석이 되는데, 이 그림도 백은 실리가 커서 둘 만하다.

실패도

실패도 (방향 잘못)

백1로 젖히고 나서 3으로 잇는 것은 좌변을 중시하는 수이지만 그래서 문제가 있다. 흑2, 4에 백5로 하나 다가서고 결국 7로 벌리는 정도인데, 돌의 방향이 자연스럽지 못하다.

참고로 백7로는 a의 세 칸이 정석이지만, 이 경우는 다음 b의 봉쇄를 보아 이렇게 바짝 다가서는 게 기세이다.

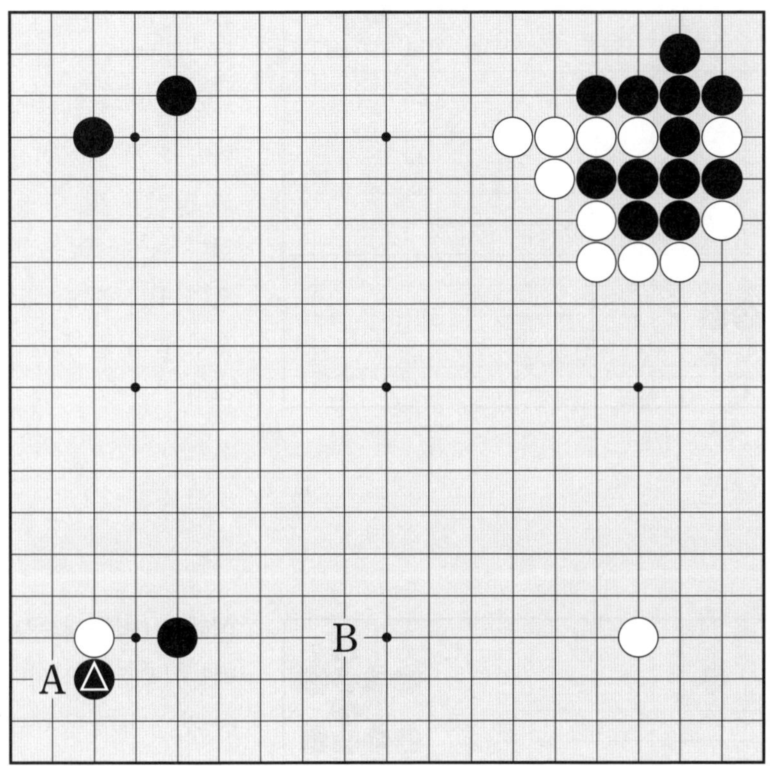

▨ 돌의 방향 (2)

앞 문제에 이어 이번에도 역시 돌의 방향, 나아가 정석 선택에 관한 문제이다. 방금 흑▲로 붙여왔다.

여기서 백은 평범하게 받아야 하는지, 아니면 달리 어떻게 두어야 하는지 A와 B 중에서 생각하기 바란다. 힌트는 우상의 백 세력을 의식하라는 것.

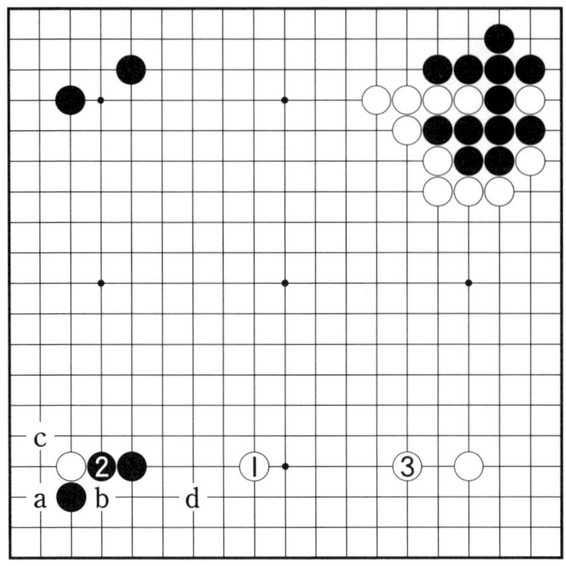

정해도

정해도 (대범한 착상)

백1로 하변을 차지하는 것이 대범한 착상이다. 흑2로 귀를 제압하면 백3으로 우하를 굳힌다.

이로써 백은 중앙의 세력을 크게 경영하는 원대한 작전을 펼 수 있게 되었다. 도중 흑2를 두지 않으면 백a, 흑b, 백c, 흑d. 흑이 좁게 벌린 만큼 궁색하다.

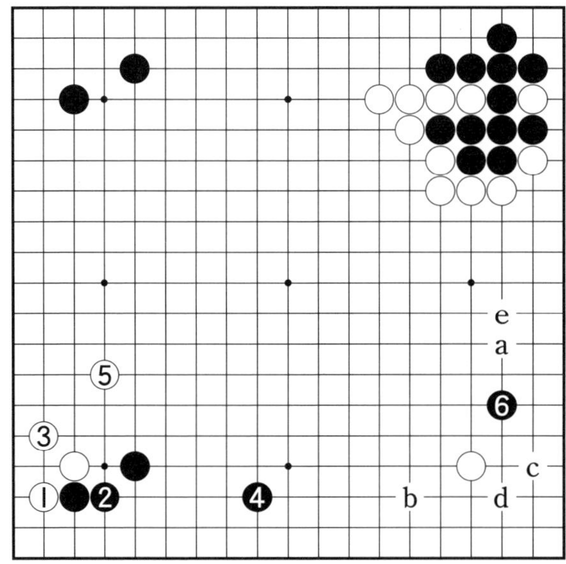

실패도

실패도 (방향에 문제)

백1 이하 5로 정석대로 두는 것은 이 경우 부분에 치우친 너무 평범한 발상이다. 흑이 먼저 6쪽으로 걸쳐 백은 우상의 막강한 세력을 제대로 쓸 수 없다.

다음 백a로 협공하는 것은 세력에 비해 간격이 좁다. 또 백b로 받는 수도 흑c, 백d, 흑e로 되면 흑이 안심이다.

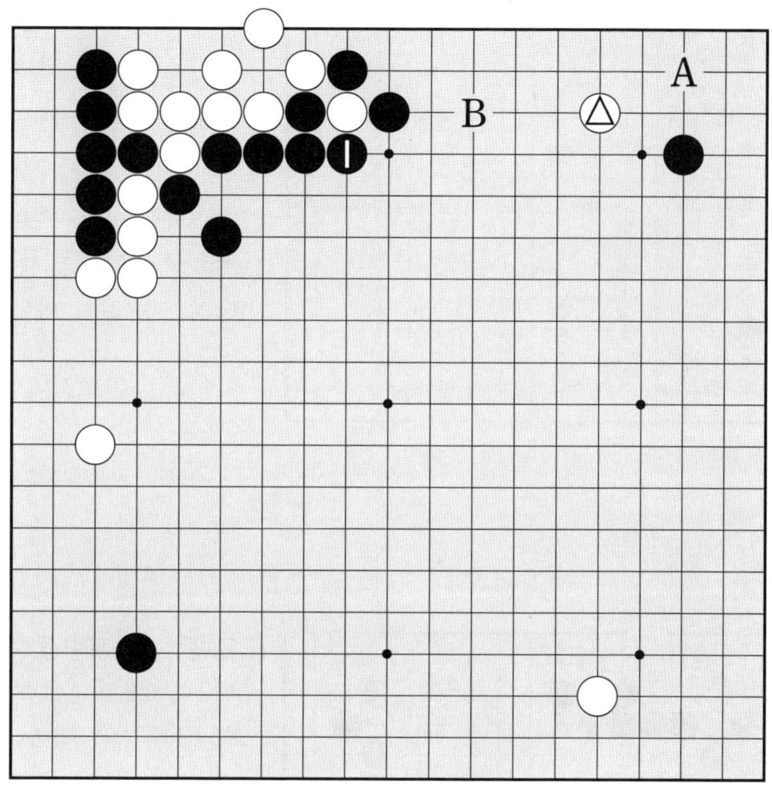

▨ 두터움을 의식한 행마법

방금 흑1로 빵따냄을 한 장면. 여기서 우상 백△ 한점의
거취를 어떻게 처리할 것인지가 초점인데, 주변을 잘 살펴
A와 B 중에서 행마를 결정하기 바란다.

"두터움에 가까이 가지 마라"는 바둑의 기본상식이 발상
의 포인트이다.

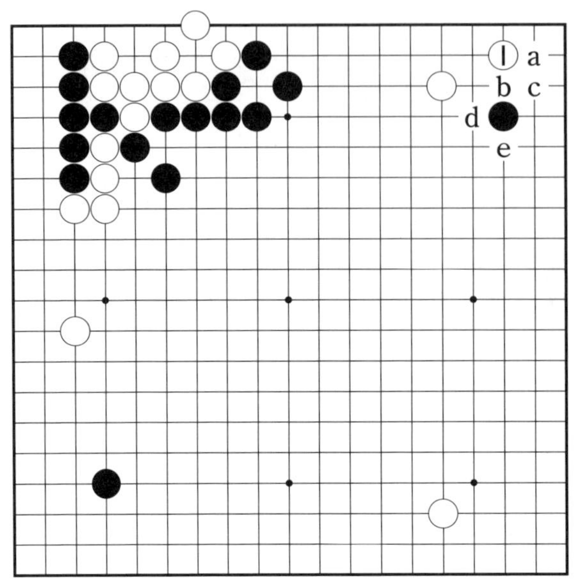

정해도

정해도 (날일자달림)

백1의 날일자로 달리는 것이 정해. 2선이지만 이렇게 재빨리 안정해 두는 것이 좌상 흑의 두터움에 임하는 올바른 태도이다.

장차 이 백을 흑이 공격한다면 흑a, 백b, 흑c, 백d, 흑e로 되는 자리라고 미리 체크하기 바란다.

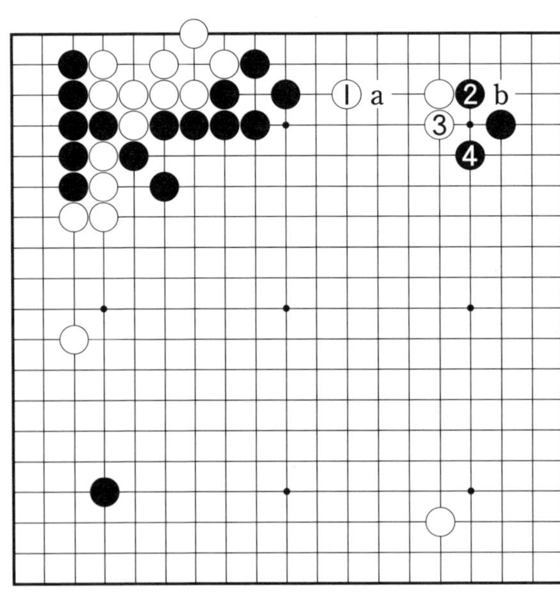

실패도

실패도 (시달리는 행마)

백1은 1립2전으로 안정할 때의 기본 행마이지만, 흑의 두터움에 너무 가까운 것이 문제이다. 흑2, 4는 당연한 태도.

이후 이 백은 적지 않게 시달릴 것이고, 그 틈에 흑은 우변에서 집을 크게 지을 것이다.

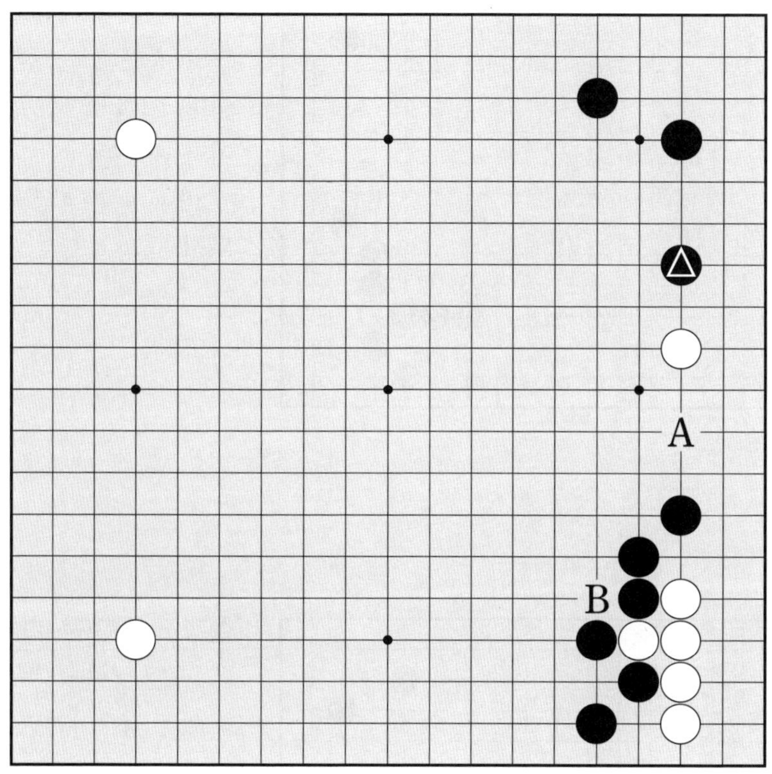

▨ 효과적인 싸움

방금 흑▲로 다가섰다. 백의 다음 행마는 우변에 나 홀로 고립되어 있는 한점을 돌보는 것이 초점이다. 문제는 직접 움직여 안정을 취하느냐, 아니면 다른 효과적인 책략이 있느냐인데….

A와 B를 놓고 생각해보자. 힌트는 우하 흑 일단의 바깥 울타리의 단점을 이용하는 것이다.

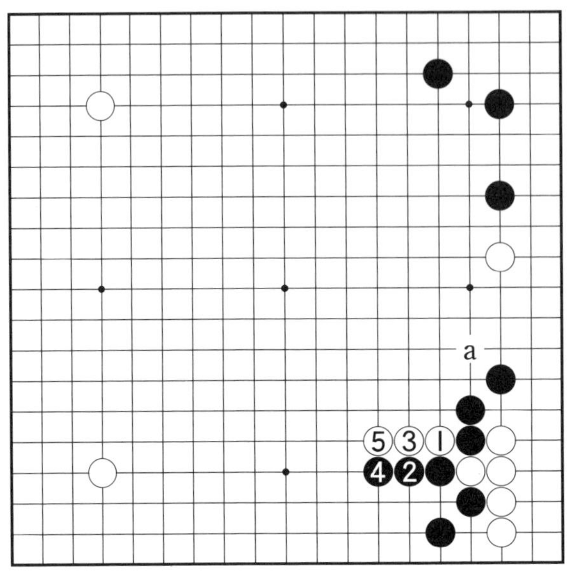

정해도

정해도 (끊고 싸운다)

백1로 끊는 것이 기세 있는 태도. 좌상 쪽에 백의 축머리가 대기하고 있으므로 흑은 2로 느는 정도이다. 여기서 백3, 5로 밀어가 싸운다.

이후 백은 a의 급소를 두어 효과적으로 진출하는 수를 노리는 것이 고급수법이다.

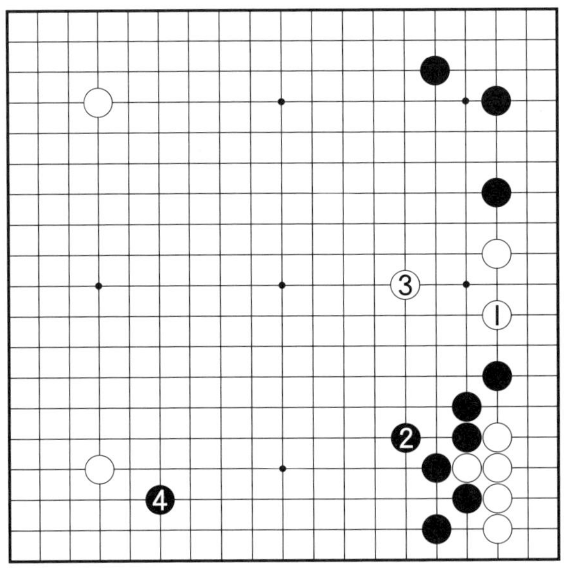

실패도

실패도 (무거운 벌림)

백1로 벌리는 것은 부분적으로 정수이지만, 이 상황에서는 너무 무거운 느낌이다.

흑은 지체 없이 2로 보강할 테고, 백3으로 뛰기를 기다려 흑4의 걸침으로 향할 것이다.

백이 끊고 싸울 절호의 찬스를 잃은 결과이다.

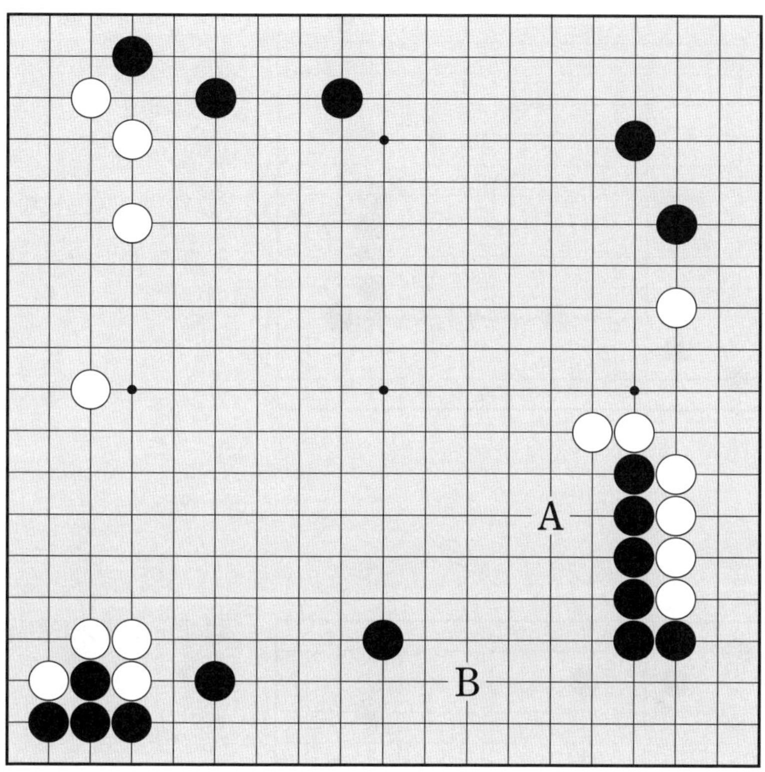

▨ 지금이 찬스

이 장면에서 백의 다음 한수는 어디일까? 시급한 현안은 하변 일대의 흑 세력이 굳어지는 것을 방지하는 것인데, 어디서 발판을 마련해야 할지 생각하기 바란다.

위에서 A로 삭감하느냐, 아니면 B로 안에 쳐들어가느냐가 초점이다.

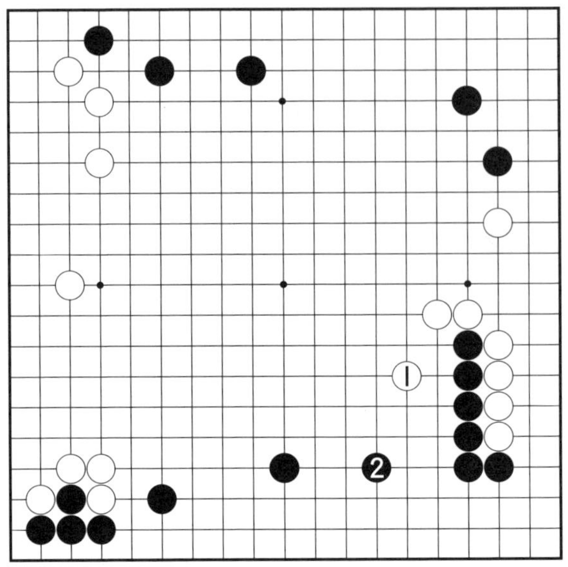

실패도

실패도 (무기력한 날일자)

백1로 날일자 행마하는 수는 앉아서 지는 태도이다. 흑2로 집을 굳히게 한 점이 못마땅하다.

그리고 중앙에서 불어난 백의 세력이라 봐야 별게 없다. 백1은 한마디로 실속도 없이 멋만 부린 수이다.

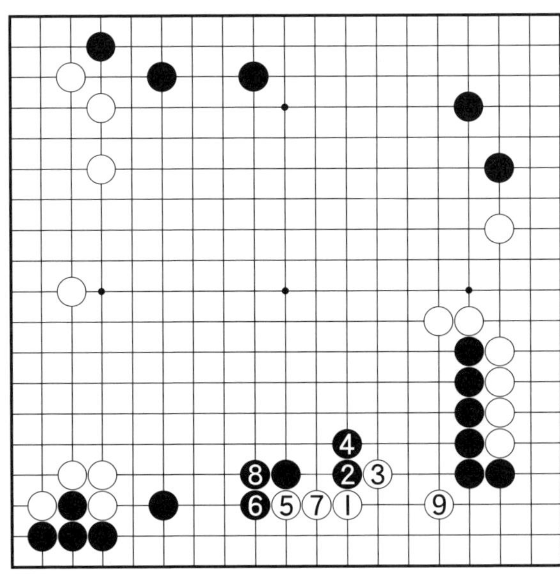

정해도

정해도 (침입 타이밍)

백1로 뛰어들 찬스이다. 흑2, 4로 붙여늘어 봉쇄한다면 백5, 7로 붙여잇고 9까지 넉넉하게 산다.

도중 흑2로 5라면 백은 4의 자리에 뛰어나가 알기 쉽다.

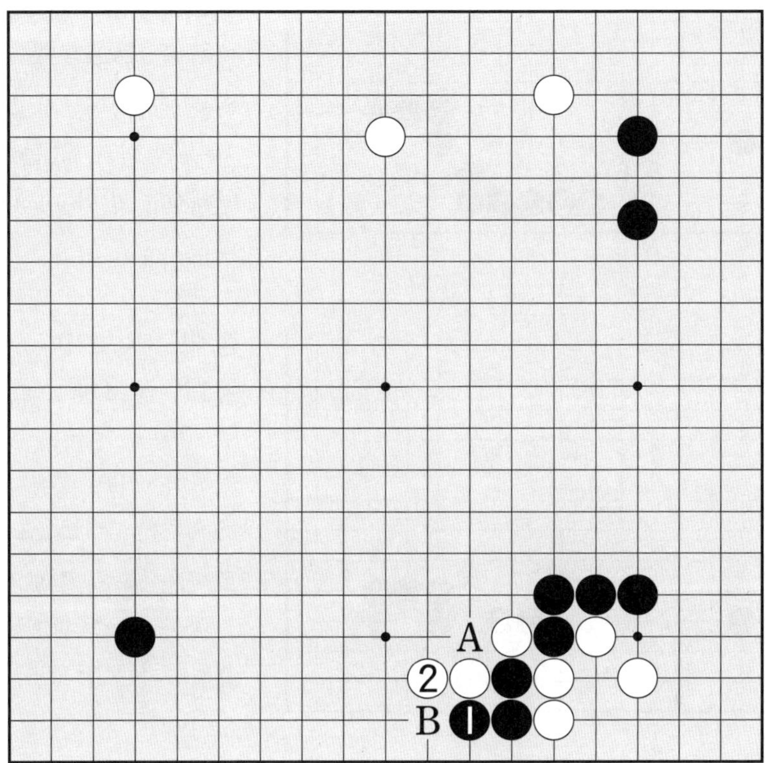

▨ 중앙전투의 단골수단

하변에서 흑1로 꼬부리자 백2로 는 장면.

흑 석점의 출구가 초미의 관심사인데, 이후 흑의 행마는 중앙전투의 단골수단이라 해도 좋다. A와 B를 놓고 선택하기 바란다.

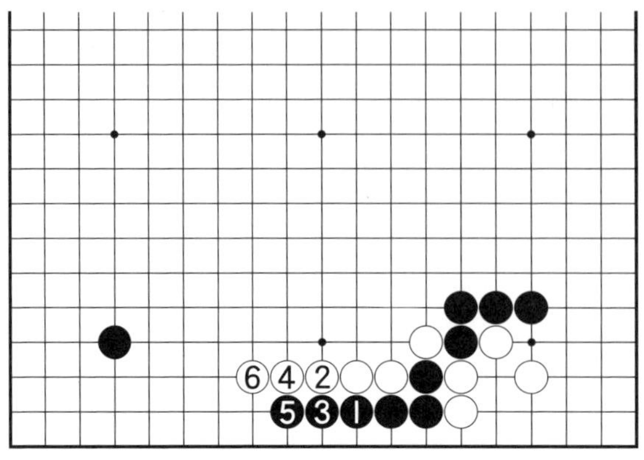

실패도

실패도 (패망선)

흑1로 계속 미는 것은 그
저 살려고만 하는 수이다.

백이 2에서 6까지 한발
앞서며 세력을 쌓는 동안
흑은 패망선을 기고 있다.
아무 책략이 없는 흑1은
낙제점을 받아 마땅하다.

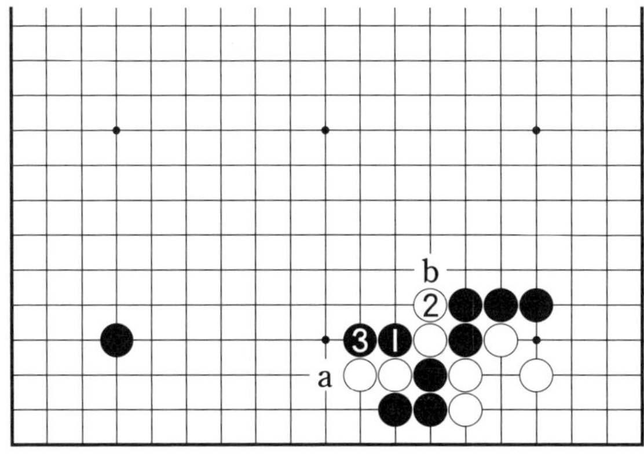

정해도

정해도 (맞보기)

흑1로 끊고 백2에 흑3으
로 이쪽을 누르는 것이 정
해이다. 다음 흑은 a로 두
점을 잡는 수와 b의 축으
로 잡는 수가 맞보기이다.

물론 이 축 관계는 흑이
유리하다는 전제조건 아래
서이다.

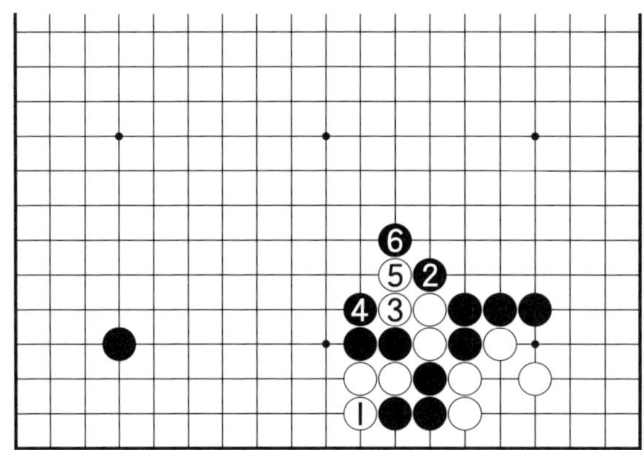

변화도

변화도 (축의 확인)

앞서 말한 축 관계를 실제
로 확인하기 바란다.

흑2에서 4, 6으로 몰아
가는 축이 그것으로 끝까
지 나타내지 않았지만, 좌
상 백의 소목을 아슬아슬
하게 비켜가고 있다.

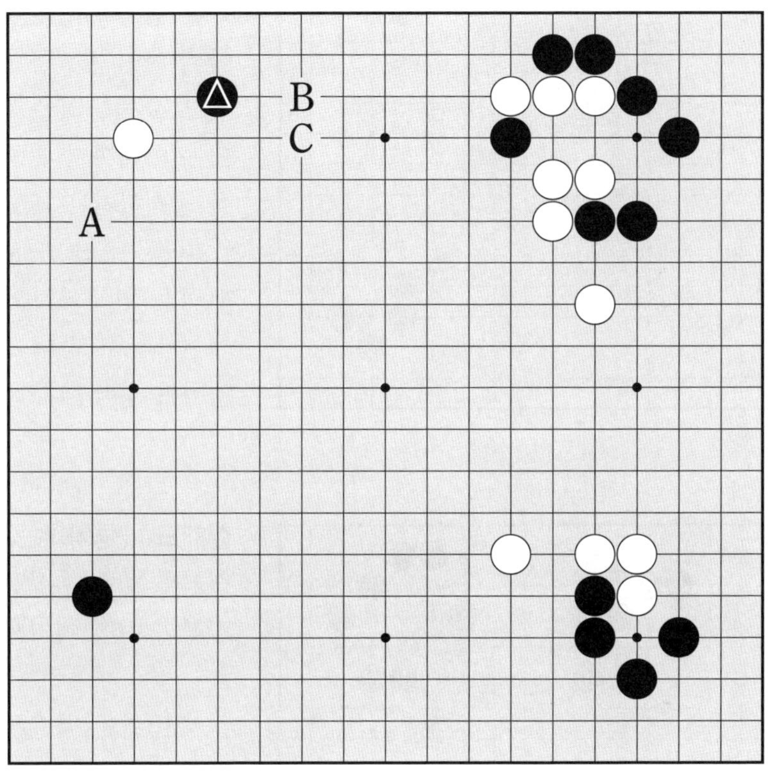

▨ 세력을 살리는 감각

　흑 실리와 백 세력의 양상이 뚜렷한 국면에서 흑▲로 걸쳐온 장면이다.

　여기서 오른쪽 세력을 십분 살리는 백의 응수는 A～C 중 어디일까?

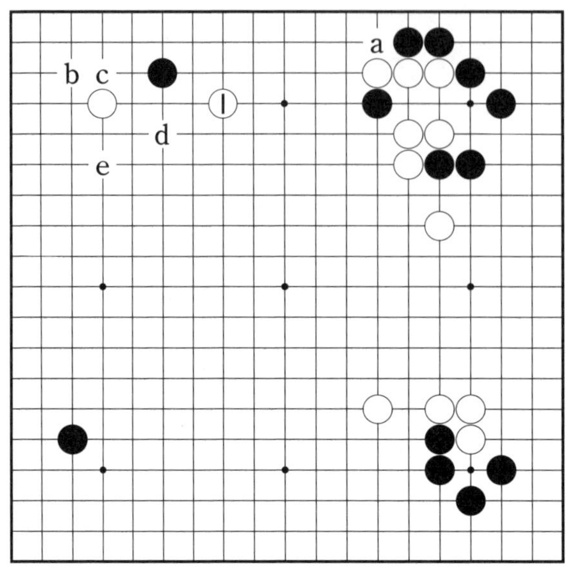

정해도

정해도 (높은 자세)

백1의 높은 협공이 오른쪽 세력을 최대한 살리는 좋은 감각이다. a의 뒷문이 열려있는 만큼 상변을 집으로 만들려는 생각보다는 어디까지나 중앙 쪽을 중시하려는 태도이다.

다음 흑b면 백c로 막아 세력을 입체화하고, 흑d에는 백e로 받아 실속을 챙기며 추격한다.

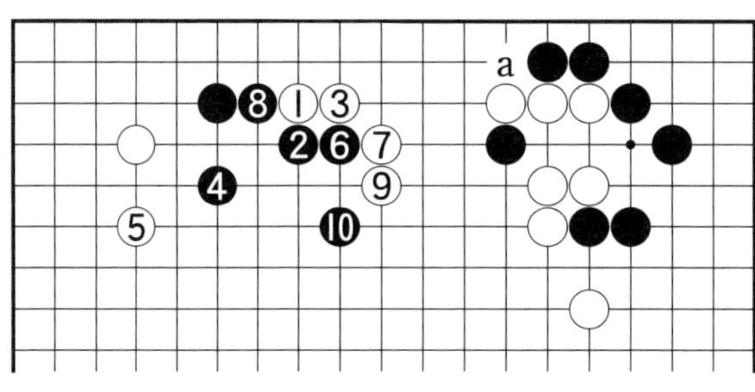

실패도1

실패도1 (중복과 뒷문)

백1의 협공은 상식적인 감각이지만, 여기서는 흑2가 좋아 미흡하다.

흑10까지 백은 중복된 모습인 데다 a의 뒷문까지 열려있어 불만이다.

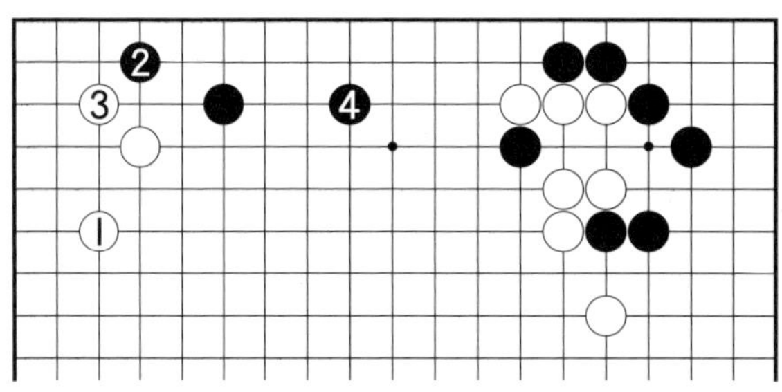

실패도2

실패도2 (세력 퇴색)

백1은 낙제점. 흑4까지 쉽게 안정해 백세가 무용지물이 되고 있다.

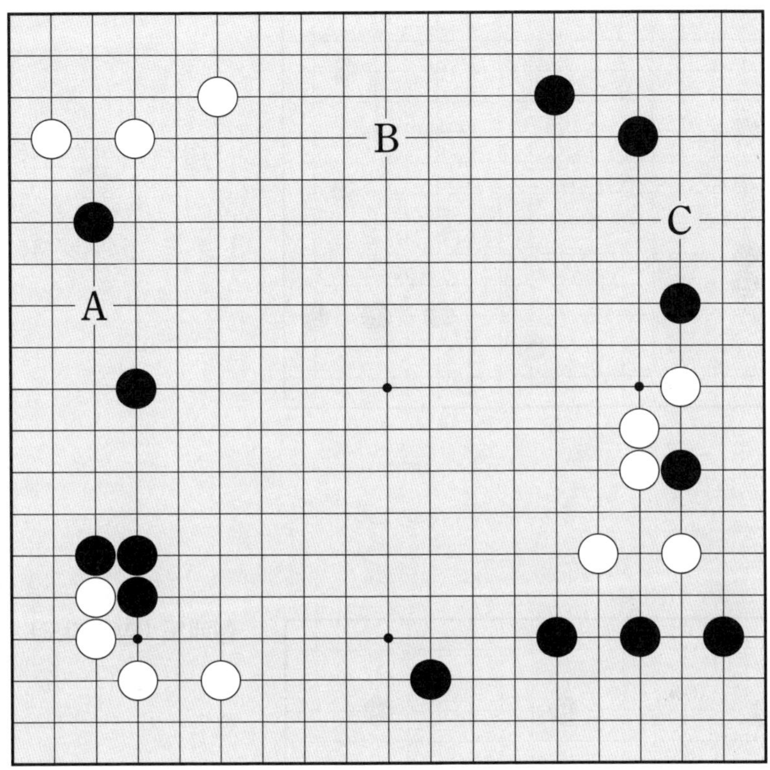

▨ 큰 곳을 찾는 감각

　포석의 막바지에 이른 상황.

　백의 눈으로 A∼C 중 가장 큰 곳은 어디일까? 감각적
으로 찾아낼 수 있어야 한다.

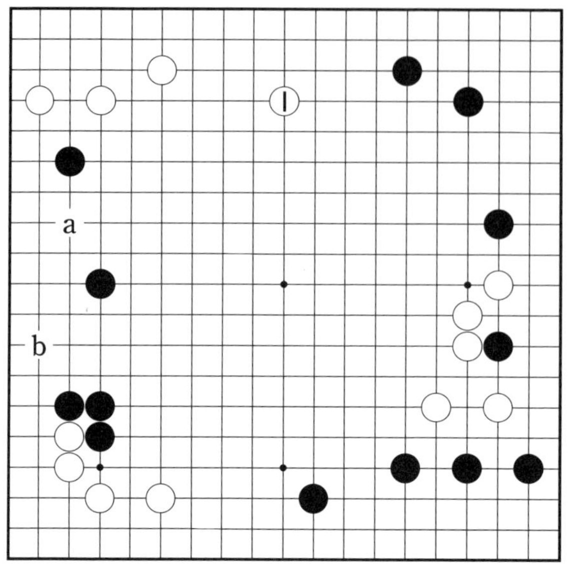

정해도

정해도 (마주보는 중앙)

백1이 반상 최대의 요소. 이른바 '마주보는 중앙의 큰 곳'이다. 이곳을 차지해 놓고 흑의 동태를 보는 것이 유연한 태도이다.

일견 좌변 흑진이 눈에 들어오지만, 그곳은 a와 b의 두 곳에 허점이 있어 보기보다 큰 집이 날 곳이 아니다.

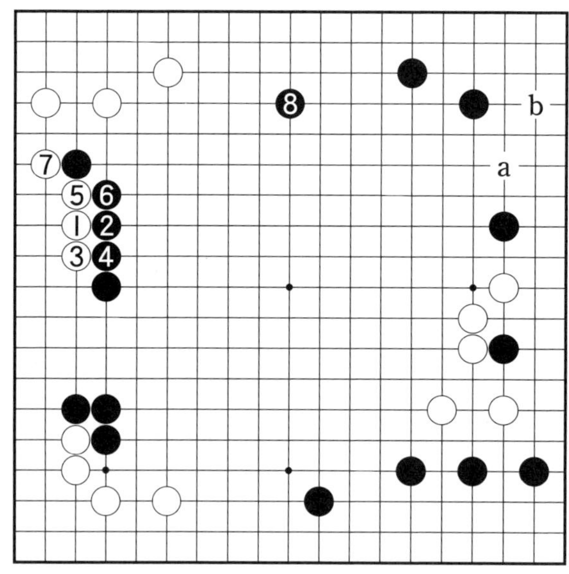

실패도

실패도 (방향착오)

백1의 침입은 다소 성급. 백7까지 실리는 벌었지만, 흑을 두텁게 해주며 선수를 빼앗겨 흑8의 큰 곳을 허용하면 득보다 실이 많다.

백a는 방향착오. 흑b로 받아 싱겁다. 이미 우변 백이 단단히 안정된 상태라서 이곳은 전략적 가치가 크지 않다.

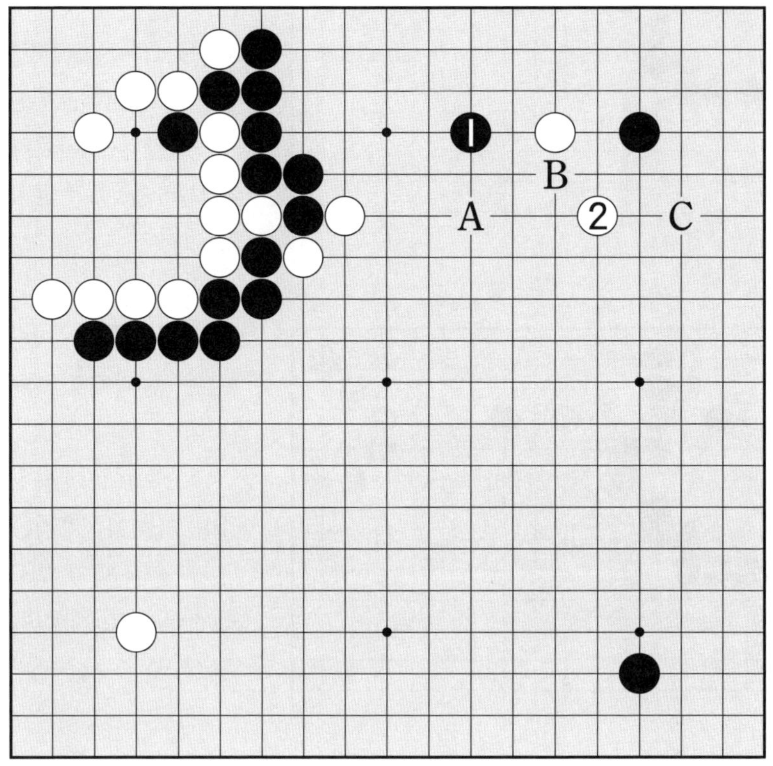

▨ 임기응변의 감각

　백에게 막대한 실리를 내주며 흑이 쌓은 세력을 어떻게 적절히 살려나가느냐가 초점이다.

　흑1의 협공에 백2는 흑세를 의식한 임기응변이다. 자, 이때 흑이 세력을 살리는 수는 A～C 중 어디일까?

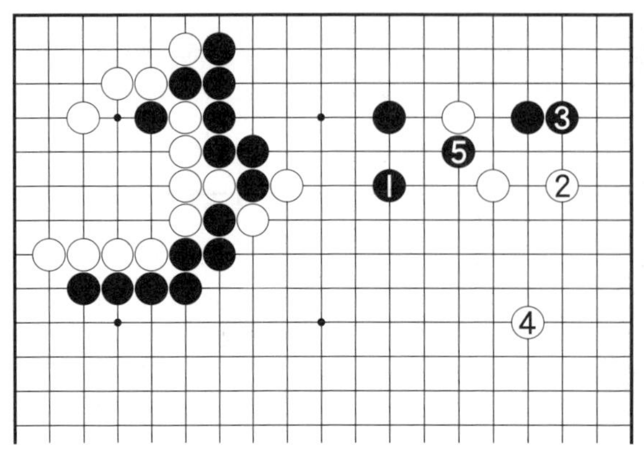

정해도

정해도 (세력을 살린다)

흑1이 좌중앙 흑세의 체면을 살리는 절호의 임기응변이다.

다음 백은 2, 4로 전환하는 정도인데, 흑은 3, 5로 큰 실리를 확보해 세력의 대가를 충분히 얻어내고 있다.

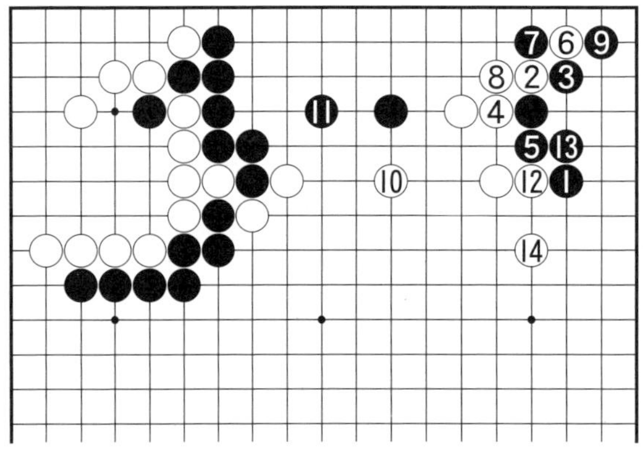

실패도1

실패도1 (백의 주문)

흑1은 상식적인 응수이지만 다소 책략이 떨어진다.

백2~6이 적절한 수법이며 이하 14까지 경쾌하게 수습해 백의 만족이다. 흑이 좌중앙 세력을 충분히 살리지 못한 모습이다.

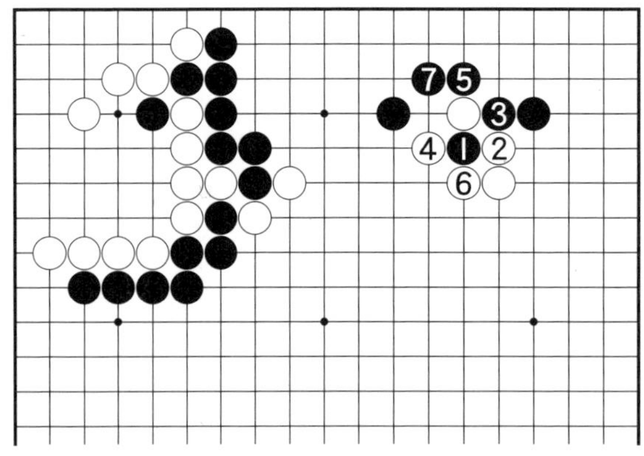

실패도2

실패도2 (빵때림 허용)

곧장 흑1로 건너붙이는 것은 축이 불리한 지금 상황에서는 무모하다.

백6까지 선수로 빵때림 당해 오히려 세력의 위력이 퇴색하고 말았다.

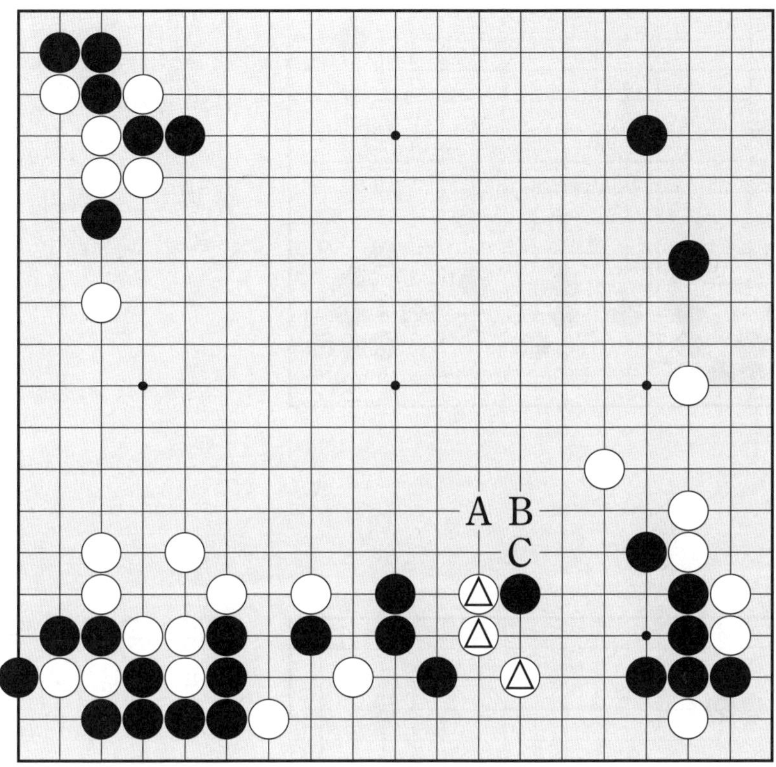

■ 행마의 요령

흑세 속에서 수세에 몰린 백△ 석점을 구출해야 하는 장면이다.

공수를 겸하는 백의 행마는 A~C 중 무엇일까?

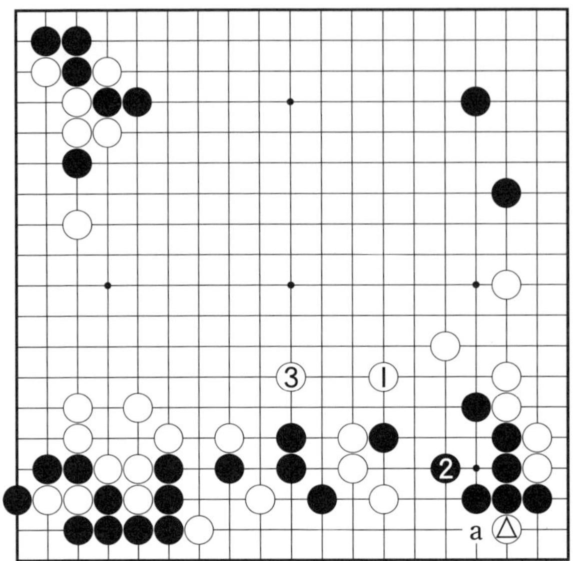

정해도

정해도 (봉쇄 완성)

백1이 멋진 감각. 석점 탈출은 물론 흑을 봉쇄하는 공격의 역할까지 하고 있다. 다음 백a로 ⛛가 준동하는 맛이 있으므로 흑2의 수비는 불가피한데, 그때 백3으로 씌워가 백이 한껏 기분을 내고 있다.

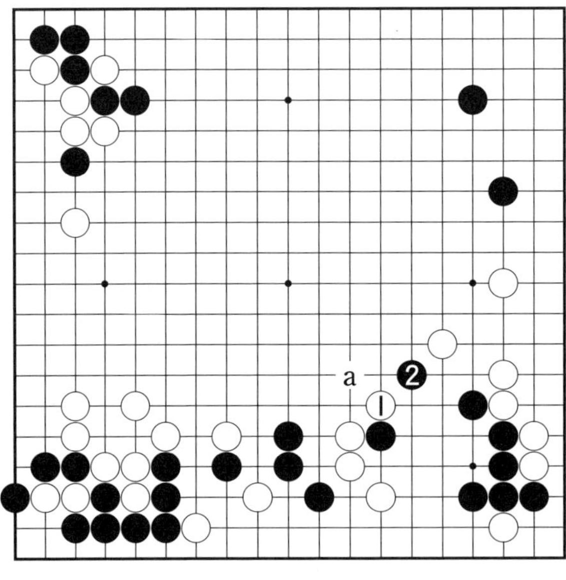

실패도

실패도 (고지식한 행마)

백1로 젖히는 것은 무책. 흑2로 가르는 리듬을 제공해 불만스럽다.

백a로 한칸 뛰는 것은 너무 고지식한 행마이다. 도망가기에 급급할 뿐 상대에게 아무런 압박을 주지 못한다.

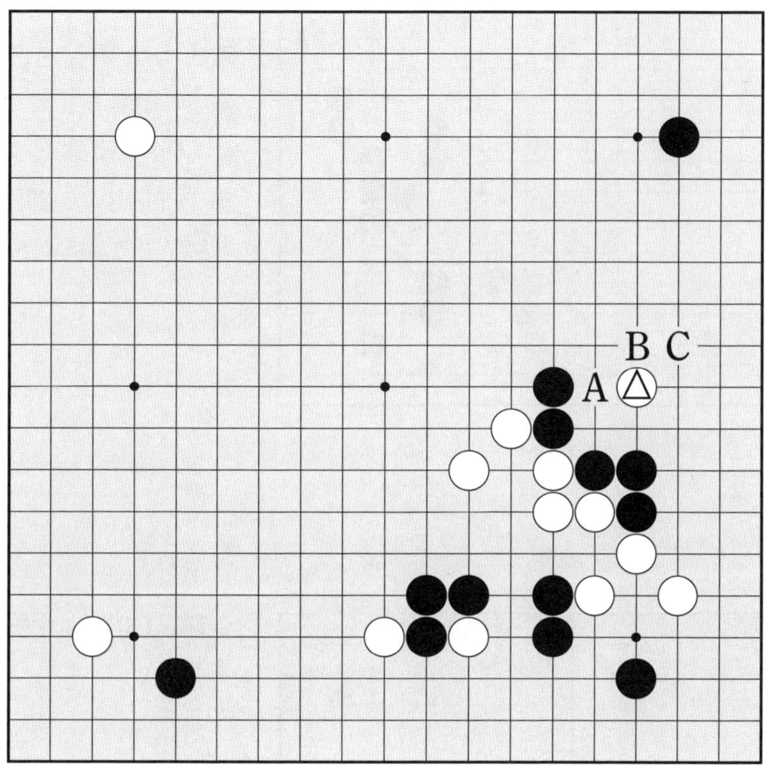

▨ 수습의 리듬

백△로 형태의 급소를 가격해온 장면이다.

흑이 우변의 기득권을 살리며 수습하는 다음 한수는 A~C 가운데 어디일까?

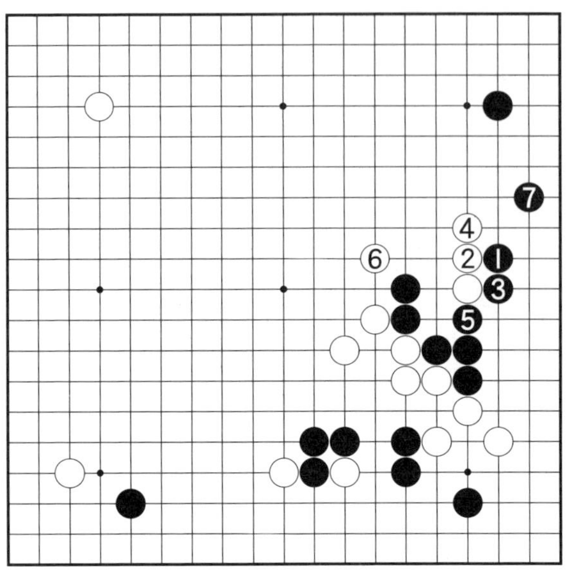

정해도

정해도 (타개의 급소)

흑1로 뒤통수를 씌우는
것이 이런 경우 좋은 감
각이다. 다음 백2, 4에는
흑3, 5로 깨끗하게 형태
를 정비한다.

그렇다고 백2로 3자리
에 두어 버티는 것은 흑2
로 틀어막아 충분하다.

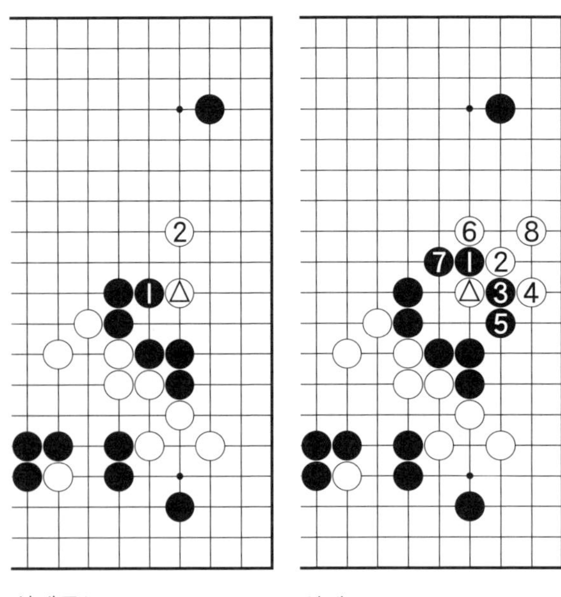

실패도1　　　　실패도2

실패도1 (백의 주문)

흑1로 받는 것은 백△의
주문에 그대로 말려든 무
책의 응수이다.

백2로 뛰어 우변이 쉽
게 허물어진다.

실패도2 (타개에 급급)

흑1, 3이 좀 더 기교를 부
린 수이지만, 이때는 백4
~8의 변신이 멋진 대응
이어서 흑이 크게 당한다.
백△의 미끼를 먹고 망한
모습이다.

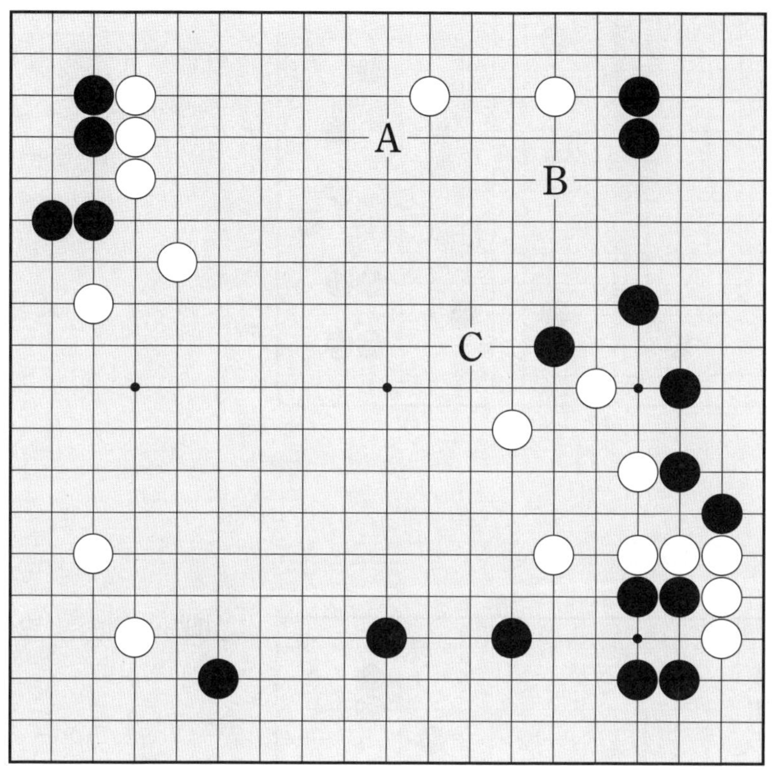

▨ 대세의 급소를 찾는 눈

　흑이 공격과 실리의 이득을 함께 도모하는 1석2조의 다음 한수가 감각적으로 한눈에 들어오는 장면이다.

　그곳은 A~C 가운데 어디일까?

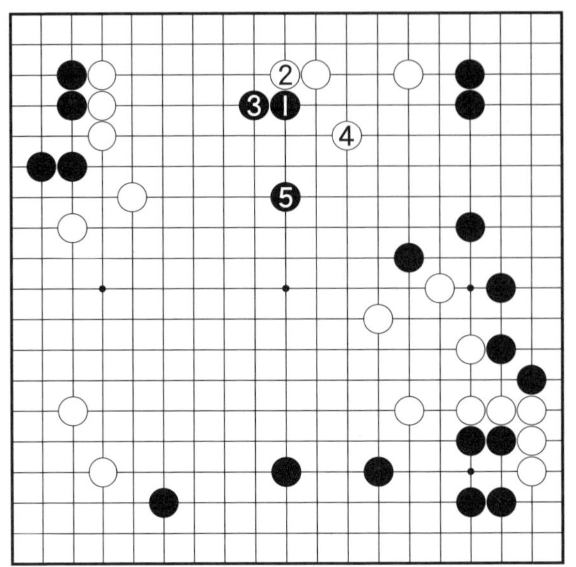

정해도

정해도 (감각적인 급소)

흑1의 어깨짚기가 한눈에 들어오는 대세의 급소.

상변 백진을 우그러뜨리면서 우중앙 백 대마도 은근히 노려보는 양수겸장이라고 할 만하다.

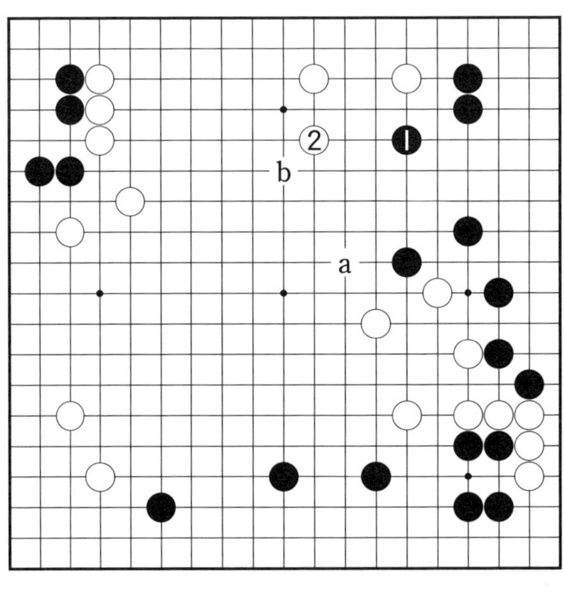

실패도

실패도 (단순한 발상)

우상 흑진만을 놓고 볼 때는 흑1이 대세점이다. 그러나 백2를 당하면 상변 백진이 이상적으로 굳어져 흑의 불만이다.

흑a는 너무 한가한 완착. 백b로 상변이 크게 굳어진다. 우중앙 대마는 한 수로 쉽게 공격이 되지 않는다.

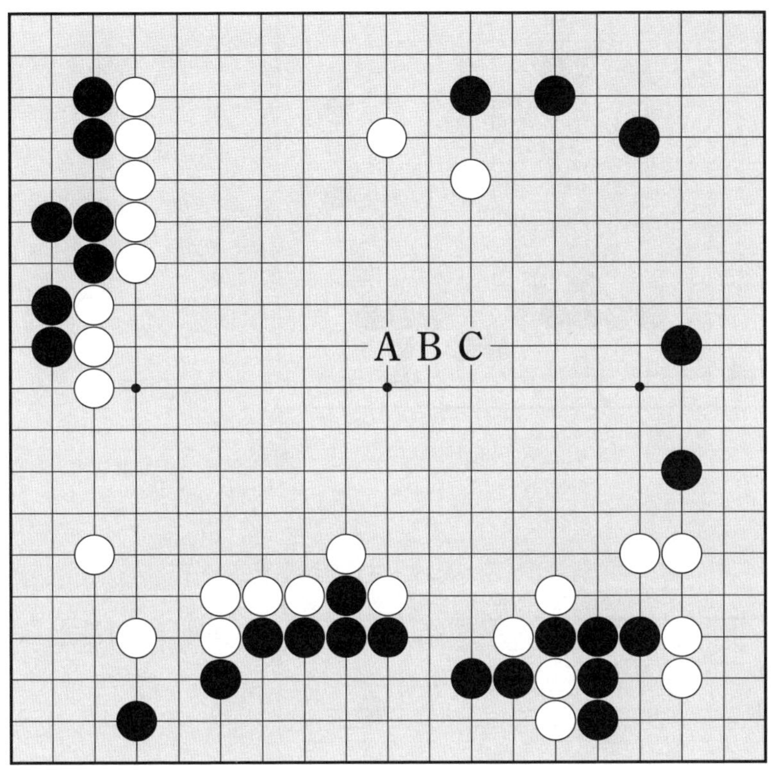

삭감의 깊이

　좌변에서 중앙에 펼쳐진 백의 대모양이 시급한 관심의 대상이다.

　국면을 흑의 페이스로 이끌 삭감의 급소는 A∼C 중 과연 어디일까?

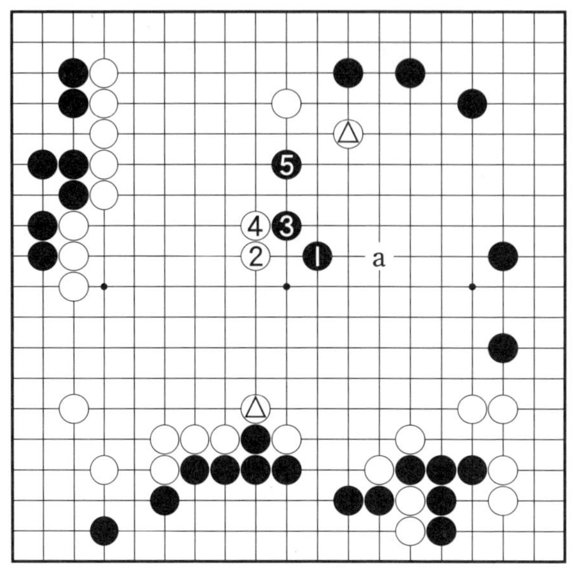

정해도

정해도 (적정한 깊이)

백의 최종 수비수(△)를 감안할 때 흑1쯤이 적정한 깊이이다. 다음 백2에는 흑5까지 진격하며 백진을 크게 삭감해 흑의 성공이다.

백2로 a에 씌우는 것은 흑2로 뛰어 걱정이 없다.

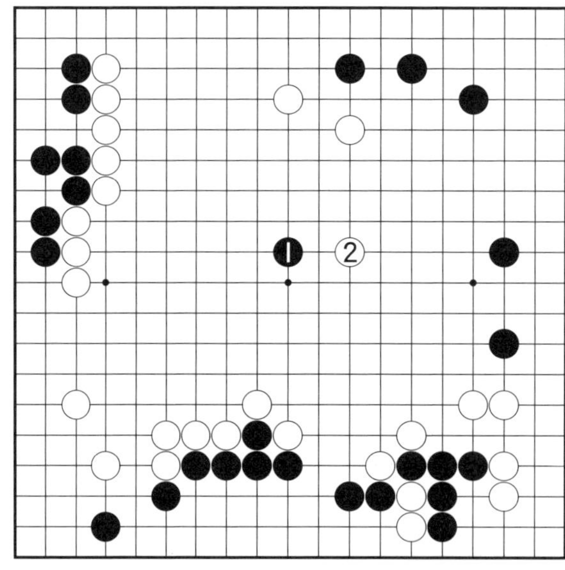

실패도

실패도 (어설픈 감각)

흑1은 무모한 돌입으로 '오프사이드'를 범한 격. 백2로 역습당해 곤경에 처하게 된다.

그렇다고 흑2까지 정도만 들어가는 것은 너무 안일한 태도이다. 백1로 받아 중앙이 너무 크게 들어간다.

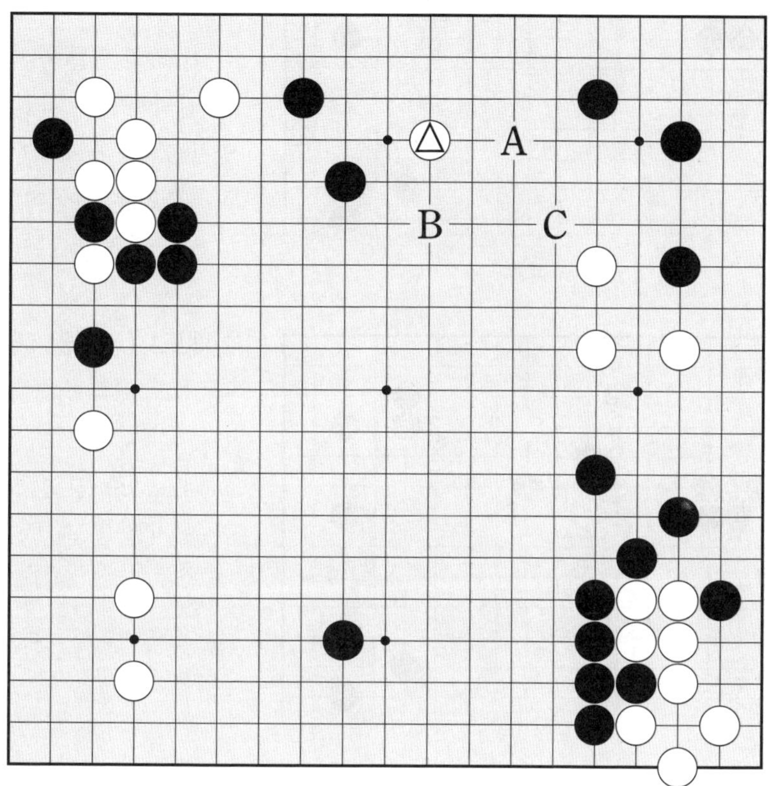

▨ 공격의 방향감각

흑진에 돌입해온 백△ 한점을 공격하는 문제이다.
흑의 올바른 공격방향은 A～C 중 어디일까?

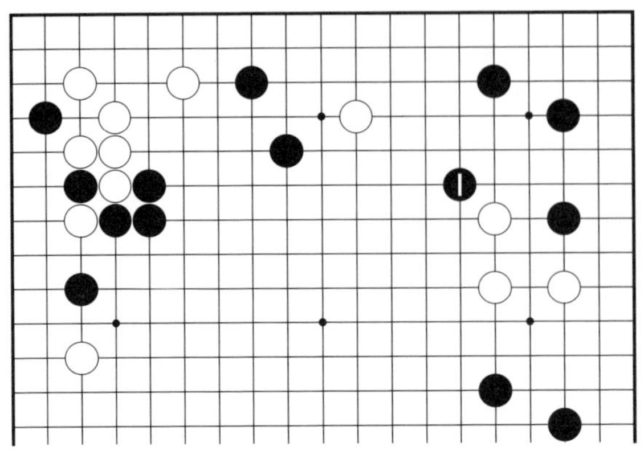

정해도

정해도 (양동작전)

흑1이 '성동격서'의 병법에 걸맞은 절호의 공격감각이다.

이렇게 오른쪽 백 일단을 압박하면서 자연스럽게 양동작전을 펼치면 백이 곤혹스러운 형국이다.

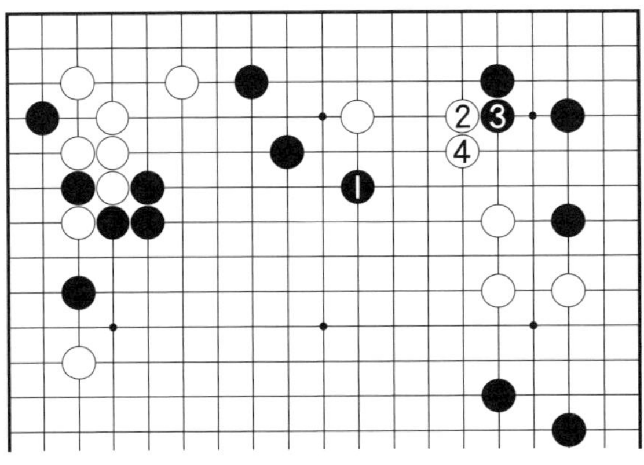

실패도1

실패도1 (기분만 내다)

흑1쪽으로 씌우는 것은 어설픈 감각.

백2, 4로 연결해버리면 흑은 기분만 낸 모습이다.

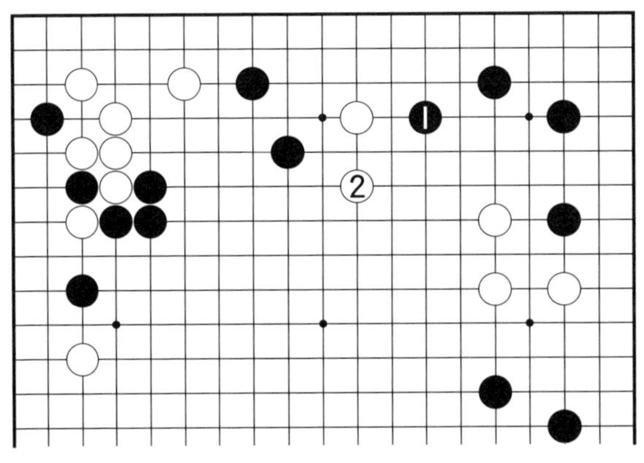

실패도2

실패도2 (퇴로 안내판)

흑1은 방향착오. 백2로 휠휠 날아가 버리면 도리어 좌상 흑도 엷어져 자칫 공수가 뒤바뀔 우려마저 있다. "어서 살아가시오!"라고 퇴로를 열어준 격이다.

▦ 선택문제 19

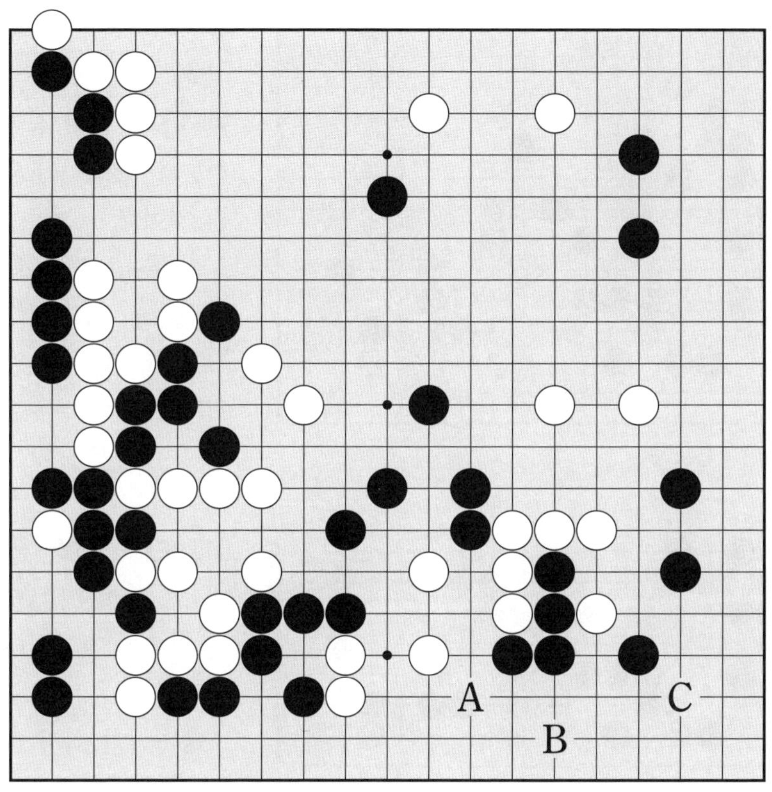

▨ 침투의 급소를 찾는 후각

우하귀 흑진이 초점이다.

백이 전국적인 균형까지 고려하는 침투의 급소는 A~C
가운데 어디일까?

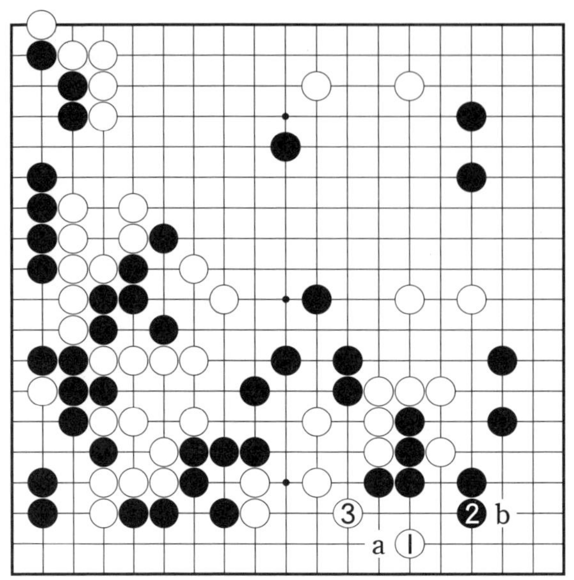

정해도

정해도 (맞보기의 급소)

백1이 좋은 감각. 흑2로 지킬 때 백3으로 넘어가 성공이다. 흑진의 실리침식은 물론 하중앙 백 대마의 안정까지 함께 확보하는 1석2조의 효과가 있는 것이다.

그렇다고 백1 때 흑a에 차단하는 것은 백b로 귀가 크게 깨져 흑의 무리이다.

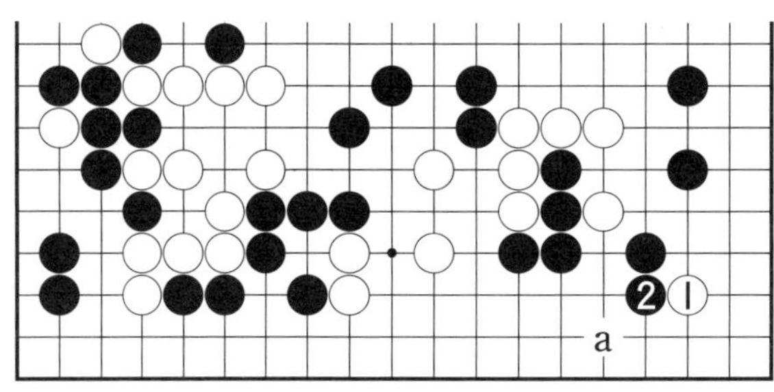

실패도1

실패도1 (단순한 발상)

백1로 직접 뛰어드는 것은 단순한 발상이다.

흑2나 a로 막으면 자체 도생하기가 쉽지 않은 데다 설령 산다 하더라도 하중앙 백 대마가 더욱 약해져 득이 없다.

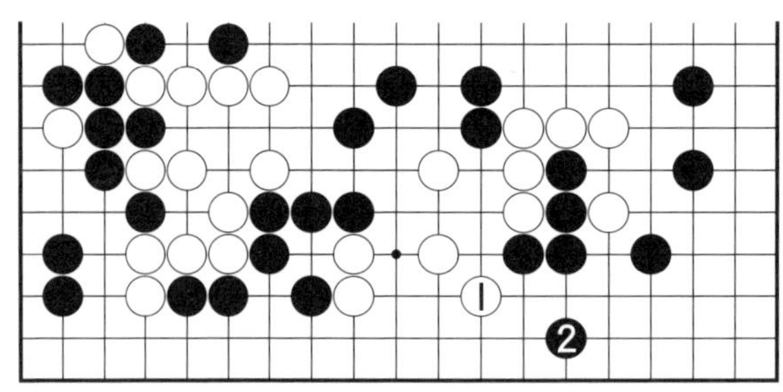

실패도2

실패도2 (무기력한 완착)

백1은 무책. 흑2로 귀가 크게 굳어져 형세가 이상해진다.

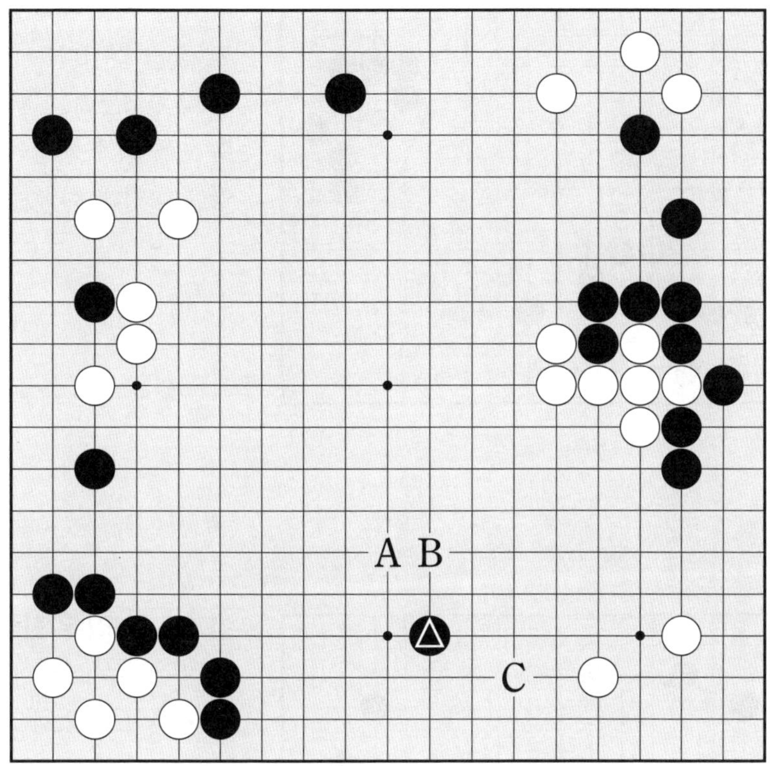

▨ **대세의 균형을 찾는 감각**

흑▲로 전개해온 장면이다.

전국적인 균형을 도모하는 백의 다음 한수는 A～C 가운데 어디일까?

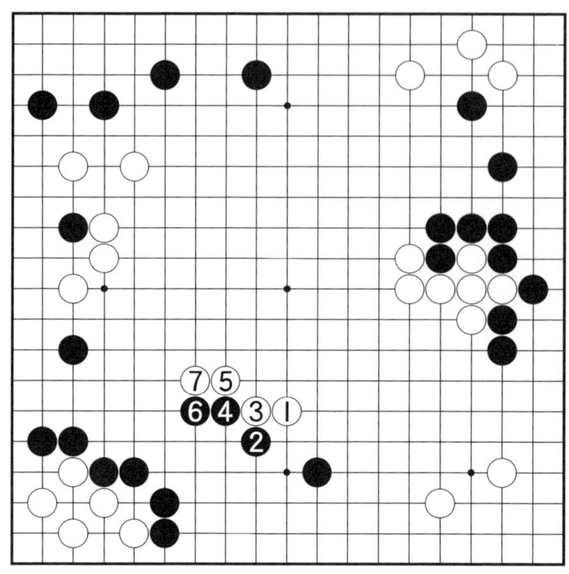

정해도

정해도 (빛나는 대세점)

백1의 대세점을 한눈에 찾아냈다면 매우 훌륭한 감각을 지녔다고 자부해도 좋을 것이다.

다음 흑2에는 백7까지 흑진을 최소화시키며 중앙을 두텁게 해 충분하다.

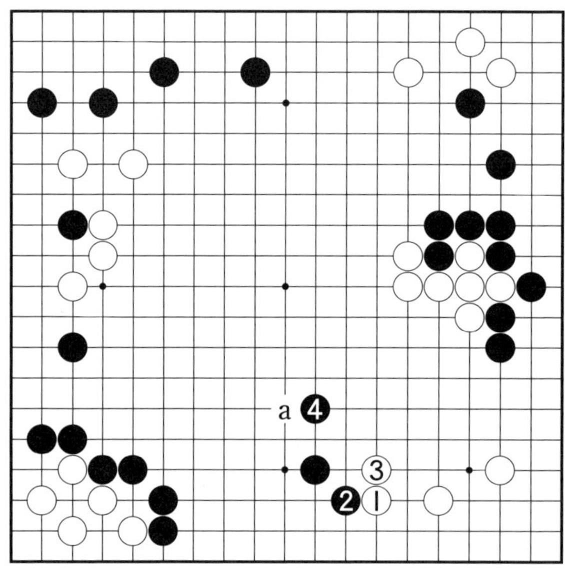

실패도

실패도 (실리 밝힘증)

백1은 너무 실리에만 급급한 완착. 흑2, 4로 좌중앙이 크게 불어나 백이 대세에 뒤진다.

백4로 씌우는 것도 좋은 감각이지만, 흑a로 받아 좌중앙이 커지므로 정해도에는 못 미친다.

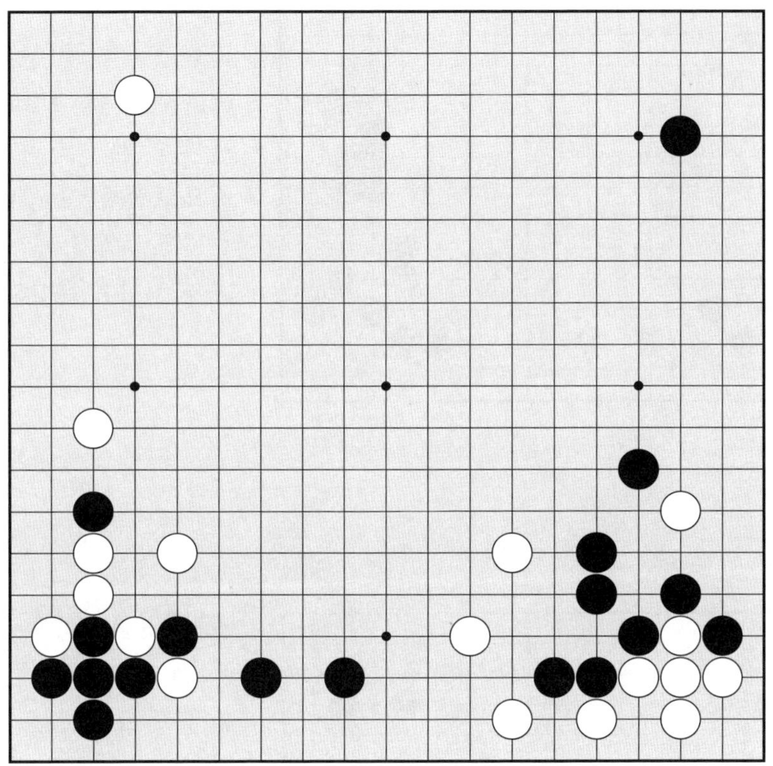

▨ 포석의 순서

반상을 크게 보고 흑의 다음 한수를 정하기 바란다.

포석에서는 기본 구상을 크게 하고 나서 행마의 순서를 생각하는 것이 중요하다. 여기서는 일반적인 '큰 자리의 순서'도 포인트이다.

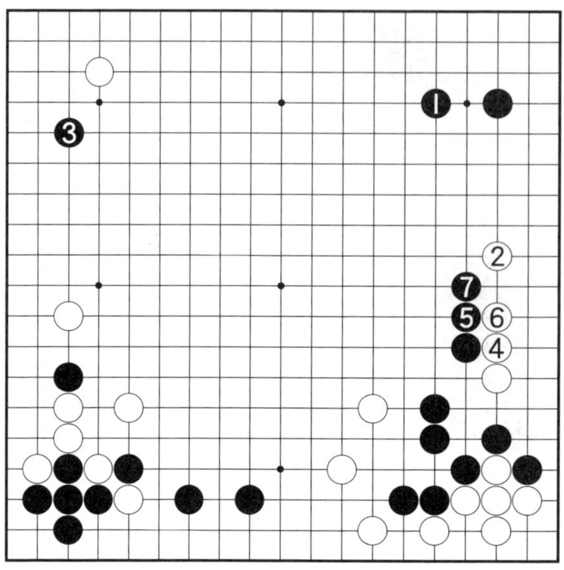

정해도

정해도 (굳힘부터)

우상 쪽 흑1의 굳힘이 무엇보다 크다.

'굳힘→걸침→벌림'이라는 포석의 기본지식을 떠올려 볼 것. 백2로 우변을 갈라친다면 흑3의 걸침으로 향한다. 백4, 6에는 흑5, 7까지, 흑이 활발한 포석임이 분명하다.

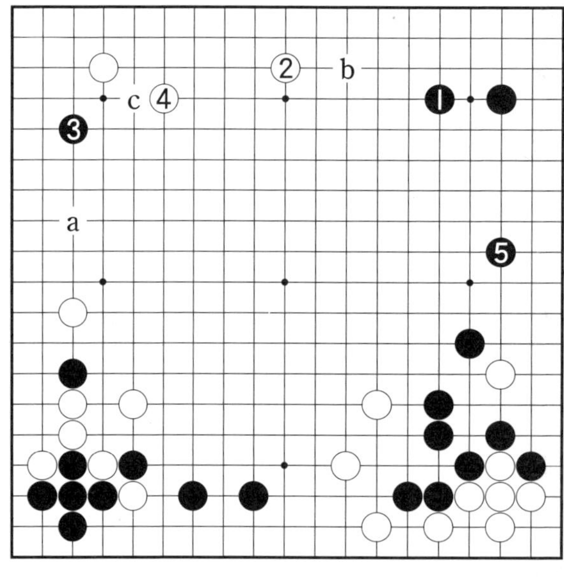

변화도

변화도 (흑, 충분)

흑1에 백2로 상변을 벌리는 수도 있을 것이다. 그러면 흑3으로 하나 걸쳐두고 백4에 흑5로 우변의 큰 자리로 향한다. 다음 a와 b는 맞보기이다.

수순 중 백4를 생략하면 흑c의 씌움이 아프므로 이는 어쩔 수 없다.

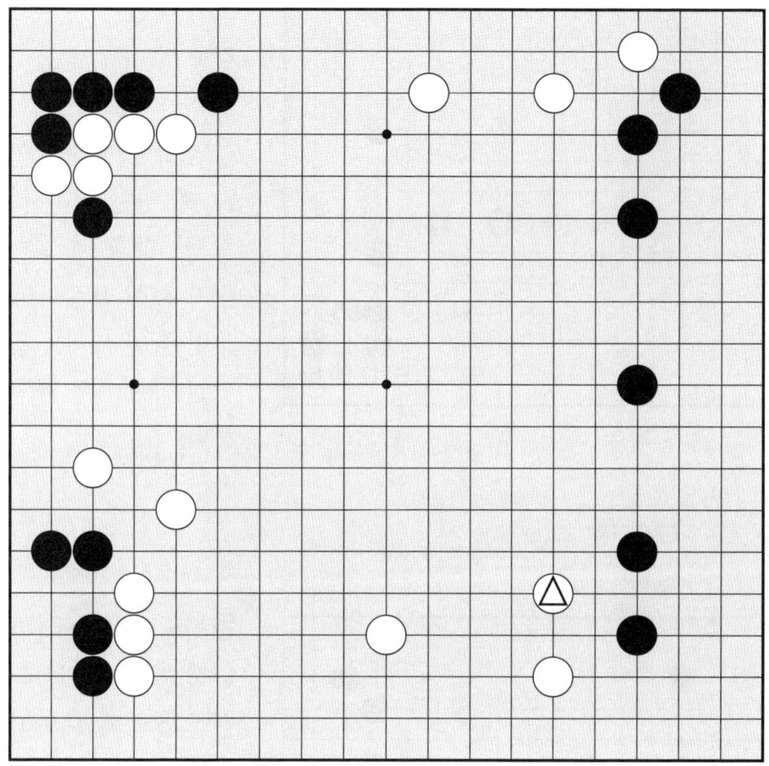

▨ 놓칠 수 없는 요처

　백△로 하변을 키워 왔다. 다음 한수의 힌트는 세력의 분기점이 되는 요점을 찾는 일이다.

　큰 스케일의 행마를 해야 한다는 점인데, 정해가 되는 착점은 '초반 행마법 제1과'라 해도 좋은 곳이다.

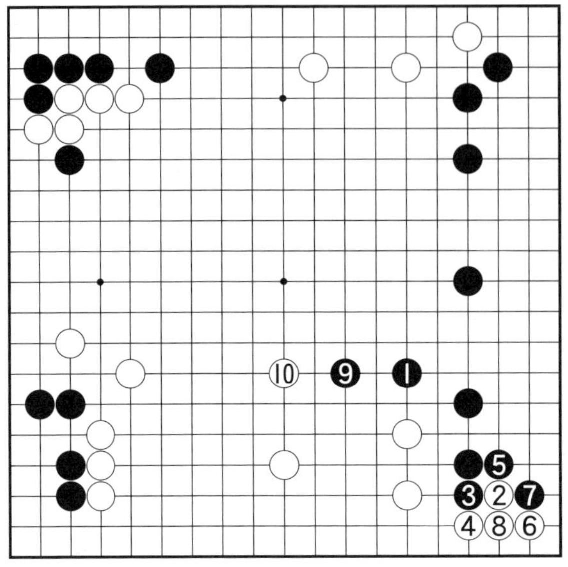

정해도

정해도 (중앙 날일자)

흑1의 중앙 날일자 행마가 쌍방 간의 요점이다. 거꾸로 이곳을 백이 둔다고 생각해 보라.

다음 백2로 3三에 뛰어들면 보통이지만 이하 흑7, 백8까지 처리하고 흑9로 한 걸음 더 들어가는 수가 역시 요점이다. 이젠 우변 흑의 세력도 크게 굳어질 태세여서 흑이 충분하다.

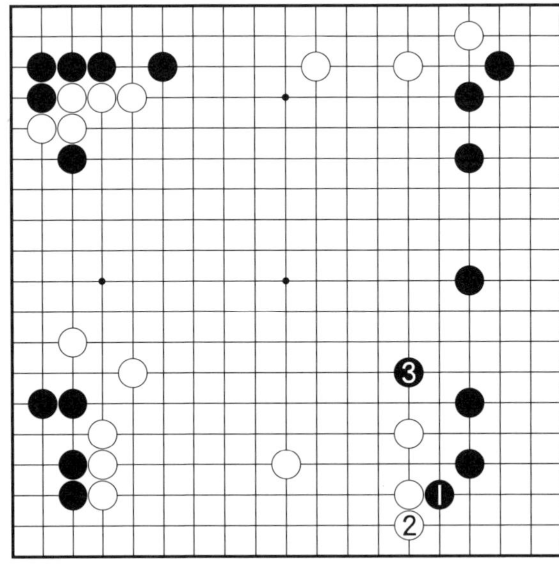

변화도

변화도 (붙임부터 하면)

먼저 흑1로 마늘모붙임을 하고 3으로 날일자 행마하는 것도 일책이다. 그러면 귀의 집을 어느 정도 방비한 모습인데, 다만 중앙 쪽으로의 박력은 다소 떨어진다.

정해도의 흑1과 같이 그냥 날일자하는 것이 옳은 태도이다.

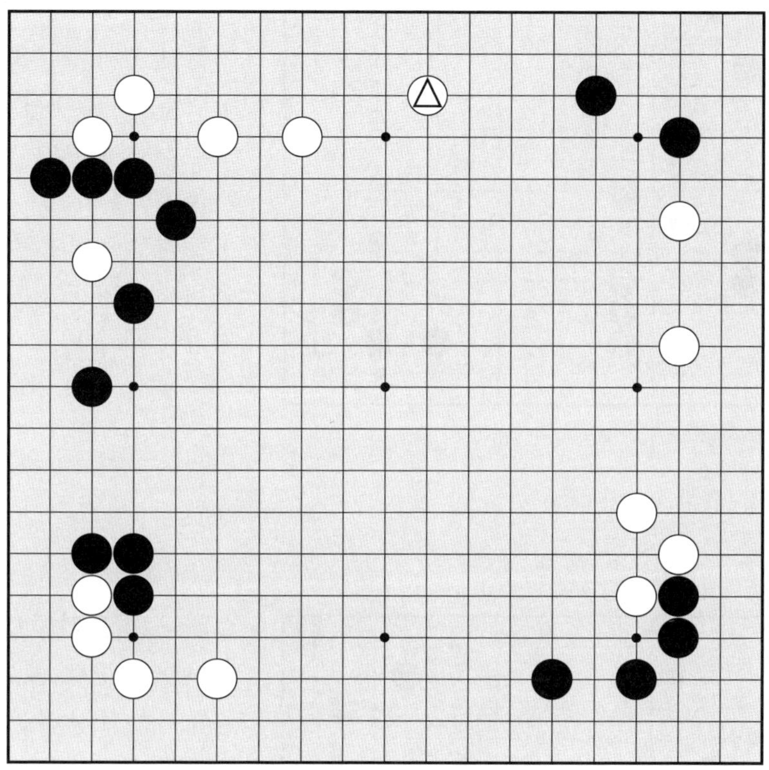

▨ 세력 만들기

　백이 △에 벌려 마지막 변의 큰 자리를 차지한 순간이다. 중반의 문턱에 선 이 시점에서 흑의 다음 한수는 어디가 좋을까?

　포인트는 좌변의 세력을 살리는 리듬이다.

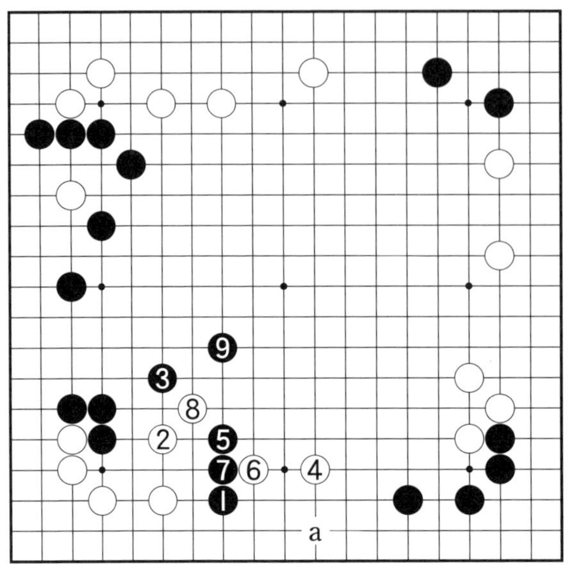

정해도

정해도 (다가섬)

흑1로 하변의 다가섬에 눈이 가지 않으면 안 된다. 백2면 흑3의 확장은 예정된 행마. 백4로 공격하더라도 흑5에서 9까지 자연스럽게 좌변 세력을 키울 수 있다.

그리고 하변의 흑 석점은 장차 a의 달림이 있어 걱정할 게 없다.

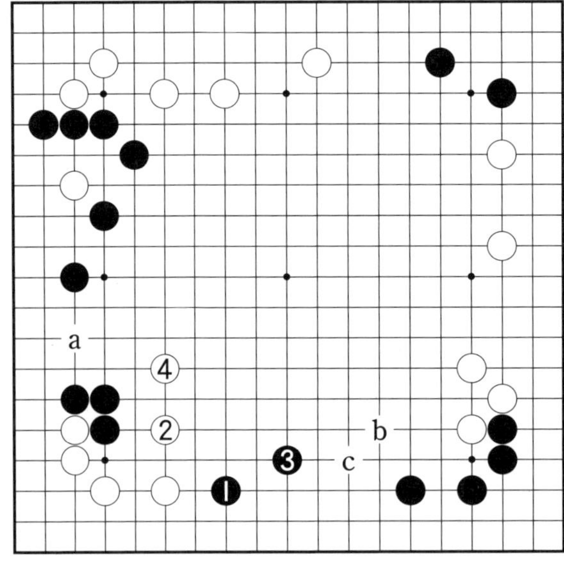

실패도

실패도 (규모가 작다)

흑1에서 백2로 되고 나서 흑3으로 보강하는 것은 평범한 행마이다. 백4로 정직하게 뛰는 수가 대망의 요점이 된다.

다음에 백은 a로 뛰어드는 수를 보고 있고, 하변에서는 백b, 흑c로 되는 자리여서 흑이 탐탁지 않다.

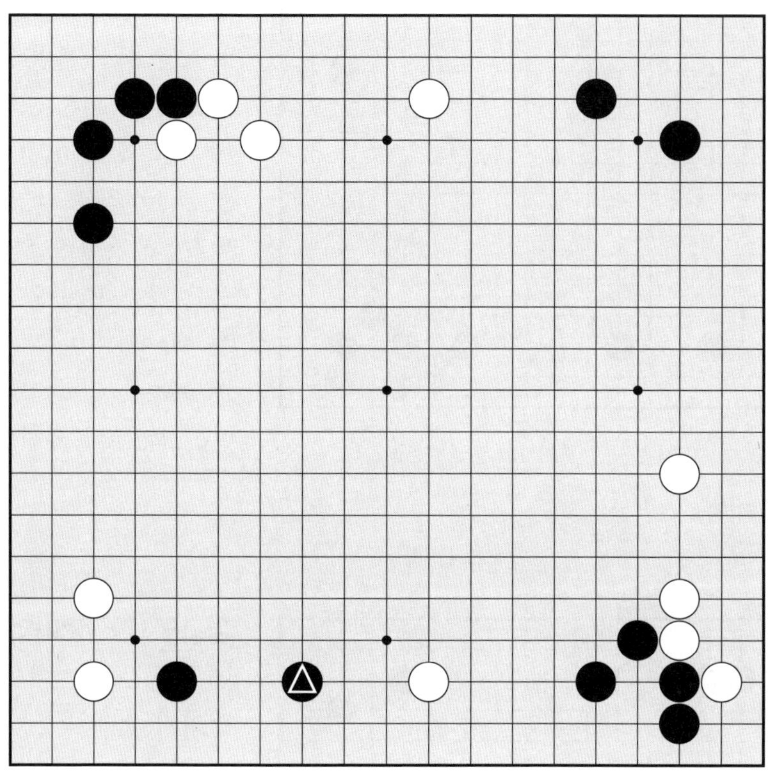

▨ 일석이조의 효과

　방금 흑▲의 두칸 벌림이 두어졌다. 이로써 하변의 백 한점이 약해졌으므로 백은 당연히 하변 어딘가를 두어야 하는데, 직접 달아나야 하는지 아니면 다른 행마법이 있는지 찾아야 한다.

　힌트라면 부분에 연연하지 말고 다른 진영과 연계해서 생각하라는 것이다.

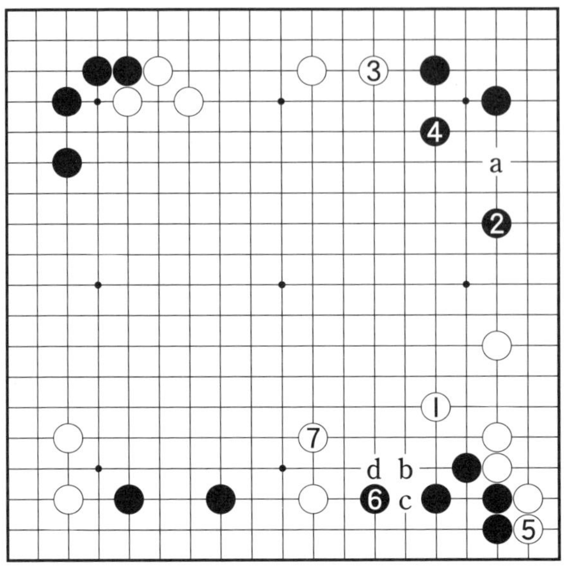

정해도

정해도 (우변부터)

이런 경우에는 백1의 날일자로 두는 것이 고수의 감각이다. 우변부터 방향을 잡으면서 하변에 도움을 주는 일석이조의 효과에 주목하기 바란다. 흑2로 큰 곳을 벌리면 이하 백7까지 자연스럽게 하변을 보강한다. 수순 중 흑4는 백a에 대비한 지킴이며, 흑6을 생략하면 백b, 흑c, 백d로 봉쇄한다.

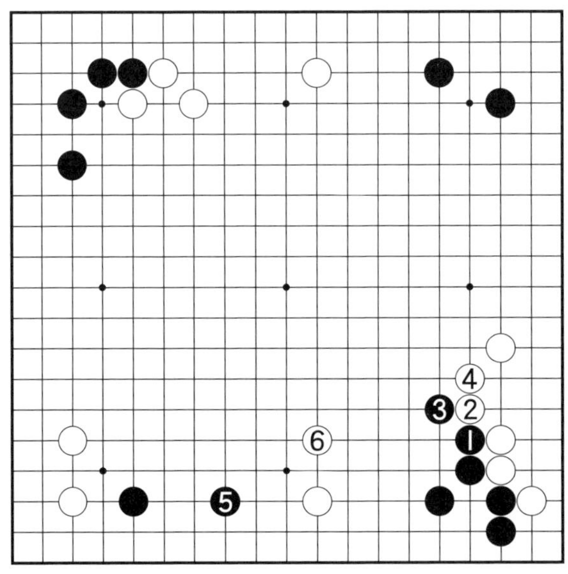

참고도

참고도 (중앙행마의 정석)

애초 흑은 하변에서 두칸 벌리기 전에 흑1, 3을 먼저 결정하고 5로 갈 곳이었다. 그러면 백6까지 또 다른 바둑이 된다.

어찌됐든 앞 그림 백1은 '중앙 행마의 정석'이라 해도 좋을 기본 행마법으로 꼭 기억해 두자.

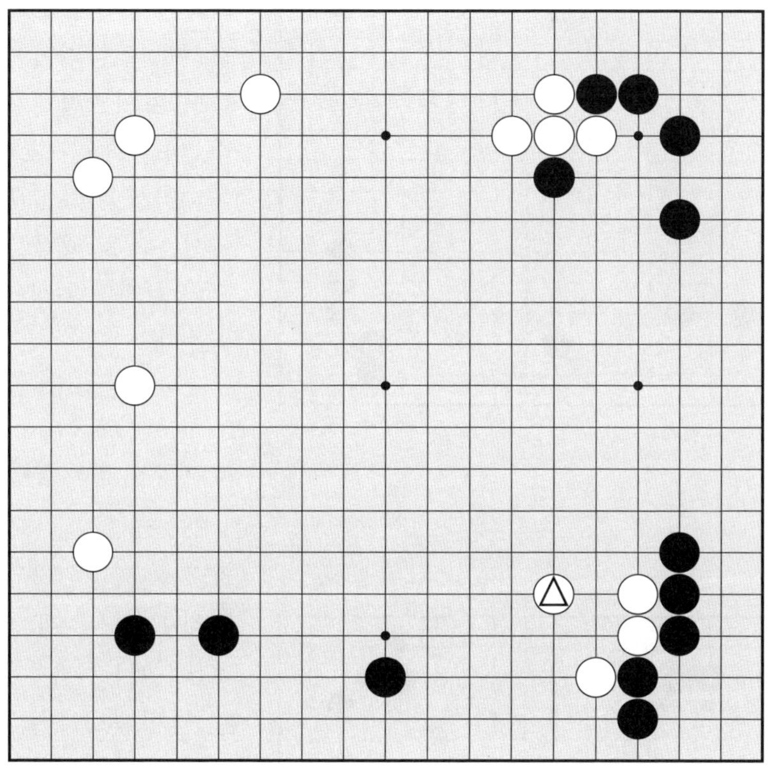

삭감의 실마리

　백△로 틀을 잡은 시점에서 포석이 일단락되었다. 여기서 흑의 다음 한수는 어디일까?

　눈을 멀리 돌리면 상변 백 세력의 삭감이 시급함을 알 수 있을 것이다. 그렇다면 삭감의 실마리를 어떻게 찾아야 할까.

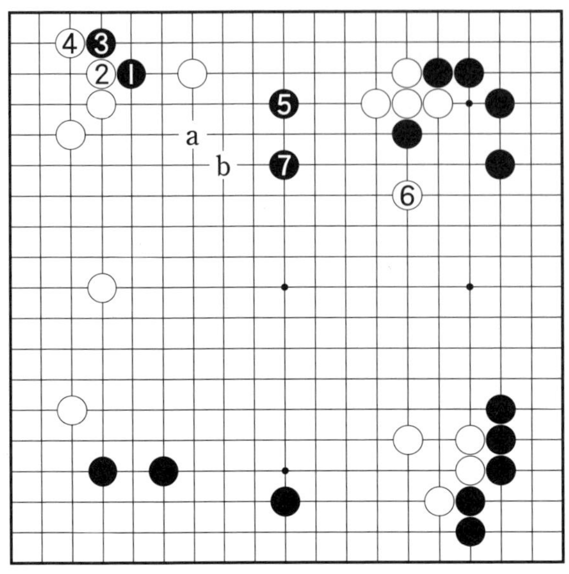

정해도

정해도 (활용 후 갈라침)

우선 좌상귀에서 흑1, 3으로 활용하고 나서 5로 갈라치는 것이 급소이다. 백6이면 흑7로 뛰어 백의 세력을 자연스럽게 분산한다. 다음 흑a가 호점.

따라서 백6으로 b에 다가서는 것도 생각할 수 있으나 그래도 좌상에 맛이 남는다.

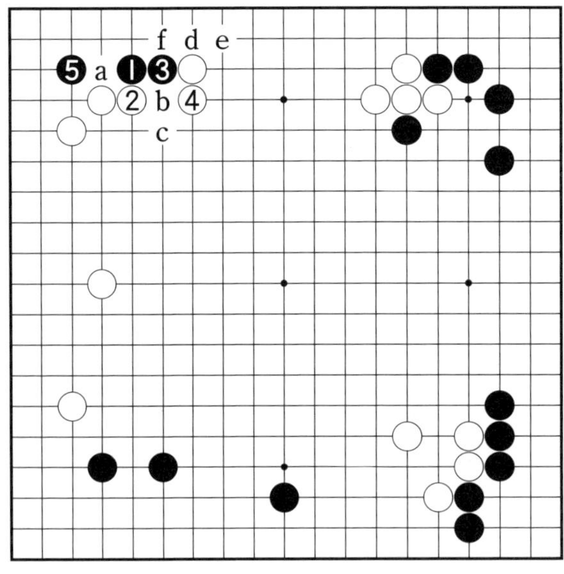

변화도

변화도 (백, 손해)

흑1에 백2로 위쪽을 막으면 당장 흑3에서 5로 귀에서 산다. 이후 백이 a의 곳을 나와 끊으면 흑은 끊은 쪽을 잡아 충분하다.

또 백이 방치한다면 흑b 이하 부호 순으로 보강한다. 어찌됐든 이 그림은 백이 손해를 보고 있음을 알 수 있다.

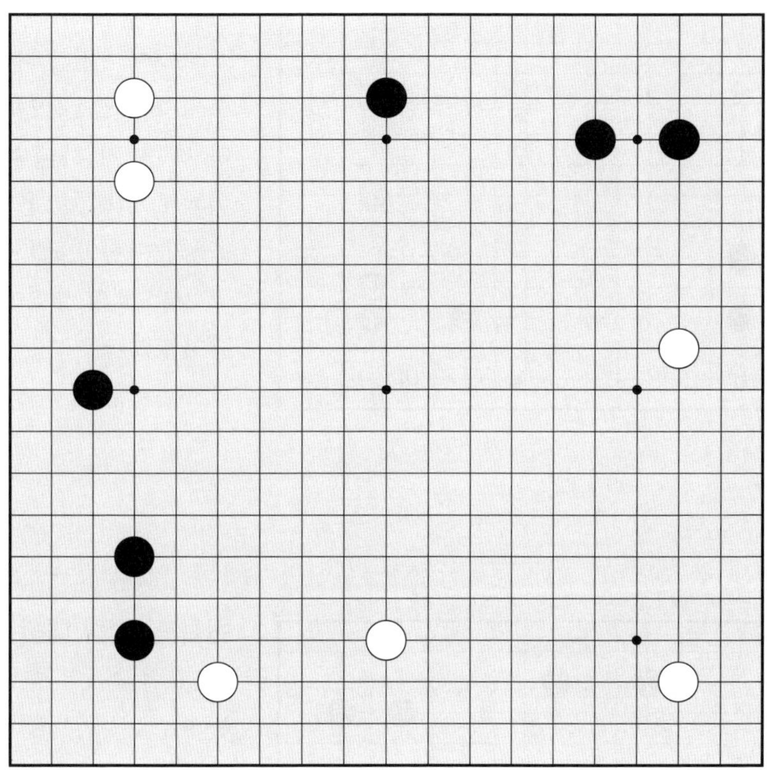

삭감의 첫 포인트

우선 하변에서 우변에 이르는 넓은 지역에 백이 큰 세력권을 형성하고 있음이 눈에 들어온다. 그렇다면 흑의 삭감책은 무엇인가?

삭감의 첫 후보지가 되는 곳을 골라 행마법을 머릿속에 그려보기 바란다.

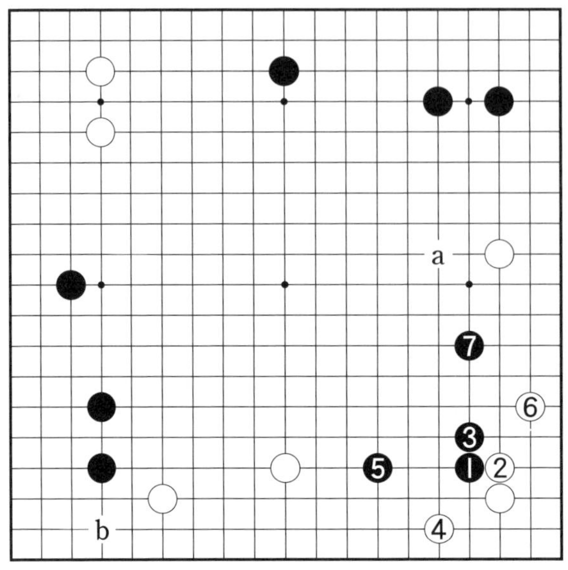

정해도

정해도 (어깨짚음)

백의 세력이 3三으로부터 양날개를 펴고 있는 포진임을 생각한다.

따라서 흑1로 어깨짚는 수가 제일감. 백2에는 이하 흑7까지 하나의 정석이기도 한데, 다음 백a면 흑b의 지킴이 크다. 이러고 보니 백의 세력이 크게 줄어들었다.

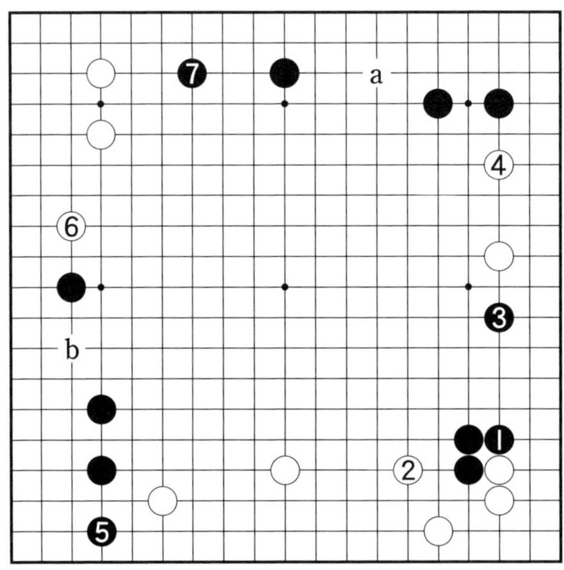

변화도

변화도 (벌림 대신 막음)

앞 그림 흑5의 벌림으로는 이 그림 1로 막는 변화도 있다.

그러면 백2에서 4까지는 필연의 진행. 여기서 흑5, 백6, 흑7로 서로 큰 곳을 차지한다. 이후는 백a나 b로 뛰어드는 싸움을 예상할 수 있다.

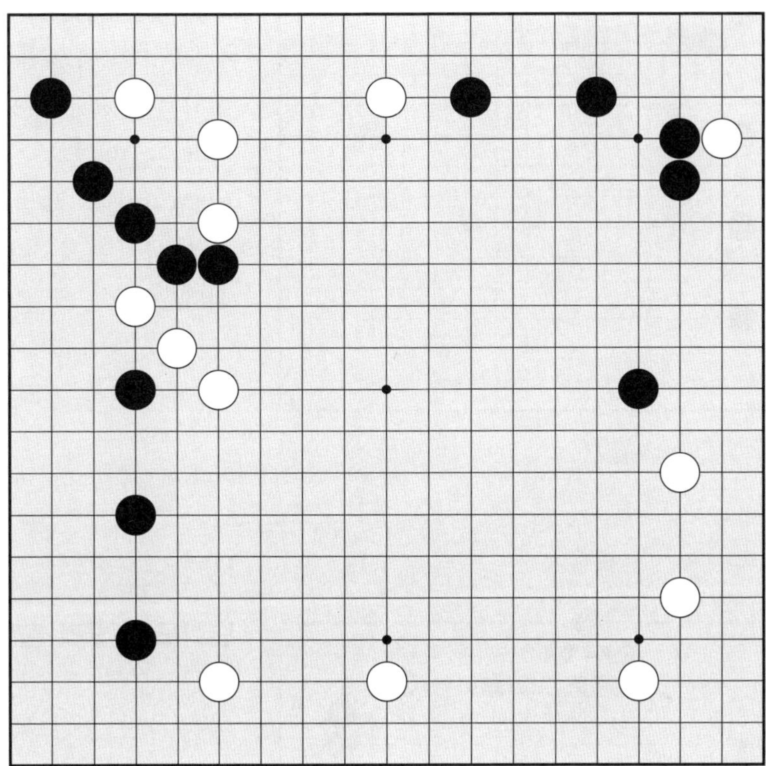

▨ 전단을 찾아서

변의 큰 자리는 쌍방이 다 점령한 상태이다. 여기서 흑
은 뭔가 전단을 찾고 싶은데, 실은 절호의 장소가 있다.

주변의 강한 세력을 이용해 침입하는 것이 이 문제의 포
인트이다.

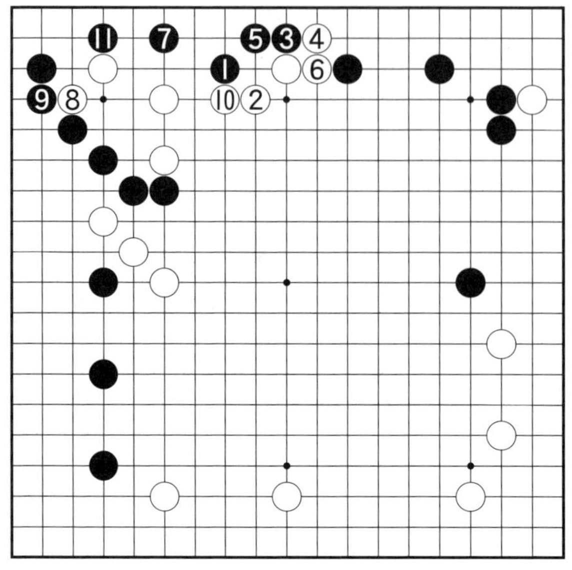

정해도

정해도 (침입의 급소)

좌상의 백 일단이 엷은 자세라는 것에 착안한다. 좌우에 흑의 세력이 다가와 있는 점을 이용해 흑1로 뛰어드는 것이 급소이다.

백2라면 흑3~7이 침입 후의 상용 행마로, 이하 11까지 흑의 작전 성공이다. 게다가 백은 아직도 공격 받을 여지가 있다.

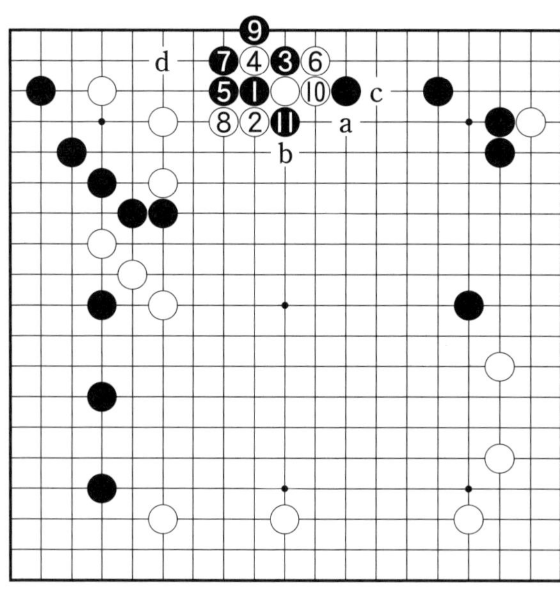

변화도

변화도 (옆구리 붙임)

흑1로 안쪽 옆구리에 붙이는 수도 있을 것이다. 백2에는 흑3의 되젖힘이 상용의 맥. 흑11까지 되고 나서 백a, 흑b, 백c, 흑d의 진행이 예상된다.

앞 그림과 이 그림 중 어느 게 좋은지는 두는 사람마다 다르겠지만, 침입의 효과로 말하면 이 그림이 앞 그림에 못지않음을 알 수 있다.

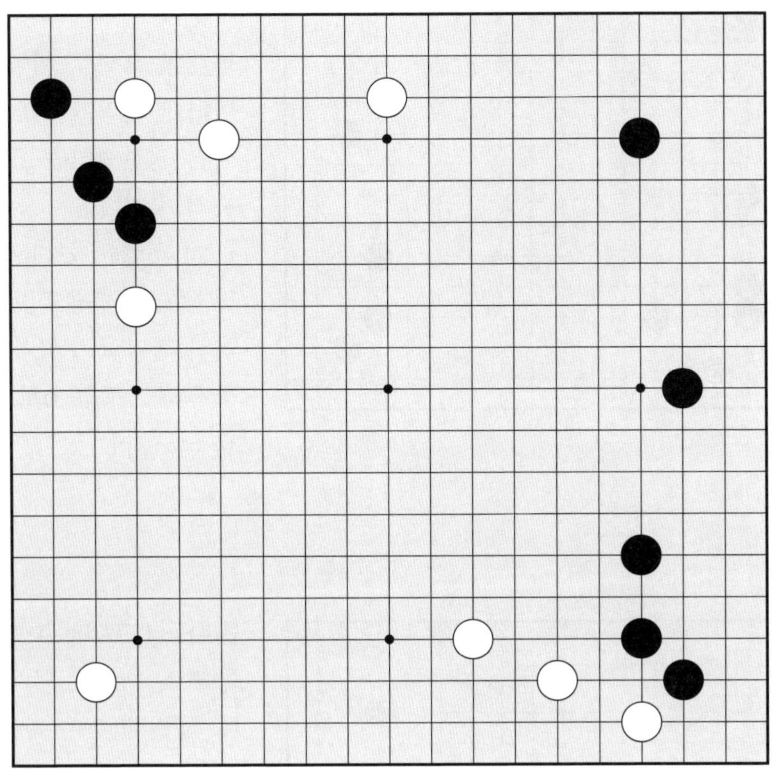

3三 다루기

　우하 쪽 백의 자세를 염두에 두고, 흑은 다음 구상을 하기 바란다.

　돌의 방향을 미리 얘기하면 좌하 백의 3三에 어떻게 대처할 것인지가 초점이다. 힌트는 '고저의 균형감각'이 필요하다는 것이다.

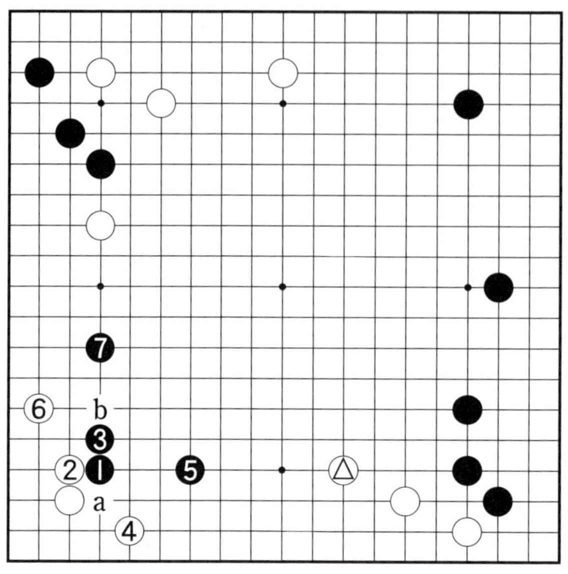

정해도

정해도 (어깨짚음)

흑1로 어깨짚는 한 수이다. 백2면 흑7까지 틀을 갖춘다. 우하 쪽의 백△가 높게 있으므로 이렇게 대범하게 눌러가 백의 중앙 세력을 견제하는 게 올바른 감각이다.

이 정석에 한해서 말하면 백2로 a쪽을 밀어도 비슷한 결과일 것이다. 그리고 흑3으로는 b로 뛰는 경우도 가끔 있다.

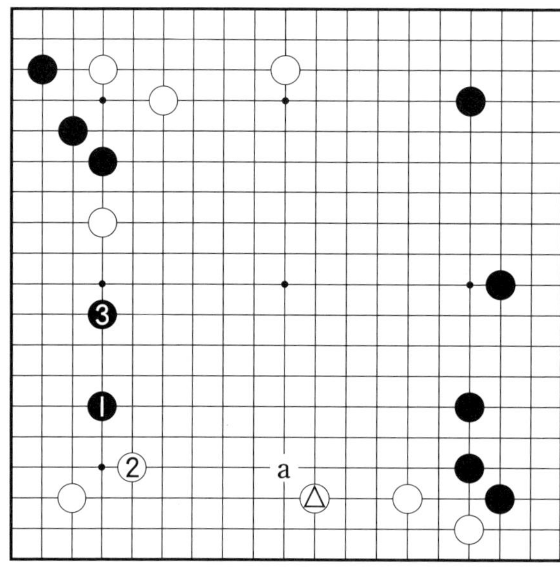

변화도

변화도 (고저에 따른 수)

참고로, 백△로 낮게 있는 이 국면에서는 흑1, 3의 정석을 따르는 것이 좋다. 이는 흑이 중앙보다는 변을 중시하는 발상이다.

백2가 두어져도 하변은 흑a의 어깨짚음으로 삭감하는 수가 남으므로 흑은 아직 여유가 있는 것이다.

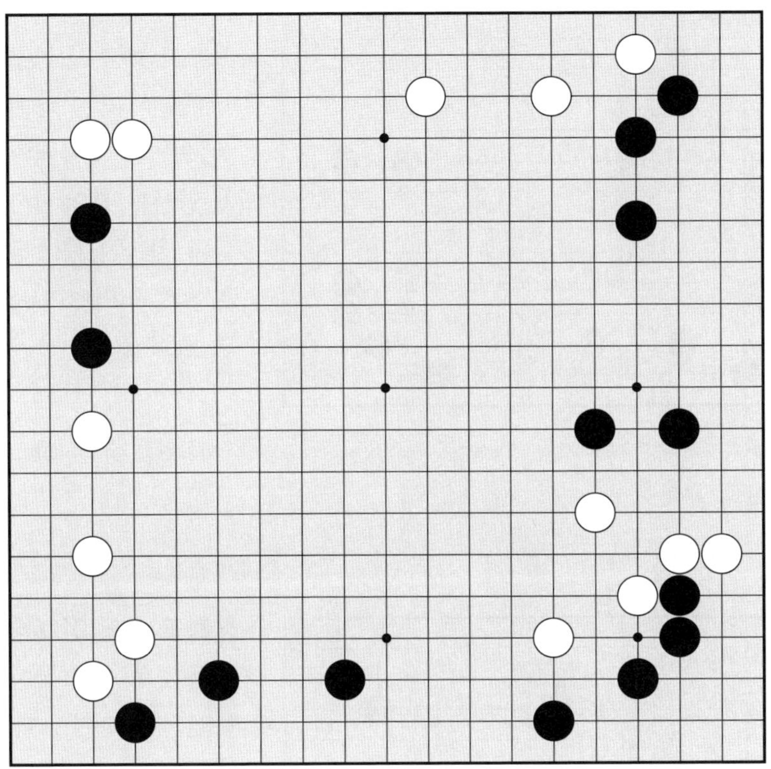

▨ 대세점을 잃지 않는 적극적인 구상

　포석이 일단락되고 이제 막 중반을 향해 들어가는 시점이다.

　흑은 좌변의 약한 진영을 돌보느냐, 아니면 상변 백의 세력을 직접 삭감하느냐가 초점이다. 여기서 당신의 행마 감각을 체크하기 바란다.

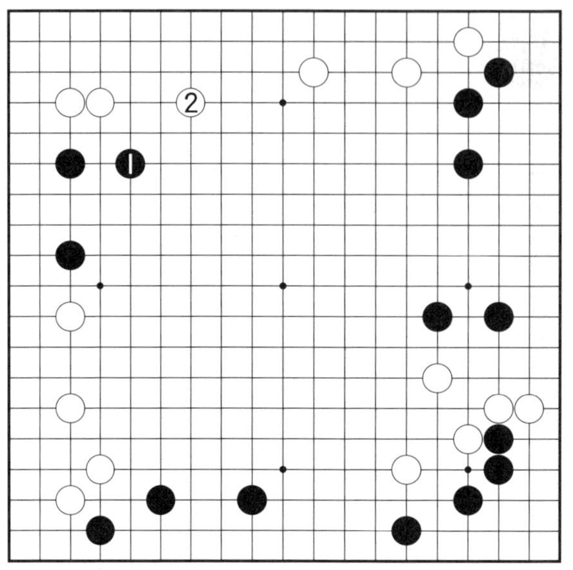

실패도

실패도 (대세점 일탈)

포석단계에서 어깨가 굳어지면 자신의 약점을 지키느라 대세점을 놓치는 경우가 자주 있다.

흑1로 뛰는 따위가 그런 수. 백은 2로 받아 고맙게 인사를 할 것이다. 그렇다고 이 흑이 확실하게 안정한 것도 아니며, 괜히 상변 백집만 굳혀준 꼴이다.

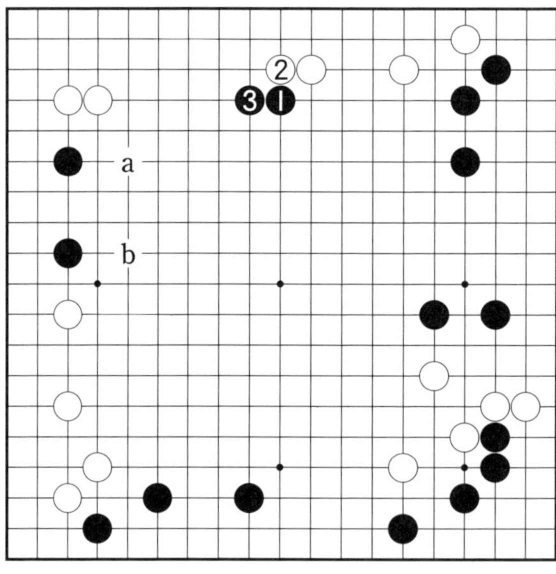

정해도

정해도 (삭감이 시급)

흑은 1로 어깨짚음을 서두를 자리이다. 백2에는 흑3으로 느는 데까지, 그러면 상변의 백진은 큰 집이 되지 않는다.

그리고 다음 백a로 좌변에 공격을 가하면 흑b로 받아 괜찮다.

생각문제 10

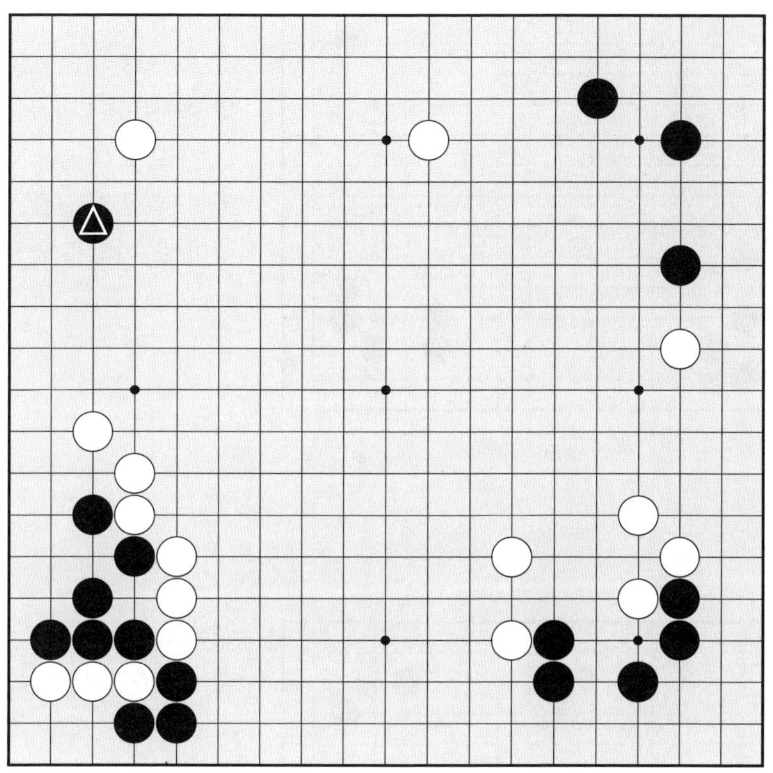

▨ 국면을 주도하는 공격의 리듬

　방금 흑▲로 걸쳐 왔다. 이에 백은 어떤 작전으로 나가는 게 좋을까?

　상변 쪽을 받아야 하는 것은 어김없는 사실인데, 구체적인 행마의 방법이 문제이다. 힌트는 중앙 백의 세력을 활용하는 것.

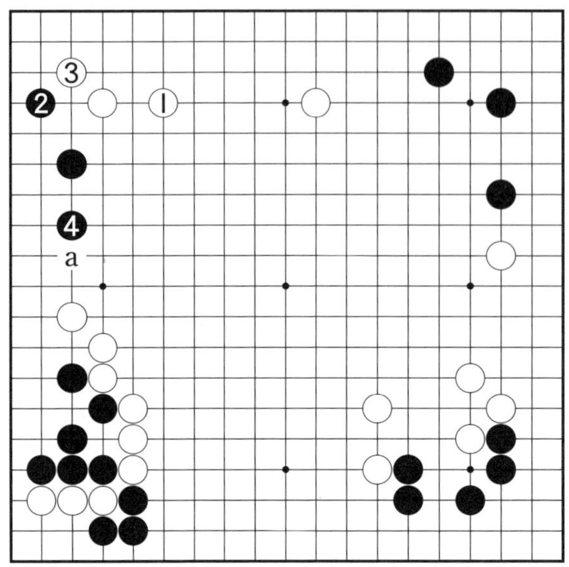

실패도

실패도 (밋밋하다)

백1로 뛰는 것은 평범한 행마로 밋밋하다. 물론 이렇게 뛰어도 크게 나쁠 것은 없으나 흑2, 4로 쉽게 안정해버려 다소 싱겁다.

참고로 흑4의 한칸은 좌하 흑의 안위를 생각한 행마로, 이렇게 좁게 지켜야 한다. 흑4로 a면 좌하 쪽에 나쁜 영향을 미친다.

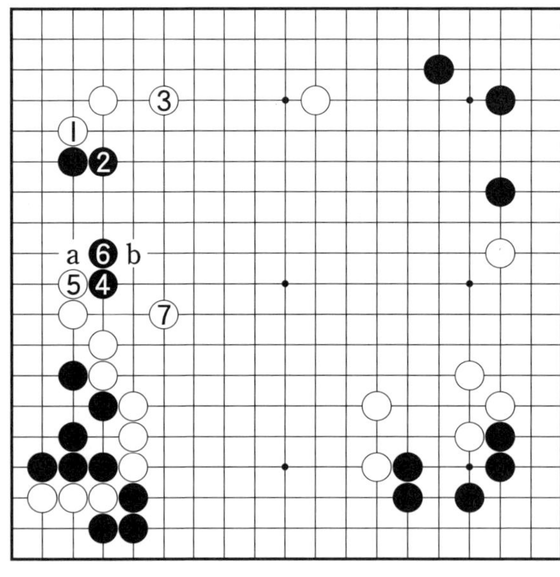

정해도

정해도 (능동적인 구상)

백1의 마늘모붙임을 두고 3으로 뛰는 것이 좋은 작전이다. 흑4에는 백5에서 7의 날일자 행마가 능동적이다.

이와 같이 리드미컬한 공격으로 국면을 주도하는 감각을 배우기 바란다.

도중 흑4로 a라면 백b의 모자 공격이 준엄하므로 조심해야 한다.

▦ 생각문제 11

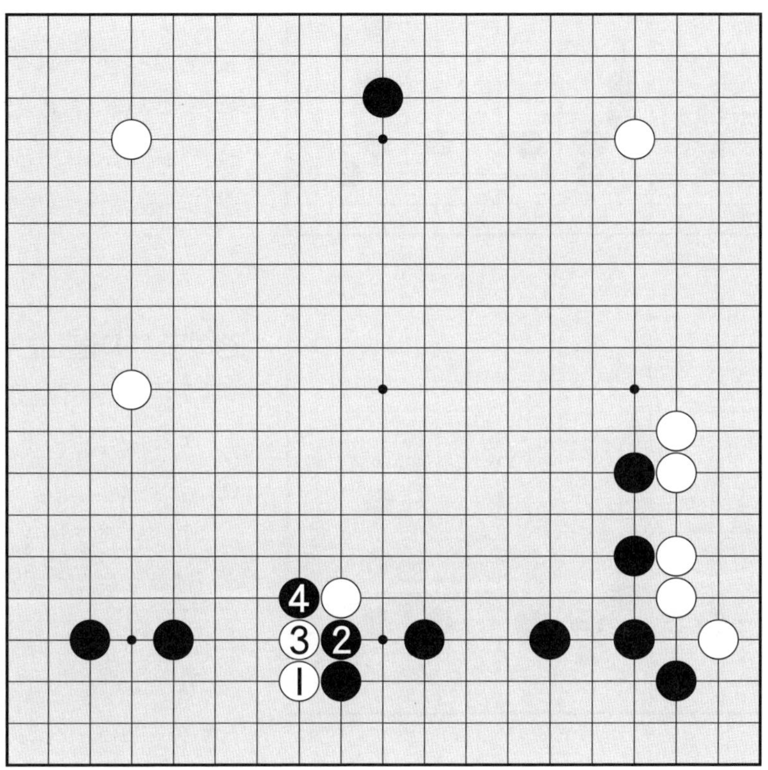

▧ 수습의 요령

백1의 붙임에 대해 흑2로 부딪쳐 4로 끊은 장면이다. 여기서 백은 어떻게 수습해야 할까?

기본적인 맥을 터득한 사람이라면 첫수를 한 눈에 읽지만, 그렇지 못한 사람은 속수를 두기 쉽다. 이에 유의하면서 다음 한수를 구상하기 바란다.

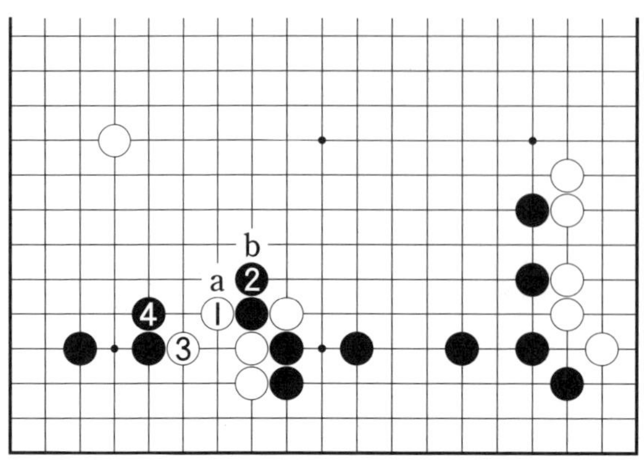

실패도

실패도 (속수)

백1로 모는 것은 탈출에 급급한 나머지 저지르는 속수이다. 흑2에 백3으로 두어 보지만 주위 흑만 잔뜩 강화시켜 주고 있다. 다음 백a면 흑b로 늘어 흑은 콧노래를 부를 것이다.

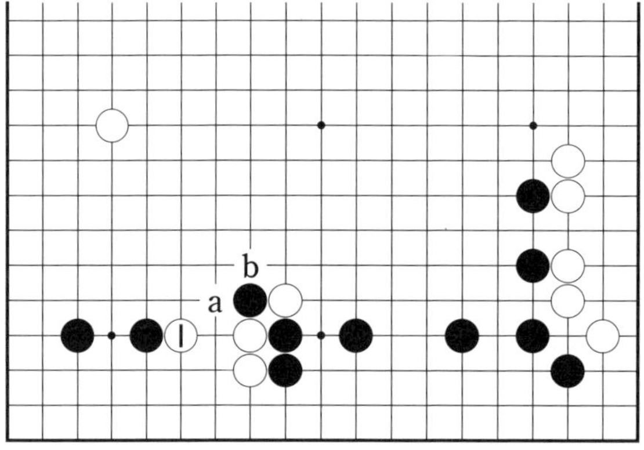

정해도

정해도 (뛰어붙임)

백1로 뛰어붙이는 것이 좋은 행마로 실은 기본 맥점에 속한다.

여기서 흑의 응수는 a와 b로 두는 것, 두 가지가 있는데 이에 대해서 각각 설명한다.

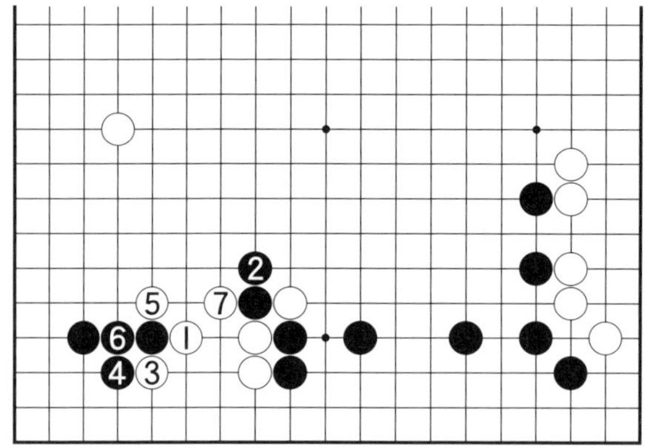

1도

1도 (수습 성공)

백1에 흑2로 선다면 백3으로 젖히는 것은 당연하다. 흑4로 막지 않을 수 없는데 백5, 7로 호구쳐 정비한다.

출발할 때는 궁색해 보였지만 이제 백은 거의 안정적인 자세를 취하는 데 성공했다.

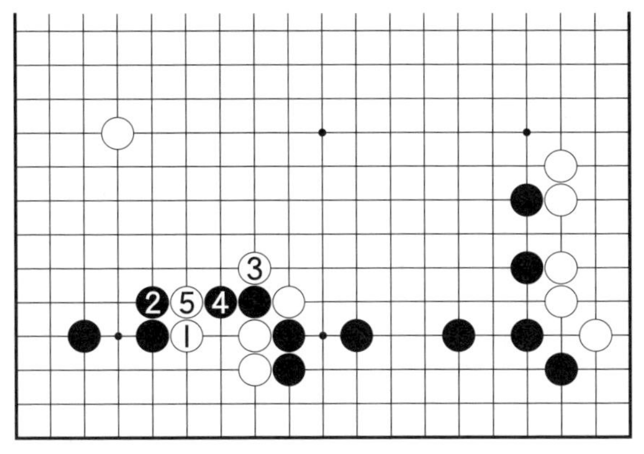

2도

2도 (돌파의 맥)

백1에 흑2로 는다면 백3으로 몰고 5로 뚫고 나가는 맥이 준비되어 있다.

이런 일련의 맥은 "붙여서 상대가 늘면 반대쪽에서 몰고나가라"는 바둑의 금언을 따른 수순으로 잘 기억하기 바란다.

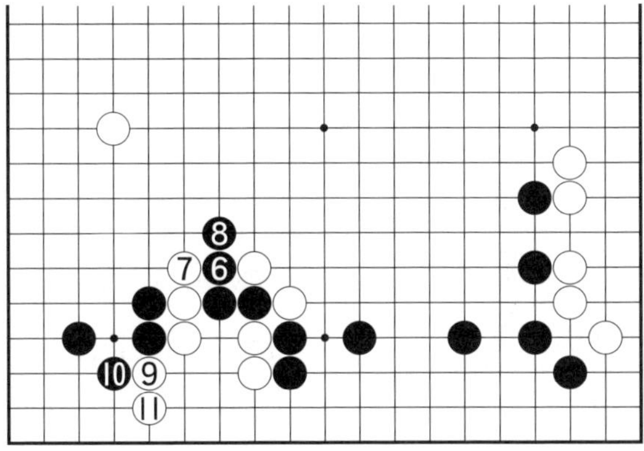

3도

3도 (백, 수습)

계속해서 흑6, 8로 나가는 것은 어쩔 수 없다. 여기서 백9, 11로 젖히고 내려서서 역시 백은 안정적인 자세를 갖추는 데 성공했다. 1도와는 주변 세력관계가 약간 다르지만 대동소이하다.

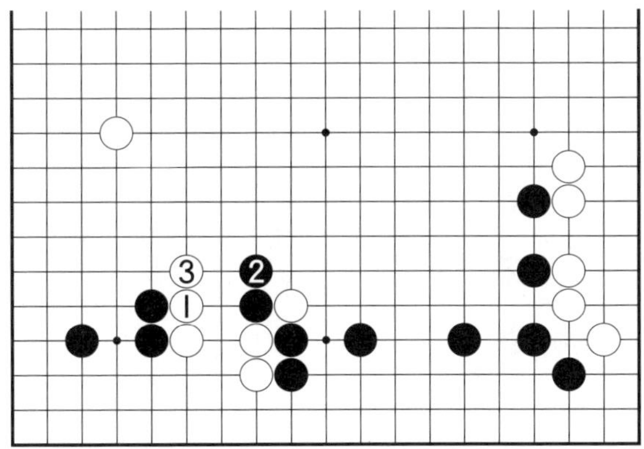

4도

4도 (조용한 수습)

백은 중앙 흑의 세력이 커지는 것이 꺼려지면 1로 가만히 미는 수도 있다. 흑은 2로 느는 한 수이고 백도 3으로 탈출한다.

이처럼 요란한 행동보다는 조용한 수습도 유력하다.

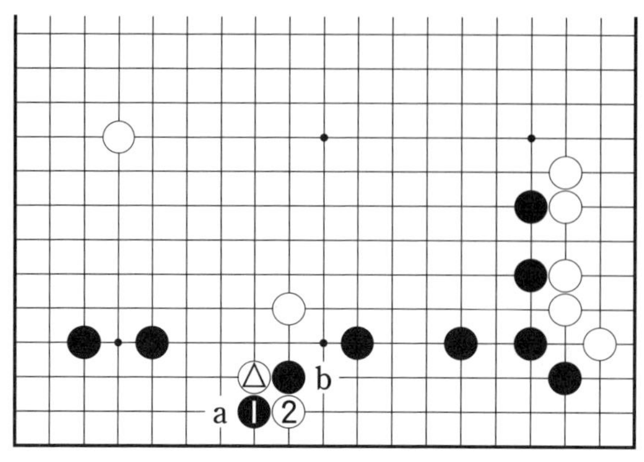

5도

5도 (붙여끊음)

참고로, 문제의 장면이 생기기 직전의 다른 변화에 대해 잠시 살펴본다. 백△로 붙였을 때 흑1로 아래에서 젖히면 백2로 맞끊는 것이 수습의 맥이다. 다음 백은 a와 b를 맞보기로 삼는 상용의 수단이다.

6도 (중앙 지킴의 행마법)

계속해서 흑3으로 백 한점을 잡으면 보통. 다음 백은 4, 6의 단수를 연속 활용하고 8로 중앙을 지키는 수가 포인트이다. 백8로 a는 흑b의 들여다봄을 당해 무거운데, 이는 수습보다 공격을 받으러 간 꼴이다.

6도

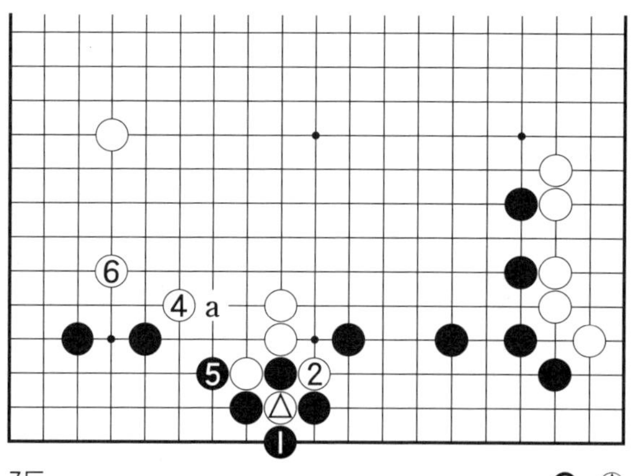

7도

7도 (가벼운 수습형)

앞 그림 흑5로 이 그림 1로 따내면 백2의 단수 활용은 당연하다.

흑3으로 잇기를 기다려 백4에서 6으로 가볍게 두면 역시 충분한다.

❸…△

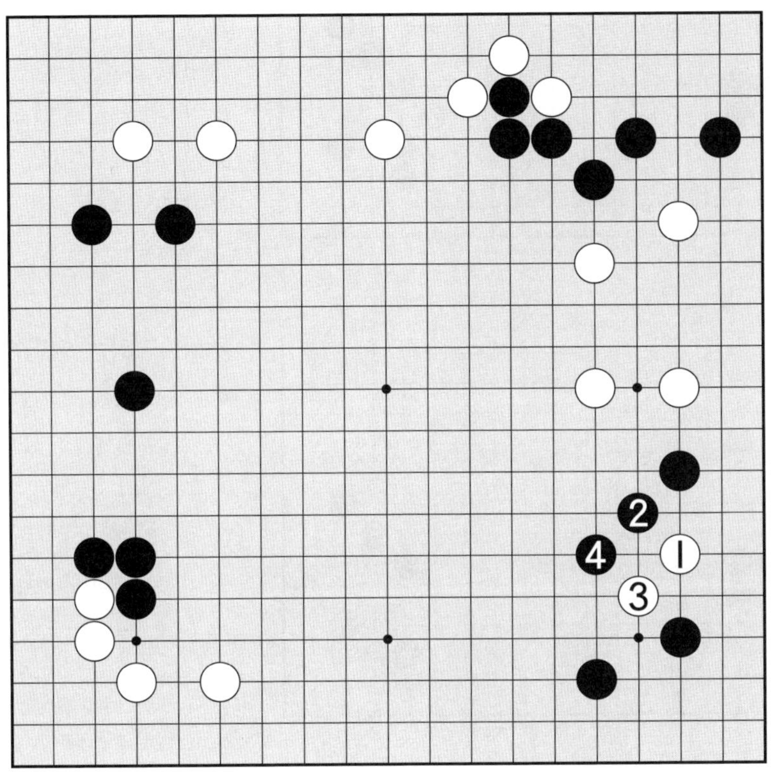

활로를 찾는 수순의 묘

　소목 날일자굳힘의 주변에서 공방의 한 장면.

　백1로 침입한 수에 대해 흑2로 씌우자 백3의 마늘모로 나오고 다시 흑4로 씌워왔다. 여기서 백의 다음 활로가 초점이다.

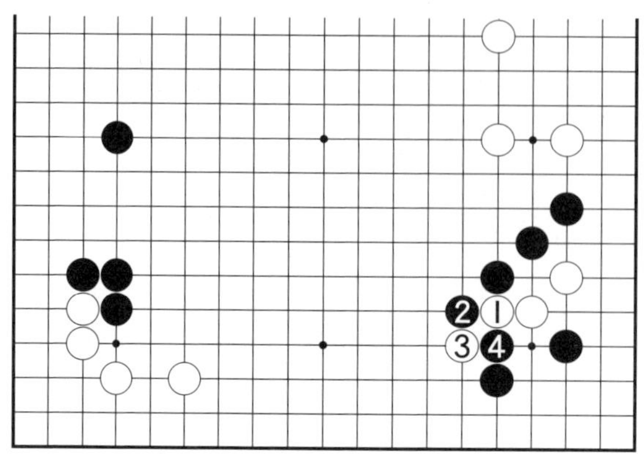

실패도

실패도 (속수 밀고나옴)

백1로 밀고 나오는 것은 속수이다. 흑2로 젖혀 백3, 흑4의 끊음까지 흑이 바라던 차단이다.

백이 수순을 한번 잘못 밟은 탓으로 잔뜩 보태준 꼴이 되었다.

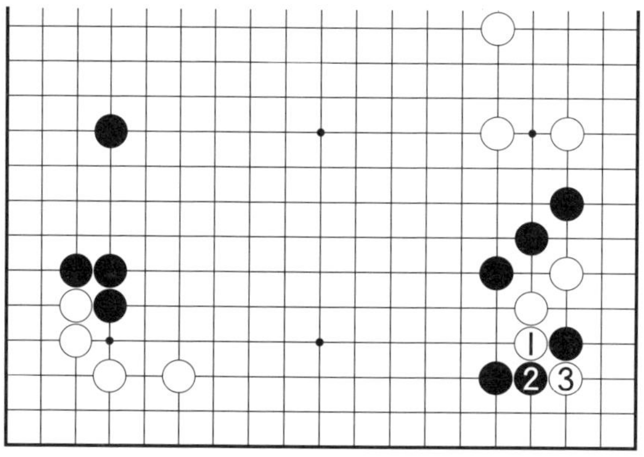

정해도 (미는 방향)

백1쪽으로 나가 3으로 끊는 것이 수습의 요령이다. 이후 흑이 어떻게 변화해도 백을 잡기 힘들다.

미는 방향에 따라 결과는 이렇듯 180도 달라지는 것이다.

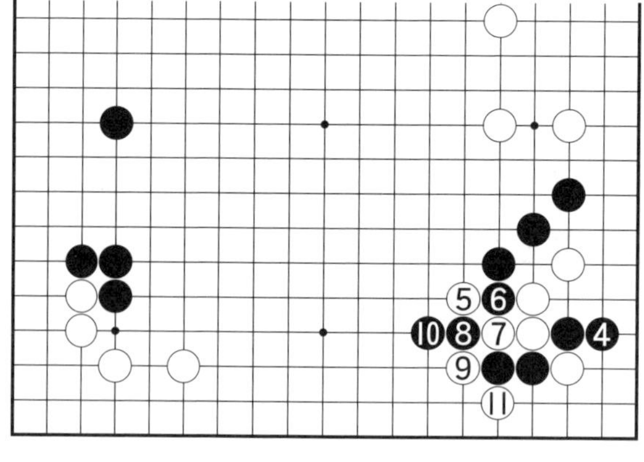

1도 (요석 잡힘)

계속해서 흑4로 귀의 한점을 살리면 백5로 비켜 뛰어나가는 수가 성립한다.

흑6, 8로 나가끊는 것은 무리. 백9에서 11로 흑의 요석 두점이 떨어진다.

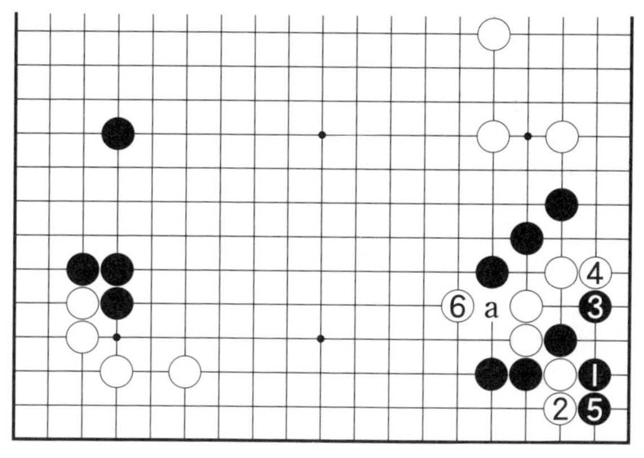

2도

2도 (마찬가지)

앞 그림 흑4로 이 그림 1, 3으로 두고 5로 잡아도 백 6으로 뛰어나가는 수는 여전히 성립한다.

다음 흑a로 나가끊는 변화는 앞 그림에서 본 그대로이다.

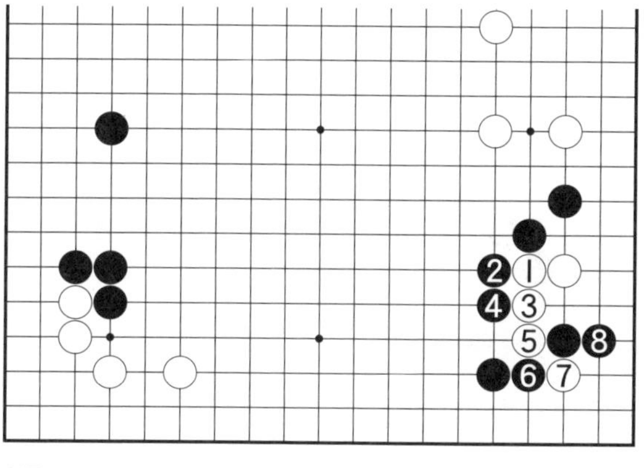

3도

3도 (머리를 맞는다)

참고로 문제에서 나온 수순 중의 변화 한 가지를 살펴본다. 백1로 밀고 나오는 것은 흑2로 머리를 맞아 좋지 않다. 백3의 빈삼각을 두어야 하는 게 아프고, 이하 흑8까지는 필연이다.

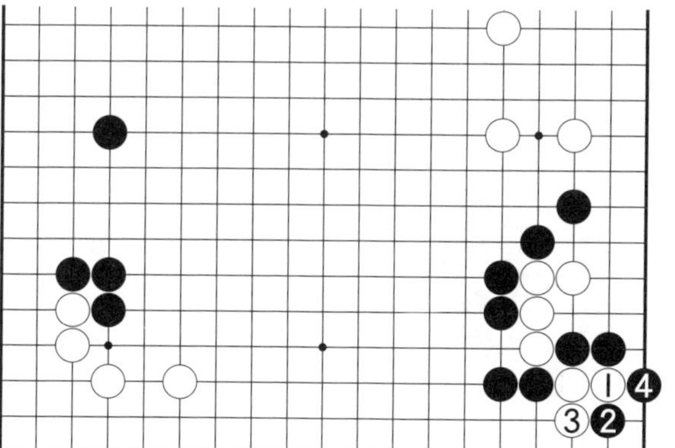

4도

4도 (백, 망함)

계속해서 백1로 막아보지만 흑2의 배붙임이 기다리고 있다. 백3에는 흑4.

백이 어떻게 해도 수부족으로 망한 모양이다.

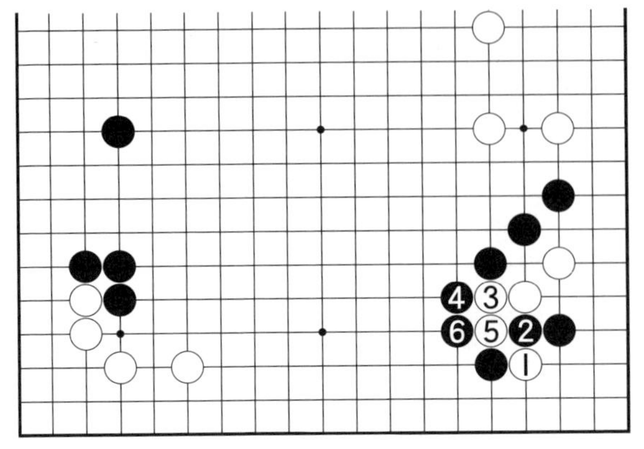

5도

5도 (건너붙임)

정해도 백1 대신 이 그림 1로 두는 것은 '날일자는 건너붙여라'는 격언대로이다. 그러나 여기서는 잘 안 된다. 이하 흑6까지 백의 후속수단이 끊긴다.

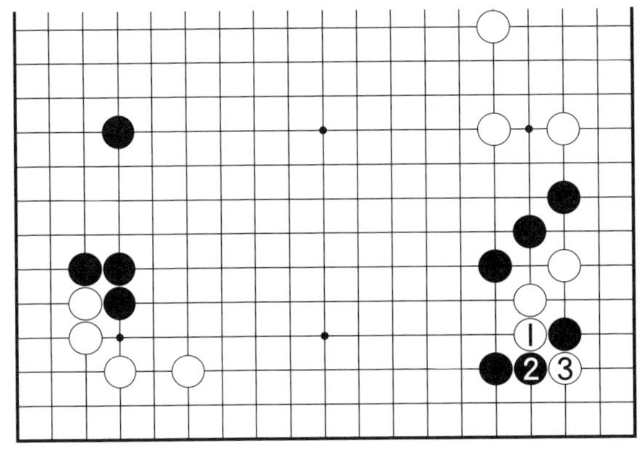

6도

6도 (복습)

다시 나타내지만 백1, 3으로 나가끊어, 이 백은 귀에서의 삶과 밖으로 탈출하는 수가 맞보기라고 확인하기 바란다.

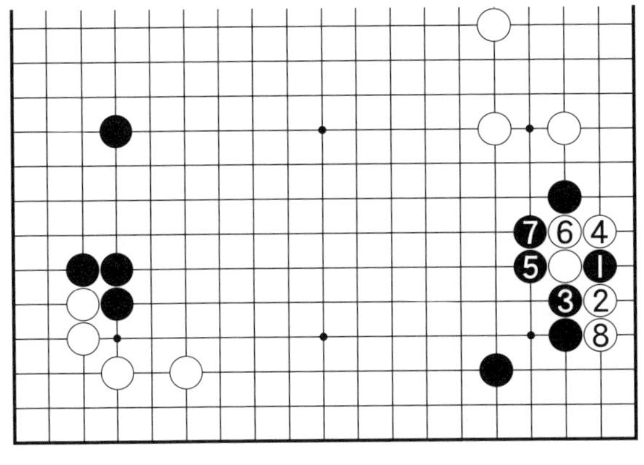

7도

7도 (실리 손해)

흑은 애초 백의 뛰어들기에 대해 흑1로 붙여 연결을 도모하는 맥도 있다.

그러나 백2 이하 8까지 파고 살게 되므로 실리의 손해를 감수해야 한다.

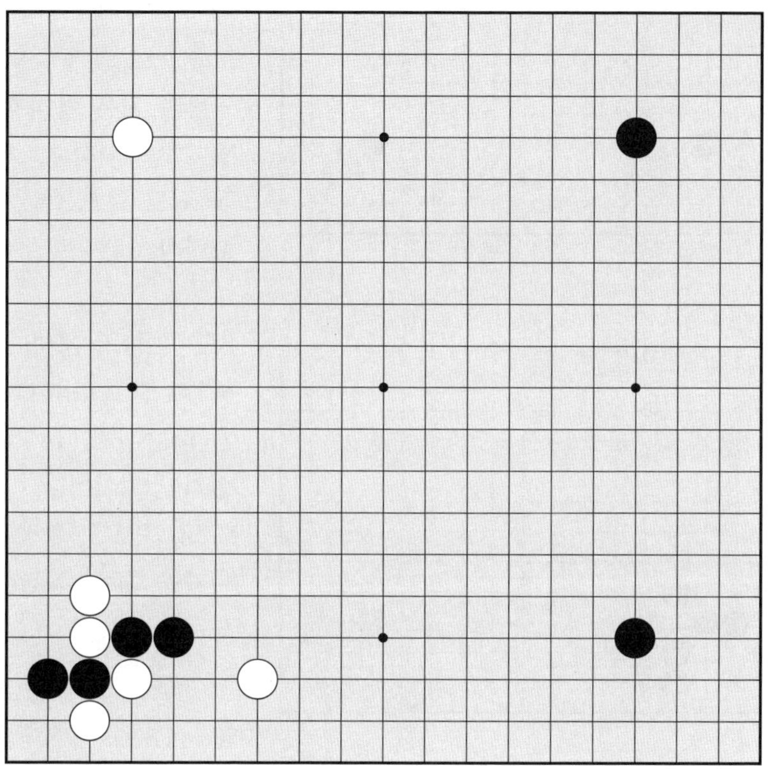

▨ 정석에서 버리는 테크닉

좌하귀에서 정석이 진행 중에 있다. 흑은 다음을 어떻게 처리하는 것이 최선일까?

이 정석에 대한 사전지식이 없는 사람이라도 맥을 제대로만 읽는다면 진로를 결정할 수 있을 것이다.

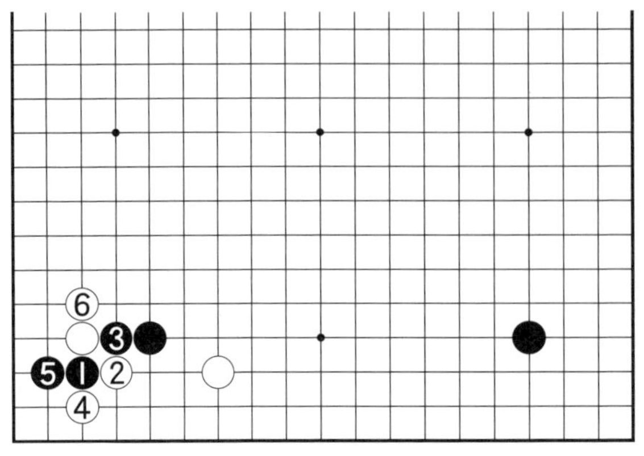

1도

1도 (경과)

좌하귀는 소목 정석에서 나온 변화이다. 흑1의 붙임에 대해 백2에서 4로 몰고 6으로 뻗어 나타났다.

　백4, 6은 변칙적인 수법이지만 나름대로의 계략을 담고 있으므로 주의를 요한다.

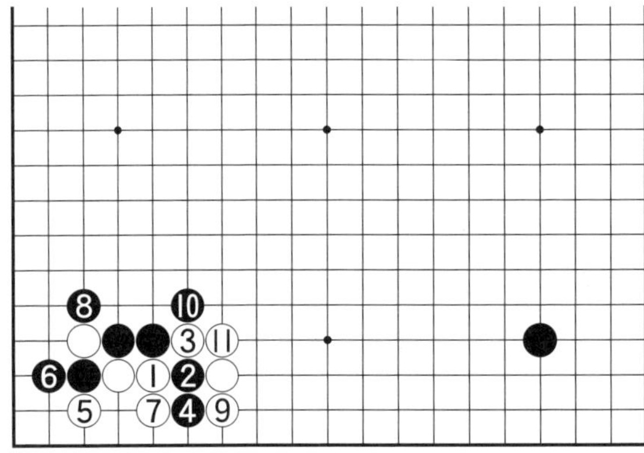

2도

2도 (보통의 정석)

백1로 밀고 흑2의 끼움 이하 백11까지 되는 것이 일반적인 정석이다.

　또 흑8로는 9에 꼬부려 나가는 좀 더 복잡한 변화도 있는데, 모르는 분은 각자 공부하기 바란다.

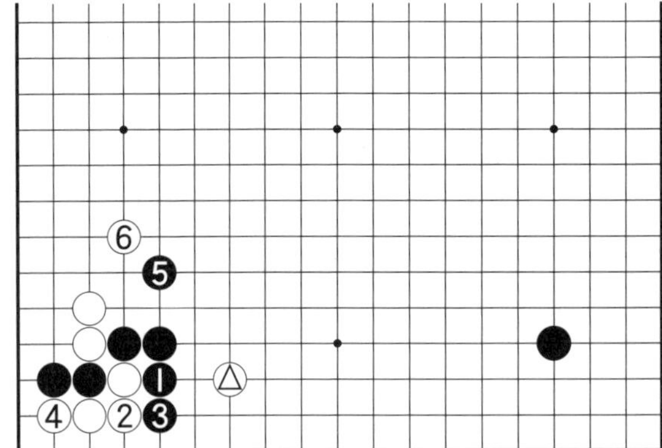

실패도

실패도 (흑, 불만)

흑1로 몰고 3으로 막는 수는 백의 함정에 걸리는 흐름이다.

　백4까지 귀의 실리가 큰데다 △가 흑의 벌림을 방해하고 있어 흑이 크게 불만이다.

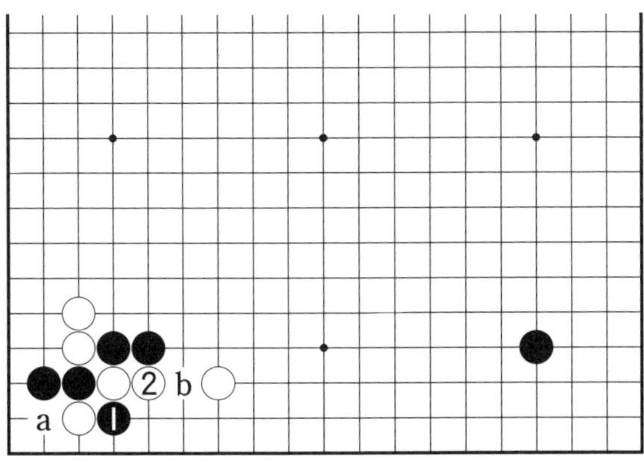

정해도

정해도 (끊음)

흑1로 일단 끊는 수가 정해. 문제는 다음 흑이 a로 잡아 귀를 사느냐, 아니면 b로 몰아 귀를 버리느냐의 선택인데 완전한 정해가 되려면 다음 수순까지 읽어야 한다.

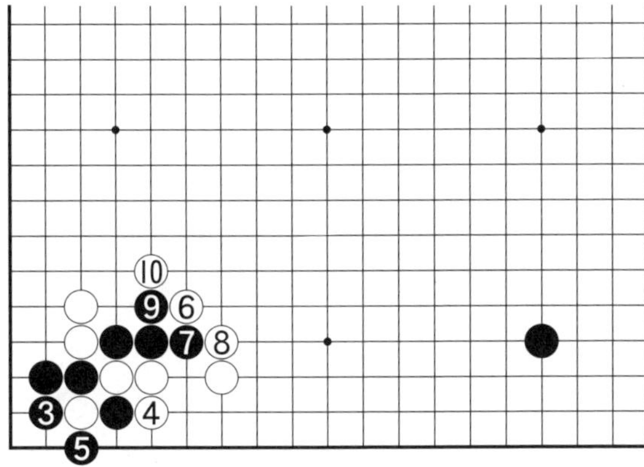

3도

3도 (필연)

계속해서 흑3으로 귀를 사는 변화. 다음 백4로 몰고 6으로 씌우는 것이 교묘하다. 흑7, 9에 백10으로 두드림은 당연하다.

　다음의 결과를 미리 그려보고 유불리를 판단해보기 바란다.

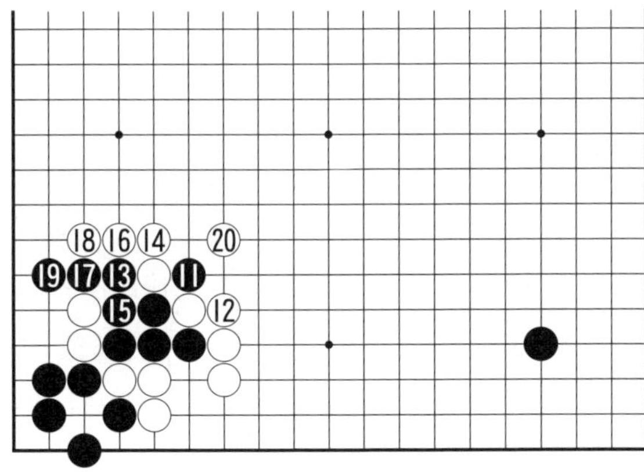

4도

4도 (흑, 불리)

이어 흑11, 13으로 모는 것은 어쩔 수 없다. 흑15의 이음에 백16, 18로 누르고 20으로 한점을 제압한 데까지 일단락이다. 이 결과는 백이 막강한 외세를 쌓은 데 비해 흑은 고작 15집의 실리를 차지한 데 불과해 크게 불만이다.

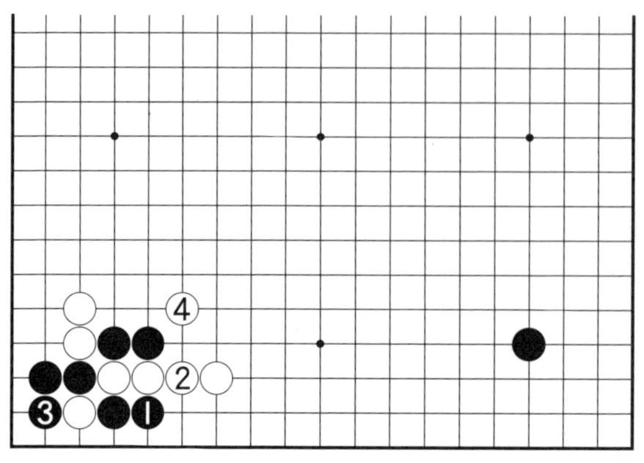

5도

5도 (대동소이)

흑1의 단수를 마저 결정하고 3으로 잡는 변화도 있지만, 백4로 중앙을 제압당하면 역시 앞 그림보다 나을 것이 없다.

　따라서 흑이 귀를 사는 태도는 옳지 못함을 알 수 있다.

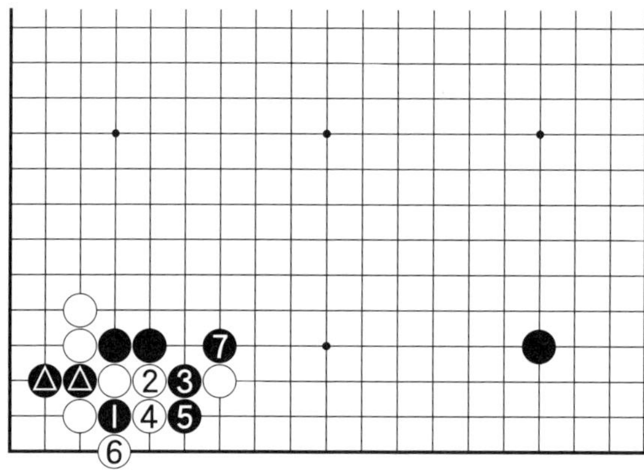

6도

6도 (한점 제압)

앞의 정해도로 다시 돌아간다. 흑은 1로 끊은 후 3, 5로 몰고 들어가 귀를 버리는 작전이 대범한 태도이다. 다음 흑7로 백 한점을 제압한 자세가 훌륭하다. 그리고 귀의 흑▲ 두 점에는 아직 맛이 남아 있다. 그것은 잠시 후에~

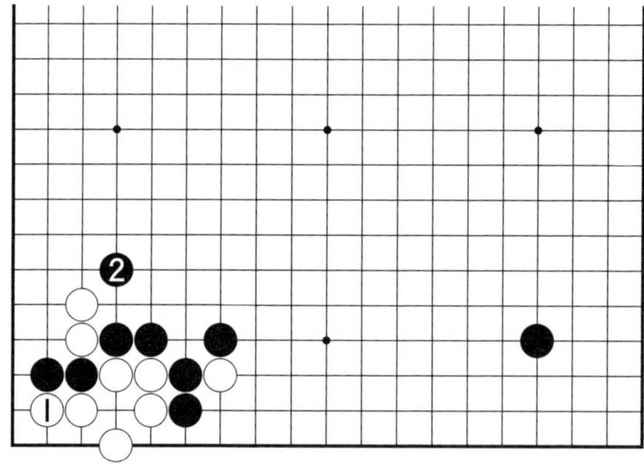

7도

7도 (흑, 좋음)

우선 앞 그림 다음 백1로 귀의 흑 한점을 확실히 잡고 흑2로 씌워가는 데까지 이 정석의 일단락이다. 이 결과는 흑의 두터움이 우변의 2연성 포석과 잘 어울리는 모습이어서 흑이 좋다고 판정해도 무방하다.

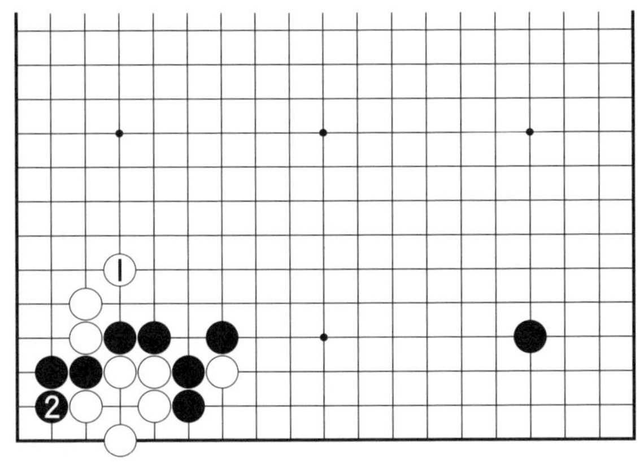

8도

8도 (귀에서 준동)

앞 그림 백1을 두지 않고 중앙 쪽에서 1의 마늘모로 진출하면?

그러나 이건 욕심이다. 흑2로 귀에서 움직이는 수단이 있다. 귀에 어떤 변화가 도사리고 있는지는 다음 그림에서~

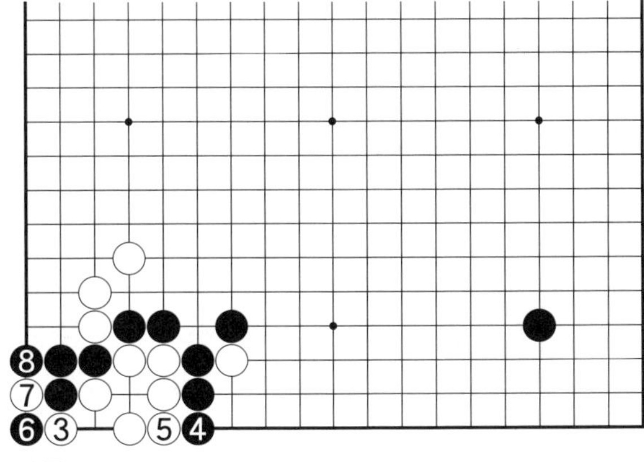

9도

9도 (흑의 선패)

계속해서 백3으로 젖힐 수밖에 없는데, 이때 흑4의 선수 후 6으로 집어넣는 수가 패를 내는 맥이다.

백7로 따내면 흑8로 막아 흑이 먼저 따내는 패임을 확인하기 바란다.

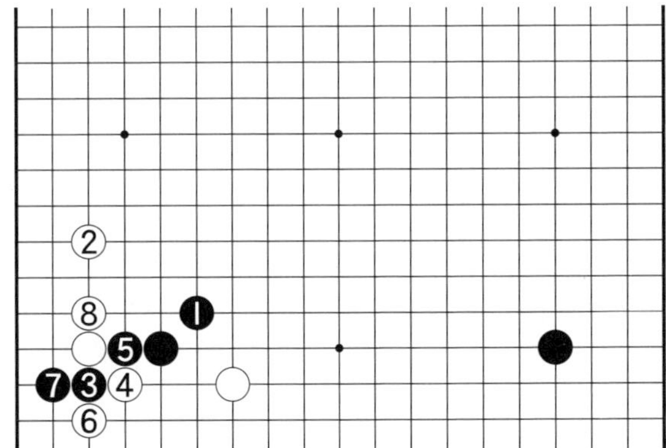

10도

10도 (백6의 변화)

비슷한 맥을 하나 공부해 보자. 흑1의 마늘모 행마에 백2로 받고 여기서 흑3으로 붙이는 것은 익히 알 만한 정석 수순이다.

이때 백4로 젖힌 후 6으로 변화해 왔다. 다음 흑은 어떻게 두어야 할까?

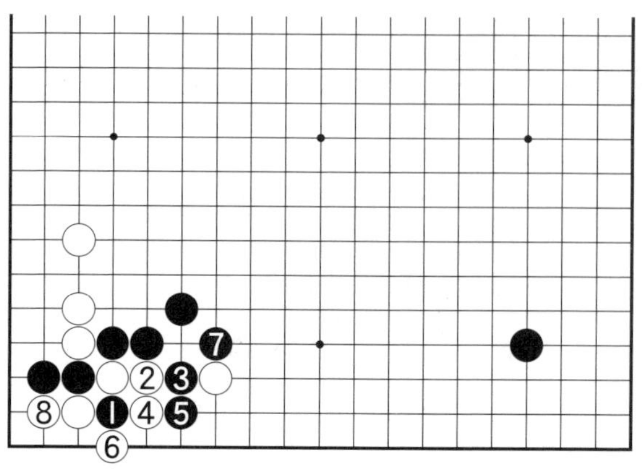

11도

11도 (흑1, 3이 맥)

여기서도 흑1, 3으로 귀를 버리는 전법이 좋다. 흑1로 그냥 2에 몰면 안 됨을 유의한다. 흑7까지 한점을 제압하면 백8의 손질이 불가피하다는 것도 앞서 말한 바 있다.

12도

12도 (정석)

참고로, 10도 백6으로로는 이 그림 1로 두는 것이 보통이다.

그러면 흑2 다음 4로 치받는 것이 행마법이며 백5를 기다려 흑6으로 제압한다. 정석의 일종이다.

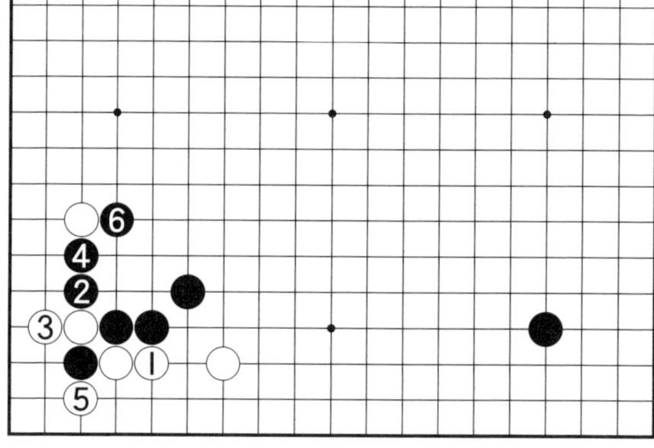

13도

13도 (흑, 나쁨)

그런데 앞 그림 흑4로 이 그림 1로 모는 사람이 의외로 많다. 물론 속수!

이 결과는 백△ 한점이 온전해 흑은 이렇다 할 세력도 없이 실리만 빼앗긴 꼴이 아닐 수 없다.

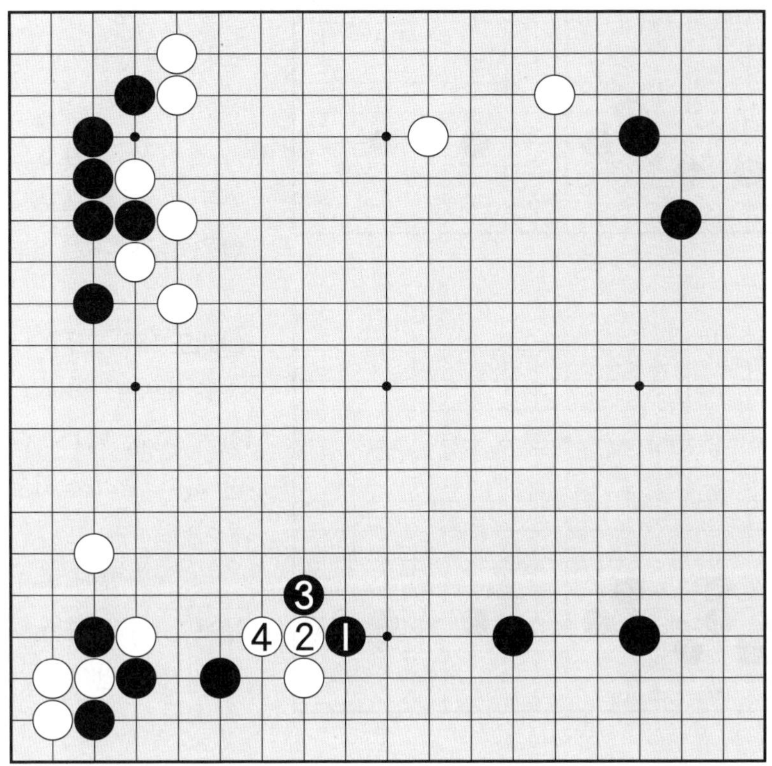

▨ 사석작전에 의한 돌의 리듬

　흑1로 대범하게 씌우고 백2에 흑3의 젖힘. 백은 4로 빈 삼각이지만 꼬부려나갈 수밖에 없다.

　여기서 흑이 작전의 기로에 섰다. 과연 어떻게 두는 것이 좋은지 다음 한수를 결정하기 바란다.

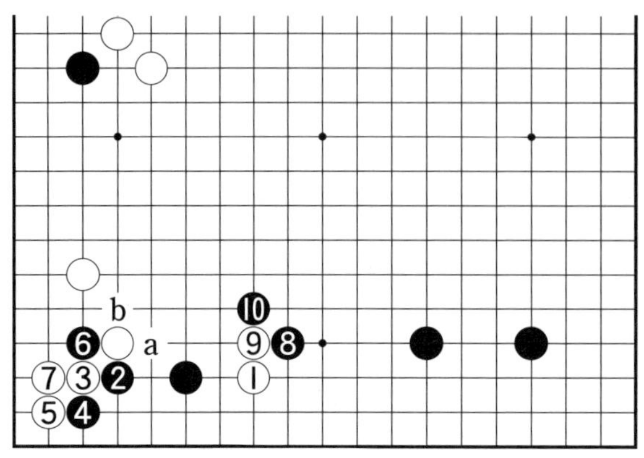

경과도

경과도 (고압작전)

문제도가 생긴 경과를 나타냈다. 백1의 협공에 흑 2, 4는 상용수법인데 백은 5의 이단젖힘으로 적극 대응한다.

　여기서 흑이 6으로 몰아두고 8, 10으로 고압작전을 들고 나온 장면이다.

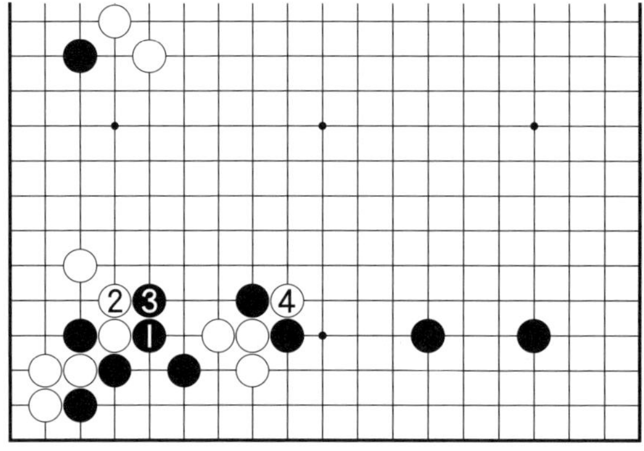

실패도

실패도 (흑, 고전)

흑1, 3으로 몰고 나오는 것은 속수. 백4로 끊게 되면 흑이 오히려 괴로운 싸움이다.

　수습에 있어 속수는 금물이다. 흑은 다른 맥을 찾지 않으면 안 된다.

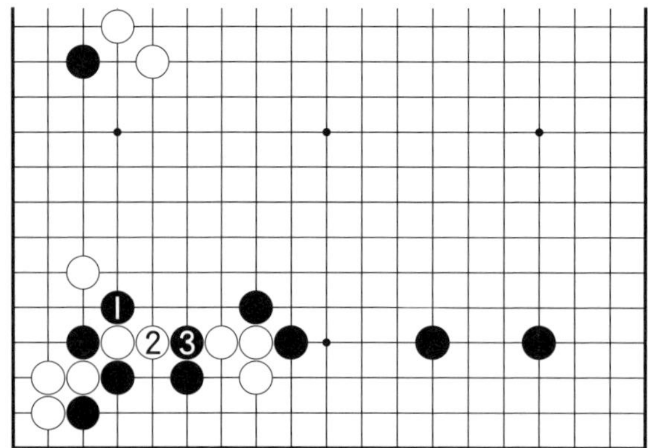

정해도

정해도 (흑1, 3 맥의 수순)

흑1쪽에서 모는 것이 사석작전을 함축한 예리한 맥이다.

　백2에 흑3으로 뚫고나가는 수가 준비되어 있다. 이른바 탈출을 위한 상용의 수순이다.

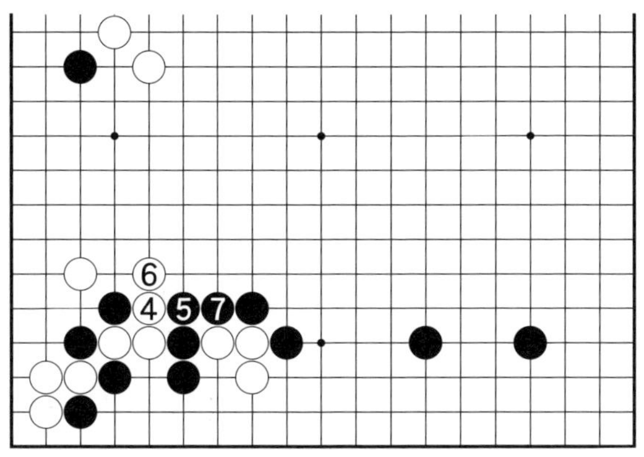

1도

1도 (수습 성공)

계속해서 백4로 나갈 수밖에 없는데, 흑5의 선수로 뚫을 수 있는 것이 자랑이다. 흑7로 꽉 막은 데까지 흑이 멋지게 수습했다.

이 그림과 앞의 실패도를 비교하기 바란다.

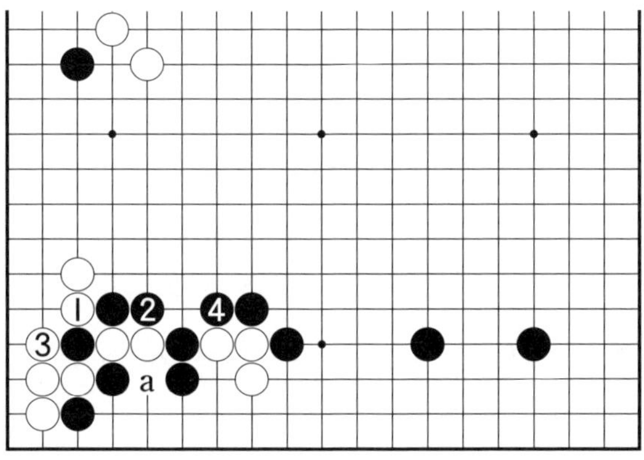

2도

2도 (백, 더 나쁘다)

앞 그림 백4로 이 그림 1로 몬다면 흑은 당연히 2로 쥔다.

백3에 흑4까지, 이 그림은 백이 더 나쁜 결과이다. 그리고 백1로 a라도 역시 흑2.

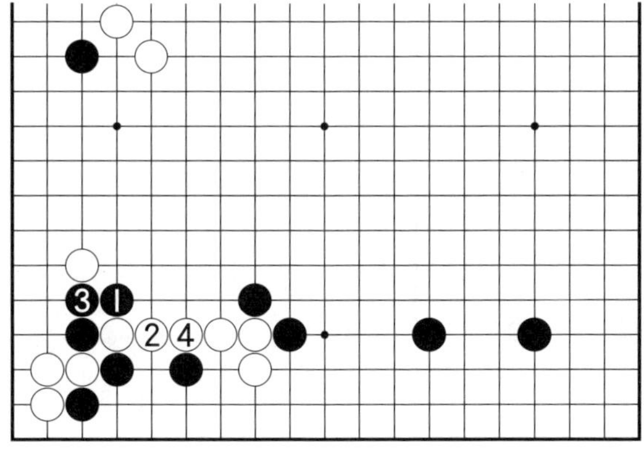

3도

3도 (논외)

거의 생각할 수 없는 변화이지만, 흑1로 몰고 3으로 잇는 것은 초심자의 행동이다.

흑은 중요한 돌을 죽이고 하찮은 돌을 살리고 있다. 논외의 그림이다.

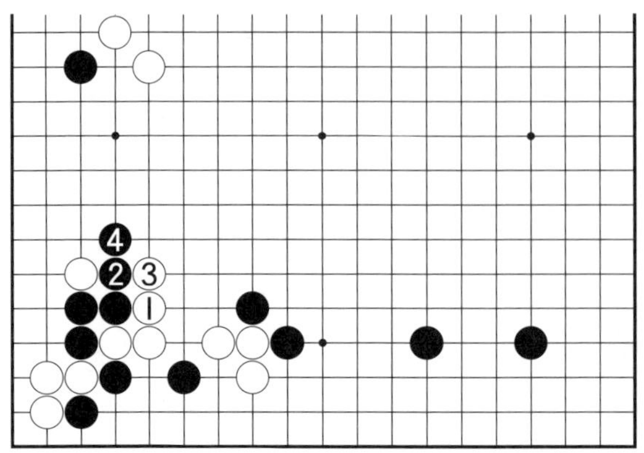

4도

4도 (백의 속수)

앞 그림의 변화 중 백이 범하기 쉬운 속수는 1, 3으로 미는 따위의 행동이다. 원래대로라면 백이 크게 유리해질 상황에서 흑4까지 등을 밀어준 결과 그만 점수를 대폭 깎이고 있다.

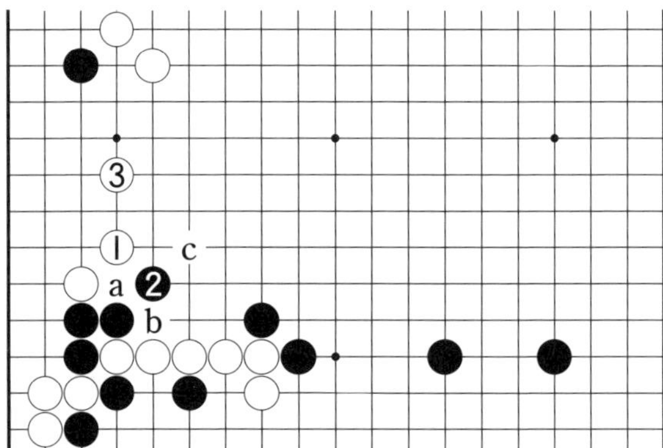

5도

5도 (후속 공격)

3도에 이어지는 상황으로, 좌변은 아직 온전하지 않다. 흑이 방치하면 백1, 3으로 움직이기만 해도 흑이 답답한 모습이다.

또 백1로는 a, 흑b, 백c의 수단도 있을 것이다.

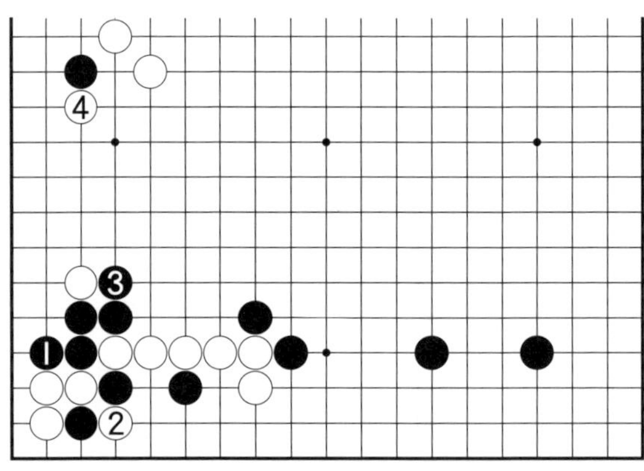

6도

6도 (흑, 불리)

따라서 좌변은 흑이 1로 막고 백2로 손질하기를 기다려 흑3으로 꼬부리는 정도일 것이다.

그러나 이때 백4의 붙임이 절호의 삭감책. 흑이 한번 방향을 그르친 탓으로 이래저래 불리하다는 결론이다.

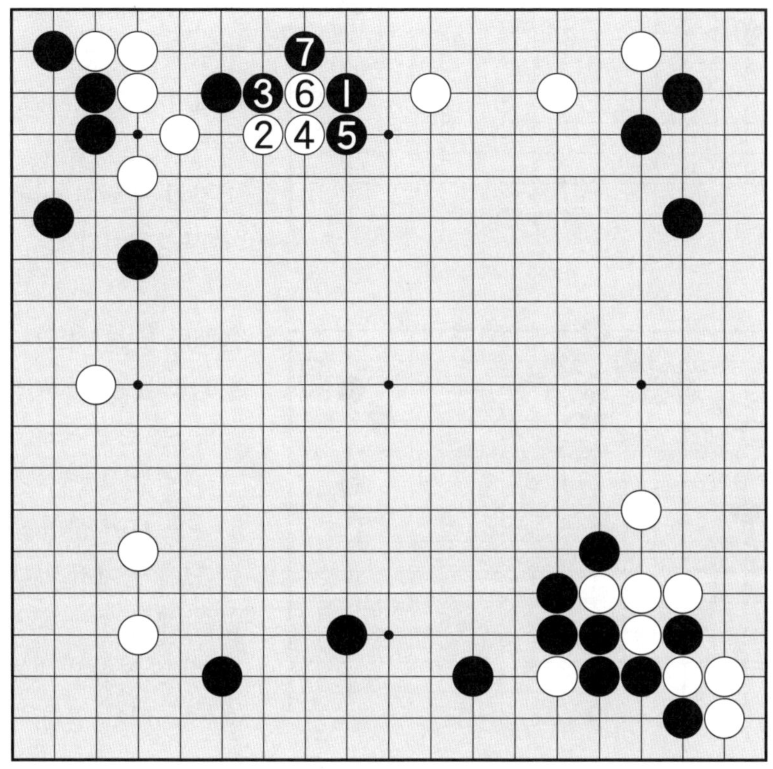

▨ 격언을 적용하는 끊는 방향

　좌상의 공방이 초점. 흑1로 벌리자 백2, 4로 압박하고 흑5로 올라선 것은 당연하다.

　다음 백6으로 찌른 것은 한쪽을 끊겠다는 태도인데, 과연 그 방향은 어디일까? 힌트라면 '끊은 쪽을 잡아라'라는 격언이 있다.

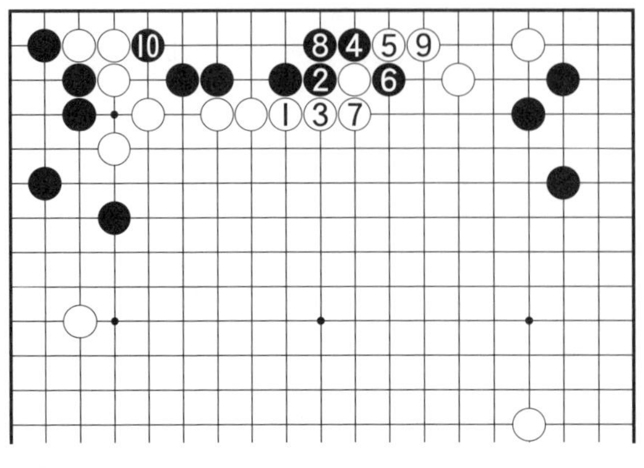

1도

1도 (봉쇄가 아프다)

문제도의 흑5는 당연하다고 말했지만, 만일 손을 빼면 백1, 3으로 알기 쉽게 밀어붙이기만 해도 흑이 견디지 못한다. 흑은 10까지 겨우 살았을 뿐 백에게 막강한 세력을 허용해 크게 불리해진다.

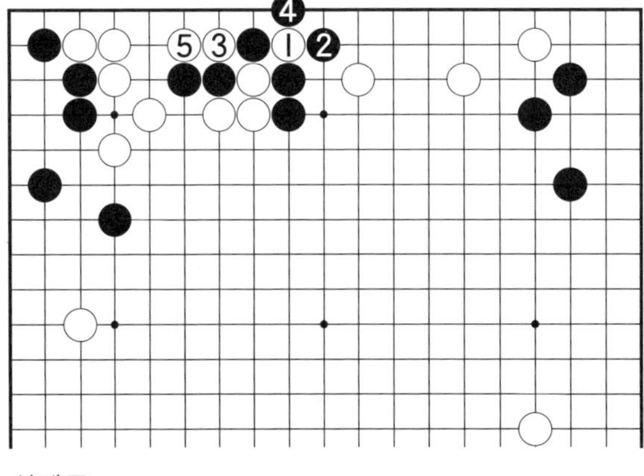

실패도 (방향착오)

백1로 끊는 것은 방향착오. 흑은 끊은 쪽을 잡으라는 대로 2, 4로 잡는다. 백5 다음 보면 상변 백 석점이 크게 엷어져 있다. 나가 끊을 때는 항상 자신의 돌에 나쁜 영향이 오지 않도록 주의해야 한다.

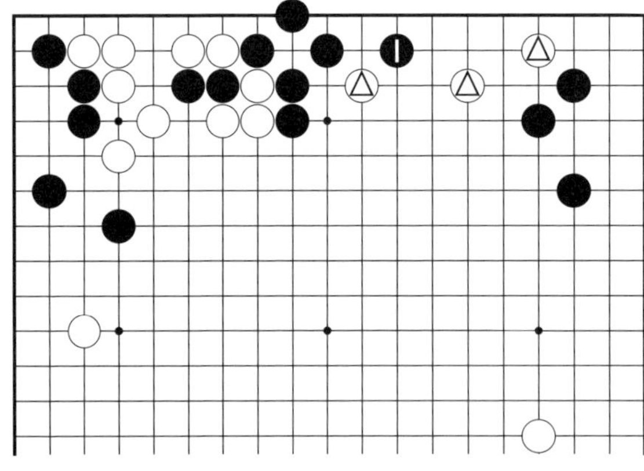

2도 (백, 곤란)

앞 그림에 이어 흑은 1로 뛰기만 해도 백 일단(△)이 뿌리를 잃은 채 곤마로 쫓길 신세가 되었다.

　물론 흑1의 공격이 최선인지 아닌지는 모르겠지만…

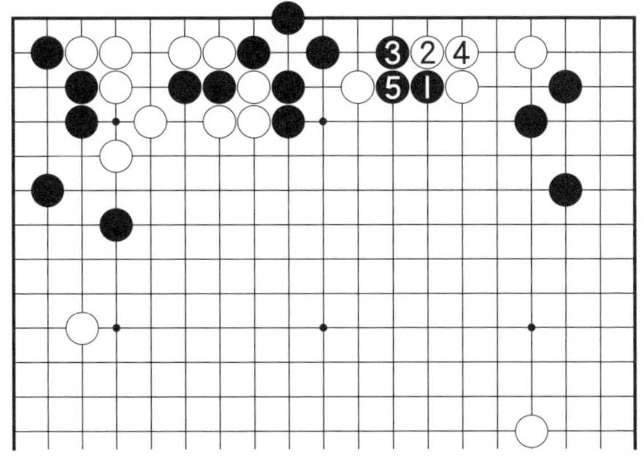

3도

3도 (붙이는 맥)

앞서 이어지는 얘기로, 흑이 보다 냉정하게 백의 엷음을 추궁한다면 1의 붙임이다. 백2에는 흑3으로 이단젖힌다. 백4의 이음에는 흑5까지 백은 더욱 곤란하게 되었다.

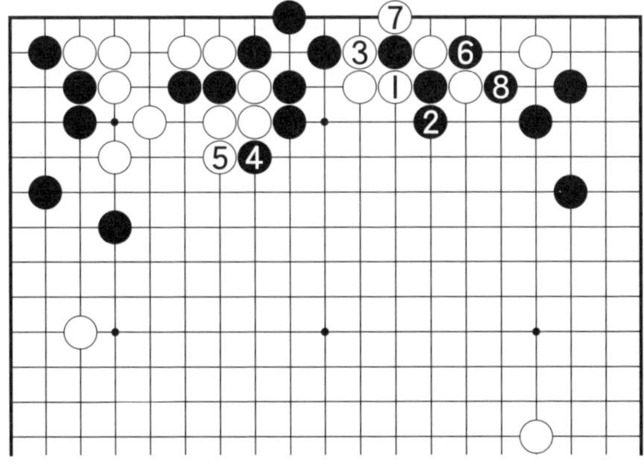

4도

4도 (흑, 성공)

앞 그림 백4로 이 그림 1로 몰고 3으로 잡아도 상황은 호전되지 않는다.

흑4의 젖힘을 하나 활용하고 6, 8까지 역시 흑의 공격이 크게 성공한 결과이다.

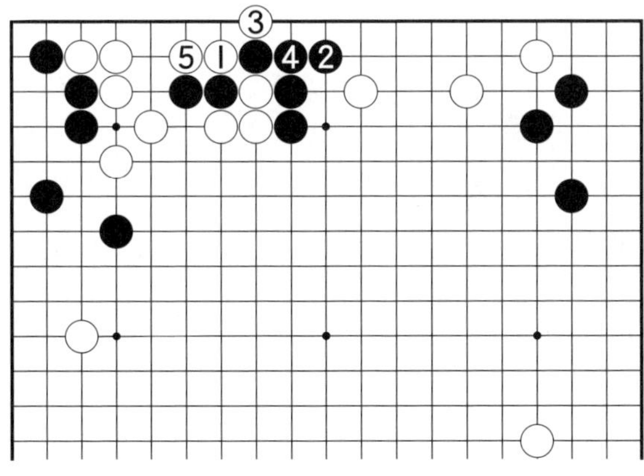

정해도

정해도 (끊는 방향)

원래의 장면으로 돌아가, 백1로 이쪽을 끊는 것이 정해이다. 두고 싶은 반대쪽을 끊는 것이 요령이다. 흑이 잡지 않고 2로 버틴다면 백은 당연히 3에서 5. 상변 흑이 빵따냄을 한 실패도의 모양과 비교하기 바란다.

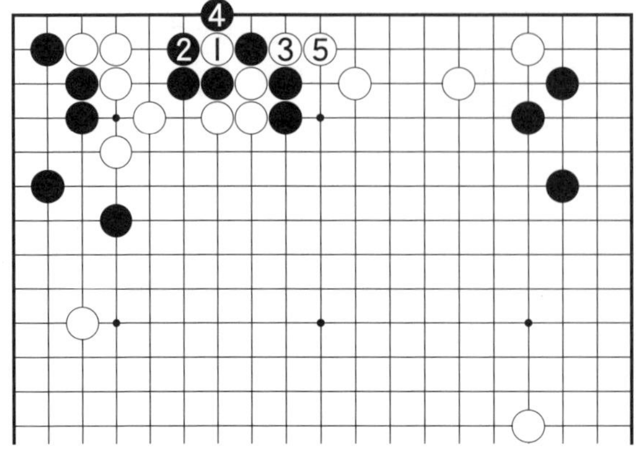

5도

5도 (흑, 무리)

웬만한 기력이라면 이렇게 두지는 않겠지만 백1에 흑 2, 4로 잡는 것은 고지식 한 태도이다.

　백5로 뻗으면서 흑 두 점이 붕 뜨게 되었고, 그 보다 문제는 안에 갇힌 흑 일단의 운명이다.

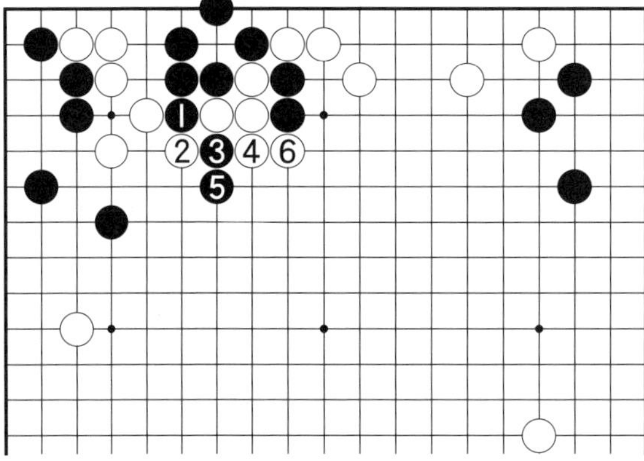

6도

6도 (수상전)

앞 그림에 이어서 흑1, 3 으로 나와끊어 싸워야 하 는데, 백6까지 되고나면 백의 바깥수가 너무 많다 는 것을 알 수 있다.

　다음 그림에서 그것을 확인해 보자.

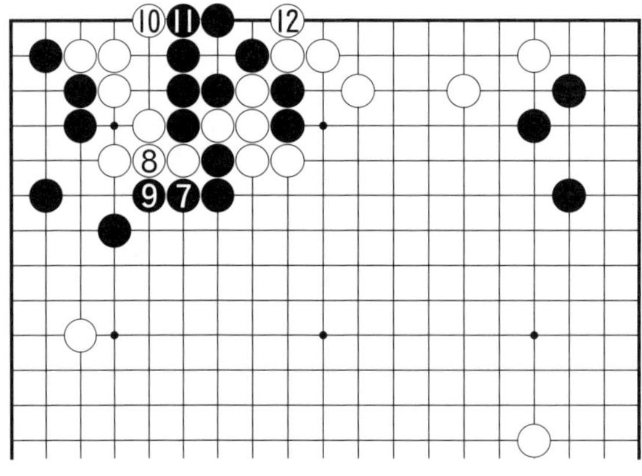

7도

7도 (흑이 잡힌다)

계속해서 흑7, 9로 죄고 백은 10에서 12까지 되는 곳이다.

　보다시피 흑은 수상전 에서 패배하는 모양임을 알 수 있다.

생각문제 16

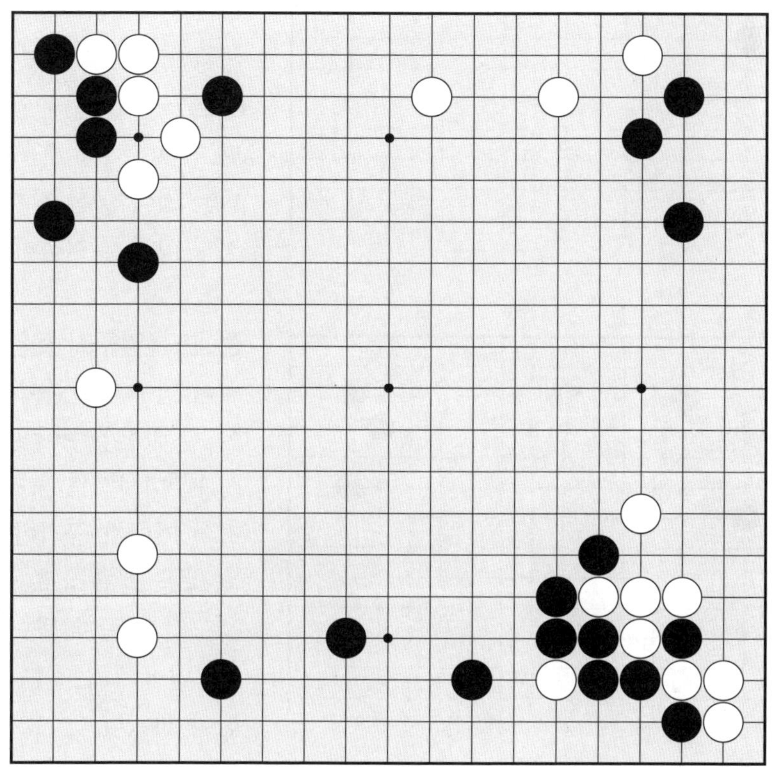

최강의 기대기 공격

앞 문제와 같은 장면. 이제 상변에서 흑은 어떻게 둘지가 초점이다.

포인트는 좌상의 백 다섯점을 목표물로 조준하는 것인데, 그중에서 가장 유력한 수단을 생각하기 바란다.

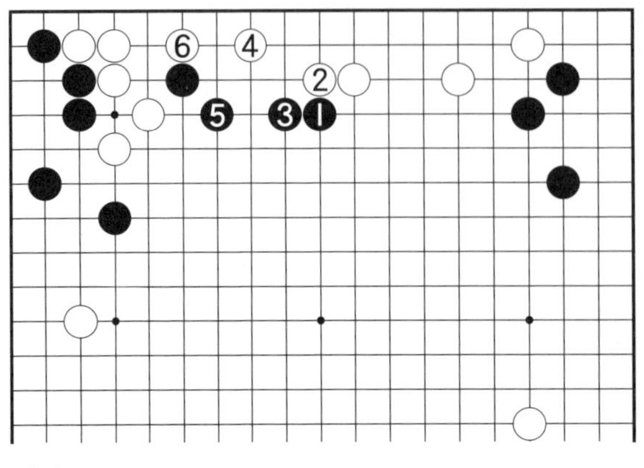

실패도

실패도 (어깨짚음)

흑1의 어깨짚음은 부분적으로만 보면 가볍고 재빨리 달아나려는 유력 수법이지만, 백2로 밀고 4에서 6으로 건너가면 흑이 싱겁다. 백이 이렇게 저위를 기는 것이 굴복 같지만 이 경우 아주 실전적이다.

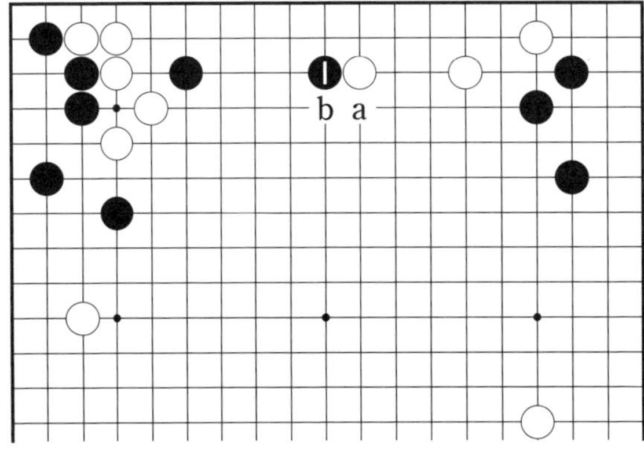

정해도

정해도 (옆구리 붙임)

백의 옆구리에 붙이는 흑1이 정해. 이 수야말로 좌상 백 다섯점도 노리는 최강의 기대기 공격이다.

다음 백은 a로 늘든지 b로 젖히든지 해야 하는데, 이에 흑은 나름의 복안이 서있다.

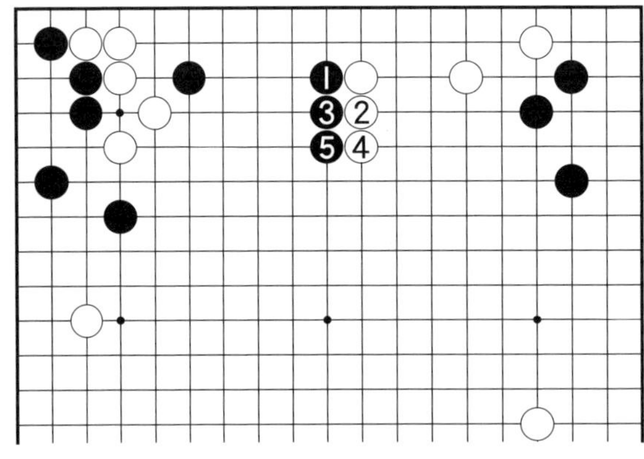

1도

1도 (리드미컬한 기세)

흑1에 백2로 늘면 흑3으로 밀어 간다. 백4에 흑5로 따라 막는 수도 리드미컬한 기세!

이대로 가면 흑이 좌상의 백 다섯점을 그냥 삼켜 버릴 것 같다.

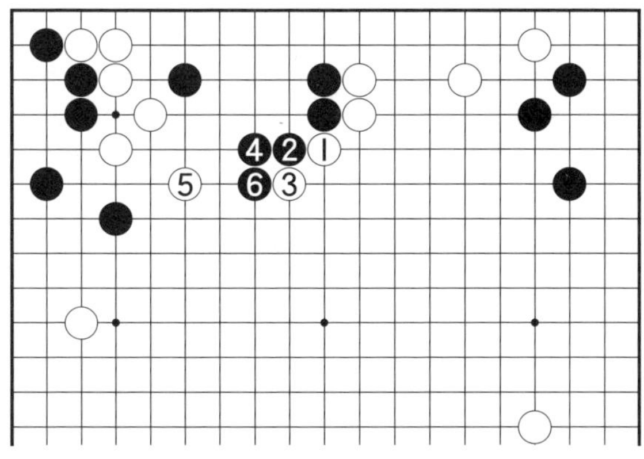

2도 (백, 곤란)

백1, 3으로 이단젖히면 흑은 2, 4로 젖혀 뻗는다. 백5에 흑6으로 꼬부려나가 백이 곤란한 모양이다.

사실 백은 좌상의 약한 말 때문에 행동이 부자연스러운 것이다.

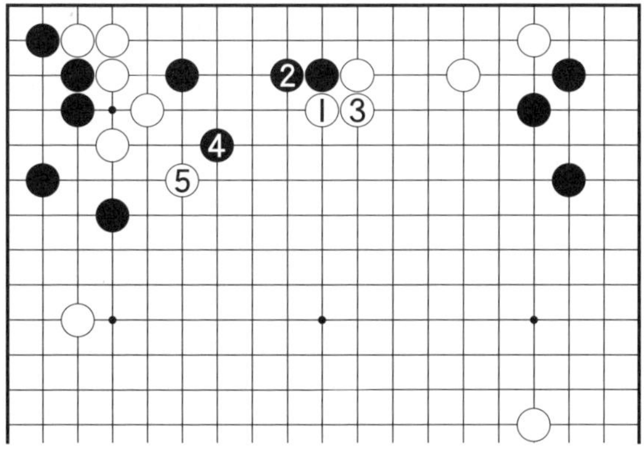

3도 (호조의 공격)

백1로 위에서 젖히면 어떨까?

이때는 평범하게 흑2로 느는 것이 좋은 행마이다. 백3으로 잇고 싸워야 하는데, 흑4로 기분 좋게 공격하며 진출한다. 백5로 나간 다음~

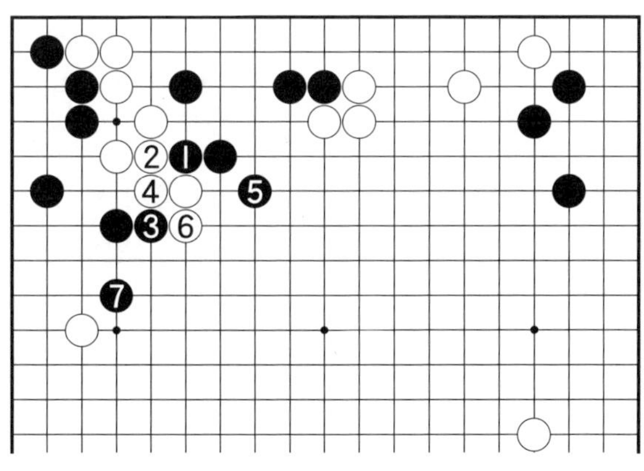

4도 (쌍점 행마)

흑은 먼저 1로 밀어 백의 응수를 묻는다. 백2로 막는다면 흑3의 쌍점으로 나란히 서는 수가 기억해 둘 만한 행마이다.

백4의 이음을 강요하고 다시 흑7의 어깨짚음으로 기대기 공격을 이어간다.

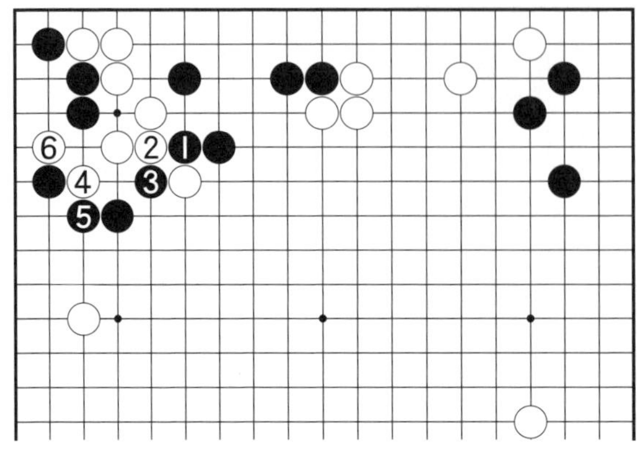

5도

5도 (끊음은 경솔)

흑1, 백2 다음 흑3의 끊음은 무리. 백4의 붙임이 날카로운 추궁수단으로 흑5에는 백6으로 젖혀 흑이 곤란에 처하게 된다.

흑3은 다된 밥에 코 빠트린 격이다.

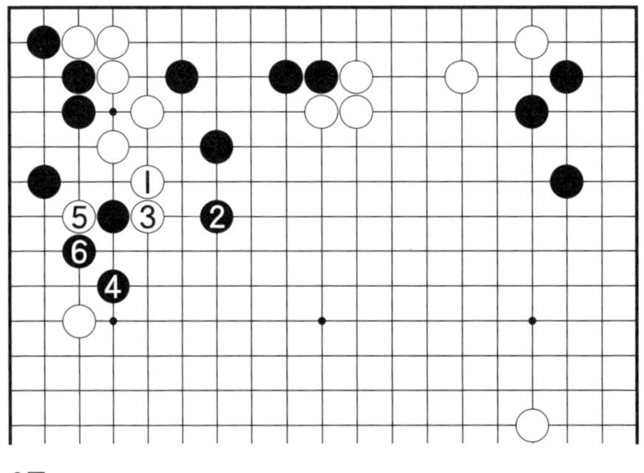

6도

6도 (4도와 대동소이)

백1의 마늘모 행마는 어떤가? 이번에는 흑2로 뛰어나가 좋다. 백3에는 흑4로 갈라나가 앞의 4도와 크게 다르지 않는 상황이다.

이후 백5로 건너붙이는 약점이 보이지만 흑6으로 받아 이상 없다.

7도 (주도적 공격 흐름)

이번에는 백1로 붙여 나온다면?

이때 흑은 곱게 느는 수도 있지만 이 그림처럼 2의 젖힘도 유력하다. 백3에 흑4에서 8까지 중앙을 가르며 공격하는 흐름이 주도적이다.

7도

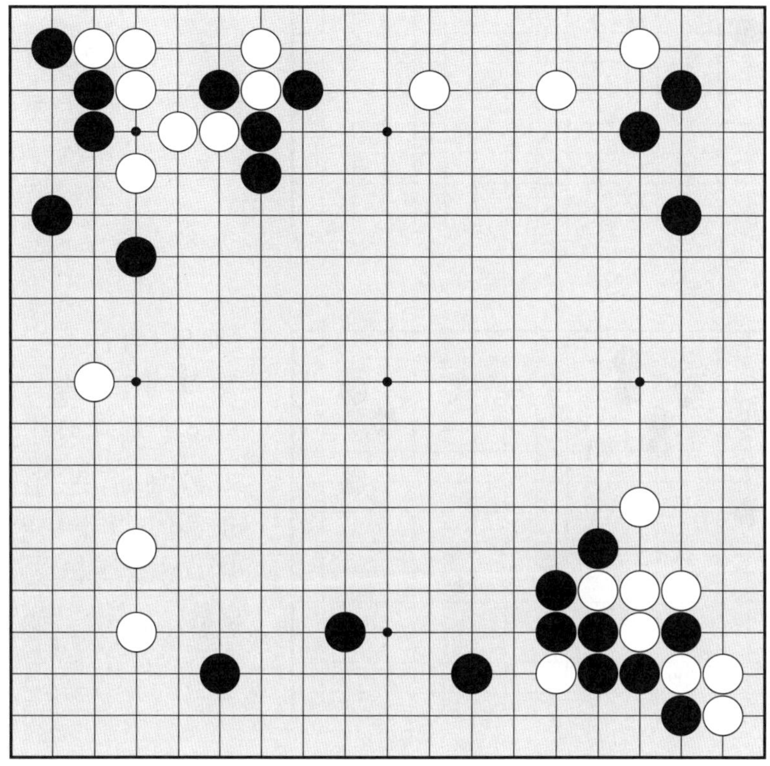

돌의 효율을 높이는 예리한 맥점

앞 문제에서도 그랬지만 같은 바둑에서 여러 가지 장면을 보여주고 있다.

좌상에서 수순이 좀 진행되어 달라져 있다. 이 같은 모양인 경우 흑의 다음 한수는 어디가 좋을까?

진로를 결정함에 있어 돌의 효율을 최대한 높이는 맥을 추구해야 한다.

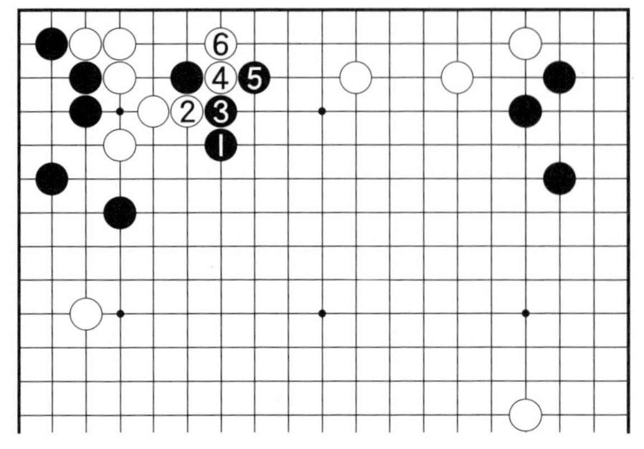

1도

1도 (경과)

흑1의 날일자 행마에 백2, 4로 나와끊어 문제의 장면이 만들어졌다.

흑5의 단수는 당연하고 백6 때 흑은 후속행마를 결정하는 기로에 섰다.

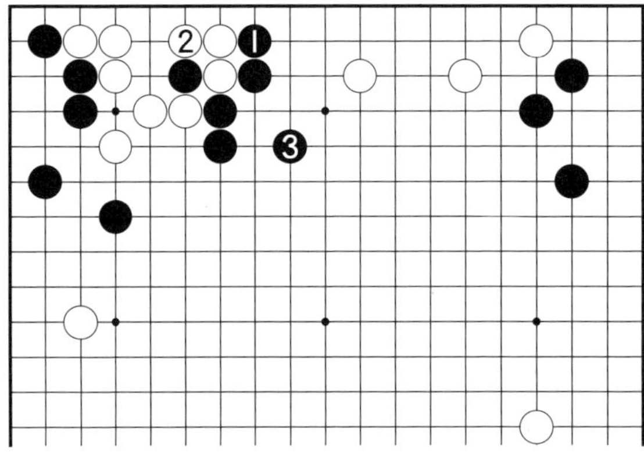

실패도

실패도 (속수)

흑1의 막음은 속수. 백2에 흑3으로 뛰어 지키는 것이 모양인데, 흑은 자체로 정비했지만 후수이며 한 게 별로 없다. 뭔가 상대에게 영향을 미치는 테크닉이 필요하다.

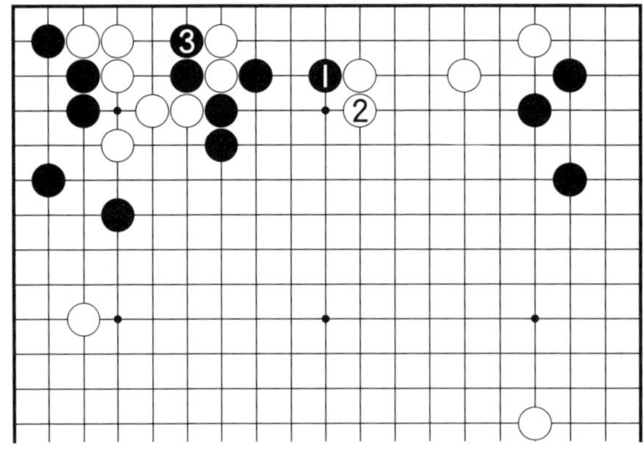

정해도

정해도 (붙이는 맥)

흑1로 붙어 가는 맥이 효율을 높이는 태도이다. 백2로 선다면 그때 흑3으로 막아 백 두점을 잡을 수 있다.

이를 실패도와 비교하기 바란다.

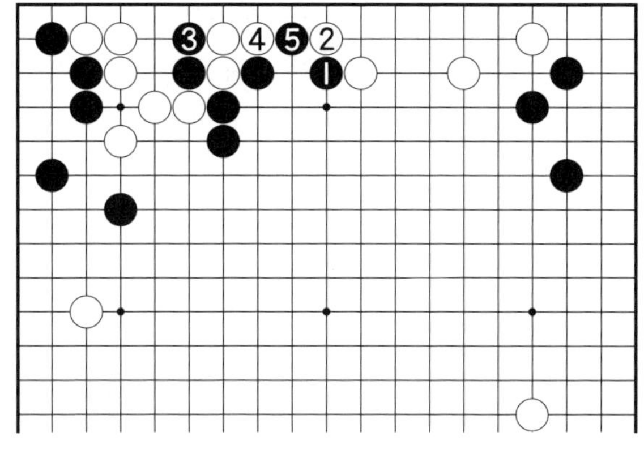

2도

2도 (석점 포획)

흑1에 백2로 젖혀도 흑3
으로 막는다.

　백4로 건너려 해도 흑5
로 끼우면 왼쪽의 백 석점
은 달아나지 못한다.

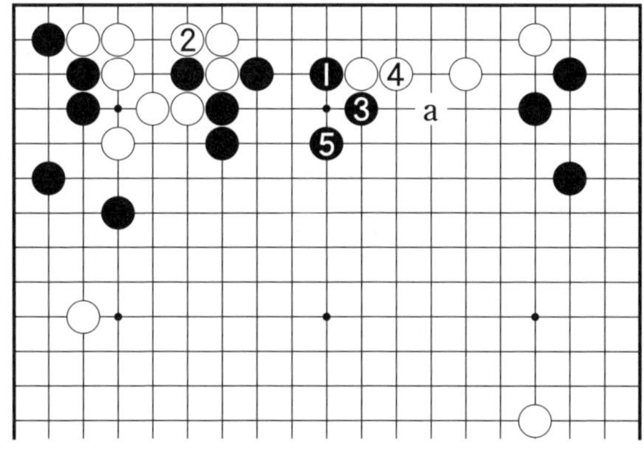

3도

3도 (단숨에 멋진 자세)

흑1이면 백2로 곱게 한점
을 잡는 정도이다. 그러면
흑3에서 5로 정비한다. 장
차 a의 들여다봄까지 듣는
모양으로, 흑은 단숨에 멋
진 자세를 갖추고 우세한
국면을 맞았다.

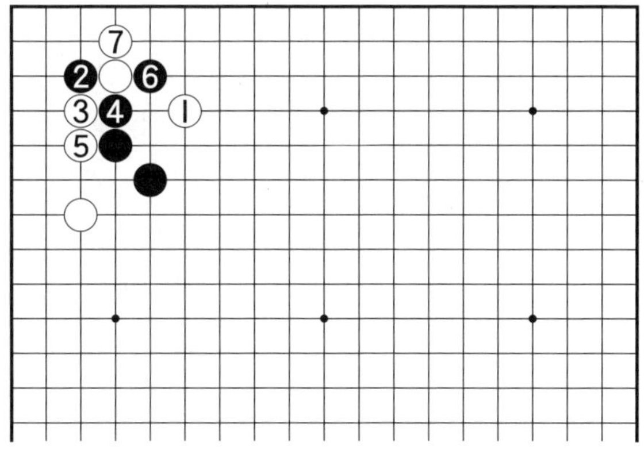

4도

4도 (다른 정석에서)

다른 정석이지만 비슷한
맥의 예를 들기로 한다.

　백1에 흑2 이하의 정석
에서 흑6으로 몰고 난 후
가 문제이다.

　백7 다음 흑은 어떻게
두는 것이 효과적일까?

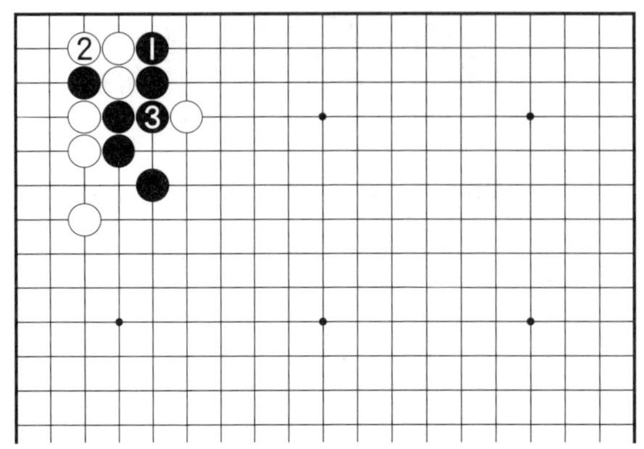

5도

5도 (뭉친 모양)

흑1의 막음을 결정하고 백 2에 흑3으로 잇는 것은 조급한 태도이다.

흑 전체가 뭉친 꼴인데 공격의 여지가 남아 불만이다. 흑1로는 이렇게 둘게 아니라~

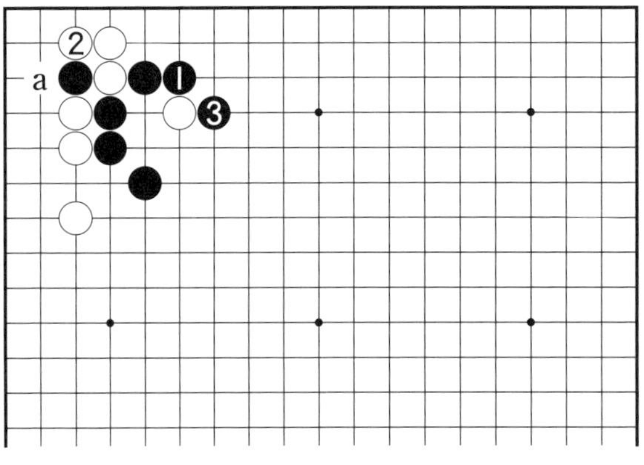

6도

6도 (정석 1)

흑1로 밀어갈 곳. 그러면 백은 어차피 2로 잡아야 할 때 흑3으로 변 쪽을 기분 좋게 젖혀 한점을 제압할 수 있다.

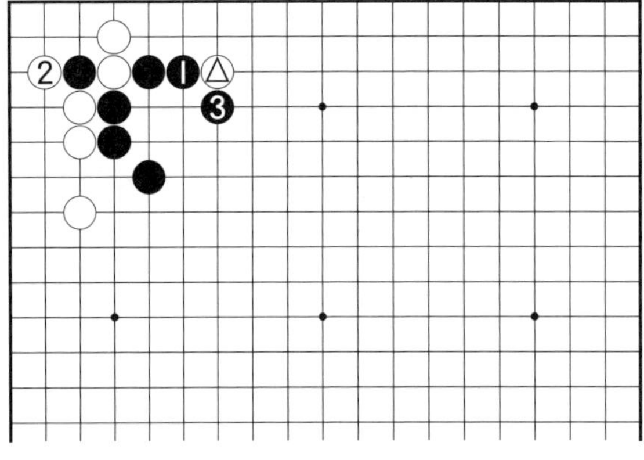

7도

7도 (정석 2)

백△로 낮게 있는 경우, 흑1로 부딪치고 백2 때 흑3으로 젖혀 한점을 제압하는 것이 행마법이다. 앞 그림과 같은 요령이며 멀리 3도와도 통하는 맥의 유사형이라 볼 수 있다.

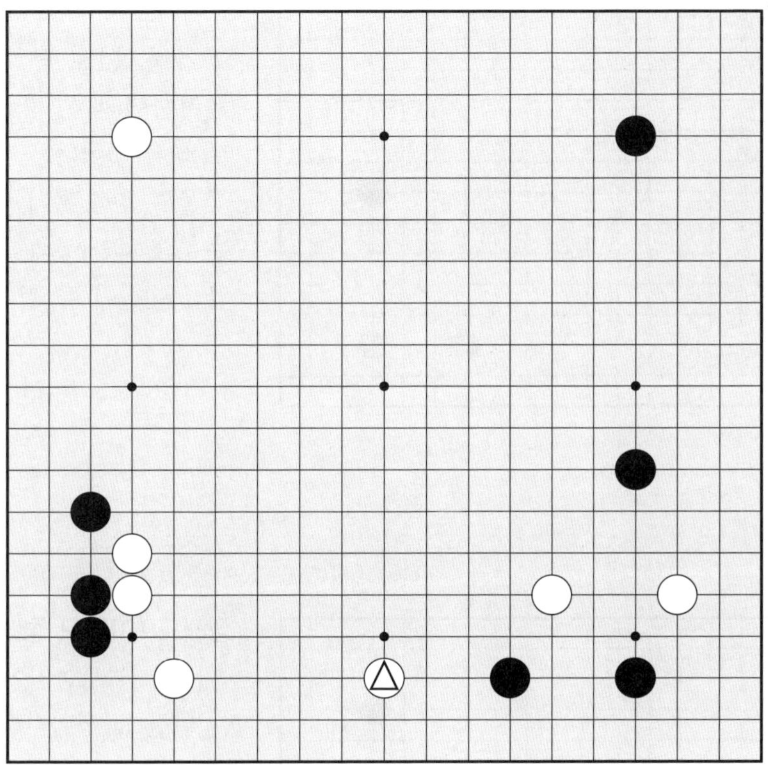

▨ 귀와 변을 연계한 처리법

　방금 하변에서 백△로 벌렸다. 흑은 상대의 돌이 가까이 다가왔으므로, 당연히 우하 흑진을 정비하는 것이 행마의 흐름일 것이다.

　여기서 상용의 행마법을 생각해보자.

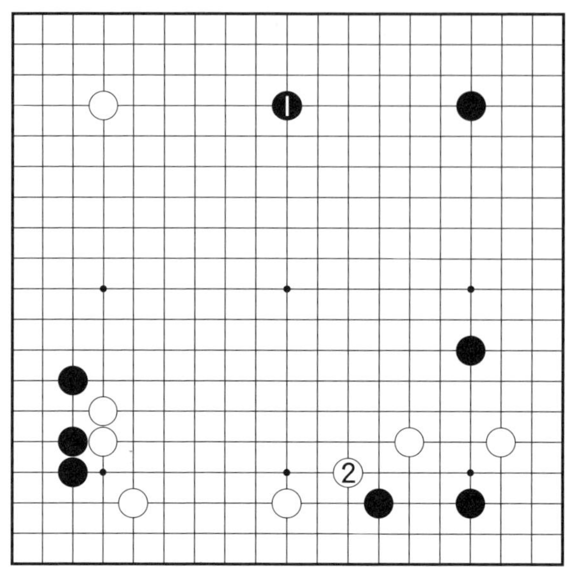

1도

1도 (봉쇄)

참고로 우하 흑진을 방치하는 것은 좋지 않는 태도이다.

가령 흑1로 큰 자리를 차지하면 백은 당연히 2로 씌울 것이다.

물론 우하 흑이 잡히지는 않겠지만 봉쇄를 당한 만큼 손실이 클 것이다.

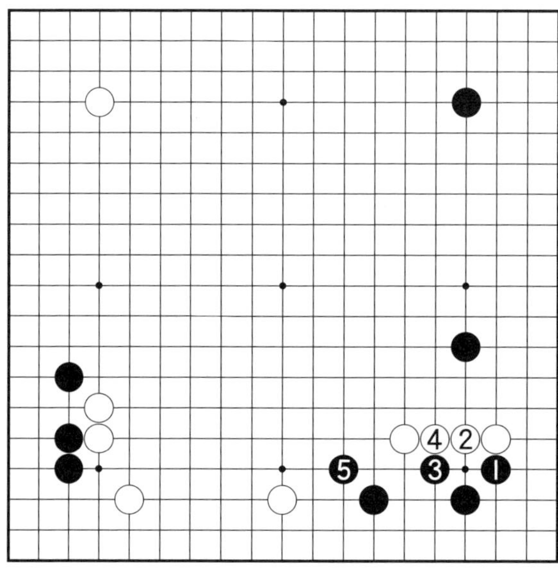

정해도

정해도 (마늘모 정비)

흑1의 마늘모붙임이 정비를 위한 첫 행마이다. 백2로 서면 흑3으로 하나 들여다보고 다시 5의 마늘모 진출까지가 행마의 흐름이다.

이제 위쪽 백 일단이 다소 무거워 보이는 모습으로, 흑이 정비한 효과는 충분하다.

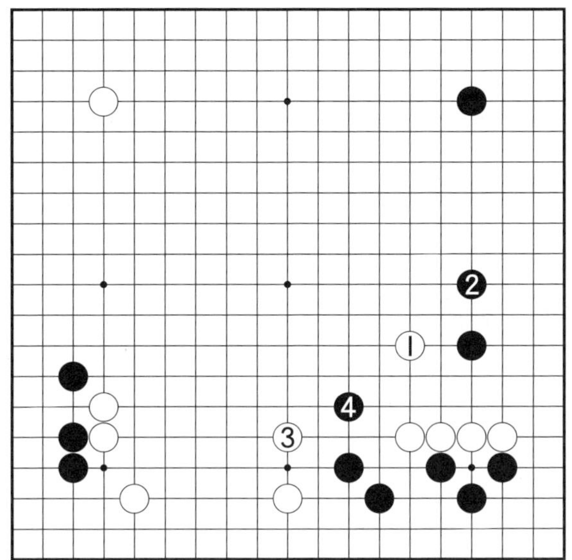

2도

2도 (흑, 좋은 흐름)

다음 백1로 벗어나면 흑2
로 뛰어 받고 백3에는 흑
4로 뛰어 자연스럽다.

　백 일단은 아직 달아나
는 자세로, 이대로 가면
흑이 우변에서 집을 벌며
두는 재미 쏠쏠한 공격바
둑이 될 양상이다.

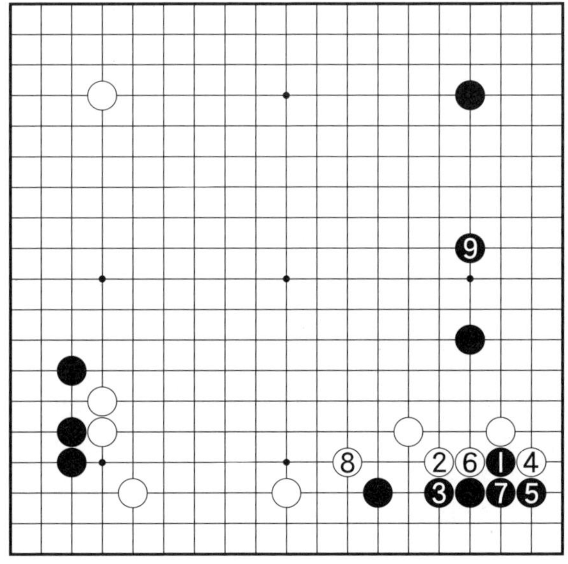

3도

3도 (흑, 충분)

흑1의 마늘모붙임에 백2
로 들여다보고 4, 6으로
두는 상용수법도 있다. 백
8까지 귀에서 선수 처리
한 후 봉쇄하려는 뜻이다.

　흑은 귀의 실리를 지키
고 다음 9로 우변을 차지
해 역시 불만 없다.

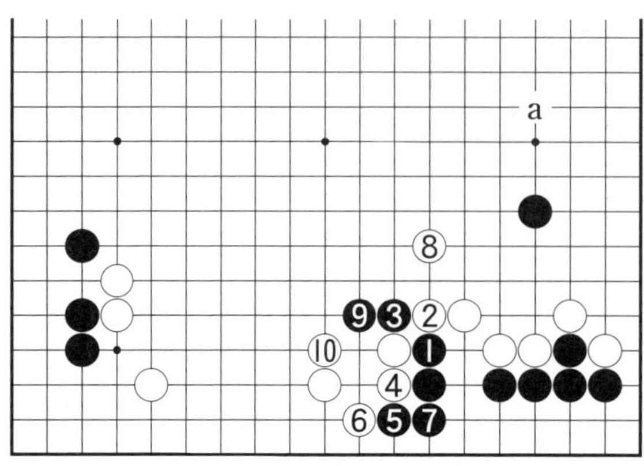

4도

4도 (흑, 불만)

앞 그림 흑9의 수로 이 그림 1, 3으로 나가 끊는 것은 너무 호전적인 느낌이다. 이하 백10까지는 쌍방 필연적인 행마인데, 중앙의 흑 두점이 갇혀 이를 살리자면 a 방면은 백이 차지할 공산이 크다. 물론 흑의 불만이다.

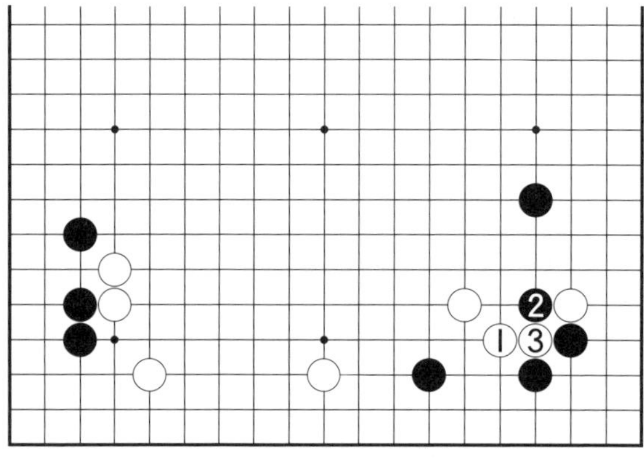

5도

5도 (흑, 무리)

백1 때 흑2로 젖혀 반발하는 것은 생각할 수 없다. 백3으로 끊어 흑은 어느 한쪽이 다칠 모양이다.

역시 3도처럼 되는 게 보통이다.

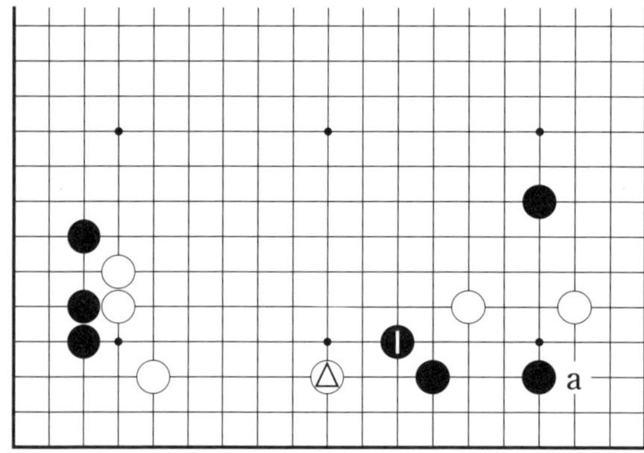

6도

6도 (참고)

흑이 단순히 1의 마늘모로 나가는 것은 어떨까?

물론 백△의 다가섬에 봉쇄를 피하려는 직감의 한 수이지만, 백a로 처리하는 수가 남아 흑이 보통은 정해도처럼 두는 것이 옳다고 알아두기 바란다.

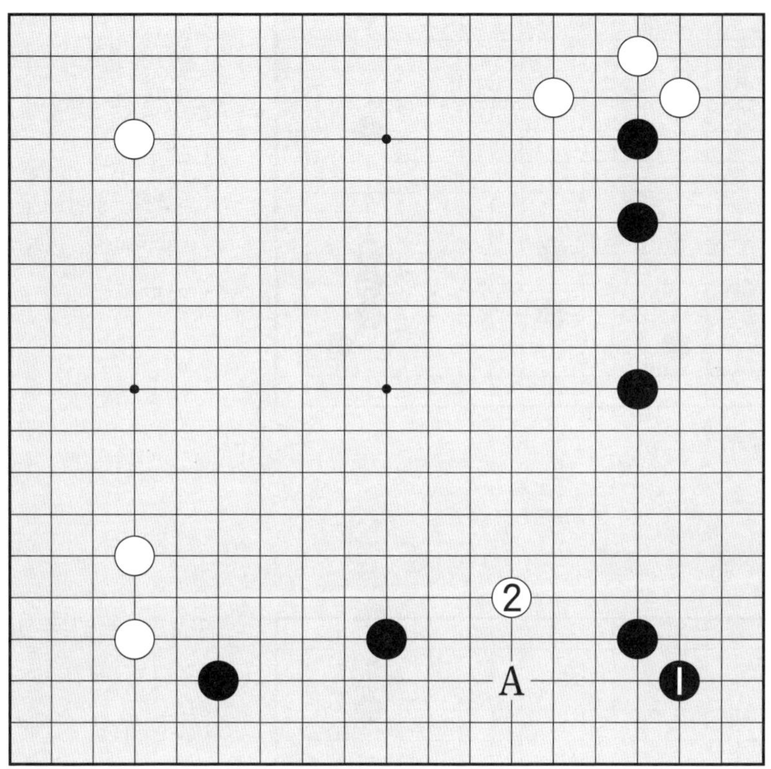

▨ 활용을 거부하는 능동적인 구상

　흑의 3연성 포석에서 소재를 취재했다. 방금 흑1로 우하 귀에 쐐기를 박자 백은 2의 고공행마로 나온 장면이다.

　이때 흑이 A로 받는 것은 아주 미온적인 태도이다. 백은 그 자체로 기분 좋은 활용이라 생각할 것이다. 그렇다면 흑의 능동적인 구상을 생각해보자.

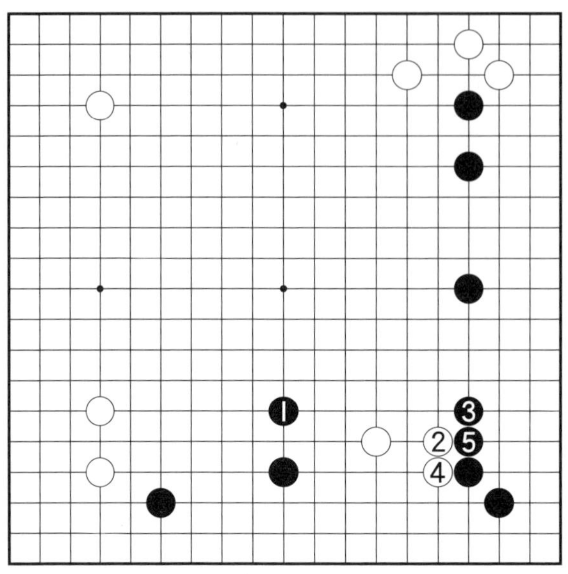

정해도

정해도 (대세점)

흑1로 뛰는 것이 기세 좋은 태도이다. 자체로 대세점이자 삭감하러 온 백 한 점을 바깥에서 크게 둘러싸는 듯한 공격의 행마이기도 하다.

백2로 움직이면 흑3으로 뛰고 백4, 흑5까지 되는 정도이다.

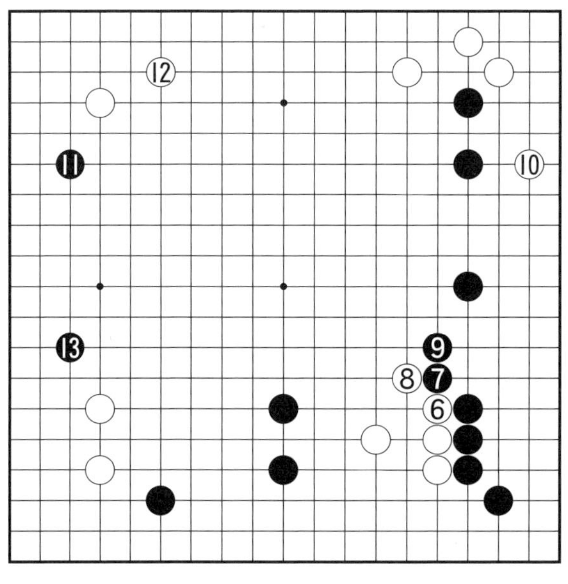

1도

1도 (흑, 폭넓은 바둑)

계속해서 백은 6, 8로 결정하고 우상 쪽에서 10으로 달리는 수를 예상할 수 있다.

그러면 흑도 11로 걸쳐 좌변을 개척하고, 백12로 받으면 흑13으로 다가서 싸움을 걸어간다. 이만하면 흑이 폭넓은 바둑이다.

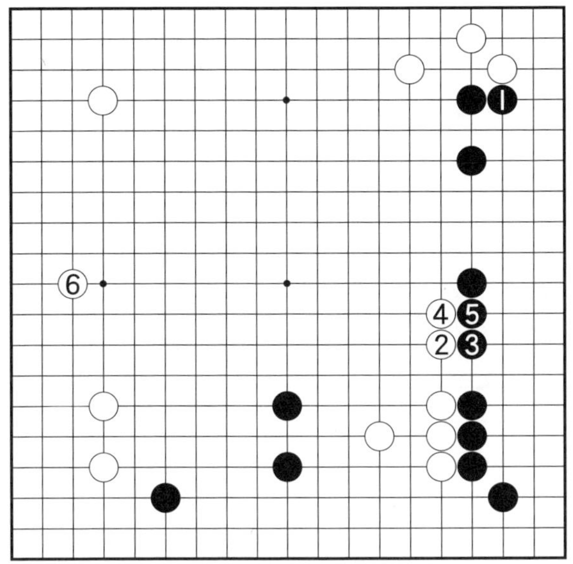

2도

2도 (흑, 나쁨)

앞 그림 백6에 흑이 손을 빼어 우상에서 1로 막는 것은 실리를 너무 밝히는 태도이다.

백2 한방이 너무 아프다. 흑3에는 백4, 흑5를 문답해 중앙을 강화시킨 후 백6으로 좌변의 큰 자리로 향하게 되는데, 이번에는 백이 재미있는 포석이다.

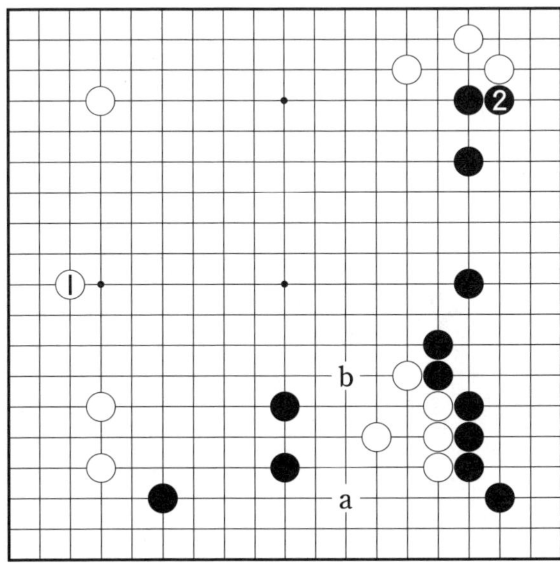

3도

3도 (백, 좌변 중시)

1도 백10으로는 단순히 이 그림 1로 벌려 좌변을 중시할 수도 있다.

그러면 흑2의 막음이 실리 상 크다. 하변 백은 흑a면 백b, 흑b면 백a로 수습하는 모양이지만, 어찌 됐든 흑이 둘 만한 바둑이라고 판단된다.

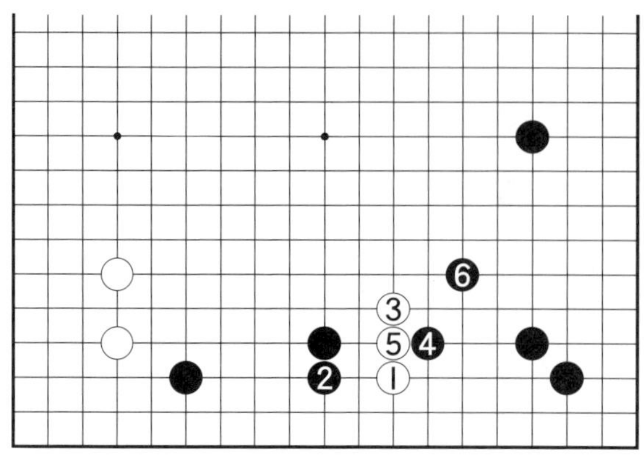

4도

4도 (백의 침입)

하변의 흑 진영은 백이 삭감하지 않고 아예 뛰어드는 수단도 있다. 백1의 침입이 그것.

이때는 흑2의 쌍점 공격이 보통이며, 백3으로 뛰어나가면 흑4에서 6으로 공격을 이어 간다.

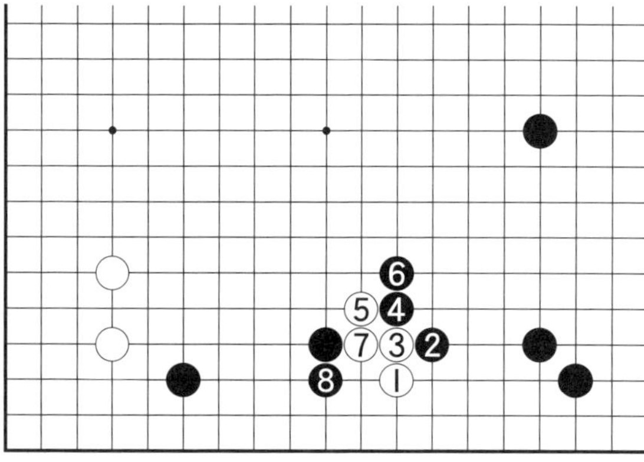

5도

5도 (흑, 좋음)

백1에는 흑2로 어깨짚는 강수도 유력하다. 백3에는 흑4, 6으로 젖혀 늘고 백7에 이을 때 흑8로 공격을 속행한다.

이상에서 보았듯이 백이 뛰어드는 것은 무거움을 알 수 있다.

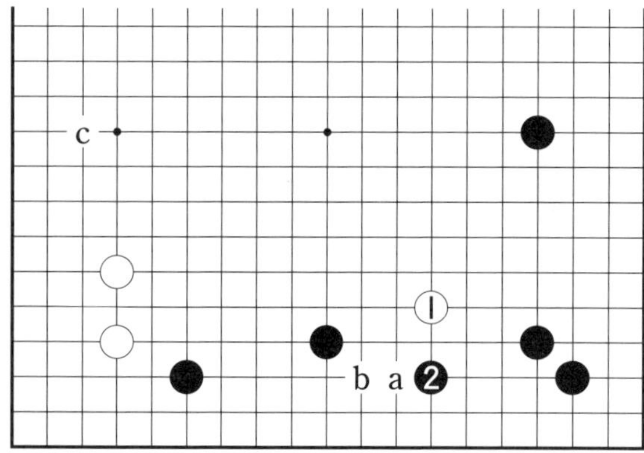

실패도

실패도 (하수의 감각)

문제도에서 설명했지만, 백1에 흑2로 변에서 받는 것은 하수자의 감각이다.

백은 이대로 손을 빼고 다른 요처로 향할 텐데, 그래도 하변에는 백a, b의 맛이 남아 있다. 아마 백은 다음 좌변에서 c의 벌림이 요처일 것이다.

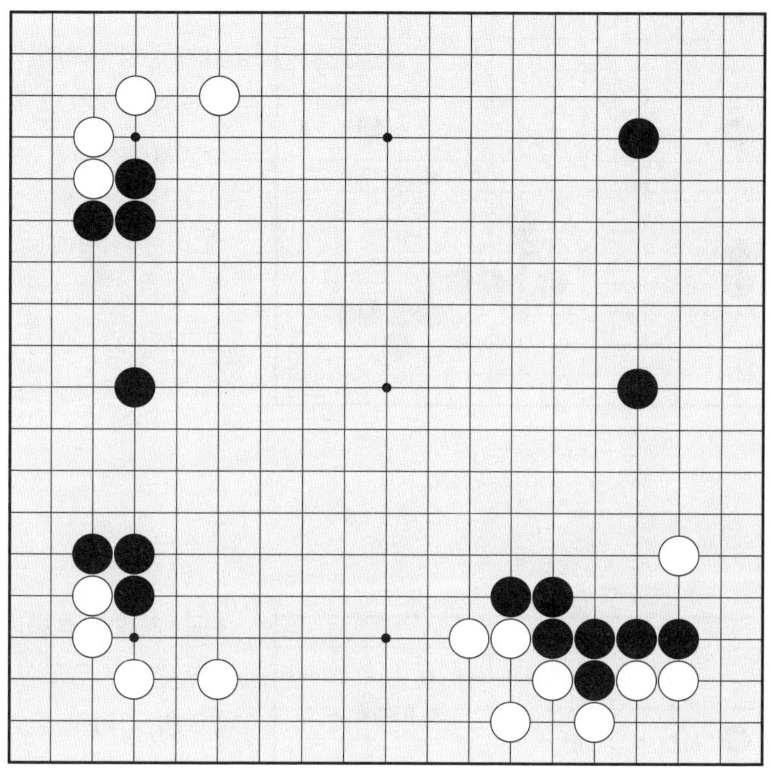

중앙과 연계된 대세를 보는 눈

　역시 3연성 포석. 흑의 다음 한수를 고려해 주기 바란다. 일반적인 큰 자리는 많지만 대세를 지향하는 착점은 오직 한 곳이라고 봐도 무방하다.

　중앙과 연계된 대세를 보는 눈이 필요한 시점이다.

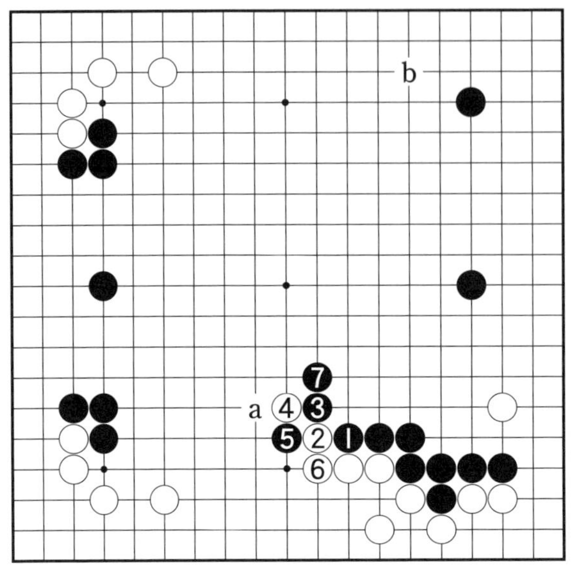

정해도

흑1로 밀어가는 것이 이 바둑의 요점이다. 백2에 흑3으로 젖혀가 이하 흑7까지 중앙 세력을 한껏 부풀리는 감각으로 둔다. 다음 백a면 흑b의 굳힘.

흑은 중앙과 우변 일대에 이르는 방대한 세력권을 형성해 충분한 바둑으로 보인다.

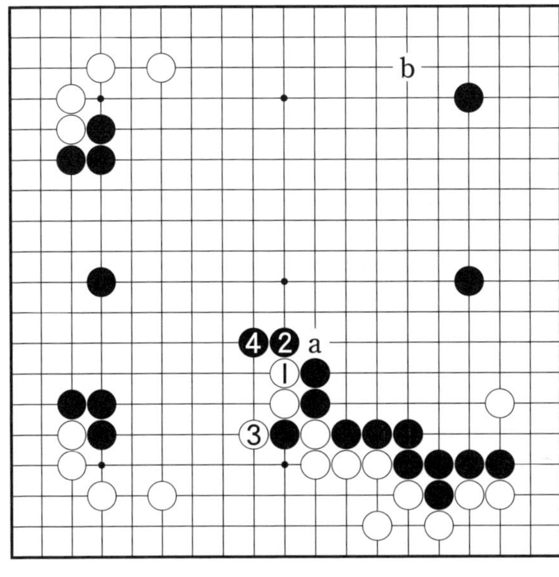

1도

1도 (기세의 뻗음)

다음 백1로 밀고 3으로 잡는다면 흑4로 뻗는 수는 기세이다.

흑4로 a에 잇는 것은 나약하며, 그 전에 흑2로 a에 느는 것도 느슨하다. 그러면 백이 b의 요처로 향할 것이다.

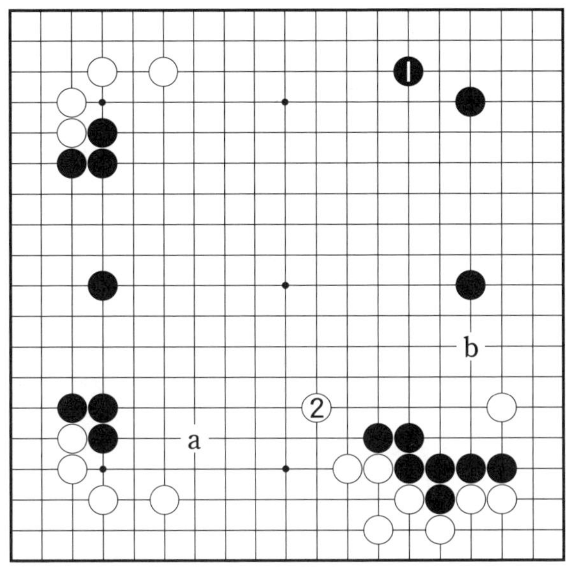

실패도

실패도 (방향착오)

흑1의 굳힘은 평범한 큰 자리. 포석에서 보통 굳힘 다음 걸침이라고 했지만, 이 경우는 초점에서 크게 빗나갔다.

이제 반대로 백2의 중앙 날일자가 요소가 된다. 장차 백a면 하변의 집이 크며, 우변은 우변대로 b의 움직임이 위협적이다.

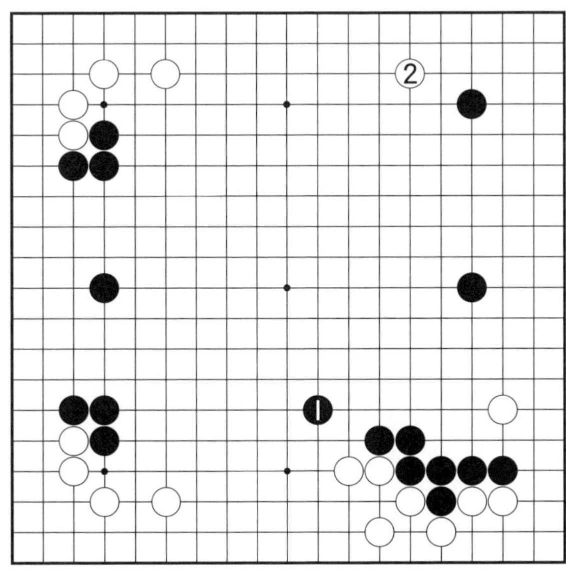

2도

2도 (느슨한 날일자)

흑1로 단순히 날일자하는 것은 방향은 맞으나 행마 자체에 박력이 없다. 백은 당연히 손을 빼서 2로 향할 것이다.

흑1은 지극히 아마추어적인 수라 해도 좋다.

행마법 실전

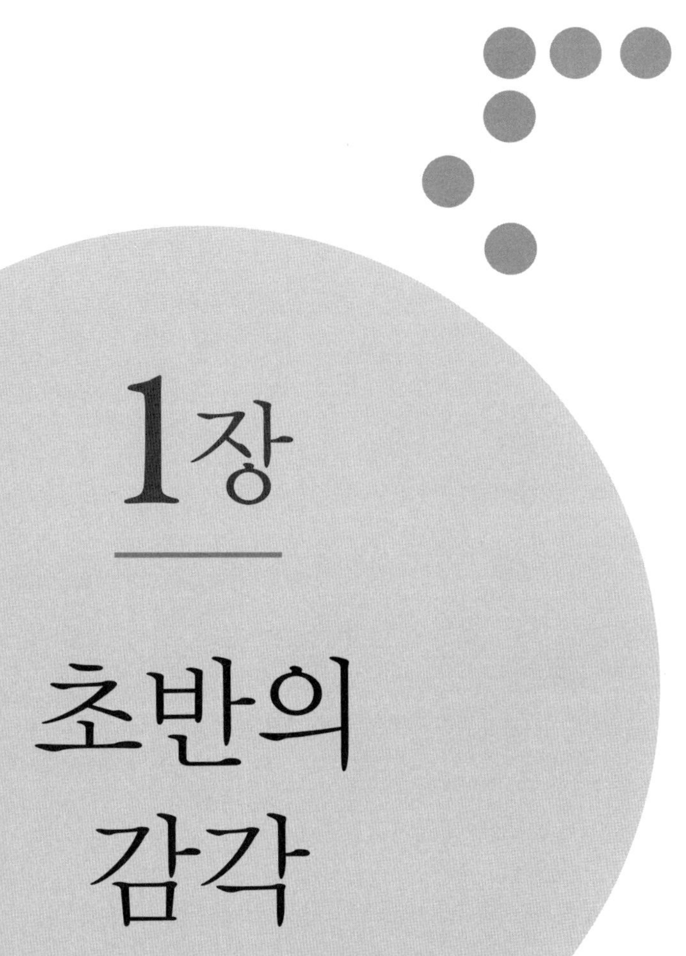

1장

초반의 감각

초반에는 특히 감각이 매우 중요하다. 큰 곳을 찾아내는 혜안과 더불어 전국적인 균형과 돌의 능률을 헤아리는 감각이 좋아야 멋진 포석을 펼치며 국면을 능동적으로 리드해 나갈 수 있기 때문이다.

이 장에서는 프로의 포석단계에서 나타난 일류감각의 여러 장면들을 살펴본다.

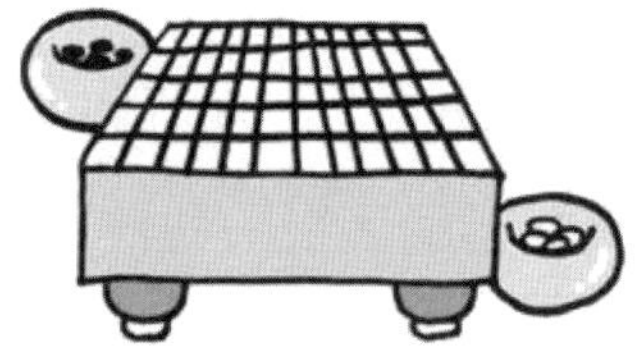

1형

의표를 찌른 반발

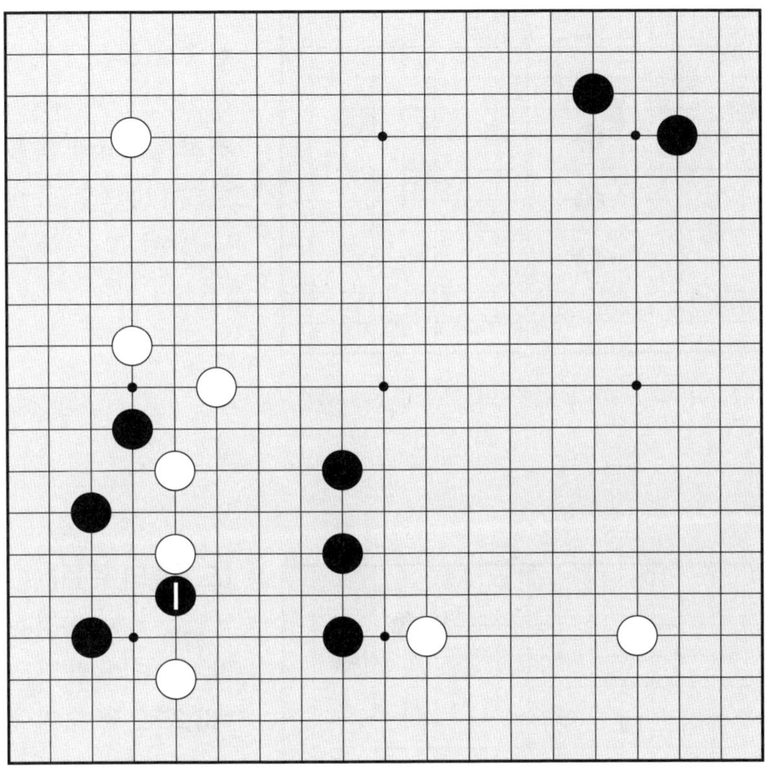

좌하귀에서 신형이 출현한 상황. 흑1로 붙인 것은 가벼운 선수활용의 뜻이 강하지만 다소 과수의 성격이 짙다.

자, 여기서 흑의 주문을 거부하며 허를 찌르는 맥점 한 방이 있는데 과연 어디일까?

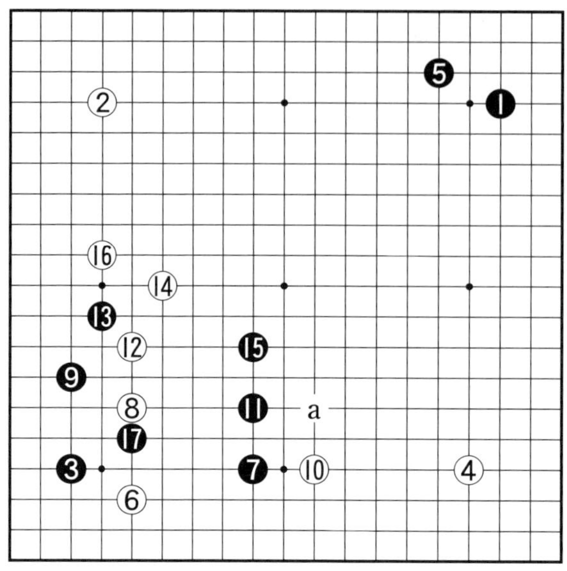

경과도

경과도 (1~17)

제1기 테크론배 결승1국으로 유창혁(흑)과 조훈현의 실전이다.

백14가 가벼운 행마로 신수. 15의 곳에 씌우는 것이 보통이다. 흑15는 완착으로 a에 씌울 곳이다. 백16으로 봉쇄해 일단 백이 기분 좋은 모습이다.

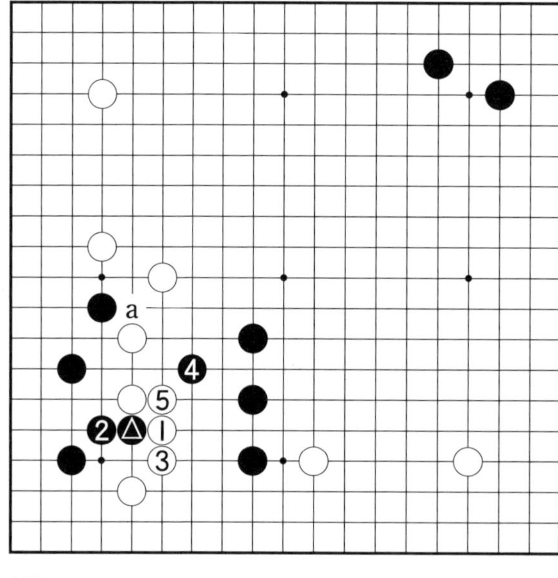

1도

1도 (흑의 주문)

백1로 젖히는 것은 무책의 손 따라 받기. 흑2면 백3으로 늘 수밖에 없는데, 흑4를 선수 당하는 것이 너무 아픈 데다 a의 약점까지 남아 백이 단단히 당한 모습이다.

바로 이것이 흑●의 주문인 것이다.

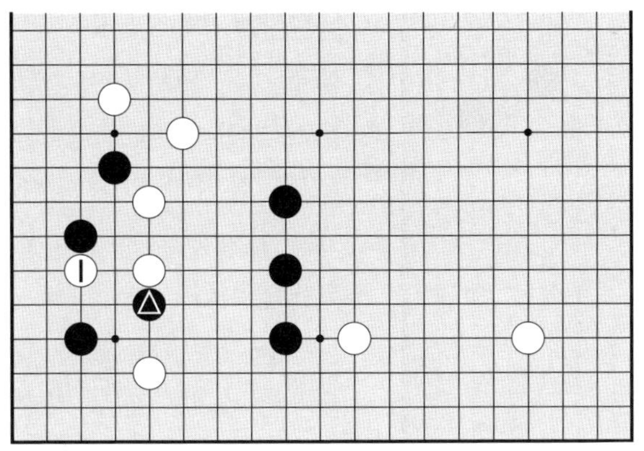

실전도

실전도 (감각적인 반발)

백1의 뛰어붙인 수가 흑의 주문을 거역한 감각적인 반발이다.

　이 한방으로 흑▲는 마치 나쁜 일을 하다 들킨 아이처럼 머쓱한 얼굴이 되고 말았다.

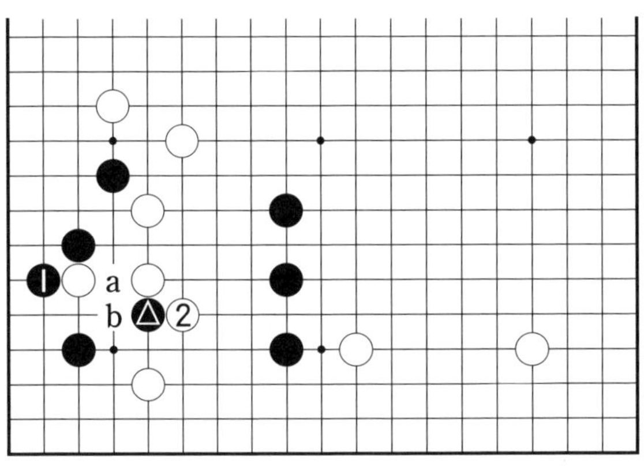

2도

2도 (흑, 헛손질)

계속해서 흑1로 받는 것은 백2로 젖혀 그만이다. 다음 흑a면 백b의 양단수.

　이렇게 되고 보니 흑▲가 영락없이 헛손질을 한 형상이다.

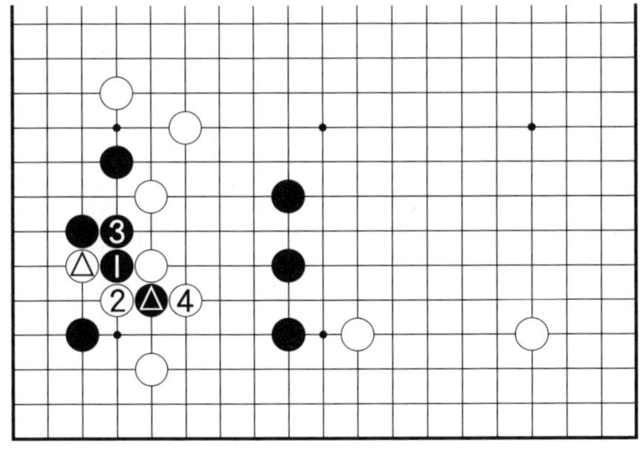

3도

3도 (흑, 무리)

그렇다고 흑1로 끼우는 것은 대무리. 백2, 4로 ▲ 한 점이 크게 잡혀 흑이 망한다. 결국 백△에 흑이 곧장 응수하는 것은 안 된다는 결론이다.

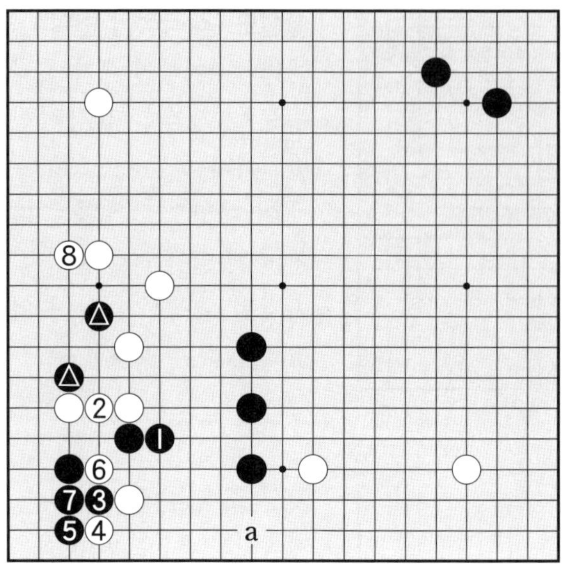

실전진행

실전진행 (백, 성공)

결국 흑은 1로 늘어 전환할 수밖에 없다. 그러나 백2로 좌변이 관통 당해서는 일찌감치 흑이 괴로운 모습이다.

흑3~7로 귀를 돌볼 수밖에 없을 때 백8로 지키니 흑▲들이 고스란히 들어가 백이 크게 성공한 형국이다. 하변은 아직 a의 뒷문이 열려있어 완전치 않다.

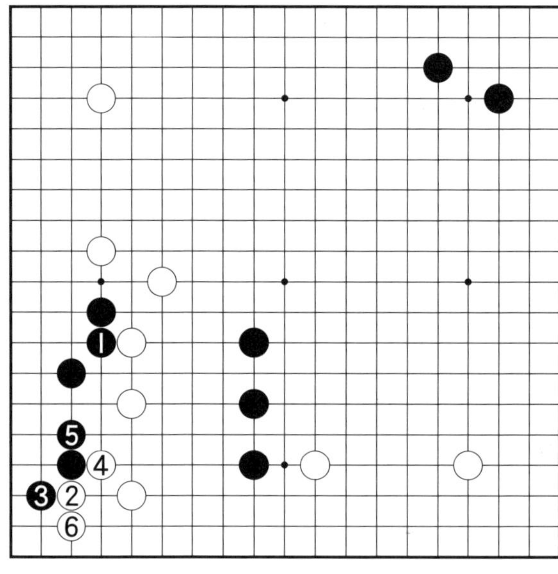

4도

4도 (흑의 정수)

따라서 장면도 흑1로는 그냥 이 그림 1로 참아두는 것이 현명한 태도였다.

그러면 백2에서 6으로 형태를 정비해 백이 약간 기분 좋기는 하지만, 흑도 두텁게 후일을 도모할 수 있어 그리 크게 당한 결과는 아닐 것이다.

반격을 노리는 움츠림

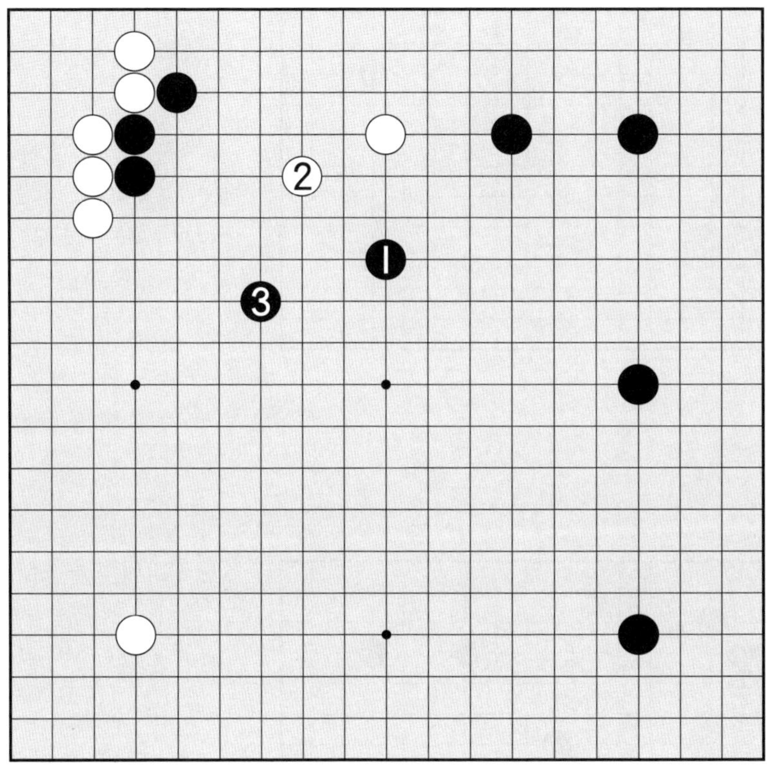

   흑1, 3으로 날아 흑이 호방함을 한껏 과시하고 있는 장면이다.

   자, 여기서 전국적인 균형을 유지하는 백의 다음 한수는 어디일까?

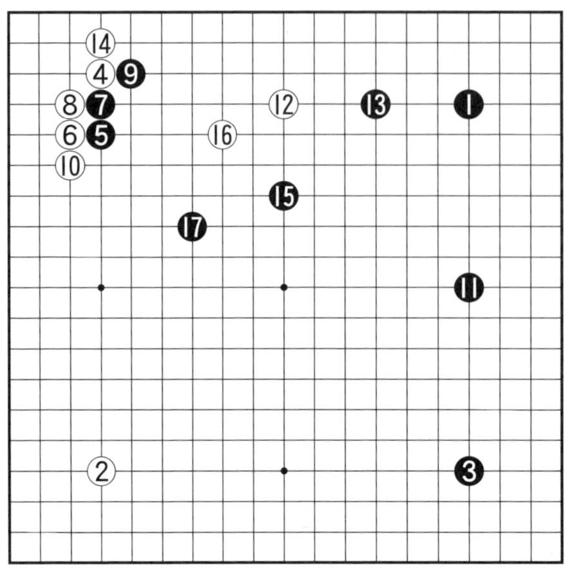

경과도

경과도 (1~17)

7기 기왕전 도전5국으로 서봉수(흑)와 조훈현의 실전이다.

흑15, 17은 우변의 3연성과 호응하는 대담한 수법이다.

백으로서는 이곳의 부분적인 득실은 물론 선수 여부까지도 함께 고려해야 할 장면이다.

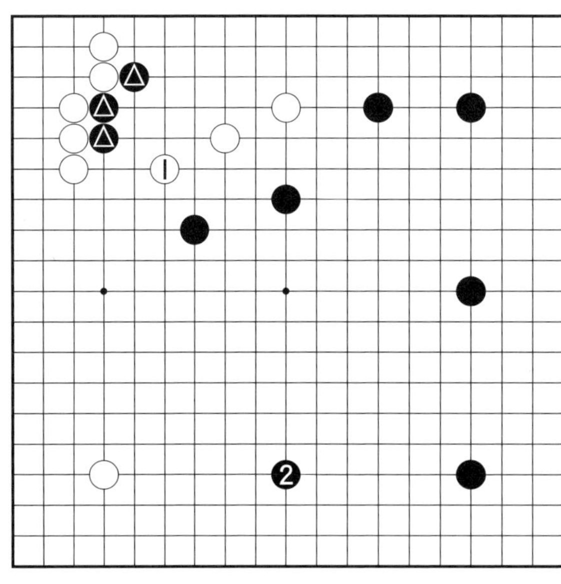

1도 (대세점을 뺏기다)

부분적인 정수는 백1. 그러면 흑△들을 크게 품에 넣을 수 있다.

그러나 후수인데다 전체적으로 흑에게 아무런 압박을 주지 못한다는 점이 불만이다. 대망의 흑2에 선착해 흑의 의도가 관철된 느낌이다. 좀 더 책략이 필요한 장면이다.

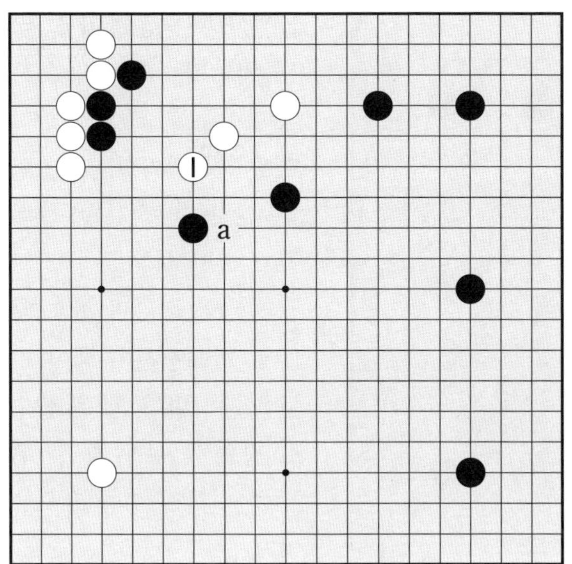

실전도

실전도 (허점을 노린다)

백1의 마늘모가 재미있는 응수이다.

　이 수는 다음 a로 건너 붙여 돌파하는 후속수를 강력히 노리고 있어, 상대인 흑이 손을 빼기 어렵게 만드는 효과가 있다.

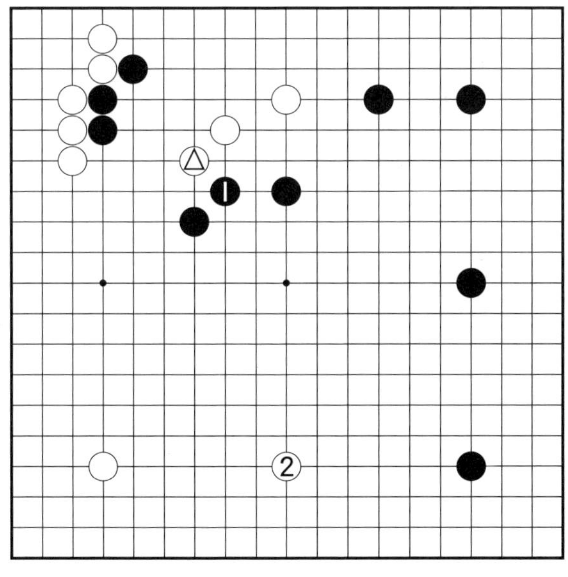

2도

2도 (백의 주문대로)

이때 흑1로 받아준다면 이번에는 백이 선수를 뽑아 2의 요소를 선점해 만족이다.

　이 그림은 흑이 백△의 주문에 말려 비능률적인 중복행마를 한 꼴이다.

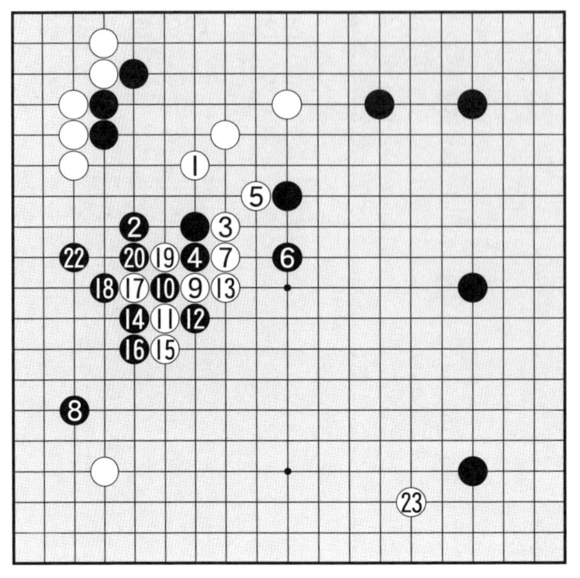

실전진행

2도처럼 둘 수는 없으므
로 흑은 2로 뛰어 효과적
으로 응수했지만, 막상 백
3으로 돌파하고 나가니
흑이 곤란하다.

백9, 11이 통렬한 데다
19로 빵때림하여 백이 기
선을 제압한다. 백은 선수
로 중앙을 두텁게 한 뒤
23에 선착해 성공한 모습
이다.

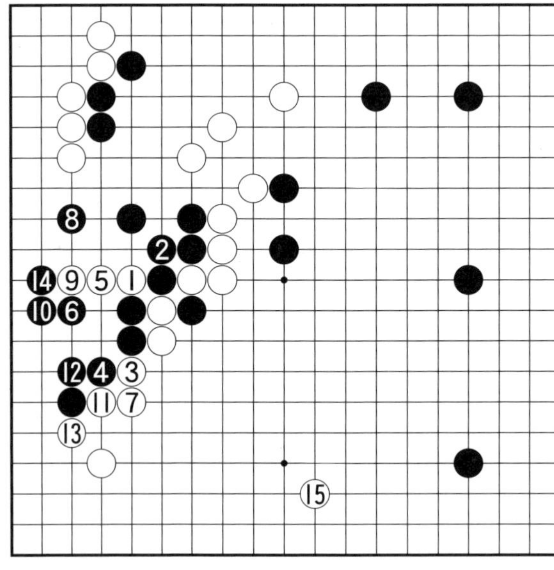

3도

3도 (백, 더욱 만족)

실전진행 흑18은 어쩔 수
없다. 이 수로 흑2에 잇는
것은 백3~13으로 꽁꽁
싸 발려 흑이 더욱 좋지
않다.

임기응변의 기대기 전법

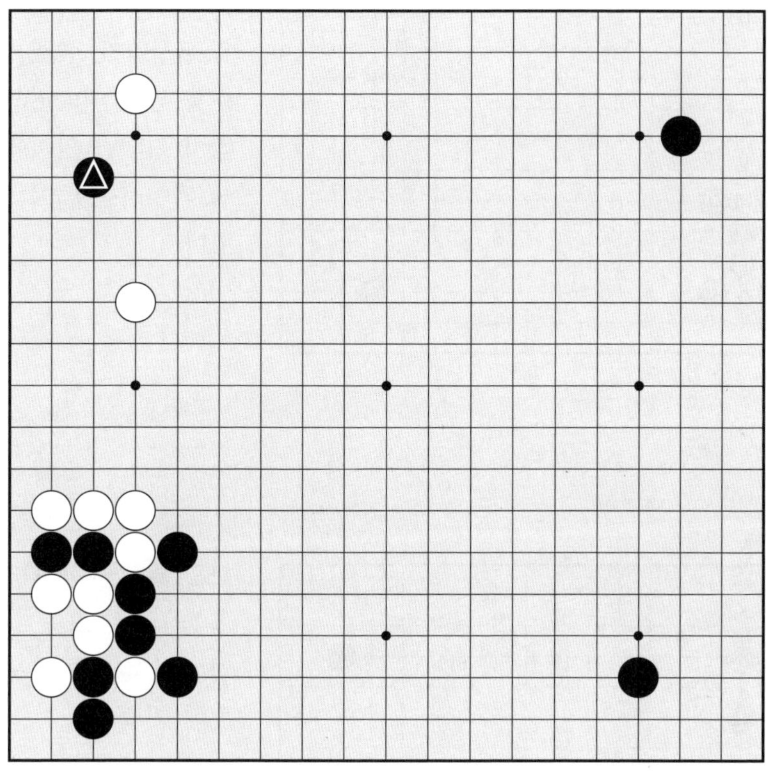

막강한 좌변 백진에 홀로 떨어진 흑▲ 한점을 수습해야할 차례이다.

주위 배경을 의식한 임기응변의 한 수는 무엇일까?

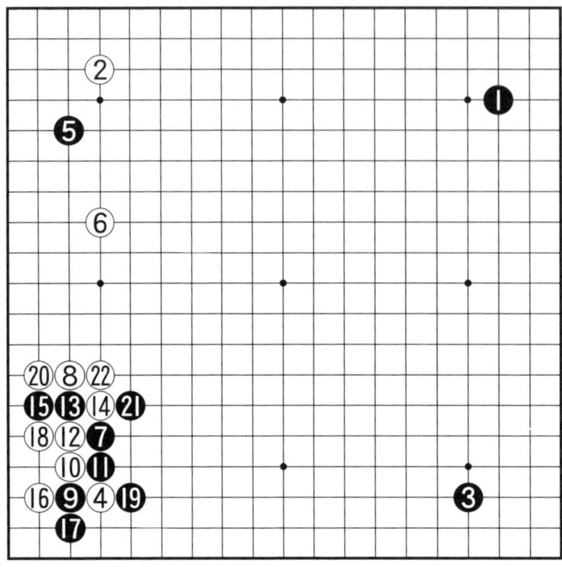

경과도

경과도 (1~22)

7기 국기전 도전2국에서 조훈현(흑)과 서봉수가 벌인 실전이다.

백10의 정석선택이 다소 이상감각. 백22까지 후수를 잡은 데다 6의 기착점이 어색한 위치에 놓이게 되어서는 백이 불만스럽다.

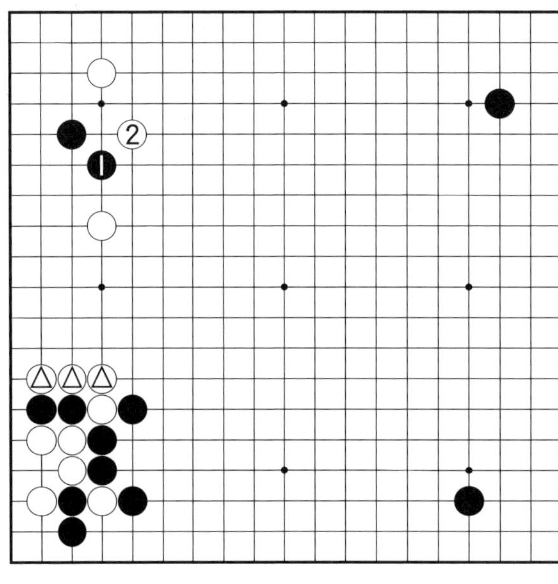

1도

1도 (흑의 무책 1)

흑1의 마늘모는 보통의 감각이지만 여기서는 무책에 가깝다.

좌변의 철벽(△)을 배경삼아 백2가 좋은 응수여서 흑이 궁색해지기 때문이다.

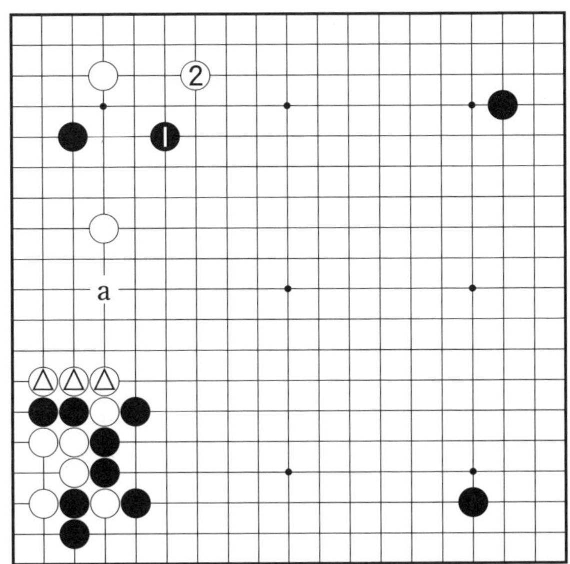

2도

2도 (흑의 무책 2)

흑1로 두칸 뛰는 것도 상식적인 발상이지만 여기서는 적절치 않다.

백△의 철벽으로 인해 다음 a쪽의 협공이 불가능한 상황이기 때문에 흑만 일방적으로 몰릴 가능성이 높은 것이다.

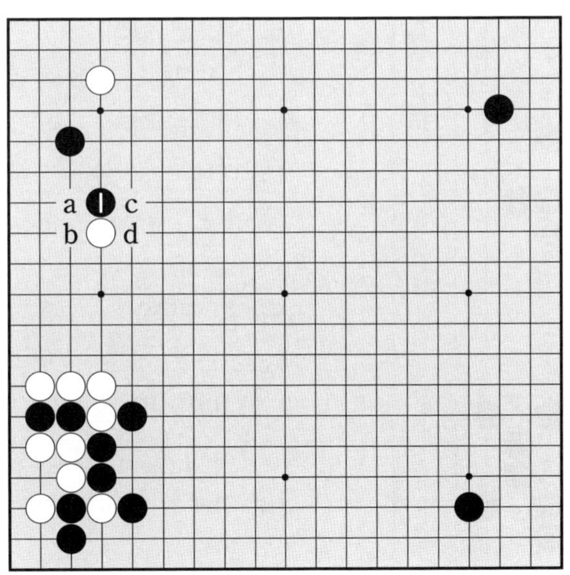

실전도

실전도 (기대기전법)

흑1로 붙여가는 수가 기발한 임기응변이다.

좌변 쪽은 어차피 백이 막강한 곳인 만큼 어느 정도 집으로 굳혀주되, 대신 서둘러 안정하자는 기대기수법의 발상이다. 다음 백의 응수는 a~d가 있는데…

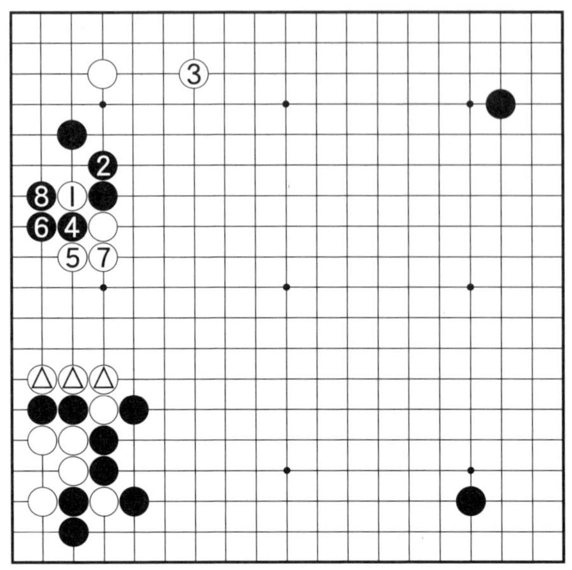

3도

3도 (백, 중복)

먼저 백1로 젖히는 것은 대책 없는 속수이다.

흑2에 백3이 불가피할 때 흑4로 끊어 잡으면 흑은 쉽게 안정한 반면, 백은 좌변이 △들과 심하게 중복되어 크게 당한 모습이다.

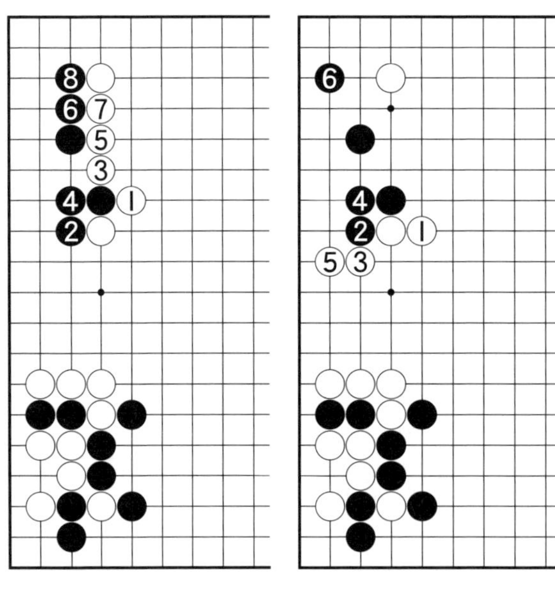

4도   5도

4도 (흑, 큰 실리)

백1의 젖힘에는 흑2가 맥점. 이하 흑8까지 귀를 크게 도려내고 살아 흑의 대성공이다.

5도 (흑, 만족)

백1로 느는 것도 생각할 수 있지만 이때는 흑2, 4로 젖혀이은 다음 6으로 달려 쉽게 안정하면 역시 흑의 만족이다.

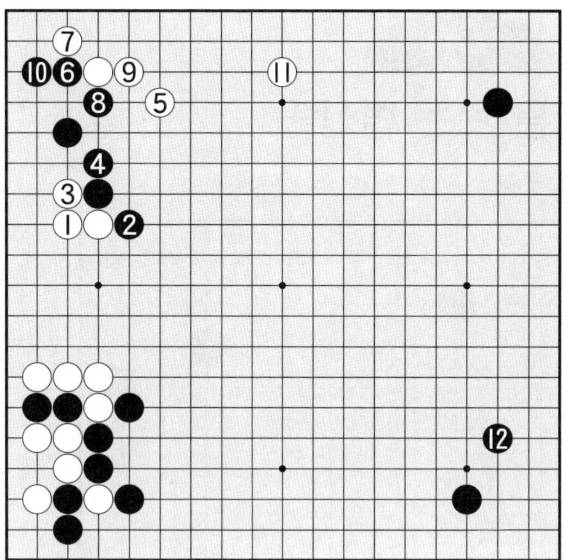

실전진행

실전진행 (선수로 안정)

백은 고심 끝에 1로 늘어 버텼으나 흑2가 좋은 응수여서 별무신통이다.

이하 11까지 선수로 좌변 쪽을 수습한 후 흑12에 선착해 흑이 우위에 선 포석이다.

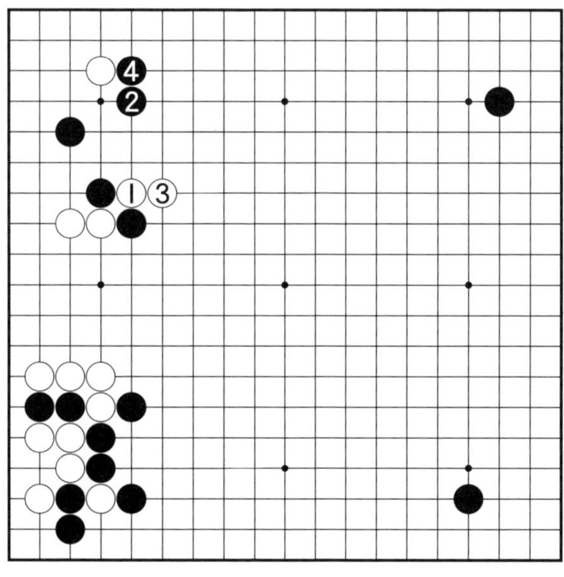

6도

6도 (백, 무리)

실전진행 백3으로 이 그림 1로 끊는 것은 무리이다. 흑2가 멋진 응수여서 도리어 백이 곤란해진다. 흑4로 좌상귀가 제압당해서는 백이 단단히 헛물 켠 형상이다.

전국을 보는 변신술

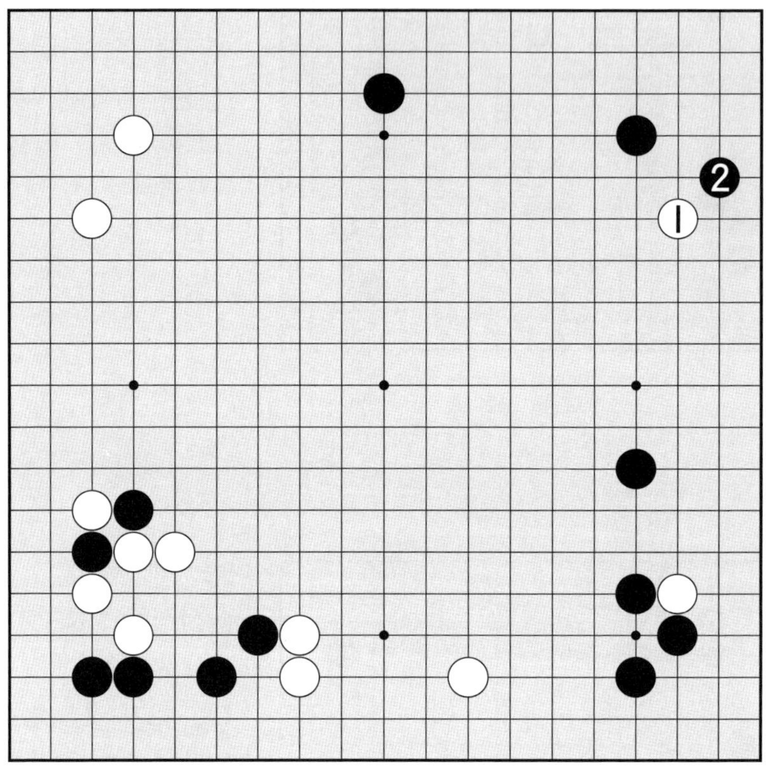

백1의 걸침에 흑2는 가장 강렬한 응수. 자, 여기서 백의 다음 한수는 어디가 좋을까?

우하귀 흑의 배석을 의식하면서 뭔가 능동적인 수단을 찾고 싶다.

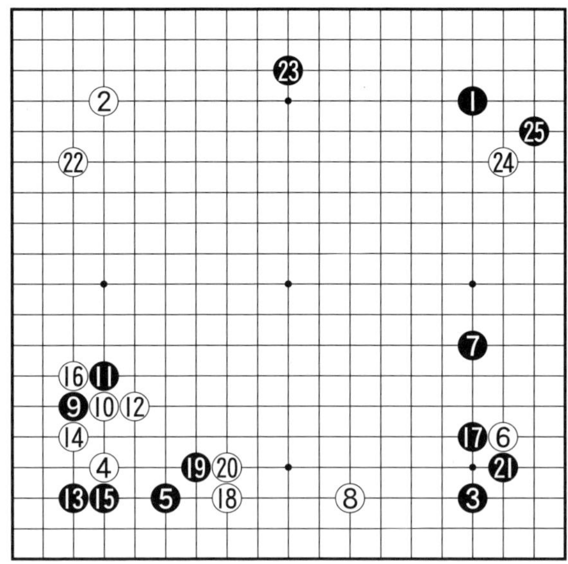

경과도

경과도 (1~25)

2기 비씨카드배 도전3국에서 이창호(흑)와 조훈현이 벌인 실전.

흑7의 협공에 백8의 역협공은 좌하귀의 주도권을 위한 발 빠른 운석이다. 흑23까지 모범적인 포석이 펼쳐지고 있는 모습이다.

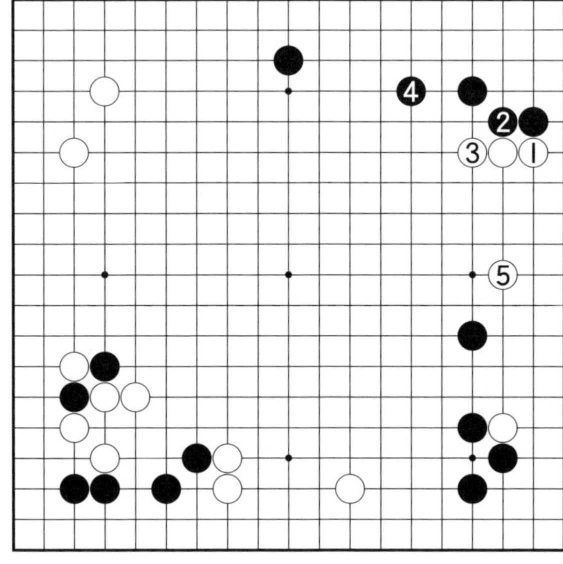

1도

1도 (백의 아전인수)

백1로 받는 것이 보통의 착상이다. 만약 이때 흑2, 4로 응수해주기만 한다면 백5로 자리 잡는 모습이 활발하여 백이 아주 만족스럽다.

그러나 이것은 백 혼자만의 생각일 뿐이다.

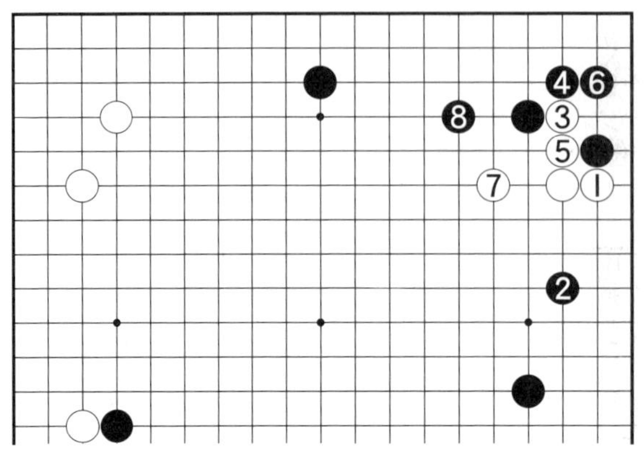

2도

2도 (흑, 능률적)

백1에는 흑2로 다가서는 것이 절호점이다. 이하 8까지 흑은 양쪽에서 실속을 챙기고 백만 무거운 몸으로 쫓겨 피곤한 모습이다. 따라서 백1로 막는 것은 낙제점이 된다.

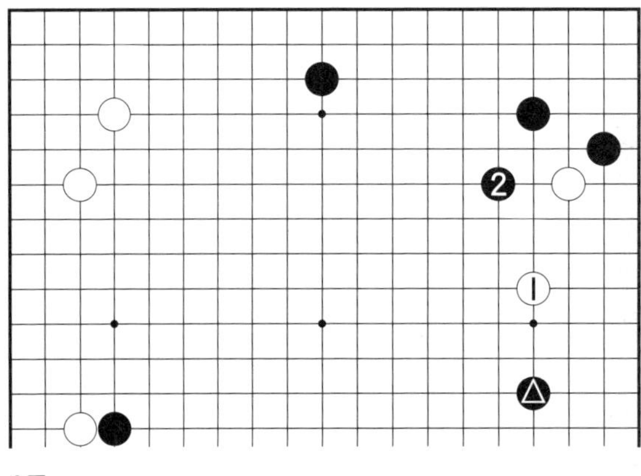

3도

3도 (흑, 활발)

백1로 그냥 벌리는 것이 좀 더 경쾌한 행마이다. 그러나 여기서는 흑2가 너무 좋아 미흡하다. 흑▲가 안성맞춤의 자리에서 압박하고 있어 백은 여전히 피곤하며, 자칫 상변 흑진이 크게 불어날 우려가 있다.

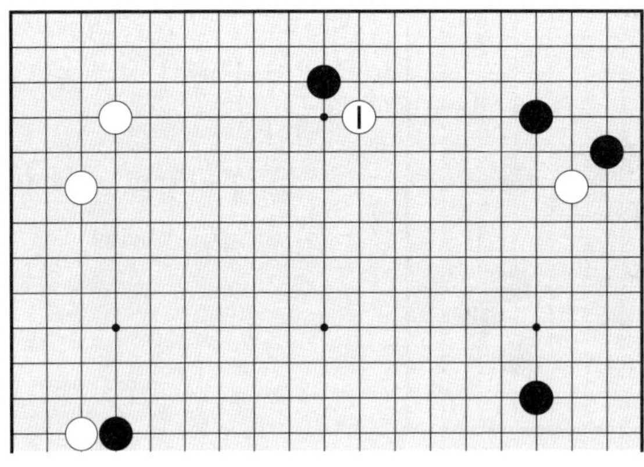

실전도

실전도 (능동적인 변신)

백1로 어깨짚어 가는 것이 재미있는 감각이다.

2도처럼 상변 흑진이 불어날 가능성을 미연에 방지하면서 흑의 응수에 따라 운석의 방향을 정하겠다는 응수타진의 의미도 담고 있다.

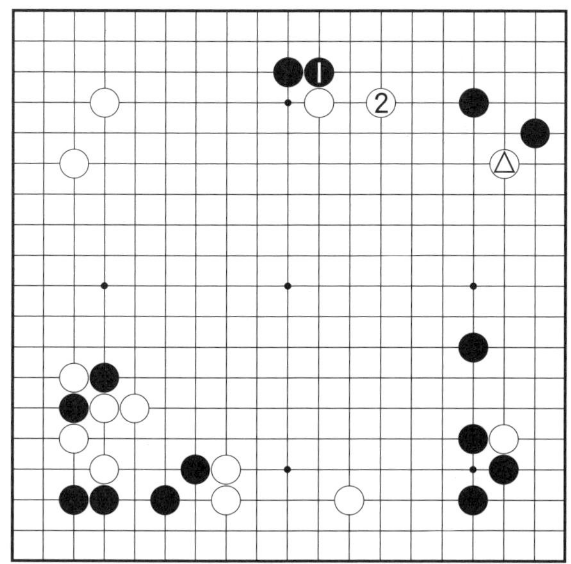

4도

4도 (백, 만족)

이때 흑1로 밀면 백2가 경쾌한 행마. 흑을 납작하게 오그라뜨리며 중앙에 벽을 쌓아 백의 만족이다.

이렇게 되면 백△와 저절로 연결될 가능성도 높아, 이 그림은 흑의 무책이라고 하겠다.

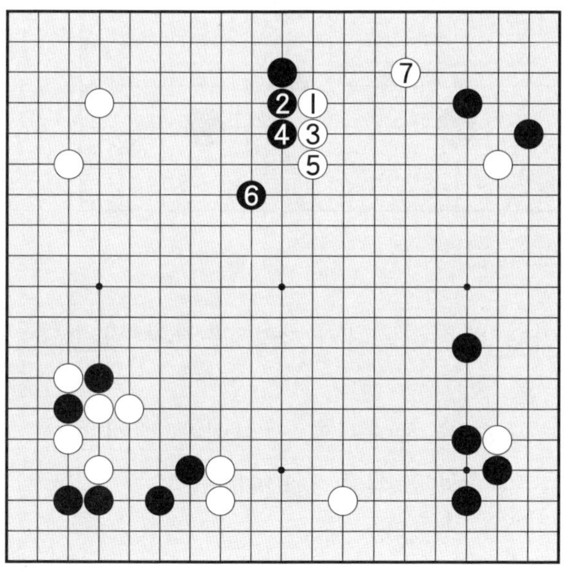

실전진행

실전진행 (변신 성공)

그러므로 흑도 2쪽으로 미는 것이 올바른 방향이다. 이하 7까지 상변을 파괴하면서 자리를 잡아 백의 변신책은 그런대로 성공을 거둔 모습이다.

물론 흑도 중앙으로 앞서 진출하면서 좌우 공격을 노려 불만은 없다.

확장과 공격의 양수겸장

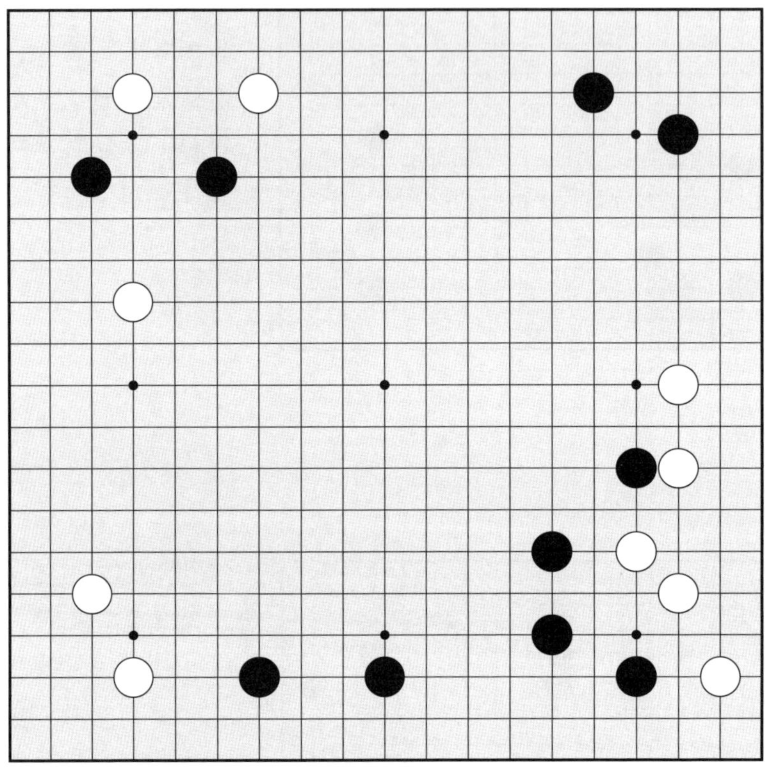

　하변 흑 모양이 얼마나 팽창하느냐가 초반 우열의 관건
이 될 조짐이다.
　흑은 하변을 키우면서 좌변 쪽에서도 영향력을 행사할
수 있는 다목적 수법을 강구하고 싶은 장면이다.

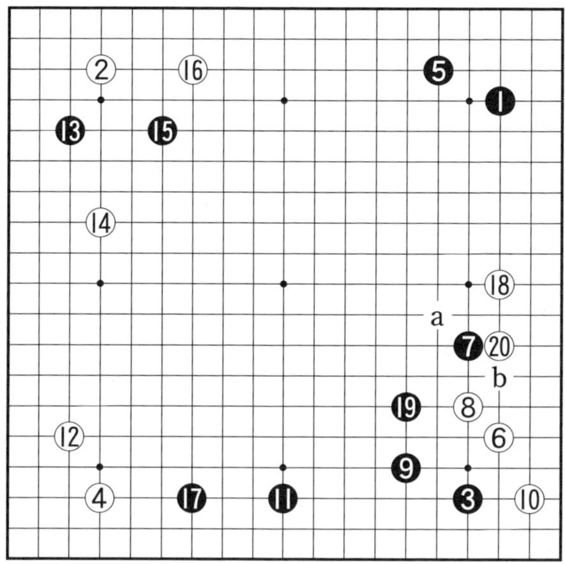

경과도

경과도 (1~20)

2기 박카스배 결승4국에서 조훈현(흑)과 하찬석이 벌인 실전.

흑17까지 고전적인 소목 포석의 모범형이라 할 만한 포진이다. 흑19는 a나 b가 보통이지만 하변을 키우려는 대담한 수법이다.

이제 흑19의 의지를 계승하는 수법이 필요한 국면이다.

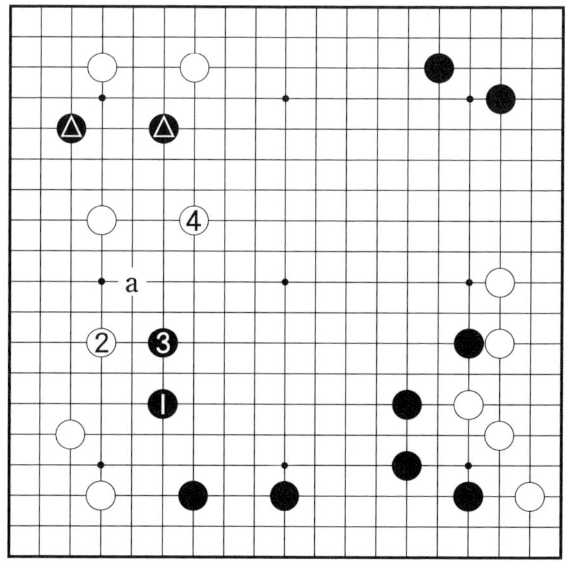

1도

1도 (단조로운 작전)

상식적인 제일감은 흑1의 확장. 그러나 너무 단조로운 느낌이 있다.

막상 백2로 받으면 좌변 실리가 크게 불어나 현실적으로 별 이득이 없을 뿐더러 백4(혹은 a)가 놓이고 나면 흑△들이 허약해져 중앙작전에 차질을 빚게 될 가능성이 높다.

초반의 감각 289

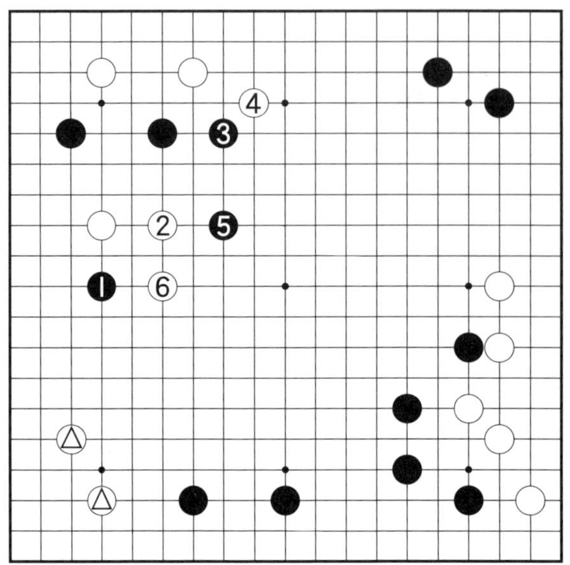

2도

2도 (혼전 양상)

좌상귀 쪽만을 놓고 볼 때
는 흑1의 협공이 보통 수
법이다. 그러나 백4, 6으
로 응수하고 나면 흑도 양
쪽이 급해져 하변을 키울
시간이 없어진다.

더구나 좌변 쪽은 백△
의 기착점 때문에 오히려
흑의 힘겨운 싸움이 예상
된다.

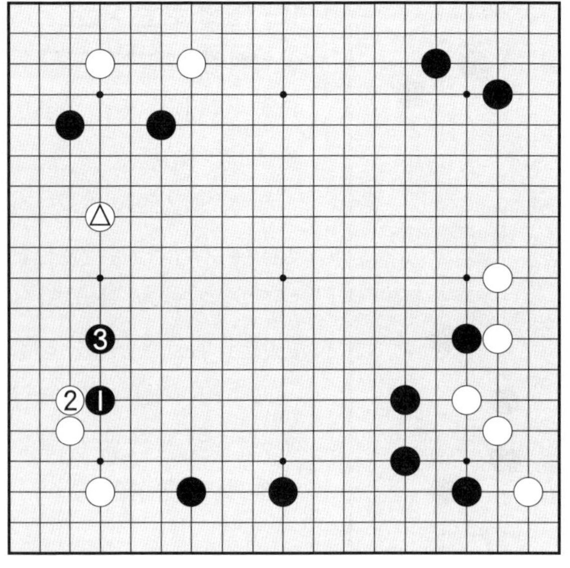

실전도

실전도 (1석2조)

흑1로 어깨짚어 가는 수
가 훌륭한 감각이다. 이어
백2에는 흑3으로 뛰어 경
쾌한 모습이다.

하변 확장과 백△에 대
한 협공을 겸하는 1석2조
의 호착으로 인해 국면의
주도권은 확연히 흑에게
넘어간 느낌이다.

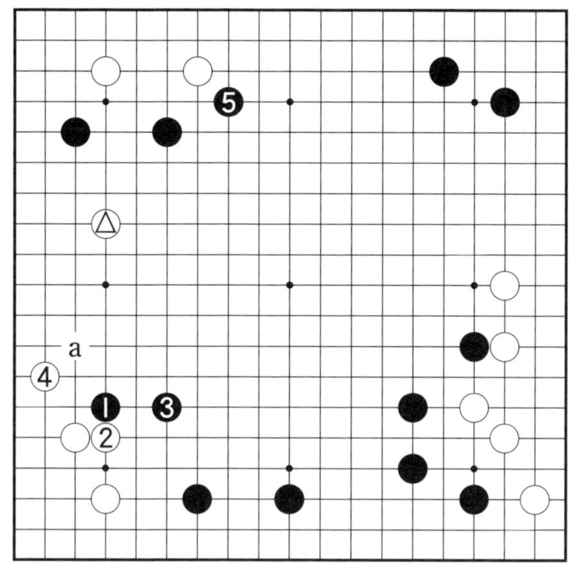

3도

3도 (흑, 더욱 활발)

흑1에 백2로 미는 것은 흑3이 안성맞춤이다. 이로써 하변은 완전히 에워싸인 셈이며 흑5로 씌워가는 흐름이 리드미컬하여 흑이 매우 활발한 모습이다.

또한 나중에 흑a로 눌러 백△를 고립시키는 수까지 남아있다.

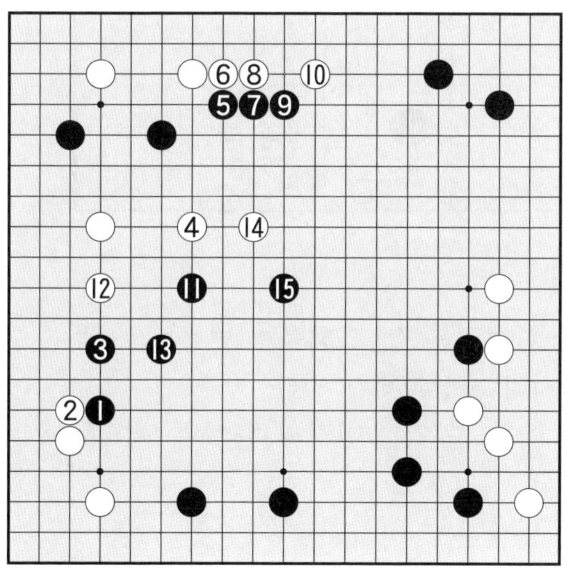

실전진행

실전진행 (주도권 장악)

흑1, 3에 백4는 당연한 탈출. 그러나 흑5~9로 벽을 쌓은 뒤 날아간 11이 기막힌 급소여서 흑이 주도권을 장악한 모습이다.

이하 15까지 흑의 호조가 절정을 이루고 있다.

본능적인 삭감의 급소

행마법 실전

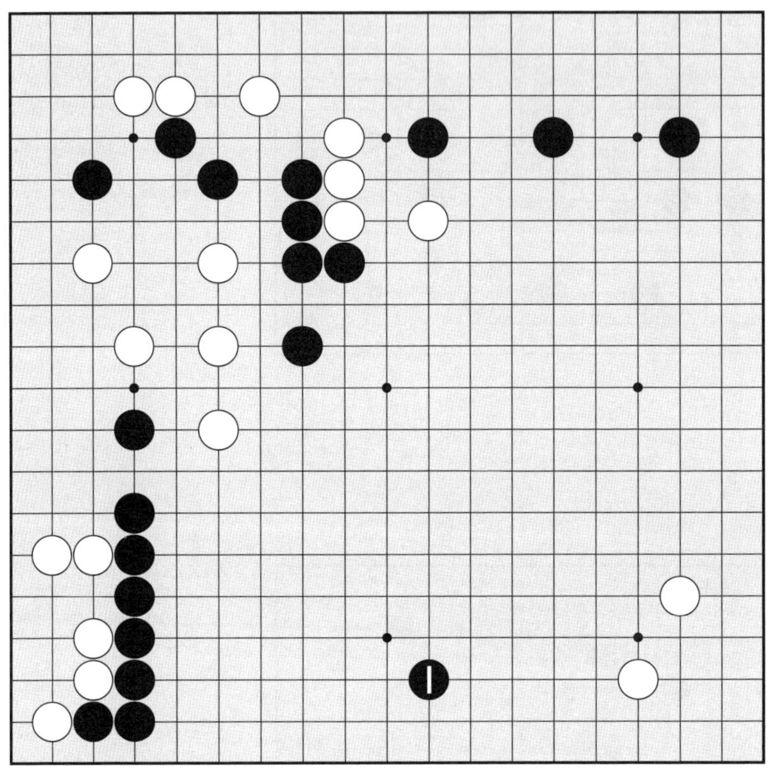

흑1로 마주보는 곳을 벌려온 장면. 백은 하변 삭감과 우변 진출이라는 두 가지의 지상과제가 있다.

이 두 가지를 모두 이룰 수 있는 감각의 한 수는 어디일까?

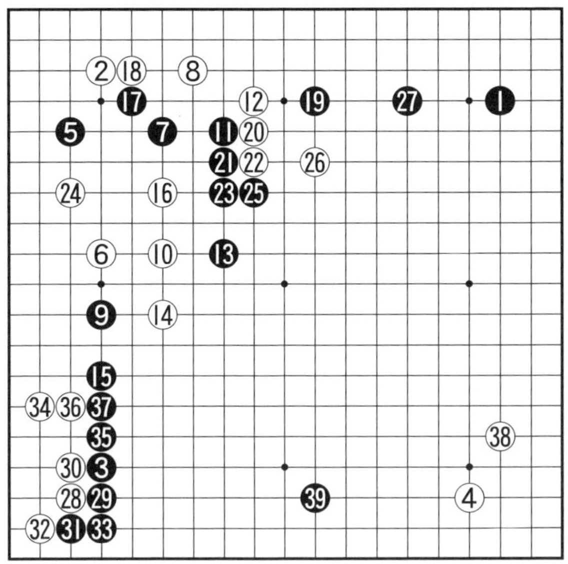

경과도

경과도 (1~39)

3기 동양증권배 세계선수 권대회 본선에서 오타케 (大竹英雄)와 조훈현(백) 이 겨룬 실전.

흑23이 완착으로 25에 젖혀 선수를 뽑는 것이 좋았다. 흑29도 30쪽으로 막아 선수를 잡을 자리. 선수로 귀살이하고 38의 큰 곳을 차지해 백이 약간 기분 좋은 흐름이다.

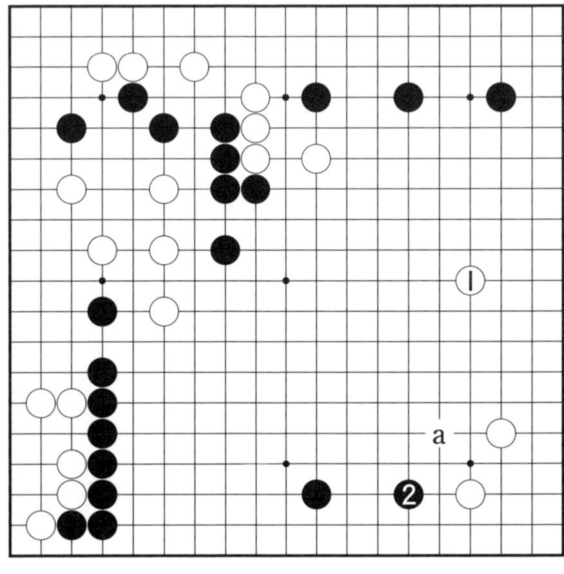

1도

1도 (백, 미흡)

우변쪽 만을 놓고 볼 때는 백1이 기막히게 좋은 곳이다. 그러나 여기서는 흑2가 그에 못지않은 요소이다.

차후 흑a가 빛나는 대세점이므로 백은 손을 빼기가 거북하다. 이래서는 미흡한 결과이다.

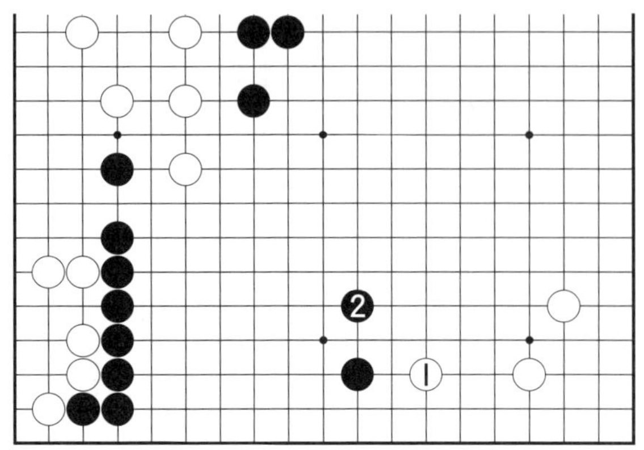

2도

2도 (두게 해주다)

그렇다고 백1로 먼저 벌리는 것은 그렇지 않아도 두고 싶던 흑2를 두게 해주어 역시 불만이다.

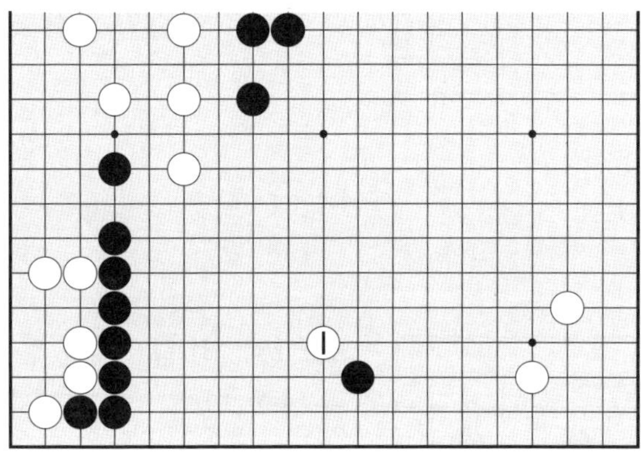

실전도

실전도 (삭감의 급소)

백1로 어깨짚어 가는 것이 삭감의 급소. 이런 곳은 감각적으로 한눈에 들어와야 한다.

정작 문제는 그 다음 수순에 있다.

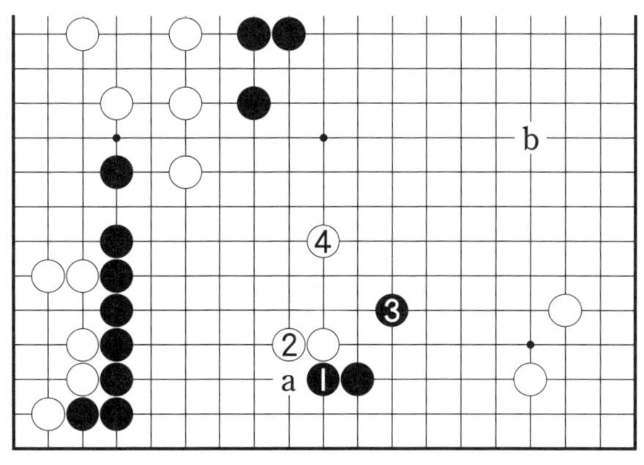

3도

3도 (흑, 방향착오)

이때 흑1, 3으로 대응하는 것은 이상감각이다.

백4 다음 a의 막음과 b의 전개가 맞보기여서 흑은 곤혹스럽다. 흑1의 방향이 틀린 탓이다.

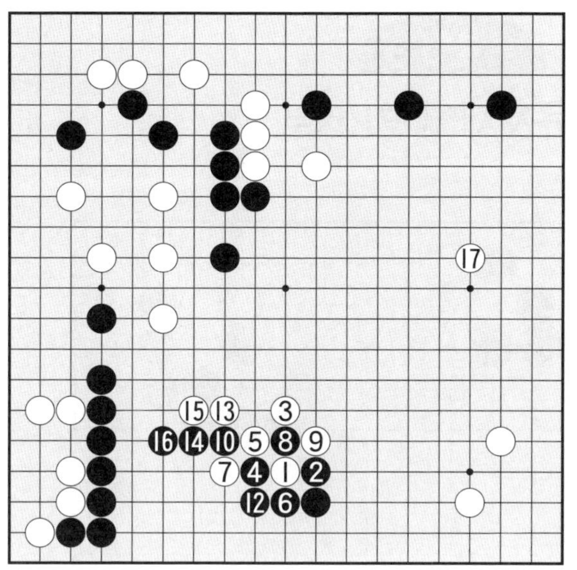

실전진행

실전진행 (백, 일거양득)

그러므로 흑은 2쪽으로 미는 것이 올바른 방향이다. 이때 백3이 음미할 만한 경묘한 행마이다.

흑4가 어쩔 수 없을 때 이하 백15까지 선수로 등을 두텁게 한 뒤 대망의 요소인 17을 차지하여 백이 성공한 포석이다.

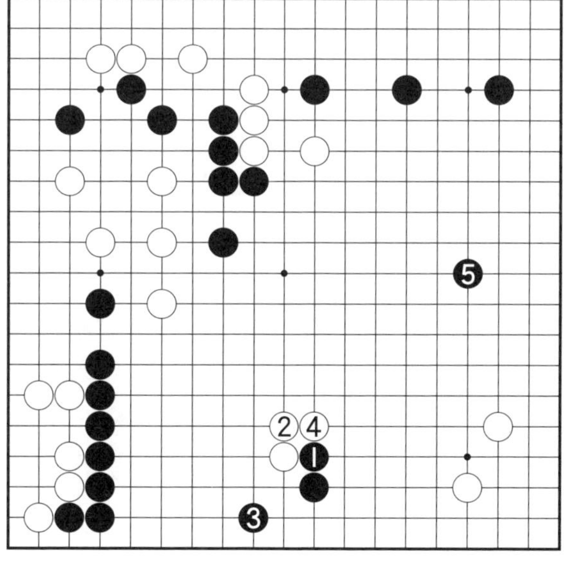

4도

4도 (백, 고지식한 행마)

흑1에 곧이곧대로 백2로 느는 것은 무거운 행마이다. 흑3 때 백4를 생략하기 어려워 흑5의 절호점을 빼앗기게 된다.

가벼운 행마로 두 곳의 요소를 모두 차지한 감각과 수순이 빛나는 장면이었다.

자유자재의 변신술

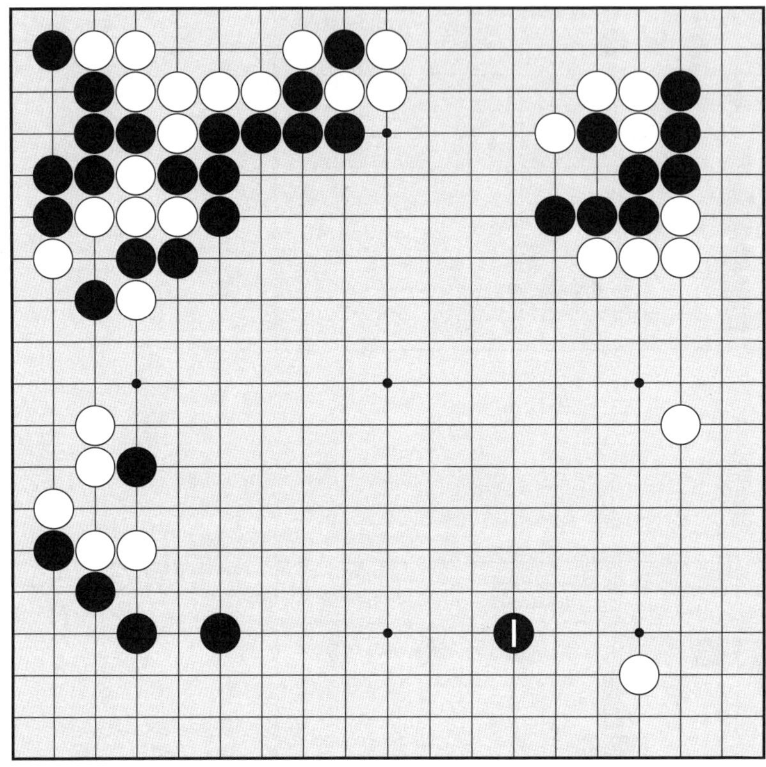

　　좌하귀를 배경삼아 흑1로 역걸침해 온 장면이다. 우하귀 쪽은 백에게 내주는 대신 하변을 폭넓게 구축하려는 의도 이다.

　　흑의 주문을 거스르며 국면을 능동적으로 이끌 방법은 없을까?

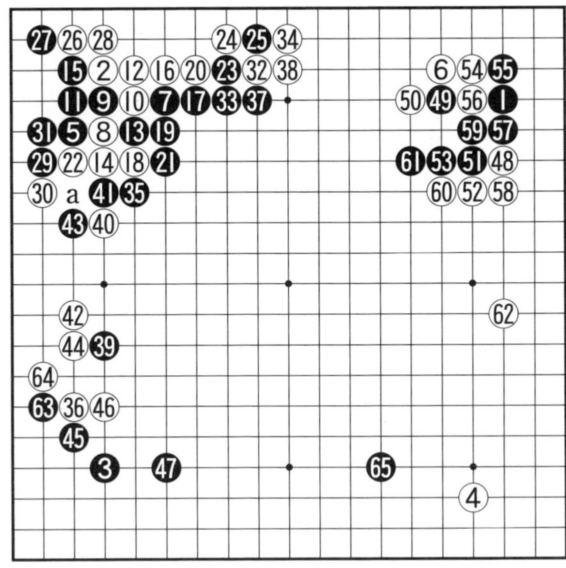

경과도

3기 박카스배에서 정수현 (흑)과 조훈현이 겨룬 실전. 흑7의 눈목자씌움으로 시작된 좌상귀 형태는 대사정석의 현대판이라 할 수 있는 대형정석이다. 흑 39의 협공에 백42가 재미 있는 수법. 백a로 준동하는 수를 노리고 있다. 결국 백44로 자리를 잡아 백이 다소 기분 좋은 모습이다.

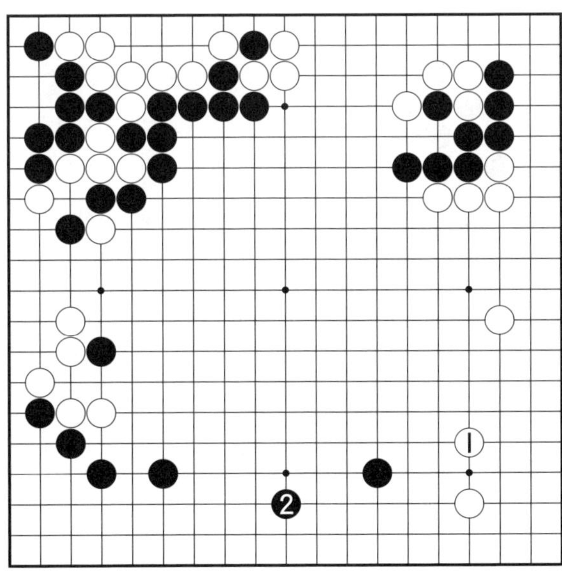

1도

1도 (무난한 응수)

백1로 받는 것이 가장 무난한 응수. 그러면 흑도 2로 벌려 장기전의 양상이다. 물론 이렇게 두어도 백은 전혀 나쁠 것이 없지만 하변 흑진이 이상형으로 굳어져 마음 걸리며, 무엇보다 흑의 의도에 순응한다는 점에서 썩 내키지 않는다.

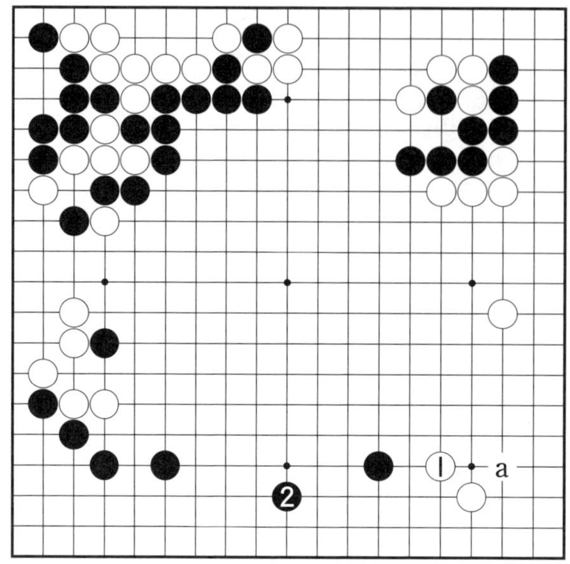

2도

2도 (흑의 의도)

백1로 받는 수도 가능하다. 그러면 하변 쪽에서는 좀 더 영향력이 있지만, 우변 쪽은 a의 침입수가 남아 1도보다 더 허술해지는 단점이 있다.

이것 역시 흑의 주문이라고 하겠다.

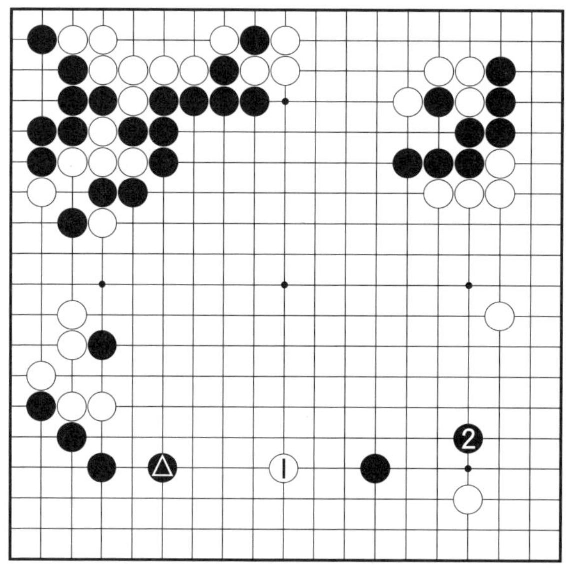

3도

3도 (혼전 양상)

백1로 협공하는 것도 생각할 수 있다. 그러면 흑2가 기세.

이렇게 되면 혼전이 필연적인데, 흑▲가 강하게 머리를 내밀고 있는 데다 좌변 백 일단이 미생마여서 흑보다는 백이 부담스러운 싸움이 될 것 같다.

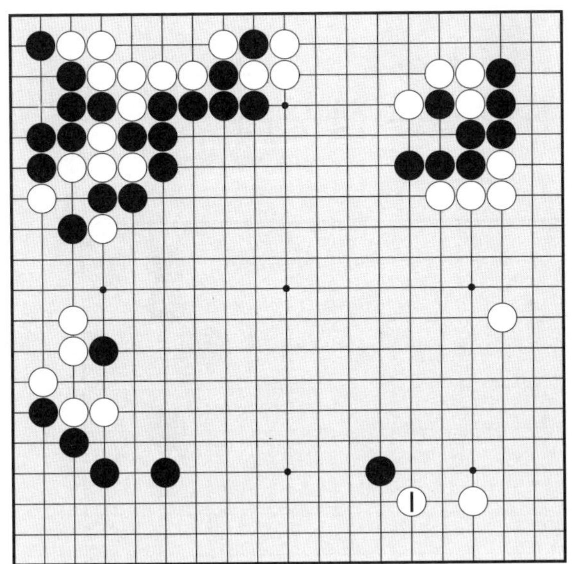

실전도

실전도 (임기응변)

백1로 턱밑에 다가선 것이 재미있는 임기응변이다. 우변 쪽에 강하게 펼쳐진 배석의 가치를 최대한 살리려는 능률적 발상의 소산이다.

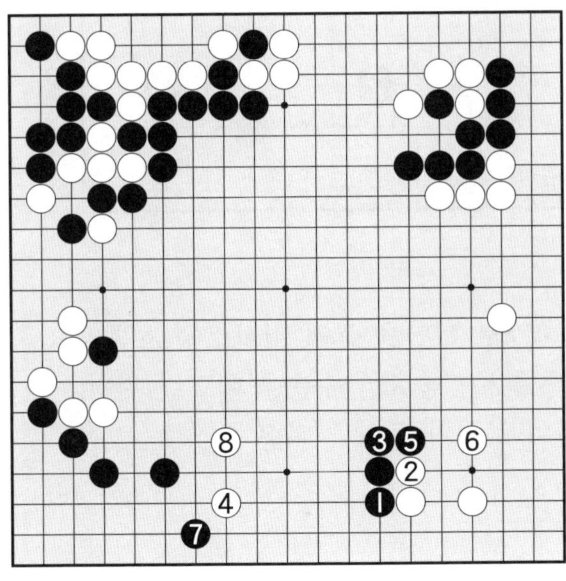

실전진행

실전진행 (스피드의 극치)

흑1은 당연한데 백2, 흑3으로 우하 쪽을 응급조치한 뒤 백4로 다가선 수순이 발 빠른 행마이다.

이어 흑5에는 백6으로 우하귀를 굳히고 흑7에는 백8로 뛰어 백의 스피드가 돋보이고 있다. 발 빠른 감각으로 우변 지킴과 하변 파괴를 동시에 달성한 결과라고 하겠다.

전광석화와 같은 잽 연타

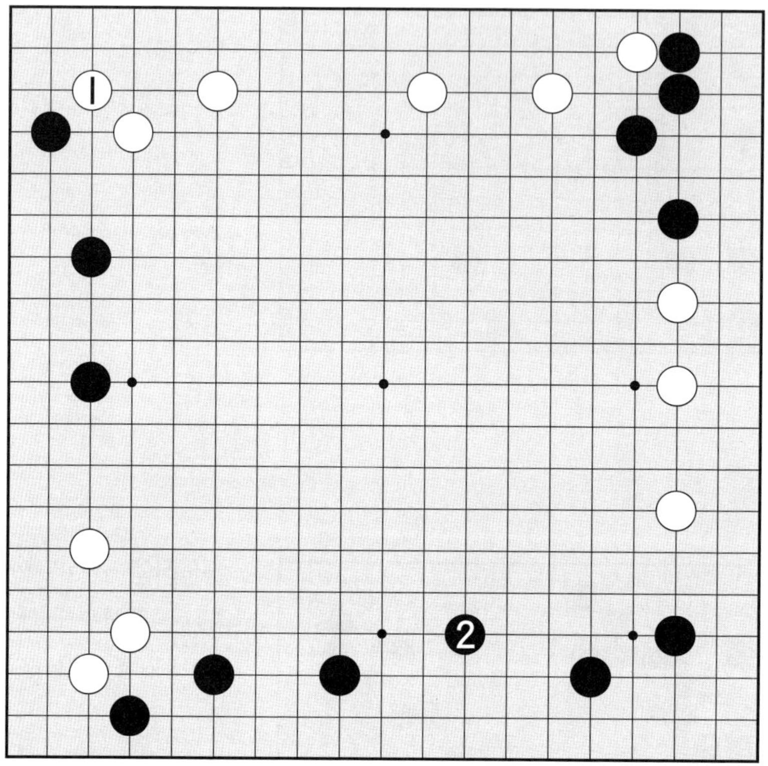

백1로 귀를 지키자 흑2로 하변을 굳혀 평화로운 흐름의 초반이다. 그러나 사실 흑2는 중요한 수순을 빠뜨린 완착. 흑의 완착을 응징하며 포석의 우위를 다질 수 있는 멋진 수순이 있다.

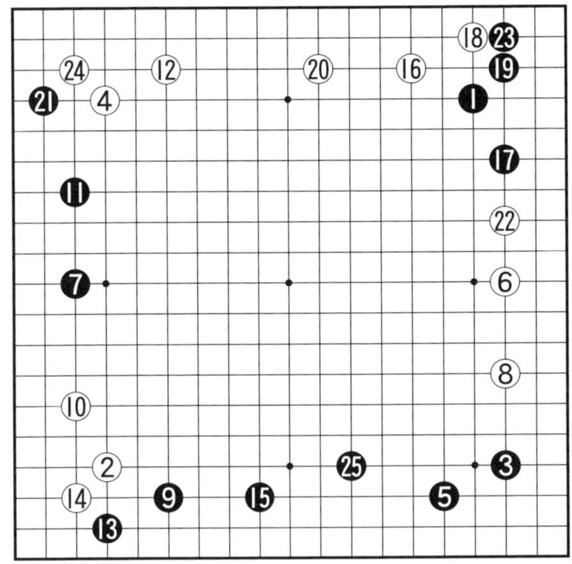

경과도

경과도 (1~25)

15기 대왕전 도전3국에서 이창호(흑)와 조훈현이 벌인 실전.

백6과 흑7로 서로 갈라친 것이 장기전 포진의 시발점이다. 이하 백24까지 쌍방 물샐틈없이 견실하고도 유연한 모범 포석의 양상이다.

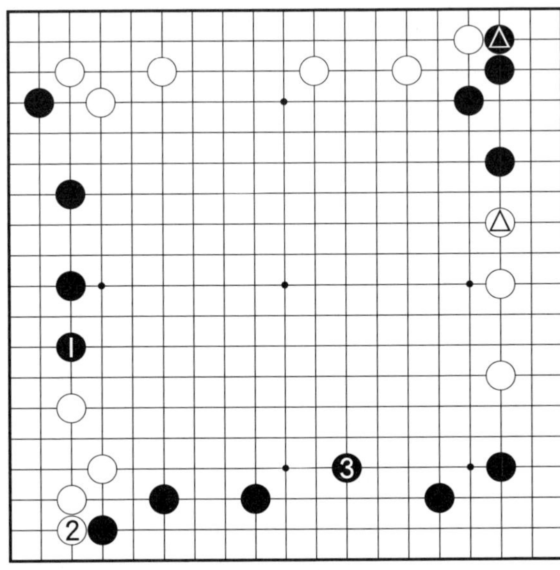

1도

1도 (빠뜨린 수순)

흑은 경과도 흑25를 두기 전에 흑1, 백2를 미리 교환해 두어야 했다. 좌변 흑을 선수로 안정시키는 중요한 수순이다. 우상귀 백△와 흑△의 교환도 마찬가지 의미.

그런데 실전에서는 이 타이밍을 놓치는 바람에 백에게 하변 쪽을 선제당해 급기야 좌변 흑 일단이 미생마로 시달리게 되고 말았다.

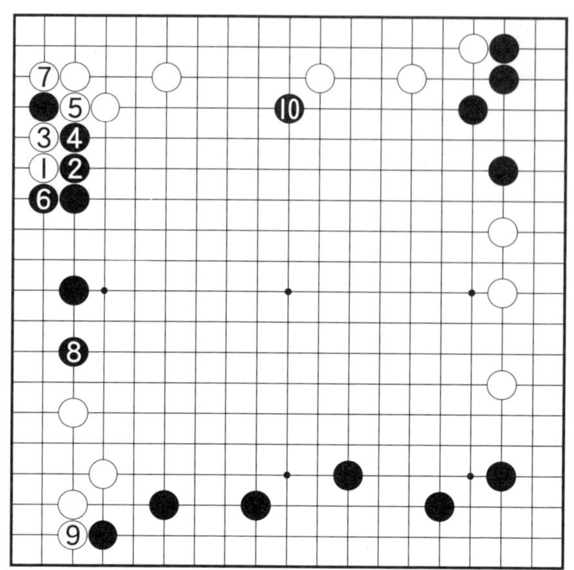

2도

2도 (백, 무책)

현재 반상 최대의 곳은 백 1. 그러면 백7까지 실리를 벌며 흑의 근거를 빼앗을 수 있다.

그러나 그냥 이 수를 시도하는 것은 다소 책략이 없다. 흑은 8을 선수한 뒤 10에 선착해 전혀 불만이 없다.

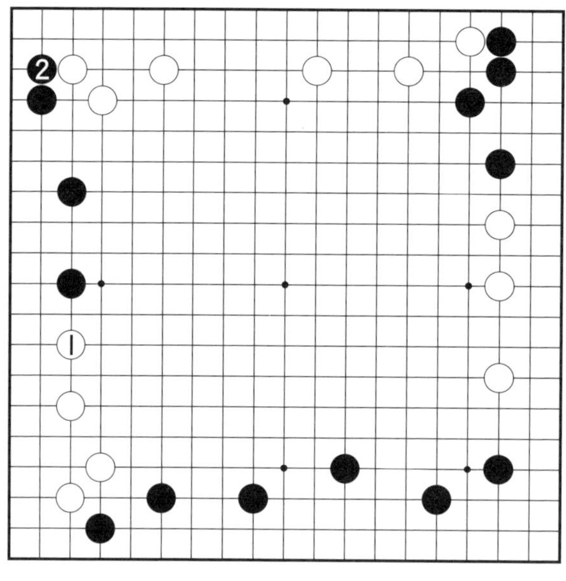

3도

3도 (백, 손해)

그렇다고 백1쪽으로 먼저 다가서는 것은 흑2를 허용해 손해이다. 크기 자체로는 흑2쪽이 훨씬 크기 때문이다.

자, 좀 더 능동적인 수단은 없는지 책장을 넘기기 전에 생각해보자.

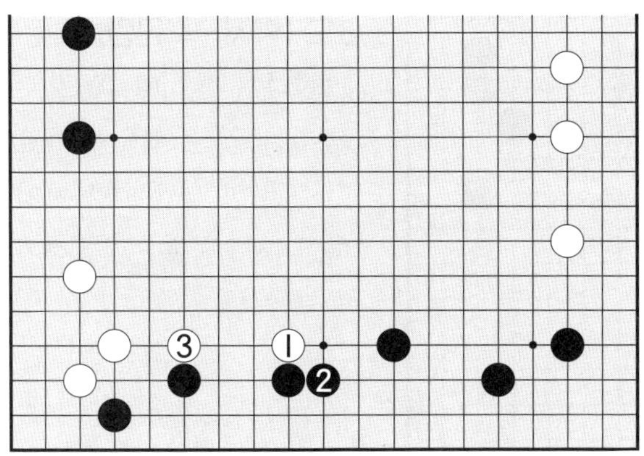

실전도

실전도 (적시타 연발)

백1로 머리에 붙여가는 수가 흑의 완착을 꾸짖는 절호의 응수타진이다.

이어 흑2에는 백3이 잇달은 잽의 연타. 실로 전광석화 같은 잽 두 방에 흑은 속수무책이다.

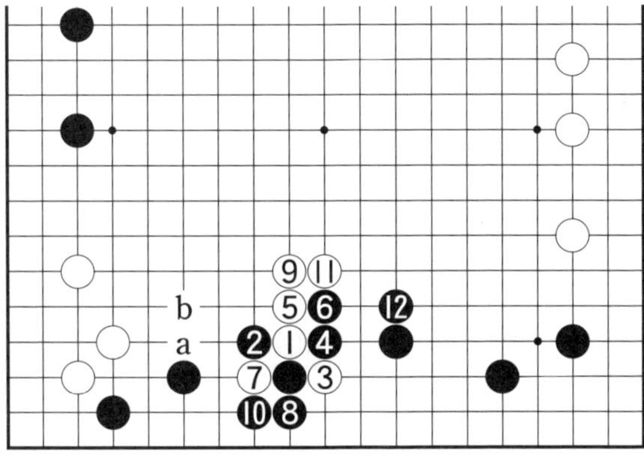

4도

4도 (백, 두터움)

백1의 붙임에 기분대로 흑2로 젖히는 것은 말려드는 수이다. 백을 너무 두텁게 해주어 득보다 실이 많다.

다음 백a나 b면 이쪽은 완전히 봉쇄된 모습이다. 흑2로 4쪽에서 젖히는 것도 백7로 되젖혀 대동소이.

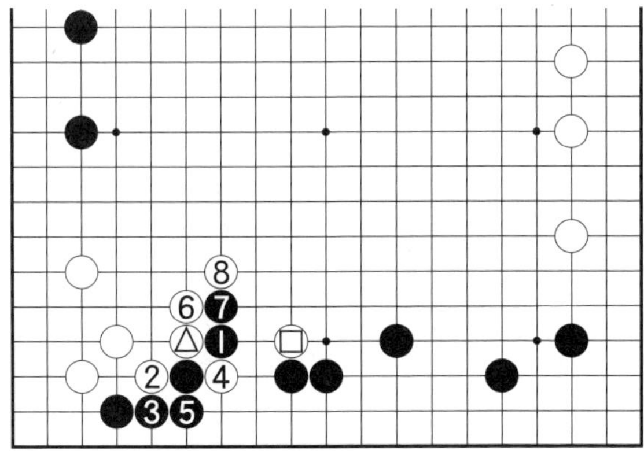

5도

5도 (흑, 말려들다)

백△(실전도 3)에 흑은 1로 젖히기가 어렵다. 백2 ~8이면 꼼짝없이 당한 모습 아닌가.

이렇게 되고 보니 미리 활용해 둔 백▢가 형태상의 급소에서 빙긋이 웃고 있는 형상이다.

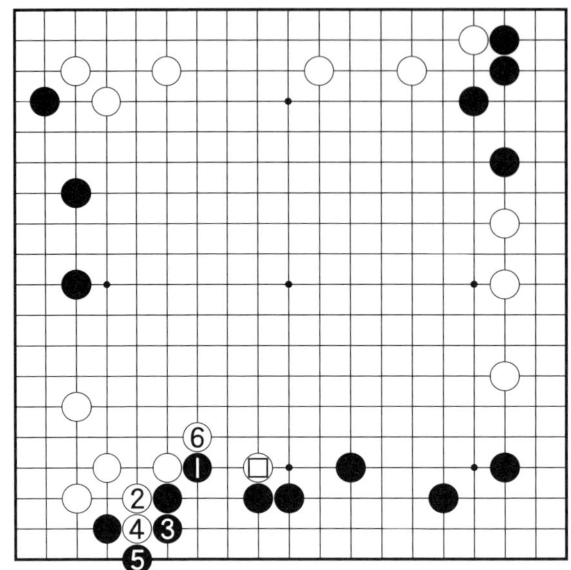

6도

6도 (역시 흑 곤란)

그렇다고 백2 때 흑3으로 늦추는 것도 백6에 이르러 곤란한 것은 마찬가지다. 역시 백◯가 절호점이 되고 있다.

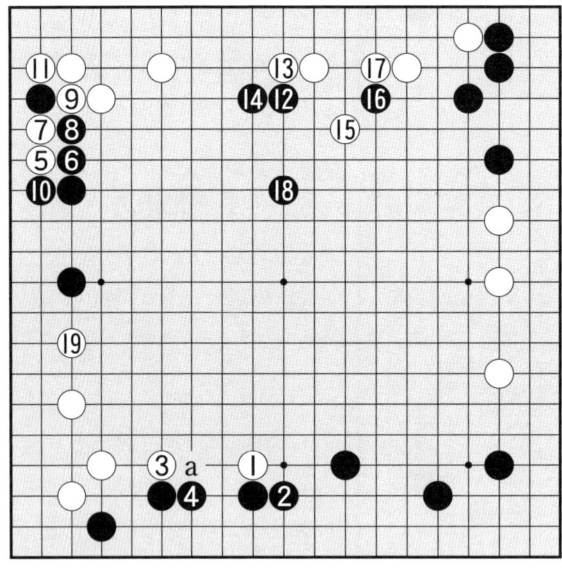

실전진행

실전진행 (백, 우위 확립)

결국 흑은 4로 또 참을 수밖에 없다. 이렇게 흑을 굴복시킨 후 백5로 달려가 발 빠른 모습이다. 백19에 이르러 백1, 3의 위력이 비로소 드러나고 있다.

좌변과 상변의 흑 일단이 양곤마 성인 데다 a까지 남아 백이 리드한 포석이다. 흑12로 19에 벌리는 것은 선수가 안 된다. 바로 이것이 백1, 3의 효과인 셈.

타이밍의 중요성

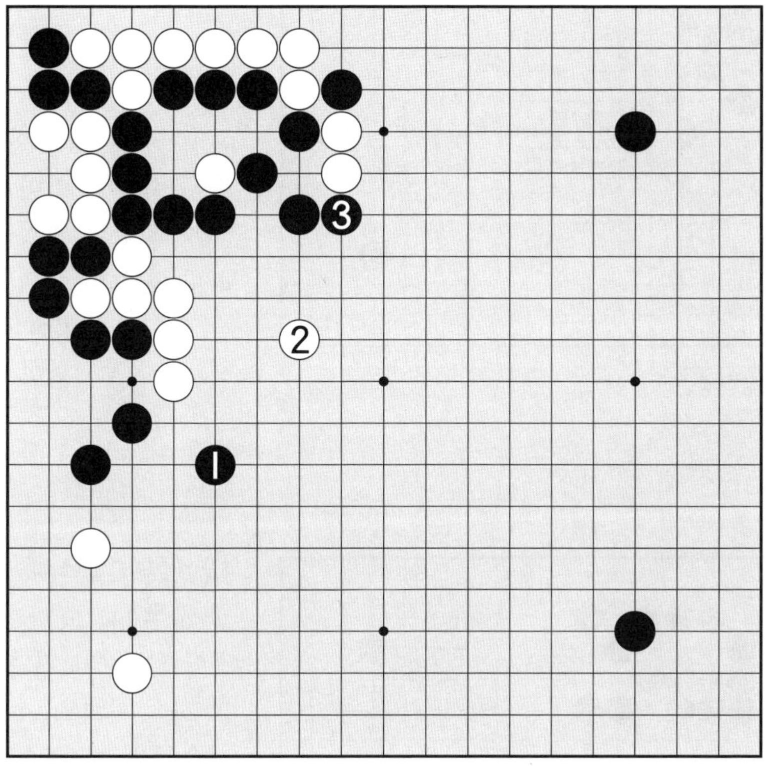

　좌상귀에서 시작된 대형정석의 여파가 중앙으로 번지고 있는 상황이다. 흑1, 백2, 흑3은 당연하고도 시급한 외길수순이다.

　자, 여기서 백은 적시타가 있다. 그곳은 어디일까?

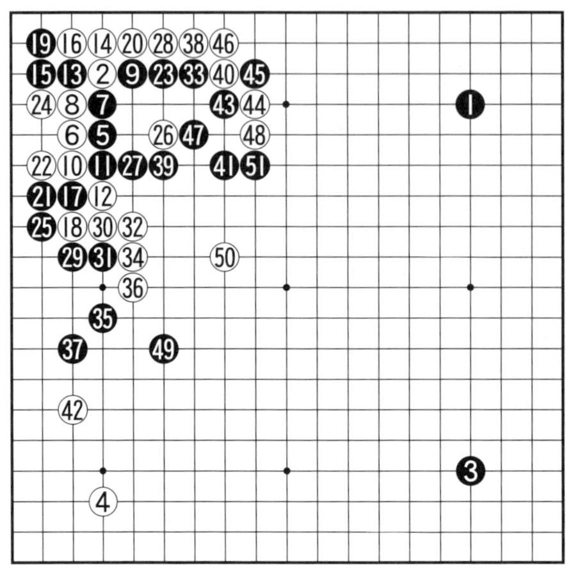

경과도

2회 LG배 세계기왕전에서 조훈현(흑)과 조치훈이 겨룬 실전.

흑7, 9로 시작된 좌상귀의 밀어붙이기 정석이 중앙까지 일파만파로 번지고 있다. 흑23이 일반화된 현대 수법이며, 백26도 유력한 변화구. 그러나 39의 곳에 막지 않은 백28이 완착이어서 흑이 기분 좋은 흐름이다.

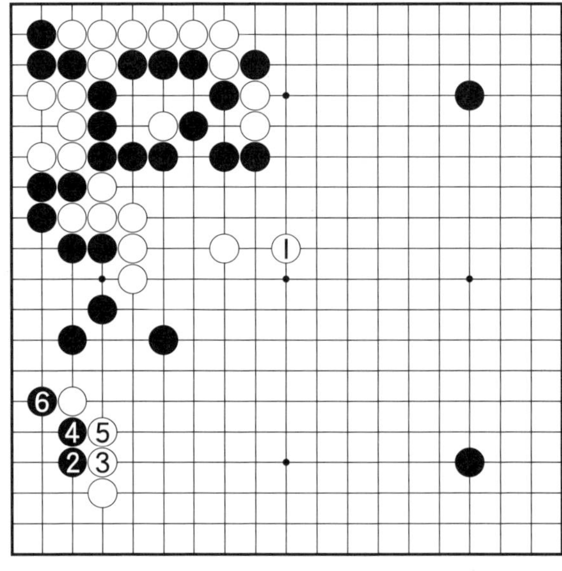

1도

1도 (정수, 그러나 무책)

일견 백1로 뛰어나가는 것이 당연해 보인다. 그리고 사실 자체로는 이것이 정수이다.

그러나 다음 순간 흑2의 침입을 당하고 보면 백의 무책이 드러난다. 중요한 수순 하나를 빠뜨린 탓이다.

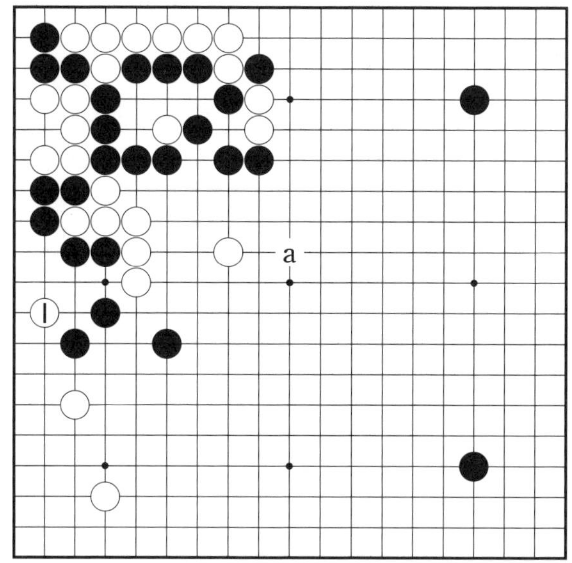

2도

2도 (적시의 타진)

a에 뛰기에 앞서 백1로 치중해보는 것이 놓칠 수 없는 타이밍이다.

흑의 태도를 물어 다음 행마의 방향을 정하겠다는 고도의 응수타진이자, 흑 일단의 근거를 흔드는 짜릿한 맥점으로 막상 흑의 응수도 쉽지 않다.

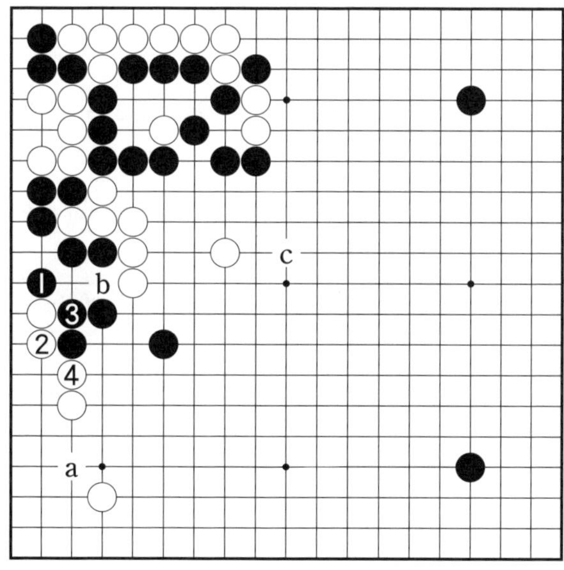

3도

3도 (백, 효과적 처리)

계속해서 흑1이면 백2, 4로 넘어가 실리를 크게 번다. 이렇게 되고 보니 a의 침입 수단이 저절로 소멸되고 있지 않은가.

게다가 다음 백b가 선수이므로 흑 전체가 미생. 따라서 흑c 따위로 씌워 함부로 강공을 펼치기가 어렵다.

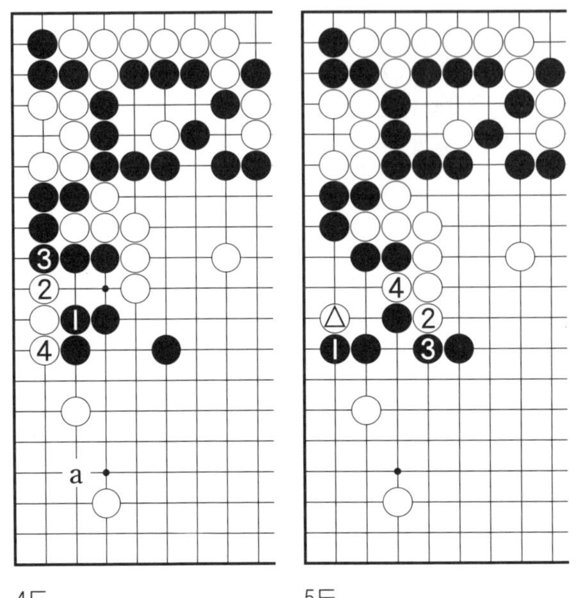

4도

5도

4도 (흑, 곤란)

그렇다고 흑1로 잇는 것은 백2, 4로 근거를 모조리 빼앗겨 더욱 나쁘다.

이제 흑은 a로 쳐들어갈 여유가 없지 않은가.

5도 (흑, 파탄)

흑1로 막는 것은 무모한 반발. 백2, 4에 의해 간단하게 파탄이다. 결국 백△의 응수타진 한방에 흑이 반발하는 수단은 없다는 결론이다. 그러나~

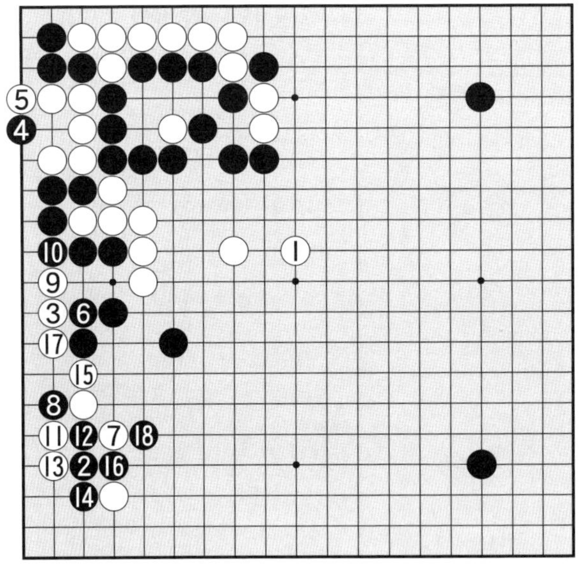

실전진행

실전진행 (백, 실기)

실전에서는 단순히 백1로 뛰어 흑2를 당하고 말았다. 뒤늦게 백3을 시도했으나, 흑6으로 이어버리니 사후약방문 격이다.

곤혹스러워진 백은 7, 11로 버텼으나 흑18까지 좌하귀가 쑥밭이 되어서는 거의 망한 결과이다.

결국 응수타진의 타이밍 하나를 놓친 것이 파국을 낳은 셈이다.

대세의 급소를 찾는 눈

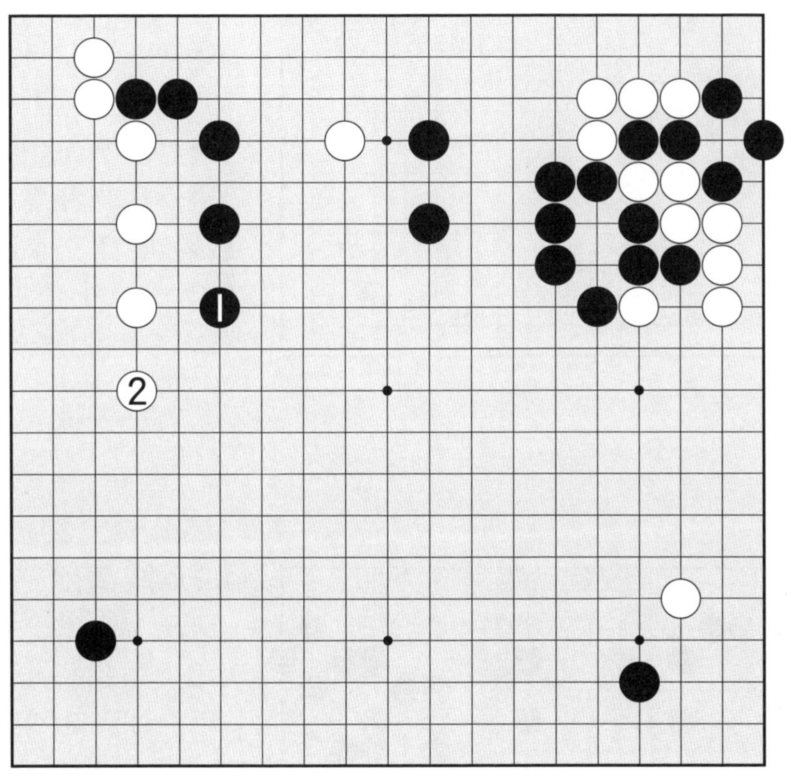

흑1에 백2로 받은 것은 일견 당연해 보이지만 실은 중요한 대세점을 놓친 완착이다.

이 완착을 꾸짖는 대세의 급소가 있다. 과연 어디일까?

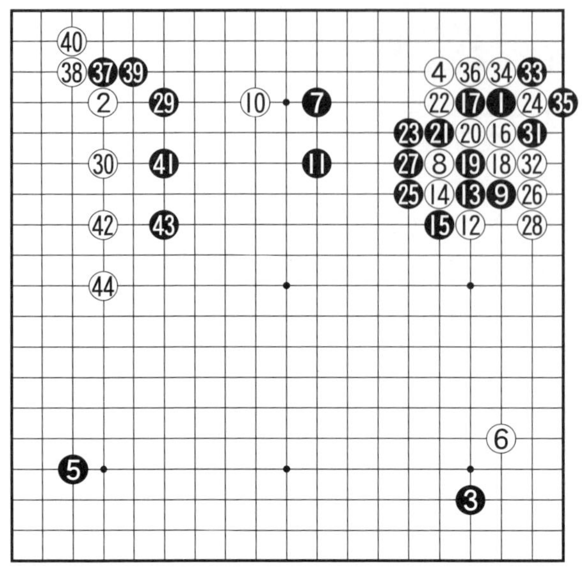

경과도

경과도 (1~44)

28기 명인전 도전3국에서 조훈현(흑)과 이창호가 벌인 실전.

백12에 흑13, 15는 당연한 반발이며, 백16부터 36까지는 1980년대 초 대유행하던 옛 정석의 일종이다. 백42까지 흑 세력과 백 실리가 잘 어울린 국면인데, 백44가 손 따라 받은 실착이어서 흑이 찬스를 잡았다.

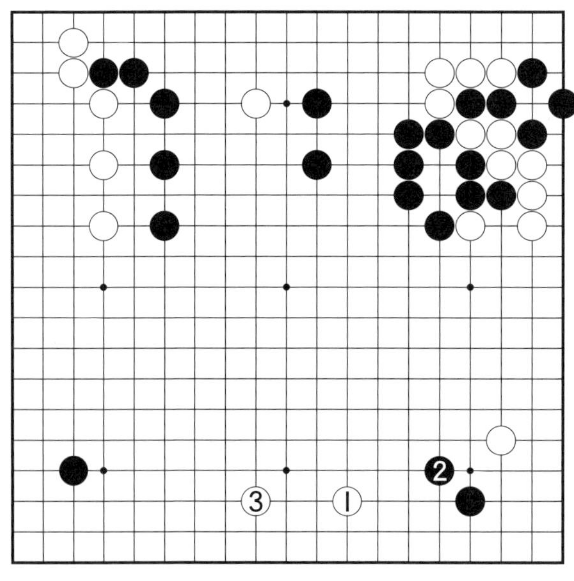

1도

1도 (백의 최선)

경과도 백44로는 하변에 손을 쓰는 것이 시급했다. 백1로 협공 겸 갈라치는 것이 좋은 수. 이어 흑2에는 백3으로 자리를 잡는다. 상변 쪽 흑세를 의식해 이렇게 좌우 흑세를 분산시켜 놓는 것이 최선이었다.

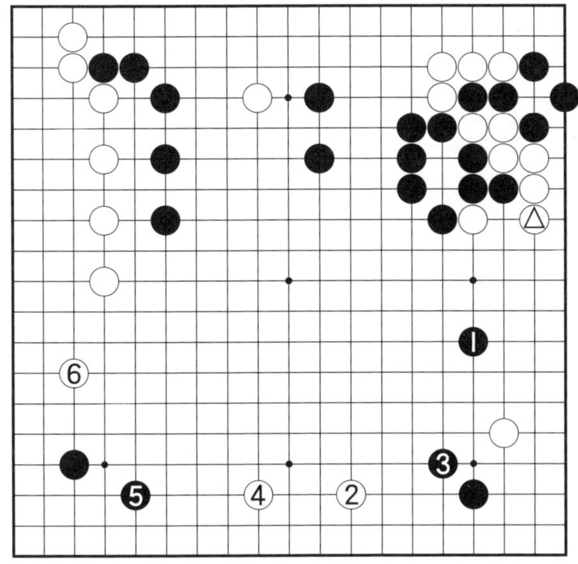

2도

2도 (어설픈 협공)

본론으로 들어가서~

흑1의 협공은 이상감각이다. 백2가 좋은 응수로 흑3 때 백4로 하변 쪽을 분산시키면 1도와 별 차이가 없는 모습이다.

우변은 백△가 머리를 내밀고 있어 가치가 크지 않다. 즉, 흑은 가치 없는 우변을 중시하다 중요한 하변을 다친 셈이다.

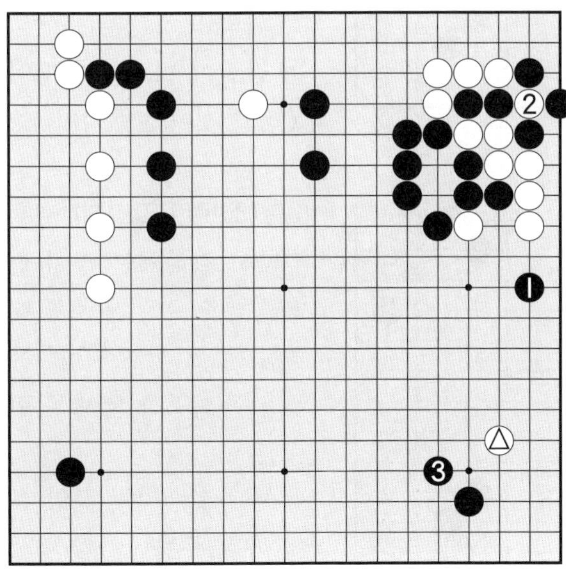

실전도

실전도 (대세의 급소)

흑1의 선수에 이어 3의 마늘모가 일류감각. 이 수는 상중앙의 흑세와 호응하며 전국을 조망하고 있는 대세상의 급소이다.

또한 이에 앞서 선수해 둔 흑1은 백△의 움직임을 은근히 견제하는 역할을 하고 있다.

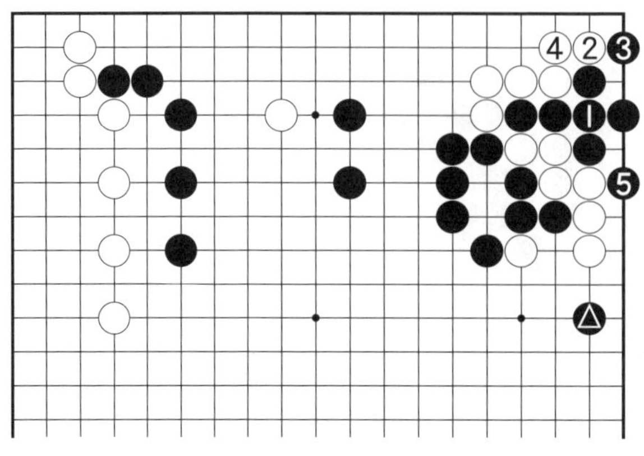

3도

3도 (고약한 뒷맛)

흑▲ 때 백이 우상귀에서 손을 빼면 흑1로 잇는 수가 성립한다. 이하 흑5까지 1수 늘어진 패.

백 전체의 사활까지 걸린 꽃놀이패이므로 백이 견딜 수 없다.

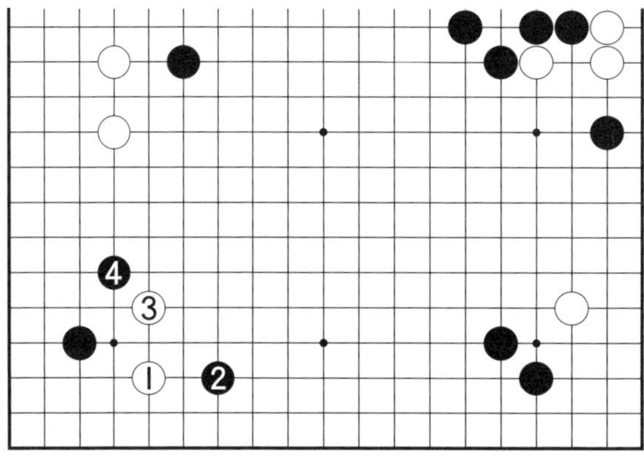

4도

4도 (무리한 걸침)

실전도에 이은 백의 다음 수는 어디일까?

백1의 걸침은 흑2로 급박하게 협공당해 다소 곤란하다. 상중앙 쪽의 흑세가 워낙 막강해 이곳에서는 급전이 벌어지면 백이 불리할 것이 불문가지다.

5도 (잘못된 갈라침)

따라서 갈라치는 것이 현명한 태도. 그런데 보통 때처럼 백1로 낮게 갈라치는 것은 흑4, 6을 당해 곤란해진다.

이래서는 자칫 중앙 쪽에 흑의 무량대가가 형성될 위험이 있다.

5도

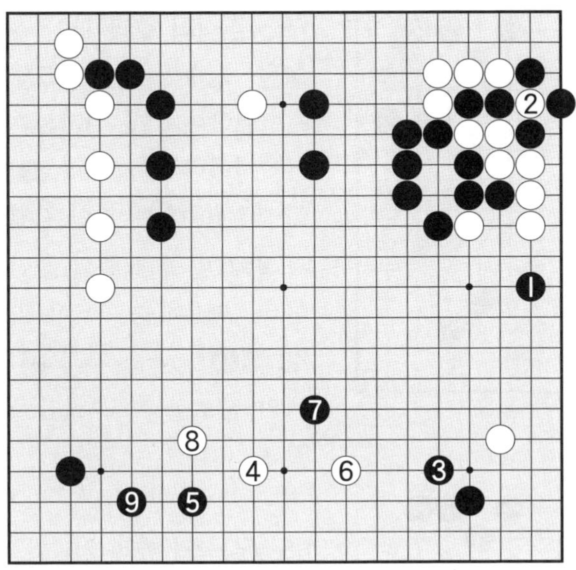

실전진행

실전진행 (감각 2탄)

백4의 높은 갈라침은 고육지책이다. 그러나 흑5에 이은 7이 절호점이어서 백의 괴로움이 가중되고 있다.

9까지 흑은 좌우에서 실리와 세력을 벌며 백을 공격해 승기를 휘어잡은 모습이다.

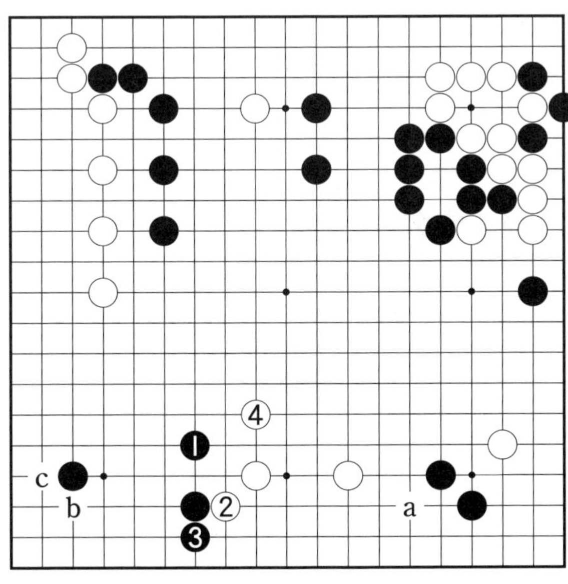

6도

6도 (틀에 박힌 수)

실전진행 흑7로 상식적인 감각은 흑1의 한칸뜀이다. 그러나 여기서는 백4까지 중앙이 저절로 지워져 흑의 불만이다.

다음 백a면 이 백은 거의 안정되는 모습인 데다 좌하귀는 b, c의 뒷맛이 남아 아직 완전치 않다.

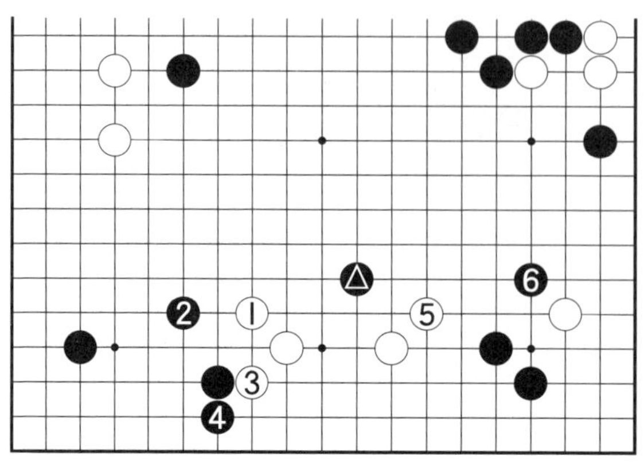

7도

7도 (감각의 효과 1)

실전진행 백8로는 이 그림 1이 보통이지만, 여기서는 부적절하다. 흑2가 절호점이 되는 데다 백 일단 전체가 완전치 못해 백의 불만이다. 백5에는 흑6이 제격. 흑▲가 급소 자리에서 백의 진로를 막고 있음을 알 수 있다.

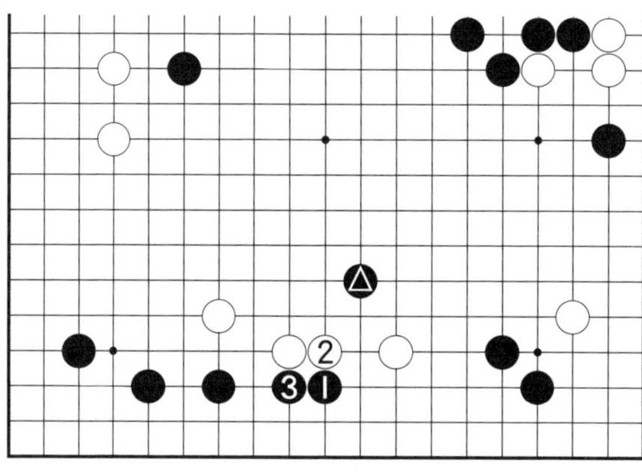

8도

8도 (감각의 효과 2)

▲는 훗날 흑1의 침입을 강력하게 뒷받침하는 효과도 있다. 백2로 막을 수밖에 없는데, 흑3으로 실리와 근거를 모두 훑으며 넘어가 백이 매우 괴로운 모습이다. 실제 실전에서도 이렇게 진행되었다.

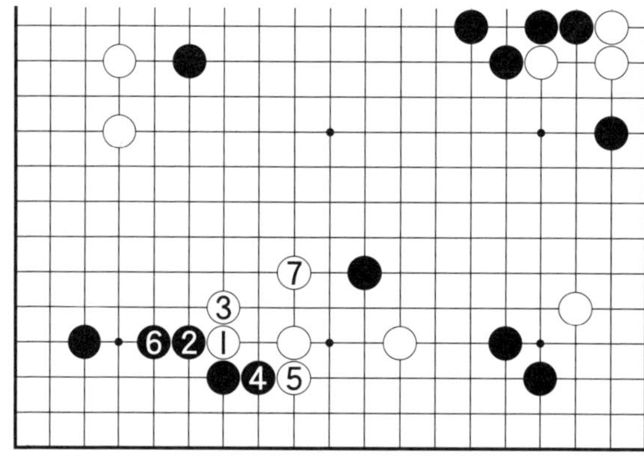

9도

9도 (백의 최선)

실전진행 백8로는 이 그림 1, 3으로 붙여뻗는 것이 최선이었다. 이하 7까지 좌하귀는 크게 굳혀주지만, 대신 백7로 안정된 자세를 잡을 수 있어 실전보다는 한결 나은 모습이다.

손오공의 화려한 감각

초반의 감각 315

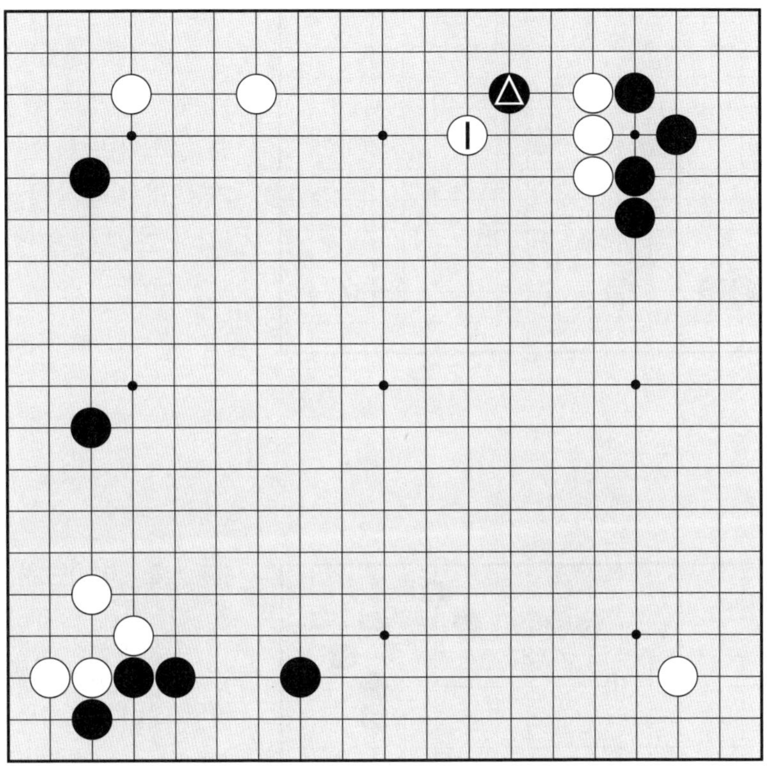

백1로 씌워온 장면이다.

흑으로서는 과연 ▲를 움직일 것인가 포기할 것인가, 기로에 선 상황이다. 기상천외의 감각이 필요한 국면이다.

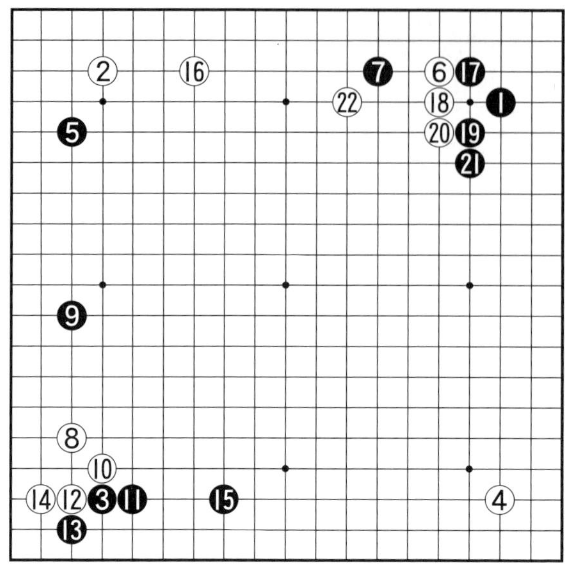

경과도

경과도 (1~22)

1회 IBM배 국제속기 오픈전에서 서능욱(흑)과 일본의 고오리(郡壽男)가 벌인 실전.

　서9단은 종종 기상천외의 묘착으로 센세이션을 일으키곤 하는 순발력과 화려한 감각의 소유자이다. 그래서 별명도 '손오공'이다.

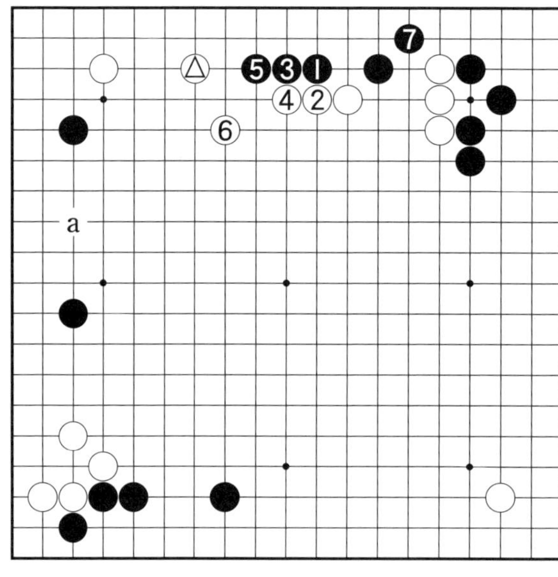

1도

1도 (흑, 쌈지뜨다)

흑1로 즉각 움직이는 것은 하책. 백△가 좋은 자리에 대기하고 있어 흑의 전도가 암담하다.

　가령 흑7까지 후수로 구구도생하다 백a를 당하는 날이면 국면이 일거에 백의 페이스로 넘어간다.

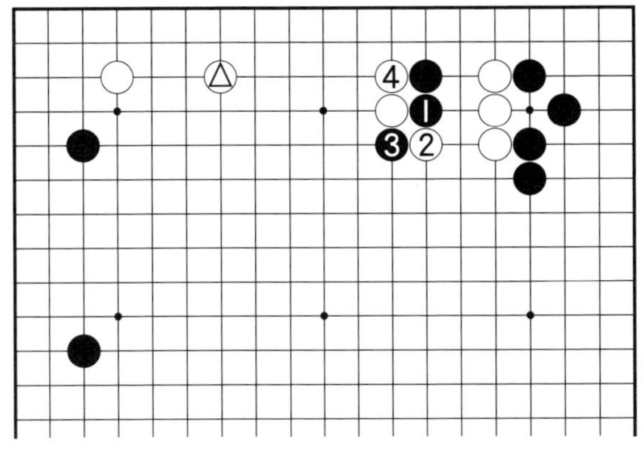

2도

2도 (흑, 무리)

그렇다고 흑1, 3으로 나와 끊는 것은 백4로 막혀 무리이다.

　역시 백△가 기다리고 있어 이 싸움은 흑이 안 될 것이다.

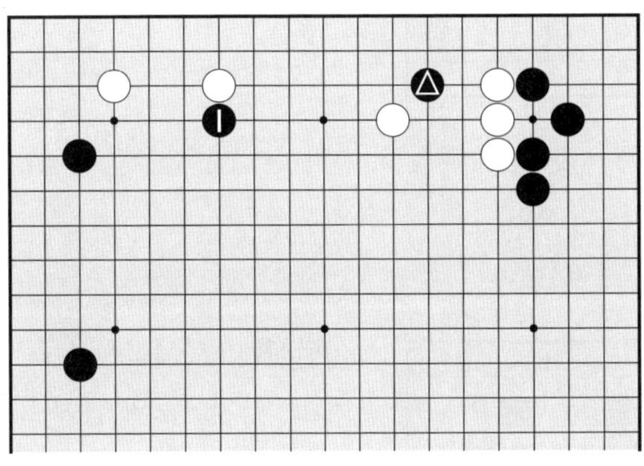

실전도

실전도 (탁월한 감각)

흑1로 갖다 붙인 수가 서9단이 보여준 기상천외의 감각이다. 백의 응수에 따라 흑△의 움직임 여부를 결정하겠다는 고도의 응수타진이다.

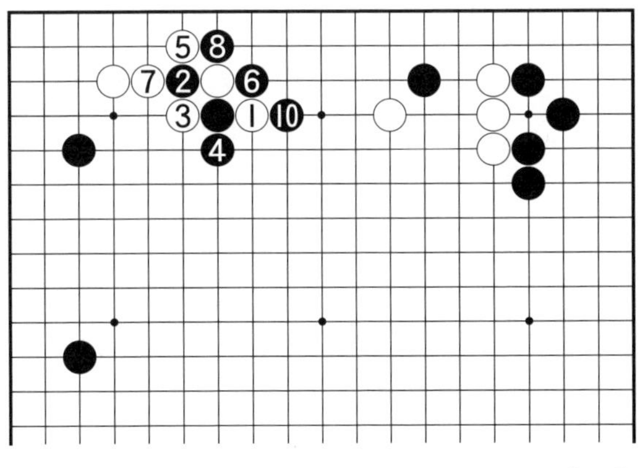

3도　　　　　　　　　⑨…❷

3도 (백, 망하다)

백1의 젖힘에는 흑2의 되젖힘이 맥. 이어 백5로 잡는다면 흑10까지 백 한점이 축으로 잡혀 백이 걸려든다.

　또한 백1로 3쪽에서 젖히는 것은 흑6으로 되젖혀, 이번에는 왼쪽이 다친다.

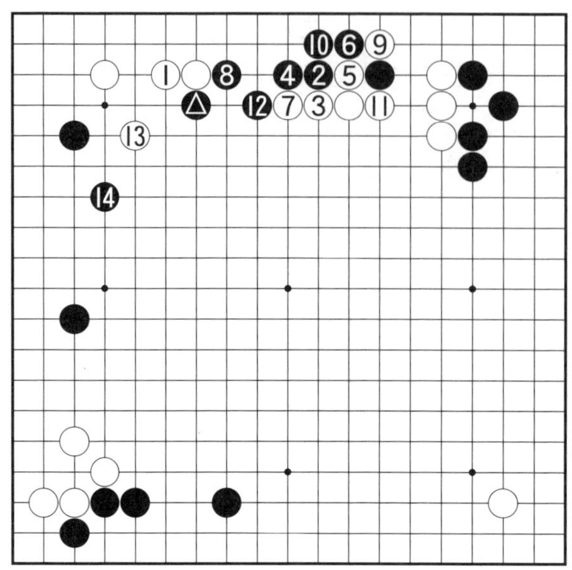

4도

4도 (흑, 효과적 수습)

그렇다고 백1로 는다면 흑2로 움직인다. 이하 흑 12까지 ▲의 구실에 힘입어 효과적으로 타개할 수 있는 것이다.

　다음 백13에는 흑14로 좌변까지 지켜 흑은 소기의 목적을 충분히 달성한 모습이다.

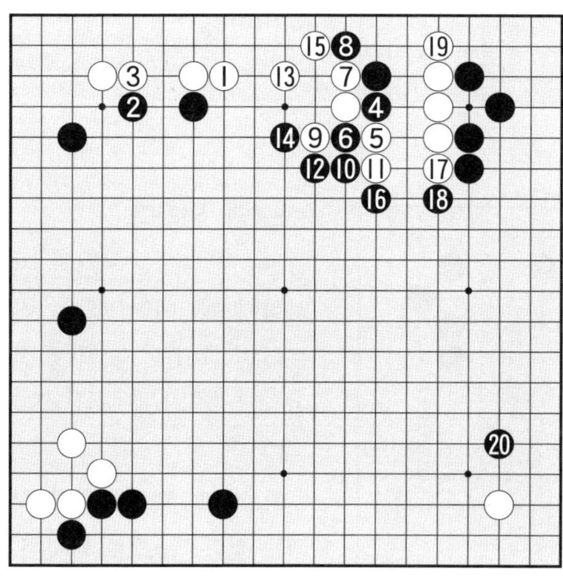

실전진행

실전진행 (사석작전 성공)

백1로 늘자 흑2의 잽이 유효타. 상변 백을 낮게 편재시켰으므로 이제는 흑 4, 6의 사석작전이 적절하다. 이하 흑18까지 사석작전을 통해 세력을 쌓고 20에 선착해 흑이 성공한 결과이다.

　상변 백집이 커 보이지만, 흑돌을 놓고 따내야 한다는 점을 감안할 때 오히려 중복에 가깝다.

능동적인 타개의 신수법

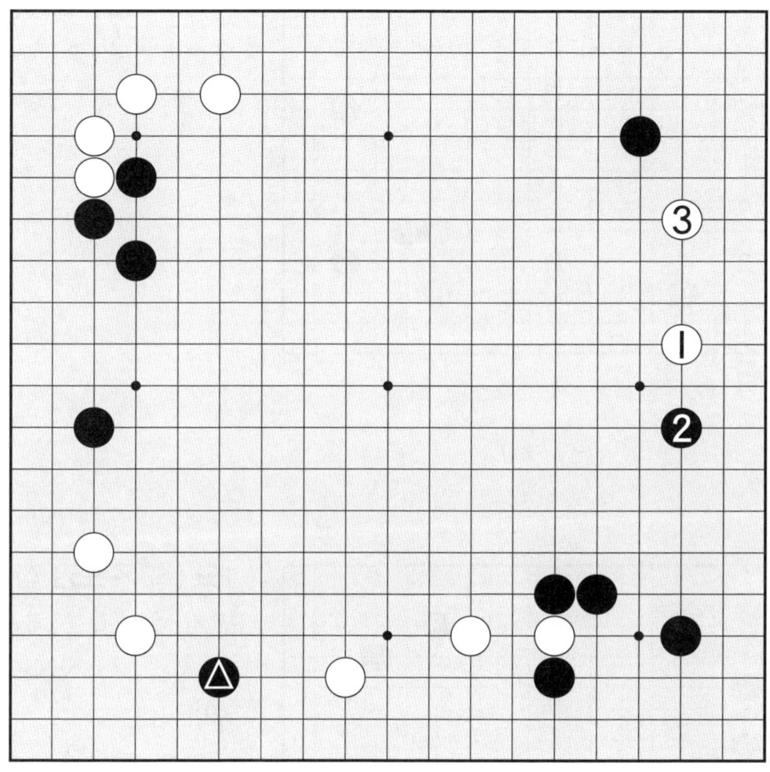

백1로 갈라쳐 3까지 자리를 잡은 장면.

현재 흑으로서 신경 쓰이는 것은 ▲ 한점이다. 선수 여부까지 고려하는 능동적인 타개수법은 없을까?

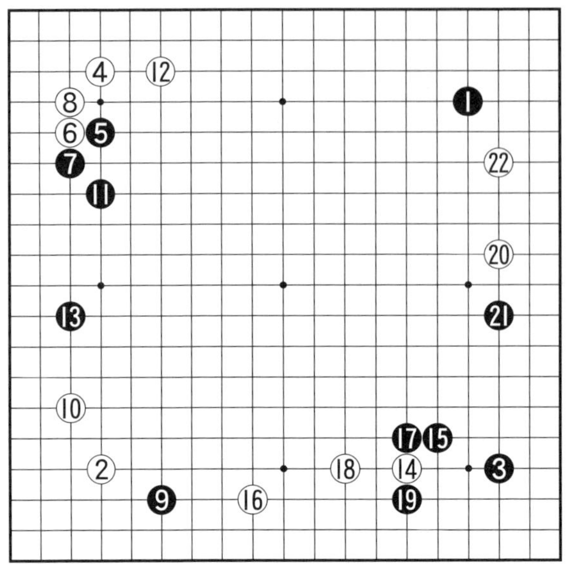

경과도

경과도 (1~22)

4기 테크론배 본선에서 조훈현(흑)과 최명훈이 벌인 대국.

흑9~13은 조9단의 애용수법이며, 흑15는 우변에 중점을 둔 취향이다.

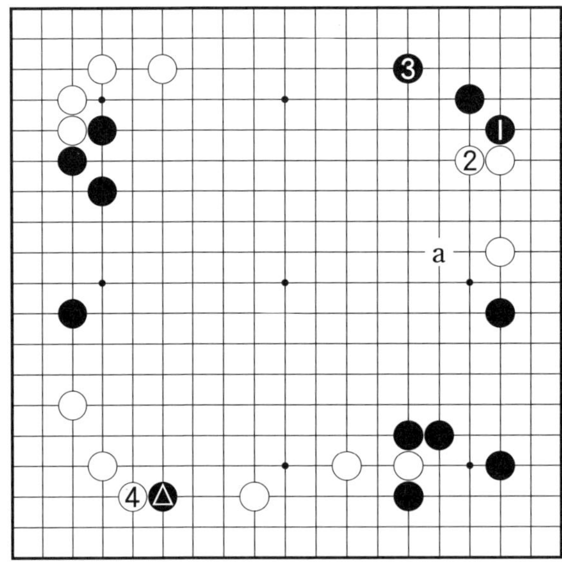

1도

1도 (흑, 주도권 상실)

먼저 우상귀를 처리한다면 흑1, 3이 상식적인 응수법이다.

그런데 여기서 백은 a 정도로 지켜두지 않고 4로 흑△ 한점을 선제공격하고 나설 가능성이 높다. 이래서는 국면의 주도권을 빼앗길 우려가 있다.

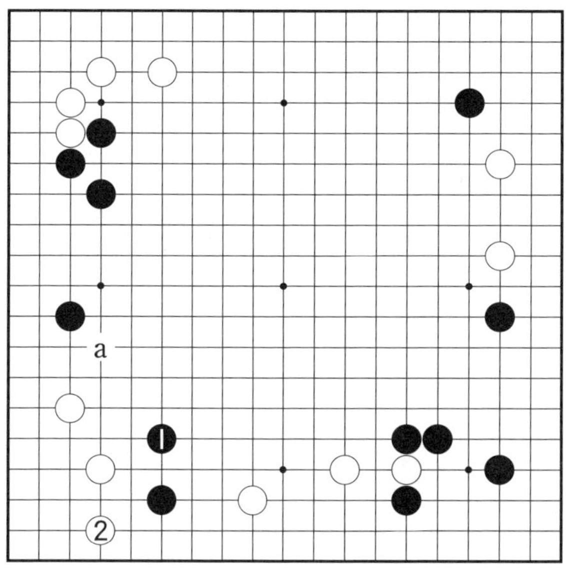

2도

2도 (흑, 무미건조)

그렇다면 역시 좌하귀 쪽을 먼저 손보는 것이 시급한데….

그러나 흑1로 그냥 한 칸 뛰는 것은 책략부족의 완착이다. 백2가 근거와 실리의 급소로 흑이 싱거워진다.

다음 백a의 공격수단이 통렬하므로 흑은 여기서 손을 빼기가 어렵다.

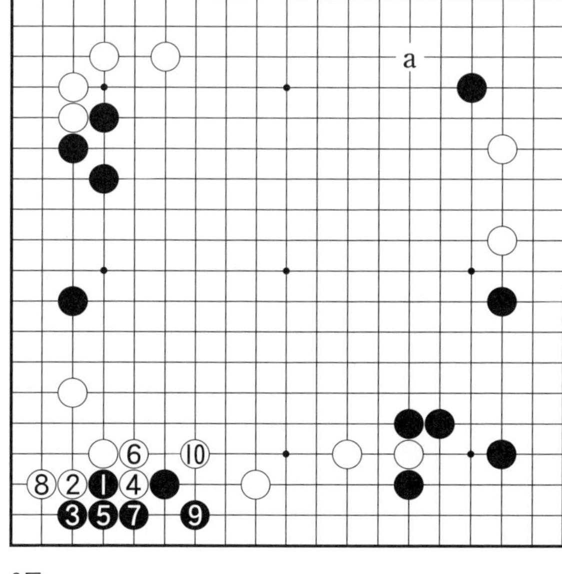

3도

3도 (상식적인 처리)

흑1, 3이 이 경우 흔히 쓰이는 맥점. 그러면 이하 흑9까지 타개에 성공할 수 있다. 이것이 보통의 발상이다.

그러나 백10으로 봉쇄당하는 것이 다소 꺼려진다. 백10으로는 a의 양걸침도 유력하다.

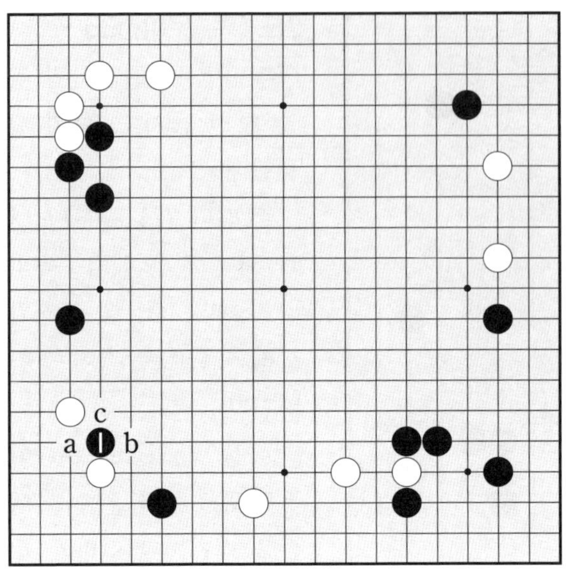

실전도

실전도 (회심의 일착)

흑1로 묘한 곳에 붙여가는 것이 잘 떠오르지 않는 회심의 한 수이다.

보통은 잘 쓰이지 않지만, 지금 상황에서는 유력한 감각의 한 수라고 봐도 무방하다.

다음 백의 응수는 a~c가 예상되는데…:

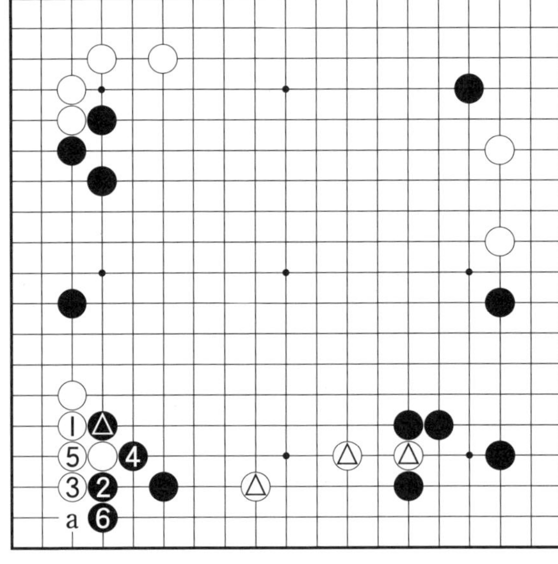

4도

4도 (흑의 주문)

먼저 백1로 젖혀받는 것은 책략이 없다. 흑2의 껴붙임이 연타로 6까지 가볍게 수습된다.

이 결과는 흑의 자세가 이상적인데다 다음 백은 a에 막아야 하는 부담이 남아 백이 당한 꼴이다. 어느덧 백△들도 미생마로 부각되고 있지 않은가. 흑△의 주문이라 하겠다.

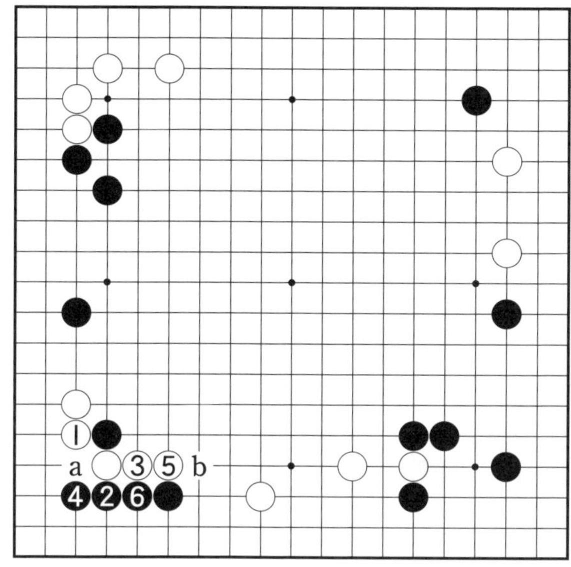

5도

5도 (흑, 성공)

그렇다고 흑2에 백3으로
반발하는 것은 흑4로 빠
지는 수가 좋다. 흑6까지
안방실리를 도려내며 크
게 살아 흑의 만족이다.

　게다가 흑a의 절단을
배경삼아 b의 젖힘까지
노릴 수 있다.

　결국 백1의 응수는 불
가하다는 얘기.

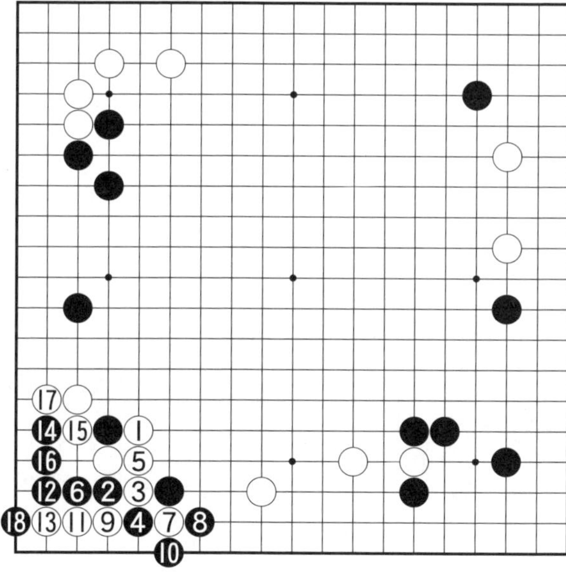

6도

6도 (백, 별무신통)

다음 생각할 수 있는 응
수가 백1. 그러나 이때 역
시 흑2의 맥점으로 쉽게
수습된다. 백3, 5에는 흑
6으로 뻗는다. 계속해서
백7, 9가 최강의 버팀이
지만, 이하 18까지 흑이
한 수 빠르다.

　1998년 후지쯔배 준결
승에서 일본의 히코사카
(彦坂直人)가 이창호에게
구사하여 성공한 수순이
기도 하다.

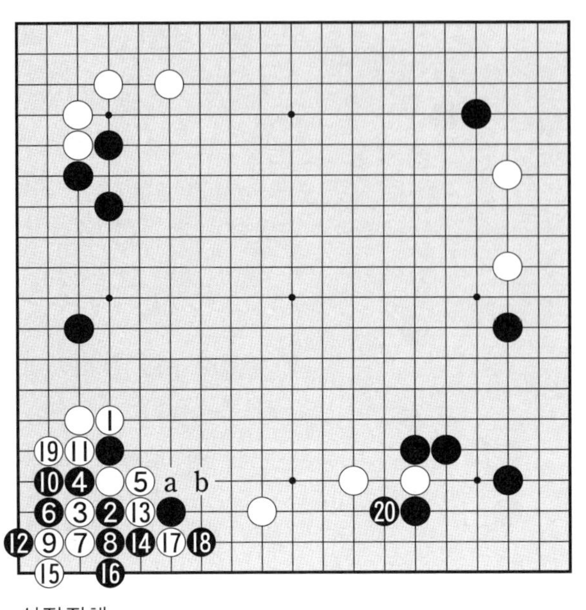

실전진행

실전진행 (흑, 타개 성공)

백은 숙고 끝에 1로 응수했으나 흑2, 4가 준비된 맥점이다. 백은 최강수로 버티며 19까지 귀를 차지했지만 그 와중에 백17, 흑18의 악수교환이 불가피한 것이 아프다.

흑은 선수로 타개하고 20에 선착해 성공한 모습이다. 흑a나 b가 선수로 듣고 있는 점도 흑의 자랑이다.

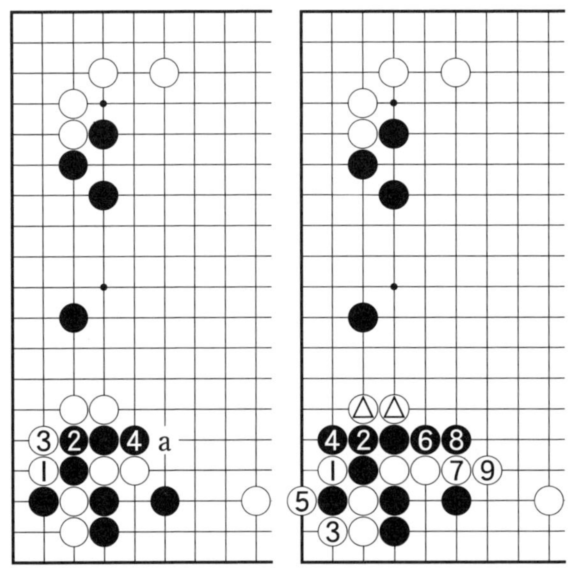

7도

8도

7도 (백, 무리한 반발)

실전진행의 백9로는 이 그림 1, 3으로 버티고 싶지만 흑4 다음 백a의 축이 성립하지 않아 백이 곤란하다.

8도 (백, 망하다)

그렇다고 백3으로 잡는 것은 △ 두점이 선수로 잡히며 변을 관통당해 역시 백이 망한다.

기선을 제압한 순발력

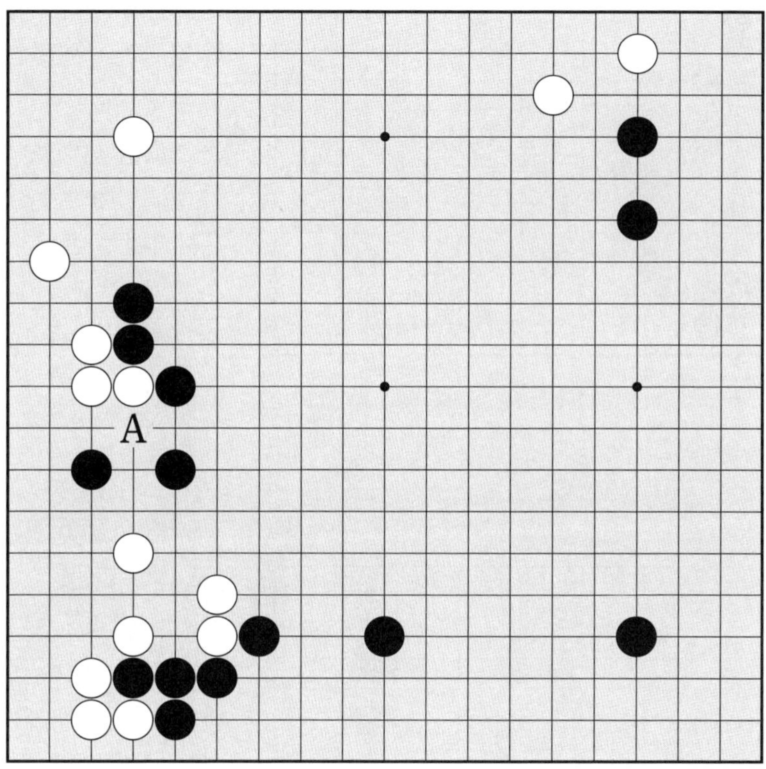

흑은 백A로 째고 나오는 수가 눈엣가시로 들어오는 장면이다.

이 약점을 효과적으로 보강하는 수단은 없을까?

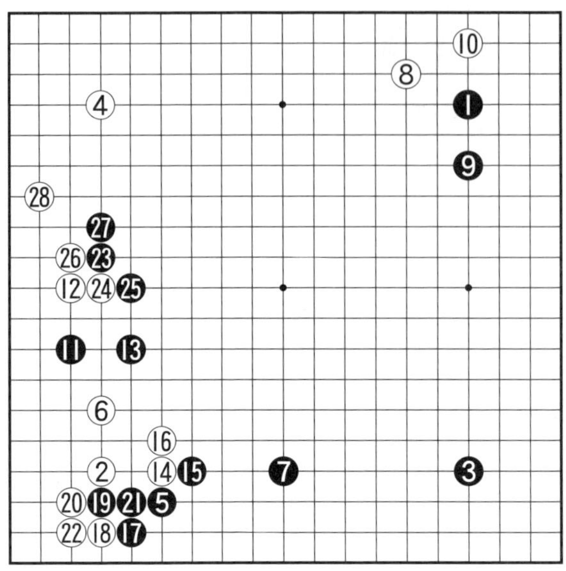

경과도

경과도 (1~28)

5회 동양증권배 결승2국에서 조훈현(흑)과 요다(依田紀基)가 벌인 실전.

흑11은 기선제압을 위한 강인한 수법이다. 백12로는 26의 곳에 한발 늦추는 것이 현명했다. 흑23이 절호점이며, 28까지 굴복시켜서는 흑이 기분 좋은 흐름이다. 이제 그 다음 처리가 문제이다.

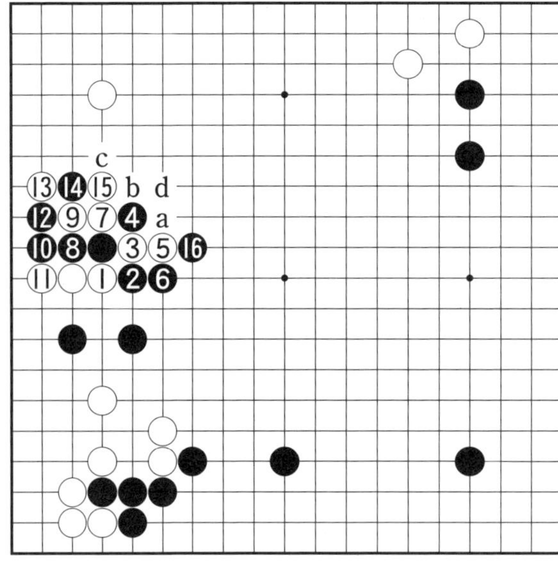

1도

1도 (백, 파탄)

참고로 경과도 백24~28은 어쩔 수 없다. 이 그림 백1, 3에 나와끊는 것은 이하 흑16까지 응징당해 백의 파탄이다.

다음 백a면 흑b 이하 부호 순으로 축에 걸린다.

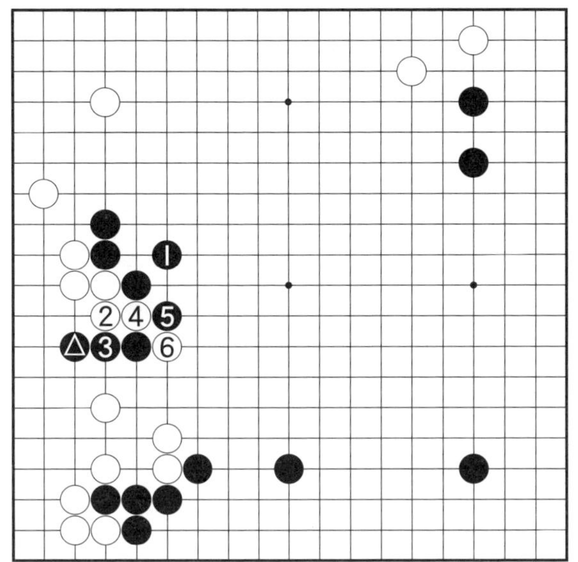

2도

2도 (흑, 무책)

흑1의 호구는 최하책. 당장 백2~6으로 끊겨 곤경에 처한다.

그렇다고 흑3으로 4자리에 물러서서 ▲ 한점을 죽일 수는 없지 않은가.

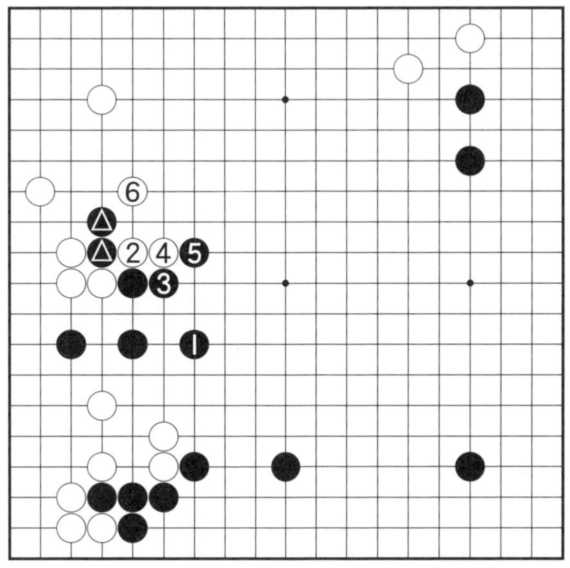

3도

3도 (흑, 큰 손실)

흑1로 한칸 뛰는 것은 백2의 절단이 통렬하다.

백6까지 흑▲들이 들어가 역시 손실이 크다.

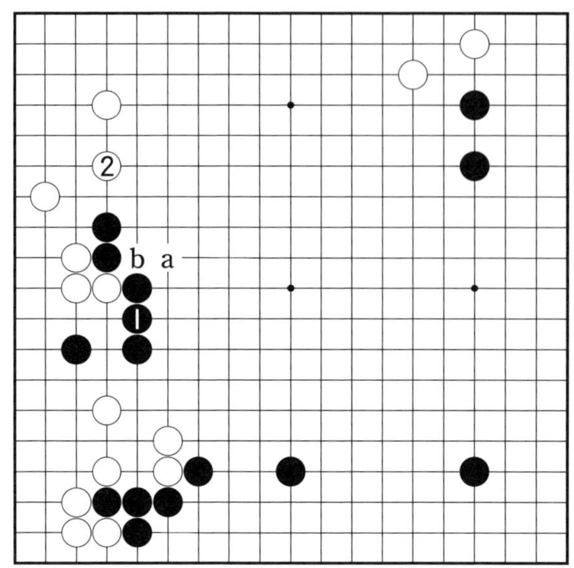

4도 (고지식한 행마)

부분적으로는 흑1로 잇는 것이 정수. 그러나 백2의 자세가 안성맞춤인 데다 차후 백a, 흑b를 당하는 것이 너무 아프다.

너무 융통성 없는 행마라고 하겠다.

4도

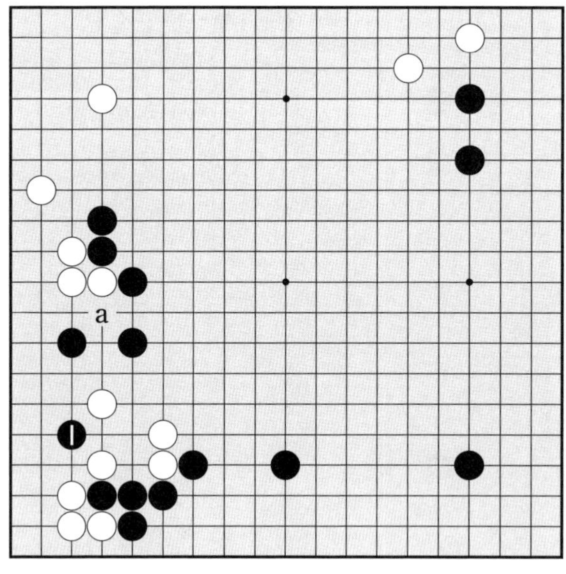

실전도 (응수타진의 맥)

흑1로 슬며시 들여다보는 것이 묘미 넘치는 수습의 맥점이다.

백의 응수여하에 따라 a쪽의 약점을 얼버무리겠다는 능률적 감각이라고 하겠다.

실전도

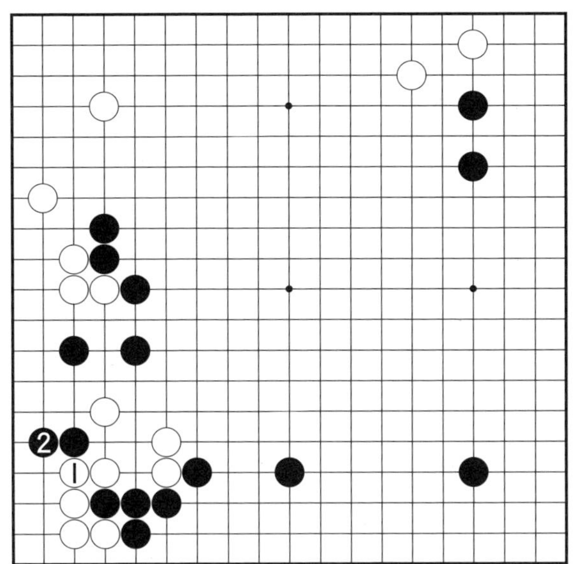

5도

5도 (백, 무책)

이때 백1로 덥석 잇는 것은 무책 중의 무책이다.

　흑2로 내려서는 순간 백 전체가 미생마가 되므로 견딜 수 없다.

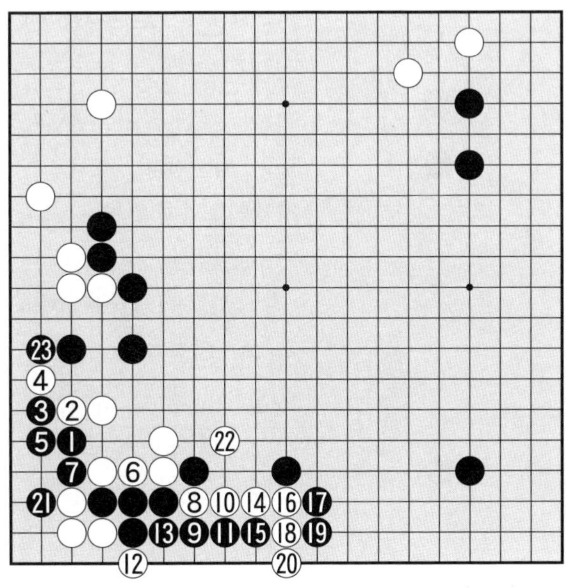

실전진행

실전진행 (망외의 대성과)

따라서 백2의 차단은 기세이자 최선인데 흑3, 5가 좋은 수순이다. 백6에는 흑7의 절단이 준비된 강타이다.

　백은 8로 끊어 타개에 나섰으나, 이하 흑21까지 좌하귀 백을 크게 잡은 데다 선수까지 잡아 23으로 좌변마저 넘어가서는 일찌감치 승부가 결정된 느낌이다.

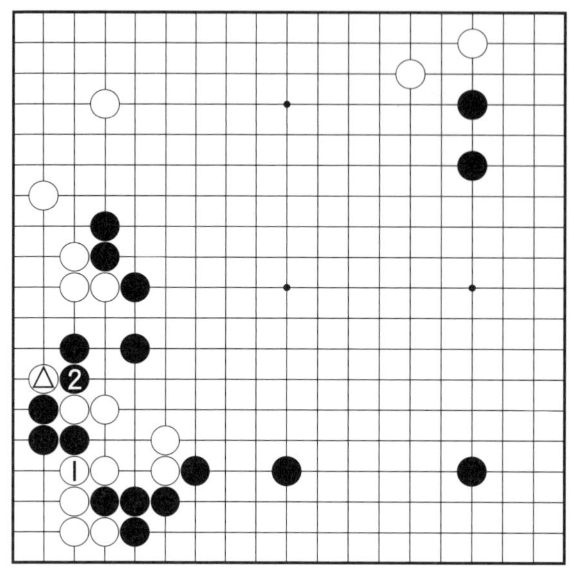

6도

6도 (백, 곤란)

실전진행 백6으로 이 그림 1에 잇는 것은 생각할 수 없다. 흑2로 끊기면 애써 차단한 ⚠ 한점이 오히려 악수가 되는 데다 백 전체가 미생마로 들뜨기 때문이다.

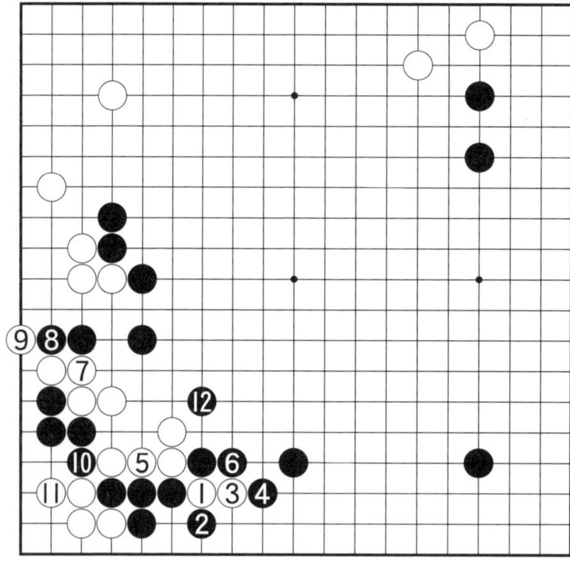

7도

7도 (멋진 사석작전)

실전진행 백6으로는 먼저 백1로 끊는 것이 부분적으로는 최선이다. 그러면 이하 백11까지 좌하귀 흑을 거꾸로 잡을 수는 있다.

그러나 그 사이 하변에서 큰 손해를 본 데다 흑12를 허용하고 나면 별무신통이다. 이 그림은 흑이 사석작전에 성공한 모습이다.

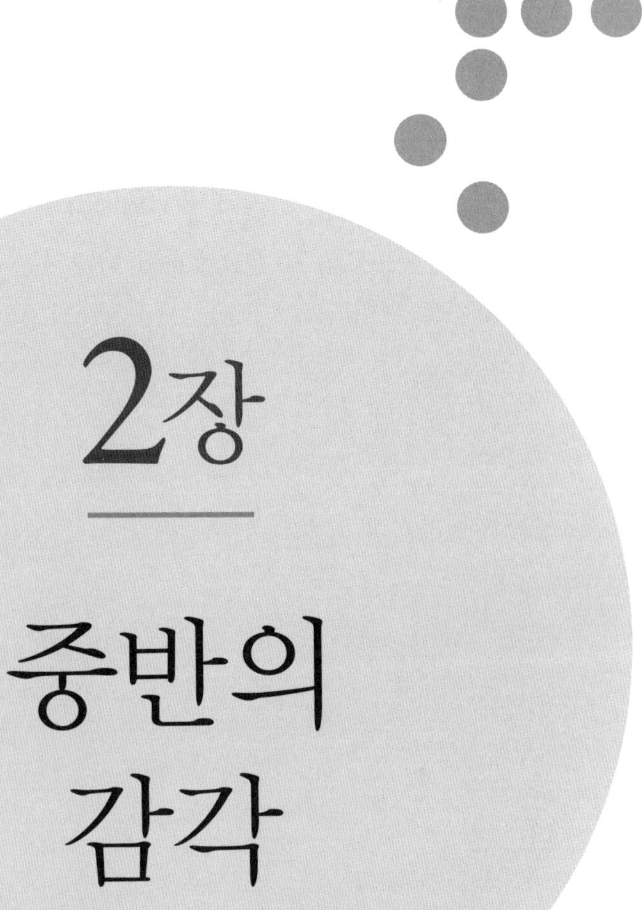

2장

중반의 감각

　중반 들어 필수적으로 거치는 단계가 전투이다. 침투와 삭감, 공격과 타개 등 흑백의 돌들이 어울려 부대끼며 접전을 벌일 때는 특히 공방의 급소를 찾아내는 전투감각이 필요하다. 칼날을 잡으며 불리한 상황에서 싸우게 되는 것은 바로 이러한 전투감각이 뒤진 탓이라고 할 수 있다.

　이 장에서는 프로의 중반단계에서 나타나는 일류감각의 여러 장면들을 살펴보기로 한다.

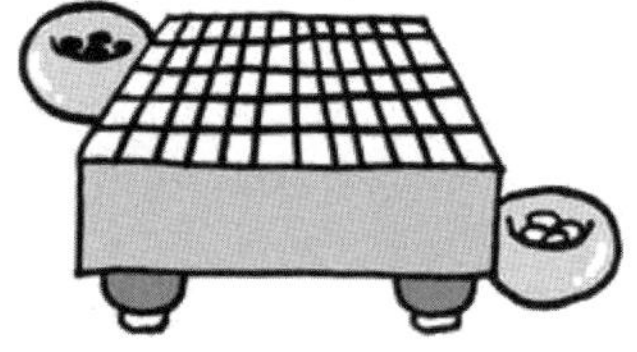

타개의 기대기 맥점

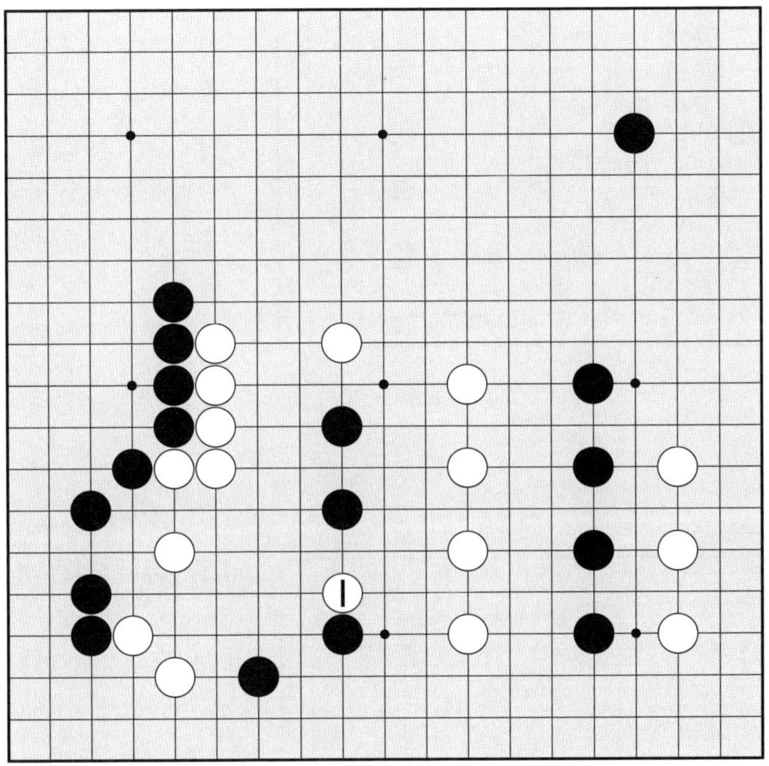

강력한 좌우의 원군을 등에 업고 백1로 강타를 터뜨려온 장면이다.

흑은 과연 이 무시무시한 독수(毒手)에 어떻게 대응해야 할까? 감각적으로 찾아내기 바란다.

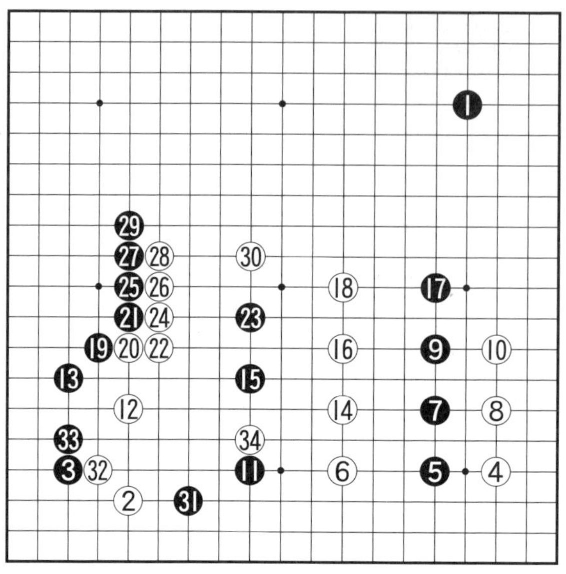

경과도

8기 MBC제왕전 결승1국에서 조훈현(흑)과 서능욱이 벌인 실전.

백2, 4는 서9단 득의의 포진이다. 흑5로 걸쳐가자 백6과 흑11로 쌍방의 기세가 맞닥뜨려 진기한 형태가 등장한다. 좌변 쪽에서 막대한 실리를 벌어들인 흑은 하변만 무사히 수습하면 승기를 잡을 수 있는 국면이다.

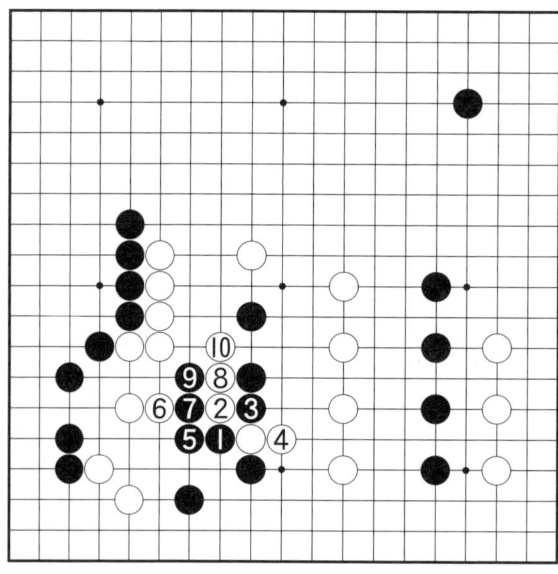

1도

1도 (흑, 걸려들다)

'붙이면 젖혀라' 격언만 믿고 흑1로 젖히는 것은 백의 강수에 말려드는 책략 없는 행동이다. 이하 백10까지 흑이 수렁에 빠진 형국이다.

좌우의 백이 워낙 강하므로 평범한 수단으로는 걸려들기 십상이다.

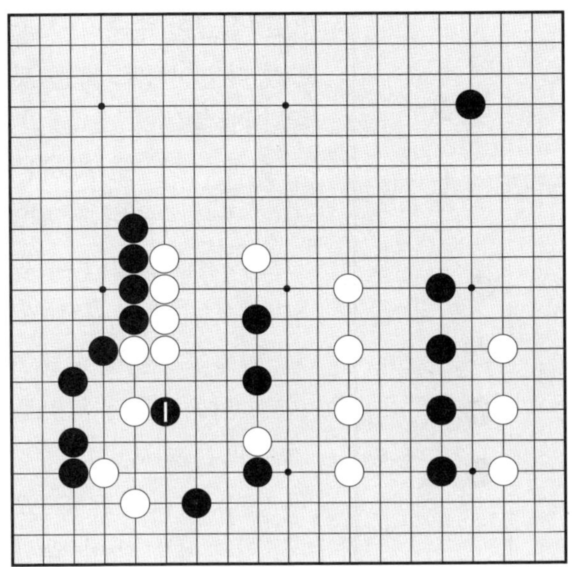

실전도

실전도 (기대기전법)

흑1로 살며시 기대어가는
수가 30초 초읽기의 짧은
시간에 찾아낸 감각적인
맥점이다.

　강한 백의 움직임에 반
동을 받아 타개하려는 기
대기작전이라고 할까?

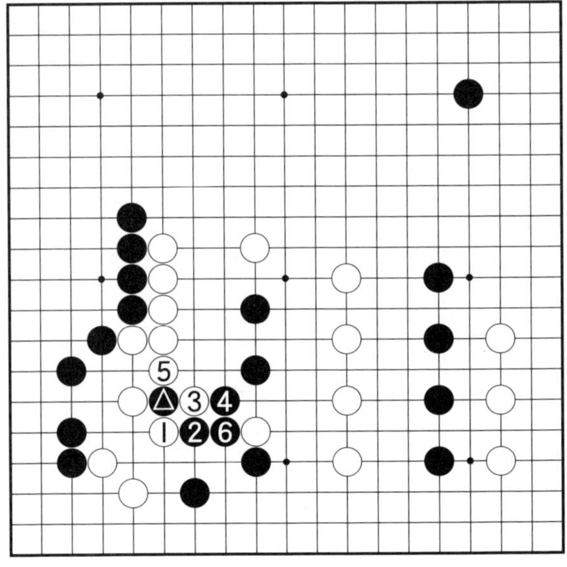

2도

2도 (백, 무책)

이때 백1로 젖히는 것은
흑2로 되젖혀 이번에는
백이 걸려든다.

　이하 흑6까지 ▲ 한점
을 희생타 삼아 거뜬히 타
개한 모습이다.

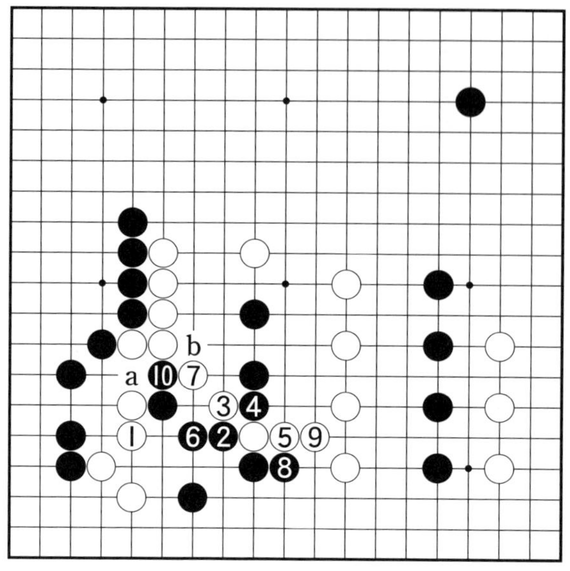

3도

3도 (절묘한 수순)

그렇다면 백1로 느는 것은 어떨까?

이때는 흑2로 젖히는 것이 좋은 수순이다. 백3으로 차단을 고집할 때 흑8까지 선수해둔 후 10으로 푹 찔러가는 것이 묘수이다. 다음 a와 b를 맞보기로 흑은 피 한 방울 흘리지 않고 타개할 수 있다. 이래서는 백이 망한 모습이다.

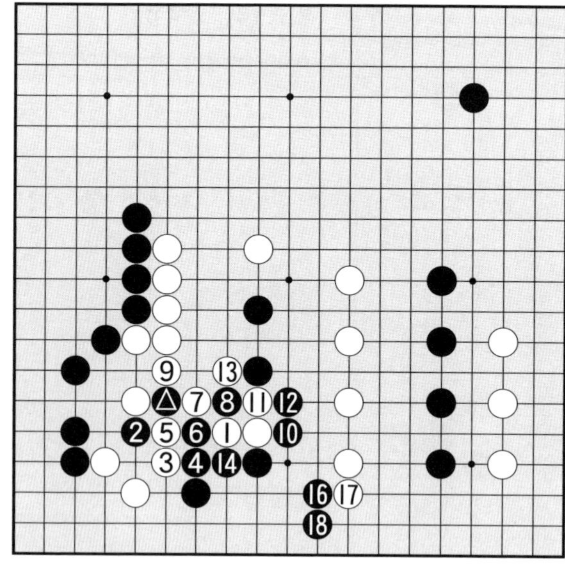

실전진행

⑮…❽

실전진행 (타개 성공)

백은 입맛을 다시며 1로 돌아설 수밖에 없는데, 흑은 2의 맥점으로 3~12의 수순을 유도해 회돌이 친 다음 16, 18로 타개에 성공했다.

백의 전리품은 흑△ 한 점을 빵때림한 것인데, 그 정도로는 도저히 양이 차지 않는다. 흑으로서는 기대기 전법의 눈부신 개가라고 하겠다.

절묘한 응수타진과 타이밍

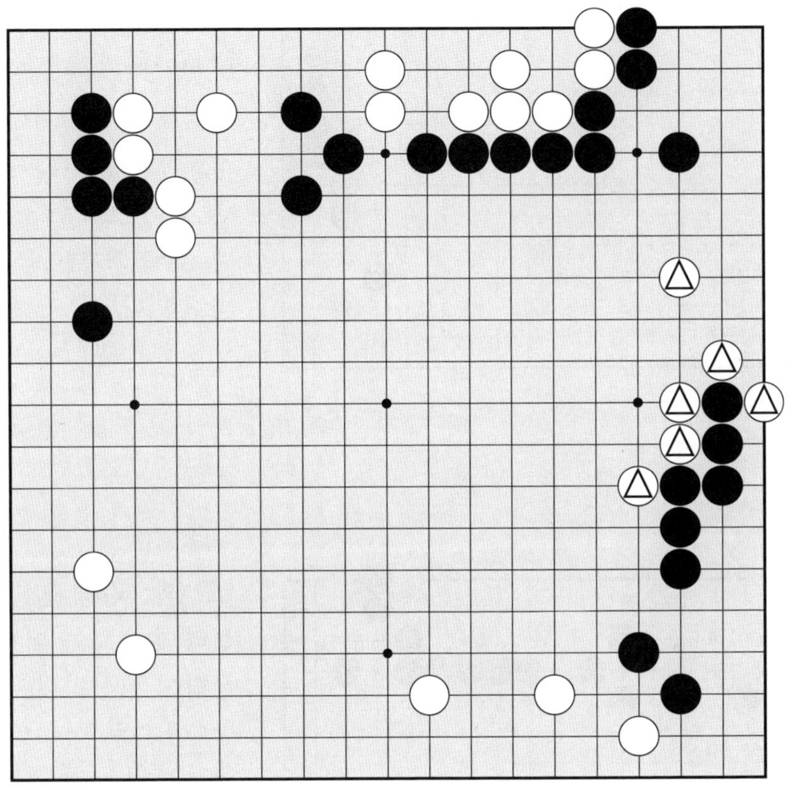

　우변 백 일단(△)이 허약한 상황에서 백은 꼭 두고 싶은 곳이 있다. 좌하귀 굳힘이 그것.
　그렇다면 대마 보강과 좌하귀 실리 확보를 동시에 이루어낼 수 있는 좋은 방법은 없을까?

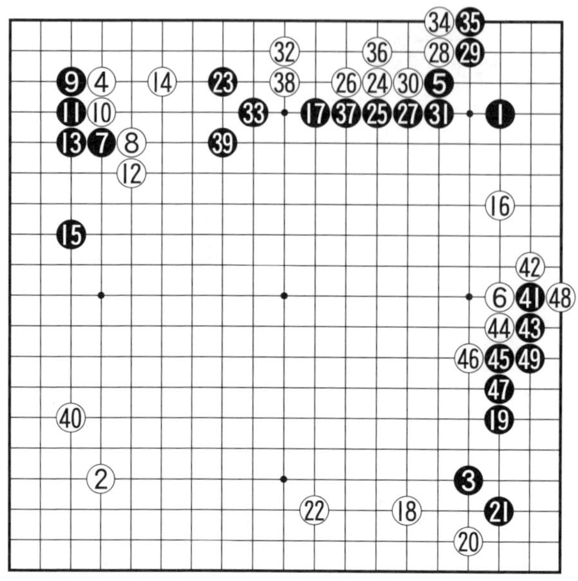

경과도

경과도 (1~49)

13기 국기전 도전2국에서 강훈(흑)과 조훈현이 벌인 실전.

좌상귀 백8~14는 간명한 정석이다. 백24로 침입해 흑39까지는 이런 정도의 진행인데, 수순 도중 흑35는 자충성 악수이다. 결국 머지않아 심판을 받고 만다.

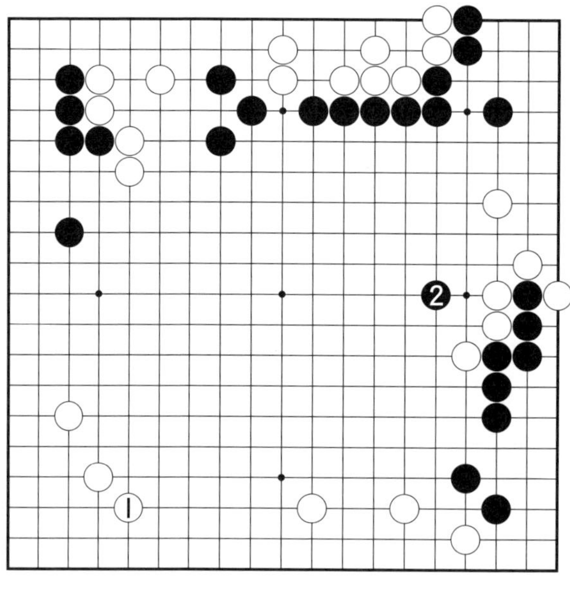

1도

1도 (백, 과욕)

실리 상으로는 백1의 귀 굳힘이 반상최대의 곳이다. 이곳을 둘 수만 있다면 실리 면에서 두 발짝 앞질러 갈 수 있다.

그러나 흑2의 공격이 너무 통렬하다. 상변 흑세가 철벽이어서 백이 견디기 힘든 모습이다.

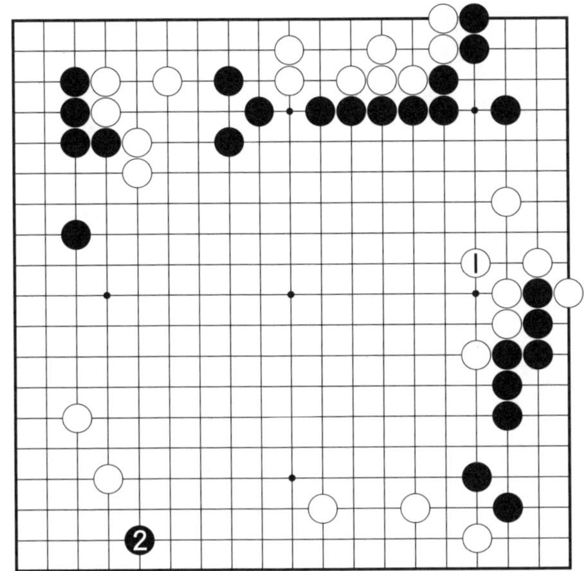

2도

2도 (백, 무책)

그렇다고 백1로 우변을 보강하는 것은 흑2로 좌하귀를 침식당하는 것이 아프다.

이래서는 쌍방 어려운 계가 바둑의 양상. 결코 백이 좋다고 할 수 없다.

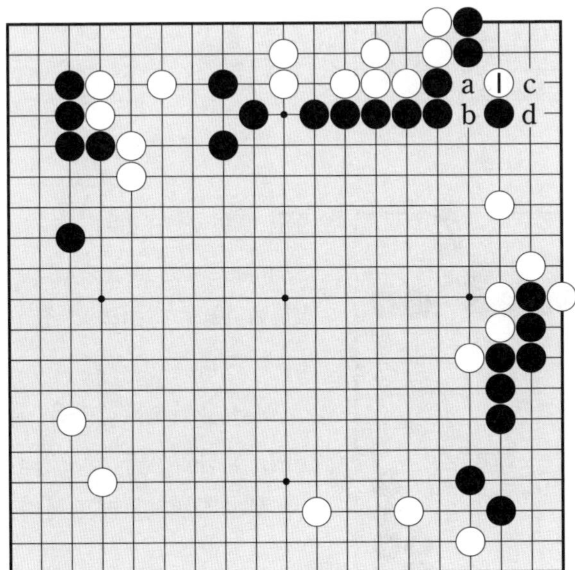

실전도

실전도 (응수타진의 백미)

묘한 곳에 붙여간 백1이 시기적절한 응수타진이다. 실로 감각의 백미를 느낄 만한 귀수이다.

자, 다음 흑의 응수는 a~d가 있는데….

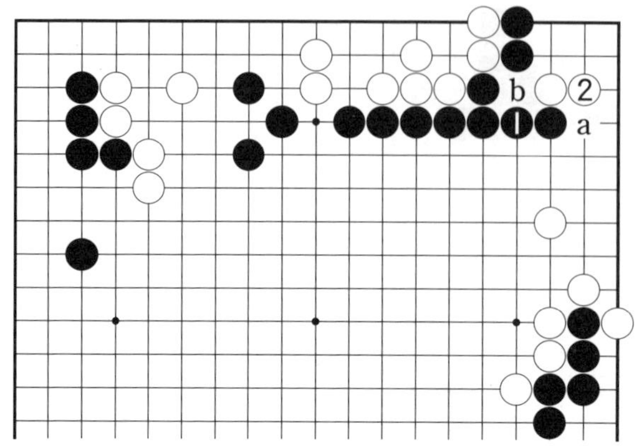

3도

3도 (맞보기)

먼저 흑1로 늘어받는 수는 백2에 의해 알기 쉽게 걸려든다.

다음 a와 b가 맞보기로 흑이 곤혹스럽다.

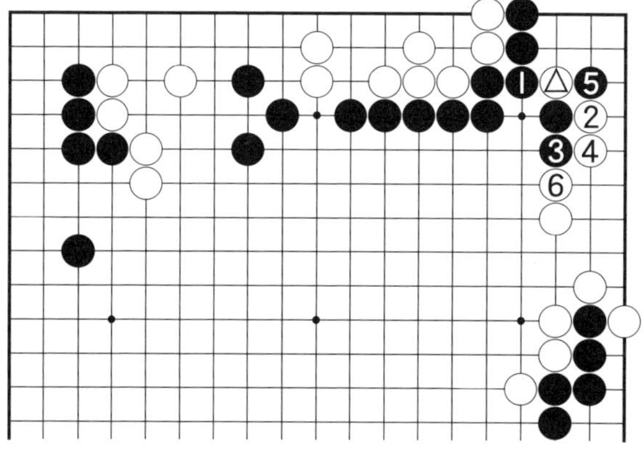

4도

4도 (능률적인 타개)

흑1로 잇는다면 백2의 되젖힘이 맥이다.

이하 백6까지 △를 미끼삼아 실리를 벌며 능률적으로 타개해 백이 만족스럽다.

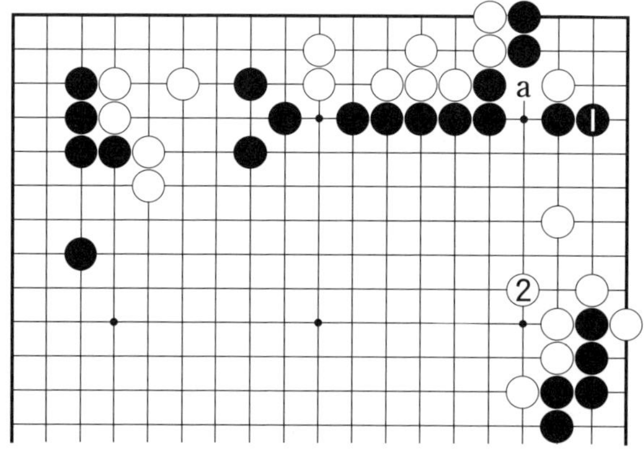

5도

5도 (흑, 큰 손해)

그렇다고 흑1로 느는 것은 백a가 남아 실리의 손실이 너무 크다.

백은 2로 지킨 다음 좌하귀 굳힘과 a를 맞보기하는 것이 현명한 태도이다.

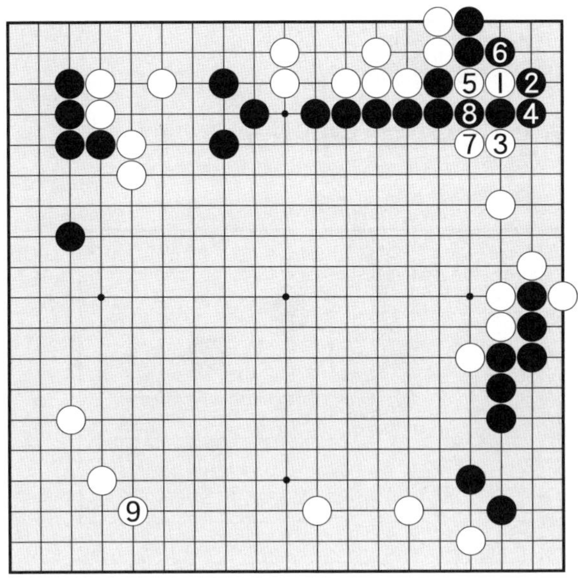

실전진행

실전진행 (선수를 뽑다)

흑은 고심 끝에 2로 젖혀 받았으나, 이번에는 백3의 껴붙이는 수가 절묘한 맥점 2탄이다. 흑4, 6으로 두점은 잡았으나 그 사이 백7이 선수로 작용한 사실에 주목하자.

결국 백3, 7을 선수하여 우변 대마를 간접 보강하는 데 성공한 백은 대망의 9에 선착해 확고한 우위에 서게 되었다.

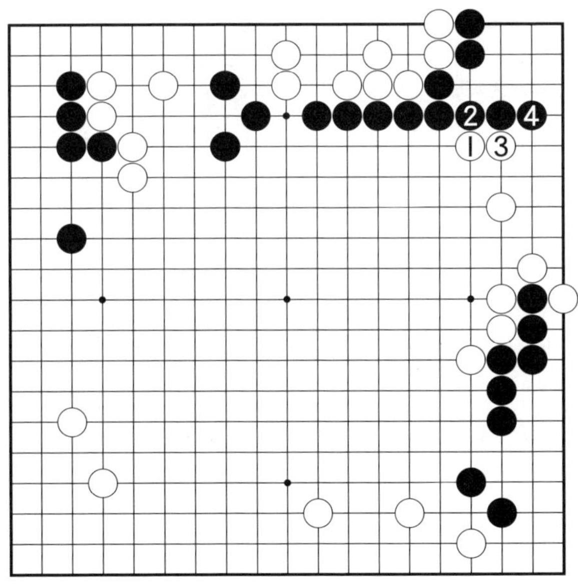

6도

6도 (흑, 당한 결과)

실전진행의 결과를 수 나누기 해보면 백1, 3에 흑2, 4로 받았다는 결론. 특히 흑4는 전혀 불요불급한 수여서 흑은 한 수를 손해 본 꼴이다.

결과적으로 백의 사석 작전이 성공을 거둔 셈이라고 하겠다.

어복을 완성하는 대세점

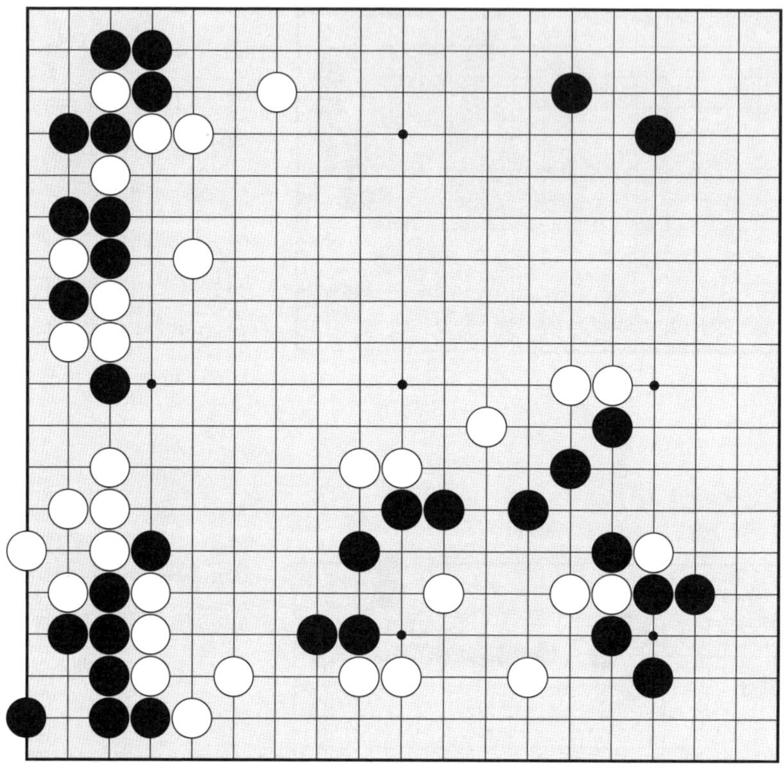

　한눈에 흑 실리와 백 세력의 양상이 뚜렷하게 들어오는
국면이다.
　여기서 중앙을 의식한 백의 대세점 한 수는 어디일까?
감각적으로 찾아내기 바란다.

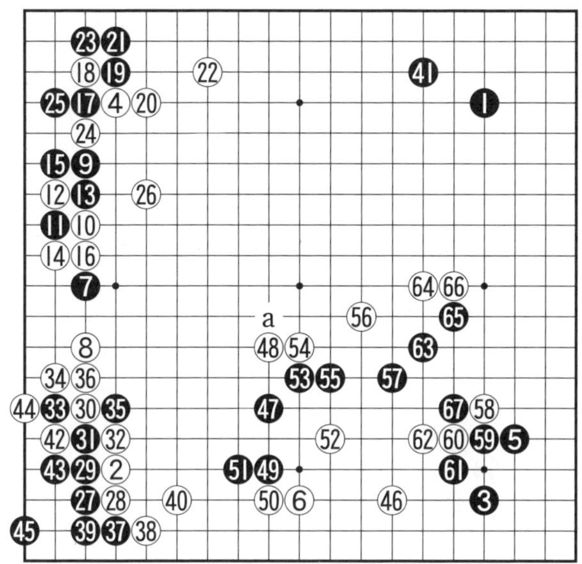

경과도

경과도 (1~67)

36기 최고위전 도전자 결정전에서 정수현(흑)과 조훈현이 겨룬 실전.

백46까지 흑의 실리와 백의 두터움이 잘 어울린 호각의 국면인데, 흑47이 방향착오이다. 이 수로는 a쯤에 두어 중앙 삭감에 역점을 두어야 했다. 백48이 통렬한 반격으로, 이하 66까지 백의 페이스이다.

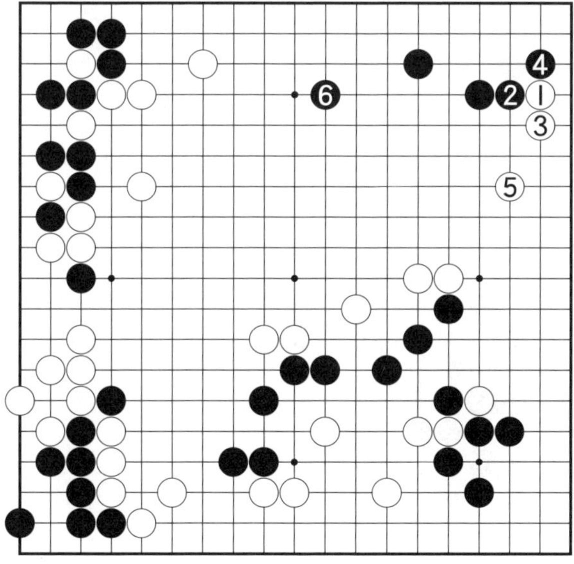

1도

1도 (부분에 집착)

우상귀 쪽만을 놓고 볼 때는 백1의 저공비행이 상식적인 침입수이다.

그러나 여기서는 부분에만 집착한 대세관 결핍이 보인다. 흑6의 절호점을 빼앗겨 애써 쌓아놓은 중앙 백세가 저절로 무력화되고 만다.

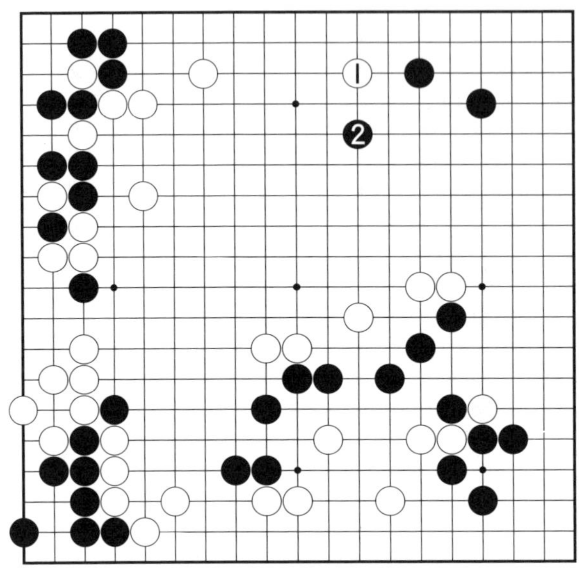

2도

2도 (고지식한 벌림)

또한 상변 쪽만을 고려한
다면 백1의 벌림 겸 다가
섬이 절호점이다.

　그러나 이때는 흑2의
삭감수가 좋아 역시 중앙
방어선에 이상이 생긴다.
판 전체를 보는 대세관이
아쉽다.

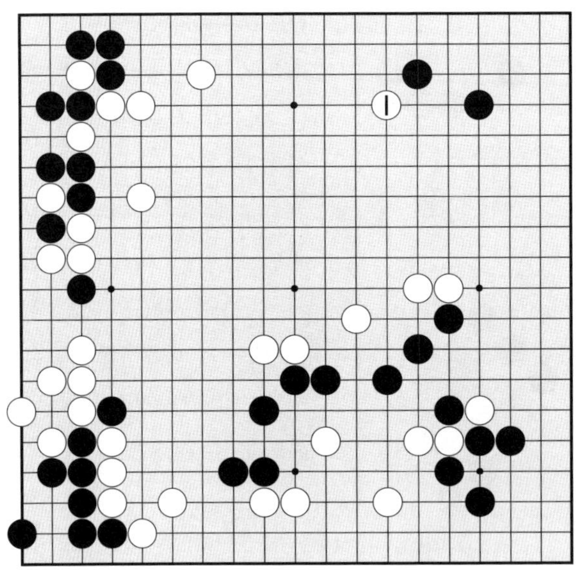

실전도

실전도 (감각의 대세점)

백1의 어깨짚음. 바로 이
수가 지금껏 공들여온 어
복을 완성하는 화룡점정
의 대세점이다.

　부분적인 실리에 연연
하지 않고 어디까지나 대
세를 중시하고 있다.

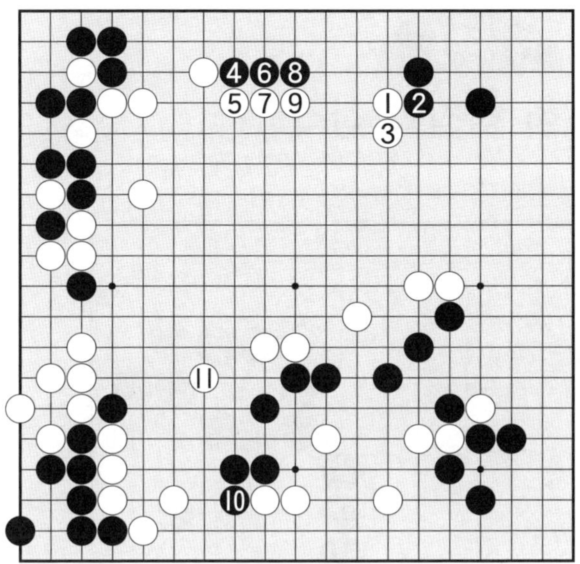

실전진행

실전진행(중앙 완성)

백1에 흑은 2를 선수한 다음 4로 붙여 교란작전에 나섰으나 백5~9로 꾹꾹 눌러간 것이 상황에 걸맞는 대응책이다.

백11에 이르러 중앙에 거대한 설원이 완성되면서 승부도 결정되었다.

이로써 중앙에 흰 눈이 펄펄 내리는 형국이 되어 백의 호조이다.

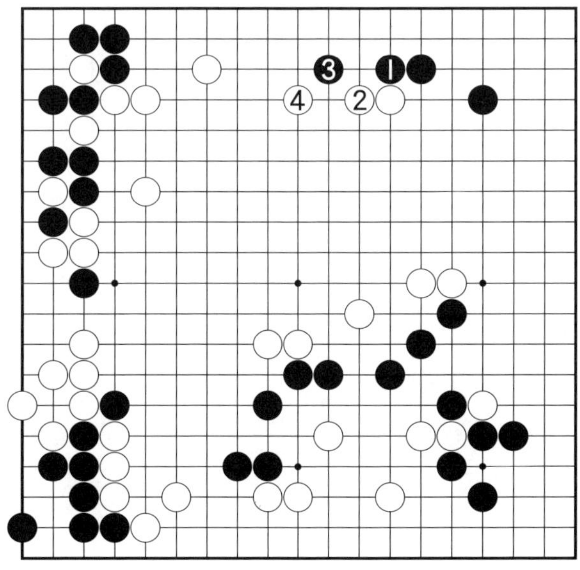

3도

3도 (백, 더욱 만족)

백의 어깨짚음에 흑1, 3으로 실리를 챙기는 데 급급하는 것은 더욱 좋지 않다. 알기 쉽게 백4로 응수하기만 해도 중앙 경계선이 크게 완성되어 버린다.

경쾌한 삭감의 감각

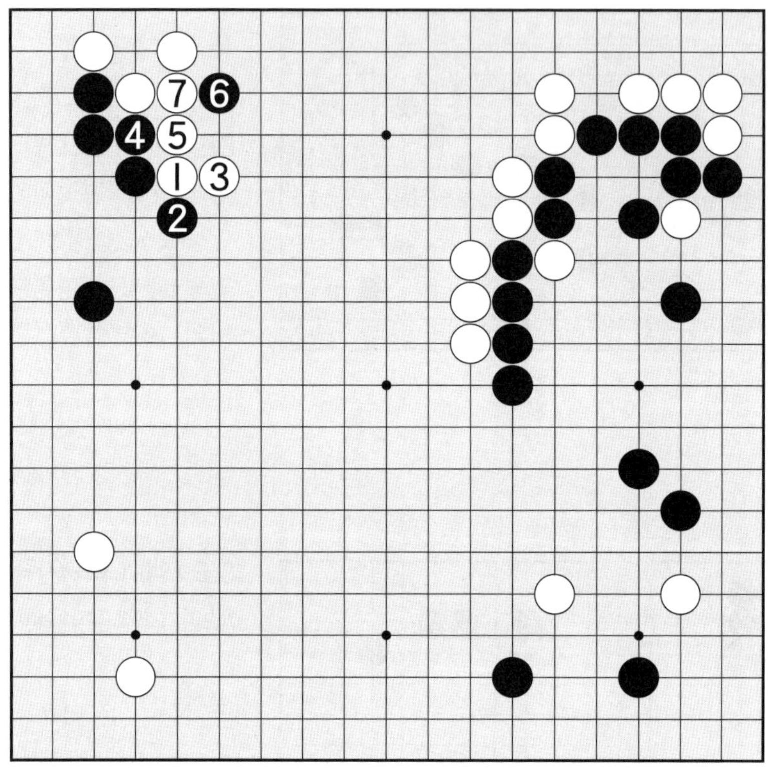

우변에서 흑에게 막대한 실리를 제공한 백이 그 대가로 상변 건설을 외치고 나선 장면이다.

자, 여기서 상변 백진의 팽창을 막는 절호의 삭감수가 있다. 이 수를 맞춘다면 훌륭한 삭감 감각을 지녔다고 자부할 수 있으리라.

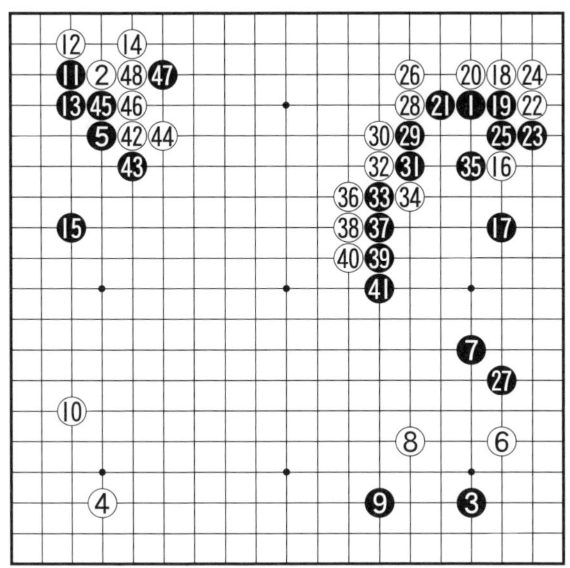

경과도

경과도 (1~48)

4기 대왕전 도전3국에서 조훈현(흑)과 서능욱이 벌인 실전.

흑27까지는 평온한 포석인데 백28, 30이 대담한 수법이다. 그러나 역시 결과적으로는 별로 좋지 못했다. 우변에 내준 큰 실리의 대가를 상변 쪽에서 찾지 못했기 때문이다.

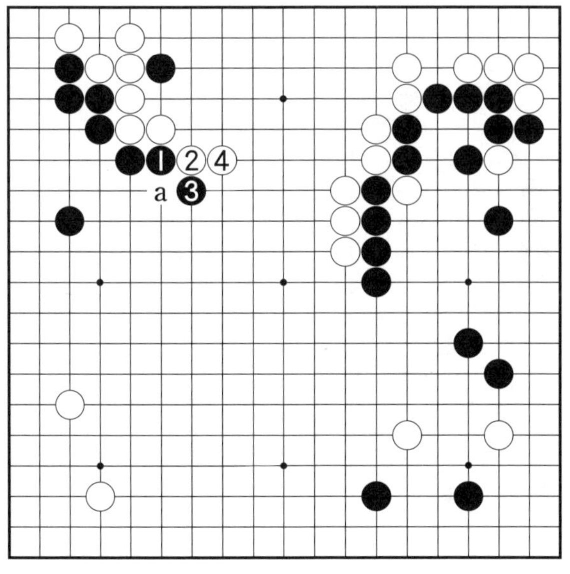

1도

1도 (이적행위)

흑1로 밀어가는 것은 책략 없는 속수이다. 백2, 4로 슬슬 늘기만 해도 상변에 무려 6선의 큰 집이 완성되어 백의 대만족이다.

반면 흑은 a의 약점만 남아 전혀 얻은 것이 없다. 상대가 두고 싶은 대로 해준 이적수의 전형이다.

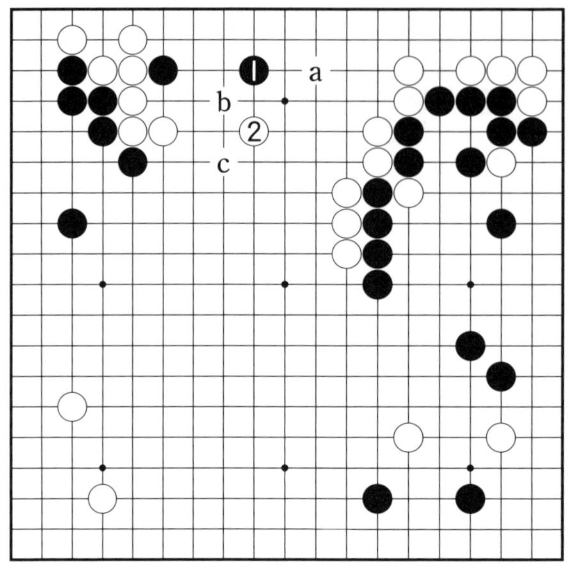

2도

2도 (무모한 돌입)

그렇다고 흑1로 깊숙이 뛰어드는 것은 너무 과격하다. 백2(혹은 a)로 공격 당해 숨이 막힐 지경. 설령 이 말이 산다 할지라도 중앙 쪽에 막강한 두터움을 허용해 득보다 실이 많을 것이다.

흑b도 백c로 씌움 당해 피곤하기는 마찬가지다.

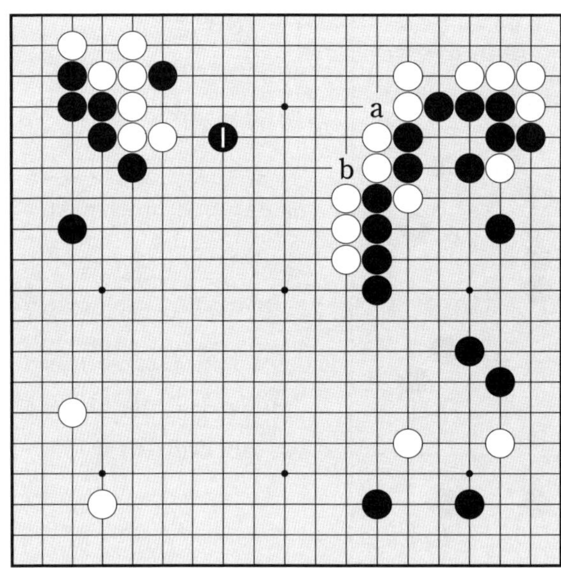

실전도

실전도 (적정한 깊이)

백 모양의 경계선인 흑1이 한눈에 들어오는 삭감의 급소이다.

이 수는 a, b 등의 약점까지 노려보고 있어 더욱 강력한 의미를 갖고 있다.

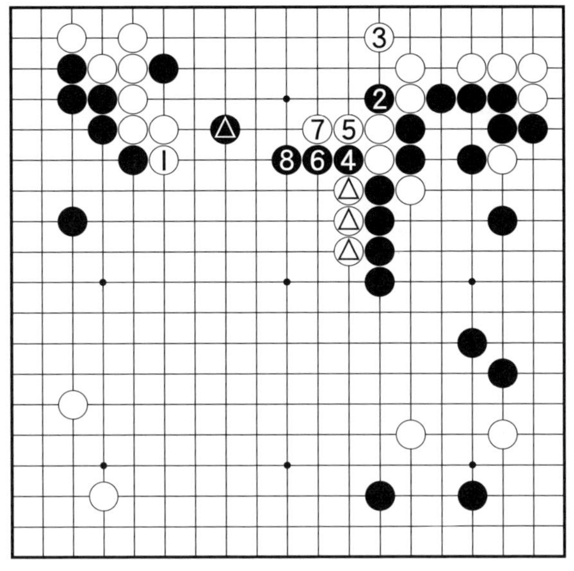

3도

3도 (무리한 반격)

흑▲의 낙하산에 백은 1 로 밀어 반격하고 싶지만 그건 무리이다. 당장 흑2 로 끊기만 해도 백은 곤란해진다.

이하 흑8까지 중앙 백 △들이 미아신세가 되어서는 누가 누구를 공격하는지 모를 지경이다. 이런 치명적인 단점을 두고서는 마음 놓고 싸울 수가 없는 것이다.

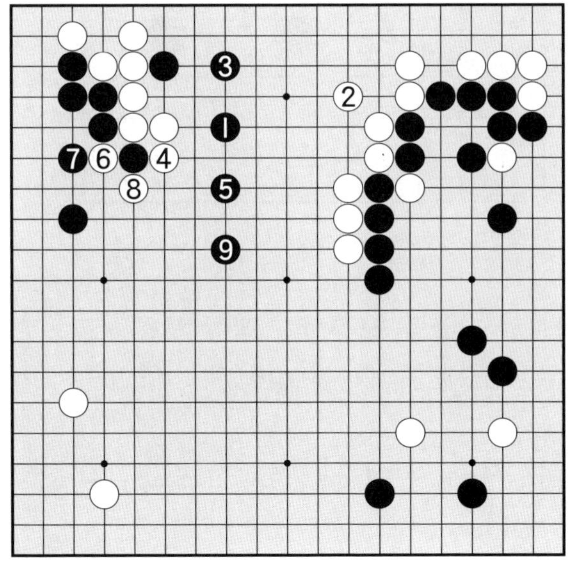

실전진행

실전진행 (삭감 성공)

결국 백은 2로 지키지 않을 수 없는데, 선수를 잡은 흑이 5, 9로 훨훨 날아 사정권에서 벗어나니 성공세가 두드러진다.

삭감의 감각이 거둔 개가라고 하겠다.

공격과 삭감의 두 마리 토끼

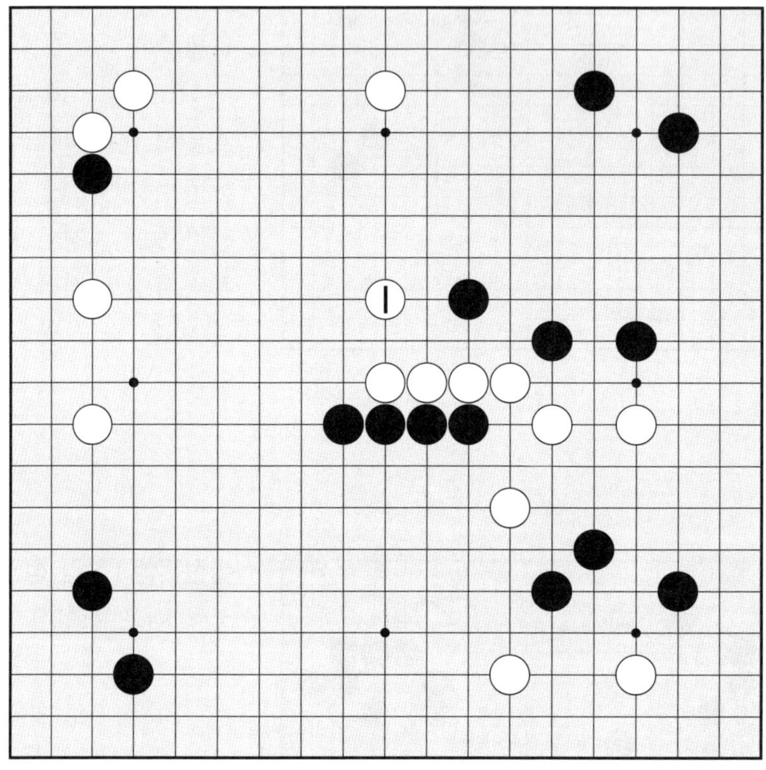

　백1로 뛰어 우변 대마의 탈출을 성공시킨 백이 포효하고
있는 장면이다. 초점은 어느새 거대하게 형성된 좌중앙의
백 모양이다.

　흑은 우변 백 대마와 연관시켜 이곳을 효과적으로 삭감
하는 방법을 강구하고 싶다.

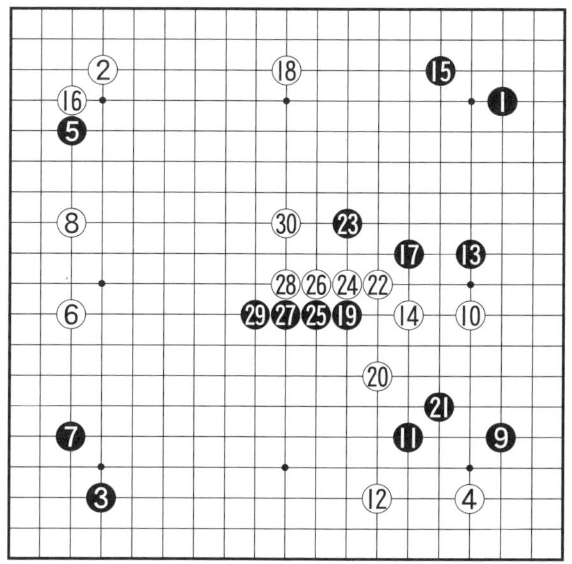

경과도

경과도 (1~30)

31기 국수전 도전4국에서 조훈현(흑)과 서봉수가 벌인 실전.

흑5의 도전에 백6, 8은 장기전을 의식한 유장한 대응이다. 흑13, 17로 선제공격에 나섰으나, 흑21이 늘어진 완착이어서 30까지 백이 다소 활발한 국면이다.

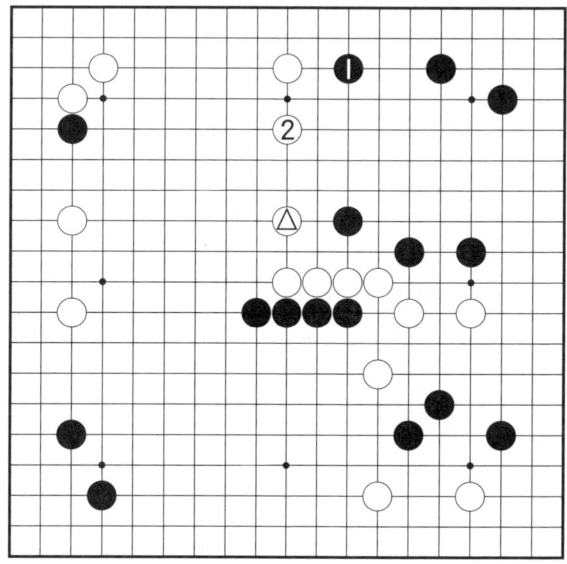

1도

1도 (도와주다)

우상귀 쪽만을 놓고 볼 때는 흑1의 벌림이 좋은 곳. 그러나 여기서는 거의 패착에 해당하는 책략 없는 행동이다.

그렇지 않아도 두고 싶어 하던 백2를 거저 두게 해주었으니 말이다.

백△와 호응해 좌중앙 모양이 이토록 이상적으로 구축되어서는 백의 우세가 분명하다.

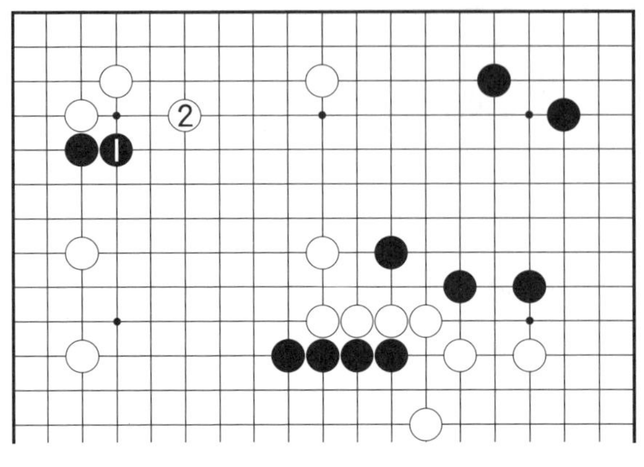

2도

2도 (조급한 움직임)

그렇다고 흑1로 곧장 준동하는 것은 조급한 태도. 백2로 맹렬히 공격당해 고난을 자초하는 격이다. 이 흑 일단이 수습하는 사이 상변이 크게 굳어지고 중앙 백이 두터워지면 승부처를 구할 수 없게 된다.

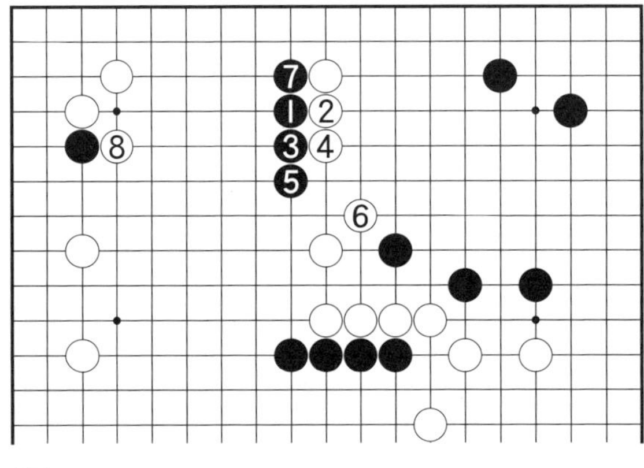

3도

3도 (어설픈 감각)

흑1의 어깨짚음은 상식적인 삭감수이나 여기서는 적절치 않다.

백2~6으로 연결한 뒤 8로 제압해버리면 흑은 졸지에 장대말 신세가 되어 일방적으로 몰릴 것이기 때문이다.

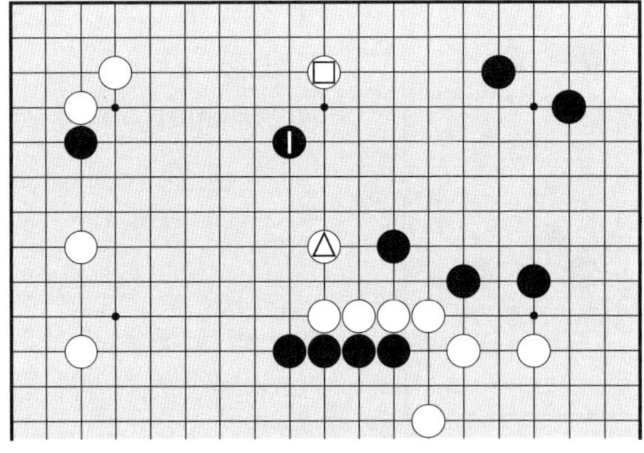

실전도

실전도 (고공비행)

흑1의 고공 날일자가 일류 감각!

백△와 ▣의 연결을 방해하는 공격과 좌중앙 백진 삭감의 의미를 겸하는 양수겸장의 메시지를 담고 있는 감각의 한 수라고 하겠다.

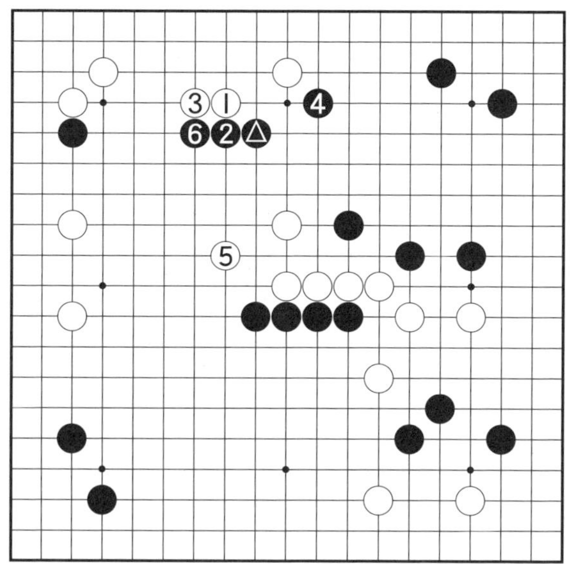

4도

4도 (흑의 주문)

이때 백1로 받아 상변을 지키는 데 급급하는 것은 흑4의 봉쇄가 안성맞춤이어서 백이 곤란하다.

백5로 달아날 수밖에 없을 때 흑6으로 힘차게 밀어가면 백이 흑△의 주문에 말려든 감이 짙다. 이래서는 흑의 일방적인 페이스.

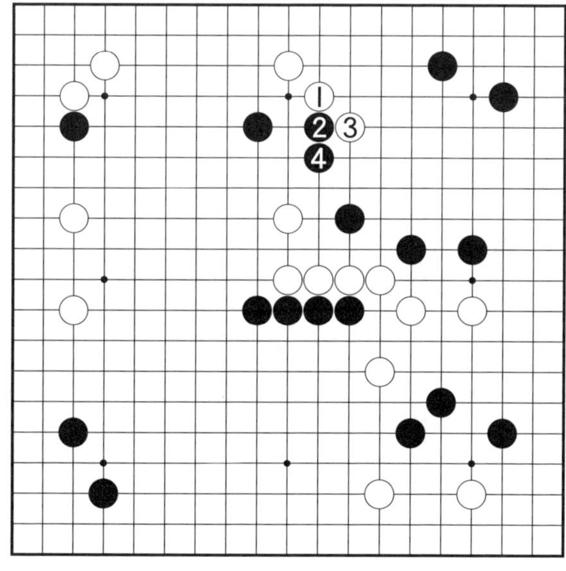

5도

5도 (백, 더욱 곤란)

백1의 마늘모가 보통 때는 좋은 응수법이지만 여기서는 부적절하다. 흑2, 4로 완전히 차단당해 백은 더욱 곤란해진다.

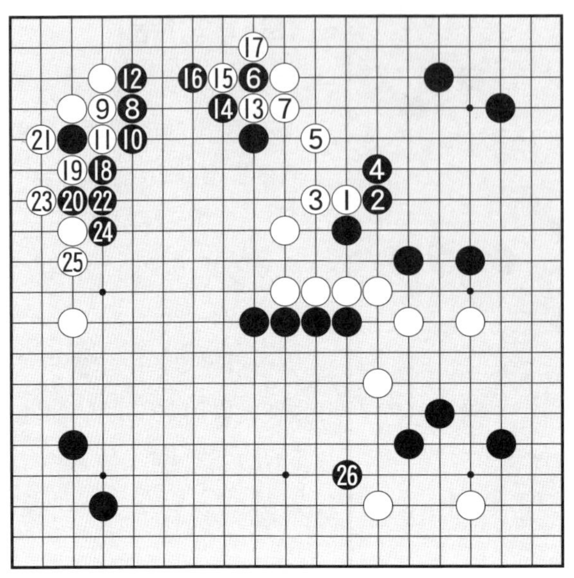

실전진행

실전진행 (삭감 성공)

응수가 궁해진 백은 궁여지책으로 1, 3을 선수한 뒤 5로 연결을 도모했으나 흑6, 8이 멋진 대응이어서 흑의 흐름이 좋다.

결국 25까지 좌중앙 일대에 쉽게 터를 마련하고 귀중한 선수까지 뽑은 흑이 26으로 향해서는 그 성공세가 두드러지고 있다.

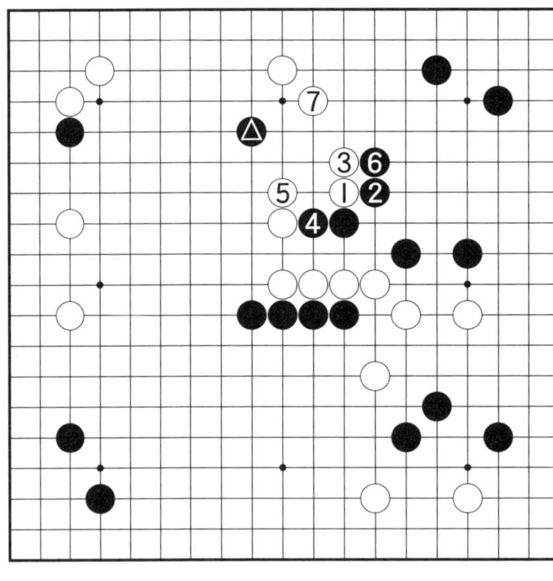

6도

6도 (백의 최선)

실전진행 백1, 3으로는 이 그림처럼 두는 것이 최선이라는 것이 당시 검토실의 견해이다.

이랬으면 흑△ 한점의 운신이 어려워 실전보다 백이 좀 더 나았을 것이다.

행마의 리듬과 흐름

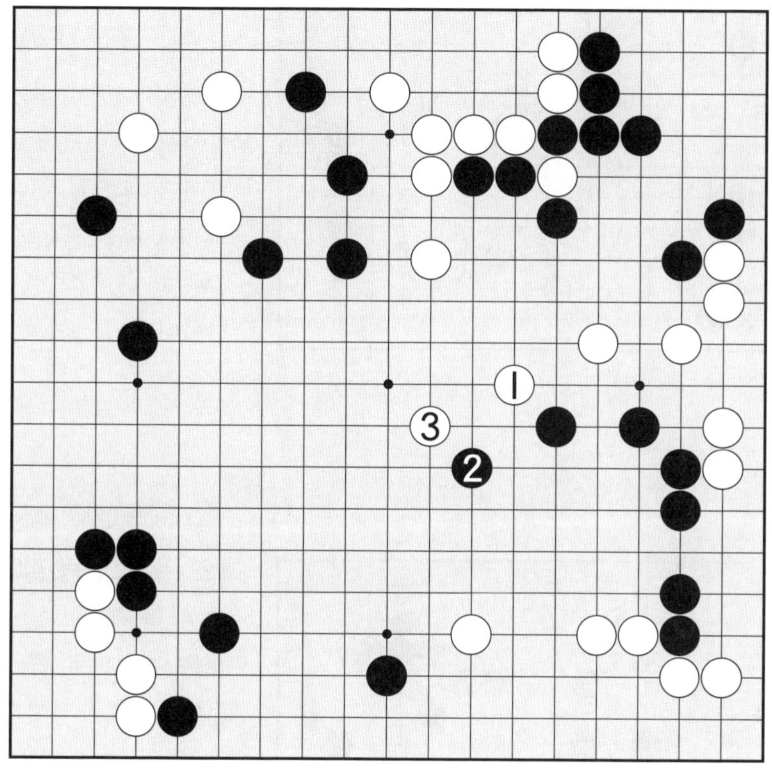

백1, 3으로 우변 흑을 추격해온 장면.

좌중앙의 대모양이 소중한 자산인 흑은 이런 점을 의식하며 다음 착수를 결정하고 싶다.

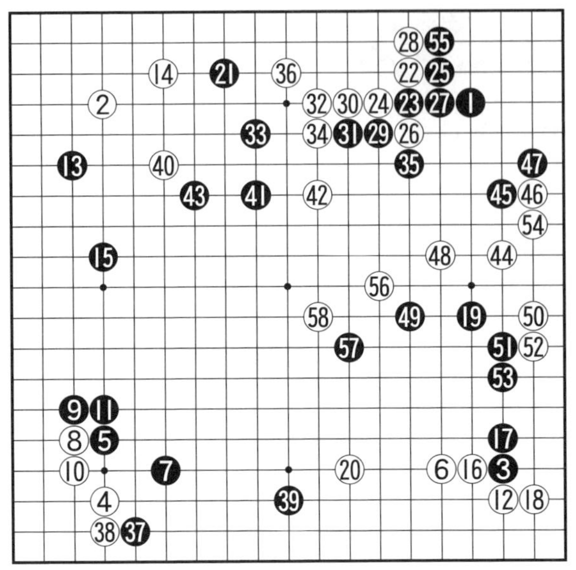

경과도

경과도 (1~58)

중국이 주최하는 최초의 세계기전인 1기 춘란배 세계선수권대회에서 조훈현(흑)과 중국의 샤오웨이강이 벌인 실전이다.

흑33, 41이 경쾌한 행마여서 흑이 순조로운 흐름이다. 백56, 58은 일종의 승부수인 셈인데, 흑의 신중한 대응이 요구되는 장면이다.

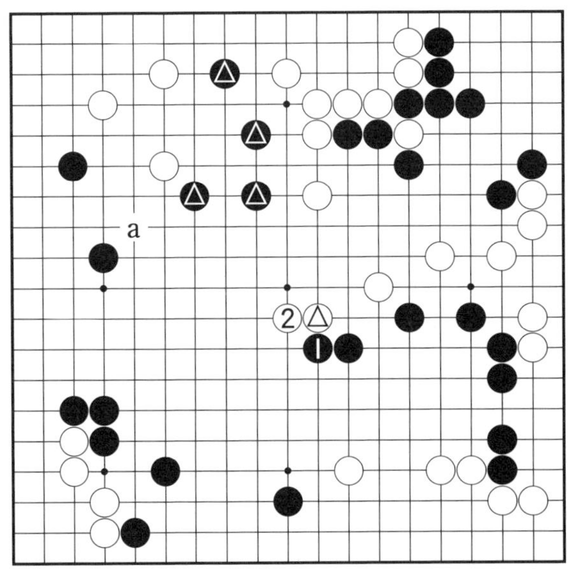

1도

1도 (무책의 등 밀어주기)

손 따라 흑1로 밀어가는 것은 무책으로 백△의 주문에 말리는 격이다. 백2로 슬슬 늘어가는 동안에 좌중앙 흑세가 저절로 지워져 흑의 불만이다. 이쪽 백이 강화되면 장차 백a로 가르는 수가 남아 흑△들도 위태로워진다.

이렇게 상대의 등을 뒤에서 밀어가는 행마는 속수의 표본이다.

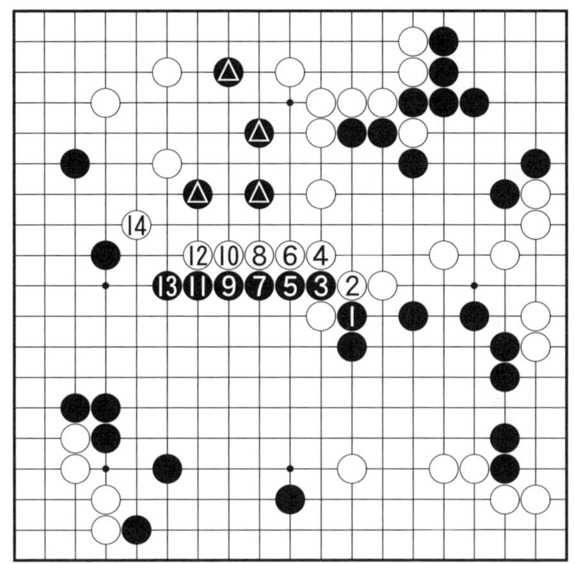

2도

2도 (백의 함정)

그렇다고 흑1, 3으로 나가끊는 것은 무모한 도발이다. 중앙은 좀 키울 수 있겠지만, 흑△들이 크게 들어가서는 되로 받고 말로 주는 격이다.

'미생마 근처에서 싸우지 마라'는 격언이 실감나는 대목이다.

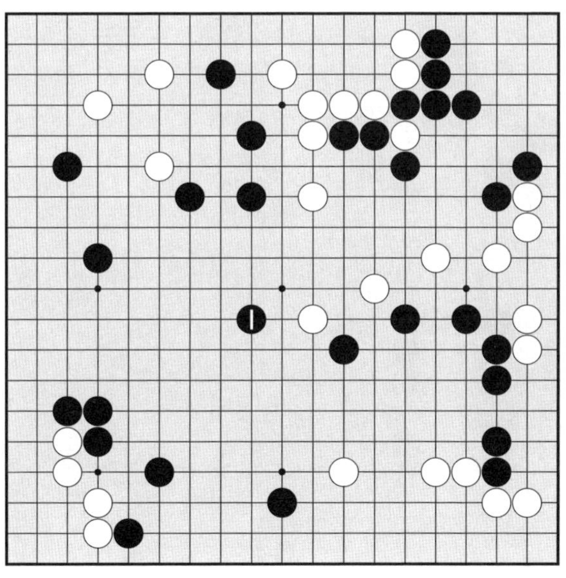

실전도

실전도 (앞을 가로막다)

흑1이 감각의 한 수. 이렇게 백의 진로를 가로막는 것이 익혀두어야 할 고급스러운 행마법이며, 좌중앙 흑세가 생명인 지금 국면에서는 더욱 그렇다. 계속해서~

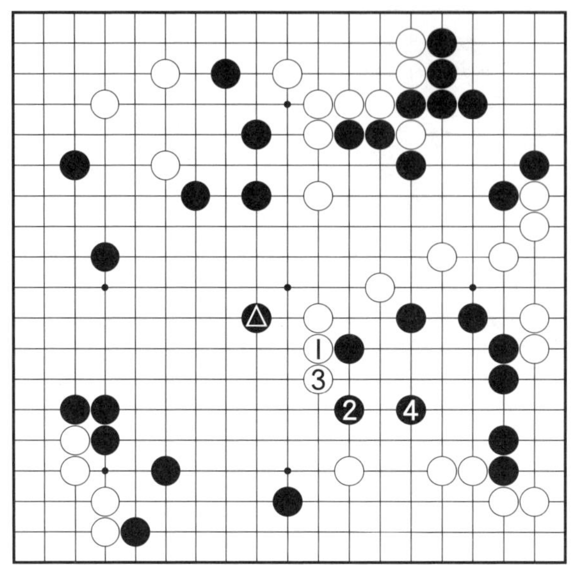

3도

3도 (리드미컬한 수습)

백1로 차단한다면 흑2, 4로 가뿐히 수습해 흑의 성공이다.

결국 흑▲는 좌중앙 수비와 아울러 대마 타개의 리듬을 구하는 1석2조의 절호점이 되는 셈이다.

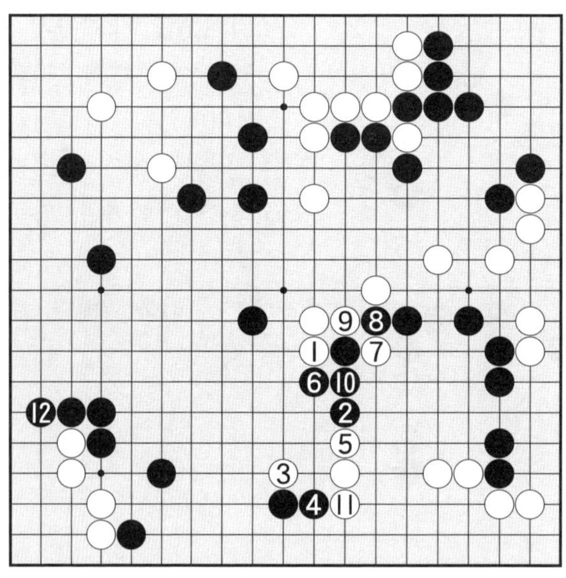

실전진행

실전진행 (선수로 수습)

흑2로 틀을 잡자 직접적인 공격수가 여의치 않은 백은 3으로 붙여 행마의 리듬을 구했지만, 흑은 11까지 선수로 처리하고 12에 손을 돌려 좌중앙 흑진을 집으로 완성시켜 우세가 굳어졌다.

한발 앞서가는 능동적인 행마가 거둔 개가라고 하겠다.

삭감을 경쾌하게 하는 리듬감각

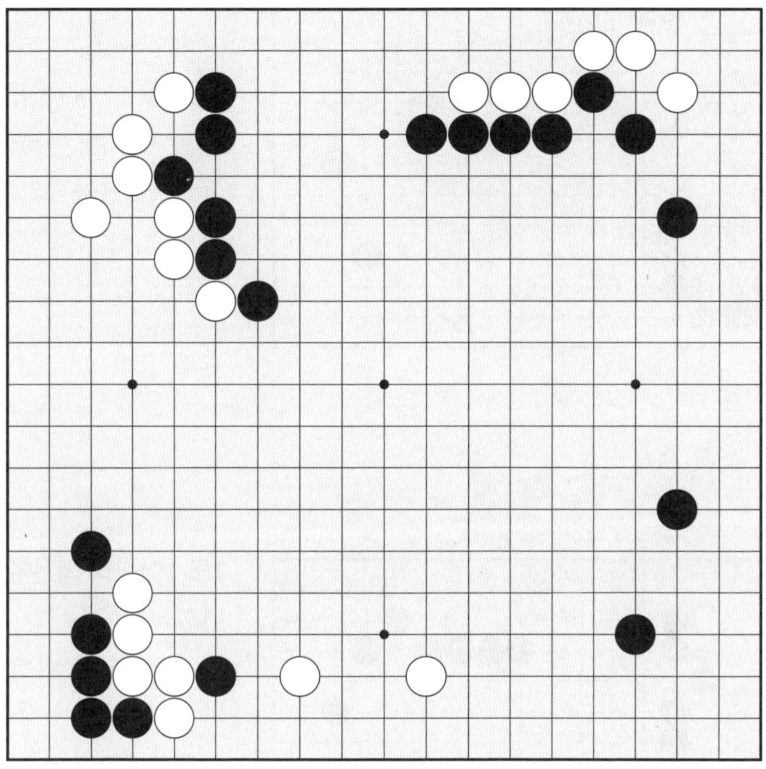

　　우중앙 쪽에 펼쳐진 광활한 흑 모양이 한눈에 들어온다.
백은 삭감의 낙하산을 투하할 적기이다. 자, 어디부터
시작하는 것이 좋을까?

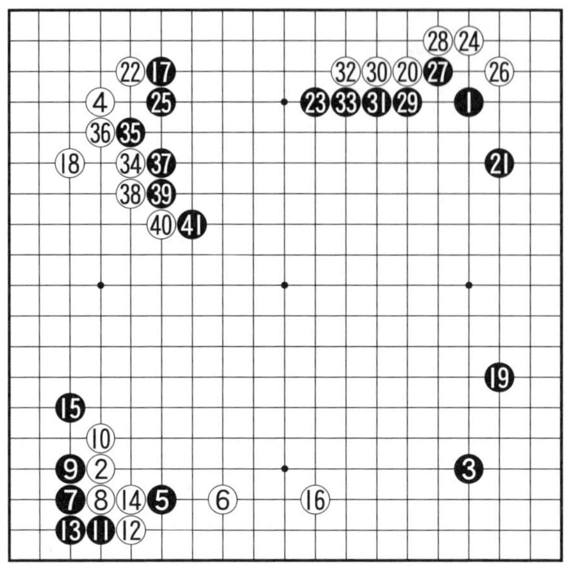

경과도

경과도 (1~41)

41기 국수전 도전2국에서 서봉수(흑)와 이창호가 벌인 실전의 한 장면이다.

흑23~33이 독특하면서도 유력한 수법. 좌변 쪽은 흑15가 머리를 내밀고 있어 전략적으로 중요하지 않은 만큼 지금 국면의 초점은 단연 우중앙 일대이다.

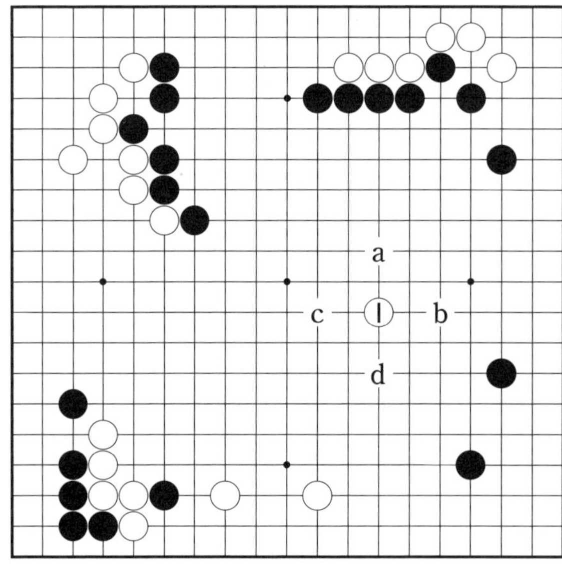

1도

1도 (삭감의 제일감)

먼저 삭감의 제일감은 백1의 곳. 흑 모양의 경계선이 되는 적절한 지점이다.

다음 흑a면 백b, 흑b면 백a로 쳐들어가며, 흑c의 공격에는 백d, 흑d에는 백c로 빠져나와 공격이 잘 먹히지 않는다. 그런데~

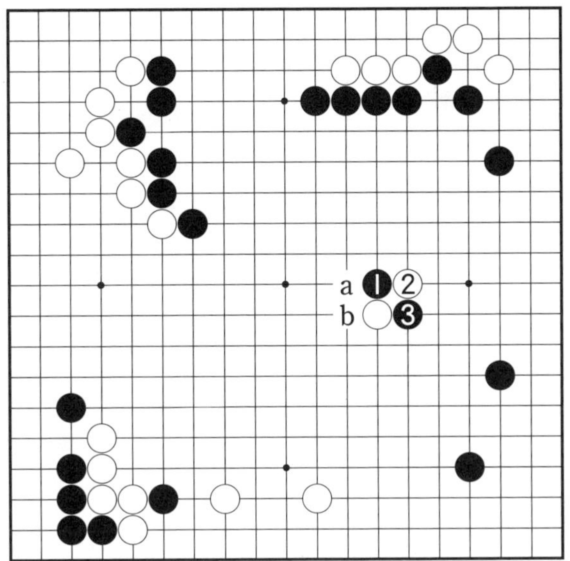

2도

2도 (준비된 강타)

흑도 준비된 강수가 있어 백은 만만치 않은 것이다.

흑1의 강력한 태클이 그것. 이어 백2에는 흑3으로 절단해 백이 곤혹스러운 모습이다. 백2로 a면 흑b로 끊어 역시 백이 곤란하다.

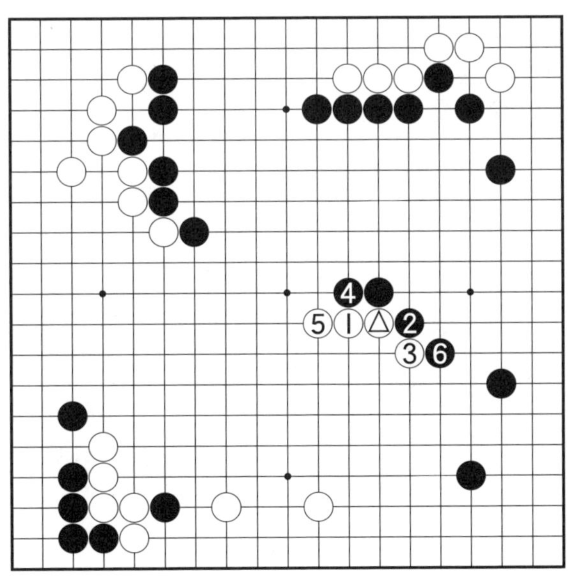

3도

3도 (흑, 만족)

그렇다면 결국 백은 1로 늘 수밖에 없다는 말인데, 흑은 2~6이 힘찬 대응이어서 우중앙 모양이 크게 굳어지며 이 결과는 흑의 만족이다.

따라서 단순히 백△로 삭감하는 것은 미흡한 감이 있다. 뭔가 사전공작이 필요한 것이다.

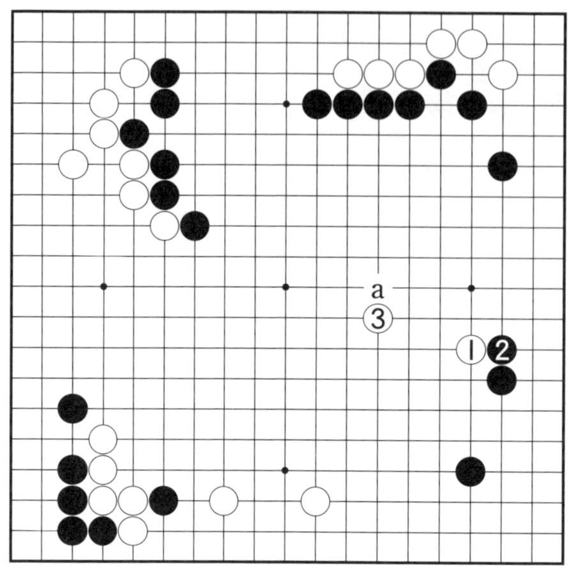

4도

4도 (2단계 삭감공작)

백1로 먼저 어깨짚어 보는 것이 재미있는 수법이다. 흑2로 받을 때 백3으로 경쾌하게 뛰어 삭감에 성공한 모습이다. 백1의 활용수가 뒤를 받치고 있어 이제 흑a로 붙이는 수는 별 위력이 없다.

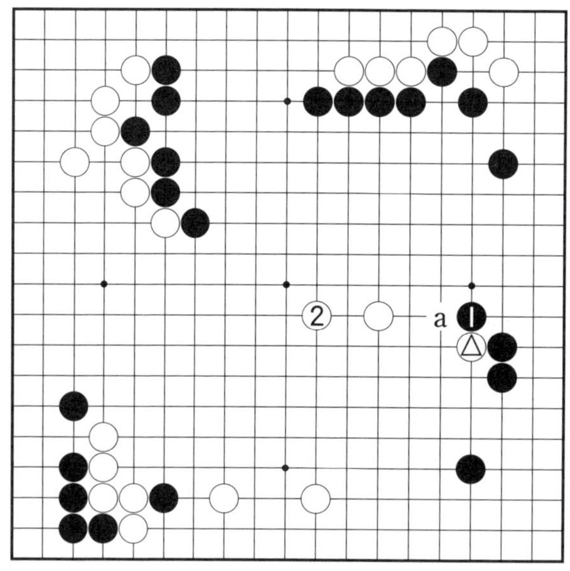

5도

5도 (가볍게 벗어나다)

계속해서 흑은 1로 젖히는 정도인데, 백2로 훨훨 날아 사정권에서 완연히 벗어난 느낌이다. 차후 백a로 젖혀 틀을 잡는 수까지 남아있어 백의 타개에는 전혀 문제가 없다.

결국 백△ 한점은 삭감 작전을 위한 단서이자 밑알의 역할을 하고 있는 셈이다.

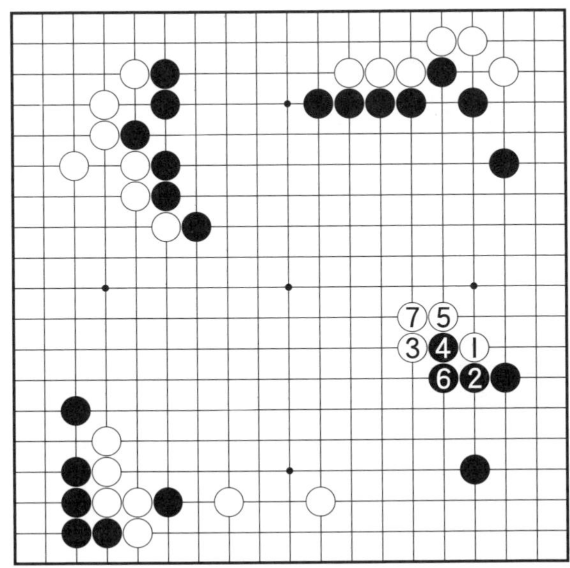

6도

6도 (두터운 수습)

5도가 싫다고 흑2로 밀어 올린다면 백3이 경쾌한 행마이다. 백은 7까지 두터운 형태로 수습해 역시 만족이다.

이곳이 두터워지면 중앙 흑세가 무용지물이 되므로 이 그림은 흑이 취할 바가 못 된다.

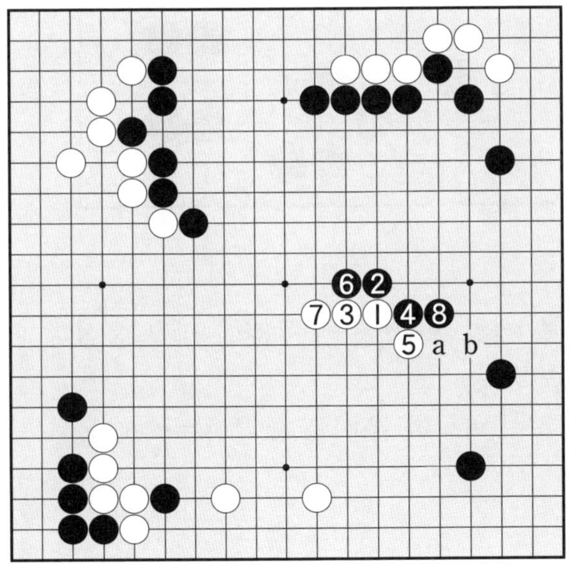

실전진행

실전진행 (미흡한 삭감)

그러나 실전에서는 단순히 백1로 들어가 흑2의 강타를 얻어맞았다. 백3으로 늘 수밖에 없어서는 백이 미흡한 결과이다.

단, a에 젖히지 않은 흑8이 기회를 놓친 완착. 장차 백b로 가르는 고약한 뒷맛이 남아 흑도 충분하지 못한 결말이다.

슈코의 일류감각

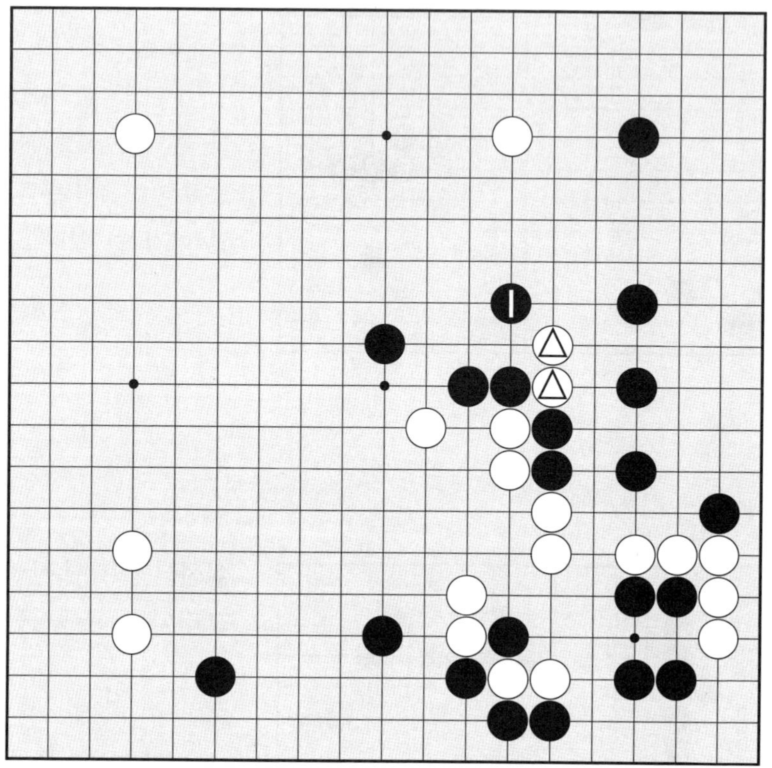

흑1로 씌워 백△들을 제압한 장면. 백 두점이 당장 움직이는 것은 곤란한 모습이다.

대신 백은 이 두점을 빌미삼아 우변을 교란하는 수단을 찾고 있다.

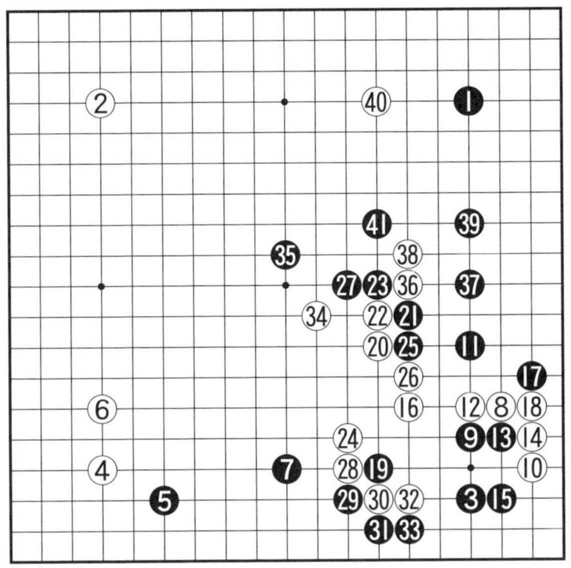

경과도

1984년 방한한 후지사와 슈코(藤澤秀行)와 조훈현 (흑)이 벌인 기념대국의 한 장면이다. 조9단의 일 본 유학 시절 실전스승이 기도 한 슈코 선생은 당 대 제일의 감각을 자랑하 던 거장이다.

흑11~17은 조9단이 처음으로 시도한 신수이 며, 41까지 기세의 대결이 이어지고 있다.

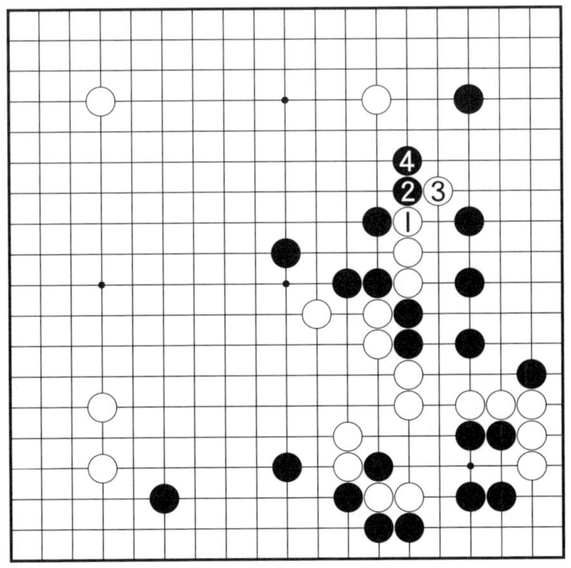

1도

1도 (부질없는 몸부림)

백1로 두점을 곧장 움직 여나가는 것은 한치 앞을 내다보지 못하는 단견의 소치이다.

흑4에 이르러 백은 응 수두절이다. 한마디로 부 질없는 몸부림이라고 하 겠다.

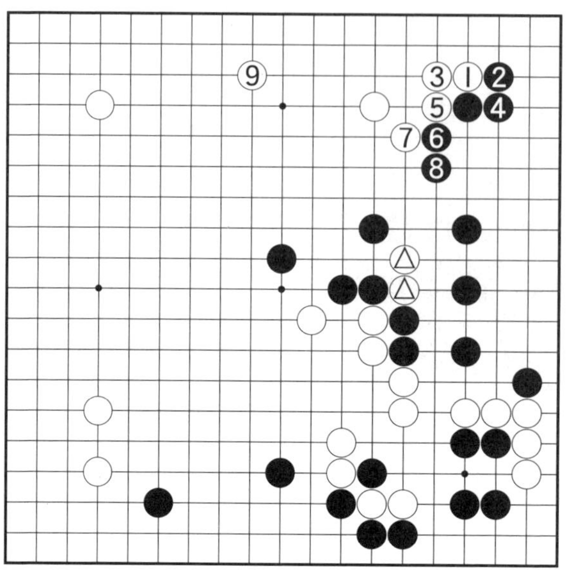

2도

2도 (상식적인 처리)

△들을 순순히 포기한 채 백1로 방향 전환하는 것이 상식적인 감각이다. 백9까지 신천지를 개척해 그런대로 장기전의 양상이다. 그러나 역시 요석 백△들을 깨끗하게 잡은 위력이 전판을 호령하고 있어 흑이 편한 국면임은 부인할 수 없다.

백은 좀 더 적극적인 수단을 강구하고 싶다.

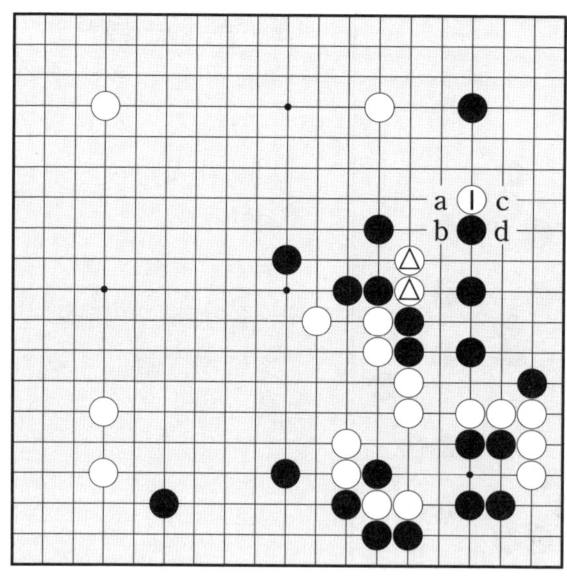

실전도

실전도 (감각의 한 수)

백1로 옆구리에 붙여간 것이 슈코 9단의 진면목을 여실히 드러내는 일류 감각이다. 백△들을 빌미 삼아 우변 쪽에서 좀 더 능동적인 교란수단을 펼치겠다는 뜻이다.

자, 다음 흑의 대응이 주목되는데, a~d 가운데 어디가 정수일까?

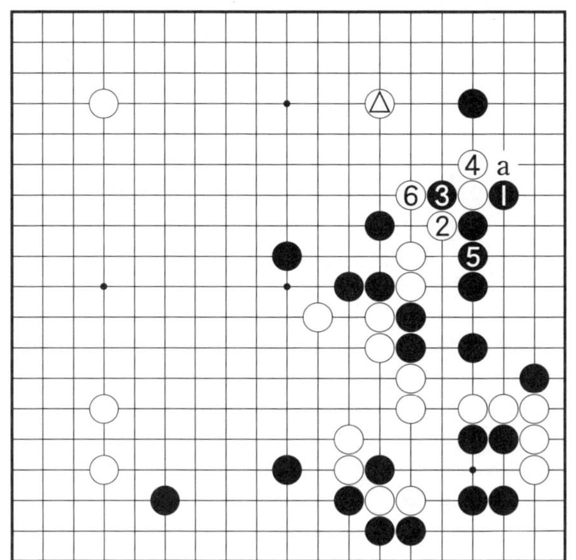

3도

3도 (흑, 걸려들다 1)

먼저 덥석 흑1, 3으로 맞서는 것은 백2~6으로 쉽게 걸려든다. 백△가 좋은 위치에서 대기하고 있지 않은가.

이 그림은 a가 시급하여 흑이 망한 결과이다.

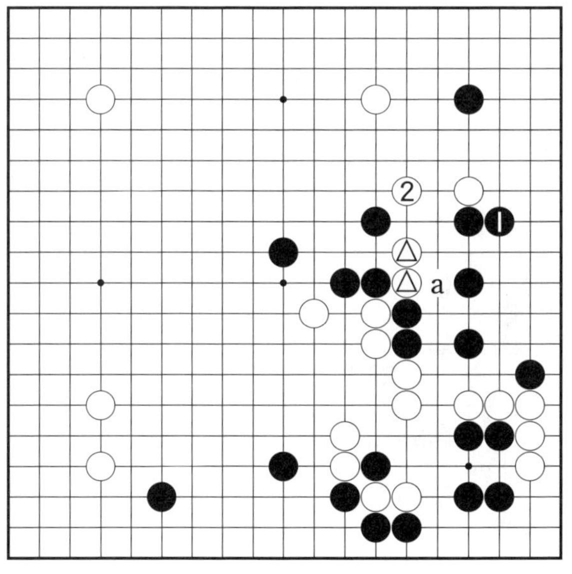

4도

4도 (흑, 걸려들다 2)

그렇다고 흑1로 느는 것은 무책임하다. 백2로 뛰는 순간 △들이 가뿐히 탈출!(백a가 선수라서 흑은 끊지 못한다)

물론 이래서는 되려 중앙 흑이 곤마가 되므로 역시 흑이 걸려든 모습이다.

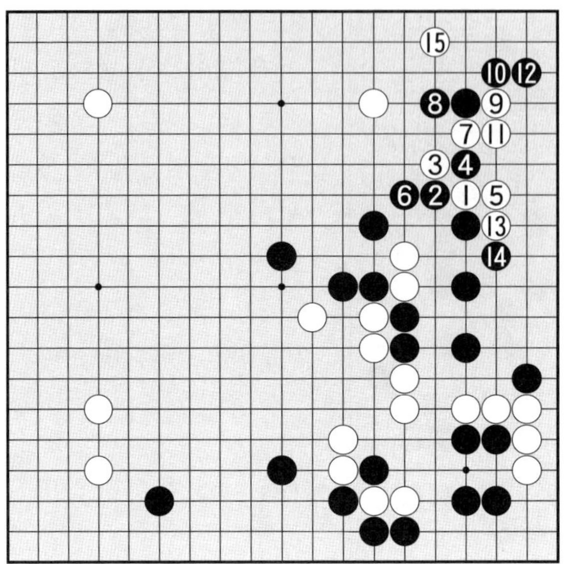

실전진행

실전진행 (백, 성공)

흑은 2, 4의 최강수로 맞섰으나 백5 때 흑6이 불가피해 백7로 잡혀서는 흑이 상당히 당한 모습이다. 백1의 교란전술이 일단 성공을 거둔 셈이다.

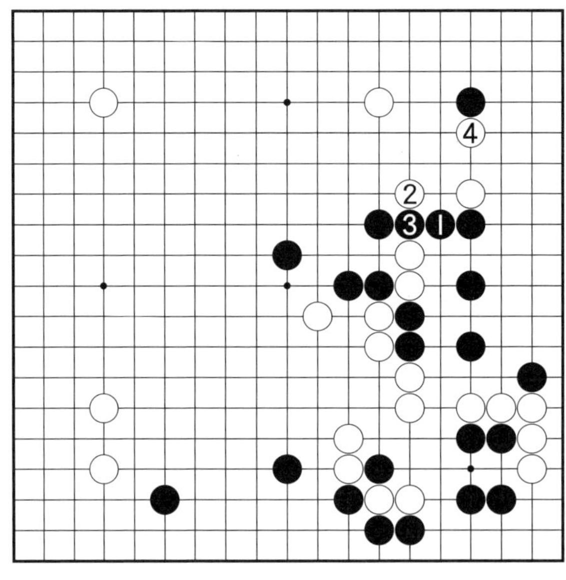

5도 (흑의 정수)

실전진행 흑2는 역시 이 그림 1로 참아두는 것이 백에게 리듬을 제공하지 않는 정수였다.

그러면 백2, 4로 타개에 나서겠지만, 흑도 홀가분하게 대응할 수 있어 큰 불만이 없다.

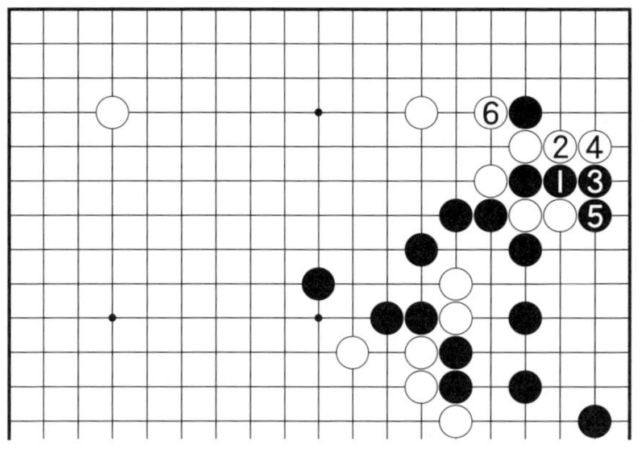

6도

6도 (흑, 소탐대실)

실전진행 흑8은 최선. 이 수로 흑1로 나가는 것은 이하 백6까지 우상귀가 크게 들어가 흑의 소탐대실이다.

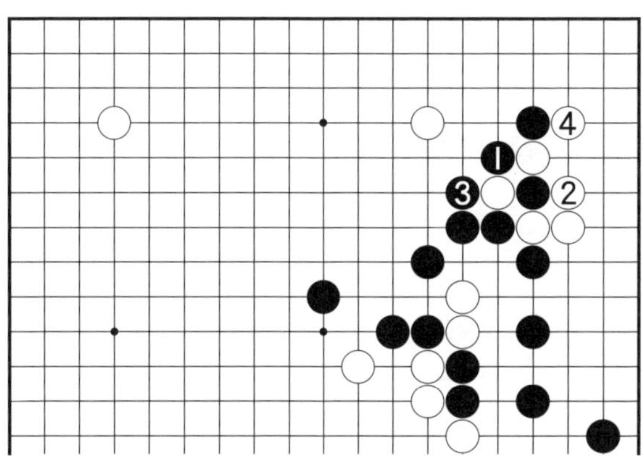

7도

7도 (흑, 실속이 없다)

흑1, 3으로 돌려치는 것이 상용의 맥점이지만 여기서는 부적절하다.

백4까지 귀를 도려내며 크게 살아서는 흑이 실속 없는 모습이다.

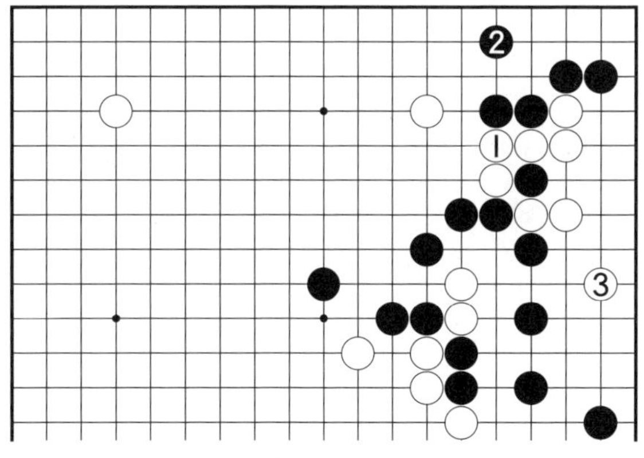

8도

8도 (백의 최선)

실전진행 백13은 작전을 성공적으로 완성시키지 못한 악수였다.

이 수로 백이 1, 3으로 쉽게 처리했으면 우세가 확실했다.

밭전자의 명수

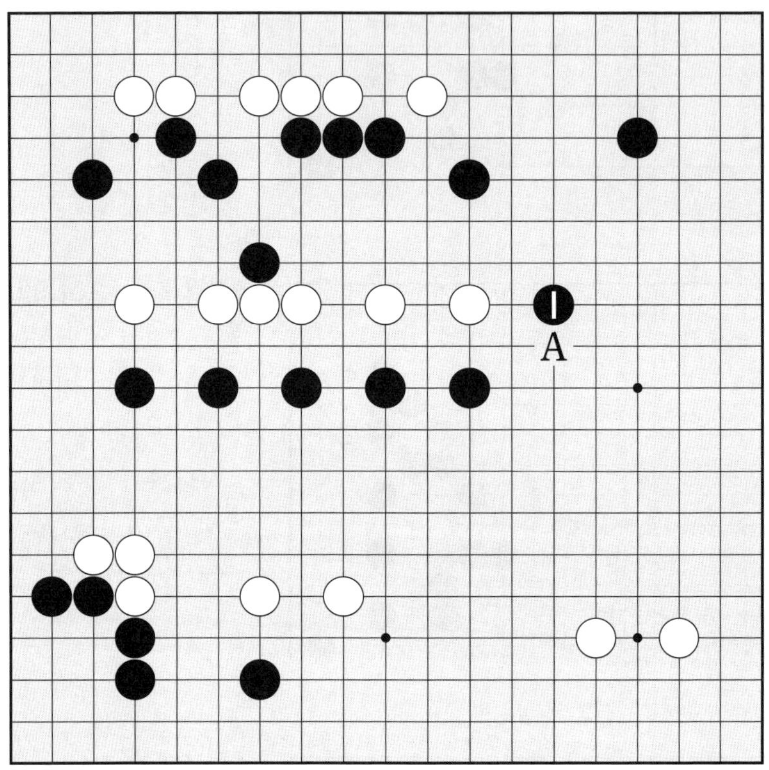

　흑1로 모자를 씌우자 일견 백이 답답해 보이는 모습인
데…. 그러나 사실 흑1은 문제수. A의 날일자가 정수였다.
　그렇다면 흑1의 허술함을 응징하는 감각의 한 수는 무엇
일까?

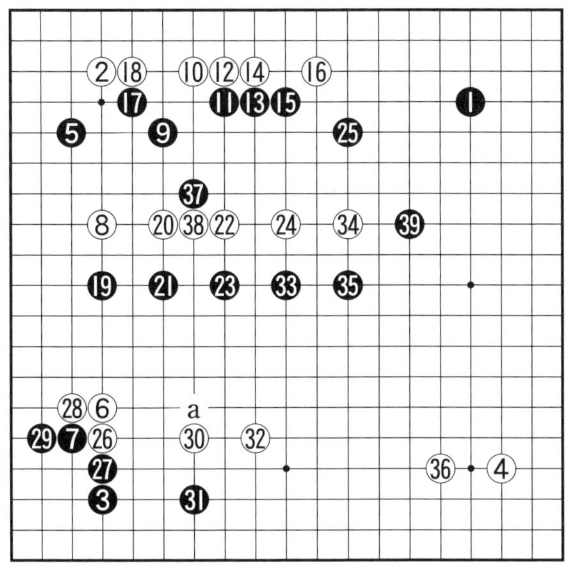

경과도

경과도 (1~39)

후지사와의 일류감각을 하나 더 소개한다. 1999년 5월 슈코 선생의 은퇴기념대국으로 상대는 조훈현(흑)이다.

흑25가 완착. a에 씌워 좌하귀 쪽을 선제공격할 자리였다. 백은 32로 산뜻하게 수습해 활발한 국면이다.

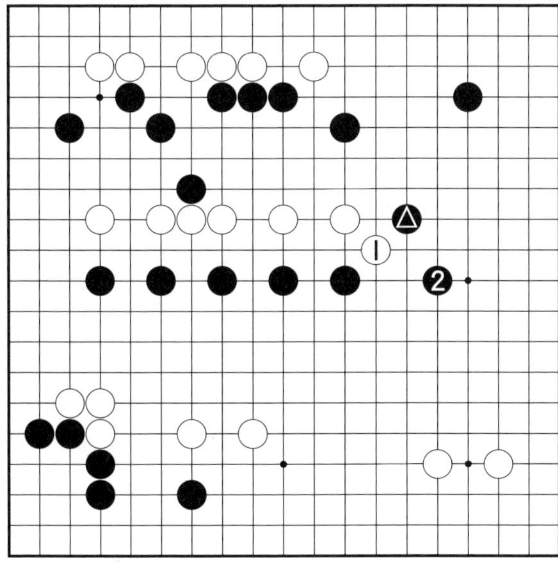

1도

1도 (흑의 주문)

백1로 나오는 것은 조건반사적인 속수. 흑2로 거세게 추격당하며 우변이 흑 천지가 되어서는 백의 대실패이다. 바로 이 그림이 흑△의 주문이기도 하다. 그러나 사실 이 수순은 어디까지나 흑 혼자만의 환상이었다.

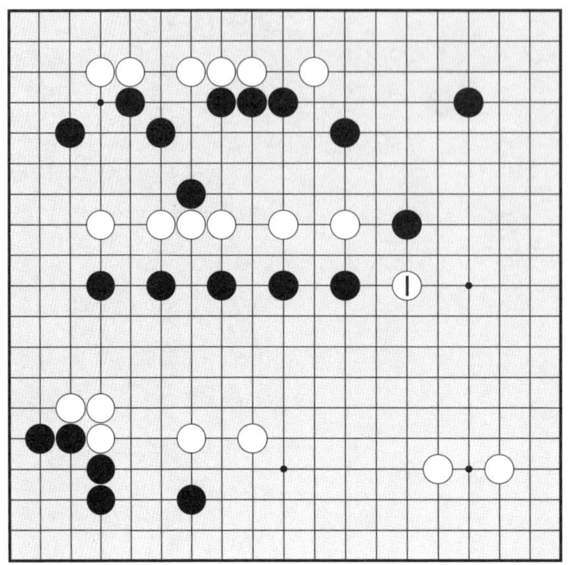

실전도

실전도 (탁월한 감각)

백1이라는 멋진 반격이 기다리고 있었던 것이다.

이 수는 가히 천하제일의 감각을 자랑하는 슈코 9단의 진가를 보여준 명불허전의 명수였다.

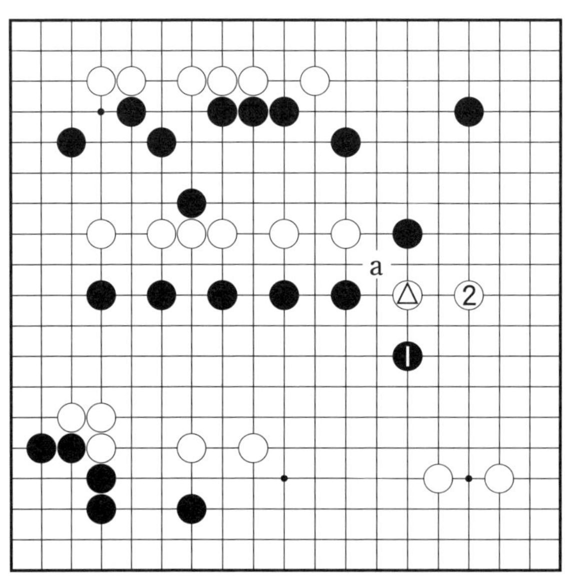

2도

2도 (흑, 곤란)

백△에 흑은 뚜렷한 응수가 없다. 가령 흑1로 씌우는 것은 백2로 벗어나 그만이다. 흑2로 씌우는 것은 백1로 달아나 역시 다음 수가 없다.

그렇다고 a의 오목행마를 할 수는 없지 않은가. 이런 행마는 프로들이 가장 꺼려하는 비능률적인 속수에 해당하므로 논외의 대상이다.

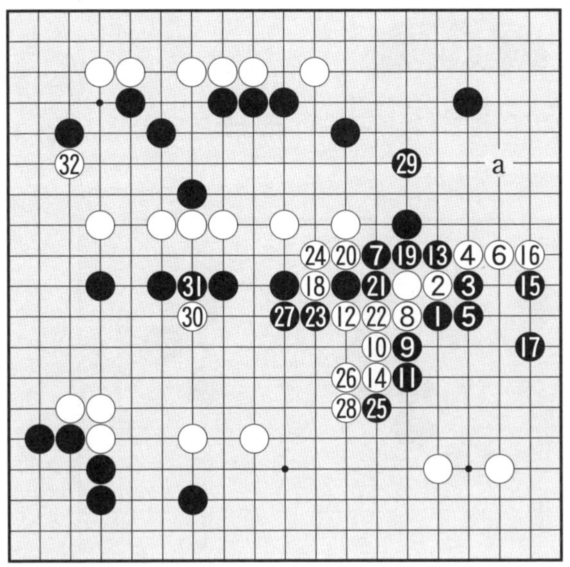

실전진행

실전진행 (백, 호조)

숙고 끝에 흑1로 뒤통수 쪽을 씌워간 것은 궁여지책이다. 그러나 백2~6으로 맞서자 흑의 별무신통.

게다가 백18~20이 강력해 좌중앙 흑 일단이 곤마가 되어서는 백 호조의 흐름이다. 우상귀는 아직 백a로 두어 사는 수단이 남아있다.

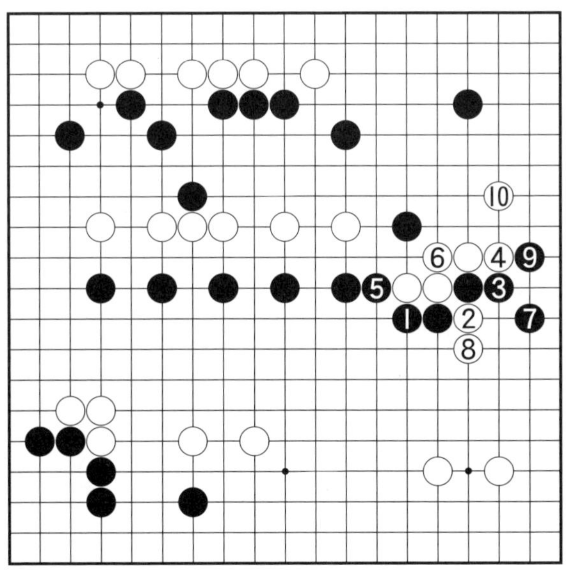

3도

3도 (흑, 무리)

실전진행 흑5로는 이 그림 1로 막는 것이 기세이지만 여기서는 백8, 10이 강력한 응수여서 흑이 곤란하다.

좌우를 노리는 킬러의 명점

행마법 실전

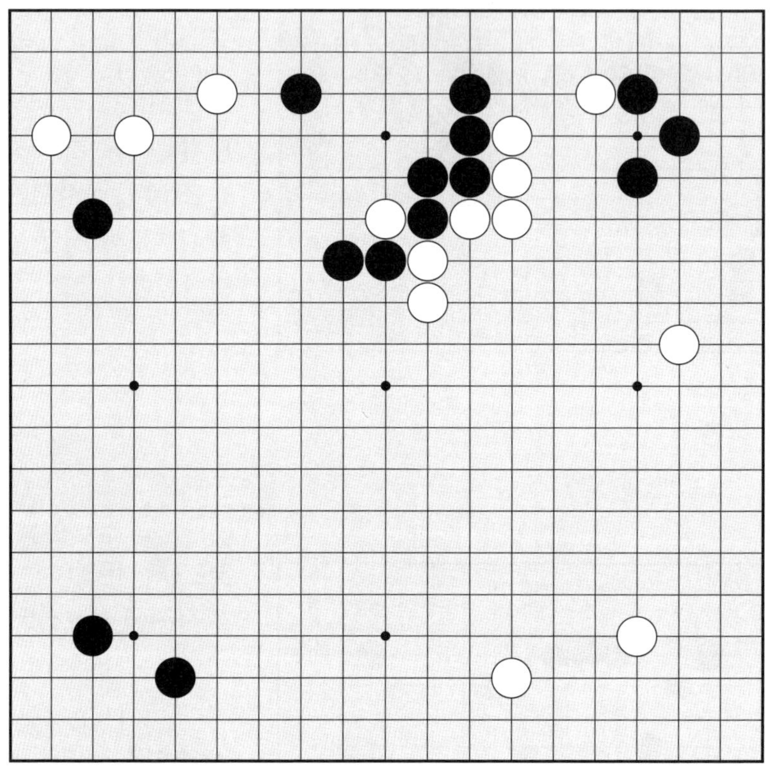

포석이 정리된 가운데 중앙에 펼쳐진 백 모양이 국면의 초점으로 떠올랐다.

자, 흑은 어디서부터 시작해야 할까? 국면을 쉽게 리드할 수 있는 대세의 급소가 있다.

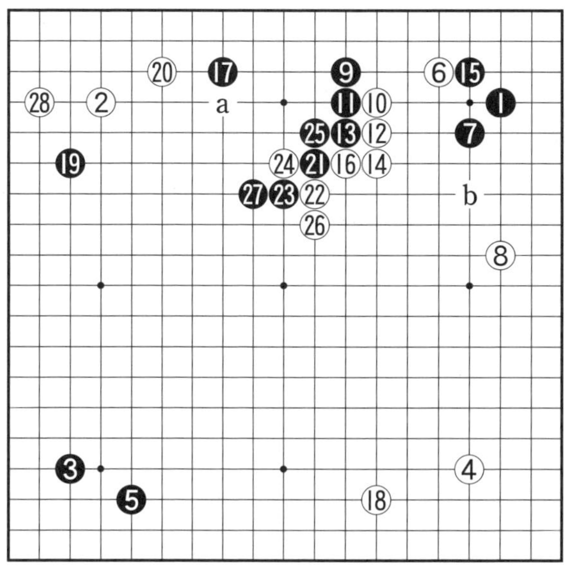

경과도

경과도 (1~28)

6회 후지쯔배 세계선수권 대회에서 가토(加藤正夫) 와 조훈현(백)이 벌인 실전. 가토는 '킬러'라는 닉네임답게 뛰어난 중반감각을 지니고 있다.

백18은 24의 곳에 뛰는 것이 대세점이다. 백28이 문제수. a로 붙여 선수로 처리할 자리였다. 백b가 워낙 시급한 곳이었기 때문이다.

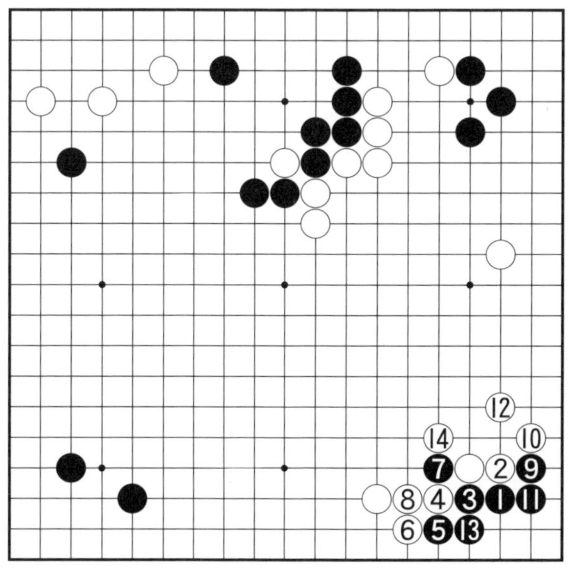

1도

1도 (흑, 소탐대실)

먼저 흑1로 3三을 파는 것은 성급한 태도이다.

백은 14까지 알기 쉽게 받아주기만 해도 중앙이 너무 두터워져 흑의 불만이다. 소탐대실의 표본이라고 할까.

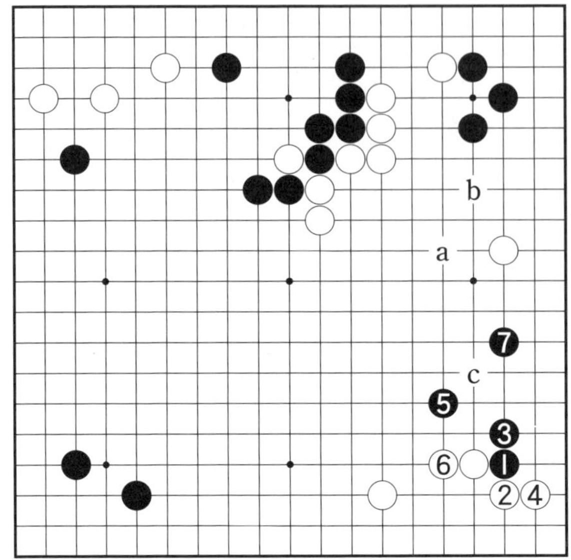

2도

2도 (흑, 미흡)

우하 쪽에 침입하려면 흑1의 붙임이 좀 더 낫다. 그러나 우하귀 백의 실리가 큰 데다 선수마저 백이 쥐게 되어 흑의 별무신통이다. 다음 백a나 b로 지켜두면 c의 약점도 있고 해서 흑이 미흡한 모습이다.

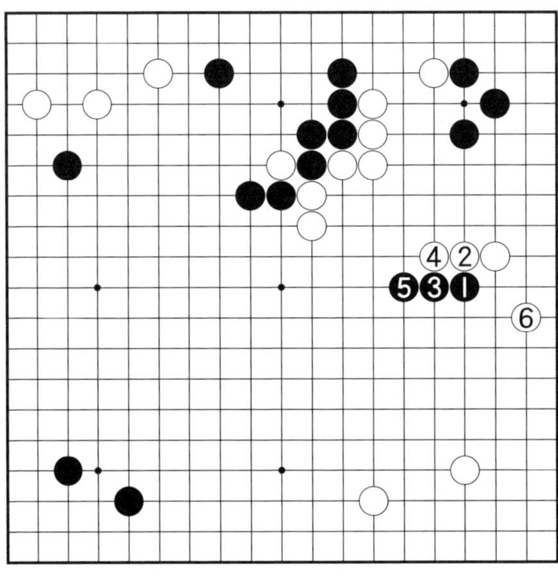

3도

3도 (어설픈 삭감)

그렇다면 흑1로 어깨짚는 것은 어떨까?

그러나 백2~6으로 응수하고 나면 막상 다음 수가 마땅치 않아 흑이 싱거운 모습이다. 어설픈 삭감이라고 하겠다.

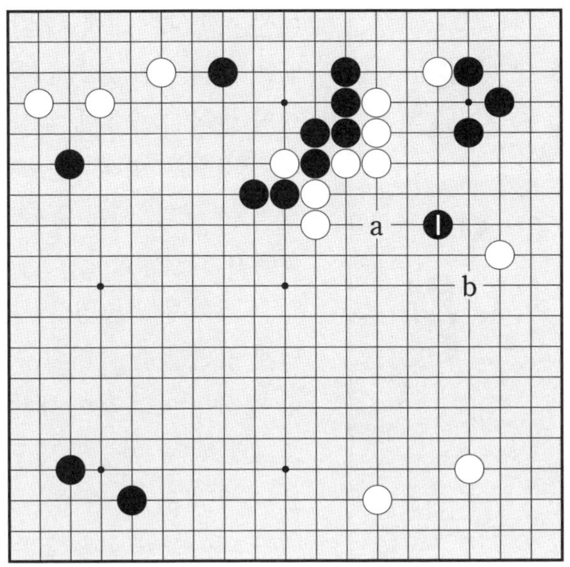

실전도

실전도 (대세의 급소)

흑1의 눈목자 비상. 이 수가 아무도 예측하지 못한 뜻밖의 명점이자 대세의 급소였다.

일견 어정쩡해 보이지만, 백의 중앙 봉쇄선을 돌파하면서 다음 a의 급소가격과 b의 고압을 맞보는 탁월한 감각이다.

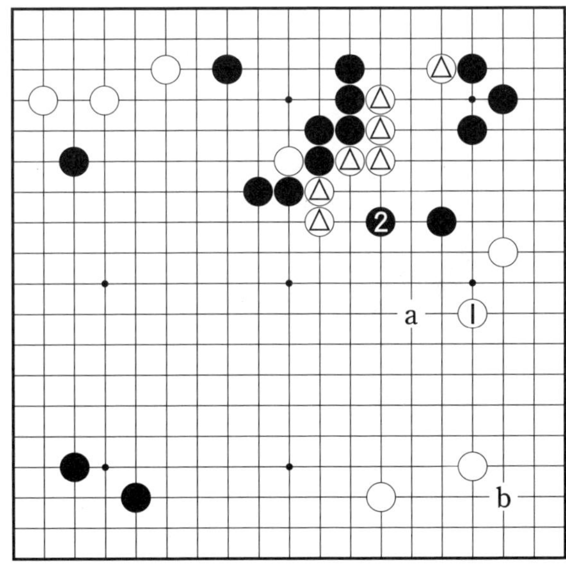

4도

4도 (통렬한 급소)

이때 우변 실리에 급급하여 백1로 받는 것은 흑2의 뼈저린 급소를 얻어맞아 백△들이 그로기상태에 빠진다.

흑은 a쪽이 선수인 데다 왼쪽 진영도 두터워 이 그림은 백이 도저히 견딜 수 없다. 뿐만 아니라 우변쪽은 아직 b가 비어있지 않은가.

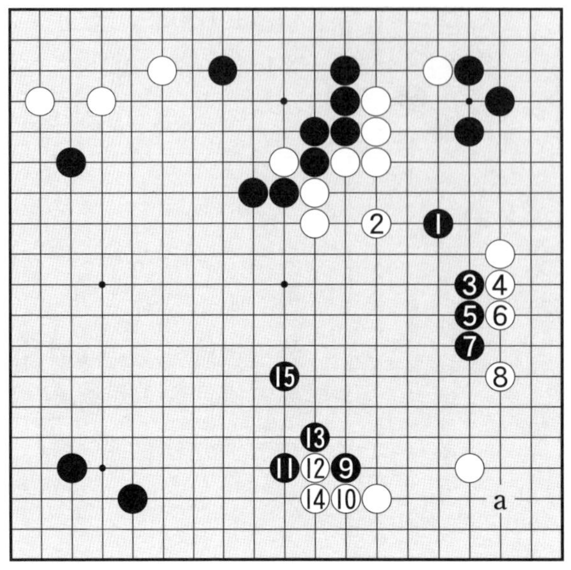

실전진행

실전진행 (흑, 대세 제압)

백은 결국 2로 급소를 지키며 굴복할 수밖에 없는데, 흑3으로 눌러가는 수가 기분 좋다. 이어 흑9가 이어지는 일류감각.

흑15까지 좌중앙을 두텁게 하면서 백 대마의 후속 공격을 노려 흑이 대세를 제압했다. 이렇게 되고 보니 우하귀 쪽은 a의 3三이 비어있어 실속 없는 형태가 되고 말았다.

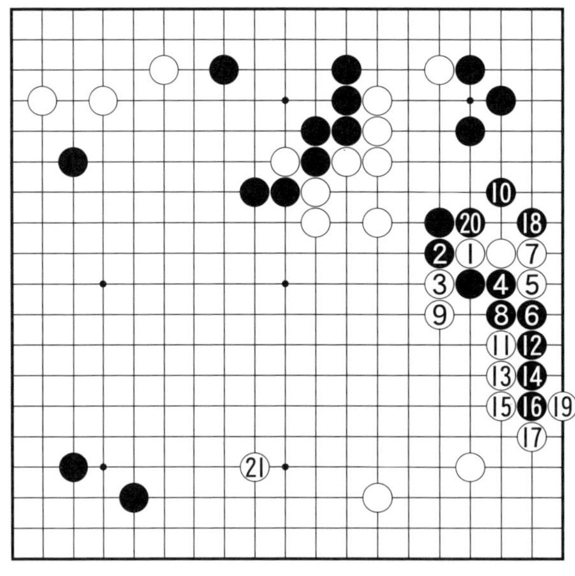

5도

5도 (백의 최선)

실전진행 백4로는 이 그림 1, 3으로 반발해야 했다. 그러면 이하 흑20까지 우변은 잡히지만, 대신 선수로 벽을 쌓고 21로 벌려 백도 해볼 만한 모습이다.

그런데 실전진행에서는 실전도 흑1의 호착에 당황한 나머지 최악의 결과를 낳고 말았다.

감각과 탄력의 앙상블

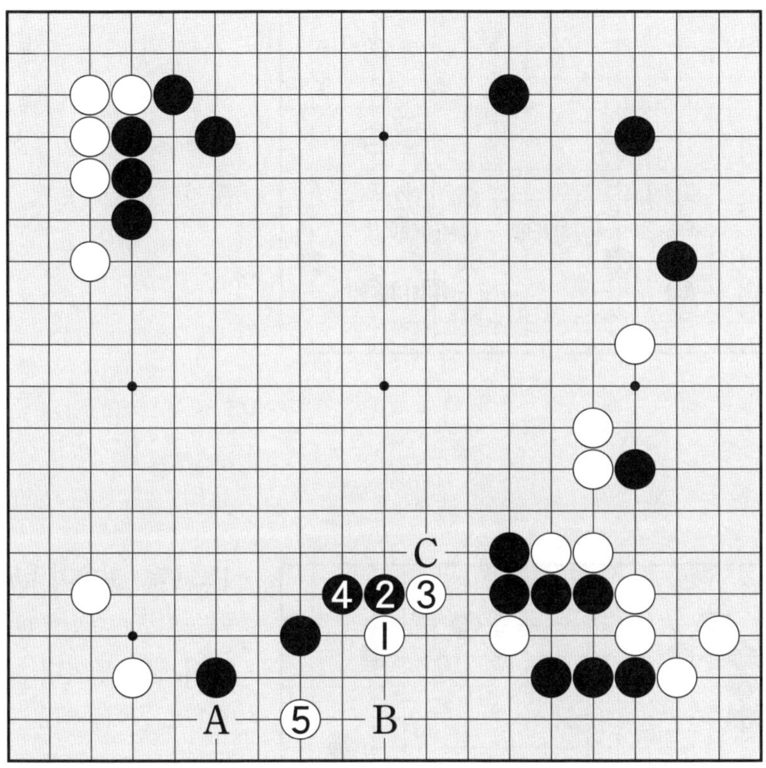

　백1로 뛰어든 장면. 흑2, 4의 공격에 백5가 탄력 넘치는 호착이어서 막상 흑의 응수가 난감해졌다. 백은 다음 A의 도강, B의 근거, C의 돌출 등을 두루 맞보고 있는 것이다. 자, 흑은 이 난국을 어떻게 풀어가야 할까?

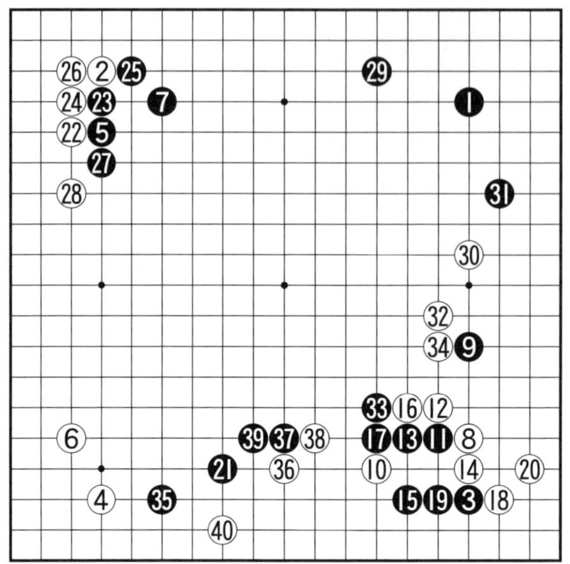

경과도

경과도 (1~40)

1985년 한·일 정상 TV속
기전에서 조훈현(흑)과
일본 대표인 가토가 벌인
실전이다.

백30의 협공에 흑31,
33은 간명한 수법. 백36
으로 침공해 최초의 승부
처가 다가왔다.

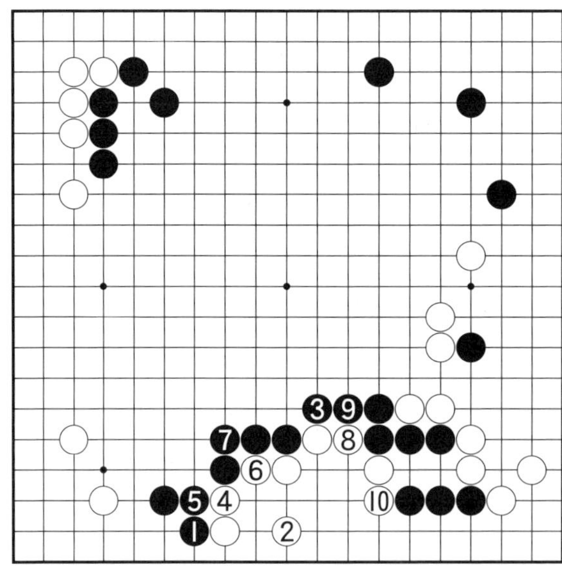

1도

1도 (흑, 실속이 없다)

흑은 일단 좌변 백과의 차
단이 급선무이다. 그러나
흑1로 곧이곧대로 차단하
는 것은 책략 부족이다.
백2가 좋은 수로 흑3이 불
가피할 때 백10까지 대궐
을 짓고 살아서는 흑은 가
죽만 남은 꼴이다.

사방의 백이 견실해 흑
은 이 두터움을 써먹을 데
가 없다.

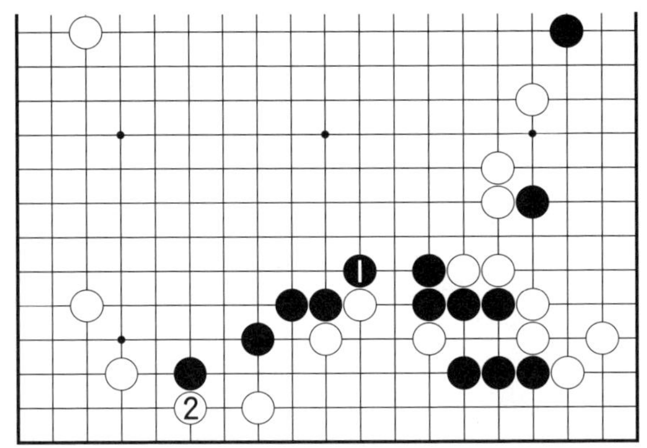

2도

2도 (흑, 싱겁다)

그렇다고 흑1로 젖혀막는 것은 백2로 건너가 버려 너무 싱겁다.

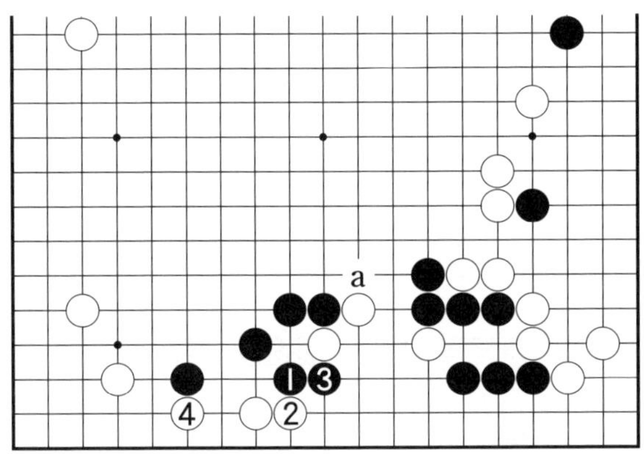

3도

3도 (백의 주문)

흑1로 나가는 것은 조건반사적인 행마로 백의 주문이기도 하다.

　백4까지 실리를 온통 빼앗긴 데다 a의 가일수마저 필요해서는 흑이 무엇을 했는지 모르는 형국이다.

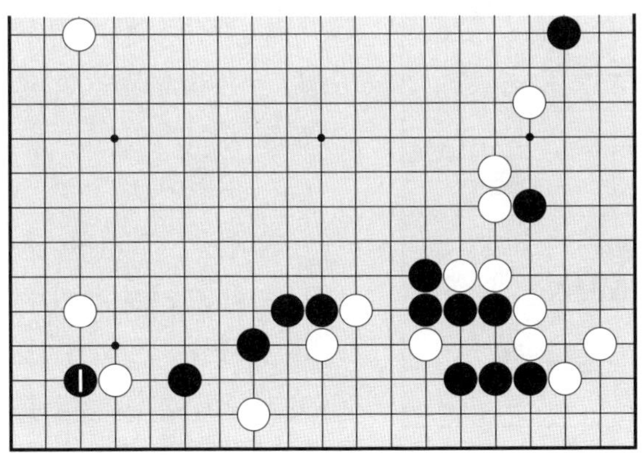

실전도

실전도 (적시의 타진)

흑1의 붙임수가 30초 초읽기 속에서 떠오른 감각적인 대응책이다.

　이 수의 의미는 과연 무엇이며, 백은 어떻게 응수해야 할까?

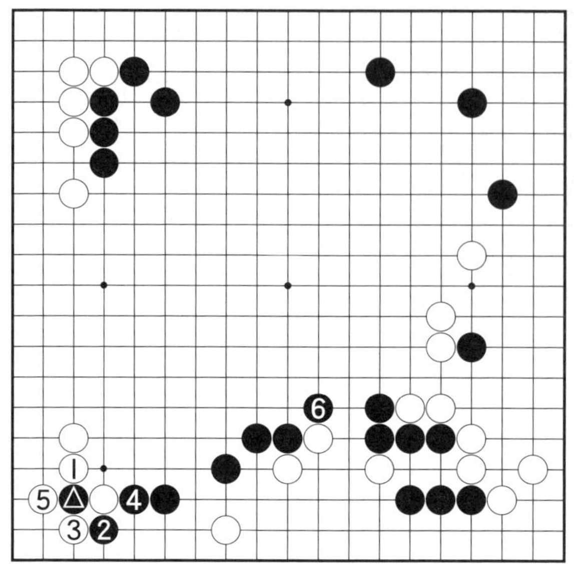

4도

4도 (백, 미끼를 물다)

덥석 백1로 차단하는 것
은 걸려드는 수. 흑2, 4가
선수로 작용해 6까지 백
이 호흡 곤란에 빠진다.

바로 이 그림이 흑△의
주문이자 함정이다.

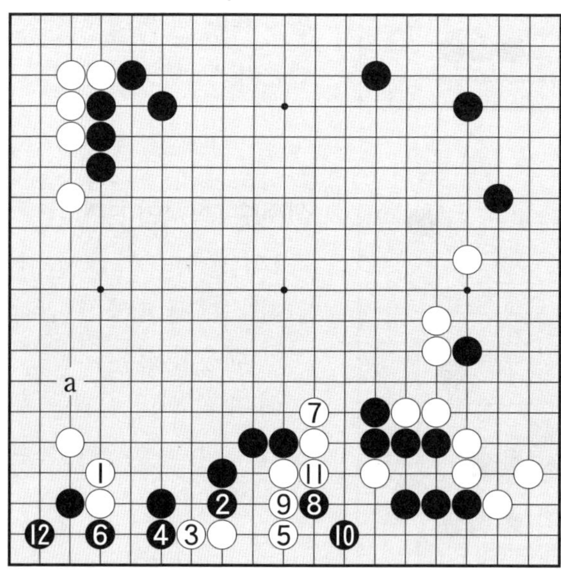

실전진행 (최선의 공방)

따라서 백은 1로 느는 것
이 침착한 정수. 이어 흑
2, 4로 형태를 정비하자
백도 11까지 삶의 자세를
취해 최선의 결말이 이루
어졌다.

일견 하변이 모두 깨져
흑이 당한 것 같지만, 흑
12로 귀를 도려낸 것이 큰
데다 장차 a의 공격도 보
너스로 남아 흑이 전혀 불
만이 없다.

우주류의 발전자 비상

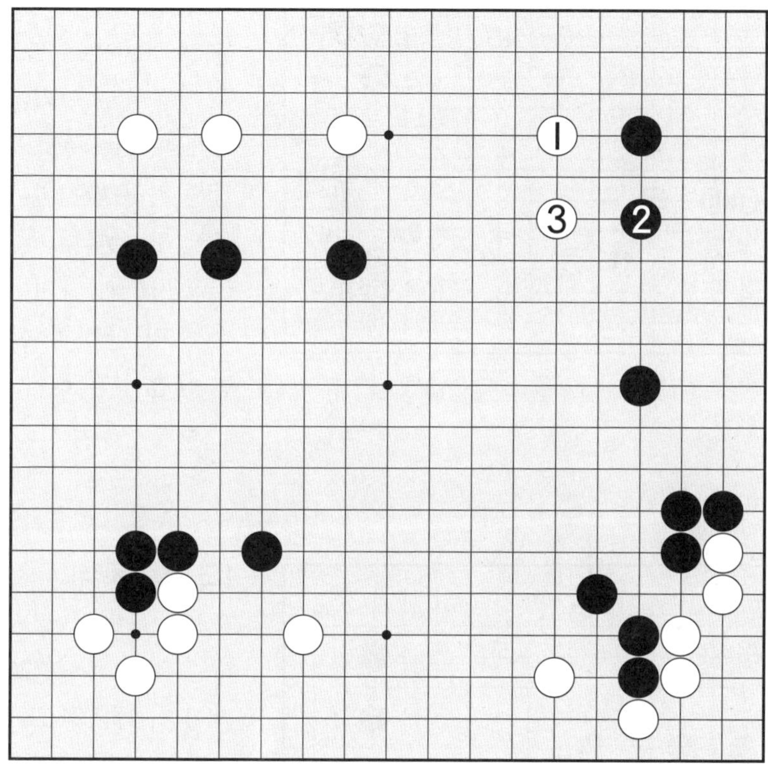

백 실리 대 흑 세력의 윤곽이 뚜렷한 가운데 백이 1, 3으로 중앙 견제에 나선 장면이다.

흑의 다음 한수가 무척 어려운 상황인데, 여기서 상상을 초월한 감각의 명점이 등장한다.

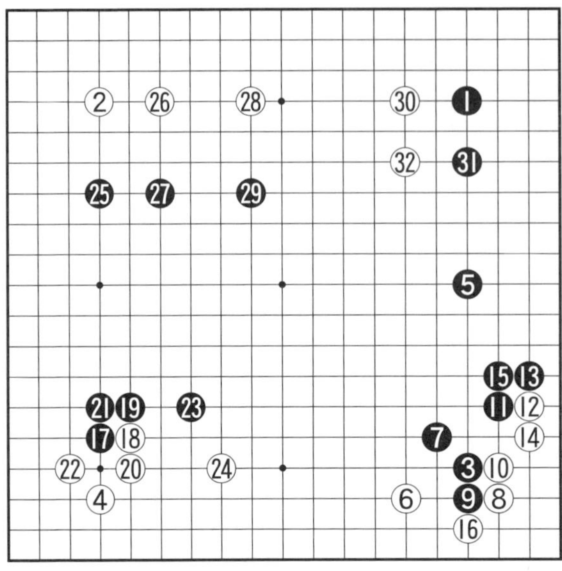

경과도

경과도 (1~32)

1회 삼성화재배 세계바둑 오픈 본선에서 다케미야 (武宮正樹)와 김성룡(백) 이 벌인 실전. 굳이 흑백을 밝히지 않아도 알 만큼 우주류로 인기가 높은 다케미야는 특히 중앙경영을 위한 밭전자 행마를 곧잘 구사한다.

흑29까지 흑의 호방함과 백의 실리가 잘 어울린 국면이다.

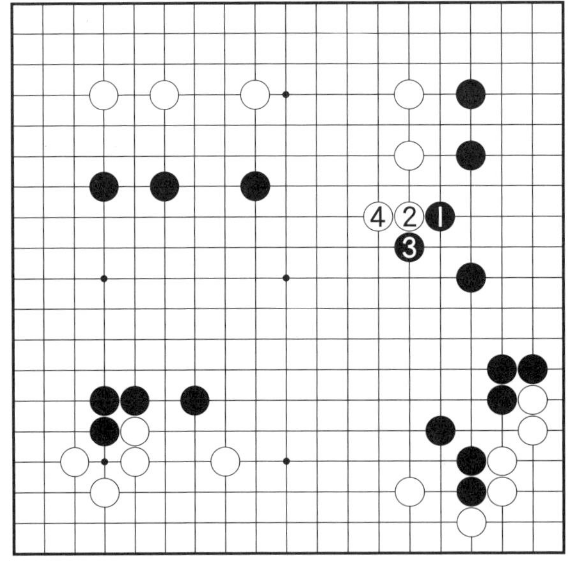

1도

1도 (흑, 무책)

흑1로 우변을 키우고자 하는 것은 무미건조한 완착이다. 백2, 4로 붙여늘기만 해도 중앙이 저절로 지워져 흑의 불만이다.

이래서는 사방에 튼실한 백의 실리를 당해낼 수 없다.

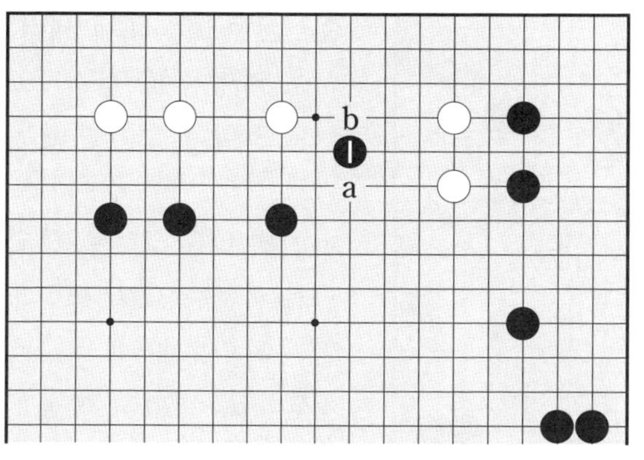

실전도

실전도 (빛나는 밭전자)

흑1의 밭전자가 뜻밖의 명점. 상변 돌파를 위협하며 중앙을 경영하는 1석2조의 탁월한 감각이다.

이 수로 a에 두는 것은 백b로 받아 싱겁기 짝이 없다.

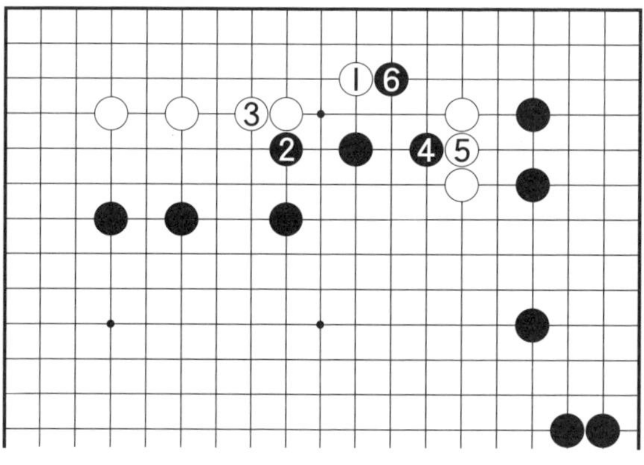

2도

2도 (준비된 후속수단)

백1로 받는 것은 흑2~6의 환상적인 수순에 의해 상변이 쉽게 허물어져 백이 곤경에 처한다.

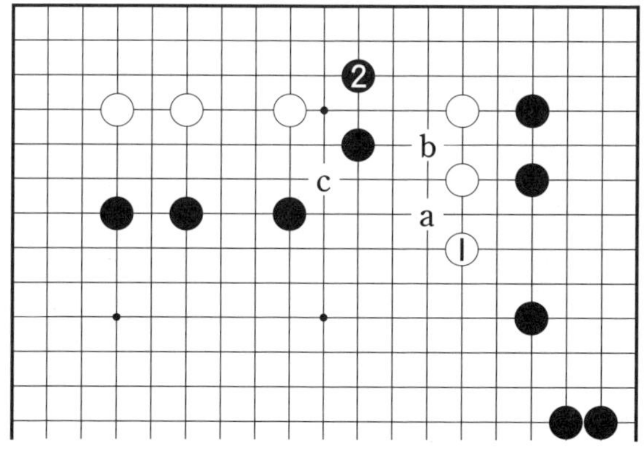

3도

3도 (상변 붕괴)

그렇다고 백1로 뛰어나가는 것은 흑2로 상변이 초토화되면서 백은 미생마로 뜨게 되므로 견딜 수 없다.

흑a와 b가 언제든지 선수이므로 백c로 가르는 수가 통하지 않는 것이 백의 괴로움이다.

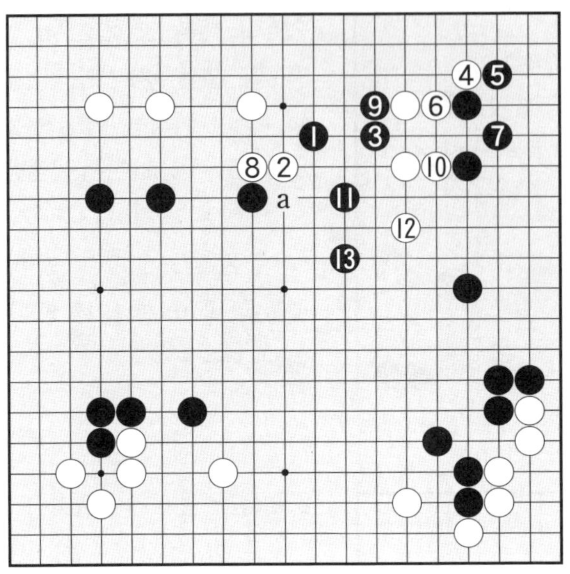

실전진행

실전진행 (흑, 대세 제압)

백은 기세 상 2로 가르고 나왔으나 흑3이 준비된 카드. 백4, 6이 궁여지책이지만 흑5, 7로 우상귀까지 저절로 지켜 흑의 대만족이다. 백8에 흑9로 차단하고 13까지 맹공을 퍼부어 흑의 호조가 절정에 이르고 있다. 흑은 우변 쪽 대마를 적당히 공격하다 선수를 뽑아 a로 막으면 중앙에 무량대가를 지을 수 있으니 크게 우세한 국면이다.

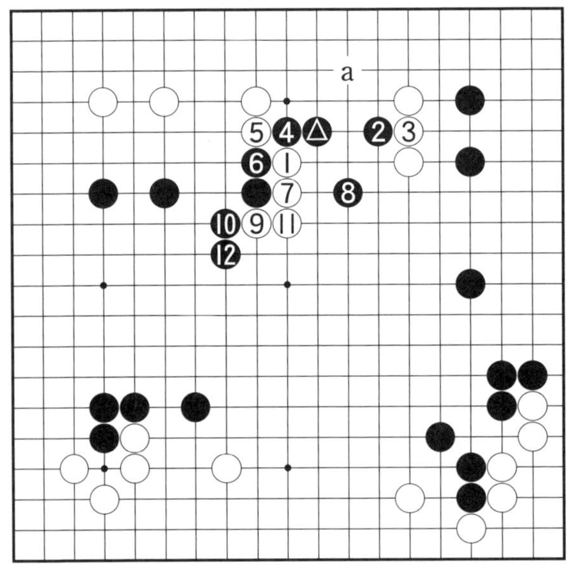

4도

4도 (백, 수습불능)

참고로 흑2 때 백3으로 그냥 잇는 것은 흑4, 6으로 끊겨 곤란하다. 흑12까지 백의 고전이 역력하며, 흑a의 차단까지 남아 백은 수습불능이다.

감각의 한 수(흑▲)가 대세 제압의 원동력이 된 장면이다.

공격의 방향감각

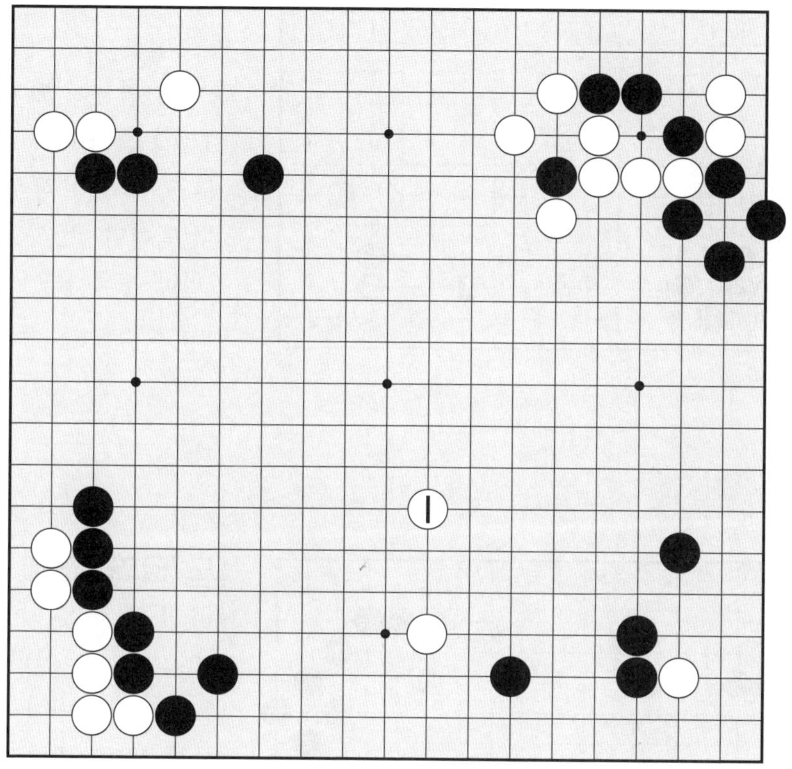

광활한 흑세 속에 들어온 백이 1로 늘씬하게 뛰어나가 사정권에서 막 벗어나려 하고 있는 상황이다.

여기서 흑이 좌우의 세를 십분 살리는 공격수는 무엇일까?

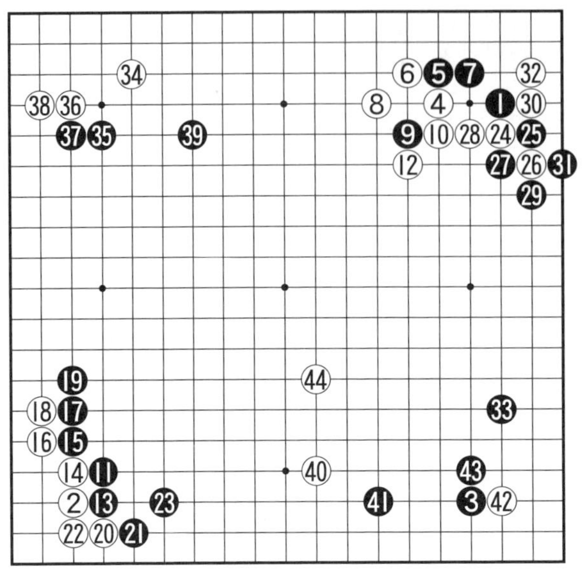

경과도

18기 왕위전 도전1국에 서 조훈현(흑)과 허장회 가 벌인 실전.

흑9 때 백10이 무리한 반발이다. 흑11이 절호의 축머리 활용이 되어 이하 19까지 흑이 두터운 결말 이다. 흑35가 적절한 정 석선택이며, 39까지 흑이 활발한 포석이다.

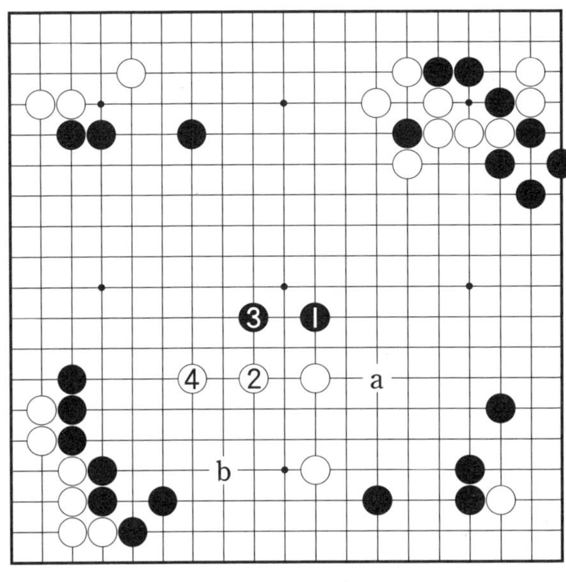

1도

1도 (공포탄 공격)

흑1의 모자씌움이 일견 제일감으로 보인다. 그러 나 백2, 4로 벗어나면 흑 이 싱거운 느낌이다.

다음 a의 탈출, b의 안 형 등이 남아 더 이상의 공 격을 기대하기 힘들다. 공 포탄을 쏘았다고나 할까.

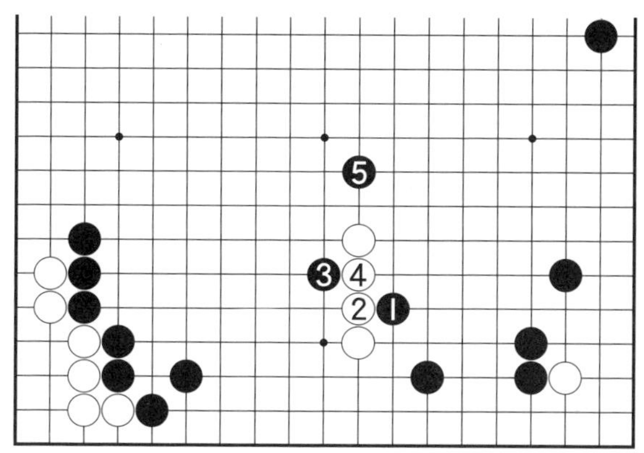

2도

2도 (흑의 주문)

흑1로 들여다보는 것도 상용의 공격수법이다. 만약 백2로 순순히 이어만 준다면 흑3, 5로 몰아쳐 흑이 신명나는 모습이다.

그러나 이 그림은 흑 혼자만의 생각일 뿐….

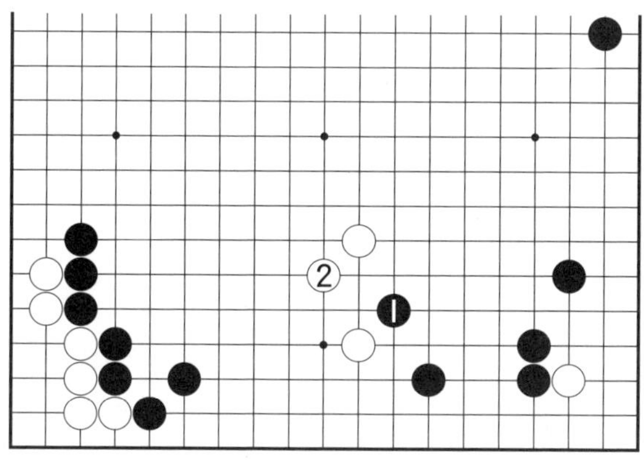

3도

3도 (공격불발)

흑1에 백2로 가볍게 비껴가는 수가 좋은 대응이다.

이렇게 되면 흑은 꼼짝없이 헛물을 켠 형상이다. 따라서 흑1도 불가하다.

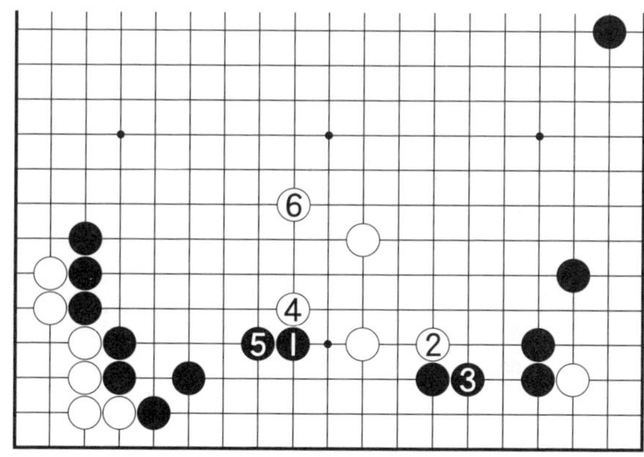

4도

4도 (백, 쉽게 안정)

흑1의 협공은 어떨까? 그러나 이때는 백2, 4로 잽을 던진 후 6으로 틀을 잡아 쉽사리 타개되는 모습이다.

흑은 약간의 실리를 챙기다 공격의 호기를 스스로 박차버린 격이다.

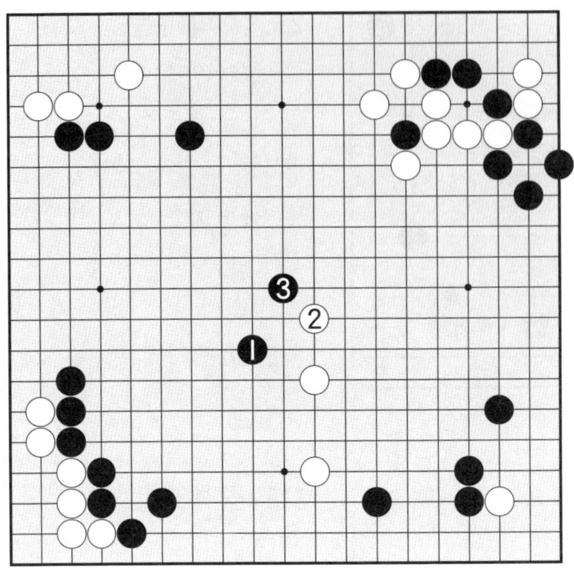

실전도

실전도 (호쾌한 공격)

지금 흑이 키우고 싶은 곳은 좌중앙이다. 따라서 흑1쪽으로 씌워가는 것이 올바른 감각이다. 다음 백2에는 흑3으로 추격하는 리듬이 매우 좋다.

이로써 좌중앙 흑세가 저절로 크게 부풀고 있음에 주목한다.

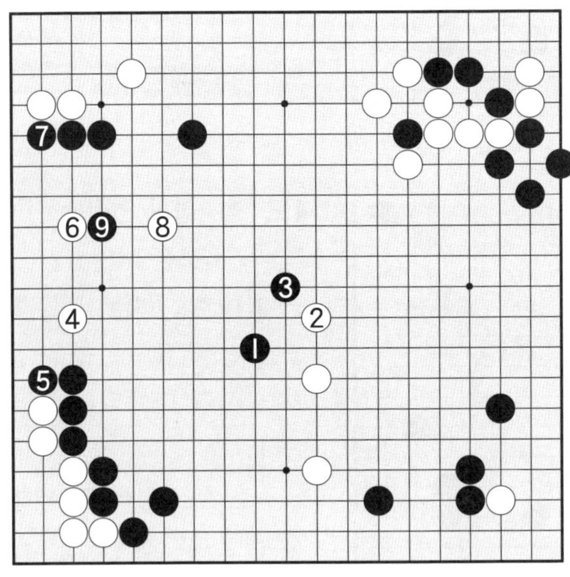

실전진행

실전진행 (흑, 대세장악)

흑1, 3의 공격에 백은 4, 6으로 심장부에 잠입하는 승부수를 띄웠으나 흑9가 백의 허리를 끊는 독수여서 흑은 대세를 제압했다.

공격의 방향을 찾는 감각이 승세의 원동력이 된 셈이다.

일지매의 공중비행

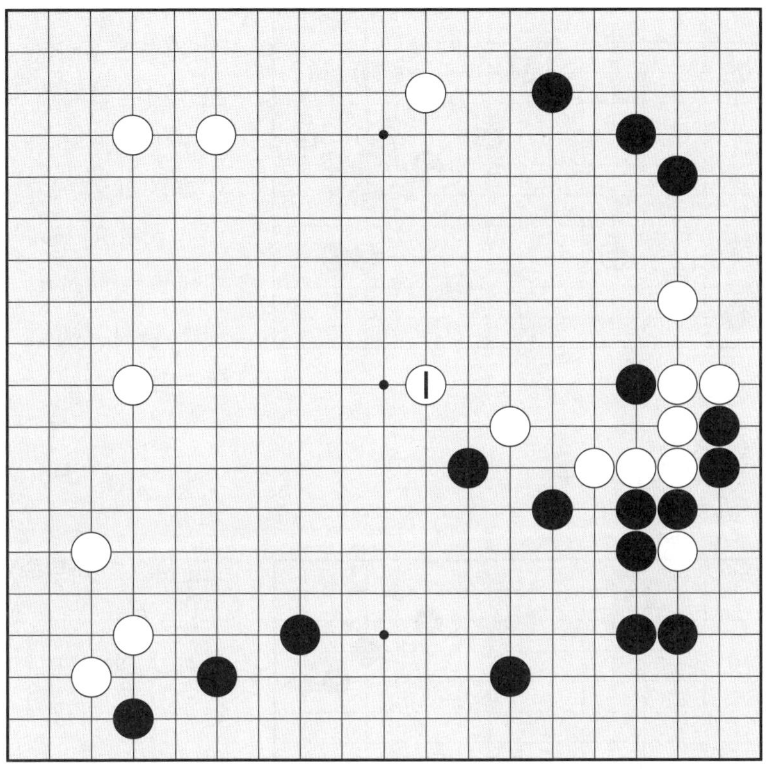

백1로 뛰어 우하 일대의 접전이 일단락된 장면.

흑의 당면 과제는 좌중앙 쪽에 형성된 백의 대모양을 어떻게 효과적으로 삭감해 가느냐이다. 뭔가 산뜻한 감각은 없을까?

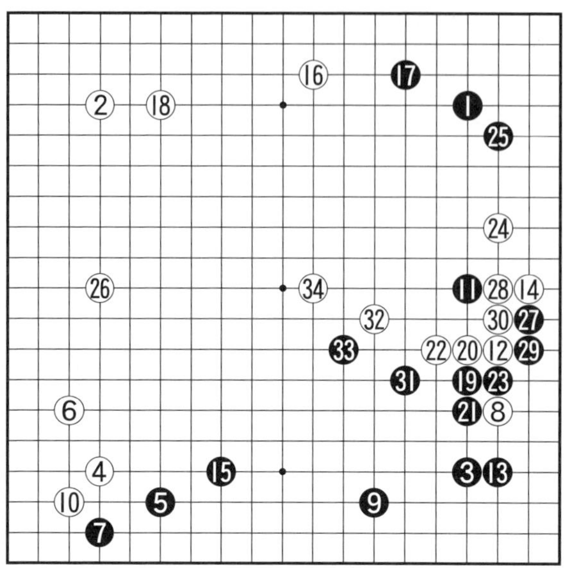

경과도

경과도 (1~34)

11회 후지쯔배 세계선수권에서 유창혁(흑)과 중국의 저우허양(周鶴洋)이 겨룬 실전. 유창혁은 공격적 기풍에 화려한 감각으로 일명 '일지매'로 불리기도 한다.

흑19와 27이 연이은 강타로 이하 31까지 우하 일대에 일당백의 대가를 완성해 흑이 기선을 제압한 국면이다.

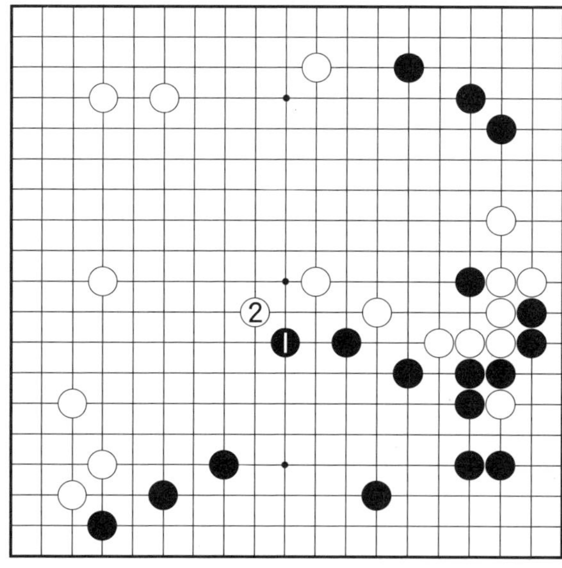

1도

1도 (흑, 책략부족)

흑1로 뛰는 것은 너무 소극적인 완착. 백2로 씌우는 흐름을 제공해 이적행위의 혐의마저 있다.

이래서는 흑 우세의 흐름은 온데 간데 없어지고, 좌중앙 백 모양이 위력을 발휘해 도리어 흑이 부담스러운 형국이 된다.

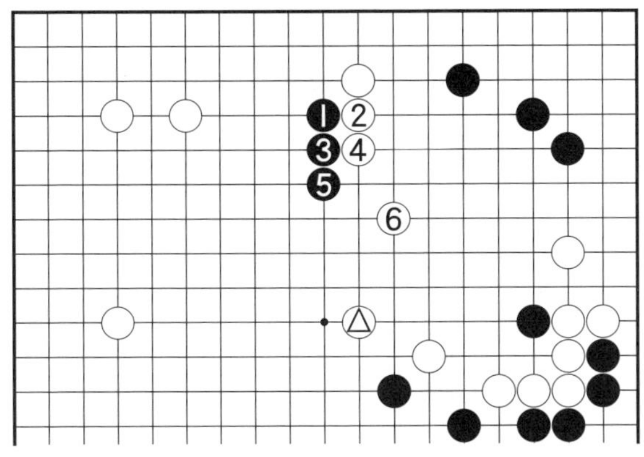

2도

2도 (어설픈 감각)

흑1의 어깨짚음이 한눈에 떠오르는 제일감이나 그건 아마추어적 발상이다. 백6까지 흑 석점이 꼼짝없이 백의 울타리 안에 갇힌 모습 아닌가. 이제 백△의 기착점이 빛나고 있다.

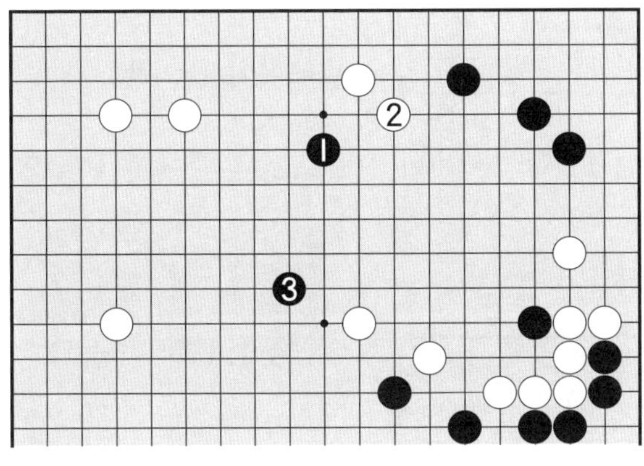

실전도

실전도 (고공의 앙상블)

흑1의 날일자 정찰에 이어 3이 유9단의 뛰어난 감각을 입증하는 멋진 공중비행이다.

일견 어정쩡한 행마 같기도 하지만, 좌중앙 삭감과 백 대마의 위협을 맞보고 있는 훌륭한 착상이다.

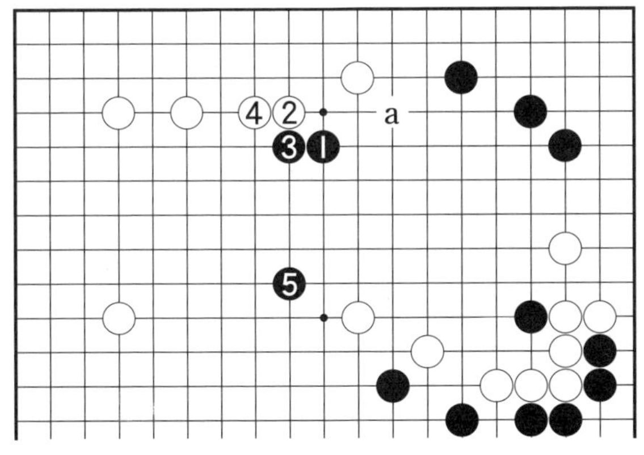

3도

3도 (흑, 더욱 만족)

흑1 때 상변에 연연해 백2로 받는 것은 대세관 결핍의 완착이다.

흑은 3, 5로 자세가 더욱 좋아진다. 훗날 흑a의 봉쇄 또한 기분 좋다.

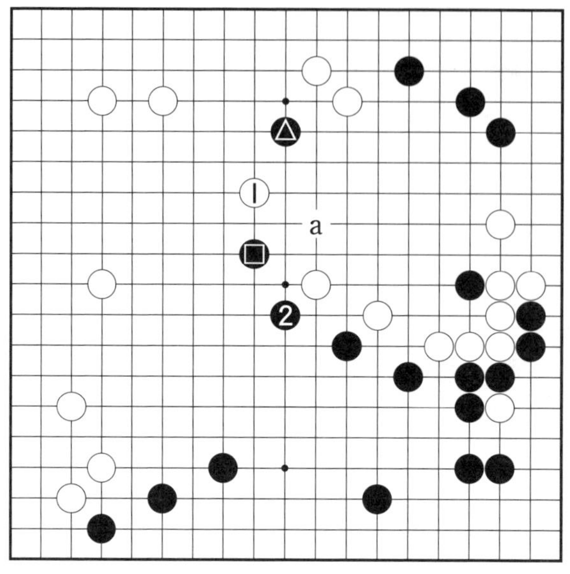

4도

4도 (흑의 주문)

흑●때 기분 같아서는 백 1로 가르고 싶지만, 흑2의 봉쇄가 절호점이 되어 흑이 단연 활발하다. 이로써 하중앙 흑진이 엄청나게 부풀어나는 반면, 흑▲ 한점은 아직 완전히 제압되지 않는 모습이어서 백의 불만이 역력하다. 게다가 흑a로 가르는 맛까지 남아있지 않은가.

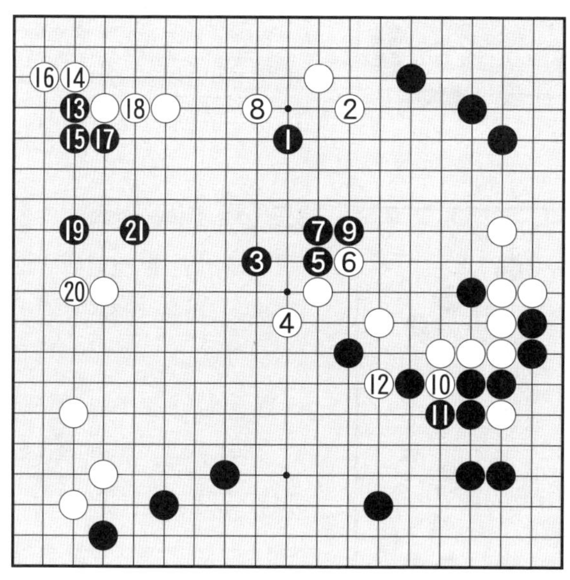

실전진행

실전진행 (흑의 독무대)

결국 백은 4로 머리를 내밀 수밖에 없는데 흑은 5, 7, 9로 두텁게 연결해 제공권을 장악한 모습이다.

이어 흑은 13∼21로 2차 삭감에 성공해 승세가 확립되었다.

대세를 중시한 날일자 삭감

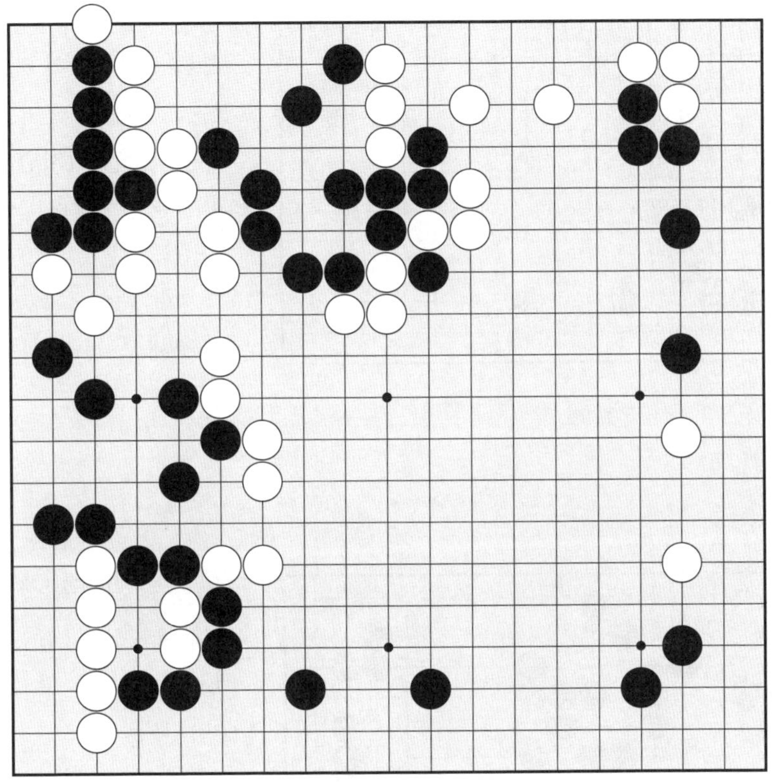

　흑의 실리와 백의 두터움이 잘 어울린 중반이다. 하변
흑진에 눈길이 쏠리고 있다.
　하변 흑진의 팽창을 저지하면서 아울러 중앙도 함께 도
모하는 백의 유연한 한 수가 있다.

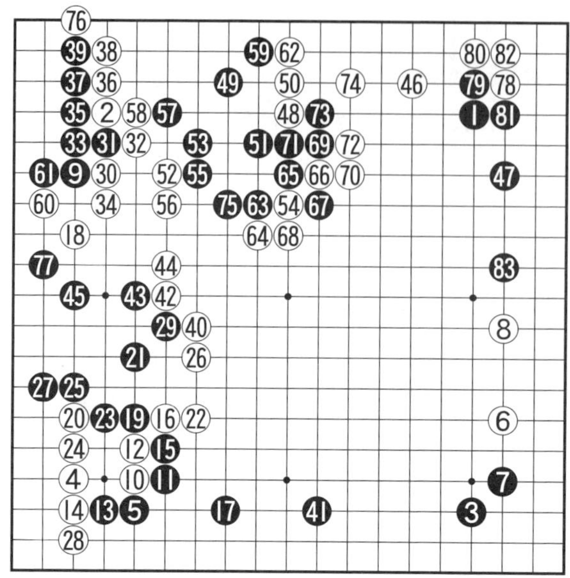

경과도

경과도 (1~83)

5기 동양증권배 본선2회전에서 고마츠(小松英樹)와 유창혁(백)이 벌인 실전. 백40이 대세의 급소로 48까지 백이 기분 좋은 포석이다. 흑49가 예리한 승부수이지만, 백54의 공격이 통렬해 백이 주도권을 휘두르고 있다.

이제 중앙~하변 일대의 경계선 정리가 승부처가 될 것 같다.

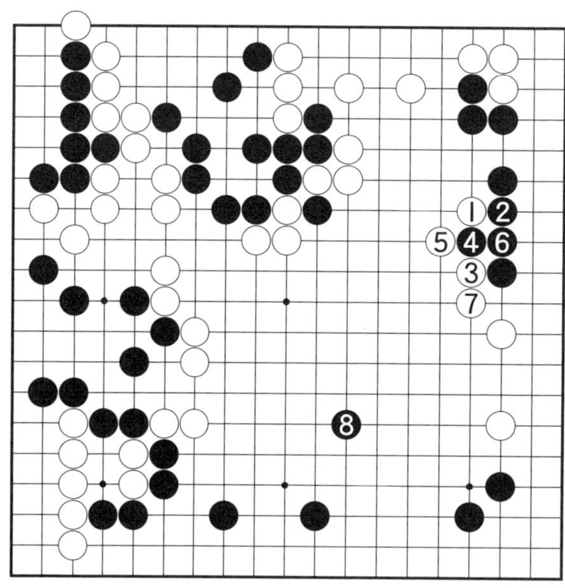

1도

1도 (백, 방향착오)

우중앙을 봉쇄하는 데는 백1, 3이 적절한 상용의 수법이다.

그러나 여기서는 초점에서 빗나갔다. 후수를 잡아 흑8를 허용하면 백의 실패가 역력하지 않은가.

역시 지금 국면의 초점은 하중앙 일대이다.

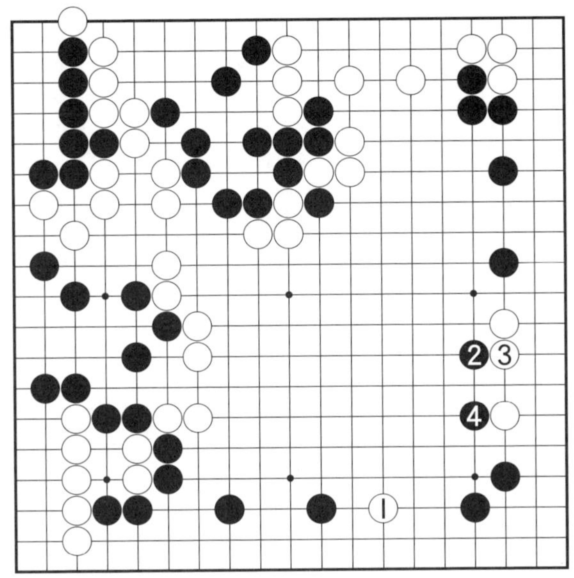

2도

2도 (백, 성급한 침입)

하변 흑진을 크게 보아 백 1로 깊숙이 뛰어드는 것은 성급한 태도이다. 흑2, 4로 우변과 하변 백말이 양곤마로 얽히면 일거에 주도권을 잃게 된다.

이렇게 수세에 몰려서는 애써 쌓아놓은 중앙 두터움도 저절로 퇴색하며 백이 쉽게 밀릴 가능성이 높다.

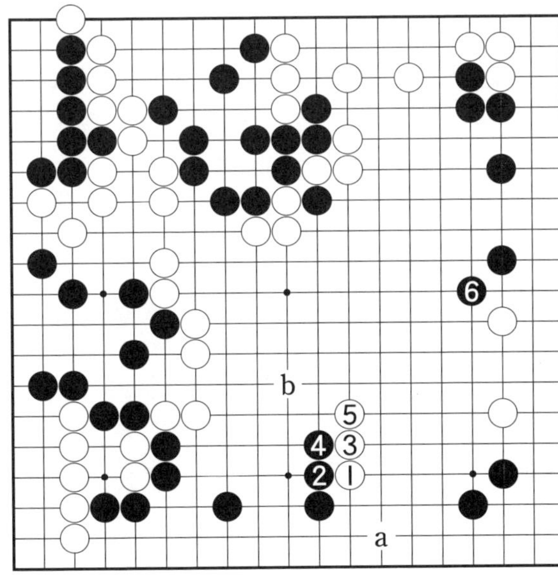

3도

3도 (미흡한 어깨짚기)

그렇다면 백1의 어깨짚음이 어떨까?

이 수는 상식적인 삭감책이지만 지금은 미흡하다. 후수를 잡아 흑6을 허용하면 역시 백 실패의 인상이 짙기 때문이다.

흑6으로는 a에 넘어두고 b와 6의 곳을 맞보기하는 것도 좋다.

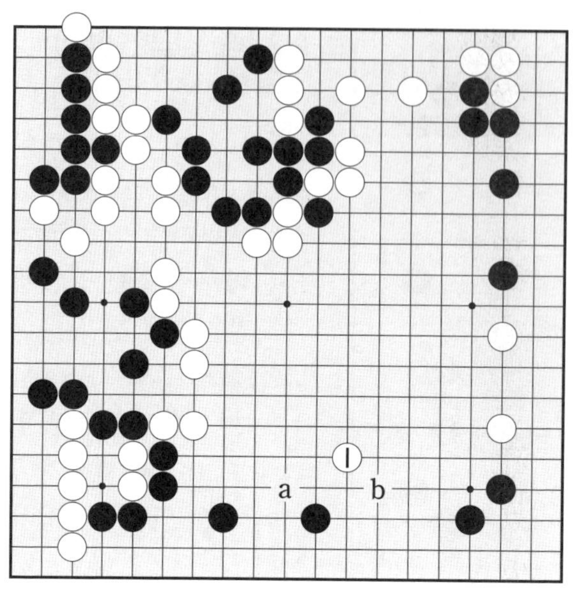

실전도

실전도 (멋진 고공비행)

백1의 날일자가 멋진 감각이다. 고공에서 하변을 굽어보면서 흑의 응수여하에 따라 다음 수를 결정해 나가겠다는 유연한 행마이다.

자, 다음 흑의 한수는 a, b 가운데 어디가 좋을까?

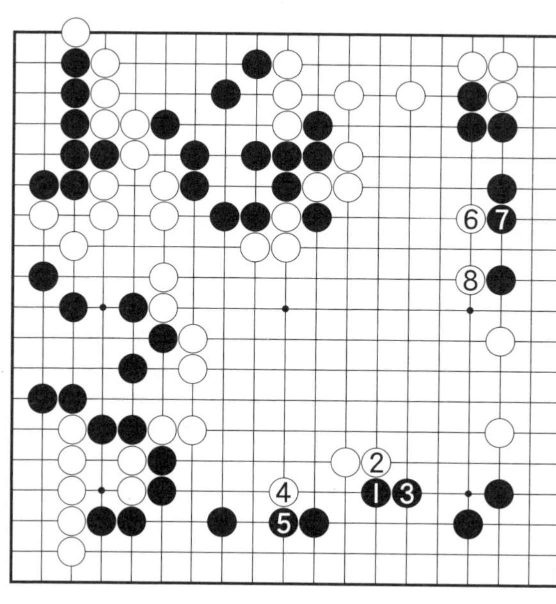

4도

4도 (백의 주문)

흑1로 받는 것이 제일감이나 여기서는 백의 주문이다. 백2, 4를 선수한 다음 6, 8이 안성맞춤.

이로써 중앙이 완전히 틀어막히지 않았는가. 계속해서～

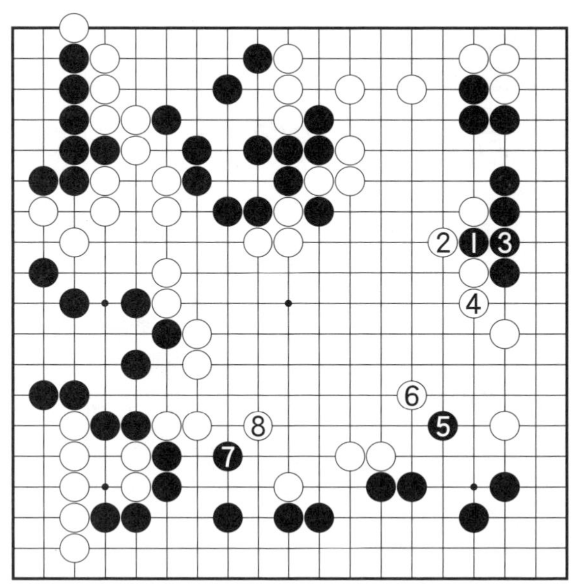

5도

5도 (백, 무난한 승리)

4도에 이어 예상되는 수순이 흑1, 3 그리고 5와 7. 그러나 이렇게 중앙 돌파를 시도해보아도 백6, 8이면 몇 발짝 나가지 못한다.

이렇게 중앙이 막히며 온통 백집이 되어서는 무난한 백승이다.

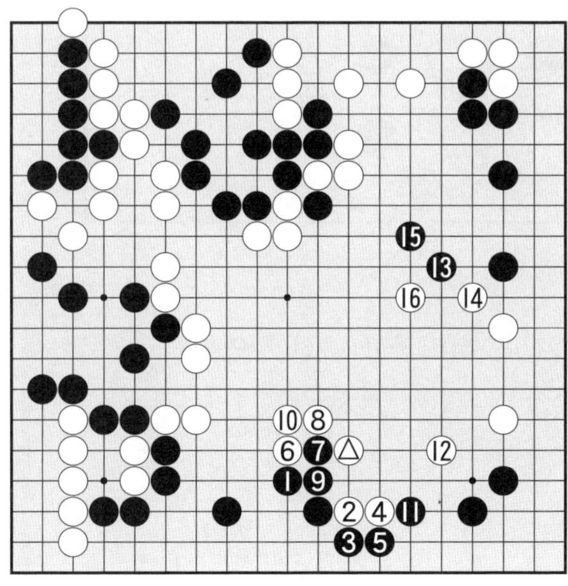

실전진행

실전진행 (백, 성공)

따라서 흑1이 최선의 응수이다. 그러나 백은 2~10으로 중앙을 틀어막아 소기의 목적을 달성한 셈이다. 게다가 14의 곳에 두지 않은 흑13의 완착을 틈타 백16까지 봉쇄해 백이 성공을 거두었다.

결국 대세를 중시한 백△의 고공비행이 성공한 결과라고 하겠다.

주문을 거부하는 순발력

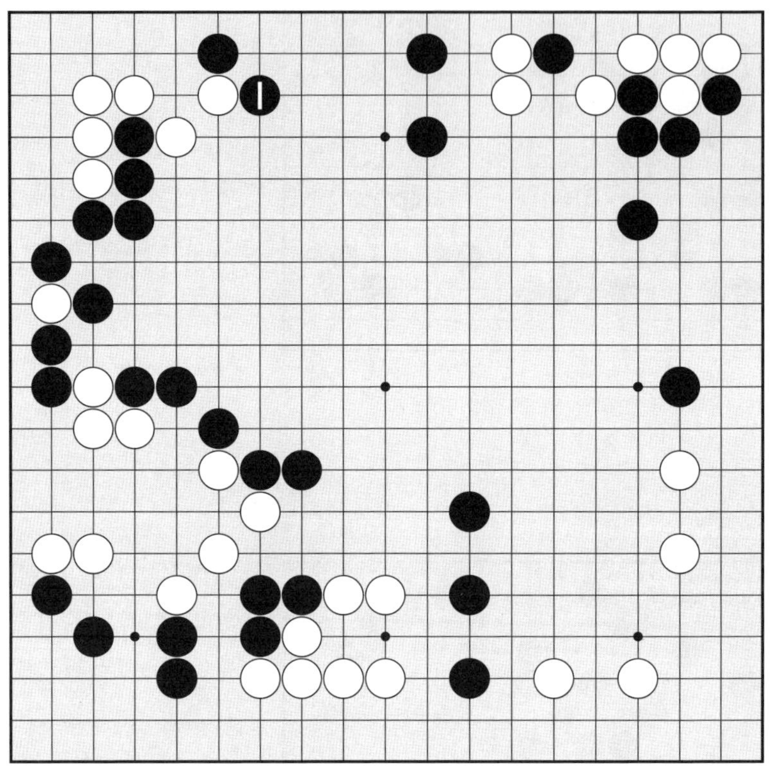

흑1로 젖혀 상변 흑진을 정비하고 나선 장면이다.

흑의 주문에 말려들지 않으면서 이곳을 효과적으로 처리
하는 백의 대응수단은 없을까?

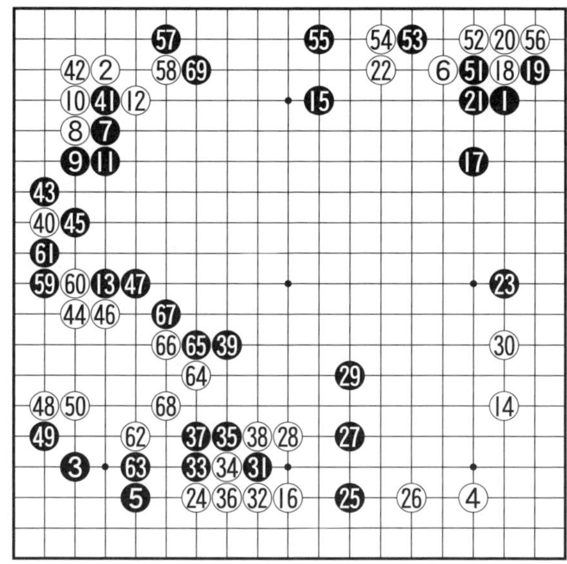

경과도

경과도 (1~69)

6기 명인전 도전4국에서 서봉수(흑)와 조훈현이 벌인 실전.

백30까지는 호각의 흐름인데 흑31, 33이 이상 감각이다. 백은 38로 두텁게 안정해 유망한 포석이 되었다. 백40, 44가 예리한 침입으로 50까지 흑의 보고를 유린해 백 우세의 국면이다.

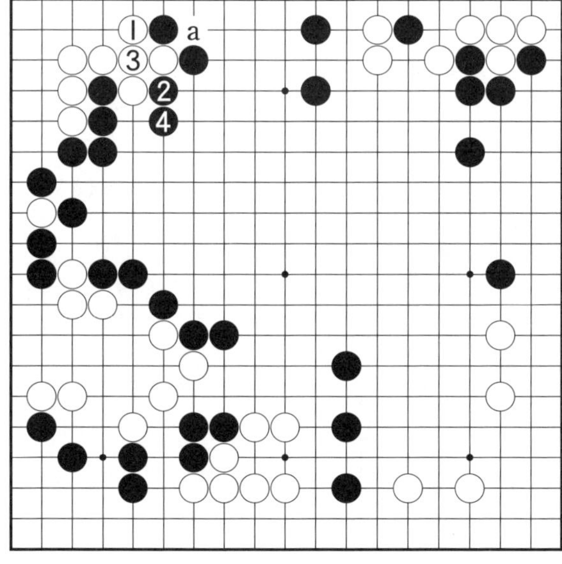

1도

1도 (흑의 주문)

덥석 백1로 받는 것은 무책의 전형이다. 흑2, 4로 중앙이 틀어막혀 졸지에 형세가 이상해진다.

그렇다고 백3으로 a에 끊어 패를 하는 것은 부담이 워낙 커 언감생심이다.

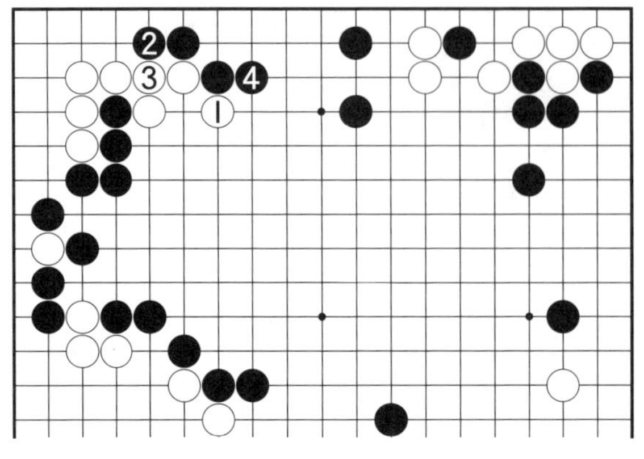

2도

2도 (백, 당하다)

그러면 백1로 젖혀야 할까?

이번에는 흑2를 선수로 당하는 것이 너무 아프다. 흑4까지 상변 흑의 실리가 튼실해진 반면, 백은 미생마가 되어 단단히 당한 꼴이다.

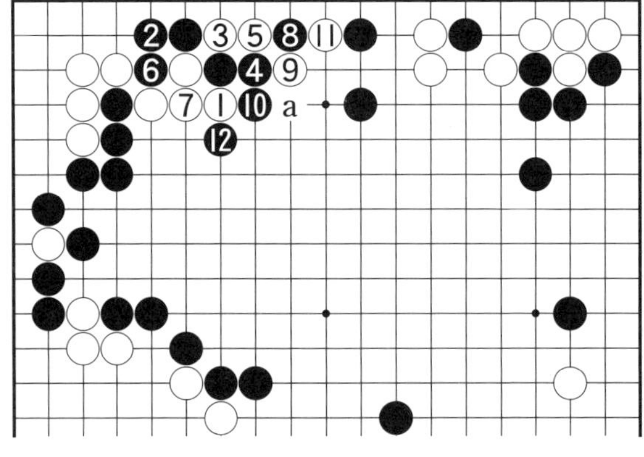

3도

3도 (무모한 반발)

흑2 때 백3, 5로 반발하는 것은 흑6으로 끊겨 대무리이다.

이어 흑8이 좋은 맥점으로 이하 12까지 백이 파탄에 이른다(흑a가 선수).

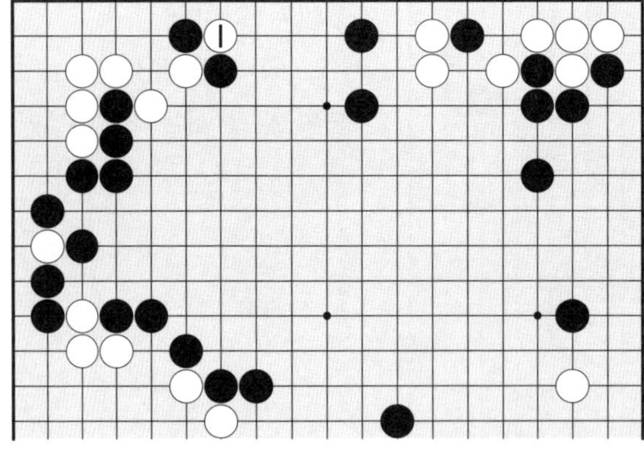

실전도

실전도 (수습의 맥점)

백1로 지긋이 맞끊어 가는 것이 순발력 넘치는 맥점이다.

사실 이런 수는 기본적인 테크닉에 해당하지만, 막상 실전에서 만나면 깜빡하기 십상이니 감각적으로 익혀두는 것이 좋다. 계속해서~

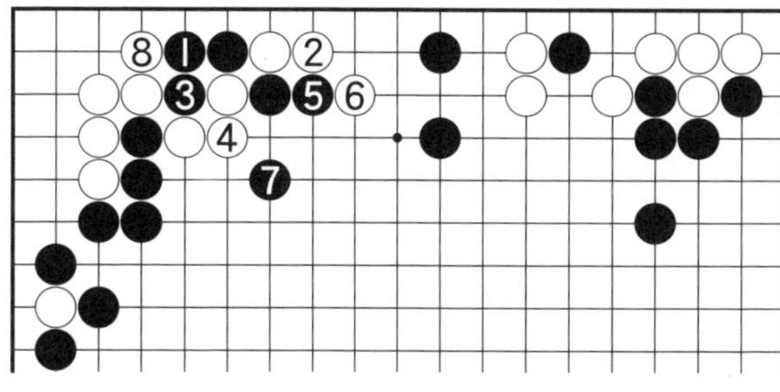

4도

4도 (흑, 무리)

흑1로 들어오는 것은 백2
가 성립해 흑의 무리이다.

이하 8까지 백이 한 수
빠른 모습이다.

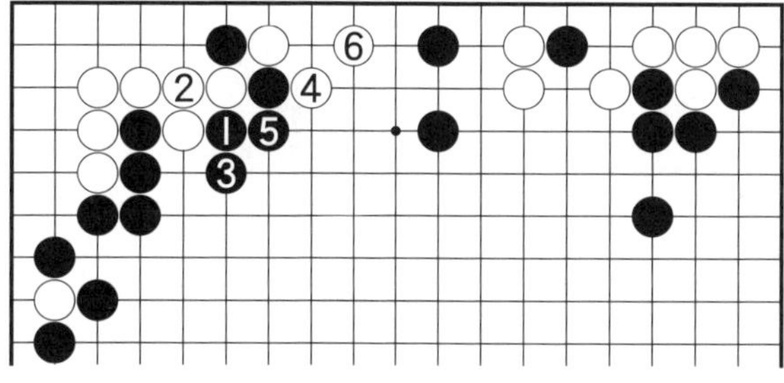

5도

5도 (밑 빠진 독)

그렇다고 섣불리 흑1, 3
으로 처리하는 것은 대악
수이다.

백4, 6이면 흑은 영락
없이 밑 독이 빠진 형상
아닌가.

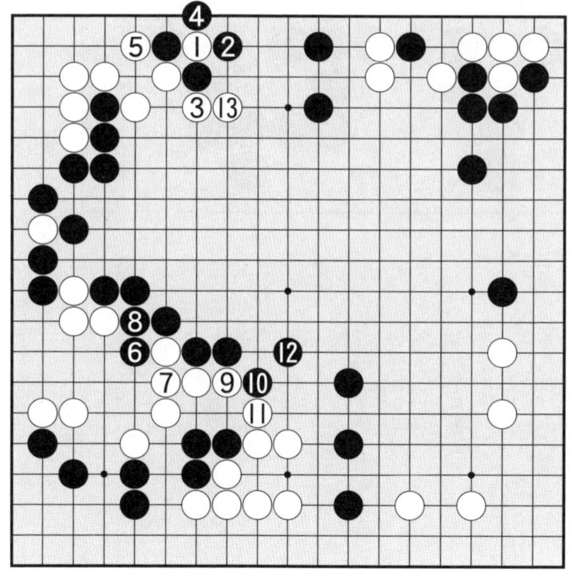

실전진행

실전진행 (말끔한 수습)

결국 백1에는 흑2로 잡을
수밖에 없다는 결론.

백은 3, 5로 깨끗하게
형태를 정비하며 머리를
내밀어 만족스러운 모습
이다.

이어 13에까지 손이 돌
아와 백의 필승지세다.

공격의 급소를 찾는 감각

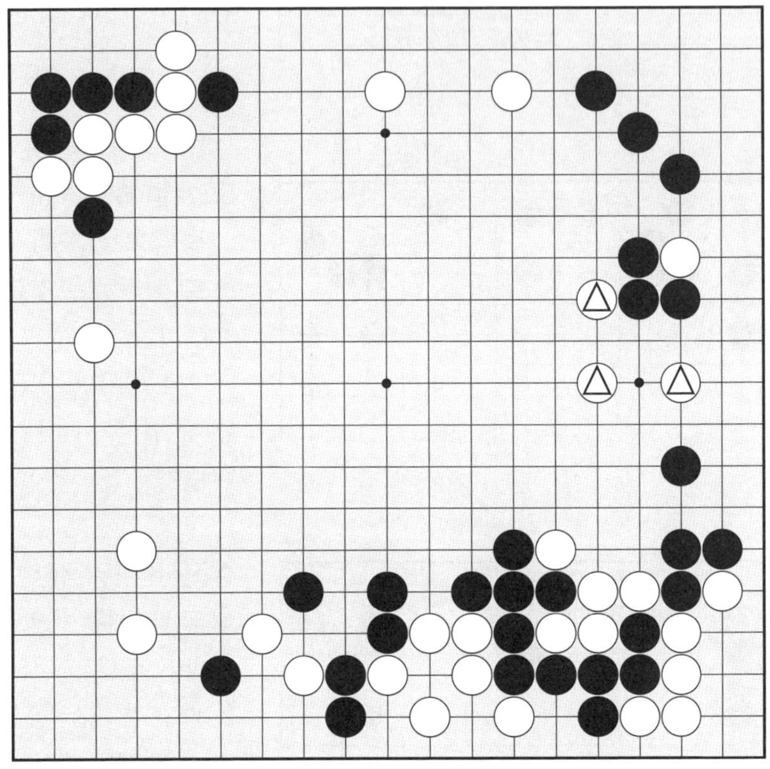

하변 쪽 흑의 두터움이 돋보이는 가운데 우변 쪽에 널브러진 백△들이 매우 허약해 보인다.

흑이 일거에 국면의 주도권을 장악할 수 있는 공격의 급소는 어디일까?

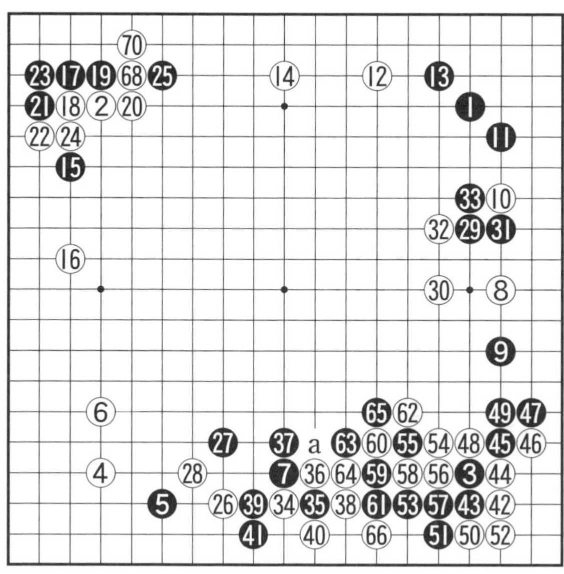

경과도

경과도 (1~70)

1기 천원전 결승4국에서 조훈현(흑)과 이창호가 벌인 실전. 백30은 대세적인 수법이지만 흑31, 33으로 되어서는 현실적으로 손해이다. 백54가 강수로 변화가 일어났는데, a에 나가지 않은 백64가 성급한 수이다. 백70까지의 바꿔치기 결과는 호각이지만, 흑은 선수인 데다 우변 쪽의 백 일단이 약해 기회를 잡았다.

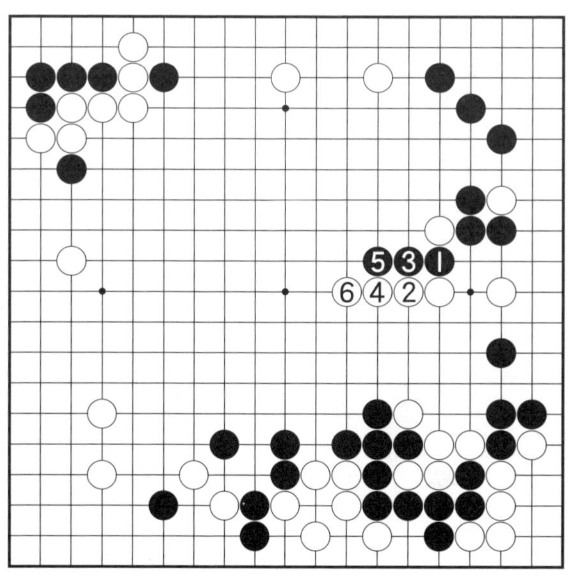

1도

1도 (하수적 발상)

흑1로 끼우기 십상이지만, 그건 하수적 발상이다. 백2, 4로 비껴받는 수가 좋아 흑이 꼬리만 잡고 헛물켠 모습이다.

백 전체를 공격하는 대승적 발상이 아쉽다.

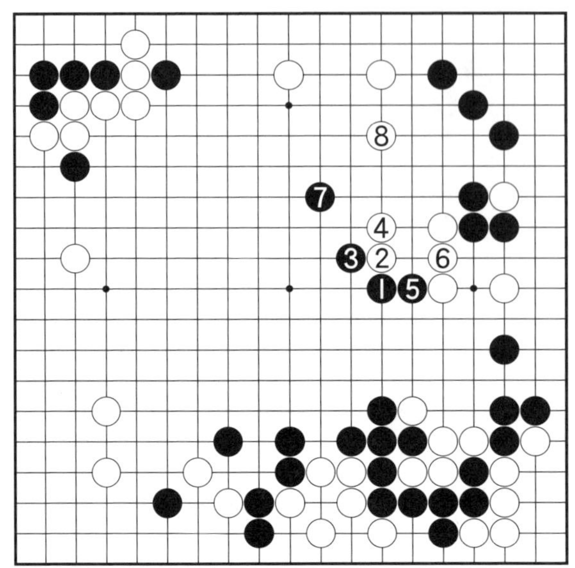

2도

2도 (빗나간 급소)

일견 흑1이 공격의 급소
처럼 보이지만 실은 빗나
간 수이다. 백8까지 무난
히 달아나 흑의 실패가 역
력하다.

발상은 좋았지만 방향
을 잘못 잡은 탓이다.

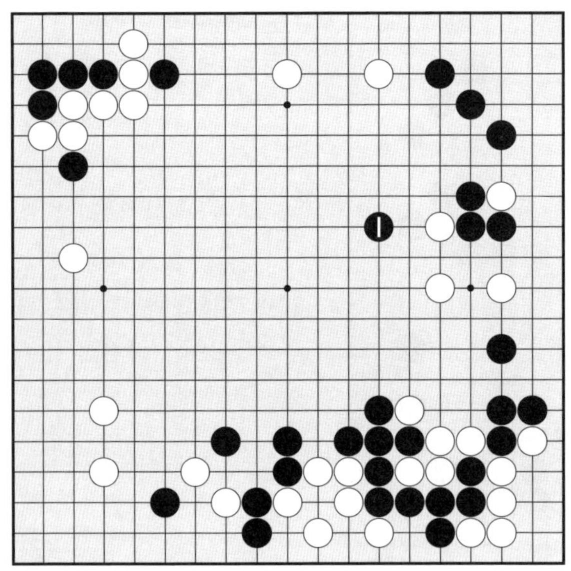

실전도

실전도 (공격의 급소)

흑1이 통렬한 공격의 급
소이다.

위쪽을 위협해 강한 하
변 쪽으로 몰아치려는 착
상에서 비롯된 감각의 한
수라고 하겠다.

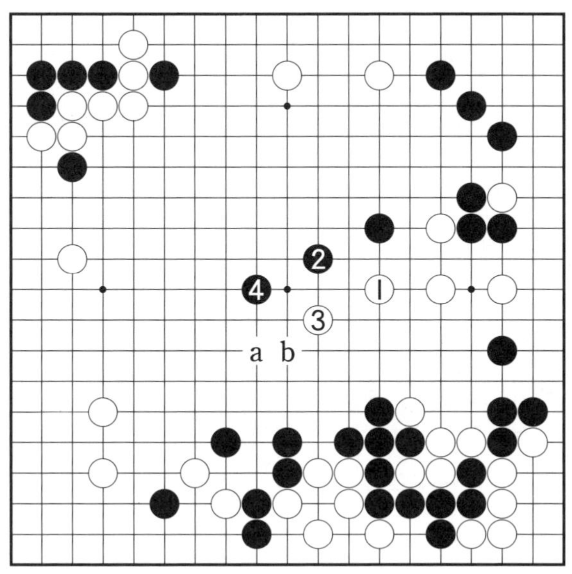

3도

3도 (백, 풍전등화)

계속해서 백1, 3으로 뛰어 나간다면 흑2, 4가 신명나 는 추격이다. 다음 백a에 는 흑b로 차단해 몇 발짝 못나가는 모습이다.

설령 이 백 일단이 기 적적으로 산다하더라도 그 사이 외곽 흑세가 두 터워지면 좌변 백진이 허 술해지므로 흑이 충분하 다. 백이 퇴로의 방향을 잘못 잡은 탓이다.

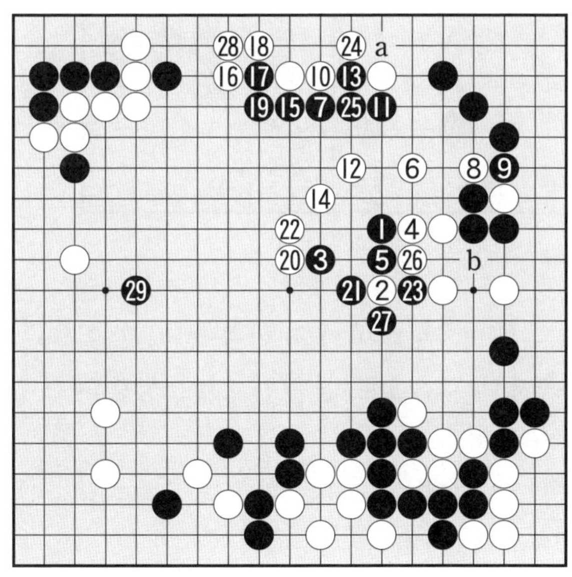

실전진행

실전진행 (공격 성공)

따라서 백은 6쪽으로 도 망치는 것이 올바른 방향 이다.

그러나 백이 대마 탈출 에 여념이 없는 사이 흑은 상변 쪽을 두텁게 처리한 다음 29에 선착해 승세를 구축했다.

차후 흑a와 b의 보너스 가 남은 것도 정확한 공 격을 통해 얻어낸 전리품 이다.

놓쳐버린 공격의 급소

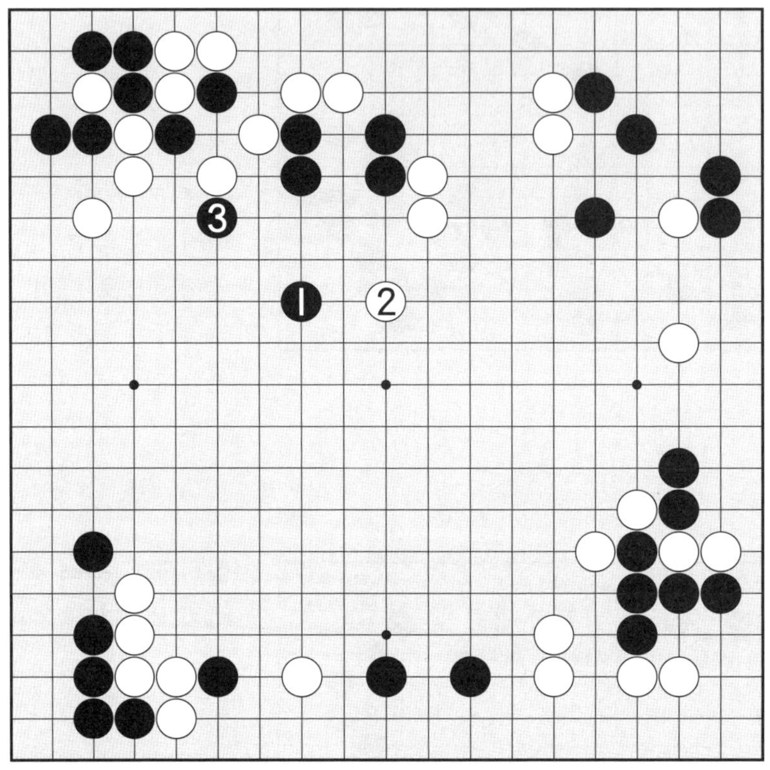

　상변에서 뻗어나온 흑백의 두 대마가 경합을 벌이고 있는 장면이다. 백2의 공세에 흑3으로 붙여간 것이 상용의 기대기전법이나 다소 무리이다.

　여기서 흑의 무리수를 응징하여 승기를 잡을 수 있는 급소를 감각적으로 짚어보자.

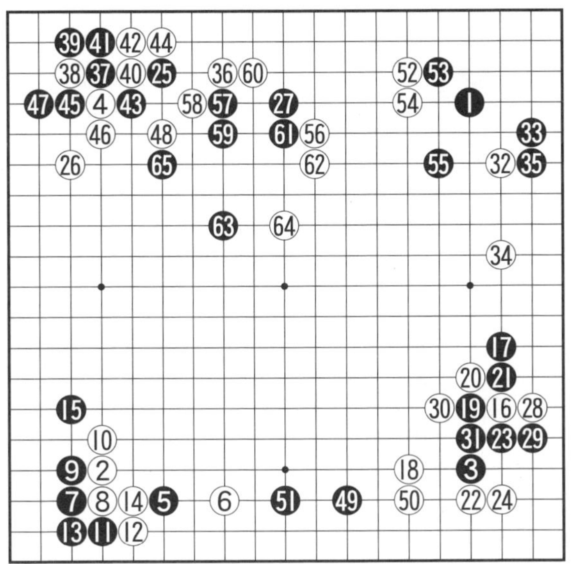

경과도

경과도 (1~65)

1997년 삼성화재배 세계 바둑오픈의 기념이벤트로 개최된 남녀페어바둑대회에서 김영환·윤영선 조(흑)와 조훈현·홍꽃노을 조가 벌인 연기(連棋)대국이다.

흑1(여성)→백2(여성)→흑3(남성)→백4(남성)의 순서로 진행되는 방식이었다.

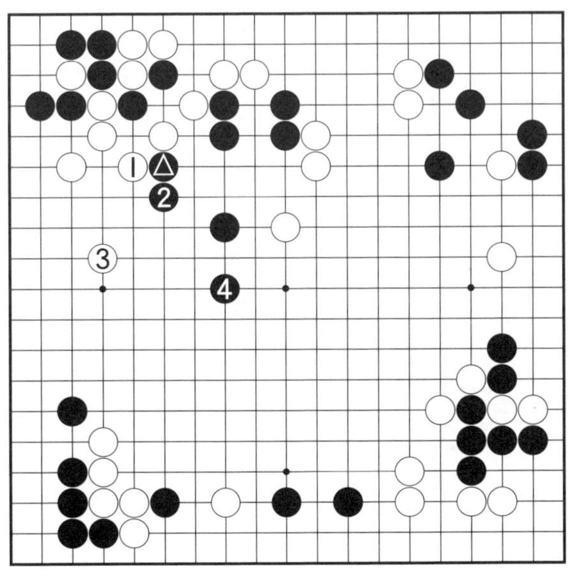

1도 (손 따라 받기)

제꺽 백1로 젖혀받는 것은 생각 없는 손 따라 받기이다. 흑2로 늘면 백3이 불가피한데 흑4로 뛰어나가 흑의 성공이다.

이렇게 되고 보니 당초 무리수라고 하던 흑△가 선수로 안형을 장만한 호착으로 둔갑했다.

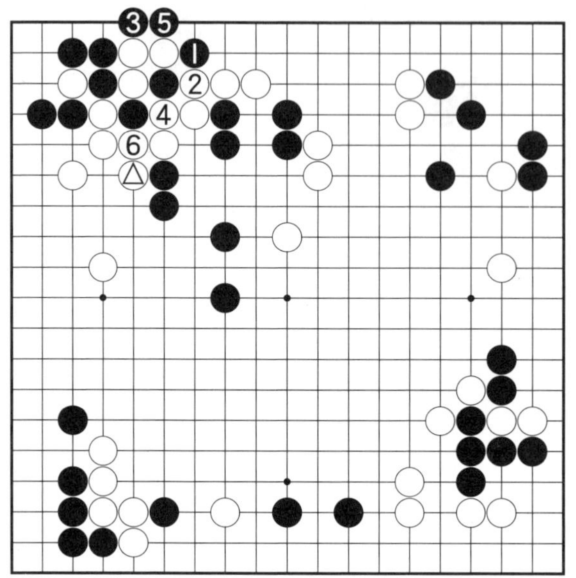

2도

2도 (백, 비능률의 극치)

1도 이후 흑1, 3으로 돌려치는 수단이 있음을 감안할 때 백△는 전혀 불필요한 군더더기 돌 아닌가. 이렇게 한 수를 손해 보고서는 결코 국면을 리드할 수 없는 것은 불문가지다.

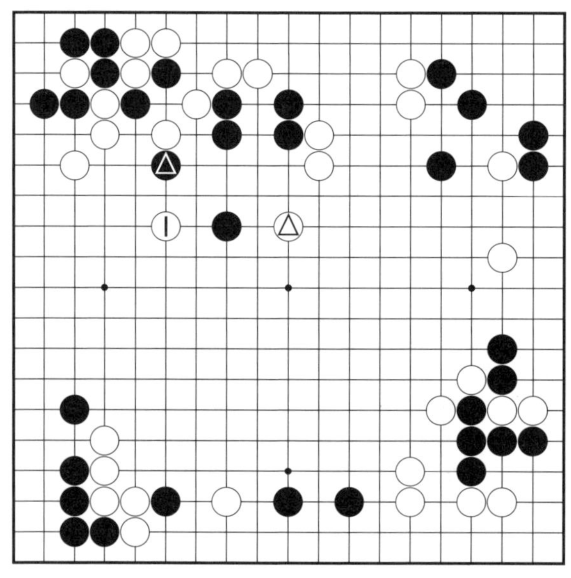

3도

3도 (반격의 급소)

백1이 한눈에 들어오는 형태의 급소이다. 백△와 더불어 흑을 단단히 옥죄고 있어 흑이 상당히 궁색한 모습이다.

　이렇게 되고 보니 흑▲가 심한 방향착오였음이 드러나고 있다.

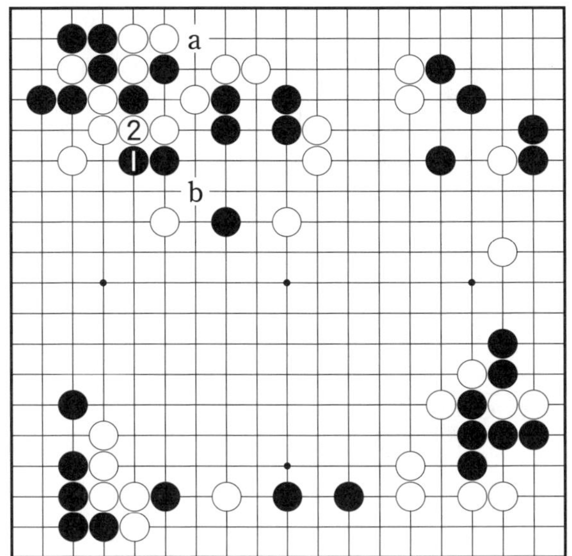

4도

4도 (흑, 별무신통)

흑1로 들여다보는 것은 잠시 기분만 좋을 뿐 a의 끝내기를 없애 전혀 이득이 없다.

오히려 b쪽의 약점이 부각되어 흑은 수습하기가 상당히 괴롭다.

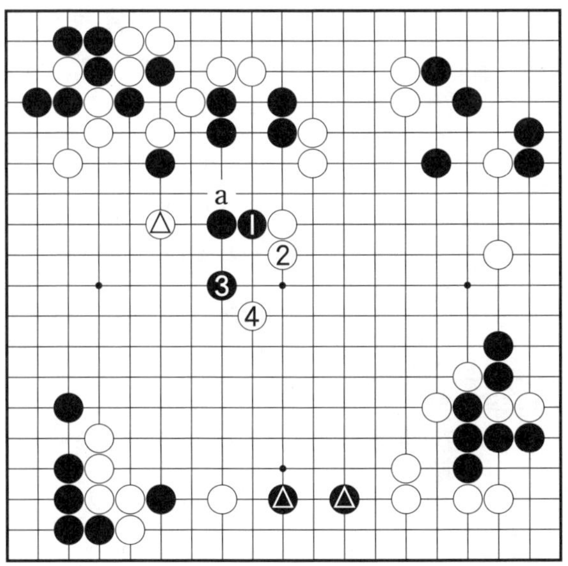

5도

5도 (백, 승세 장악)

백△의 급소 일격에 흑은 1, 백2의 이적수를 교환해가며 도망칠 수밖에 없는데, 백은 4로 추격해 일거에 승기를 잡은 모습이다(흑1, 백2를 손 빼면 백a가 성립).

이 그림은 ◉와 더불어 양곤마의 양상이라서 흑의 고전이 역력하다.

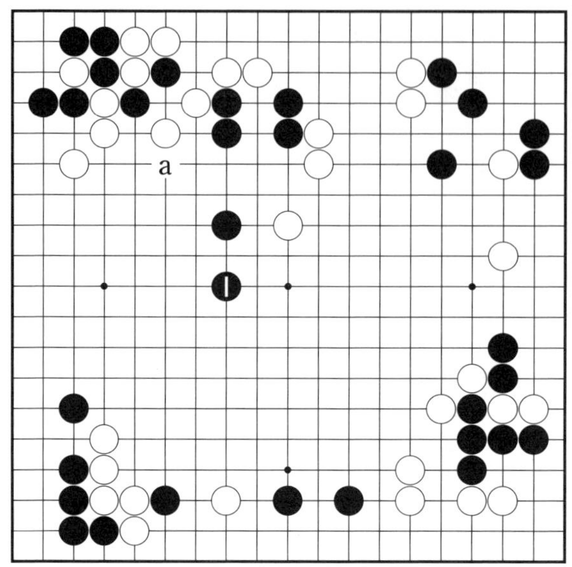

6도

6도 (흑의 정수)

따라서 흑은 당초 a 따위로 붙여 기교를 부릴 것이 아니라 1로 그냥 뛰어나가는 것이 정수였다.

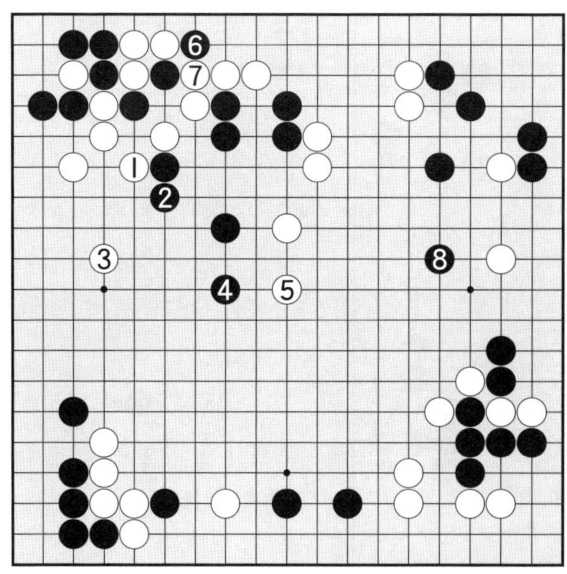

실전진행

실전진행 (기회를 놓치다)

그런데 실전에서 홍 초단은 초읽기 탓인지 그만 백 1로 손 따라 받고 말았다.

흑2로 안형을 확보한 뒤 4로 한발 앞서 진출하고 대망의 8에 선착해서는 도리어 흑이 대세를 제압한 형국이다.

백은 실로 안타까운 호기일실의 순간이었다.

회심의 귀수(鬼手) 한방

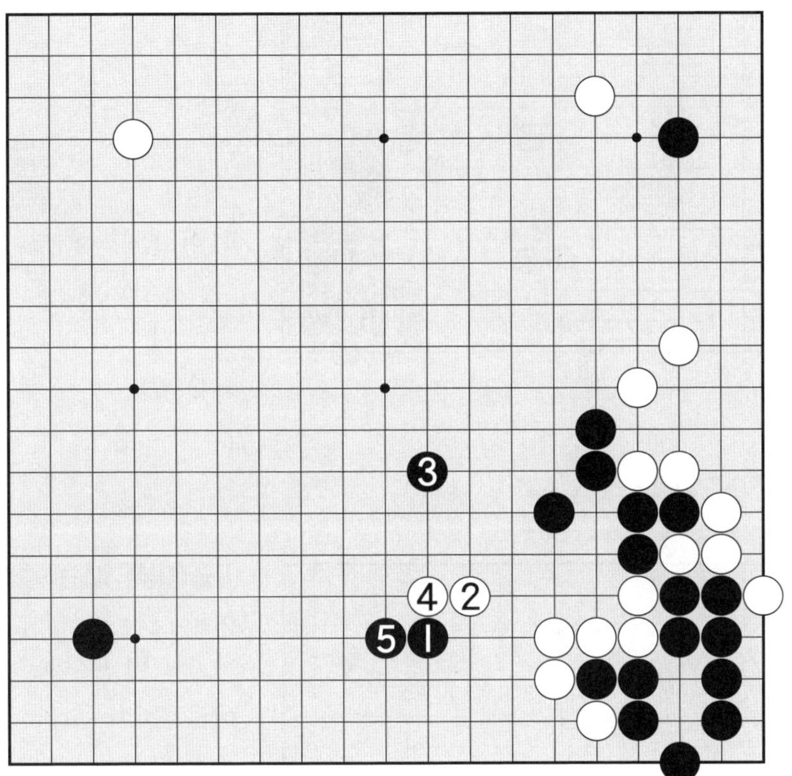

우하귀 정석이 일단락된 후 흑1로 협공해 공방전이 벌어지고 있는 장면이다.

흑3이 좋은 행마여서 일견 백의 다음 행보가 만만치 않아 보이는데…. 검토실을 경악시킨 감각의 한 수가 있다.

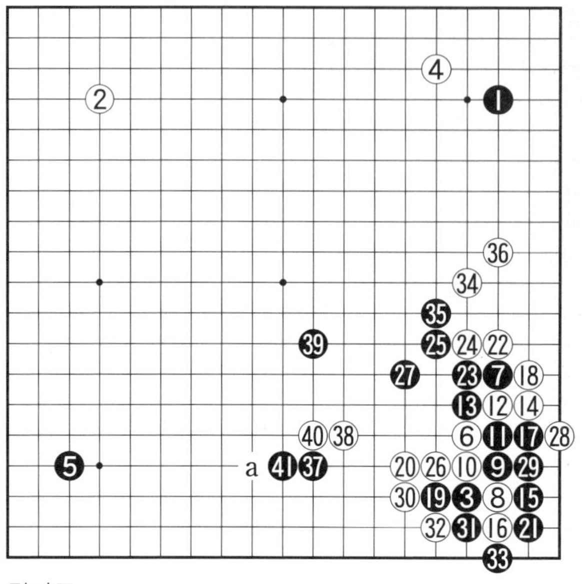

경과도

경과도 (1~41)

33기 왕위전 본선에서 신예기수 목진석(흑)과 조훈현이 벌인 실전.

백18이 좌상귀 축머리의 유리함을 믿고 시도한 변화구이다. 이하 백36까지 변형정석의 일종이다. 그런데 당연해 보이는 흑41이 완착. a에 뛰어야 했다. 흑41이 왜 문제인지는 백의 다음수가 곧 입증해준다.

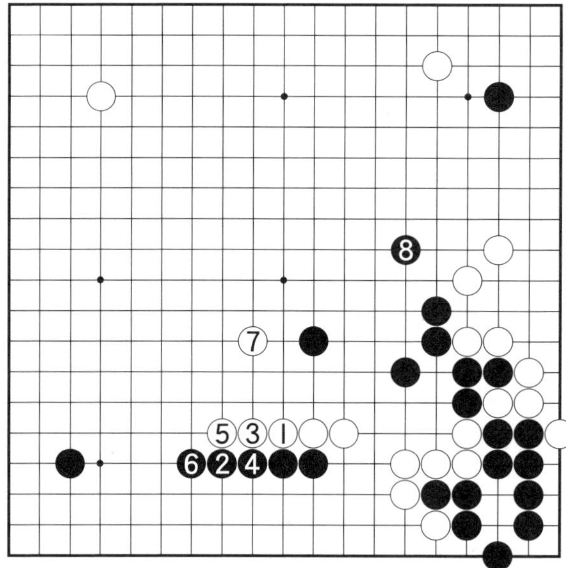

1도

1도 (대책 없는 등 밀기)

아무 생각 없이 백1로 밀어가는 것은 무책의 전형. 이하 6까지 흑은 4선으로 즐겁게 실속을 차리고 있는 반면, 백은 정처 없이 허공을 맴돌아 흑의 우세가 확연해 보인다.

수순 중 백5를 생략하면 거꾸로 흑5의 꼬부림을 당해 백이 곤란하다.

이처럼 상대의 등을 뒤에서 밀어가는 수로는 좋은 결과를 기대할 수 없다.

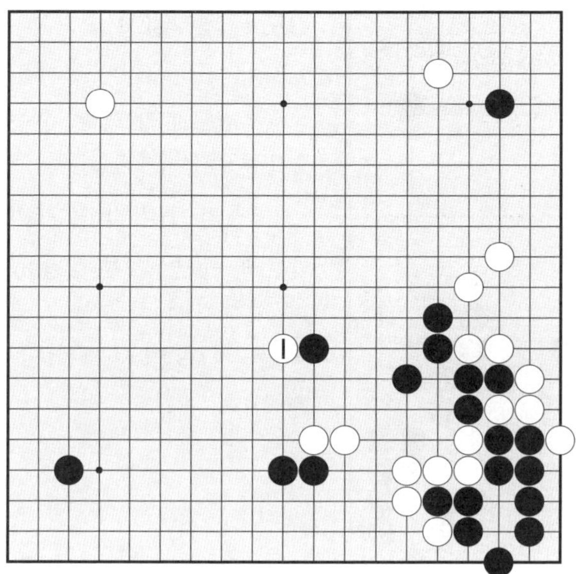

실전도

실전도 (신출귀몰)

백1로 머리에 '착' 갖다 붙이는 수가 아무도 예상 못한 눈부신 감각의 한 수 이다.

흑의 응수를 물어 다음 행마를 결정하려는 기대 기 수법의 극치라 할까?

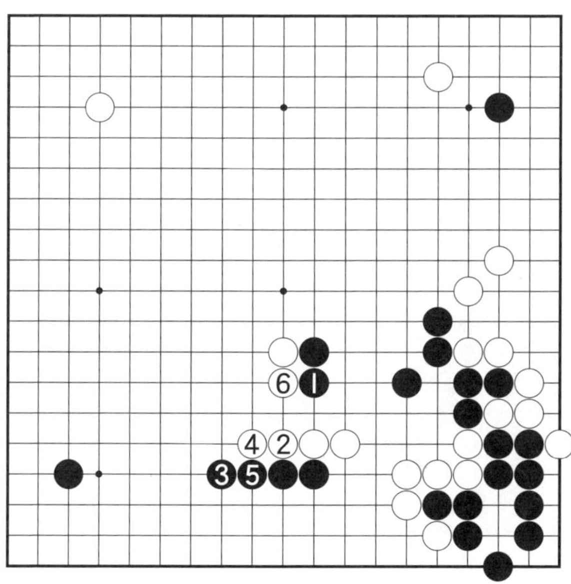

2도

2도 (백, 두터움)

계속해서 흑1로 나온다면 백2, 4를 선수한 뒤 6으 로 틀어막는 자세가 안성 맞춤이다.

상당히 시달릴 것으로 예상했던 백이 이렇게 두 텁게 정비되어서는 당연 히 백의 만족이다.

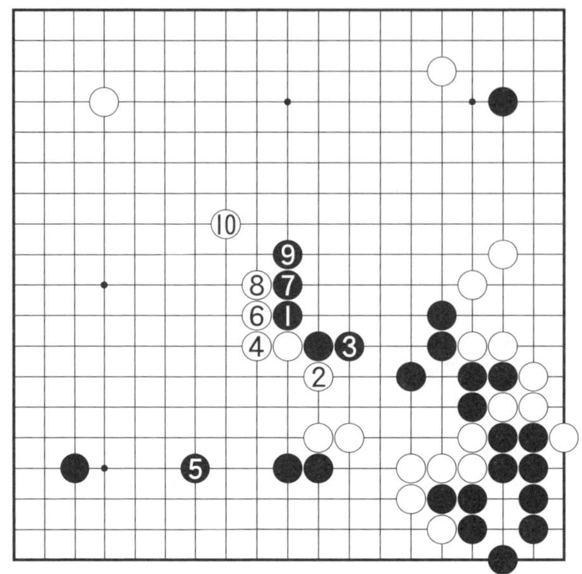

3도

3도 (훨훨 날다)

그렇다고 흑1로 젖히는 것은 백2, 4가 좋은 수순이다.

흑5의 수비가 불가피할 때 백6~10으로 훨훨 빠져나가며 좌중앙에 세력을 쌓아 역시 백이 흡족하다.

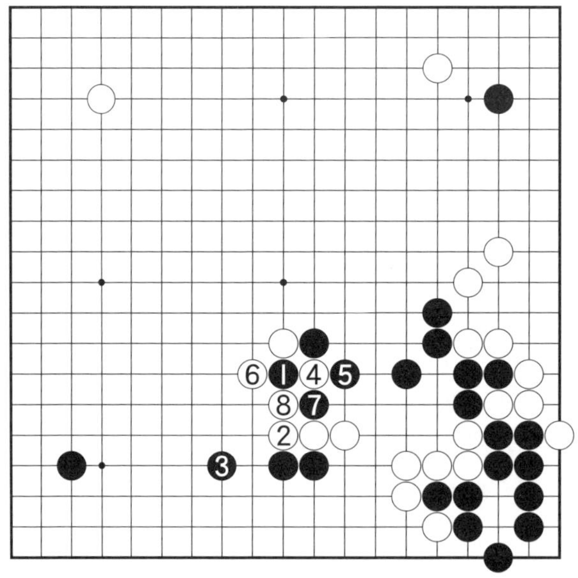

4도

4도 (맞끊음의 맥점)

흑1로 젖히는 것이 최강의 대응이지만, 이때는 백4로 맞끊는 수가 준비된 카드이다.

흑5에는 백6, 8로 꽉꽉 조여 두텁게 수습한 모습이다.

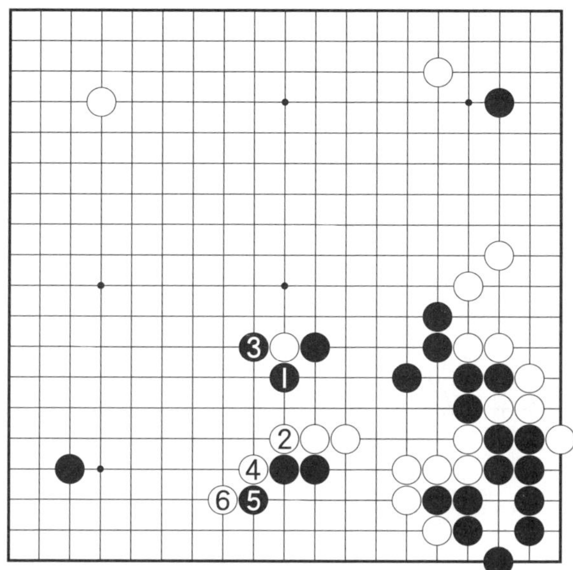

5도

5도 (흑, 무리한 반발)

4도가 싫다고 흑3으로 반발하는 것은 지나친 기세이다.

백4, 6을 얻어맞아 흑이 일거에 무너져버린다.

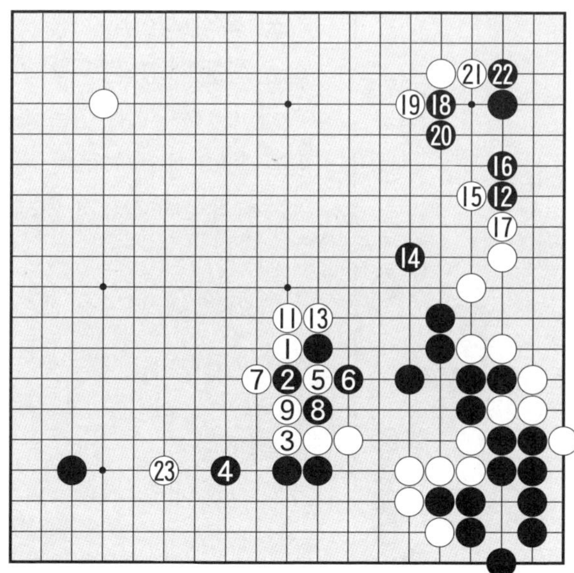

실전진행

실전진행 (백, 대성공)

흑은 고심 끝에 2의 젖힘을 택했지만, 백5∼9로 조이고 11로 힘차게 늘어서는 역시 백이 대성공을 거둔 셈이다.

흑12의 방향전환에 백21까지 미봉해둔 다음 23으로 뛰어들어 백이 기선을 제압한 형국이다.

예측불허의 감각적 귀수가 국면의 흐름을 역류시킨 일국이다.

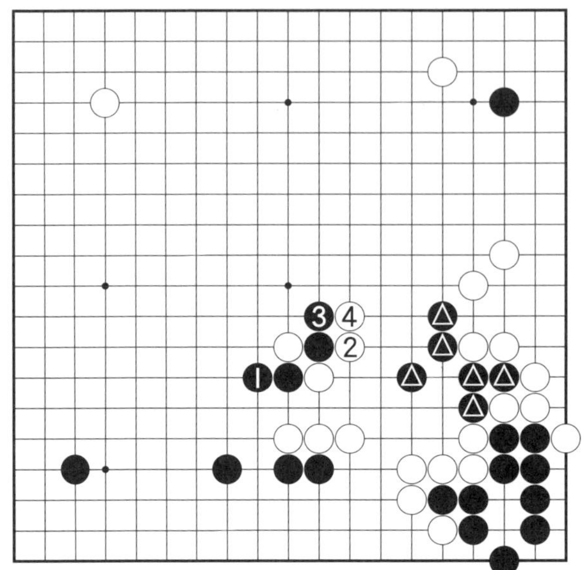

6도

6도 (무모한 버팀수)

실전진행 흑6의 수로 이 그림 1에 늘어 버티는 것은 무모한 객기이다.

백2, 4로 밀고나가 흑⚫들이 사경에 처한다.

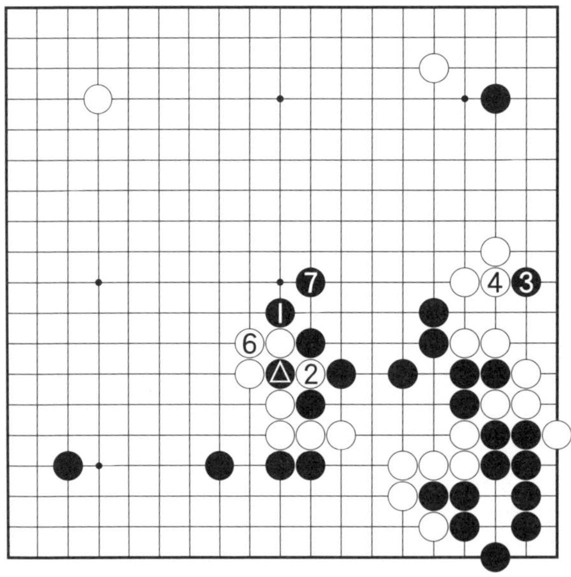

7도 (흑의 차선)

실전진행 흑10은 나약한 완착이었다. 이 수로는 흑1로 몰아 강하게 버틸 자리. 이하 흑7까지 실전에 비해 한결 나은 모습이다.

그러나 예상 못한 백의 기습에 흔들린 나머지 흑은 냉정을 잃었던 것으로 추측된다.

허허실실의 공중비상

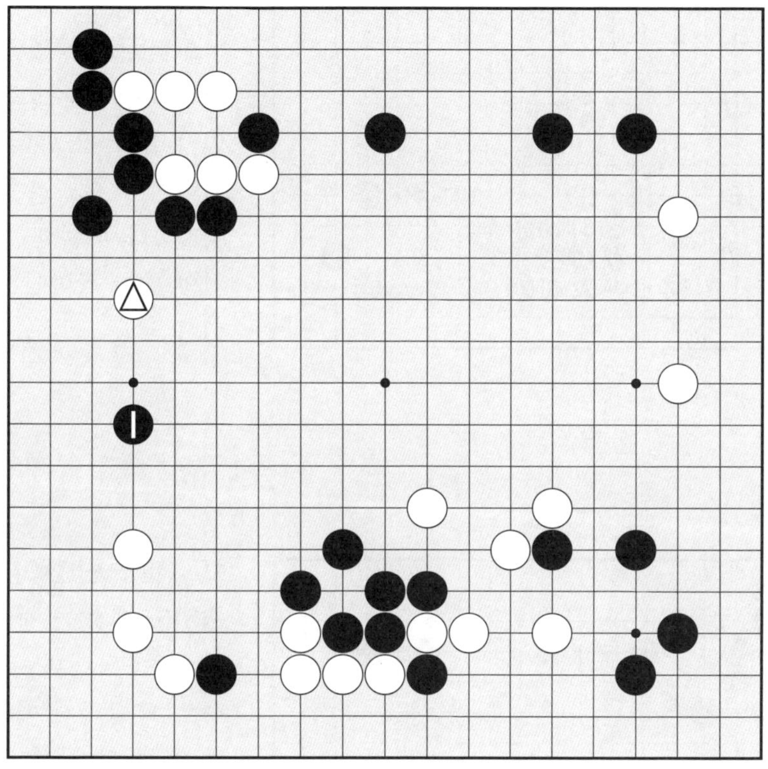

　흑1로 협공해 온 장면. 상변 백 일단이 허약해 △ 한점
을 움직이기 힘든 백은 이 돌을 적절하게 사석으로 이용하
는 발상을 해야 할 시점이다.
　상하를 아우르는 함축적이며 효율적인 행마를 구사하고
싶은 장면이다.

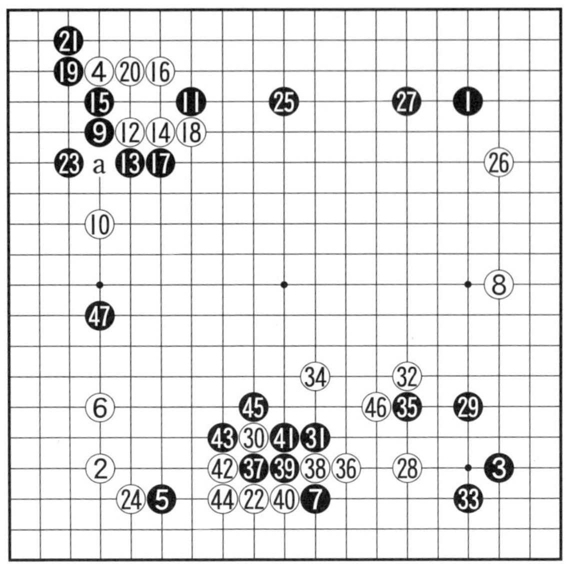

경과도

경과도 (1~47)

1984년 한·일 프로대항전에서 린하이펑(林海峰)과 조훈현(백)이 벌인 실전이다.

a에 끊지 않은 백24가 완착이어서 흑 호조의 출발이다. 백32, 34가 좋은 감각이며 흑37은 타개의 맥점이다. 이하 46까지 선착의 효가 살아있는 국면이다.

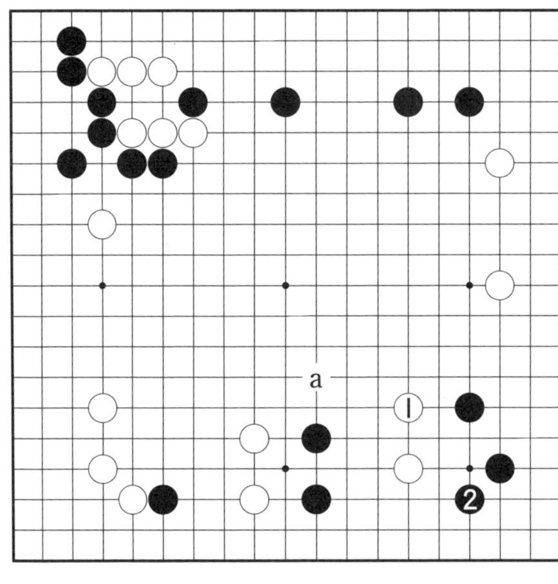

1도

1도 (발 느린 행마)

경과도 백32는 눈여겨보아 둘 속력행마이다. 이 수로 평범하게 백1로 한 칸 뛰는 것은 책략 부족이다.

흑2 다음 a로 씌워가기가 어려워서는 백이 한 박자 처진 국면이 된다.

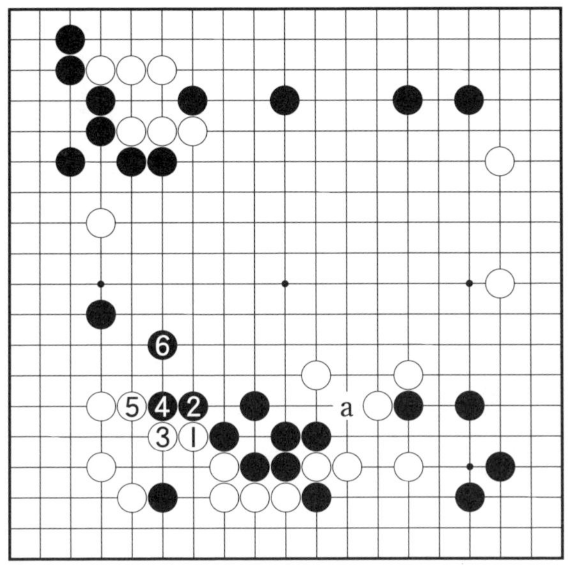

2도

2도 (백, 대세관 결핍)

본론에 들어가서~

먼저 백1로 젖혀가는 것은 완착이다. 백5까지 하변을 집으로 크게 굳힐 수는 있지만, 흑6으로 좌중앙이 온통 흑 천지가 되어 승부가 기울어 버린다. 게다가 흑a의 노림수도 강력해져 백이 크게 뒤진 형국이다.

부분에 치우치다 대세를 잃은 꼴이다.

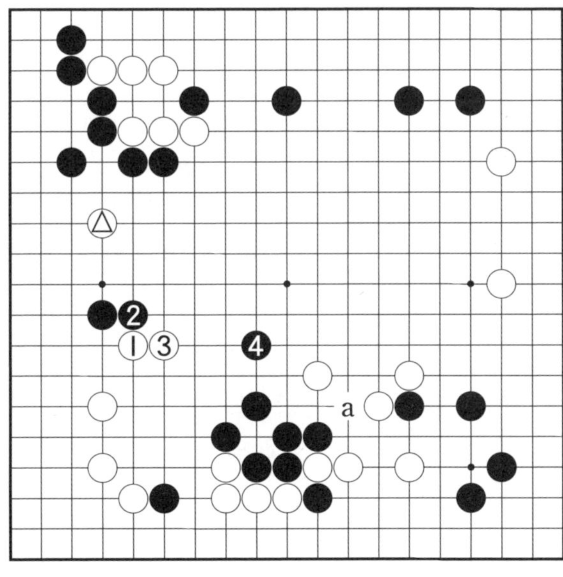

3도

3도 (백, 책략 부족)

백1로 짚어가는 것이 제일감. 그러나 흑4까지 좌우를 처리해 흑이 능동적인 모습이다.

이제 백△ 한점은 좌사(座死)하고 말았으며, a의 노림 또한 강하게 부각되어 흑의 우세이다.

좀 더 멋들어진 수는 과연 없을까?

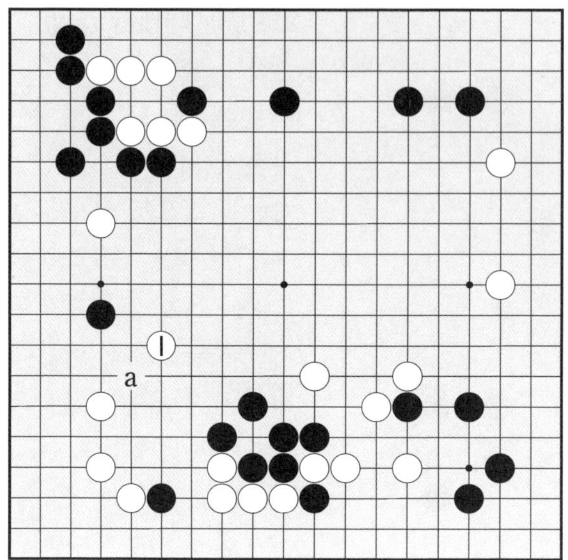

실전도

실전도 (경묘한 감각)

백1의 밭전자 행마가 경묘한 감각이다. 흡사 창공에 떠올라 반상을 두루 굽어보는 느낌이라고 할까?

a의 허점을 일부러 노출하여 흑을 유인하는 함정수의 의미까지도 함유하고 있다.

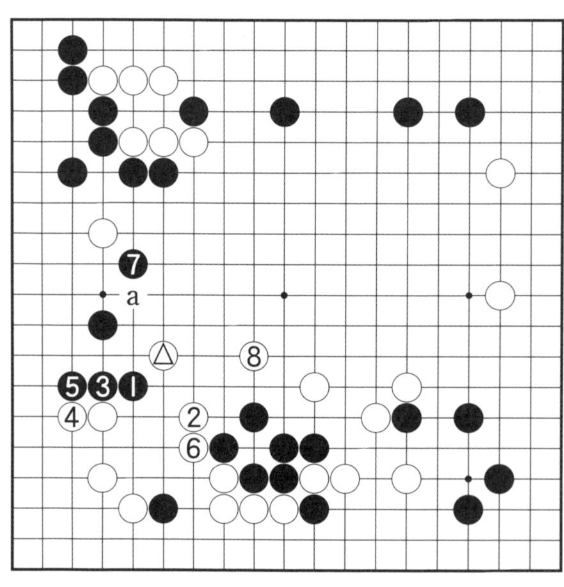

4도 (백의 함정)

이때 즉각 흑1로 틈새를 째고 들어오는 것은 단세포적 발상이다. 백2로 슬쩍 비끼는 수가 멋진 대응으로 이하 8까지 중앙 흑 일단이 크게 들어간다.

그렇다고 흑7로 중앙을 탈출시키려는 것은 백a로 역시 흑이 곤란하다. 바로 이것이 백△의 함정인 셈이다.

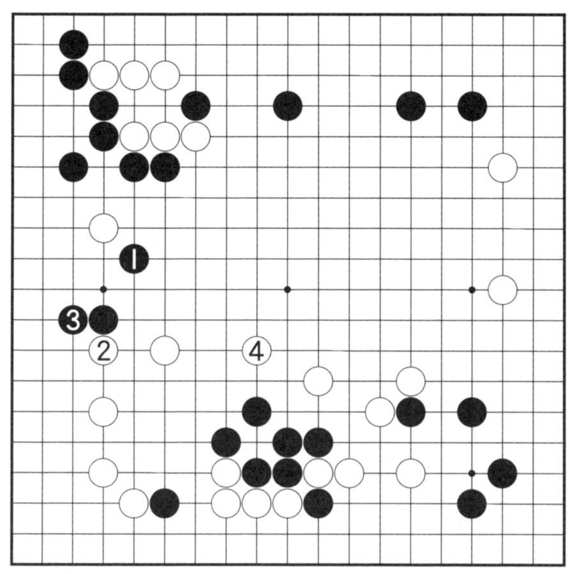

5도

5도 (흑, 무책)

그렇다고 흑1로 망연히 물러서는 것은 무책. 백2를 선수한 다음 4로 씌워 흑이 호흡곤란 상태에 빠진다.

설령 이 흑이 산다 하더라도 중앙 백이 매우 두터워져 흑이 좋지 않을 것이다.

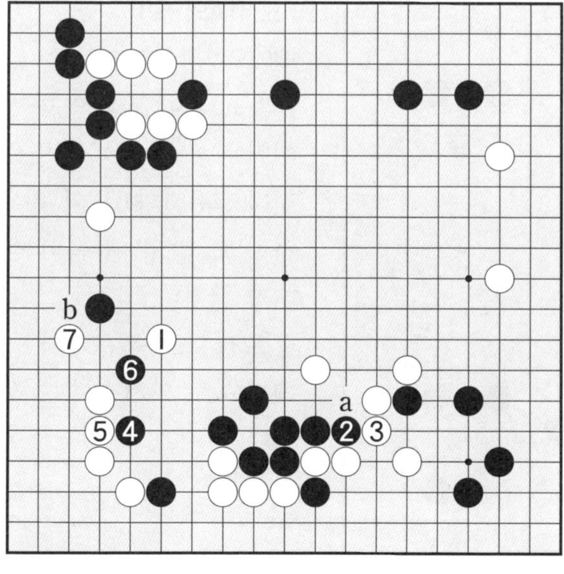

실전진행

실전진행 (묘착 등장)

흑은 2, 4를 선수한 뒤 6으로 째고 나섰다. 그러나 흑2는 a의 뒷맛을 없앤 악수이다.

백7이 1의 의지를 계승한 묘착이다. 흑b로 막지 못하는 것이 흑의 고민이다.

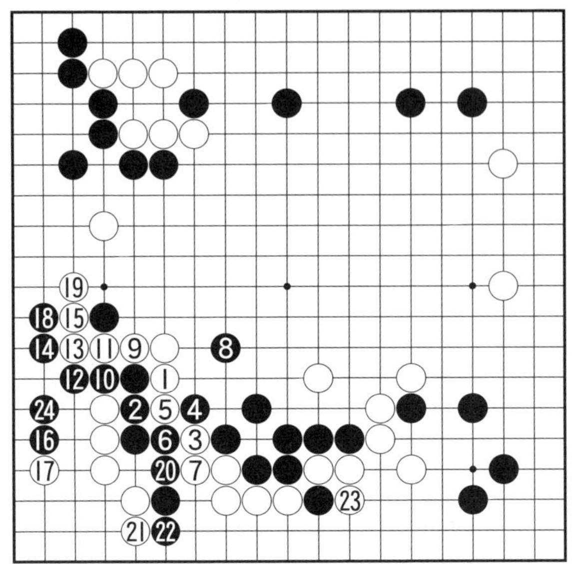

6도

6도 (백, 별무신통)

실전진행 백7로 기분 같아서는 이 그림 1, 3으로 끊고 싶지만 이하 흑24까지 별무신통이다.

기분만 냈을 뿐 좌하귀가 유린당한 현실적 손해가 커서 별 소득이 없다. 그런데~

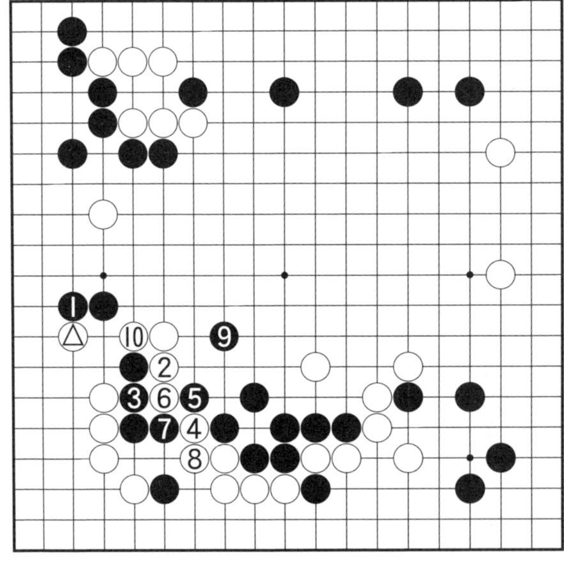

7도

7도 (백의 덫)

백△(실전진행 백7)와 흑1의 교환이 되어있다면 이번에는 백2, 4가 통렬해진다. 흑9까지 6도와 유사하지만, 백10 때 흑의 응수가 끊긴다.

그러므로 흑은 1의 곳에 함부로 막지 못하는 것이다.

기대기의 모범답안

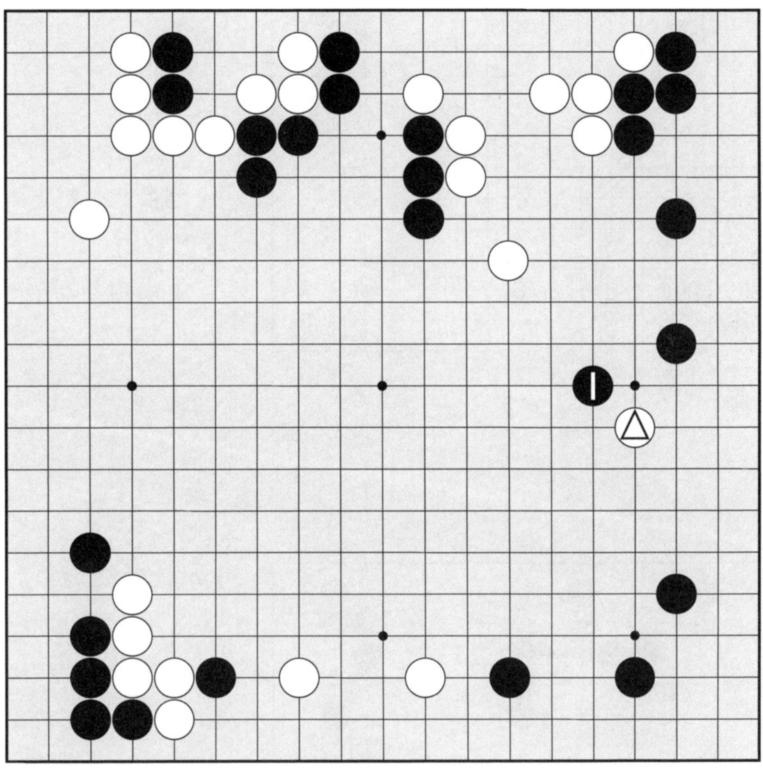

흑1로 씌워 백△에 대한 공격의 나팔을 울린 장면이다.
백은 감각적으로 떠오르는 타개의 한 수가 있다.

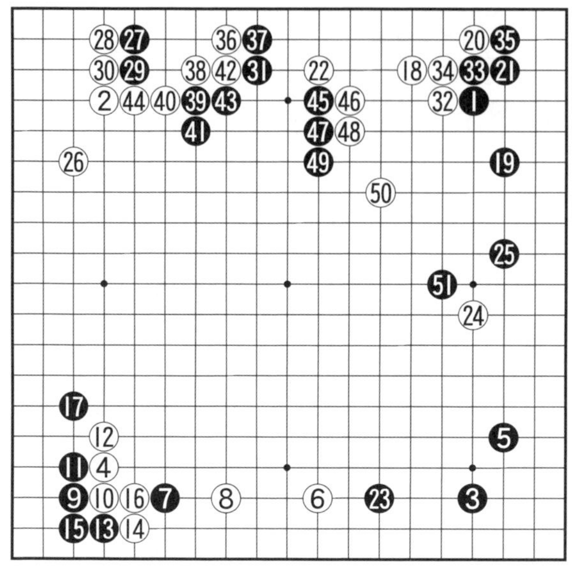

경과도 (1~51)

27기 왕위전 도전2국에서 유창혁(흑)과 조훈현이 벌인 실전.

백32는 38의 침입을 위해 백 일단을 강화시켜 놓은 사전공작이다. 이하 44까지 두점을 품에 넣어 일단 백의 성공이다. 백은 상변과 우변의 미생마를 무사히 타개하면 유망한 형세라고 할 수 있다.

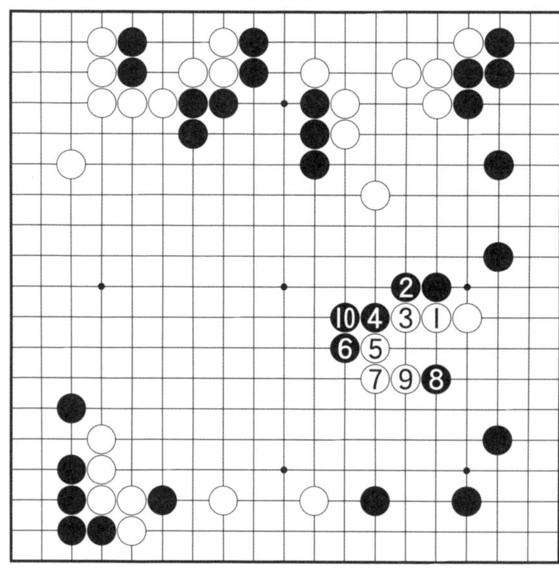

1도 (둔탁한 행마)

백1, 3으로 밀어올리는 것은 속수에 가까운 둔탁한 행마이다.

흑4, 6에 이어 8이 뼈저린 급소 일격이어서 백의 형태가 무너져 버린다.

이래서는 상변 백 일단도 미생이고 해서 백이 위험한 흐름이다.

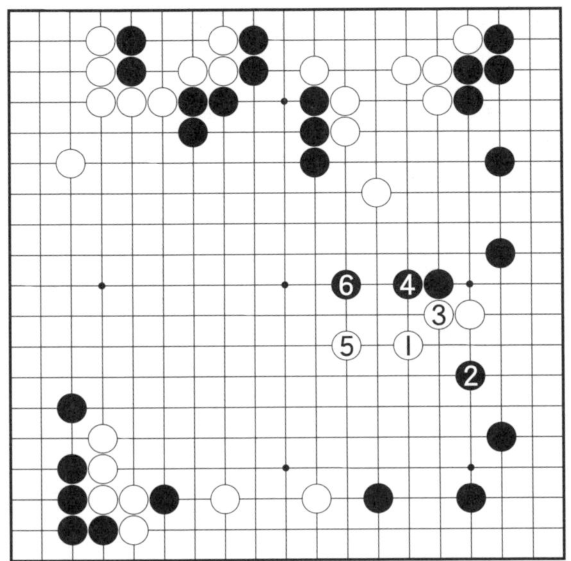

2도

2도 (빗나간 날일자)
백1의 날일자가 일견 날
렵한 행마 같지만, 흑2의
급소가 통렬해 곤란하다.
　백5까지 무거운 발걸
음이 되어서는 역시 백이
피곤하다.

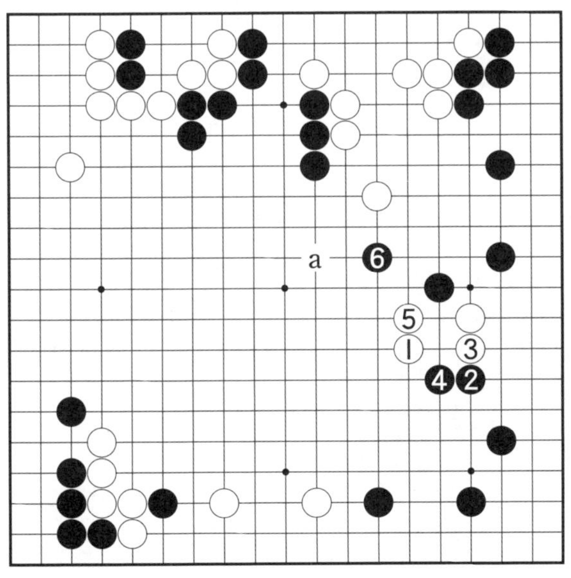

3도

3도 (백, 위험천만)
흑2에 백3, 5로 응수하는
것이 효과적인 것 같지만
실은 그 반대이다. 흑6으
로 갈라 백의 악전고투.
　상변 백 일단의 사활관
계상 흑a 언저리가 선수
로 듣는 점을 감안하면 백
이 거의 걸려든 형국에 다
름 아니다.

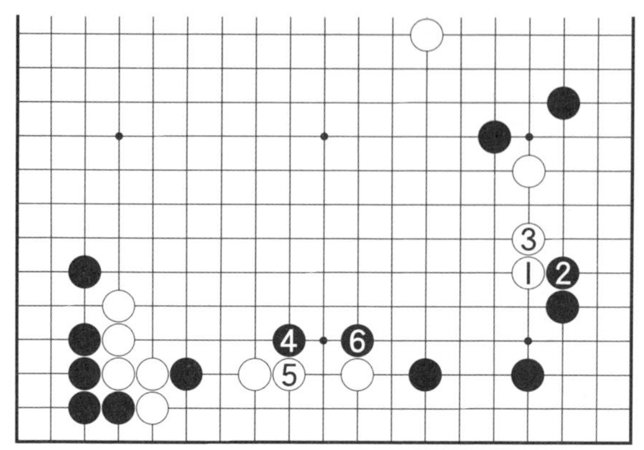

4도

4도 (어설픈 감각)

그렇다면 백1로 어깨짚어 가는 것은 어떨까?

그러나 이때는 흑4, 6 의 원거리 공격이 제격이 어서 수습이 쉽지 않다.

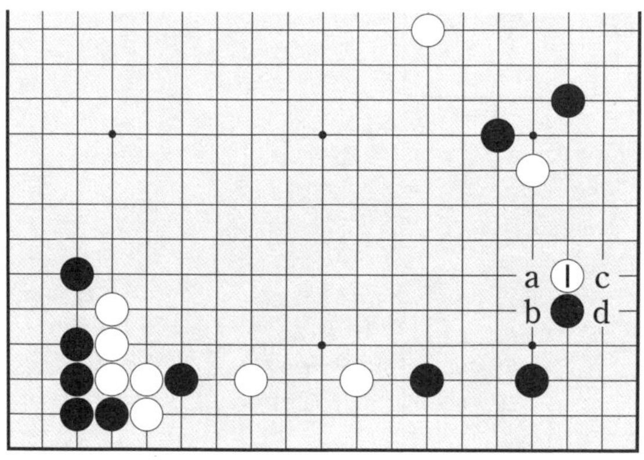

실전도

실전도 (기대기의 표본)

백1로 살며시 기대어가는 것이 좋은 감각. 사실 이 수는 타개에 흔히 쓰이는 상용의 맥점이기도 하다.

다음 흑의 응수는 a~d 가 있는데…:

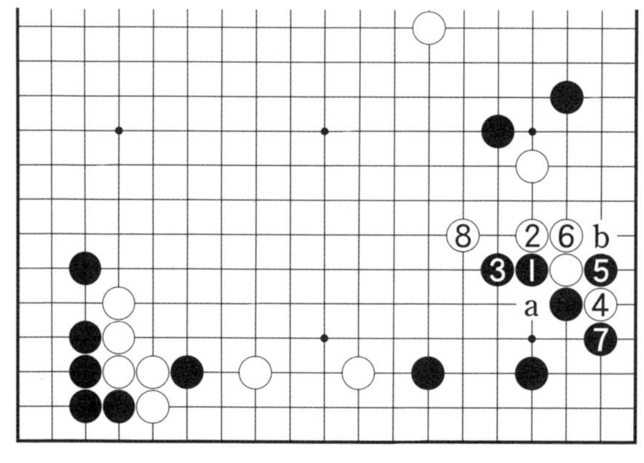

5도

5도 (산뜻한 타개)

흑1로 젖혀 받는다면 백2 의 되젖힘이 타개의 맥으 로 이하 8까지 거뜬히 수 습한다.

흑3으로 a에 이으면 백 b로 호구쳐 역시 가뿐하게 타개할 수 있다.

6도 (타개의 맥)

흑1로 아래쪽에서 젖히면 백2로 맞끊는 것이 상용의 맥점이다.

흑3을 기다려 백4, 6을 차례로 선수한 뒤 8로 틀을 잡아 경쾌하게 수습된 모습이다.

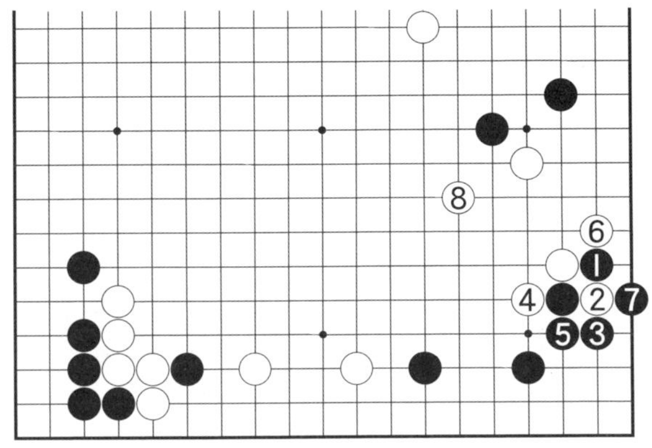

6도

7도 (경쾌한 수습)

흑1로 뻗어 버틴다면 백2로 하나 젖혀놓은 뒤 4로 뛰어 크게 공격받지 않는 모습이다.

백4로는 a에 호구치는 수도 가능하다.

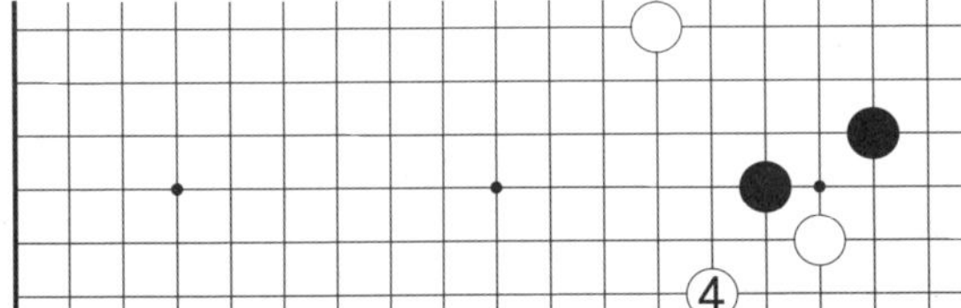

7도

실전진행 (타개 성공)

흑2는 백에게 타개의 리듬을 제공하지 않겠다는 뜻이다.

그러나 백3으로 한칸 뛰어 경쾌하게 수습해서는 아무래도 백이 유망한 형세라고 하겠다.

실전진행

침투냐 공격이냐

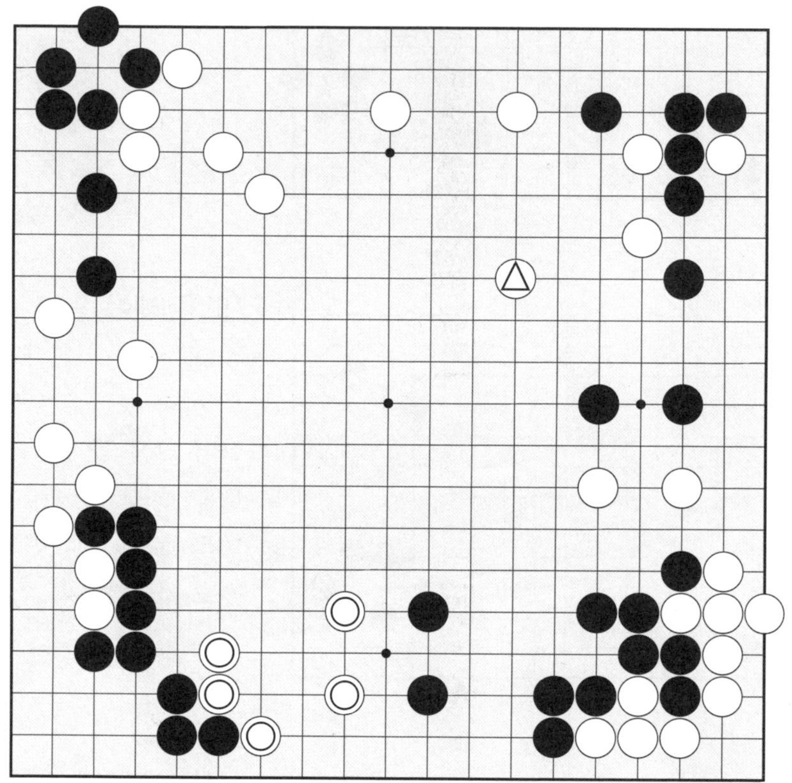

상변 백 모양이 얼마나 집으로 굳어지느냐가 승부의 관건이 될 조짐이다.

허술한 울타리(△), 하변 쪽의 미생마(◎)들을 연계시켜 흑이 승기를 잡을 수 있는 감각의 한 수가 있다.

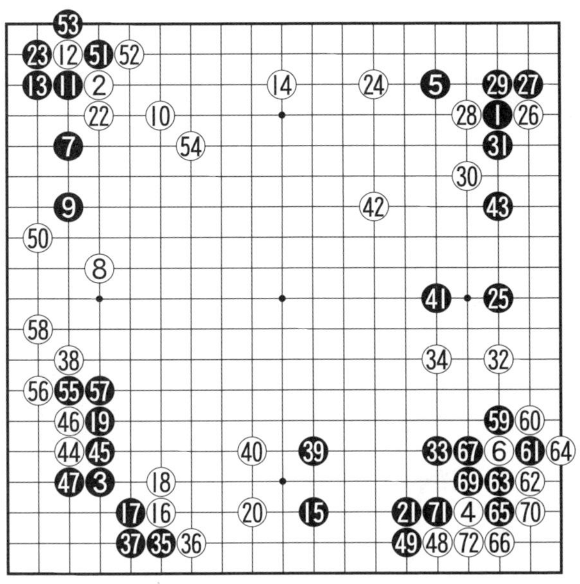

경과도

⑥⑧···⑥①

경과도 (1~72)

5기 박카스배 결승2국에
서 문용직(흑)과 조훈현
이 벌인 실전. 백26은 적
절한 응수타진. 이하 58
까지 전반적으로 백의 스
피드가 돋보이는 흐름이
지만, 백42가 큰 문제수
여서 상변 백진에 치명적
허점이 노출되어 있는데
다 하변 쪽의 백 일단도
약해 흑에게 절호의 기회
가 찾아온 순간이다.

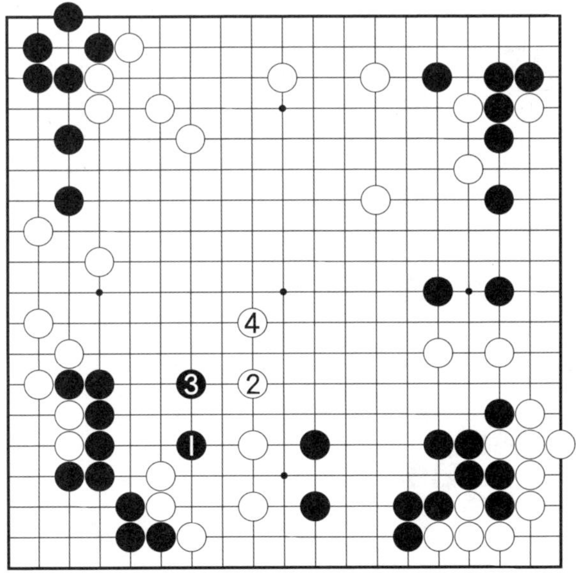

1도

1도 (성급한 공격)

하변 백 일단에 대한 공
격의 급소는 흑1. 그러나
지금 당장 공격을 서두르
는 것은 백2, 4로 뛰어나
가 별 소득이 없다.

흑은 공격의 포문을 열
기 전에 뭔가 해둘 일이
있다.

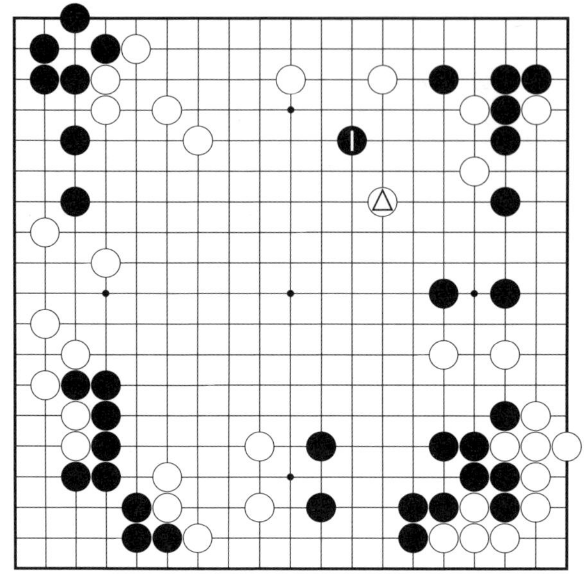

2도

2도 (치명타 일발)

흑1로 침투해 동태를 살피는 것이 적시의 타이밍이다.

백△의 허술함을 추궁하는 치명적 급소이자 저 멀리 하변 백진까지도 은근히 노려보고 있어 백의 응수가 아주 괴롭다.

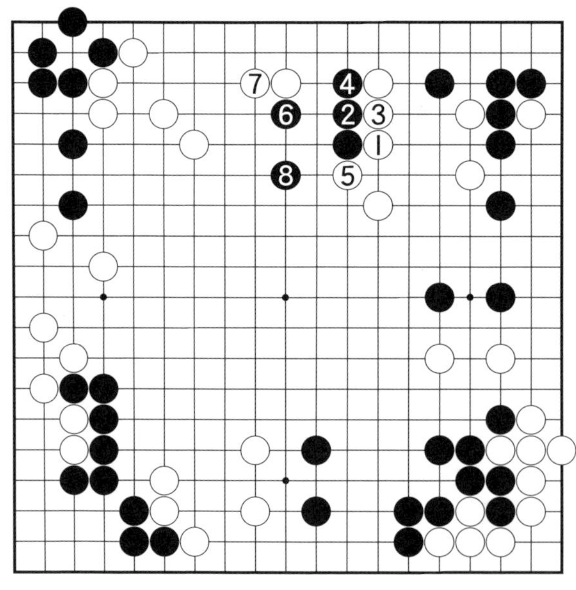

3도

3도 (상변 파괴)

백1로 차단하는 것이 제일감이나 그때는 흑2~8로 상변을 헤집어 흑의 대성공이다.

이렇게 되면 양분된 백이 더 곤란한 모습이다.

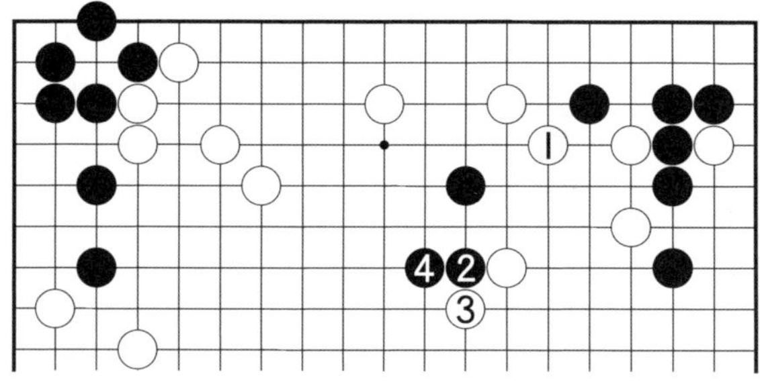

4도

4도 (손쉬운 타개)

그렇다고 백1로 받는 것은 흑2, 4로 쉽게 타개한다. 흑은 도저히 잡히지 않을 모습이며, 그렇다면 백의 엷음만 도처에서 부각될 것이다.

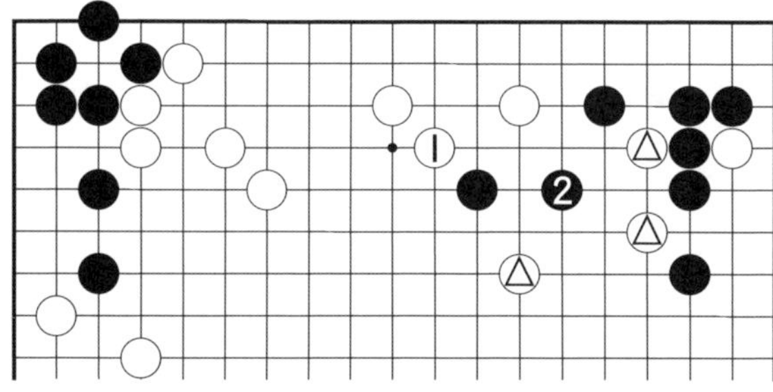

5도

5도 (기쁜한 연결)

백1이 상변 쪽의 피해를 최소화시키는 길이지만, 흑2로 연결하면서 백△들이 모조리 폐석이 되어 흑은 단번에 승기를 장악할 수 있다.

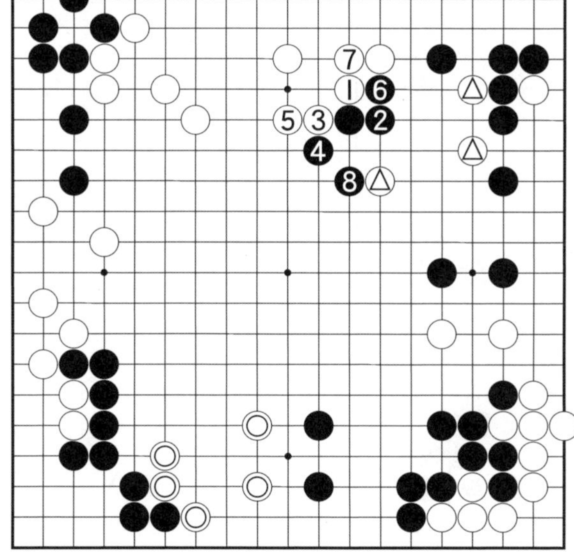

6도

6도 (백, 지리멸렬)

백1로 붙여 방어하는 수는 최악의 선택이다.

흑8까지 두텁게 연결하면서 백△의 전리품이 자연스럽게 품에 들어오는데다 저 멀리 백◎들에게마저 악영향을 미쳐 흑의 승세가 결정적이다.

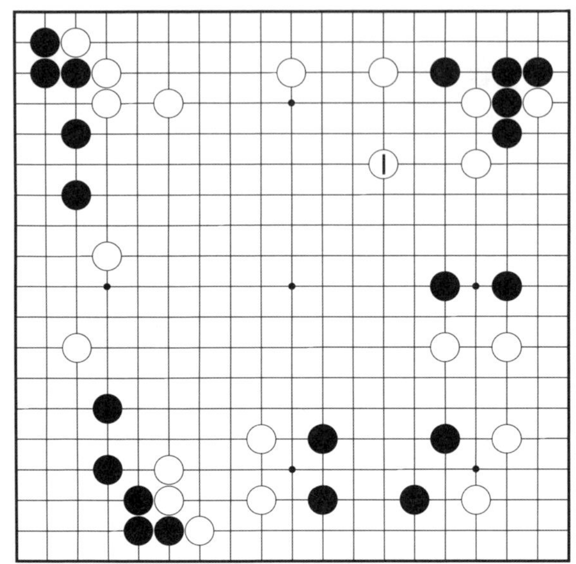

7도

7도 (백의 정수)

백에게 이렇게 위기가 찾아온 원인은 **경과도 백42**의 과속에 있었다.

그 수로는 백1로 한칸 좁히는 것이 정수였던 것이다.

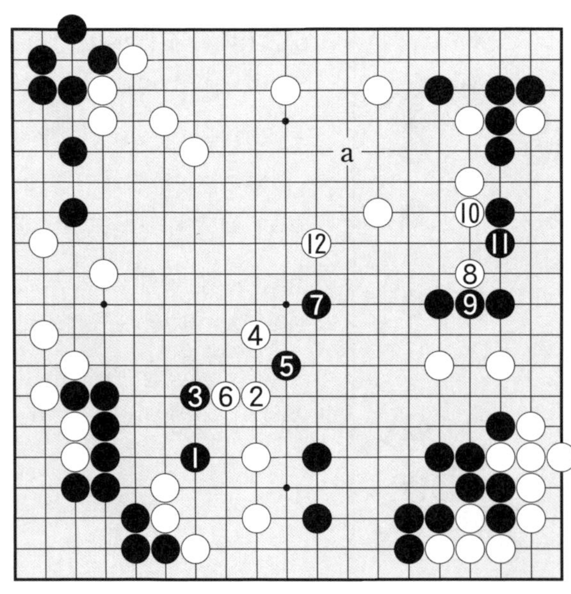

실전진행1

실전진행1 (공격 불발)

실전에서는 흑1의 공격부터 착수했으나 백2, 4로 뛰어나가니 후속공격이 마땅치 않다. 내친걸음으로 흑5, 7로 위협했으나 백12가 a의 아킬레스건까지 동시에 커버하는 공수 겸용의 절호점이 되어 흑의 찬스는 신기루처럼 사라지고 말았다. 공격의 타이밍과 방향감각이 잘못되어 좋은 기회를 놓친 케이스라고 하겠다.

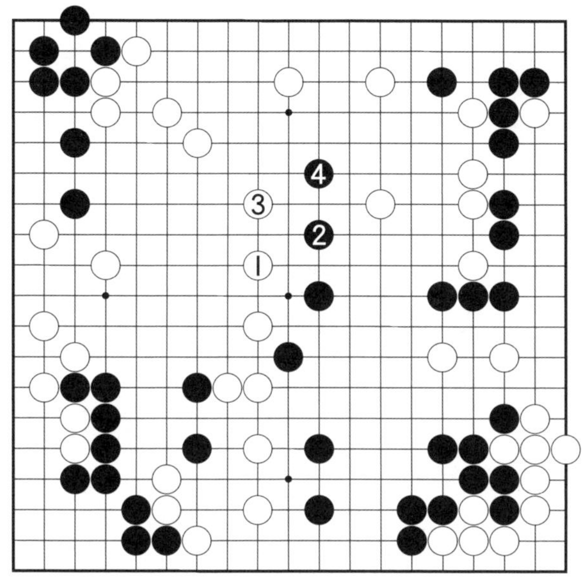

8도

8도 (백, 무책의 도주)

실전진행 백12는 빛나는 감각의 한 수이다.

이 수로 그림처럼 도망치기에만 급급하다보면 백의 유일한 보고인 상변이 쑥밭이 되고 만다.

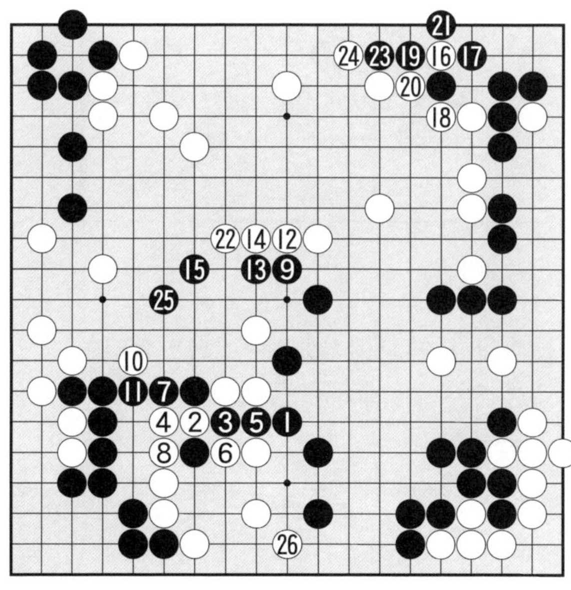

실전진행2

실전진행2 (백의 정수)

계속해서 흑은 1, 3으로 하변 백을 물고 늘어졌으나 백이 8까지 알기 쉽게 완생해서는 헛물켠 기색이 완연하다.

흑9~15로 백 석점을 삼키는 전과를 올리기는 했지만, 공격의 대가치고는 너무 초라하다.

백16~24로 상변이 크게 굳어져 백승이 결정되었다.

타개의 상용수법

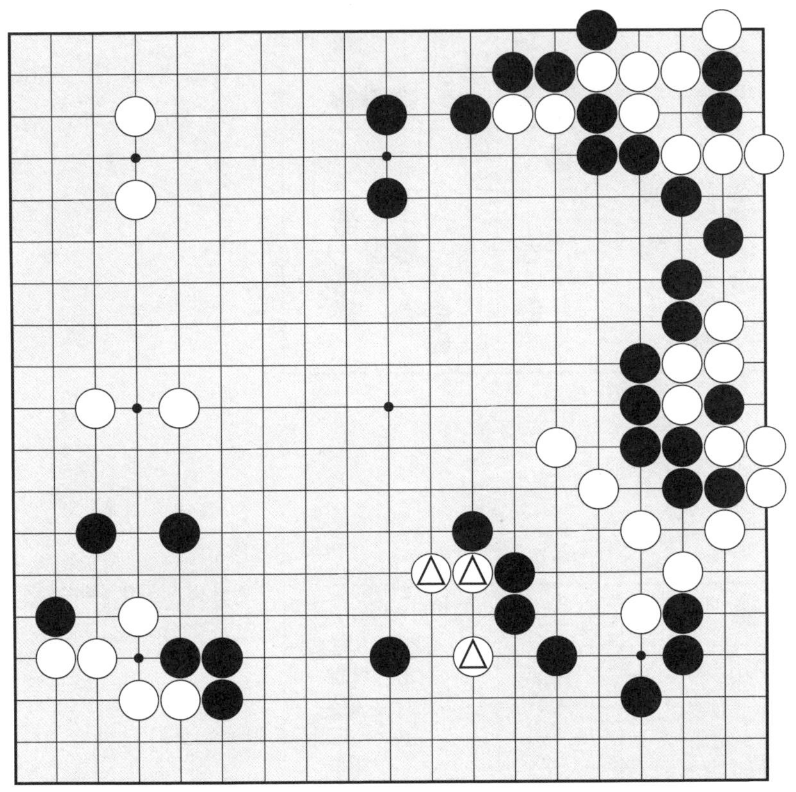

하변 쪽의 백△들이 흑세 속에서 시달리고 있는 장면이다. 좌우 흑세가 견고하고 우변 백 대마도 미생이어서 막상 타개가 쉽지 않아 보이는데….

그러나 백은 제자리에서 손쉽게 해결하는 감각적인 타개 수법이 있다.

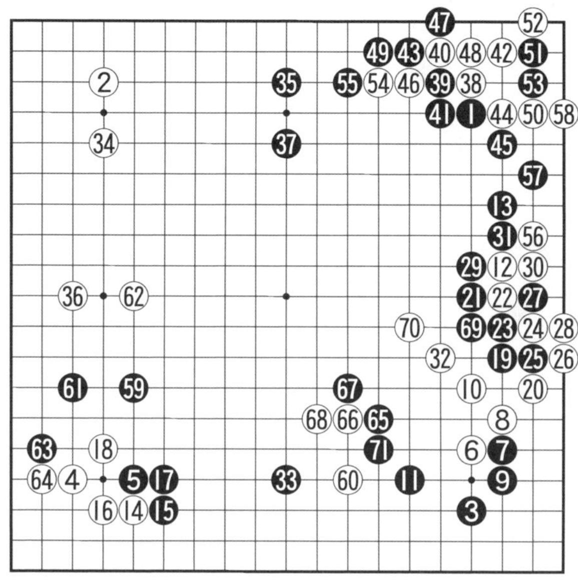

경과도

경과도 (1~71)

23기 패왕전 본선에서 홍태선(흑)과 양재호가 벌인 실전.

흑37은 완착으로 39의 곳에 굳힐 자리이다. 백38 이하 58까지 크게 산 데다 62의 요소까지 차지해 백이 집으로 앞서있는 국면이다. 하변과 우변의 수습여부가 승부의 관건이다.

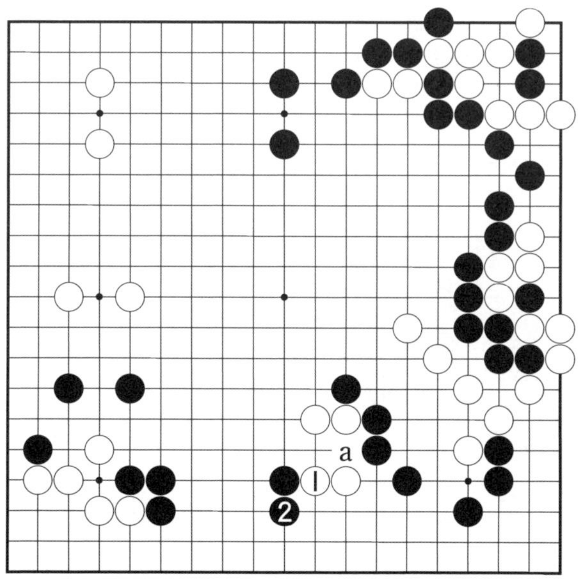

1도

1도 (백, 무책)

백은 당장 a의 약점을 돌보아야 한다. 제일감은 백1의 쌍립. 그러나 흑2로 뻗는 순간 근거를 잡을 공간이 모조리 사라져 타개의 길이 아득해진다.

이제 별 수 없이 중앙으로 나갈 수밖에 없는데, 그러다가는 자칫 우변 쪽의 미생마와 양곤마로 엮일 우려가 높아 백은 위험천만이다.

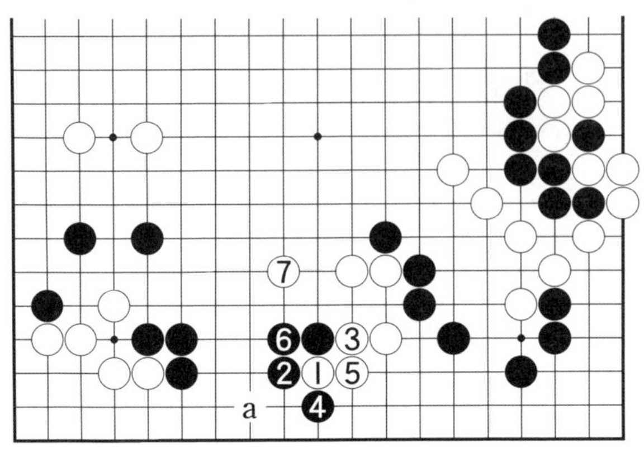

2도

2도 (미흡한 처리)

그렇다면 백1, 3은 어떨까? 백7까지 탄력을 갖춘데다 a의 노림수도 남고해서 1도보다는 좀 나은 모습이다.

그러나 아직 확실하게 안정된 상태가 아니어서 역시 미흡하다.

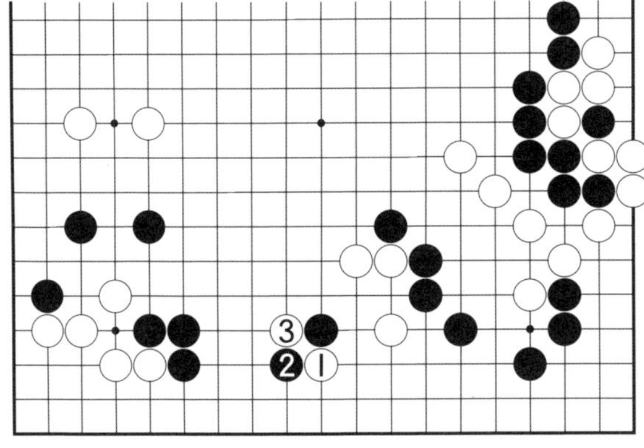

3도

3도 (붙여끊음의 맥)

백1, 3으로 붙여끊는 것이 뇌리에 스쳐가는 감각적 타개수법이다. 사실 이런 방법은 상수가 하수를 상대로 사용하는 꼼수적 수법이지만, 지금 상황에서는 상용의 타개 맥점이기도 하다. 계속해서~

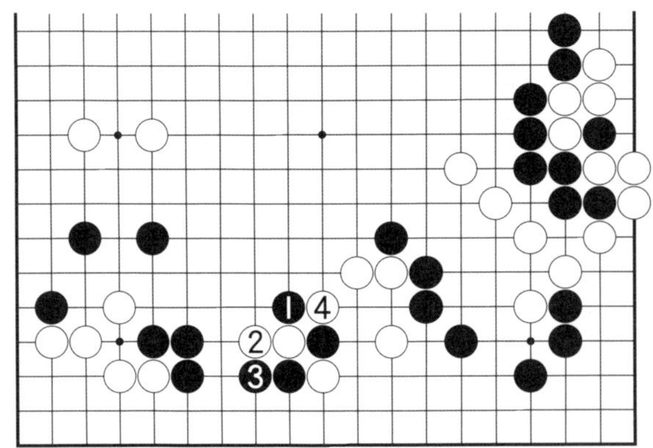

4도

4도 (손쉬운 타개)

흑1로 응수한다면 백2로 나가고 4로 되끊어 쉽게 수습한다.

하변 백 일단이 이렇게 피 흘리지 않고 타개되어서는 백승이 결정적이다.

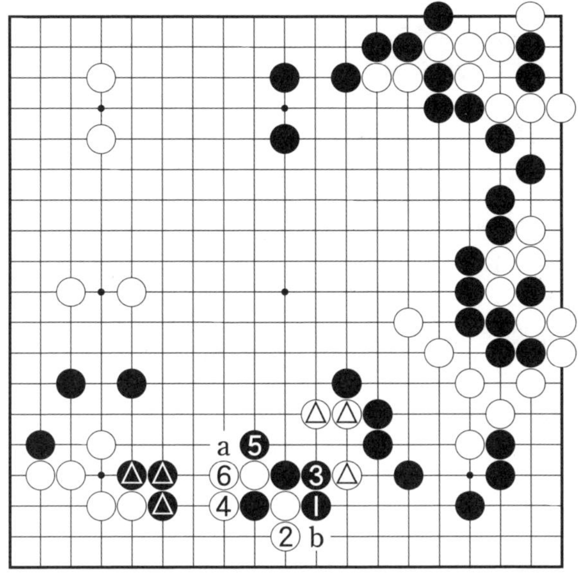

5도

5도 (변신 성공)

흑1, 3이 최강의 저항이
지만 이때는 백4로 변신
하여 흑의 별무신통이다.
다음 흑a에는 백b로 크게
살아 백의 성공이다. 그렇
다고 흑b로 막는 것은 백
a로 밀어 ▲가 위험해지
므로 흑의 무리이다.

이 그림은 흑이 백△들
을 잡고도 당한 결과이다.

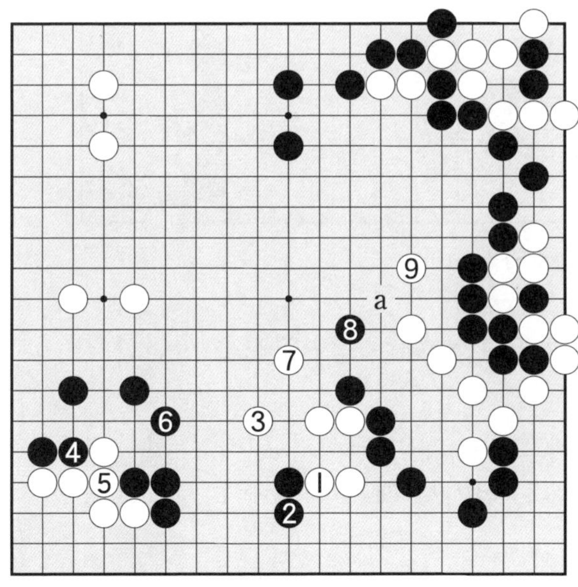

실전진행

실전진행 (최악의 선택)

백1, 3은 앞서 지적했듯
무거운 행마의 전형. 그런
데 흑6이 기회를 놓친 대
완착으로 백9까지 휠휠
달아나며 양쪽을 수습해
서는 흑의 승기가 사라진
느낌이다.

흑6으로 a에 강력히 씌
워갔으면 백이 곤란한 상
황이었다.

수순의 중요성

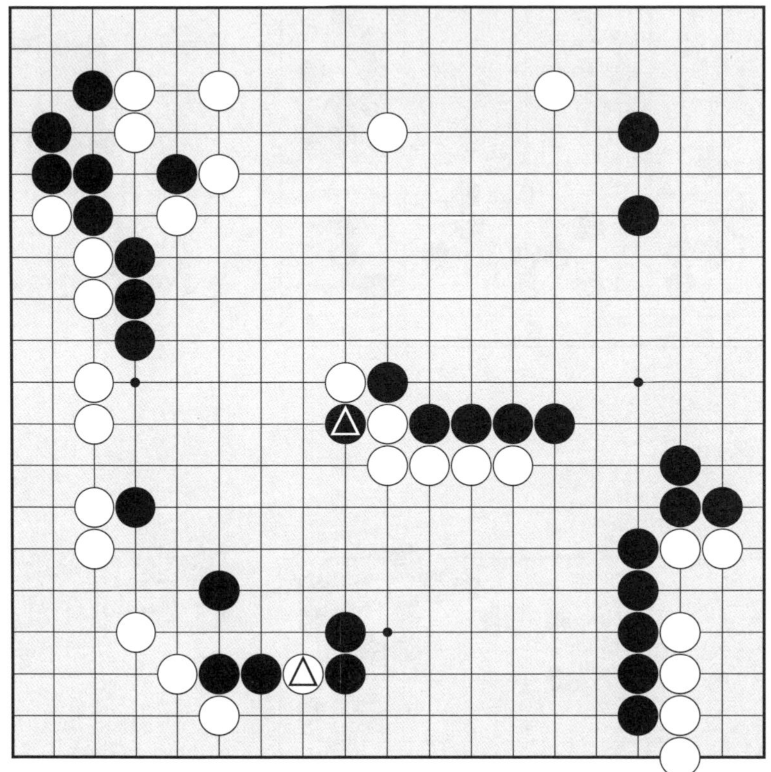

    흑이 ●로 절단해 백 일단에 대한 정면공격을 선언한 장면이다.

    이런 상황에서는 백△가 타개의 단서가 된다는 것이 감각적으로 떠올라야 한다. 여기서 백은 어떻게 타개하면 좋을지 생각해보자.

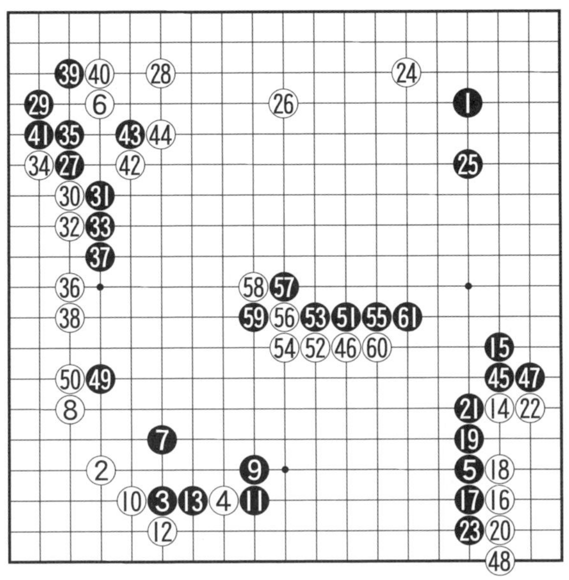

경과도

경과도 (1~61)

40기 국수전 도전2국에서 이창호(흑)와 조훈현이 벌인 실전. 흑7~13은 조 9단에 의해 새로 시도된 현대정석의 일종이다. 일찌감치 흑의 세력과 백의 실리가 맞서는 양상이 되었다. 백46이 빛나는 삭감 감각이며, 흑51은 최강의 대응이다. 흑59로 강력히 끊어 최초의 승부처가 찾아왔다.

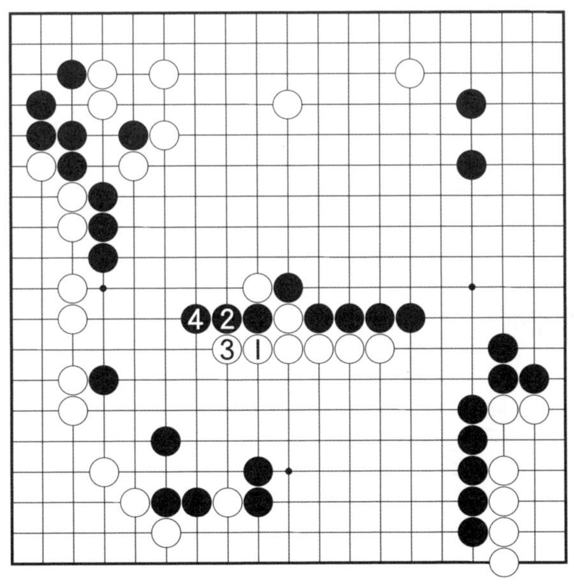

1도

1도 (속수의 표본)

백1로 단수 몰고 보는 것은 대악수이다. 흑4로 힘차게 늘어 중앙 흑은 강화되는데, 백은 타개의 길이 아직 막연하다.

가히 속수의 표본이라고 하겠다.

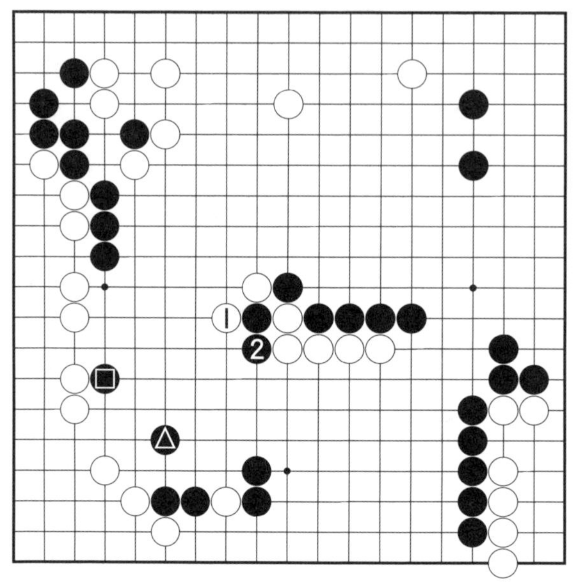

2도

2도 (대책 없는 몸부림)

그렇다고 백1로 모는 것은 흑2로 쑥 빠져나오는 순간 응수두절이다.

축이 안 될 뿐더러 흑⚫와 ■들이 기다리고 있어 장문 따위도 되지 않는다. 백 파탄의 길!

이쪽에서 직접 움직이는 것은 여의치 않다는 결론이다.

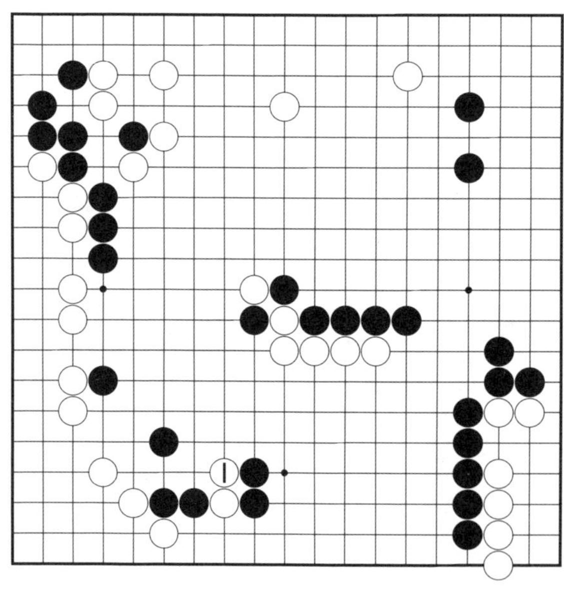

3도

3도 (수순의 묘)

백1로 먼저 움직여 나오는 것이 묘미 넘치는 감각의 한 수이자 수순의 묘이다.

"도대체 이렇게 죽은 미라를 움직이는 것이 위쪽 진영과 무슨 관계?"라는 의아심이 든다면 책장을 힘차게 넘겨보자!

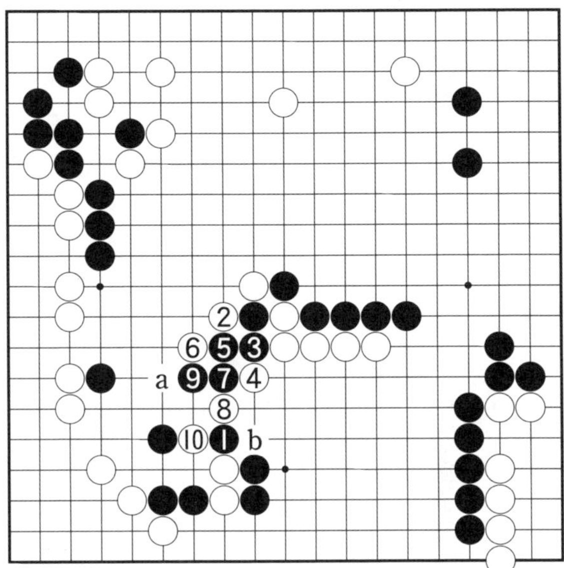

4도

4도 (환상적인 수순)

흑1로 젖혀막는 것이 일견 당연한 응수 같지만, 실은 가장 쉽게 걸려드는 수이다. 백2～10의 환상적인 수순에 의해 흑이 궤멸하고 만다. 다음 백a와 b가 맞보기.

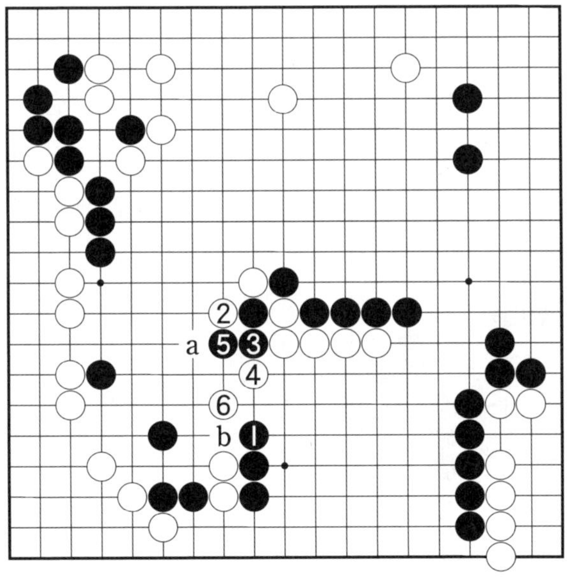

5도

5도 (역시 걸려들다)

그렇다고 흑1로 뻗는 것도 백6의 양수겸장에 의해 속절없이 당하고 만다. 역시 백a와 b가 맞보기.

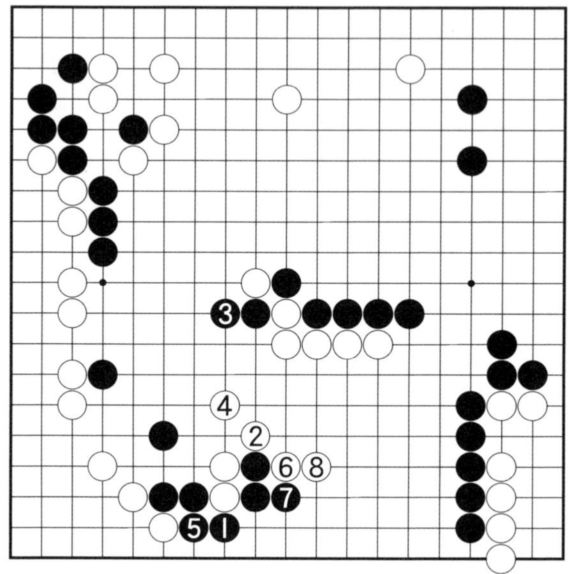

6도

6도 (떵떵거리며 살다)

그렇다면 흑은 1로 넘어
가는 수밖에는 없다는 결
론인데 이때는 백2, 4가
선수로 들어 이하 6, 8까
지 역시 타개 성공이다.

　당초 엄청난 위용을 과
시하던 흑의 대모양 안에
서 이렇게 대궐을 짓고 살
아서는 역시 백이 만족스
럽다.

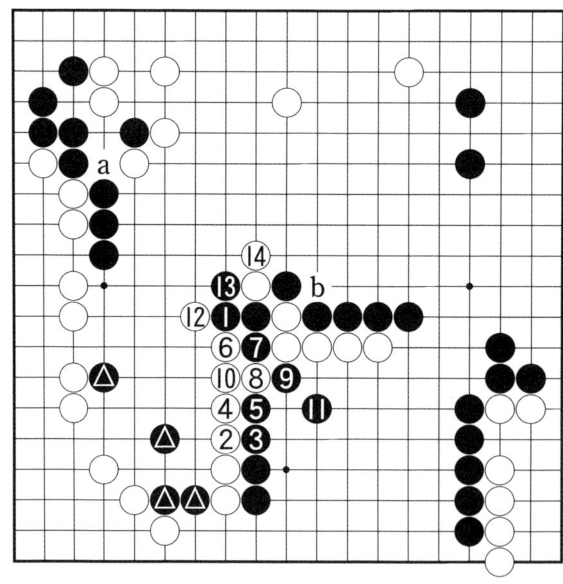

7도

7도 (백, 큰 이득)

하변 쪽 백의 준동을 아
예 외면하고 흑1로 뻗는
것도 생각할 수 있다. 그
러면 백2는 기세 상 당연
하며, 이하 14까지 바꿔
치기가 쌍방 최선의 수순
이다.

　이 결과는 흑▲들을 품
은 백집이 워낙 큰 데다
a, b의 단점을 노리는 수
까지 남아 백이 크게 우
세한 결말이다.

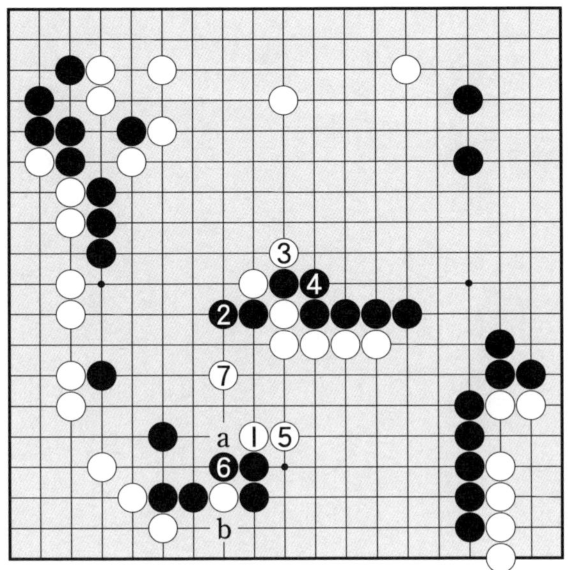

실전진행

실전진행 (백, 수순착오)

실전에서는 막상 백1로 붙여갔는데, 이는 중대한 실착이었다. 여기서 흑a나 b 따위로 응수해주면 앞서 4도나 6도처럼 유도하겠다는 뜻이었지만, 흑2로 외면해 버리니 백의 수순착오가 드러나고 있다. 백7까지 얼추 활형을 갖추었으나, 아직 완생이 아니어서 6도에는 크게 못미치는 미흡한 결과이다.

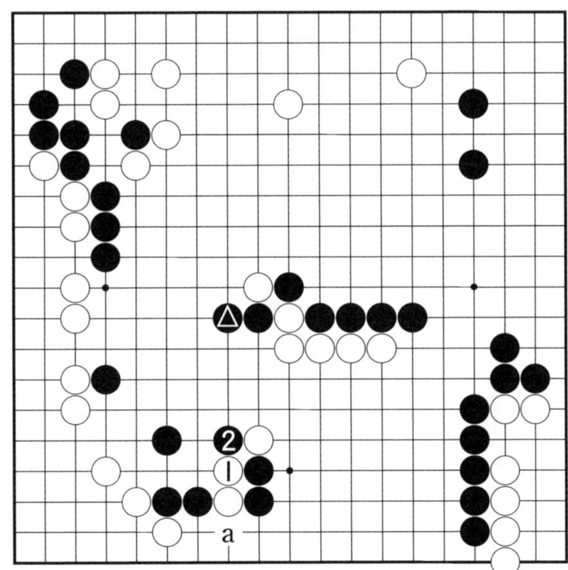

8도

8도 (백의 착각)

실전진행 백3으로 이 그림 1로 막을 때 흑a로 받아준다면 6도로 환원된다. 그러나 여기서는 ⓐ가 놓여져 있는 상황인지라 흑2로 끊어 아무것도 안된다. 바로 이것이 백의 착각이었던 것이다.

바둑에서 수순이 얼마나 중요한지를 실감시키는 대목이다.

3장

승부처의 감각

　중반에서 종반으로 넘어가는 상황에서 반드시 거치는 것이 바로 승부처이다. 불리한 상황에서 승부수를 던져야 할 때, 혹은 반대로 상대의 승부수에 대한 대응에 있어 일류감각은 중요한 역할을 한다. 승부처를 찾는 감각이 뒤져 불리한 바둑에서 승부수 한번 날려보지 못한 채 무난히 진다면 얼마나 억울한가.

　이 장에서는 종반으로 가는 길목의 승부처에서 나타난 일류감각의 여러 장면들을 살펴보려 한다.

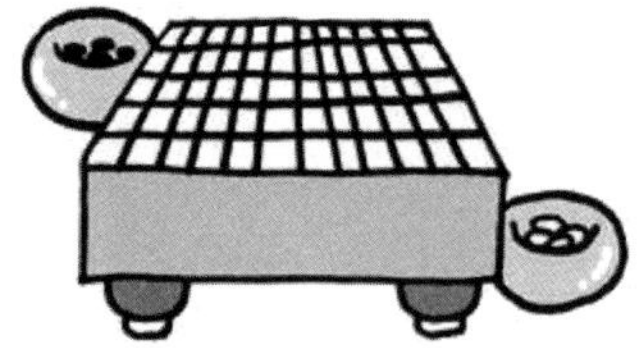

상상을 초월한 강타

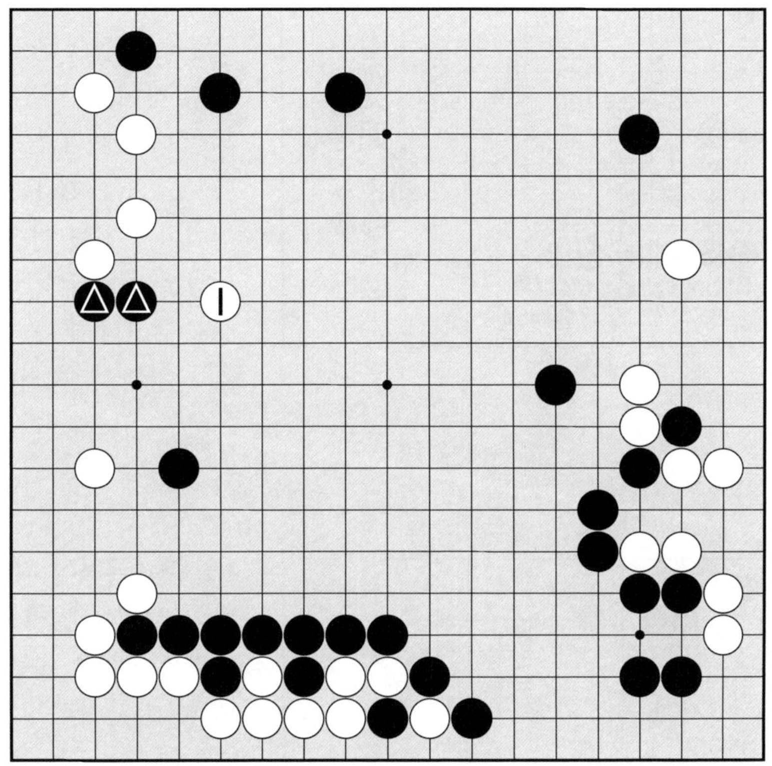

하중앙 쪽 흑의 두터움이 전국을 호령하고 있는 상황에서 백1로 씌워온 장면이다. 물론 흑▲들을 위협하여 중앙 삭감의 단서를 구하겠다는 뜻이다.

백의 의도를 분쇄하며 승부를 결정지을 수 있는 흑의 대응책은 무엇일까?

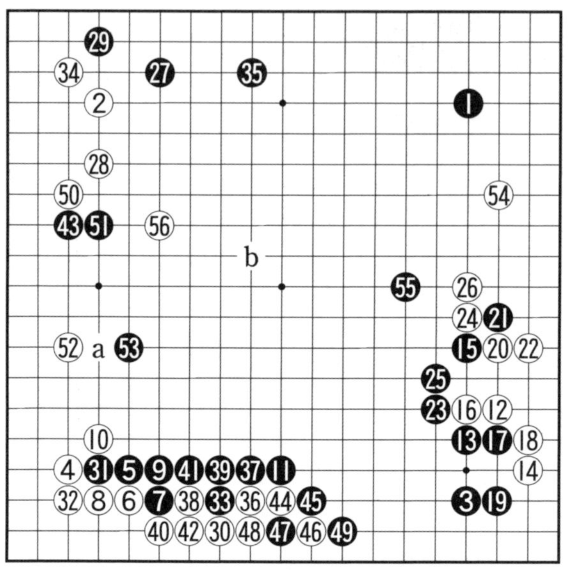

경과도

경과도 (1~56)

1기 기성전 본선에서 조훈현(흑)과 유창혁이 벌인 실전. 흑13~백26은 현대적인 정석 수순. 백52는 a에 높여 중앙을 견제할 곳이며, 백54는 55의 곳이 대세의 급소이다. 흑53, 55가 빛나는 대세점이어서 흑이 판세를 휘어잡은 느낌이다. 백56은 승부수이나 무리. b쯤으로 삭감해 때를 기다리는 것이 현명했다.

1도

1도 (흑, 굴욕적 자세)

백의 기세에 눌려 흑1로 연결에 급급해 하는 것은 맥 빠진 완착이다. 이제 △를 교두보 삼아 백4 주변으로 삭감해 가는 흐름이 좋아 백이 풀린 국면이다.

또한 흑1로 a에 나가는 수도 백2, 흑3 다음 백b로 씌워 별무신통이다. 보다 적극적인 자세가 요구된다.

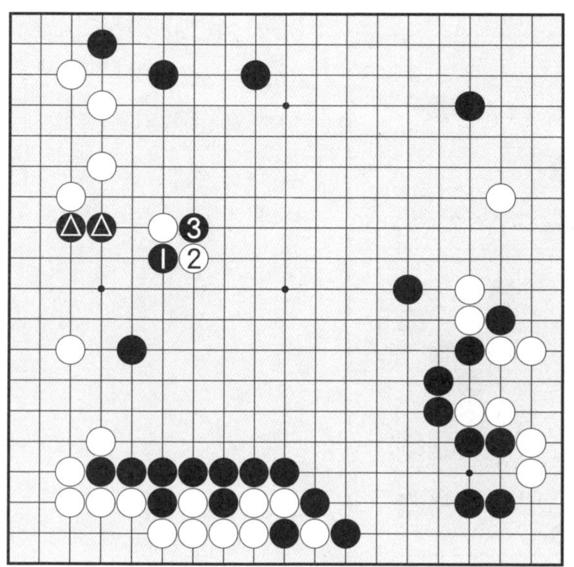

실전도

실전도 (불의의 기습)

흑1, 3으로 붙여끊는 것
이 백의 주문에 찬물을 끼
얹는 회심의 강타!

흑▲들의 안위에 연연
하지 않고 중앙 흑세의 위
력을 극대화시키겠다는
대승적 발상의 산물이다.
계속해서~

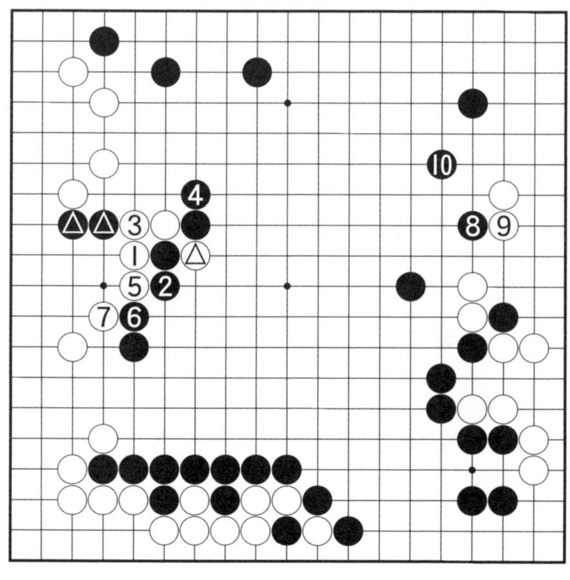

2도

2도 (백, 소탐대실)

백1, 3으로 반발하는 것
은 무리. 이하 백7까지 흑
▲ 두점은 잡을 수 있지
만, △가 폐석이 되면서
중앙이 온통 흑해로 변해
소탐대실의 표본이다.

이어 흑8, 10 정도면
백은 거대한 중앙을 감당
할 길이 없어지게 된다.

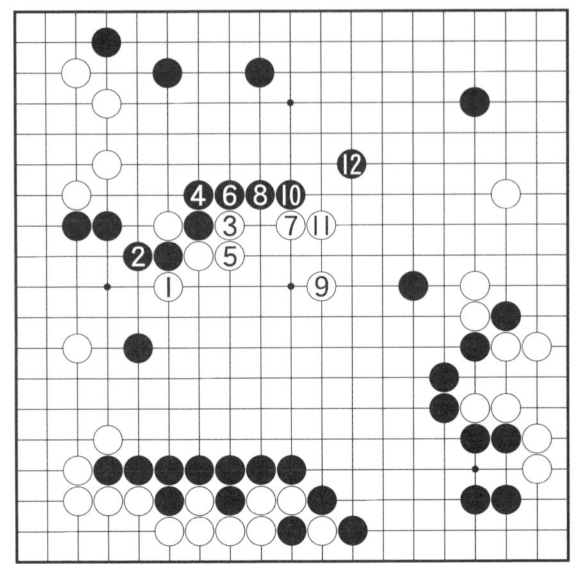

3도

3도 (상변이 커진다)

백1~5로 처리하는 것이 임기응변이지만, 흑6~ 12로 힘차게 밀어붙여 이 번에는 상변 쪽이 '연탄공 장'으로 돌변한다.

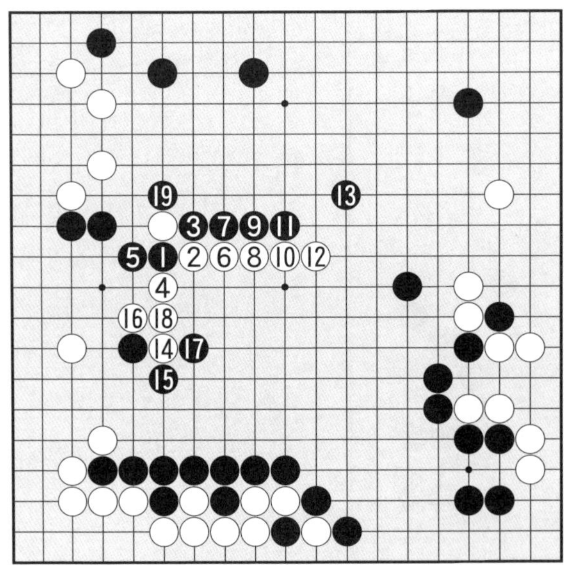

실전진행

실전진행 (흑, 승세 확립)

불의의 기습을 당한 백은 18까지 사태수습에 심혈 을 기울였으나, 흑은 7~ 13으로 죽죽 밀어붙인 다 음 19로 깨끗하게 잡아 승 부가 결정된 느낌이다.

순간의 허를 놓치지 않 고 승부를 결정지은 순발 력과 대세관이 빛나는 장 면이었다.

동물적인 타개의 감각

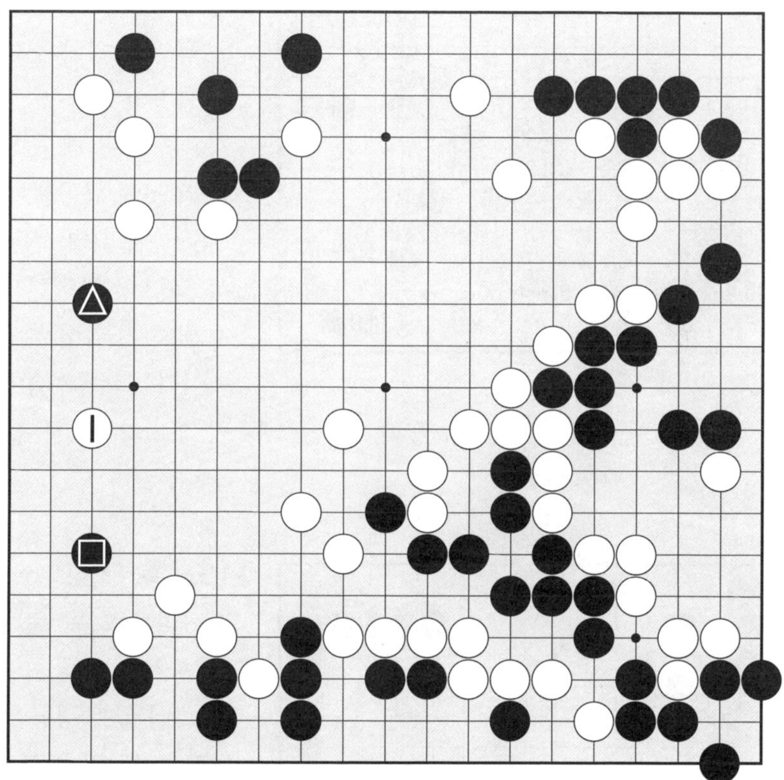

  백1로 갈라쳐 승부처가 찾아온 장면이다. 주변 백세가 워낙 강하므로 흑▲와 ■들이 분단되어서는 흑이 곤란할 것이다.

  여기서 흑은 직감적으로 떠오르는 절호의 타개점이 있다. 과연 어디일까?

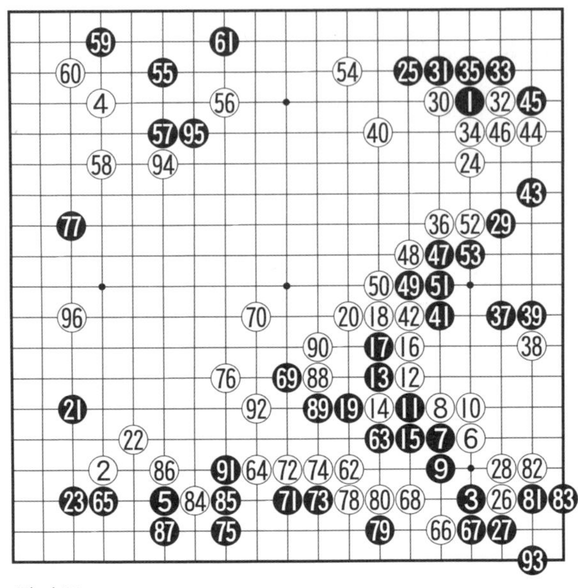

경과도

경과도 (1~96)

4회 TV아시아선수권대회 결승전에서 조훈현(흑)과 다케미야가 벌인 실전 장면이다.

흑29의 침입에 이은 백54까지의 결과는 쌍방 호각. 흑63이 대완착으로 72의 곳에 협공해야 했다. 백68까지 백의 성공. 그러나 흑71이 통렬한 급소여서 93까지 흑이 유망한 형세이다. 좌변 수습이 마지막 고비가 될 것 같다.

1도 (흑, 위험)

반사적으로 흑1로 뛰어나가는 것은 패국을 자초하는 책임 없는 행동이다. 백2로 추격하면 흑의 타개가 어렵다.

설령 산다하더라도 선수를 빼앗겨 백에게 a를 당하면 ▲가 크게 들어가 흑의 패국이 불 보듯 뻔하다.

1도

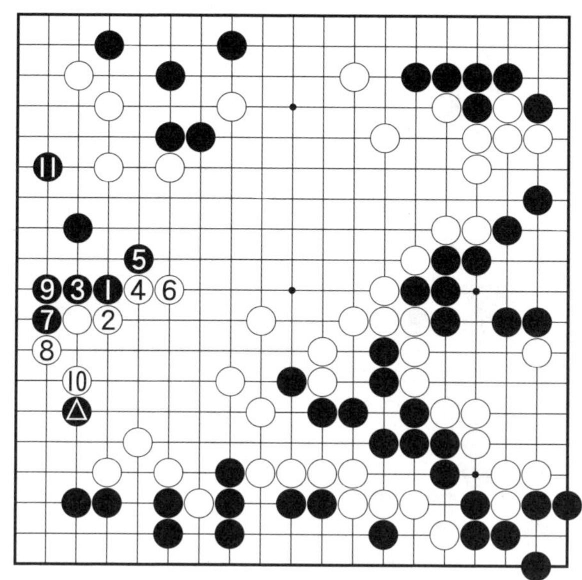

2도

2도 (백, 우세)

흑1로 씌워가는 것이 좀 더 낫다. 그러면 흑11까지 한쪽은 무난히 수습할 수 있다.

그러나 흑△가 다치며 중앙 백이 두터워져서는 역시 흑이 힘든 국면이다. 게다가 백의 선수 아닌가.

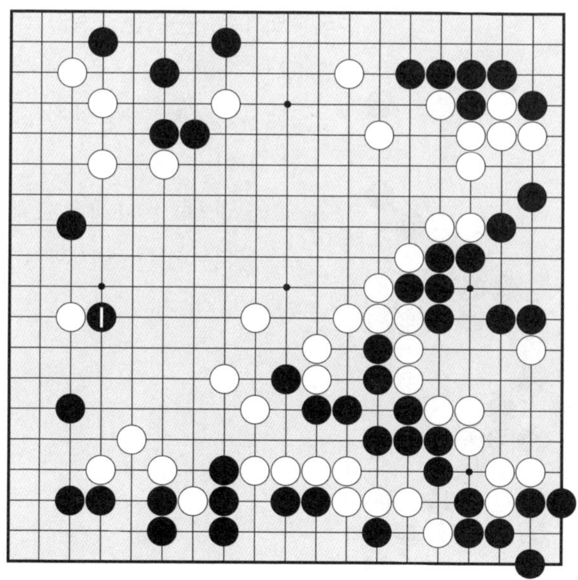

실전도

실전도 (좌우동형의 급소)

흑1로 머리에 붙여가는 것이 감각적으로 떠오르는 타개의 맥점이다. 좌우동형의 중앙에 해당하는 급소이기도 하다.

이렇게 되고 보니 백의 응수가 그리 쉽지 않다.

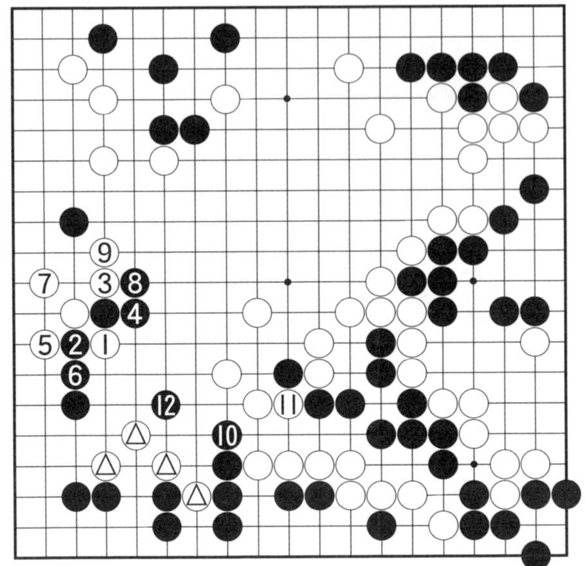

3도

3도 (백, 망하다)

먼저 백1로 젖히는 것은 흑2로 맞끊는 것이 맥.

백3, 5로 처리할 수밖에 없는데, 흑10이 선수가 되어 12까지 △들이 크게 들어가서는 백이 되로 받고 말로 준 격이다.

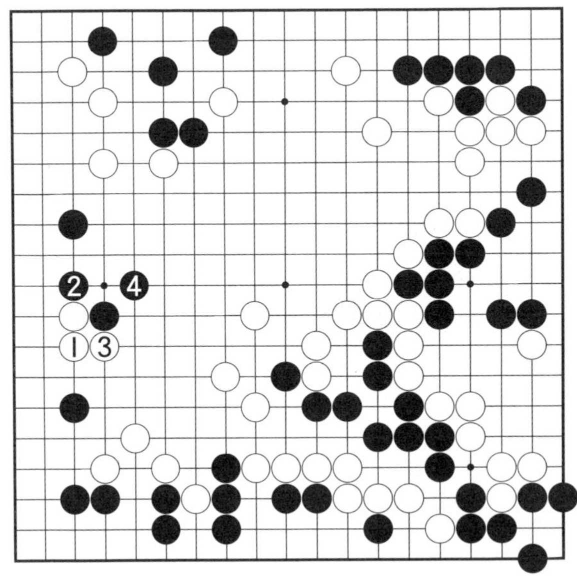

4도

4도 (흑, 손쉬운 타개)

그렇다고 백1로 느는 것은 흑2, 4로 가뿐하게 틀을 잡아 타개된다.

역시 백이 아래쪽으로 응수하는 것은 좋지 않다는 결론이다.

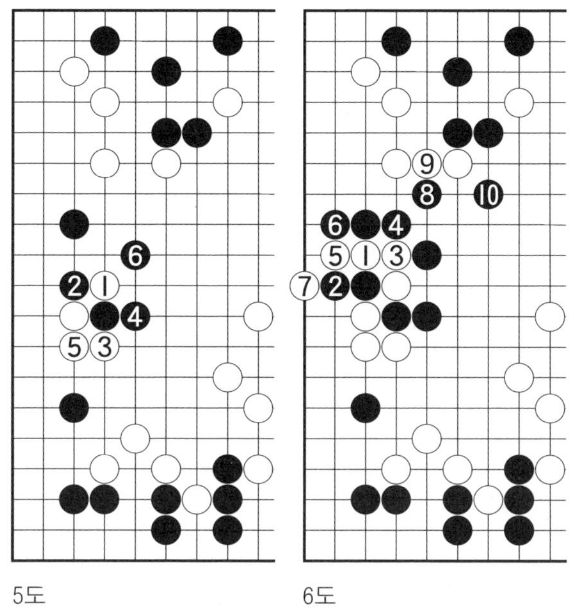

5도

6도

5도 (백, 무리)

백1~5로 버티는 것은 어떨까?

그러나 이때는 흑6의 장문이 기막힌 맥점이어서 백이 안 된다. 계속해서~

6도 (소탐대실)

백1로 저항한다면 이하 흑10까지 백이 꼼짝없이 사석작전에 걸려든 모양이다.

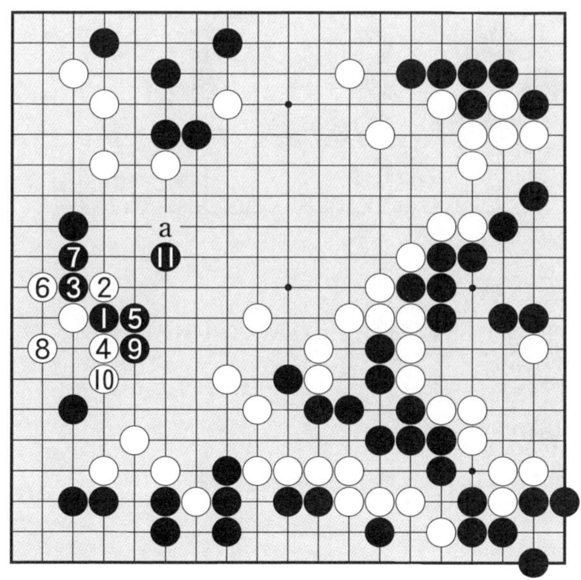

실전진행

실전진행 (흑, 타개 성공)

결국 백4, 6으로 처리하는 것이 그나마 최선. 그러나 흑11까지 산뜻하게 수습해서는 아무래도 흑이 성공한 느낌이다.

다만 수순 중 흑9로는 그냥 a에 잡아두는 것이 좀 더 좋았다.

건곤일척의 승부수

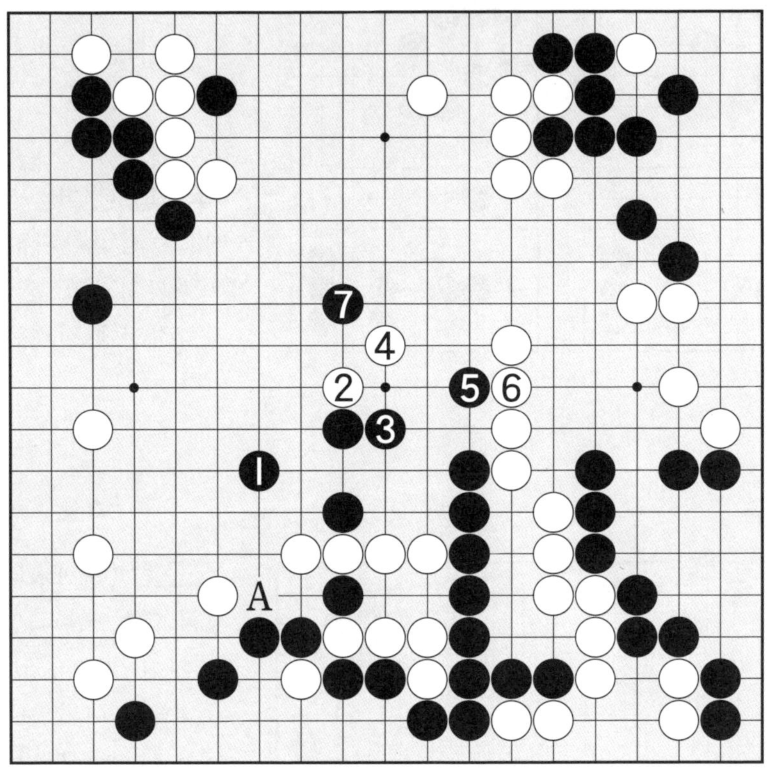

  흑이 우세한 가운데 중앙에서 의미 있는 공방전이 벌어
지고 있다. 흑은 호시탐탐 A쪽의 약점을 노리며 7로 급소
를 알리니 백의 위기일발 모습이다.
  역전의 전기를 마련할 백의 승부수는 없을까?

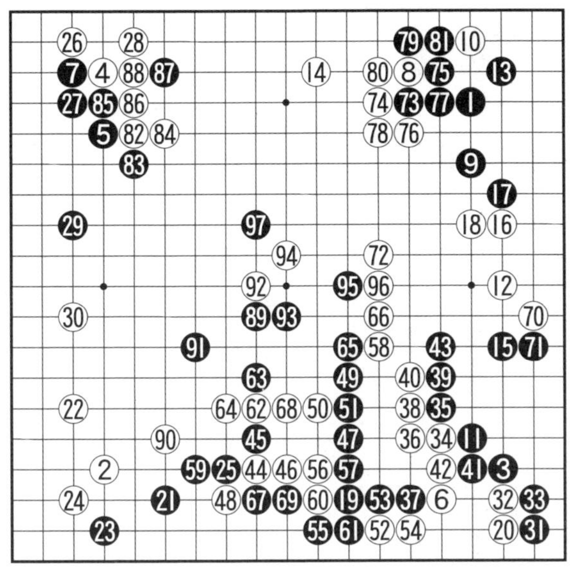

경과도

경과도

경과도 (1~97)

29기 왕위전 도전자 결정전에서 이창호(흑)와 조훈현이 벌인 실전.

백20 이하로 발 빠르게 움직인 데다 44가 멋진 감각이어서 백 호조의 흐름이다. 그러나 그냥 58의 곳에 나가지 않은 백52가 실착이다. 흑55의 호착에 이은 63이 기막힌 묘수여서 69까지 백이 망했다. 이하 91까지 흑의 우세가 지속되고 있다.

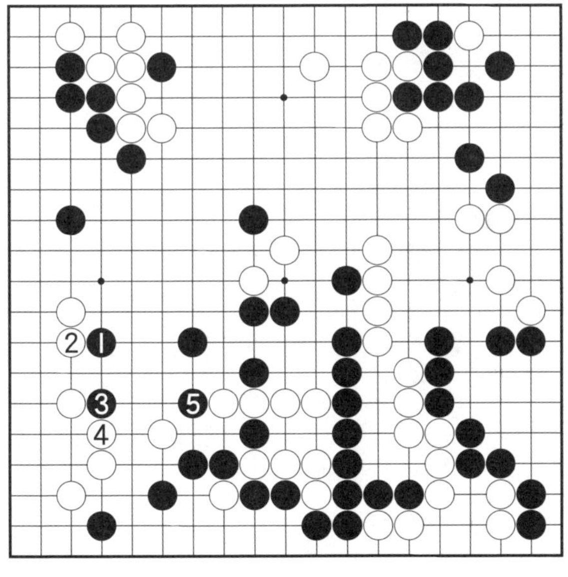

1도

1도 (흑의 노림수)

이 장면에서 먼저 염두에 둘 일이 있다. 흑에게는 1 ~5로 차단하는 무시무시한 노림수가 있는 것. 지금 당장은 중앙 흑도 불완전하므로 성급한 감이 있지만, 중앙만 강화된다면 바로 결정타가 될 것이다.

백은 항상 이 점을 유념하고 대처해야 하므로 중앙에서의 행마가 매우 어렵다.

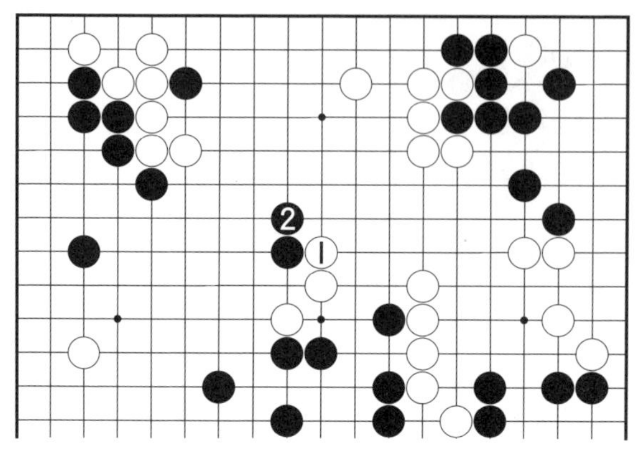

2도

2도 (흑의 주문)

본론으로 들어가서~

백1로 등을 미는 것은 최하책이다.

흑2로 슬슬 늘어 상변이 약해지므로 백은 알기 쉽게 질 것이다.

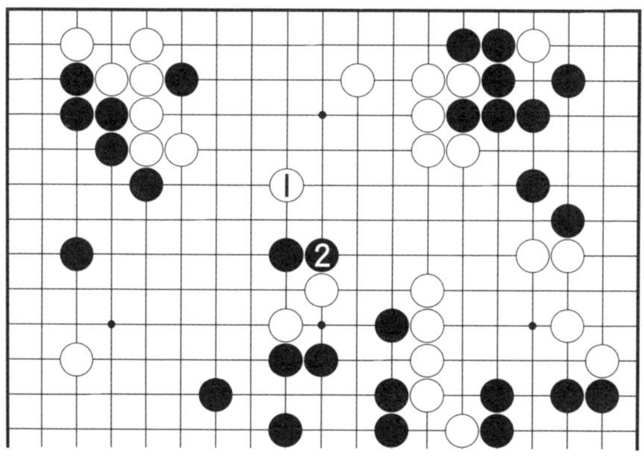

3도

3도 (앉아서 지는 길)

그렇다고 백1로 상변을 고수하는 것은 흑2로 백 두 점이 들어가 역시 안 된다.

이렇게 중앙이 두터워지면 당장 1도의 노림수가 가시화되지 않겠는가.

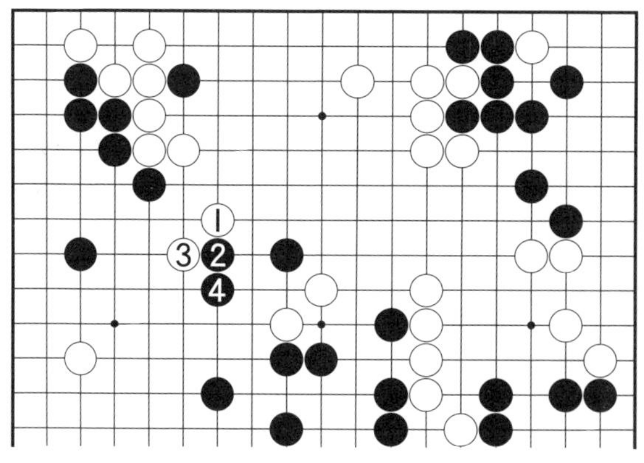

4도

4도 (백, 별무신통)

백1이 그럴듯한 행마 같지만 흑2, 4로 두텁게 처리해 별무신통이다. 역시 백은 1도가 두려워진다.

그렇다면 도대체 백은 어떤 수단이 있다는 것일까?

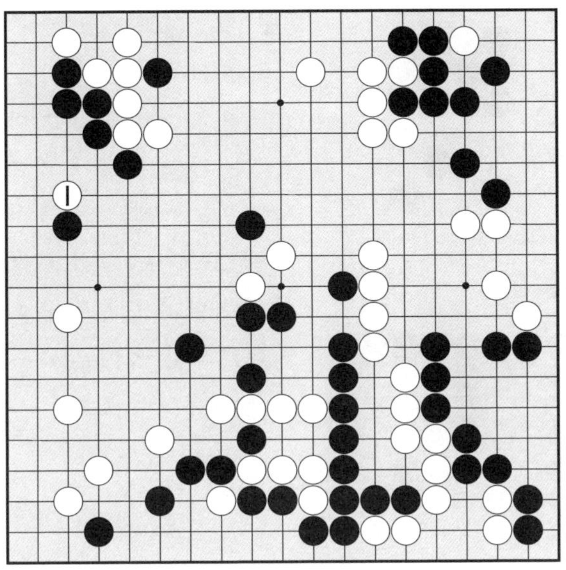

실전도

실전도 (회심의 일타)

난국의 순간에서 백1로 붙여간 수가 건곤일척의 승부수이다.

이곳이 바로 흑의 유일한 취약부이므로 여기서부터 역전의 실마리를 풀어가자는 뜻이다.

승부사의 동물적 후각이 번뜩였다고 할까?

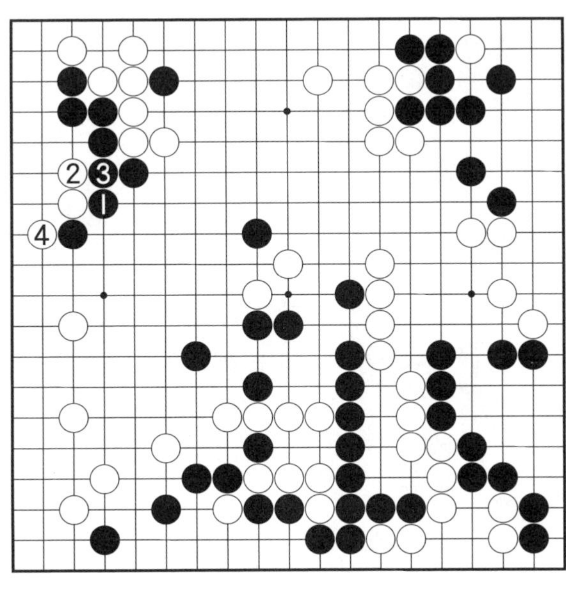

5도

5도 (흑, 당하다)

이때 흑1, 3으로 받는 것은 백2, 4로 쉽게 넘어가 싱거운 모습이다.

이래서는 실리도 실리려니와 흑 대마 전체가 곤마로 붕 뜨게 되어 일순에 역전!

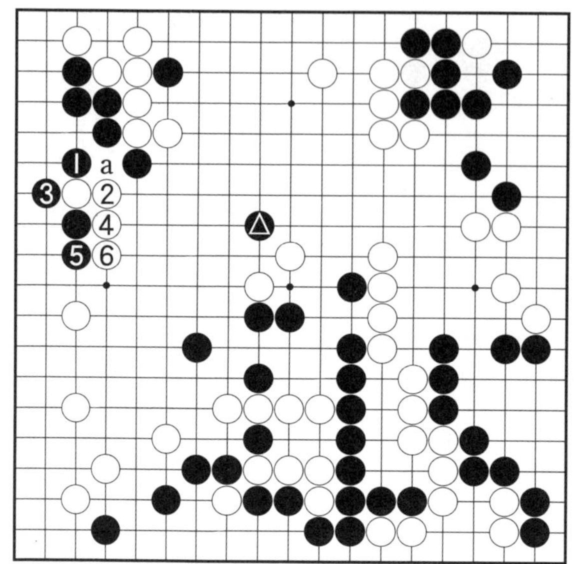

6도

6도 (흑, 걸려들다)

흑1로 껴붙이는 수가 수습책인 것 같지만, 이번에는 백6까지 두텁게 틀어막는 수가 좋다.

백a도 선수이므로 흑▲가 졸지에 고립무원에 빠진다. 역시 흑이 걸려든 모습이다.

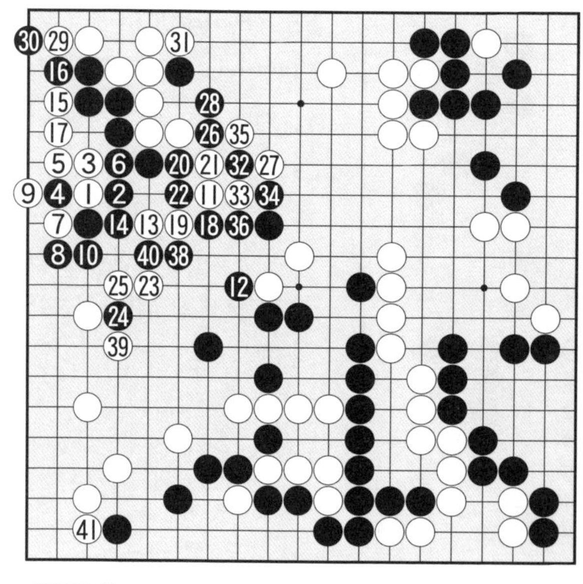

실전진행　　　　　　㊲…㉜

실전진행 (역전 성공)

흑2, 4가 부분적으로는 최선의 대응책. 그러나 백11, 13을 선수한 뒤 17까지 완생하자 흑 전체가 미생마가 되어 운신이 어려워졌다. 이후 치열한 공방 끝에 백37까지 상변을 크게 굳히고 백41에 손이 돌아와 마침내 역전!

빈틈을 파고든 승부수의 감각과 타이밍이 압권인 장면이었다.

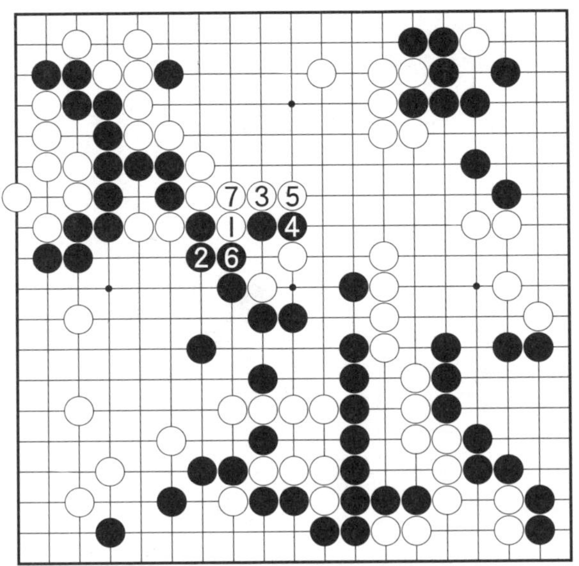

7도

7도 (좀 더 쉬운 코스)

그런데 사실 백은 좀 더 간명한 필승코스가 있었 다. 실전진행 백23으로 이 그림 1, 3으로 끼워 이 었으면 상변이 깨끗하게 들어가 쉽게 이길 수 있 었던 것이다.

실전은 상변 백진의 뒷 맛이 다소 고약하다.

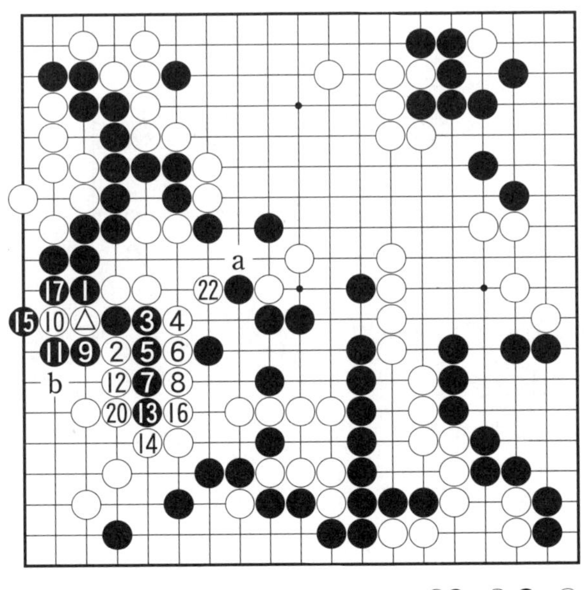

8도

8도 (흑, 무리)

실전진행 흑26으로는 이 그림 1에 끊고 싶지만, 백 2~8의 응수가 좋아 흑이 안 된다.

이하 백22까지 a와 b 를 맞보기로 흑의 파탄지 경이다.

뒷맛을 극대화한 2중 침투

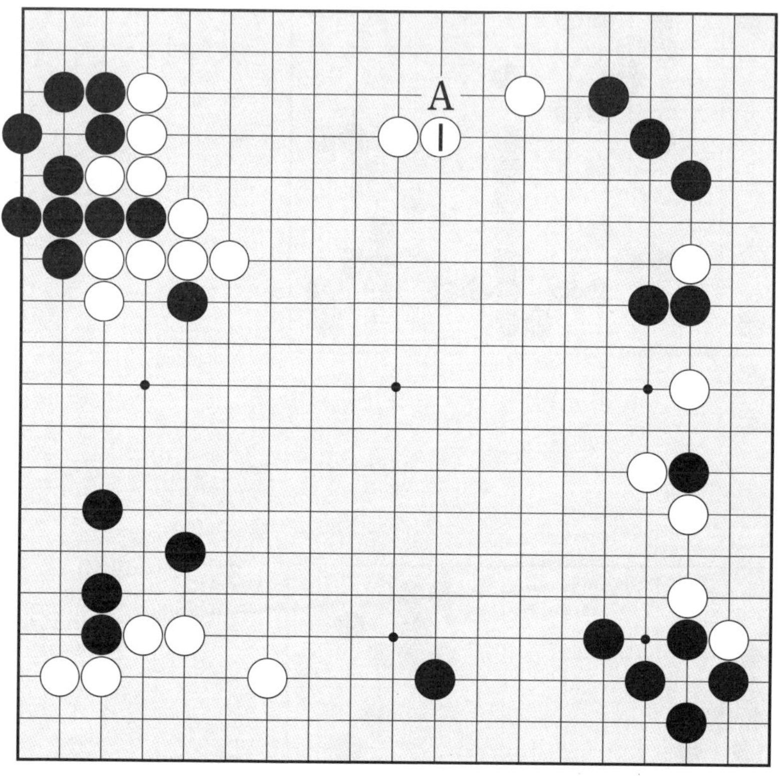

　백1로 말뚝을 쳐 상변의 백진 완성을 선언한 장면. 그러나 사실 이 수는 A가 정수였다.
　여기서 흑은 상대의 허를 찌르는 절호의 침투수단을 강구하고 싶다.

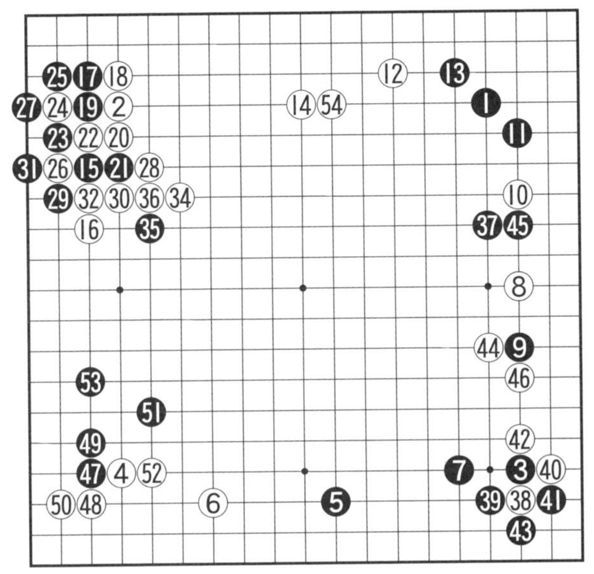

경과도

경과도 (1~54)

36기 최고위전 도전2국에서 조훈현(흑)과 이창호가 벌인 실전.

흑37에 백38~46은 현명한 우회전술이다. 흑53까지 호각의 국면이며, 상변 백진이 얼마나 집으로 굳어지느냐가 승부의 관건이다.

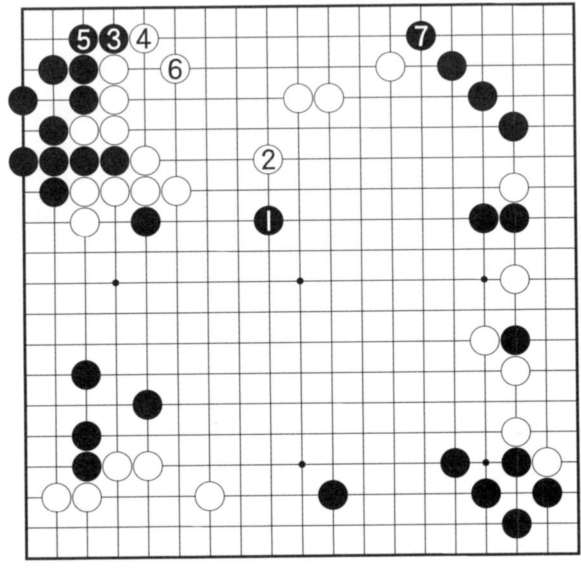

1도

1도 (흑, 무책)

사실 형세가 괜찮다면 흑 1~7의 선수 끝내기 정도로 백집을 깎는 것이 유연한 태도일 것이다.

그러나 백집이 이렇게 완전무결하게 굳어져서는 덤이 부담스러운 계가바둑이 될 가능성이 높다.

그리고 무엇보다도 뻔히 수가 있는 것을 무심히 지나치는 것은 최선의 태도가 아니다.

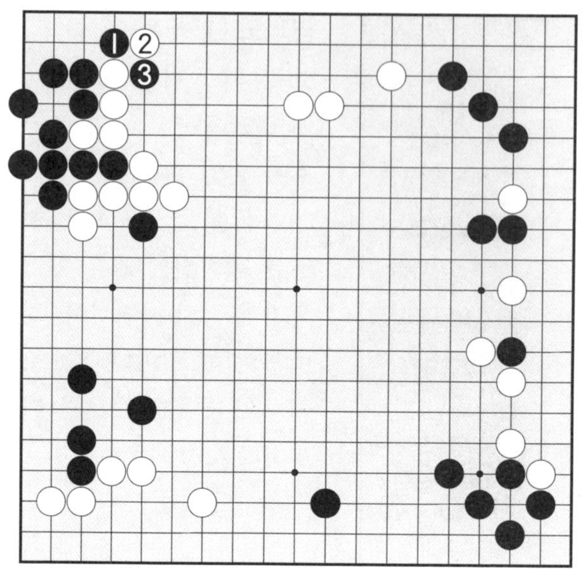

실전도1

실전도1 (허점 응징)

흑1로 젖혀보는 것이 거
대한 음모의 시발점이다.
다음 백2에는 흑3의 절단.
　이곳은 원래 이러한 치
명적 허점이 숨어있는 곳
이었다. 계속해서~

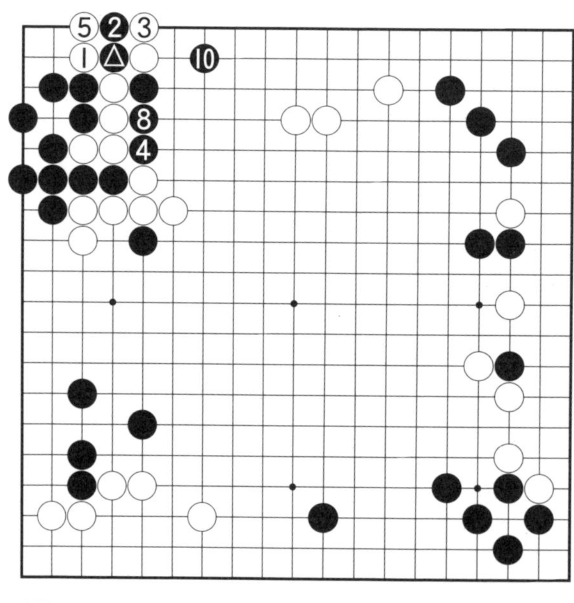

2도　　　　　❻❾…♟　⑦…❷

2도 (백, 파탄)

백1에는 흑2로 내려빠지
는 수가 기막힌 묘수이다.
백3으로 끝내 버틴다면
이하 흑10까지 백이 꼼짝
없이 잡혀버린다.
　이래서는 물론 승부 끝.
그러므로~

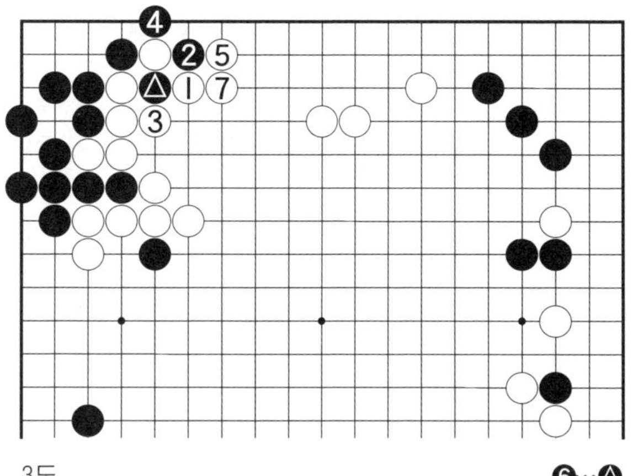

3도

⑥…△

3도 (흑, 큰 이득)

백은 1로 몰아 참는 것이 정수이다. 이때는 흑2로 되끊는 것이 이어지는 맥점. 만약 백3으로 따낸다면 흑은 7까지 선수로 큰 이득을 보아 매우 만족스럽다.

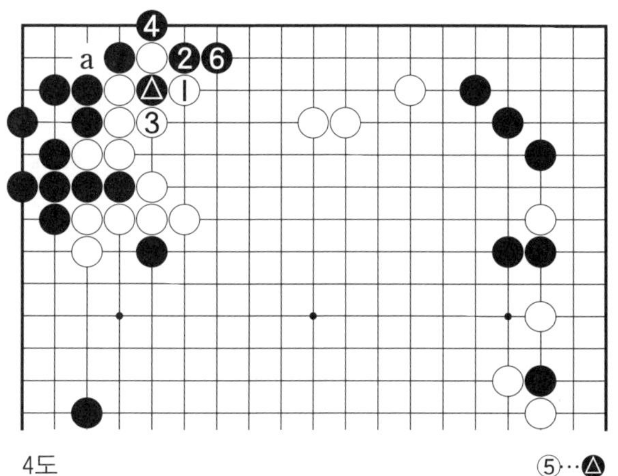

4도

⑤…△

4도 (백진 초토화)

백5로 그냥 잇는 것은 흑a를 기대한 수이지만 무책임한 행동이다.

흑6으로 나가 백진이 초토화돼버린다.

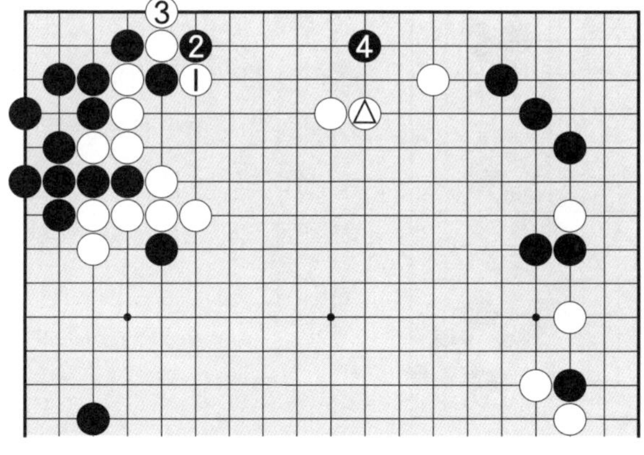

실전도2

실전도2 (2중 침투)

따라서 백3으로 차단하여 버티는 것이 최강의 대응이다.

그런데 이때는 오른쪽의 뒷맛을 노리며 흑4로 뛰어드는 수가 후속타이다. 이 수가 성립하기에 백△가 과수였다는 것이다.

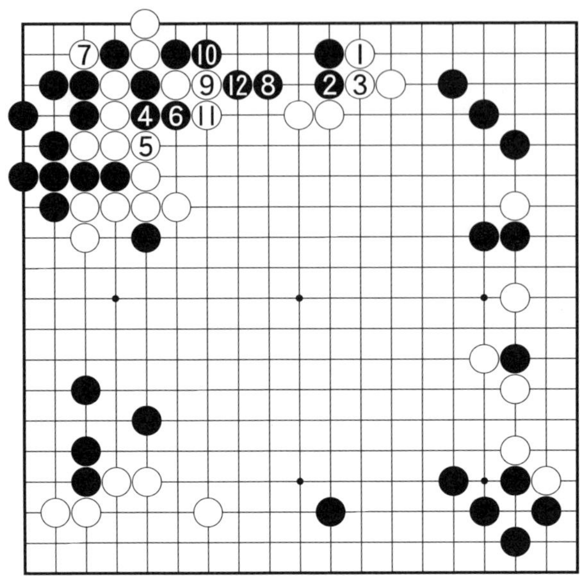

5도

5도 (안방살이 성공)

계속해서 백1로 한사코 차단한다면 흑은 2 이하 12까지 교묘한 수순으로 백진을 초토화시키며 거뜬히 완생한다.

물론 이래서는 백이 망한 꼴이다.

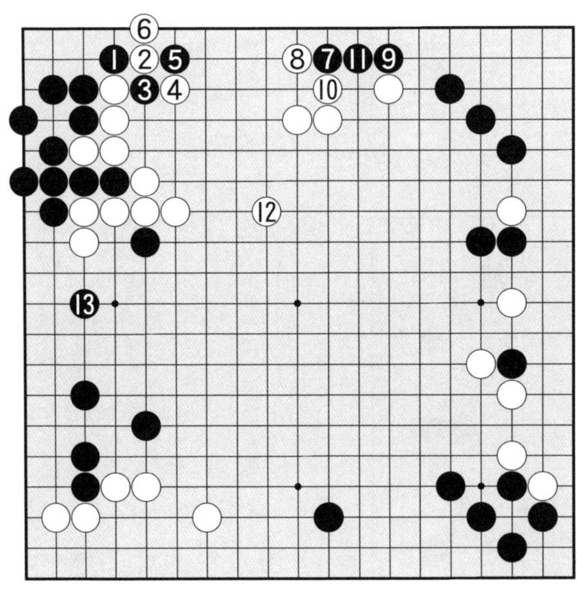

실전진행

실전진행 (흑, 대성공)

결국 흑7에 눈물을 머금고 백8로 후퇴할 수밖에 없다. 흑11까지 큰 이득을 취한 다음 유유히 손을 돌려 13으로 향하니 흑이 대전과를 올린 셈이다.

상대의 허점을 파고든 감각과 수순이 돋보인 장면이다.

승부수를 잠재운 결정타

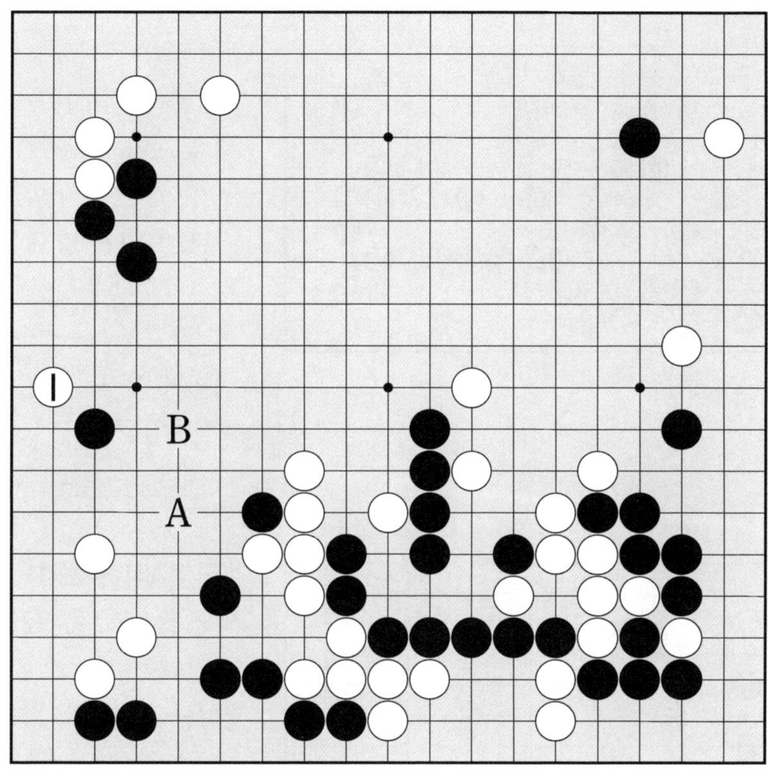

하변 쪽의 전투에서 많은 피를 흘린 백이 1로 잠입해온 장면. 평범하게 백A 따위로 보강하다가는 흑B로 좌변이 크게 굳어져 가망이 없다는 판단에 따른 절체절명의 승부수인 셈이다.

이 승부수를 잠재울 흑의 방법은 무엇일까?

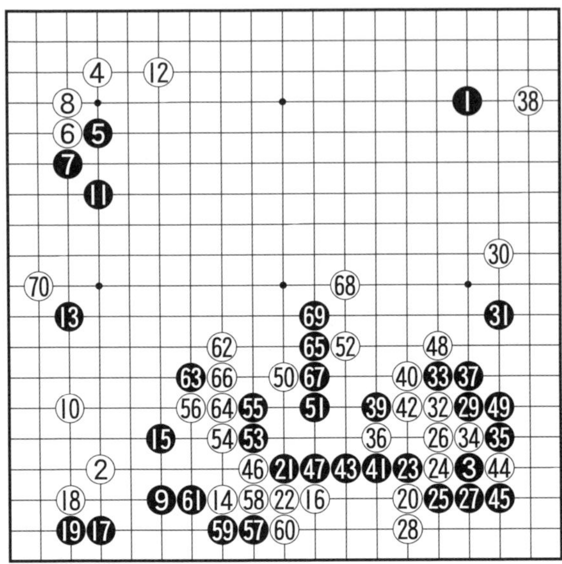

경과도

경과도 (1~70)

15기 국기전 본선에서 조훈현(흑)과 이창호가 벌인 실전 장면.

흑39가 기민한 잽이다. 백40으로 거세게 반발해 하변에서 일찌감치 전투의 불길이 타올랐는데, 백50이 기분에 치우친 허세이다. 흑51~55로 빠져나간 후 57이 통렬한 강타여서 69까지 백은 악전고투의 양상이다. 그런 의미에서 백70은 승부수이지만 역시 무리수이다.

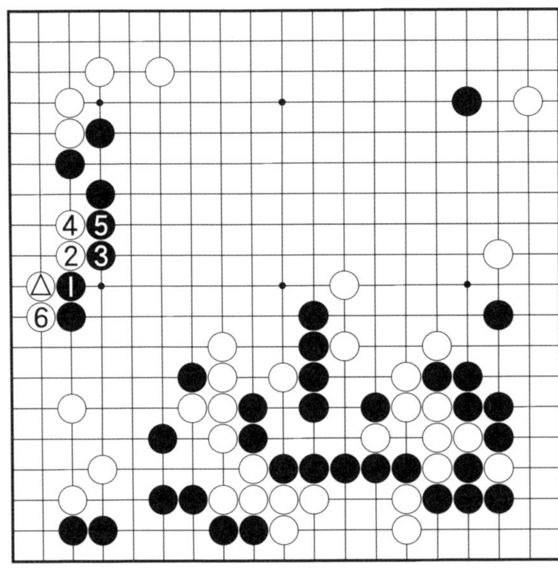

1도 (백의 주문 1)

백△의 주문은 흑1로 받아달라는 것이다. 그러면 백은 6까지 실리를 훑어내며 좌하귀도 안정시켜 대만족이다.

물론 이렇게만 된다면 형세도 단숨에 역전이다.

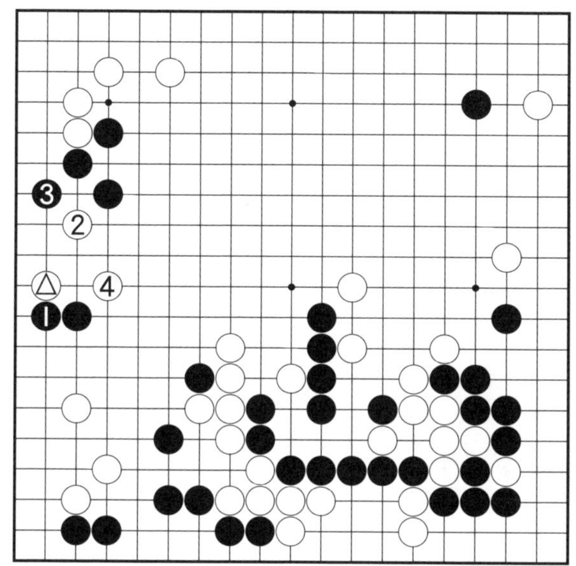

2도

2도 (백의 주문 2)

그렇다고 흑1로 차단하는 것은 백2, 4로 흑도 차단되어 혼전의 양상이 돼버린다. 그러면 흑도 장담할 수 없는 혼전이다.

이처럼 백△에 손 따라 응수하다가는 도리어 백의 승부수에 말려들기 십상이다.

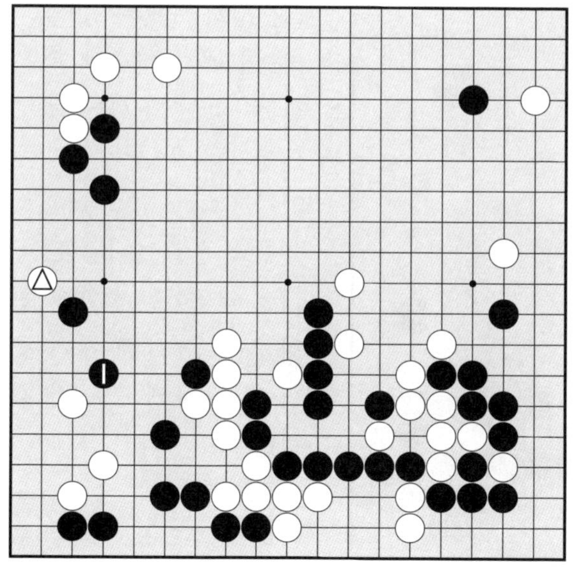

실전도

실전도 (배후의 역습)

백△를 외면한 채 흑1로 백의 본진에 쳐들어가는 것이 승부수를 잠재우는 최강, 최선의 응수이다.

역시 국면을 넓게 보는 대세관의 소산이라고 하겠다.

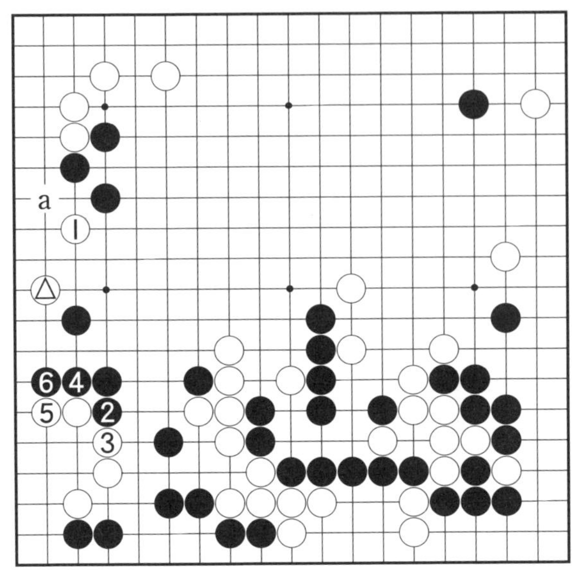

3도

3도 (백, 지리멸렬)

계속해서 ◯의 체면을 살려 백1로 버티는 것은 흑 2, 6으로 압박해 백의 궤멸상태이다.

설령 좌하귀 백이 산다 하더라도 흑이 a에 손을 돌리는 날이면 좌변과 하변의 백말이 양곤마가 되어 역시 백은 절망적이다.

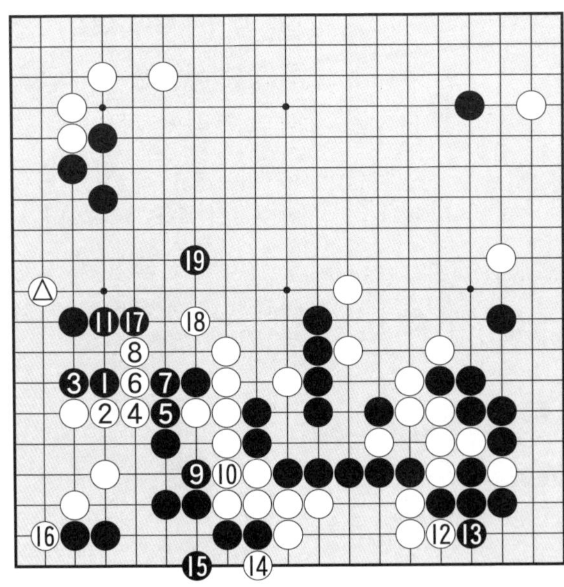

실전진행

실전진행 (승부수 불발)

흑1의 배후 역습에 백은 할 수 없이 18까지 구구도생의 길을 찾을 수밖에 없다.

그러나 흑19에 이르자 기껏 쳐들어간 백◯의 침입군이 숨 한번 쉬지 못한 채 좌사해 승부가 결정난 느낌이다.

강렬한 승부감각으로 상대의 무리성 승부수를 무력화시킨 일국이다.

승부처를 포착하는 후각

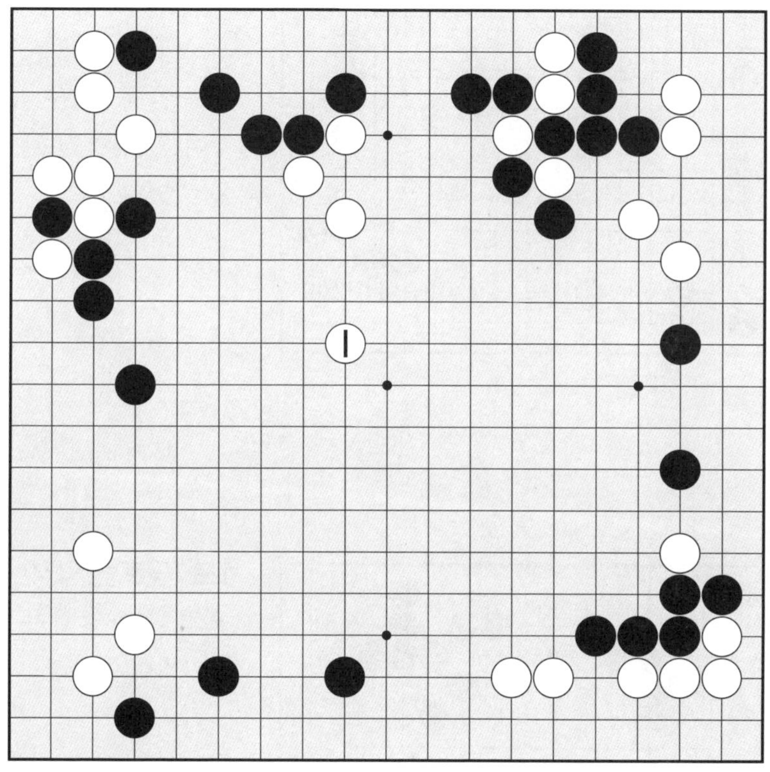

상변 흑진을 삭감한 백이 1로 유장하게 뛰어 한숨을 돌리고 있는 장면이다.

그러나 흑은 방심의 허를 찔러 승기를 장악할 수 있는 강타 한방이 있다. 어디일까?

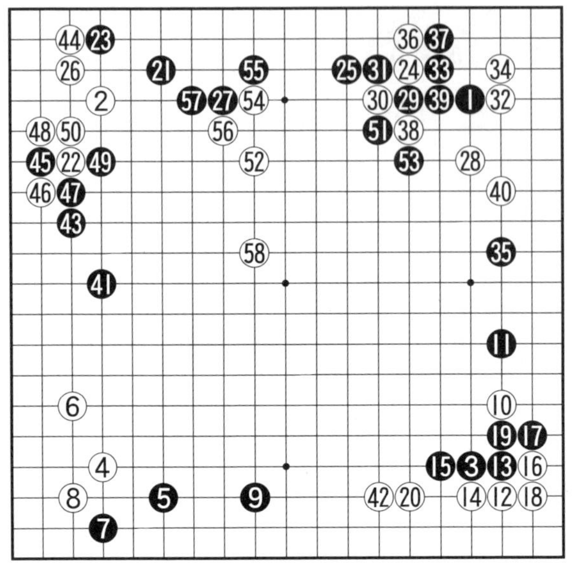

경과도

경과도 (1~58)

28기 명인전 도전자 결정 전에서 조훈현(흑)과 최명훈이 벌인 실전.

흑25~백34는 간명한 정석이다. 백52는 적절한 삭감인데, 백58이 허한 수여서 흑이 절호의 찬스를 맞았다.

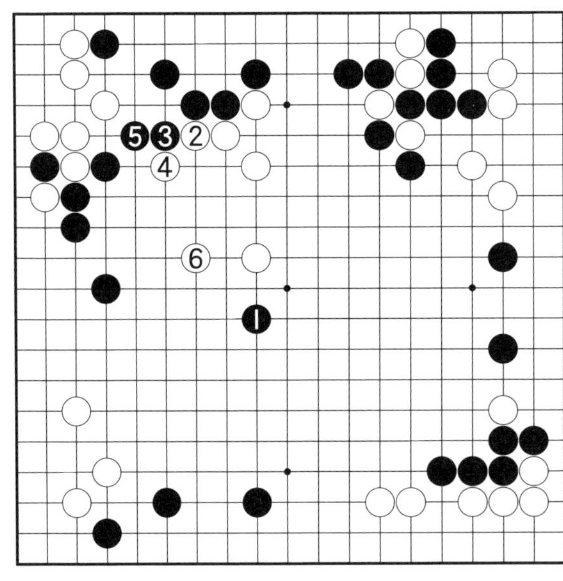

1도

1도 (공포탄 공격)

공격의 제일감은 흑1의 모자씌움이다.

그러나 백2~4의 기민한 선수활용에 이어 6 정도로 틀을 잡아버리면 흑은 실속 없이 공포탄을 쏜 격이다.

474 **행마법 실전**

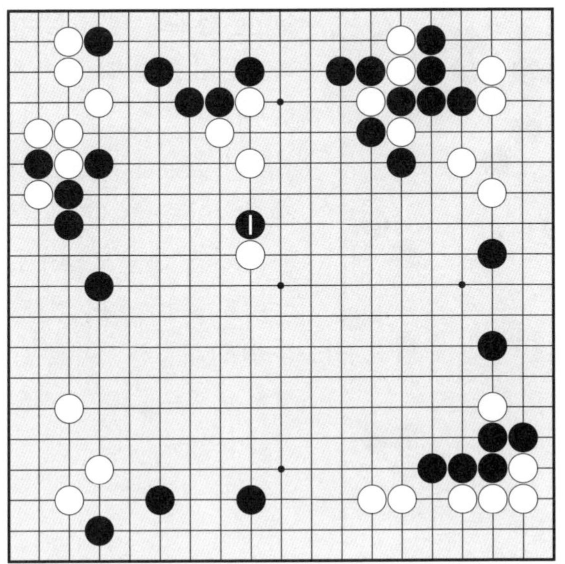

실전도

실전도 (불의의 기습)

흑1로 붙여가는 것이 방심의 허를 찌른 득의의 기습이다.

　간발의 허점을 찾아 승부처를 포착하는 후각이 발동했다고 할까.

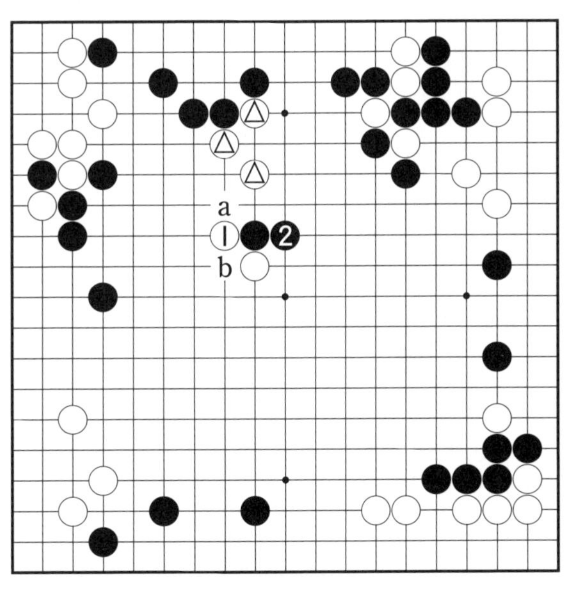

2도

2도 (백, 곤란)

계속해서 백1로 젖힌다면 흑2 다음 a와 b를 맞보아 백이 곤란하다.

　흑은 백△ 석점만 잡아도 충분하다.

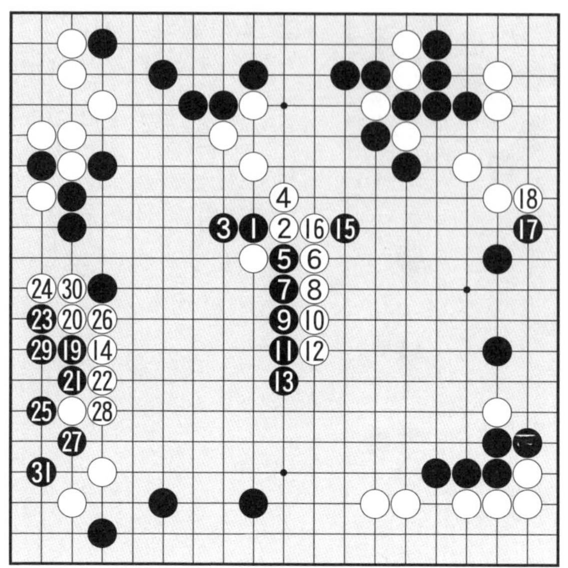

실전진행

실전진행 (흑, 승기 장악)

흑1의 기습에 백은 2, 4
로 대응했으나 흑은 5의
절단이 통렬해 이하 13까
지 중앙이 흑 천지가 돼서
는 승기를 잡은 모습이다.

이어 흑19, 21이 두터
운 벽을 이용한 강수로 31
까지 백의 보고를 유린해
흑의 승세가 굳어졌다.

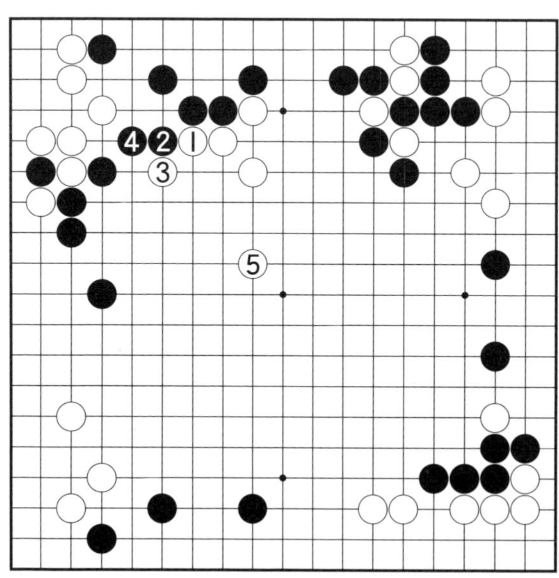

3도

3도 (빠뜨린 수순)

따라서 백은 5로 뛰기 전
에 1, 3을 선수해 두어야
했다. 이랬으면 흑의 기습
도 불가능하고 심하게 몰
릴 염려도 없이 백이 바
라는 유연한 국면이 계속
되었을 것이다.

'피강자보(彼强自保: 상
대가 강한 곳에서는 조심하
라)'의 바둑경구를 새삼
일깨우는 대목이다.

파워 실전 바둑

❻ 일류 감각의 능률 행마법

2판 1쇄 | 2024년 2월 5일
감　　수 | 김희중 · 김수장
엮　　음 | 이 수 정
발 행 인 | 김 인 태
발 행 처 | 삼호미디어
등　　록 | 1993년 10월 12일 제21-494호
주　　소 | 서울특별시 서초구 강남대로 545-21 거림빌딩 4층
　　　　　www.samhomedia.com
전　　화 | (02)544-9456
팩　　스 | (02)512-3593

ISBN 978-89-7849-701-5　14690
ISBN 978-89-7849-565-3　14690 (세트)

MEMO

MEMO